本成果受到中国人民大学2024年度“中央高校建设世界一流大学（学科）和特色发展引导专项资金”支持

Report on the Social Psychology Survey of Industrial Workers in the New Era (2024)

新时代产业工人社会心理调查报告（2024）

辛自强 董妍 ◈ 主编

开明出版社

序 言

本书是中国人民大学心理学系开展有组织科研的结果。中国人民大学是我国较早开展心理学学科建设的高校之一，早在20世纪50年代就培养了新中国第一批心理学专业研究生。2009年，中国人民大学正式设立心理学系，目前心理学系是学校直属的二级教学单位。自2023年以来，根据学校的总体战略部署，心理学系将学科定位凝练为“建设面向人民的心理学”，强调心理学不仅要研究人类，更要研究人民并服务人民，力图走出一条具有学校特色的学科发展新路。心理学系的学科布局是“旗帜性的社会心理学，特色化的应用心理学，前沿性的基础心理学”。

为有效推进心理学自主知识体系的建构，中国人民大学心理学系组建了社会心理调查项目团队，开展有组织科研工作。团队的任务是通过大规模调查收集数据，探讨新时代中国人的社会心理特点及其相关因素。2023年，团队开展了“新时代居民社会心理调查”，并于2024年4月在开明出版社出版《新时代居民社会心理调查报告（2023）》。在中国人民大学2024年度“中央高校建设世界一流大学（学科）和特色发展引导专项资金”支持下，团队在2024年开展了“新时代产业工人社会心理调查”。该调查收集了产业工人的各种个人特征和工作特征数据，并重点调查了产业工人工作心理、职业心理、生活心理三个层面的大量心理行为变量。基于该调查数据，本书全面展示了我国产业工人在社会心理各个方面的基本特点、亚群体差异以及主要研究变量的关联模式。

本书专门研究产业工人的社会心理，初衷是以学科观照现实。产业工人是我国工人阶级的主体力量，在中国式现代化建设中发挥着主力军作用。对于这样一个超过两亿人的庞大群体，以往心理学的研究明显不足。长期以来，心理学研究似乎存在一种去背景化的倾向，表现之一是较多关注抽象的变量关系，而很少强调这种关系发生在什么样的个体或群体身上。心理学期刊发表的大部分论文的题目往往只陈述变量关系，而很少提及研究对象。事实上，心理的本质往往不是抽象的变量关系所能完全表达的，我们研究心理必须先认识清楚心理的承载者——人，而不能脱离开人去谈心理。更重要的是，心理学的研究对象不能只是抽象意义上的人，而必须是具体的人，因为心理发生在每个特定的个体和群体中，这些人存在于特定的时空背景中，存在于具体的生产和生活实践中。我国从工业化到新型工业化的进程是由亿万产业工人以其磅礴之力推动的，他们的信心信念，他们的体悟体验，他们的所思所想，他们的生产生活，无疑都应是我国心理学研究的主要内容。我们致力于建设面向人民的心理学，就必须关注像产业工人这样的主要社会群体。产业工人是工作中的人、职业中的人、生活中的人，因此本书试图从工作心理、职业心理、生活心理三个层面勾画产业工人社会心理的全景图。

本书不仅是一部社会心理学著作，也是一部应用心理学著作。本书各章的主题可能属于工业和组织心理学、管理心理学、职业心理学、经济心理学、健康心理学等应用心理学分支的研究范畴。社会心理学和应用心理学总体上都是社会科学意义上的心理学，简言之，都属于社会心理科学。本书的研究和写作是我们推进社会心理科学发展的一次尝试。

本次调查项目的实施和书稿的写作是我们团队集体完成的。从调查问卷设计，到研究样本选取和数据收集，每一步都要付出巨大的劳动。我们感谢加入团队的所有教师、50 多名担任调查员的同学、若干名担任研究助理的同学，以及所有的受访者。我由衷地为我们的项目团队骄傲。本书的数据分析和写作工作在 2025 年 1 月中旬启动，3 月中旬我们向出版社交齐了所有书稿。这两个月的工作如此紧张，让寒假比上班还累，让开学的第一个月比以往更忙。有这样一群努力的人，中国人民大学心理学系没有理由不发展好。

本书各章署名体现着作者的贡献，所有作者的单位均为中国人民大学心理学系。每章的第一作者都是心理学系的教授或副教授，其他作者是他们指导的博士或硕士研究生。这种有组织的科研同时也是一种有组织的人才培养实践，使得研究生在真实的科研实践中有效锻炼了科研能力。

对于本书这类年度调查报告而言，时效性是其生命力所在。在紧迫的时间压力下，我们尤其感谢开明出版社的领导和编辑老师愿意连续出版我们每年的调查报告，可以想象本书编辑老师的工作强度会远超平常。时间是一把双刃剑，让我们的梦想发芽开花，也让追梦的脚步过于匆忙。对时效性的追求让我们无暇细致打磨研究和写作思路，来不及反复推敲文字表达，因此书中可能有各种不完美的地方。若本书有任何问题，都恳请学界同仁和广大读者批评指正。我们期望今后能把工作做得更好一些，我们将继续围绕一般居民和特定群体不断开展大型社会心理调查，力图用每年的数据不断书写中国人的心灵史诗。

是为序。

辛自强
2025 年 3 月 15 日
于中国人民大学

目　录

第一章　新时代产业工人社会心理调查总报告

辛自强

摘要：在推进中国式现代化以及新型工业化的过程中，我国需要不断加强产业工人的队伍建设和心理建设，以激发其创造社会财富、实施创新驱动发展、建设制造强国的澎湃力量。为此，有必要通过大型调查全面了解新时代产业工人的社会心理特点。2024 年，中国人民大学心理学系开展了“新时代产业工人社会心理调查”项目，该调查涵盖工作心理、职业心理和生活心理三个层面的大量心理行为变量，同时收集产业工人的各种个人特征和工作特征变量。调查结果展示了产业工人在社会心理各个方面的基本特点、亚群体差异以及主要研究变量的关联模式。这为构建以人为本的工业技术体系，全面推进产业工人队伍建设和心理建设提供了思路。

关键词：产业工人，社会心理，新时代

1　产业工人社会心理调查的时代背景

产业工人（industrial workers）是工人阶级的主体力量，在中国式现代化建设中发挥着主力军作用。2015 年 5 月，国务院印发《中国制造 2025》，为我国制造业此后 10 年发展设定顶层规划和发展路线，力图实现中国制造向中国创造、中国速度向中国质量、中国产品向中国品牌三大转变，推动中国到 2025 年基本实现工业化，迈入制造强国行列。如今，这一战略目标基本完成，在高档数控机床、航空航天、海洋工程、轨道交通、新能源汽车、人工智能等各个领域，中国制造业快速崛起，不断展现创新实力，并向更高目标迈进。在我国制造业快速发展过程中，产业工人发挥了巨大作用。除了制造业，产业工人还广泛分布在采矿业、建筑业、能源生产和供应业、交通运输业、仓储物流业、信息服务业等各行各业，其作用至关重要。

我国一直重视产业工人队伍建设。2017 年，中共中央、国务院印发实施《新时期产业工人队伍建设改革方案》，通过多年建设，我国高素质产业工人队伍逐渐壮大，目前全国技能劳动者超过 2 亿人，其中高技能人才超过 6000 万人。2024 年 10 月印发实

施的《中共中央国务院关于深化产业工人队伍建设改革的意见》(以下简称《意见》)指出:“产业工人是工人阶级的主体力量，是创造社会财富的中坚力量，是实施创新驱动发展战略、加快建设制造强国的骨干力量。”2024年7月中共二十届三中全会指出，要“着力培养造就卓越工程师、大国工匠、高技能人才，提高各类人才素质。建设一流产业技术工人队伍”。

《意见》提出深化产业工人队伍建设改革的主要目标是:“通过深化产业工人队伍建设改革，思想政治引领更加扎实，产业工人听党话跟党走的信念更加坚定，干事创业的激情动力更加高涨，主人翁地位更加显著，成就感获得感幸福感进一步增强；劳动光荣、技能宝贵、创造伟大的社会氛围更加浓厚；产业工人综合素质明显提升，大国工匠、高技能人才不断涌现，知识型技能型创新型产业工人队伍不断壮大。”

上述目标包括五个方面内容：政治信念（思想政治引领、听党话跟党走的信念）、职业体验（主人翁地位、成就感、获得感、幸福感）、工作动力（干事创业的动力）、综合素质（知识、技能、创新能力等业务素质）、社会氛围（劳动光荣、技能宝贵、创造伟大）。前四个方面侧重产业工人自身的心理；而营造良好的社会氛围是在为产业工人打造社会支持体系，让其获得良好的职业体验和社会认可。因此，从产业工人主体角度来看，产业工人队伍建设的目标主要是四个方面内容：政治信念、职业体验、工作动力、业务素质。这四个方面既涉及人类心理的普遍范畴，如情感（职业体验）、动机（工作动力）、能力（业务素质），也特别强调了人民心理的政治意涵（政治信念、主人翁地位）。

鉴于产业工人队伍建设改革的主要目标是全面提升产业工人的主体心理素质，而且《意见》明确要求“建立产业工人队伍数据统计、调查、监测体系。加强产业工人队伍建设改革课题研究”。因此，有必要从心理学视角对产业工人的心理状况开展调研，积累一手数据，为产业工人队伍建设改革工作提供科研成果支撑。

我们开展产业工人社会心理调查，不仅是为了响应我国产业发展和产业工人队伍建设的现实需求，而且是为了推动有关产业工人心理以及整个产业发展的科学研究。

当年“中国制造2025”的提出，大体对标“德国工业4.0”计划，二者有很多异曲同工之处。“德国工业4.0”计划的核心目标是实现工业的智能化，包括建设智能工厂，实现智能操作和智能制造，实施智能物流等。“中国制造2025”同样是为了推进信息化和工业化的深度融合，大力发展智能制造，构建信息化和智能化条件下的产业生态体系和新型制造模式。然而，如同加拿大一些从事工业工程、心理学等领域研究的学者（Passalacqua et al.,2024）所指出的那样，现有的工业4.0无论在产业实践还是研究方面均普遍忽视了“人的因素”，这些因素对构建能提升员工福祉、信任、动机及绩效的产业体系至关重要。为弥补工业4.0阶段暴露出的弊端，在2021年，欧盟委员会研发了新的计划——工业5.0，试图构建“可持续、以人为本和有韧性的欧洲产业”。

工业 5.0 的核心理念是强调以人为本的技术设计，着重平衡技术进步与人类福祉之间的关系，致力于构建能提升员工福祉并向员工充分赋权的工作环境。为实现这一转型，就需要充分调用现有的工业和组织心理学、职业心理学、社会心理学等领域的科学知识。

令人遗憾的是，现有的针对工业或产业领域的心理学研究尚存在明显短板。多位加拿大研究者（Passalacqua et al.,2024）在国际上常用的各种文献数据库中检索了面向工业 4.0、工业 5.0、智能制造背景下员工心理行为或人因等方面的 1600 多篇研究文献，并严格筛选出发表于 2017 年至 2024 年 7 月期间的 67 篇文献进行深入综述。该综述发现，已有关于人因问题的研究普遍对工人的社会心理因素关注不足，这些社会心理因素包括人工智能信任、工作自主性、工作动机和压力等。之所以存在这种不足，主要是因为研究者往往囿于特定的学科视角，如工业与组织心理学视角或职业心理学视角，很少将它们与更广泛的社会心理学视角整合使用。

鉴于此，我们试图综合多种学科视角，围绕我国产业工人群体开展全面的社会心理调查，以弥补当前学术研究的短板，为构建以人为本的工业技术体系，为我国在“中国制造 2025”之后推出新的产业发展规划以及深化产业工人队伍建设改革提供心理学的启示。

2　产业工人社会心理研究的学科视角

2.1　工业与组织心理学视角

产业工人是从事制造业、化工业、采矿业、建筑业、能源业、交通运输业等产业的技能劳动者。“工人”这一群体是由其工作身份来定义的，他们总是在特定的企业组织中工作，因此对这一群体的研究往往置于工业（工作）与组织心理学的学科背景下。

“工业与组织心理学”这个名称在美国更为流行，而在欧洲更广泛地采用了“工作与组织心理学”的叫法。二者虽然名称有所不同，但大概都指代类似的研究领域，即专门研究人在组织中的工作行为的一个心理学分支（Drenth & Wang,2002）。该分支又包括很多细分领域，如人事心理学、工作心理学、劳动心理学、管理心理学、组织行为学、经济心理学等。这些分支有着貌似不同的名称，但其研究内容却又高度交叉，比如都关注工人的工作及其管理中的心理学问题。

不仅如此，工业与组织心理学及其下属分支都有着大致类似的学科起源。例如，旅居美国的德国心理学家闵斯特伯格（Hugo Münsterberg，1863—1916）往往被视为上述学科分支的主要缔造者之一。闵斯特伯格在冯特创办的莱比锡大学心理学实验室获得博士学位，拥有深厚的实验功底，后来他得到美国心理学家詹姆斯的欣赏，并受其邀请担任了哈佛大学心理学实验室的主任。闵斯特伯格后来的主要方向是运用实验方法开展应用心理学的研究。他 1912 年以德文撰写了《心理学与经济生活：实验心理学的应用与贡献》一书，1913 年被翻译成英文并更名为《心理学与工业效率》出版，该书被视为工业与组织心理学的一部奠基之作。

该书共四个部分。第一部分为总论，介绍应用心理学发展的时代背景、现实生活对心理学的需求，以及运用实验心理学研究社会现实问题的手段和方法；第二部分以“最适合的人”为主题，阐述最适合某项工作的心理特质，详细介绍了针对电气化铁路行业、船舶行业、电信服务行业人员开展的一系列实验研究；第三部分以“最适合的工作”为主题，介绍影响个体工作绩效的各种心理与社会因素，如学习与培训、心理状态的调整、动作、工作单调性、注意和疲劳等；第四部分以“最佳的效果”为主题，从工业心理扩展到商业和经济心理，介绍如何利用心理学的知识和技术来满足人们的经济需求，如提升广告的效果、进行科学的陈列、做好产品的包装与标识、开展现场促销等。此外，闵斯特伯格还撰写了《职业和学习》《商业心理学》等著作。总之，如同有研究者（李艺敏等，2014）指出的，闵斯特伯格清晰地定义了工业心理学的各个领域，明确提出了人事心理学、消费心理学、工程心理学等工业心理学分支的研究大纲和目标，展示了心理学在工业领域中的重要价值。随手翻阅任何一本今天的工业心理学、工作与组织心理学、管理心理学与人事心理学等领域的教科书，在学科起源与专业发展历史部分，几乎都要从闵斯特伯格的研究工作与学术观点开始。

闵斯特伯格所定义的研究主题——最适合的人、最适合的工作、最佳的效果，实际上依然是今天工业与组织心理学的核心主题。类似于这三大主题的提法，有学者（Drenth & Wang，2002）指出，工业与组织心理学包括四个层面的研究：（1）个体与个体行为差异；（2）工作、任务和职能；（3）群体和组织过程；（4）组织与环境。下文借鉴这一划分来详述不同下属学科分支的研究内容与思路。

（1）个体与个体行为差异是人事心理学的研究内容。人事心理学关注人与组织的关系，试图为组织和岗位匹配最适合的人。例如，在一家企业，对工人或员工的选拔、评估、培训这些与人力资源管理有关的内容，都是人事心理学关注的。

（2）工作、任务和职能是工作心理学的研究内容。工作心理学在我国也曾被称为“劳动心理学”，它首先要对一项工作在任务、职位等不同层面进行分析，来说明工作对员工技能、胜任力、动机等方面的要求，并据此进行工作设计，确保创造最适合的工作环境。在工作过程中，工人或员工作为信息加工者和行动者要与外在的机器、操作系统、信息系统进行交互，“人机交互”是人类工效学（多为欧洲用法）、人因心理学（美国常用）或者工程心理学等的研究问题，研究的应用目标在于根据工人或员工的心理行为特点设计工作和机器系统，以提高工作效率，减少操作事故。当前，随着工业自动化水平的提高和机器人的大规模使用，工人如何处理与人工智能或机器人的关系，则成了工作心理学新的时代课题（Ghislieri et al.，2018）。

（3）群体和组织过程是组织心理学的研究内容。在工作和组织心理学中始终存在一种张力——究竟是把研究重心放在个体与工作一端，还是放在组织一端。在早期，研究者往往把重点放在个体和工作层面，但第二次世界大战后研究者开始重视组织心理学研究（管理学界更多采用“组织行为学”这一名称）。组织心理学关注个体或群体与组织的关系，以及组织的目标、结构和功能、领导和决策、组织文化、组织发展等主题。例如，一家企业是否具有创新文化，将影响着工人的创新行为。

（4）组织和外部环境的关系同样是组织心理学的研究内容。一家企业组织总是镶嵌在更广阔的经济体系、政治体系和文化体系中，组织心理学的研究需要探讨企业组织与市场、政府、文化等环境系统的关系，为组织发挥最佳的效能提供实用思路。例如，在我国，国家的产业政策、市场经济制度会深刻影响企业的发展、工人的就业和工作行为。又如，国家对劳模精神、劳动精神、工匠精神的倡导，将引导企业的人员选拔和培训，指引工人的职业发展方向（徐超凡,2025）。

上述四个层面的研究内容，大致可以用图 1-1 来汇总。通过综合工业与组织心理学先前的一些经典理论，如社会技术体系理论、工作特征理论、自我决定理论等，有学者（Passalacqua et al.,2024）提出了一个有关工作环境—人因—结果关系的概念框架（图 1-1），用于评述工业与组织心理学领域已有的研究成果。该框架大致可以勾勒出工业与组织心理学研究中的常用变量及其关系：工作环境特征包括组织特征（如培训资源、工作多样性、物理环境）以及组织采用的技术体系特征；工作环境特征会影响人

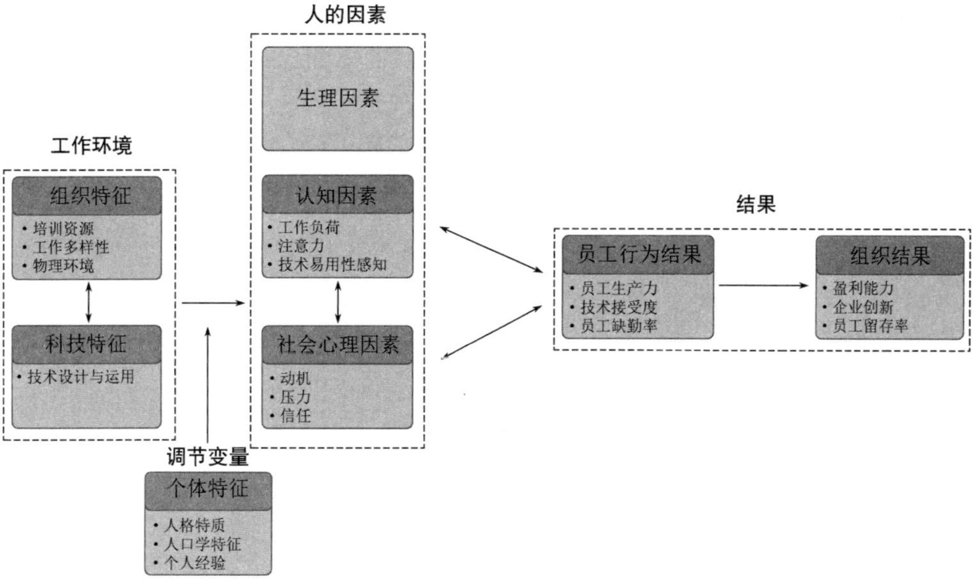

图 1-1　有关工作环境—人因—结果关系的概念框架

（资料来源：Passalacqua et al.,2024）

的因素，或通过人的因素起作用，人的因素既有生理因素，也有心理方面的认知因素（如工作任务施加的认知负荷、对技术易用性的感知、注意资源等）和社会心理因素（如工作动机、工作压力、对技术的信任）；在工作环境特征影响人因的过程中，个人特征（如人格特质、个人经验、人口学特征）可能会发挥调节作用；工作环境特征通过人的因素发挥作用，为员工和组织带来某种结果，员工行为结果可能包括员工的缺勤率、生产力以及对技术的接受行为等，组织结果包括企业的盈利能力、企业创新和整体的员工留存率等；当然，员工和组织的结果变量也会反过来影响员工的心理因素。对于一项特定的工业与组织心理学研究而言，它往往要在工作环境特征、人的因素、员工和组织结果方面选择某些具体变量并考察它们的关系，但无论如何研究，其目的都是为提升员工个人绩效或组织绩效服务。

2.2 职业心理学视角

职业心理学主要探讨人们在选择、从事、改变和失去职业过程中的心理特点，尤其关注人们之间的个体差异。职业心理学起源于20世纪初美国的职业辅导运动。19世纪末到20世纪初，美国从一个农业国快速发展为一个工业国，美国的农民、来自其他国家的移民、逐年增加的大学毕业生都面临寻找工作并进入工商企业就业的任务，对职业辅导的需求空前高涨。在这一背景下，帕森斯（Frank Parsons，1854—1908）等人发起了职业辅导运动。帕森斯是一位教师，也是律师和改革家，他进行了大量的职业辅导实践，1907年在波士顿创立了职业局。帕森斯撰写的《选择职业》一书在1909年出版，标志着职业心理学的确立。他的职业辅导思想可以概括为“个人分析-职业分析-匹配”公式。他在书中指出，要明智地选择职业，需要考虑三个主要因素：第一，清楚地了解自己，包括个人的才能、能力、兴趣、抱负、资源、限制及其原因；第二，了解不同职业的要求、成功条件、优缺点、薪酬、机会和前景；第三，对这两方面事实之间的关系进行正确推理（转引自 Erdheim et al.,2007）。帕森斯为职业心理学奠定了基本框架，但那时的职业辅导工作更多依赖日常经验和直觉，而缺乏科学方法和工具。20世纪20至30年代，个体差异心理学的出现为职业心理学提供了理论思想，心理测量方法和工具为其提供了科学手段。此后，各种心理咨询和治疗流派，如心理动力学理论、人本主义理论、超个人心理学，都被职业心理学所吸收并运用；与此同时，专门的生涯发展理论、有关职业发展的人格类型理论等纷纷创立（黄天中,2007），使得职业心理学的理论体系日臻丰富。

职业心理学和大致同时兴起的工业与组织心理学一开始并没有太大分别，前者甚至可以看作后者的一个分支。然而，在20世纪60年代中期到80年代中期，二者逐渐分道扬镳。其原因一方面是研究视角不同：职业心理学采用个体视角，关注的是员工个人的福利和发展；而工业与组织心理学多采用组织视角，强调企业的生产效率和盈利能力，组织目标的达成甚至时常以牺牲个人目标为代价（Erdheim et al.,2007）。虽然两个学科有一些共同的研究主题，如关注个人与工作的匹配问题，但是职业心理学以个人满意为目标，强调个人的福祉和发展，而工业与组织心理学更注重组织的效率和利益。

另一方面是人性假设不同。工业与组织心理学家通常要服务于企业管理层的需求，容易成为“权力的仆人”，更关心企业的效益而非工人或员工的利益。这种做法背后更深层的原因是对工人或员工的工具主义假定。他们将工人类比为生产机器上的齿轮，这个齿轮需要有效运转，而不能出任何问题。例如，“科学管理之父”泰勒（Frederick Taylor，1856—1915）的所谓科学管理思想实际上是为了更好地量化和控制工作场所的各方面因素，如工作量、动作模式、报酬，以提高生产效率。在这类所谓的科学管理研究和实践中，“人被当作需要测量和管理的问题”（Humans as problems to be measured and managed；Montgomery,2024），他们的尊严和人性化需求都是需要控制的因素。科学管理思想对20世纪的工业生产和企业管理产生了深刻的影响，在提高效率和生产力方面取得了显著成就，但其对人性化需求的忽视和对工人的工具化处理，仍然是备受争议的核心问题（Montgomery,2024）。相比之下，职业心理学更偏重人本主义的立场，重视个人的职业兴趣和职业价值观，强调个人对工作意义的寻求。据说，心理学家勒温（Kurt Lewin，1890—1947）1920年在柏林期间发表了《泰勒制的社会化：一项工作与职业心理学的基础考察》一文，报告了在哈伍德制造公司（Harwood Manufacturing Corporation）开展的对工人体验的整体性研究，这项研究促进了工人对非人性化的泰勒主义的反抗（转引自Montgomery,2024）。

综上，在职业心理学的视野下，工人或员工并非只是一种人力资源，而是要通过职业发展实现个人成长，最终成为自由而完整的人。工业与组织心理学往往会放大工人或员工对其职业的个人责任，将职业仅仅视为实现组织绩效的工具。职业心理学既关注个人面临的问题，也关注其成长。例如，20世纪90年代兴起的职业健康心理学致力于为人们的工作和成长营造健康的场所，人们在这样的场所中能充分发挥自己的潜能，以获得更高的工作绩效、工作满意感、幸福感和意义感。近期，还有学者提出了可持续的生涯发展心理学（psychology of sustainable career development）思想，认为“职业设计必须使人们能够行使自己的能力，在（有尊严的）自由中生活，并为他们提供成为完整人类的机会”（Bal & Alhnaity,2024）。

2.3　社会心理学视角

社会心理学是研究个体在社会环境中的心理与行为规律的学科，关注人如何受他人、群体、文化等社会环境的影响，以及人反过来如何影响社会环境。社会心理学研究有不同的分析水平（杜瓦斯,2010）：它可以以“个体”为分析单位，了解个人的社会认知及社会行为；可以在“人际”水平上分析，关注各种人际关系；也可以在“群体”层面分析，探讨群体心理行为模式；还可以在“群际”层面分析，考察不同社会群体的关系和意识形态问题。若从群体层面来看，产业工人可以被理解为一个特定的社会群体或社会阶层，我们可以探讨该群体在心理和行为上的共性特征，当然也要关注该群体中的各种亚群体以及每个个体的心理行为模式。从社会心理学视角出发考察产业工人，有助于我们理解该群体成员的日常社会生活状况，以及他们在不同分析层面上的心理行为特点及其社会成因。

如果广义地来看，上文提到的工业与组织心理学、职业心理学都可以理解为一种应用社会心理学分支。由于社会心理学的外延极为宽泛，这里无法展开详述，仅以近年来兴起的社会阶层心理学为例，来说明社会心理学视角对产业工人研究的启发。社会阶层心理学的研究一般要从定义研究对象的社会阶层开始。心理学研究者很少根据人们与生产资料的关系定义阶级或社会阶层。他们在实证研究中大都根据社会经济地位来划分社会阶层，社会经济地位的观测指标通常包括收入、教育程度、职业声望等客观指标，有时也用人们自我认定的主观社会阶层作为指标（Manstead,2018）。例如，在西方工业化国家，研究者会根据社会经济地位来区分中产阶层和工人阶层，并对比他们的社会心理差异。

英国卡迪夫大学的心理学者 Manstead（2018）在综述西方国家有关社会阶层影响的大量心理学研究成果之后指出，人们成长和生活的物质条件（经济资本、社会资本和文化资本）对他们的思维、情感和行为有持久的影响（图 1-2）。与中产阶层相比，工人阶层（或工薪阶层）不太可能根据他们的社会经济地位来定义自己，更可能拥有“互依的”(而非“独立的”）自我构念。由于个人控制感较低，他们更倾向于用情境来解释社会事件。工人阶层在同理心方面得分更高，更有可能帮助处于困境中的人。工人阶层之所以对国外输入的移民和本国少数族裔更具偏见，这一现象被证明是经济威胁的结果，因为即便受过高等教育的人在面对经济威胁时同样对这些群体表达出了偏见。中产阶层的“独立”规范在大学和有名的企事业工作场所里盛行，这一现实使得工人阶层不太可能申请这些机构的职位，即便申请也不太可能被录用，如果被录用也不太可能长期留下来。换言之，在西方国家里，身份、认知、情感和行为方面的社会阶层差异使得工人阶层的个体不太可能从当前的教育和职业机会中受益，以改善他们的物质环境。这意味着需要重新制定政策来打破机会限制，改变这种恶性循环。

社会阶层心理学采用了一种阶层对比的视角，试图揭示一个社会中纵向分布的不同群体或阶层的心理差异。一方面，这种视角有其积极价值。在科学研究中，比较是深化认识的基本思维方法。阶层对比的视角可以提醒我们关心阶层心理的独特性，将社会心理与某个阶层或群体具体的生产和生活实践联系起来。心理学不能只研究抽象的人，更要研究特定的生产和生活实践中的人、特定的社会关系中的人（辛自强，

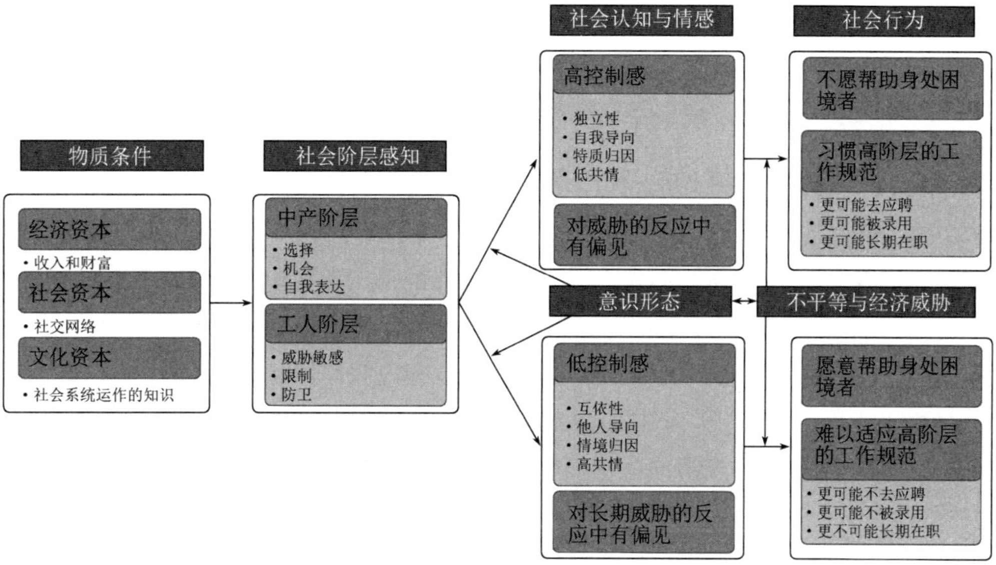

图 1-2　不同阶层的物质条件差异对心理行为的影响

（资料来源：Manstead,2018）

2024）。由此，对工人与其他阶层群体的对比，有助于避免西方心理学的“怪异的”（WEIRD）弊病（Henrich,2010），即研究样本大多来自西方的（Western）、受过良好教育的（Educated）、工业化的（Industrialized）、富有的（Rich）以及所谓民主的（Democratic）国家或社会。基于这种“怪异的”样本所得出的研究很难具有广泛的解释力，且不接地气，容易以偏概全。

另一方面，我们也要谨慎地避免群体对比中的简单化思维。如同社会学者马戎（2024）所指出的，人们认识世界及处理人际关系的认知视角以及相应思维方式可分为两大类：个体视角和群体视角。前者把所有人视为具有特性的个体，后者把所有人归类为拥有某些共性的不同群体。这两种视角都有其独特价值和意义。然而，后者更容易导致简单化的类别划分，甚或类别对立。这种强调“群体共性”、忽视“个体特性”的思维模式在西方社会科学中广泛存在，它与一神教文化传统有关：把世上众生分为本教信徒和异教徒两个群体，并排斥异教徒。而我们的中华文化传统很少使用这种简单的二分法，主张“有教无类”“和而不同”。更重要的是，从当下社会现实出发，也不适宜强调阶层差异，或简单地进行阶层群体对比。当前，全体中国人正团结一心实现中华民族的伟大复兴，因此，“在当今中国社会，尊重公民基本权利、以法治为规范的个体视角，应当成为占主导地位的认知与互动模式（马戎,2024,p. 105）。”

3 产业工人社会心理研究进展

3.1 产业工人的工作环境与工作行为研究

产业工人的工作环境对其工作效率、工作行为、身心健康都有重要影响，现有研究大多从公共卫生、职业健康、安全学等角度，重点探讨了不良的物理环境因素的消极影响。例如，对21项研究的元分析表明，职业环境中的噪声会增加工人遭受工伤的风险（Dzhambov & Dimitrova,2017）。又如，我国学者通过实验证明建筑工地噪声（以打桩机和挖掘机的混合噪声作为噪声刺激）能影响人们的信息感知和加工过程：与安静环境相比，高水平施工噪声诱发脑电的P2、P3、晚正电位（LPP）成分更大的波幅，促进自我损耗和奖赏寻求倾向，从而导致行为决策的反应时间延长、冒险行为增加（叶贵等,2020）。

不仅是噪声，一些特定行业的工人会面临各种环境风险因素，如强光、高温或低温、粉尘等，这些因素对工人身心和行为的影响已经得到广泛研究。例如，有研究对103名铝作业工人和64名对照工人进行心理状况调查和神经行为功能测试，同时对作业环境空气中铝浓度和作业工人尿铝水平进行测定。结果表明，铝作业工人尿铝含量明显高于对照组工人；铝接触工龄超过10年的工人的紧张、忧郁、愤怒、疲劳和困惑情感得分均高于对照组工人，而且手提转捷度、数字译码和目标追踪得分显著降低。可见，长期职业性铝接触可以引起作业工人的心理状态、神经运动速度和准确性以及运动协调能力出现明显的改变（郭贵文等,1998）。

3.2 产业工人的工作创新行为与新技术认知研究

产业工人不仅要按照工作规程完成各种具体工作，还要善于岗位创新。然而，以往对产业工人创新行为的研究并不多，一些相关的研究大多从组织行为学、管理心理学角度考察了白领员工的创新行为特点及其如何受到组织特征（如企业文化、领导风格等）的影响。例如，研究者对5家中国企业（包括信息产业、服务业、制造业）员工的调查表明，组织对创新的支持能正向预测员工的工作创新行为（Riaz et al.,2018）。有研究对所收集的中国6家民营企业间隔三个月的两波时滞数据进行分析，结果表明，授权型领导风格促进了员工的创新行为（Guo et al.,2023）。

创新意识不仅体现在工人的具体工作行为方面，还体现在对新技术的认知方面。随着第四次工业革命的到来，自动化生产设备和生产线、工业机器人、人工智能技术被广泛运用，工人如何看待新技术的挑战，如何开展人机协作都成为亟待研究的问题。

首先，近年来日益加剧的“机器换人”现象已经对产业工人就业造成了很大的冲击。“机器换人”是使用工业机器人、电脑数控机器等自动化生产设备代替人工劳动的现象（范长煜，邓韵雪，2022），即工作因“机器人化”或自动化而不再需要那么多人力。有资料显示，自2013年起，我国已经成为全球第一大工业机器人应用市场，2020年我国应用了16.8万台（套）工业机器人，占全球市场的44%（International Federation of Robotics，2021），而且这一趋势还在加速。机器人等自动化技术可能正在给工人就业造成威胁。有研究分析了2018年调查获得的广东省“企业-职工”匹配数据，该研究关注的因变量为技术性失业担忧（调查中询问制造业职工“企业引入机器人或者自动化，您担心会因此而失掉工作吗”），结果表明，广东省制造业工人中（2450人的样本），“非常担心”企业引入机器人或自动化而失掉工作的占比很低，不到4%，但“担心”失业的比例较高，达到25%，“不太担心”的比例则超过50%。也就是说，有近30%的制造业工人担心因企业引入机器人或自动化而失去工作，相反，“完全不担心”的工人不到两成。可见，制造业工人的确感知到了“机器换人”给他们带来的失业风险。

其次，新技术的引入在不断改变工人的工作模式和就业结构。在曾经的机械化时代，马克思观察到机器在资本主义国家的应用导致工人工作时间延长、工作节奏加快、劳动技能退化等问题。在当前的数字化时代和人工智能时代，机器所带来的影响正以新的形式呈现：一方面，数字化技术导致劳动者工作与休闲的界限变得模糊，很多人不得不忍受“始终在线”的工作模式，并承受来自数据与算法监控下的效率规训；另一方面，人工智能的崛起正引发就业结构的重大变化，高技能劳动者得益于技术优势而受到青睐，而中、低技能劳动者将面对更加严峻的就业形势（黄旖丰冉，2024）。

最后，我们必须看到，新技术的引入不仅提高了企业生产效率，也在给工人或员工的工作行为带来积极影响。以西门子的电子制造工厂为例，人工智能系统被用来在设备故障发生之前进行预测，从而大大减少了设备的意外停机时间，使生产过程更加平稳（Passalacqua et al.，2024）。在智能化生产车间里，工人们已经从以往的日常操作性工作转变为专门处理复杂的技术性、认知性任务，这种转变为他们发挥创造力来解决问题提供了机会，也为他们的工作增添了更强烈的意义感（Lu et al.，2022）。在很多企业里，人机交互正成为全新的工作方式。有研究通过对多时点搜集的203名来自智慧电厂员工的数据进行分析后发现，人机之间的增强型交互能正向影响工作创新行为，而阻滞型交互却抑制工作创新行为（李晓曼，陈丽，2024）。

3.3　产业工人的职业精神与职业认同研究

产业工人的职业精神是一个复杂的谱系，包括劳模精神、劳动精神、工匠精神等。《中国工运事业和工会工作“十四五”发展规划》指出，“十四五”期间要确保“广大职工主人翁意识进一步增强，劳模精神、劳动精神、工匠精神大力弘扬”。习近平总书记在2020年全国劳动模范和先进工作者表彰大会上对这三种精神作出了更明确的阐释，它们分别是“爱岗敬业、争创一流、艰苦奋斗、勇于创新、淡泊名利、甘于奉献的劳模精神，崇尚劳动、热爱劳动、辛勤劳动、诚实劳动的劳动精神，执着专注、精益求精、一丝不苟、追求卓越的工匠精神。”这三种职业精神体现出产业工人尤其是劳模工匠群体的优秀品质和精神风貌，是其卓越职业精神的展示（徐超凡,2025）。目前对产业工人职业精神的实证研究很少。例如，有研究者（徐超凡,2025）从“大五”人格特征、心理资本和心理健康三个方面对北京市劳模、工匠、先进工作者（1323 人）及普通职工（763 人）进行了调研和对比分析，以期发掘和探讨劳模工匠的人格特征及心理品质，解析上述三种职业精神的深刻内涵。然而，这项研究在构念操作化、结果分析和推论方面的做法并不严谨，难以提供可靠的实证发现。

如何培育产业工人的职业精神，应该是各行各业管理层，特别是工会部门关注的实际问题。很多学者指出，相比于70后以及更年长一代，作为当前产业工人主体的新生代（20世纪80年代及之后出生的）产业工人普遍具有“三高一低”的特征，即受教育程度较高、职业期望与情感诉求较高、物质和精神享受较高、工作耐受力较低（黎金荣,2016;张琦,2011）。现代工业的流水线生产方式虽然可以保证生产效率，但新生代产业工人往往在生产线上从事着单一、重复、枯燥的工作，久而久之，他们表现出工作动机不足、职业倦怠、工作不满意等现象，这一定程度上将会影响企业产品质量提升、“工匠型”人才培育等企业管理实践（黎金荣,2016）。因此，企业应该重视产业工人职业精神的培育问题。

产业工人职业精神的一个重要成分可能是职业认同，只有建立强烈的职业认同，方能敬业爱岗。一项调查表明，产业工人心理所有权和职业认同能显著正向预测其工作投入，产业工人职业认同部分中介其心理所有权对工作投入的正向影响，员工导向的组织文化在产业工人职业认同影响其工作投入的过程中起着正向调节作用（朱永跃等,2020）。反之，如果产业工人缺乏对自身职业的认同感和自豪感，就容易对工作产生消极情绪，对工作投入不足（郭靖等,2015;林赞歌等,2017）。

产业工人职业认同的建立需要良好的社会氛围和支持性的制度环境。一方面，职业污名化不利于产业工人建立职业认同。部分蓝领工人往往要从事一些“脏活”、体力活，社会上很多人对这些工作内容有一种污名化的认知或存在“体力劳动=低社会地位”的刻板印象（Ashforth & Kreiner,1999），从而不利于营造《意见》所要求的良好社会氛围，即那种“崇尚劳模、尊重劳动、尊崇工匠的社会氛围”。另一方面，对于一个行业的从业者来说，他们职业认同的强弱很大程度上取决于社会为该行业所赋予的职业地位和职业声望。农民工群体曾经一度是我国产业工人的主力之一，但是因户籍制度的限制，该群体被建构为“城市边缘人”，导致自我价值感低下，自然难以形成职业认同。李强（2012）分析发现，农民工比市民更频繁地换工作，但是，农民工换工作没有“地位继承”和“地位积累”，相比之下市民的地位上升有“档案资料”“职称评定”做后盾，由此可见，农民工显然处在地位上升的弱势位置上。如果一个职业人群在职业发展和社会身份上缺乏制度支持，自然不利于他们建立职业认同。最后要指出的是，职业污名和社会支持往往交互影响职业认同。对制造业产业工人的调查研究表明，他们感受到的职业污名显著负向预测其工匠精神，职业认同部分中介职业污名对工匠精神的负向作用；而家庭支持以及组织支持在职业污名影响其职业认同的过程中发挥负向调节作用，同时调节职业污名通过职业认同对工匠精神的间接影响（朱永跃等,2023）。

职业精神和职业认同的建立，有赖于良好的职业辅导。《意见》曾提出要“引导企业建立健全产业工人职业生涯指导计划”。实际上，这个工作应该在职业院校阶段就予以重视，因为中职和高职院校的毕业生大半都要成为产业工人——他们是“未来产业工人”。职业认同是指个体在内心中认为所从事的职业有价值、有意义，并能够从中找到乐趣。对天津市高职学生的调查表明，他们的职业认同总体状况良好，处于中上水平。从构成职业认同的维度来看，职业认知得分最高，其次是职业行为，最低的是职业情感（安蓉，胡道圣,2015），可见学校应该重点提升高职学生的职业情感，引导其对所选专业和职业建立情感认同。对于职业院校学生而言，他们对专业和职业的认同，会增加专业使命感和学业投入度。研究表明，高职学生的职业使命感与生涯适应力、学业投入均呈中等程度正相关，生涯适应力在职业使命感预测学业投入的路径上起部分中介作用（钟俊萍等,2023）。然而，目前很多职业院校学生的职业生涯规划能力和学校的相应教育都存在各种不足。调研发现，当前高职学生有一定的职业生涯规划意识，但缺乏规划能力；有职业生涯规划教育需求，但信息获得渠道单一；重视社会实践和行业信息，但实践行动少；存在多样化的就业取向，但自我认知和专业认知模糊（苏姝,2022）。因此，学校今后应进一步优化职业生涯规划教育。

3.4　产业工人的职业心理健康研究

综合现有文献，对产业工人心理健康状况的研究有两种思路，一种是关注其一般心理健康状况，另一种是具体到职业场景下考察“职业心理健康”有关的变量，如工作倦怠、职业压力等。例如，有学者（卢文玉等,2020）运用横断历史研究的方法对1993—2016 年间 126 篇采用 SCL-90 量表测查工人一般心理健康状况的实证报告（共101785 名工人）进行元分析。结果发现：SCL-90 量表各因子（得分越高表示心理症状水平越高）均与年代呈显著负相关，说明在这 24 年里我国工人的心理健康水平在逐年提升。这种提升主要体现在东部地区工人身上，其他地区工人的心理健康水平变化不明显；与男性工人相比，女性工人心理健康水平的上升趋势更为明显，但是心理健康水平得分的性别差异并不显著。

当然，也有研究专门考察产业工人的职业压力现状及其影响因素。有学者（Yan et

al.,2022）专门对北京地区超过 1.3 万名产业工人的职业压力开展了在线调查。结果发现，电力、热力、天然气和自来水产供行业工人的“高职业压力”发生率为 3.3%，交通运输业为 5.8%，制造业为 10.3%，制造业的高职业压力发生率明显高于其他两个行业；具有男性、低学历、经常换工作、在制造业工作等特征的工人往往更容易遭受高职业压力，可见职业压力同时受到个人特征和工作特征的影响。

在工作要求-控制模型看来，员工的职业压力和幸福感主要受到工作场所的两个特征影响：一个是要求（demand），它指各种形式的工作负荷或压力源；另一个是控制（control），它指在工作中的掌控程度或自主性，包括员工能否自行做出工作决定，以及能否自行决定使用何种技能来应对工作（Karasek,1979）。例如，工作时间的长短体现了工作要求特征，而产业工人的工作时间往往很长。一项调查表明，产业工人、农民和机关公务员的平均日工作时间分别是 9.28、8.59、8.28 小时（吴伟炯,2016）。产业工人的工作时间明显更长，这一方面是因为很多企业单位为了赶工期而不顾工人的职业幸福感，迫使其延长工作时间、增大劳动强度；另一方面是因为大多数产业工人的经济压力较大，不得不接受这种超负荷的工作，以期多获得一点报酬。

工人的个人特征与工作场所的特征可能交互影响他们的职业心理健康。针对我国产业工人的研究表明，只有高从业年限的工人才能通过工作自主性缓冲因工作要求而引发的焦虑；只有当上级支持处于高水平时，工作自主性才能缓冲工作要求对工人组织自尊造成的损害（郭靖等,2015）。一项对某高科技劳动密集型制造企业进行的调查研究，从工作特征因素和个体因素角度探讨了新生代产业工人工作倦怠的影响因素。结果表明，工作—家庭冲突与工作倦怠存在正相关关系；职业回报、社会支持与工作倦怠存在负相关；心理韧性在工作—家庭冲突和工作倦怠之间起调节作用，而心理韧性在社会支持与工作倦怠之间起到中介作用（周密等,2016）。

针对产业工人的一般性和职业性心理健康研究大多采取了“问题视角”或病理性视角，主要考察的是负面的心理健康指标，如心理问题、职业压力、工作倦怠等。除此之外，还应该采取积极心理学的视角，更多关注正面的心理品质，如心理资本、心理幸福感、工作意义感等。有研究（王文娟,王小梅,2022）从自我效能感、希望、乐观和韧性四个维度分析了我国产业工人积极心理资本的现状。结果发现，劳模工匠较普通职工有更高的积极心理资本水平，能以更积极的心理状态投入工作。具体而言，劳模工匠在自我效能、希望、乐观三个方面得分均高于普通职工；在韧性方面，二者没有显著差异。不同技术等级水平（初级、中级、高级）的产业工人积极心理资本水平存在显著差异，技术等级越高，积极心理资本水平越高。

来自企业管理部门和工会良好的社会支持有助于增加产业工人的积极心理品质。以工会为例，它是党和政府联系职工群众的桥梁纽带，负责代表和维护职工的合法权益。调查表明，参加工会提升了新产业工人的收入满意度和工作满意度，从而增加了新产业工人获得高生活满意度的概率，降低了其对生活不满意的概率（程名望等，2023）。

3.5　产业工人日常生活的社会心理研究

产业工人不仅是一种职业身份和一直忙于工作的“打工人”，他们也要过自己的生活，每日衣食住行、健康锻炼、消费娱乐。因此，我们要关注他们“日常生活”中的社会心理行为特点。虽然目前这方面的研究较为零散，但是也可以帮我们初步了解产业工人的生存和生活状况。

首先来看产业工人日常生活的时空模式。目前绝大部分城市都有各种产业园区，这里主要是从事制造业的工人们每天工作和生活的区域。园区通常包括工厂区与宿舍区，配备了必要的工人食堂、生活超市，可能还包括一些其他的基础设施，如小型篮球场这种简单的运动场地。总体而言，园区内可供工人自由活动的区域一般较小。在居住条件上，员工普遍住在集体宿舍，一间宿舍由多人共同居住，休息区域普遍狭小拥挤，基本没有个人空间。园区内的物理条件、生活安排都以服务生产为目的，工人大多周而复始地过着“工作—吃饭—睡觉”的生活（陈纬等,2023）。对合肥市外来务工人员（主要从事制造业、建筑业等）的调查表明，他们每周工作日数为 5 天的占比仅为 27%，接近 70% 的人每周工作 6—7 天，其中，每周 7 天都在工作的占比达到 23%；每日工作时长超过 8 小时的占比 43%（赵春雨等,2022）。一项对建筑工程现场施工人员的调查收集了全国 25 个省、97 个城市的 1673 份问卷，统计发现这些建筑工人平均每周工作 6.4 天，每天工作 9.52 小时（王晓朦等,2023）。可见，对于产业工人而言，普遍存在工作时间长、劳动强度大的情况。

其次来看产业工人的精神生活状况。由于自由空间和空闲时间少，加之收入和其他客观条件限制，产业工人的精神生活总体而言并不丰富。对合肥市外来务工人员的调查表明，他们大部分一周购物在三次以内，一次及以下的比例很高，休闲活动一次及以下的占比为 64%，很多人没有外出休闲活动（赵春雨等,2022）。一项对新生代产业工人的调查表明，他们长期处于高度紧张的工作状态下，闲暇时主要以网络游戏、打牌、逛街游玩、看电影、户外活动、睡觉等方式来消磨时光，他们也会活跃在微信、微博、QQ 等社交软件中，多数人是玩手机的低头族。总之，他们鲜少投入个人继续教育、职业技能提升以及专业书籍阅读、学习培训等，精神生活娱乐化、简单化现象较为突出（廖小琴,何学海,2019）。

最后来看产业工人的经济生活状况。国家统计局北京调查总队在 2019 年对北京市新生代农民工的调查发现，他们的月均收入为 5850 元。在其消费结构中，食品烟酒占 30%，居住占 25%，衣着及其他日常生活用品占 12%，交通通信占 10%，教育文化娱乐占 10%、大件物品占 9%、医疗保健占 3%（北京市统计局,2020）。总体而言，其消费主要是维系生存和基本的日常生活，休闲娱乐和自我提升方面的消费不多。

综上所述，虽然我们可以通过一些文献大致了解产业工人的日常生活，但是现有研究很少关注到他们在日常生活中表现出的社会心理特点，如他们对一些社会问题的看法、价值观念、消费心理等。

3.6 产业工人社会心理调查研究的传统与进展

马克思主义经典作家、老一辈革命家都十分重视社会调查，包括对工人群体的调查。恩格斯 1845 年出版《英国工人阶级状况》一书，详细描述了这一时期工人阶级的普遍状况。为了写作这本书，恩格斯从 1843 年开始在英国进行了广泛调查，去伦敦、利物浦等工业中心实地考察，访问工厂、矿山和工人家庭，查阅各种报告和资料，搜集了大量关于英国工人生活条件、政治态度和斗争情况的材料，充分揭示了资本主义制度的罪恶和工人阶级的悲惨境遇，指明了斗争的方向。无论在革命战争年代，还是在新中国成立后，毛泽东都坚持调查研究。例如，1918 年和 1919 年冬春之际，毛泽东曾两次来到北京的长辛店，深入调查工厂和铁路工人的生产生活状况。1930 年 5 月，毛泽东花了 10 多天时间在江西省寻乌县做调查，并写出《反对本本主义》一文（原篇名为《调查工作》），该文提出了“没有调查，没有发言权”的著名论断，并深入阐释了调查研究的理论、原则和方法。他的调查成果众多，仅在革命战争年代就写出了《寻乌调查》《永新调查》《宁冈调查》《兴国调查》《长冈乡调查》《才溪乡调查》《中国社会各阶级的分析》等报告。

有些心理学家非常重视对工人心理的调查研究。例如，在 1930 年前后，德国心理学家弗洛姆（Erich Fromm，1900—1980）主持开展了一项有关工人心理结构及其理念态度的调查研究（关山彤,2021）。在 1929—1931 年期间，弗洛姆团队通过调查获得了 1100 份有效问卷。该问卷包括六大类的 271 个问题，涉及工人的年龄、性别、职业、政治取向、兴趣爱好，以及对待家庭、工作、政党、国家、时尚、艺术等方面的态度。许多问题为开放式问题，不设答案选项。以对权威的态度为例，在调查中使用的问题包括：（1）已婚女性出去工作是对的吗？为什么？（2）您认为抚养孩子长大可以完全不使用体罚吗？理由是什么？（3）您认为一个人的命运只能怪他自己吗？为什么？（4）在您看来，世界怎样才能得到改善？可惜的是，后来在弗洛姆所在的法兰克福社会研究所搬迁过程中，部分问卷遗失，到了 1934 年仅剩余 584 份。弗洛姆在 1937—1938 年间对剩余的问卷资料进行了分析，并写作成书，然而，由于种种原因，该书一直未能出版。直到 1980 年，弗洛姆基于这一研究撰写的《魏玛德国的工人阶级：一项心理学和社会学研究》一书才在德国首次出版，随后于 1984 年被翻译成英文出版。

在整理问卷资料时，弗洛姆区分了两种不同的分类方法。一种是描述性分类，它指按照问卷回答内容所表达的观点和态度本身直接进行分类；另一种是解释性分类，它的目的是要发现未在问题或者答案中直接出现的信息，即通过对问卷回答内容的隐藏含义作出解释后再对其进行分类。换言之，前者关注受访者直接说了什么，后者关注他们为什么这么说，以及这种言说方式背后隐藏的无意识含义。对无意识含义的关注源自弗洛姆的精神分析训练背景。例如，弗洛姆根据受访者在问卷中表达的对一般社会政治问题的评价、对权威的态度以及对待人类同胞的态度，对他们的社会性格进行了分类研究。弗洛姆将工人的社会性格划分为权威主义性格、激进—革命性格和矛盾型性格三类。他得到的总体结论是：当时有 10% 的德国工人和雇员具有权威主义性格结构，有 15% 的人属于民主的性格结构，而大约 75% 的人的性格结构是这两种极端的混合体，即矛盾型性格。社会性格的不同将部分决定着他们可能采取什么样的政治信念和社会行动，因此，这项研究对于认识 20 世纪 30 年代德国的政治进程及其成因具有重要启示意义（关山彤,2021）。

我国有关部门和专家学者针对工人群体，也开展了一些大型调查，其中包括心理方面的调查内容。自 1982 年起，中华全国总工会每五年开展一次全国职工队伍状况调查。例如，1992 年，中华全国总工会开展了一项对五万名职工的大型调查，其中近 56% 的被试是工人。该调查包括一些心理行为变量，如职工对自身劳动积极性的主观评价、劳动目的和劳动态度、地位失落感、市场观念等（冯同庆,1993）。2023 年，中华全国总工会发布了第九次全国职工队伍状况调查结果。此外，2015 年至 2020 年，国家统计局上海调查总队每年都对上千人的上海新产业工人开展就业生活状况调查，调查内容包括收入、就业、健康、居住、社会融合等多个方面，也包括生活满意度这类心理变量（程名望等,2023）。如前文所述，在 2021 年 9 月至 2022 年 3 月期间，有学者（Yan et al.,2022）运用方便取样法对北京地区的 13867 名产业工人的职业压力开展了大样本的在线专题调查，揭示了职业压力的行业差异和人口学差异。然而，心理学界专门对产业工人开展的社会心理调查非常少，大型调查更是鲜见。例如，有研究采用问卷调查法对来自全国 8 省市的 437 名工人的价值取向现状进行了研究，结果表明，在总体上，我国工人具有积极向上的价值取向，他们重视品格追求、公共利益、工作成就等价值；工人的受教育水平和性别、年龄和居住地等人口学特征对价值取向的某些方面都存在显著的交互作用（金盛华,刘蓓,2005）。今后应该对产业工人更广泛的心理变量开展大型调查，全面了解其社会心理特点。

4　以往产业工人社会心理研究进展评论

由于篇幅、时间和精力所限，我们很难对国内外有关产业工人社会心理的研究成果进行全面的文献梳理和综述。我们只是以方便的方式尽可能搜索了一些以“产业工人”与“心理”或某些特定的心理变量为主题词的中英文文献，且以中文文献为主。虽然很难确保综述的完备性，但依然可以通过综述工作获得一些结论性的认识。

第一，有关产业工人心理行为的研究是一个跨学科的领域，但心理学科的介入明显不足。本章所引证的文献大多来自经管类期刊，尤其是工业经济、工业管理领域的期刊；其他一些文献来自社会学、青年学、人口学、安全学、建筑学、职业教育、工会研究、公共卫生学等领域的期刊。即便研究内容以心理行为为主题，但是以产业工人为样本的研究很少发表在心理学专业期刊上。这恰恰说明心理学应该更加重视研究如产业工人这样的处于特定生产生活实践背景下的人群，而不应无视各种样本的特殊性并一味在抽象的“人类”意义上考虑被试选择（辛自强,2024）。

第二，有关产业工人心理行为的实证研究涉及不同层面的变量，但很少有文章系统考虑这些变量之间的层次差异以及变量选择的学科视角差异。现有研究涵盖从工作心理（工作环境、工作行为、技术认知）到职业心理（职业精神、职业认同、职业心理健康），再到社会生活心理的广泛变量（如互联网使用行为、消费心理和行为）。研究者之所以选取不同层面的变量，可能出自不同的学科视角和价值追求。如果从工业经济学、工业管理学、工业与组织心理学（包括人因学、工效学、组织行为学等）视角开展研究，往往侧重选择工作场景的客观特征和工人的工作心理行为变量（如创新行为、个人与组织绩效）并考察它们的关系，其目的是经济性的、生产性的，试图为改进工作效率、提高企业效益服务。从工会研究、职业心理学、公共卫生学等视角出发，研究者倾向选择职业精神、职业认同、身心健康方面的变量，其目的往往是政治性的、人本性的，试图为建设政治坚定、健康进取的产业工人队伍服务。当然，产业工人不仅是“打工人”和“职业人”，也是一个特定的社会阶层、社会群体，因此，有必要从社会心理学视角揭示这一群体在日常生活、社会生活、经济生活方面的心理行为特点。

第三，有关产业工人心理行为的实证研究往往没有有效整合学科视角和政治目标。《意见》指出“产业工人是工人阶级的主体力量”，“通过深化产业工人队伍建设改革，思想政治引领更加扎实，产业工人听党话跟党走的信念更加坚定”。可见，对于我国产业工人队伍建设而言，应该特别关注其政治信念和职业精神的特点，但是这方面的实证研究却十分薄弱，一些能找到的研究成果其本身的学术质量也未必很高。从工业与组织心理学、组织行为学、公共卫生学等学科视角出发的实证研究，在理论建构、概念和变量界定、研究设计思路等方面采用的多是狭窄的学科思维和技术主义倾向，甚或局限在西方同行提供的话语框架下，故而研究成果大多不那么接地气，缺乏充分的现实关怀和鲜活的生命力。更为重要的是，这些“学科化”的研究，很少有充分的政治考量，甚至有意回避相关问题。因此，如何确保产业工人心理行为的研究既有学科深度，又有政治高度，是当前需要综合考虑的问题。

第四，有关产业工人心理行为的实证研究较少采用大型的专项调查数据。开展实证研究离不开数据，调查法是有效获取数据的快捷方法。目前的研究多为几百人规模的小型调查，很少见到数千人或上万人规模的大型调查成果。在小型调查中，研究者往往是针对特定的、专门的主题收集数据，所涉及的变量数目较少，很难为产业工人心理勾勒出全景图，很难建立更广泛变量之间的关系。现有的少数几个面向产业工人的大型调整通常并非专门的心理行为调查，只是在综合性调查中包含了个别的心理行为变量。如果要全面了解新时代产业工人社会心理的总体状况及其与前因、后果变量的关系，就需要开展大型的专项调查。

5　产业工人社会心理调查的概念框架

5.1　制定概念框架的思路

为做好本次新时代产业工人社会心理调查项目，我们首先要制定调查的概念框架。在上述文献综述和评析的基础上，我们认为概念框架的确定要坚持如下思路：

第一，兼顾学科性与政治性原则。作为一项社会心理调查项目，我们肯定要借鉴和使用现有的学科视角，如工业与组织心理学、职业心理学、社会心理学视角。同时，要充分考虑政治性原则，确保调研内容及分析思路、结果结论等符合党和国家的政治要求。我们重点参考了中共中央、国务院印发的《新时期产业工人队伍建设改革方案》《中共中央国务院关于深化产业工人队伍建设改革的意见》《中国工运事业和工会工作“十四五”发展规划》《中华人民共和国工会法》等政策和法律文本。

第二，采用多学科视角。一方面，我们认真总结梳理了工业与组织心理学、职业心理学、社会心理学等心理学分支学科的学科历史和实证研究进展，以此支撑概念框架建构和调研内容或变量的选择；另一方面，我们也从公共卫生学、经济学、管理学、工会研究等领域的理论和实证研究成果中寻找借鉴，确保把产业工人社会心理调查置于更广泛的学科背景下来审视和思考。多学科视角让我们同时认识到产业工人的多重人性特征，并全面考察不同人性维度下的心理行为变量。

第三，运用系统性思维。一方面，在确定产业工人社会心理的内容时，采用层次性原则考虑问题，分别考察心理系统不同层面的内容，主要包括工作心理、职业心理和社会心理三个层次的变量；另一方面，将心理系统放在更大的系统中来考虑，关注心理系统与工作特征系统、个人特征系统、行为结果系统（个体行为结果、组织结果）之间的关系。

第四，考虑方法可行性。我们所用方法为社会调查法，要确保调查内容适合方法要求。如前所述，《意见》提出的深化产业工人队伍建设改革的主要目标包含提升产业工人的政治信念、职业体验、工作动力、业务素质等多个方面。其中着重提到“产业工人综合素质明显提升，大国工匠、高技能人才不断涌现，知识型技能型创新型产业工人队伍不断壮大”。这里的“综合素质”实际上是指代业务素质，大致对应心理学中的知识、能力和技能范畴，要评估这些因素需要设计专门的认知性和操作性任务，而很难通过自陈问卷予以测量。因此，为了确保调查的可行性，我们没有将这类业务能力方面的内容纳入调查问卷。其余方面的内容，如政治信念、职业体验、工作动力等都可以合理转换为适合问卷调查的内容。

5.2 概念框架

基于上述思路，我们为新时代产业工人社会心理调查项目制定了清晰的概念框架，它包括两大部分（图 1-3）。

图 1-3 新时代产业工人社会心理调查的概念框架

一方面是产业工人心理发生的背景条件。（1）个人特征，包括性别、年龄、户口类型等人口学特征，也包括受教育水平、职业技能、工作年限、每周或每天的工作时长等人力资本特征。（2）工作特征，包括工作类型特征，如行业类型、单位性质、工种等，也包括激励保障条件，如工资待遇、补贴福利、教育培训、激励方式、工作环境、工会支持等。这些特征影响着产业工人的心理变量，并直接影响或通过心理变量间接影响其行为结果变量。

另一方面是产业工人的社会心理。它是一个三层的心理结构：（1）工作心理，包括工作状况（本书第二章）、工作创新（第三章）、人工智能认知（第四章）；（2）职业心理：职业精神（第五章）、职业与社会认同（第六章）、职业心理健康（第七章）；（3）生活心理：日常生活心理（第八章）、经济生活心理（第九章）。此外，还有一块特殊的内容——未来产业工人的职业生涯探索（第十章），它从内容上属于职业心理，但是因为样本不同，故而进行单独调查和专章写作。

我们之所以从理论上区分出产业工人的三层心理，是因为考虑到要对应他们的三重角色。首先，产业工人是一种工作角色。工作是一个生产过程，产业工人是生产者，他们要在特定的工作环境和技术体系下从事技能性劳动，实施人机交互，开展岗位创新行为；工作是一个交换过程，产业工人是经济人，他们通过付出人力资本创造价值，从而获得企业提供的激励条件（以薪酬为主）和保障条件。由此，产业工人的工作心理就是在工作场景、生产过程、经济交换中表现出的心理，包括工作状况、创新行为、人工智能认知等。其次，产业工人是一种职业角色。他们是职业人，需要具有职业精神和职业认同，也要注重自身职业心理健康；与此同时，产业工人是我国工人阶级的主体力量，在企业中拥有主人翁地位，他们的政治人属性必然要熔铸在职业心理中。最后，产业工人同时拥有生活人或社会人的角色。除了工作岗位和职业定位，每一名产业工人都有其日常生活，如衣食住行、休闲娱乐、消费投资等，因此我们要全面描绘产业工人日常生活以及经济生活中的心理行为特点。

6　产业工人社会心理调查方法和样本

本项目调研了两类群体，一是产业工人，二是未来产业工人，即职业院校的在校生。虽然我们的主要目标群体是产业工人，但是职业院校学生毕业后大部分是在各个产业的一线工作，因此，这些未来产业工人同样需要关注、值得研究。我们对未来产业工人专项调查的实施时间为2024年6月至7月。选取山东和广东的两所高等职业院校进行调查，共发放1970份问卷，获得有效问卷1706份，有效作答率为86.60%。被试年龄范围在16～24岁，平均年龄为20.10岁（$SD=0.99$），男性有1176名（68.93%），女性530名（31.07%）。被试的专业包括电子信息（计算机网络技术等）、交通运输（铁路综合维修等）、能源材料（电厂化学与环保技术等）、生物化工（石油化工技术等）、土木建筑（建筑工程技术等）、装备制造（机械制造等）。有关未来产业工人调查的程序和工具等，将在第十章具体阐述。下文着重介绍产业工人的调查方法及样本基本情况。

6.1　产业工人调查方法

6.1.1　取样方法和调查程序

我们采用方便取样法在全国范围内获得产业工人样本。为了增加施测范围，采用了线上和线下相结合的方式进行调查。调查方案事先获得中国人民大学心理学系伦理审查委员会的认可。线下调查在2024年6月至11月进行，线上调查在2024年10月至2025年1月进行。其一，线下调查程序。（1）调查员的招募、培训和管理。项目助理首先通过线上渠道（如官方网站和公众号）以及张贴海报等方式，在中国人民大学招募本科生和研究生担任调查员。共招募调查员60名，有7人因个人原因退出，最终有53名调查员完成调查工作。项目负责人通过线下集中培训向调查员介绍本次调查的目标、基本流程、责任义务、保密要求和注意事项等。在调查员充分理解培训内容后，他们需要签署“调查承诺书”，以确保所收集数据的真实性，并承诺保护受访者的隐私。（2）调查实施过程。调查通过面对面分发问卷的方式进行。在被试填写问卷之前，调查员需向其解释调查目的，并要求被试在充分了解并自愿的情况下签署“知情同意书”。同时，根据培训的指导和承诺书的要求，调查员在调查过程中需对被试的答题过程进行拍照，拍照时需注意避免拍摄到被试的正面，以保护其肖像隐私。此外，调查员还需记录每位被试开始和结束答题的具体时间。完成调查工作后，调查员可获得志愿服务证明和劳务补助。（3）调查数据录入与清理。数据收集完成后，部分问卷由调查员负责在统一的数据库文件中录入数据。其余问卷由专业数据公司进行录入。随后，项目助理将所有调查员的数据库进行合并，并在项目负责专家的监督下有选择性地抽查录入数据的质量，对错漏之处核对修改。此外，项目助理还要对规律作答、错漏题项较多、答题时间过短的问卷进行甄别，做好数据清理。

其二，线上调查程序。（1）线上平台的选择和取样方法。我们采用了两个不同的线上平台进行施测。一是中国人民大学心理学系调查问卷系统。通过这一平台，被试可以通过分享的问卷链接或者二维码进行填答。调查时，项目助理联系全国各地一些企业的负责人，由他们负责在自己企业里招募工人，组织他们在线上平台填答问卷。在任务结束后，被试得到一定的报酬。二是见数平台。该平台是我国一个广泛使用的问卷平台，我们在平台上录入并发布问卷，让平台上符合取样要求的注册用户看到这份问卷并进行作答。通过该平台的筛选功能，我们选取用户中的我国产业工人作为目标样本，具体筛选的行业为“采矿业”“制造业”“电力、热力、燃气及水生产和供应业”“交通运输、仓储和邮政业”，筛选的职业为“普通工人（如工厂的工人或体力劳动者等）”。问卷发布后自动向目标用户进行推送，符合要求的用户经过验证、阅读调查说明之后即可作答，他们在提交问卷并通过调查员审核之后自动通过平台获取报酬。（2）调查数据获得与清理。数据收集完成后，项目助理从线上平台导出所有被调查者的作答结果。随后，项目助理对线上数据进行初步处理并将其与线下调查收集的数据一同纳入数据库。为了保证数据质量，除了和线下数据进行相同的筛选和清理，我们也利用见数平台的审核机制，提前筛选出答题时间过短、“地雷题”错误较多、规律作答的被试并予以排除，以确保调查数据质量并节省调查成本。

6.1.2 调查工具

产业工人调查问卷共 17 页，调查变量涵盖被试的人口学信息、工作状况、工作创新、人工智能认知、职业精神、职业认同、职业心理健康、日常生活、经济生活等方面。问卷题目有三种来源，包括已有的成熟量表题目、自编题目、借鉴同类调查工具改编的题目。无论是线下还是线上调查，均由被试独立完成作答。由于问卷题目众多，这里不作详细说明，而是在本章后续部分以及后续各章中具体介绍。

6.2　产业工人样本的基本情况

调查对象为我国的产业工人。取样时尽可能全面覆盖每个省份和各行业的产业工人，此外，尽量考虑居住地、年龄层等人口学特征的多样性。最终线下收集了 3170 份问卷，有效问卷为 3051 份；线上平台收集 1958 份，有效问卷为 1369 份。线下和线上一共收集了 5128 份，有效问卷为 4420 份，有效作答率 86.19%（由于不同变量数据缺失情况及后续数据清洗规则的不同，本书各章所用有效样本数量可能略有不同）。本次调查覆盖了 31 个省、直辖市、自治区（不含港澳台），各省份样本数量为 2~533 人不等，大部分省份样本都在 40 人以上，但是部分省份人数过少，如青海、海南、吉林、宁夏、上海、甘肃、北京均不足 30 人，因此我们不考察研究变量的省份差异。此次产业工人调查有效样本共 4420 人，其基本信息见表 1-1。

6.2.1　基本人口学信息

（1）性别。有效样本中 4351 名被试报告了性别信息，其中男性 2800 名（64.35%），女性 1551 名（35.65%）。

（2）年龄。有效样本中 4402 人报告了出生年份。据此计算的被试平均年龄为 37.65 岁（*SD*=10.11）。

（3）户口状况。本次调查共 4383 名被试报告了户口状况（图 1-4），其中有 1826 人为城镇户口，占比 41.66%，2557 人为农村户口，占比 58.34%。本地户口有 3137 人，占比 71.57%，非本地户口 1246 人，占比 28.43%。

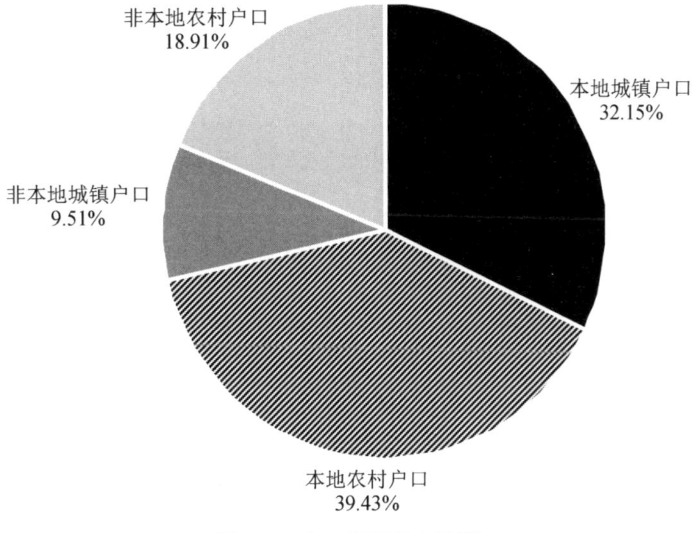

图 1-4　户口状况分布情况

（4）居住地。按照国家统计局（2024）的划分方法，根据被试报告的主要居住地，将其划分为四类地区：（1）东部地区，包括北京、天津、河北、上海、江苏、浙江、

表 1-1　产业工人调查样本基础人口统计学信息

地区	省份	样本量	性别		年龄		身高(m)		体重(kg)		BMI（kg/m²）		户口状况		是否独生	
			男	女	*M*	*SD*	*M*	*SD*	*M*	*SD*	*M*	*SD*	城镇户口	农村户口	是	否
	北京	29	58.62%	41.38%	31.28	5.90	1.69	0.06	68.59	16.47	23.97	4.52	31.03%	68.97%	34.48%	65.52%
	天津	67	67.74%	32.26%	37.23	10.84	1.70	0.08	71.00	16.06	24.44	4.78	25.76%	74.24%	31.34%	68.66%
	河北	137	49.64%	50.36%	36.97	9.02	1.67	0.07	66.64	12.43	23.68	3.35	20.44%	79.56%	24.82%	75.18%
	上海	17	52.94%	47.06%	31.29	6.08	1.66	0.06	62.24	9.10	22.43	1.90	35.29%	64.71%	41.18%	58.82%
	江苏	317	79.50%	20.50%	31.61	7.19	1.72	0.08	76.10	22.33	25.48	6.69	29.65%	70.35%	28.39%	71.61%
	浙江	256	53.59%	46.41%	37.13	10.25	1.66	0.08	68.52	20.39	24.70	6.68	23.29%	76.71%	25.40%	74.60%
	福建	217	64.93%	35.07%	37.04	11.07	1.67	0.09	66.27	14.00	23.78	4.57	24.17%	75.83%	16.98%	83.02%
	山东	263	85.33%	14.67%	38.66	9.51	1.72	0.06	73.81	13.78	24.74	4.03	53.61%	46.39%	35.25%	64.75%
	广东	537	59.18%	40.82%	35.99	9.61	1.66	0.07	63.21	15.94	22.75	4.99	39.44%	60.56%	21.04%	78.96%
	海南	8	75.00%	25.00%	31.50	5.10	1.66	0.07	63.38	8.45	22.82	1.33	25.00%	75.00%	37.50%	62.50%
东部地区		**1848**	**64.65%**	**35.35%**	**34.87**	**8.46**	**1.68**	**0.07**	**67.98**	**14.90**	**23.88**	**4.28**	**30.77%**	**69.23%**	**29.64%**	**70.36%**
	山西	399	58.08%	41.92%	44.55	9.69	1.69	0.08	65.88	10.89	23.15	3.68	60.80%	39.20%	26.45%	73.55%
	安徽	107	56.60%	43.40%	38.67	11.47	1.68	0.07	67.23	12.23	23.83	3.39	28.57%	71.43%	26.42%	73.58%
	江西	263	73.33%	26.67%	38.30	10.18	1.68	0.07	67.78	14.33	23.74	4.01	67.44%	32.56%	34.87%	65.13%
	河南	286	56.69%	43.31%	38.86	9.55	1.69	0.07	66.53	12.48	23.24	3.72	33.57%	66.43%	17.61%	82.39%
	湖北	161	77.07%	22.93%	37.85	9.64	1.70	0.07	68.44	14.35	23.67	4.42	53.46%	46.54%	31.68%	68.32%
	湖南	106	60.78%	39.22%	38.01	9.11	1.65	0.07	65.55	16.50	23.99	5.62	35.92%	64.08%	27.62%	72.38%
中部地区		**1322**	**63.76%**	**36.24%**	**39.37**	**9.94**	**1.68**	**0.07**	**66.90**	**13.46**	**23.60**	**4.14**	**46.63%**	**53.37%**	**27.44%**	**72.56%**

（续表）

地区	省份	样本量	性别		年龄		身高（m）		体重（kg）		BMI（kg/m^2）		户口状况		是否独生	
			男	女	*M*	*SD*	*M*	*SD*	*M*	*SD*	*M*	*SD*	城镇户口	农村户口	是	否
	内蒙古	182	82.97%	17.03%	37.10	9.52	1.72	0.07	77.89	22.02	26.34	6.74	37.36%	62.64%	25.27%	74.73%
	广西	81	41.98%	58.02%	35.07	7.14	1.64	0.08	61.35	14.55	22.58	3.95	49.38%	50.62%	30.86%	69.14%
	重庆	87	57.47%	42.53%	35.93	9.22	1.66	0.08	61.90	11.06	22.40	2.73	60.00%	40.00%	55.17%	44.83%
	四川	47	57.45%	42.55%	30.91	6.03	1.66	0.07	64.36	16.92	23.09	4.80	53.19%	46.81%	42.55%	57.45%
	贵州	129	49.61%	50.39%	40.08	9.44	1.64	0.07	61.91	11.51	23.02	3.79	31.78%	68.22%	23.26%	76.74%
	云南	63	55.74%	44.26%	37.89	9.35	1.67	0.07	61.02	9.74	21.87	2.34	23.81%	76.19%	8.06%	91.94%
	西藏	199	48.74%	51.26%	31.65	10.82	1.69	0.07	61.42	17.28	21.50	5.39	22.61%	77.39%	23.62%	76.38%
	陕西	143	57.75%	42.25%	38.49	9.91	1.68	0.08	63.79	14.28	22.41	4.11	48.59%	51.41%	32.87%	67.13%
	甘肃	25	76.00%	24.00%	46.24	11.60	1.69	0.07	66.46	8.00	23.22	2.30	56.52%	43.48%	12.50%	87.50%
	青海	2	50.00%	50.00%	42.00	16.97	1.65	0.04	58.50	2.12	21.36	0.14	100.00%	–	50.00%	50.00%
	宁夏	16	64.29%	35.71%	38.44	6.57	1.68	0.07	68.56	9.97	24.19	2.96	75.00%	25.00%	40.00%	60.00%
	新疆	67	79.10%	20.90%	41.10	5.40	1.74	0.06	70.01	8.00	23.02	1.89	70.15%	29.85%	65.67%	34.33%
西部地区		**1041**	**60.09%**	**39.91%**	**37.91**	**9.33**	**1.68**	**0.07**	**64.76**	**12.12**	**22.92**	**3.43**	**52.37%**	**47.63%**	**34.15%**	**65.85%**
	辽宁	135	86.67%	13.33%	43.76	8.79	1.71	0.07	76.76	21.58	25.99	6.51	52.59%	47.41%	47.41%	52.59%
	吉林	12	50.00%	50.00%	32.92	6.88	1.67	0.07	63.08	12.16	22.51	2.91	41.67%	58.33%	50.00%	50.00%
	黑龙江	62	70.18%	29.82%	38.95	9.21	1.70	0.09	79.92	29.34	27.54	9.80	67.74%	32.26%	40.98%	59.02%
东北地区		**209**	**68.95%**	**31.05%**	**38.54**	**8.29**	**1.69**	**0.08**	**73.25**	**21.03**	**25.35**	**6.41**	**54.00%**	**46.00%**	**46.13%**	**53.87%**
合计		4420	63.27%	36.73%	37.32	9.06	1.68	0.07	67.17	14.28	23.63	4.18	44.62%	55.38%	32.76%	67.24%

注：本表格报告数据为在每个人口学信息上的有效数据。

福建、山东、广东、海南。本次调查共有 1848 名东部地区被试，占比 41.81%。（2）中部地区，包括山西、安徽、江西、河南、湖北和湖南。共有 1322 名中部地区被试，占比 29.91%。（3）西部地区，包括内蒙古、广西、重庆、四川、贵州、云南、西藏、陕西、甘肃、青海、宁夏和新疆。共有 1041 名西部地区被试，占比 23.55%。（4）东北地区，包括辽宁、吉林和黑龙江。共有 209 名东北地区被试，占比 4.73%。

6.2.2 政治面貌与信仰

（1）政治面貌。共 4329 名被试报告了政治面貌。其中群众 3287 人，占比 75.93%；党员（含预备党员）481 人，占比 11.11%；共青团员 481 人，占比 11.11%；民主党派（6 人，占比 0.14%）和其他政治面貌（74 人，占比 1.71%）人数较少。

（2）宗教信仰状况。共 4362 名被试报告了宗教信仰。绝大多数被试自我报告无宗教信仰（4096 人），占比 93.90%；另有 266 人报告自己有宗教信仰，占比 6.10%。

6.2.3 身体素质情况

（1）身高。共 4413 名被试报告了身高，身高范围为 140～195cm，M = 168.46cm，SD = 7.80。其中，2798 名男性被试报告了身高，身高范围为 140～195cm，M = 172.46cm，SD = 5.88。1550 名女性的身高范围为 145～181cm，M = 161.22cm，SD = 5.17。样本的身高区间人次分布情况见图 1-5。

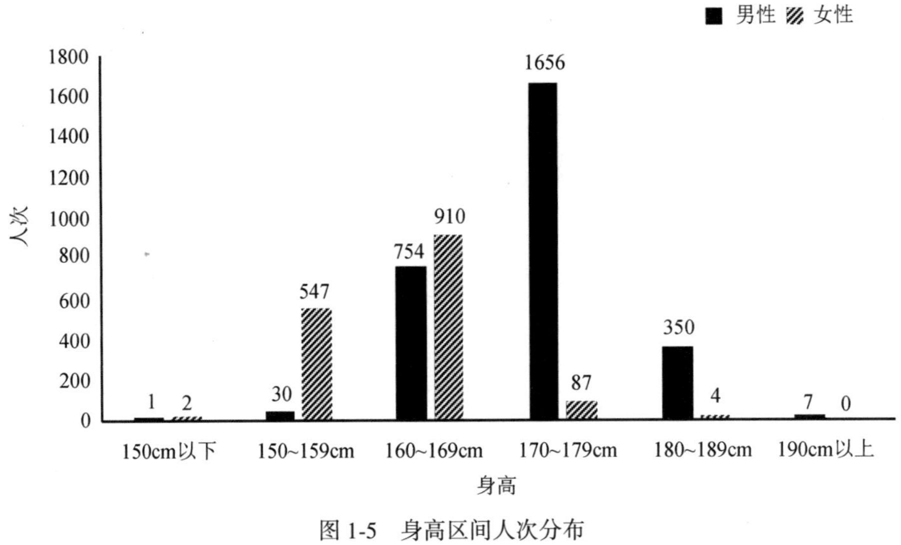

图 1-5 身高区间人次分布

（2）体重。共 4408 名被试报告了体重，体重范围为 37～180kg，M = 67.76kg，SD = 16.72。其中，共 2793 名男性被试报告了体重，体重范围为 40～180kg，M = 73.31kg，SD = 16.12。1549 名女性的体重范围为 37～165kg，M = 57.45kg，SD = 12.01。体重区间的人次分布情况见图 1-6。

（3）BMI 指数。根据公式"体重(kg)/身高的平方(m)"计算身体质量指数（BMI

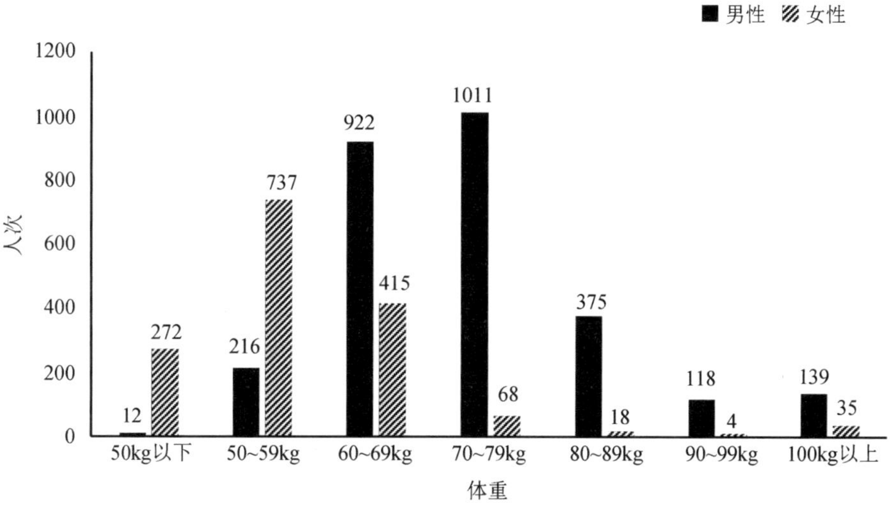

图 1-6　体重区间人次分布

指数，单位为 kg/m^2）。一般认为，BMI 指数是用于衡量人体胖瘦程度和是否健康的重要指标，当 BMI 指数介于 18.50～24.00 kg/m^2 时，人体的胖瘦程度适中；BMI 指数介于 24.00～28.00 kg/m^2 时，属于体型超重；BMI 小于 18.50 kg/m^2 时为体型过瘦，BMI 超过 28.00 kg/m^2 时为体型肥胖，两者都属于体重异常或不健康状态（王梅,2005）。

本次调查共有 4407 名被试同时报告了身高和体重，BMI 指数范围为 13.15～60.61 kg/m^2，$M=23.75$ kg/m^2，$SD=5.06$。其中，2793 名男性的 BMI 指数平均值为 24.61 kg/m^2（$SD=5.08$）；1549 名女性的 BMI 指数的平均值为 22.09 kg/m^2（$SD=4.42$）。独立样本 t 检验发现，男性的 BMI 指数显著高于女性，$t(4340)=16.38$，$p<0.001$，Cohen's $d=0.53$，这说明男性相较女性而言体型更壮。样本的体型情况见图 1-7。从中可见，相比女性，男性中超重者占比明显偏多。

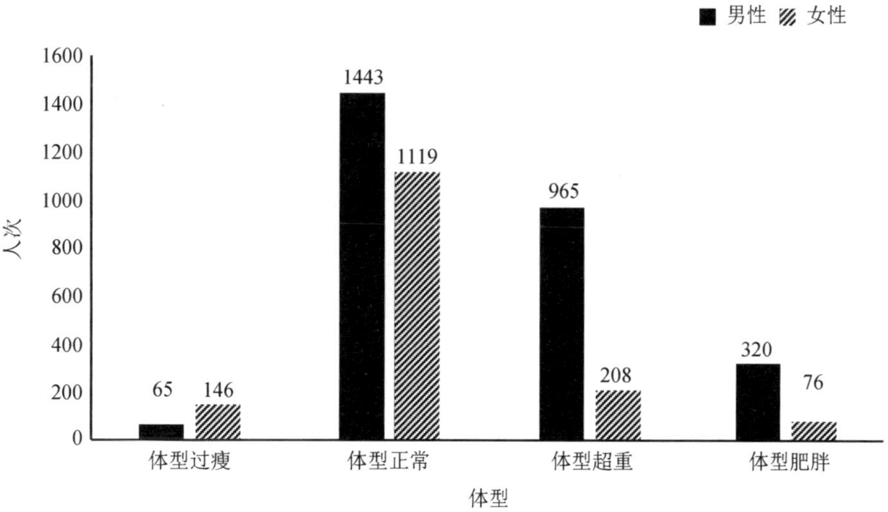

图 1-7　身体质量（BMI）指数状况人次分布

6.2.4 家庭结构

（1）独生子女情况。共 4397 名被试报告了自己是否为独生子女的信息。其中非独生子女，有 3156 人，占比 71.78%；独生子女有 1241 人，占比 28.22%。

（2）婚姻状况。共 4395 名被试报告了婚姻状况。其中有 1092 人自我报告未婚，占比 24.85%；已婚 3201 人，占比 72.83%；离异 79 人，占比 1.80%；丧偶 13 人，占比 0.30%；其他 10 人，占比 0.22%。

（3）子女数量。共 4375 名被试报告了目前的实际子女数量，子女数量范围为 0~9 个，M=1.17 个，SD=0.90。其中，1148 名被试目前没有子女，占比 26.24%；1587 名被试目前有 1 个子女，占比 36.27%；1431 名被试目前有 2 个子女，占比 32.71%；209 名被试目前有 3 个或 3 个以上的子女，占比 4.78%。

此外，共 4335 名被试报告了期望的子女数量，平均数量 M=1.87 个，标准差 SD=1.30。其中，超过半数的被试（2666 人）期望有 2 个子女，占比 60.50%；1058 名被试期望有 1 个子女，占比 24.41%；467 名被试期望有 3 个或 3 个以上的子女，占比 10.77%；少部分被试不期望有任何子女（144 人），占比 3.32%。被试的实际子女数量和期望子女数量人次分布情况见图 1-8。使用配对样本 t 检验来考察当前子女数量（N=4330，M=1.17，SD=0.90）与期望的子女数量（N=4330，M=1.87，SD=1.30）是否具有显著性差异。结果表明，被调查的产业工人期望养育更多的子女，$t(4329)=-33.53$，$p<0.001$，Cohen's $d=-0.64$。

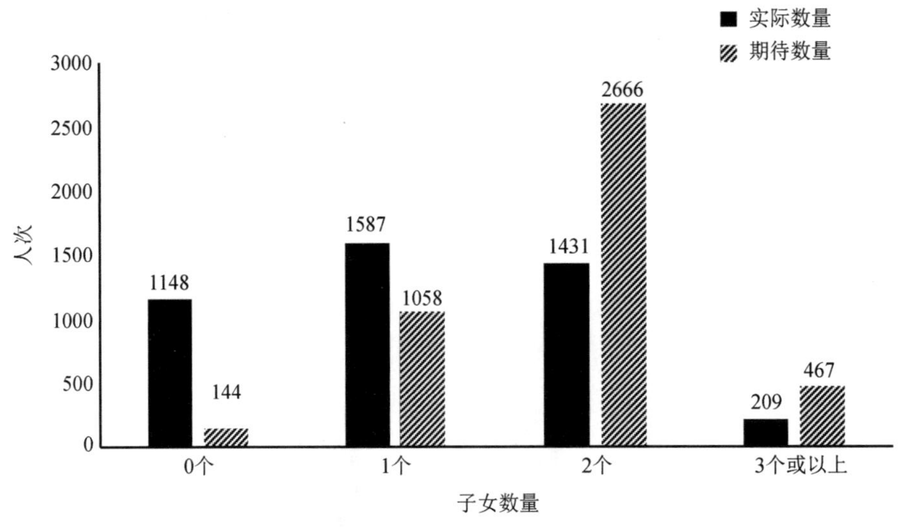

图 1-8 实际和期待子女数量人次分布

6.2.5 社会阶层状况

（1）受教育水平。本次调查共 4412 名被试报告了自己的受教育水平。其中 209 名被试的受教育水平为小学及以下，占比 4.74%；1307 名为初中，占比 29.62%；1207

名为高中（包括中专、技校、职高），占比 27.36%；935 名为大专，占比 21.19%；754 名为大学本科及以上学历，占比 17.09%。

（2）个人月收入。本次调查共 4390 名被试报告了个人月收入水平的区间。如图 1-9 所示，119 人的月收入水平位于 2000 元以下，占比 2.71%；255 人的月收入水平位于 2000~2999 元，占比 5.81%；563 人的月收入水平位于 3000~3999 元，占比 12.82%；836 人的月收入水平位于 4000~4999 元，占比 19.04%；1155 人的月收入水平位于 5000~5999 元，占比 26.31%；561 人的月收入水平位于 6000~6999 元，占比 12.78%；417 人的月收入水平位于 7000~7999 元，占比 9.50%；189 人的月收入水平位于 8000~8999 元，占比 4.31%；160 人的月收入水平位于 9000~10000 元，占比 3.64%；135 人的月收入水平位于 10000 元以上，占比 3.08%。可见，产业工人月收入人次最多的区间是 5000~5999 元。

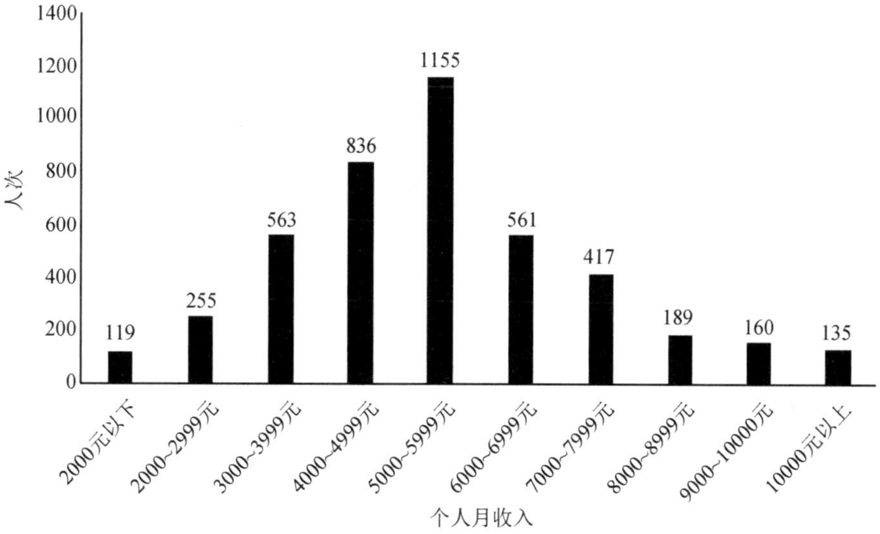

图 1-9　个人月收入水平区间人次分布

6.2.6　工作特征信息

（1）工种。本次调查共 4407 名被试报告了自己当前的工种类型。其中，劳务工（包括临时工、劳务派遣人员）的人数有 1106 人，占比 25.10%；合同工或正式工的人数为 3301 人，占比 74.90%。

（2）加入工会情况。共 4411 名被试报告了自己加入工会的情况。其中报告自己加入工会的有 1961 人，占比 44.46%；未加入工会的有 2450 人，占比为 55.54%。

（3）职业证书。共 4402 名被试报告了自己取得职业资格证书或职业技能证书的情况。其中报告取得职业证书的有 2303 人，占比 52.32%；未取得的有 2099 人，占比为 47.68%。

（4）专业技术等级。共 4393 名被试报告了自己的最高专业技术等级信息。其中，2028 人报告自己目前未取得技术等级，占比 46.16%；1103 人为初级，占比 25.11%；

725 人为中级，占比 16.51%；537 人拥有高级及以上技术等级，占比 12.22%。

（5）行业类型。本次调查共 4407 名被试报告了自己目前所在行业的类型（图 1-10）。其中 2210 人从事制造业，占比 50.15%；569 人从事建筑业，占比 12.91%；248 人从事能源产业，占比 5.63%；426 人从事化工行业，占比 9.67%；180 人从事采矿业，占比 4.08%；774 人从事其他行业，占比 17.56%。

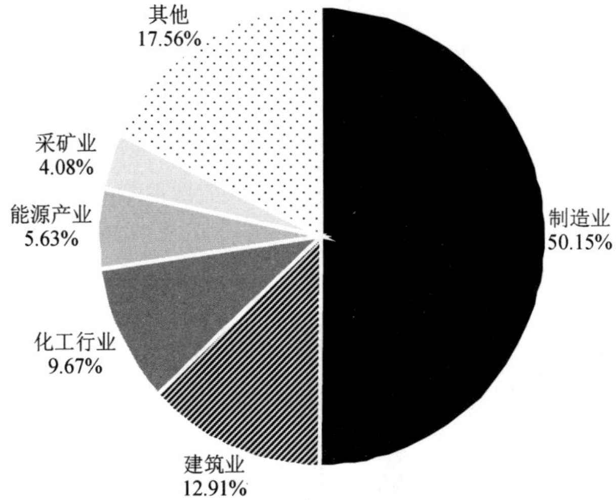

图 1-10　行业类型比例分布

（6）单位性质。本次调查共 4400 名被试报告了自己目前所在单位的性质（图 1-11）。其中 1302 人所在单位为中央企业或国有企业，占比 29.59%；225 人在集体企业，占比 5.11%；2227 人在民营企业，占比 50.61%；86 人就职于外资企业，占比 1.95%；193 人就职于合资企业，占比 4.39%；367 人报告自己目前在其他类型的企业，占比 8.35%。

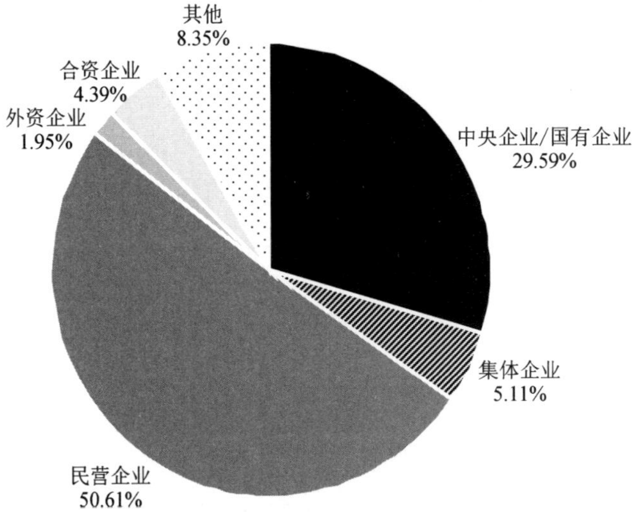

图 1-11　单位性质比例分布

（7）每周工作天数与每天工作时长。共有 4396 人报告了每周的工作天数，他们每周的平均工作天数为 5.95 天（$SD=0.81$）。其中每周平均工作天数在 5 天及以下的有 1275 人，占比 29.00%；每周平均工作 5 天以上的有 3121 人，占比 71.00%。共 4390 人报告了自己通常每天工作的时长，他们平均每天工作 8.90 个小时（$SD=1.48$）。其中平均每天工作时长在 8 小时及以下的有 2467 人，占比 56.20%；平均每天工作时长多于 8 小时的有 1923 人，占比 43.80%。

（8）换岗次数。我们调查了被试更换工作单位或岗位的次数，共有 4394 名被试作了回答。其中，从未更换过工作单位或岗位的有 1586 人，占比 36.09%；更换过 1 次的有 631 人，占比 14.36%；更换过 2 次的有 872 人，占比 19.85%；更换过 3 次的有 754 人，占比 17.16%；更换过 3 次以上的共有 551 人，占比 12.54%。

（9）教育与培训。我们调查了产业工人在过去 12 个月内接受过的来自单位的教育与培训类型，选项包括“思想政治方面”“职业技能方面”“安全生产方面”“法律法规方面”“信息技术方面”（图 1-12）。共有 4409 人对本题目进行作答（可多选），其中 80.61%的被试（3554 人）表示单位在 12 个月内对其进行过安全生产方面的教育与培训，65.80%的被试（2901 人）得到了职业技能方面的教育与培训，42.19%的被试（1860 人）得到了思想政治方面的教育与培训，35.63%的被试（1571 人）得到了法律法规方面的教育与培训，28.44%的被试（1254 人）得到了信息技术方面的教育与培训。

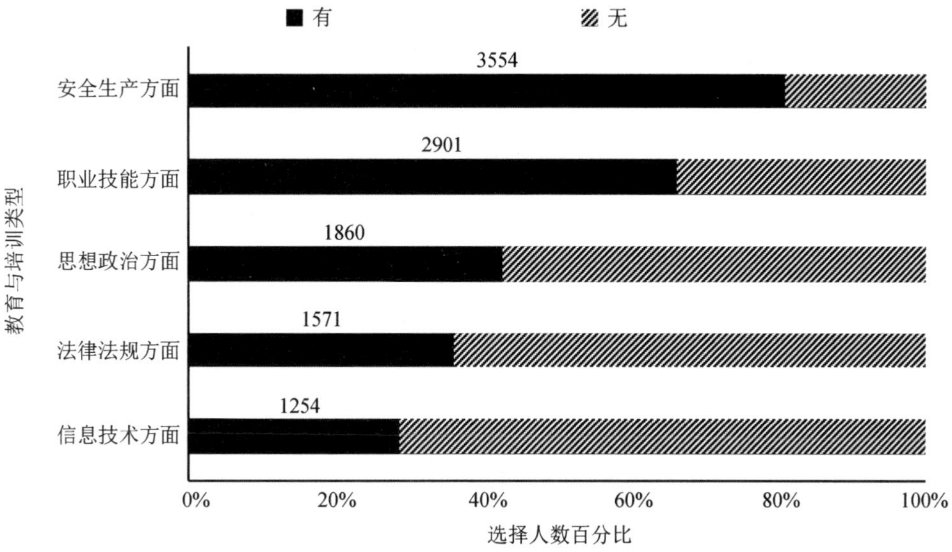

图 1-12　教育或培训情况分布

（10）补贴与福利。我们调查了被试单位给产业工人提供的补贴或福利类型，包括“员工宿舍”“职工食堂”“学历补贴”“职业技能等级补贴”“培训或学习补贴”“儿童托管照顾服务”“租房补贴”“伙食补贴”“班车或通勤补贴”“定期体检”“针对职业病的预防和救助措施”“心理健康服务（如心理讲座）”这 12 个选项（图 1-13）。共有 4393 名被试作答本题（可多选），其中拥有对应补贴或福利的人数及占比的情况为：“职工食堂”3205 人，占比 72.96%；“员工宿舍”2475 人，占比 56.34%；“定期体检”2191 人，占比 49.97%；“伙食补贴”1527 人，占比 34.76%；“职业技能等级补贴”1233 人，占比 28.07%；“班车或通勤补贴”1061 人，占比 24.15%；“培训或学习补贴”1004 人，占比 22.85%；“针对职业病的预防和救助措施”855 人，占比 19.46%；“学历补贴”757 人，占比 17.23%；“租房补贴”486 人，占比 11.06%；“心理健康服务（如心理讲座）”355 人，占比 8.08%；“儿童托管照顾服务”253 人，占比 5.76%。

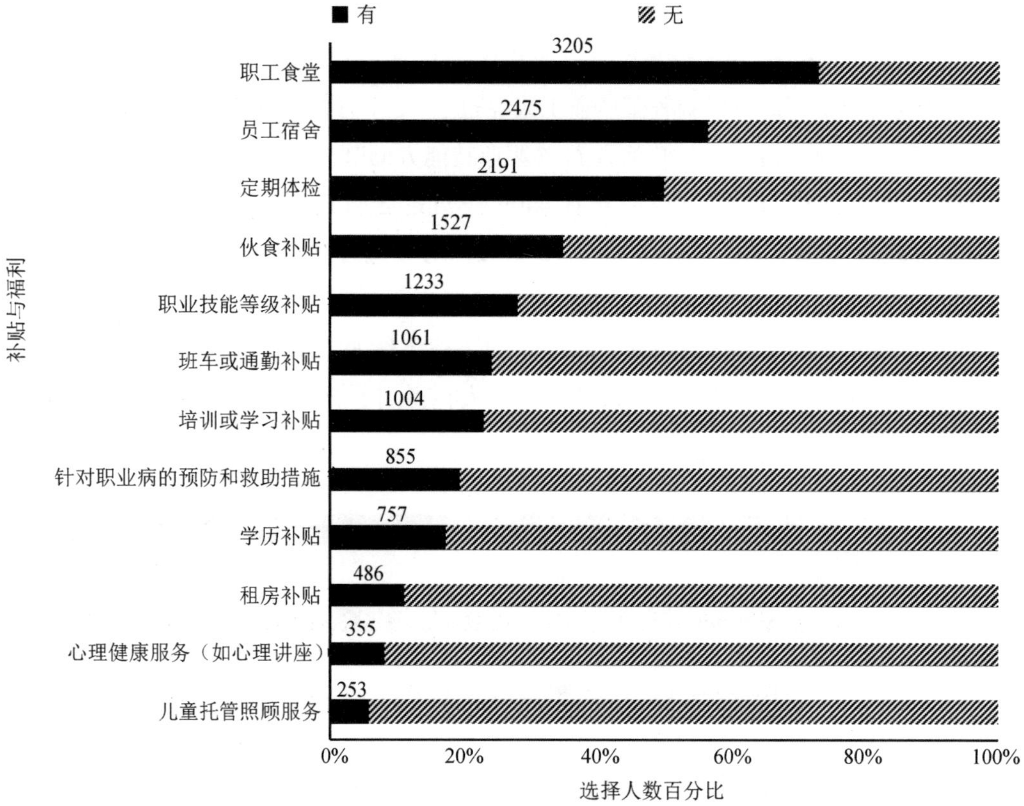

图 1-13 福利和补贴项目情况分布

（11）激励方式。我们调查了被试单位常用的激励方式，包括“奖金”“工资”“股票期权”“升职”“公开表扬或表彰”“提供培训”“帮助解决家庭困难或个人问题”“其他”（图 1-14）。共有 3951 名被试对本题目进行了作答（可多选）。其中表示单位激励方式为“工资”的有 2772 人，占比 70.16%；选择“奖金”的有 2605 人，占比 65.93%；选择“公开表扬或表彰”的有 1280 人，占比 32.40%；选择“升职”的有 984 人，占比 24.91%；选择“提供培训”的有 748 人，占比 18.93%；选择“帮助解决家庭困难或个人问题”的有 483 人，占比 12.22%；选择“股票期权”的有 200 人，占比 5.06%；

选择“其他”的有126人，占比3.19%。还有202人选择了“无激励”，占比5.11%。

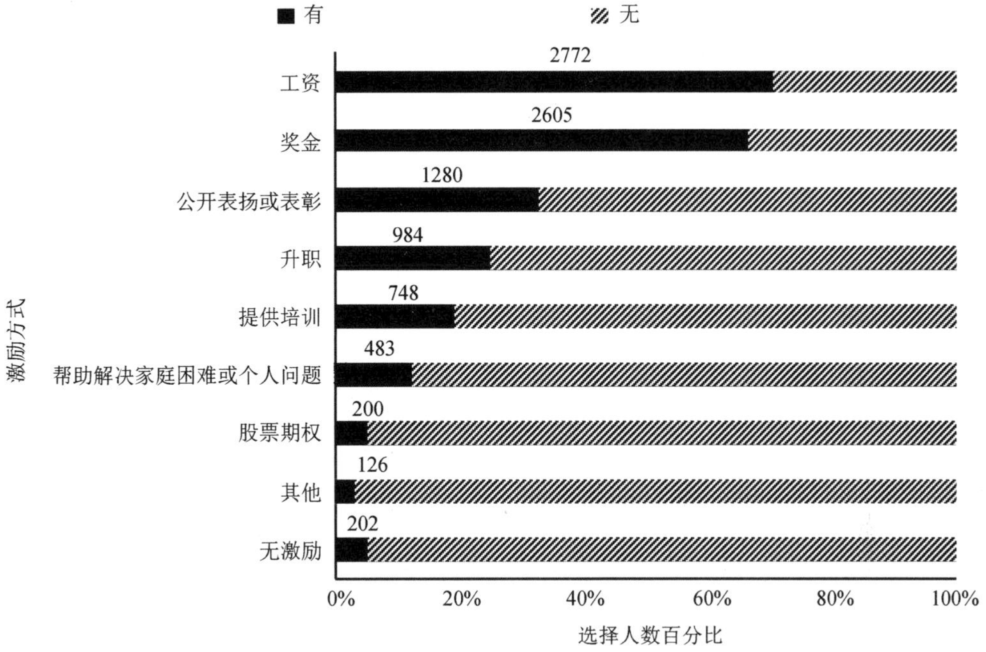

图 1-14　激励方式情况分布

（12）五险二金。我们调查了被试目前是否拥有五险二金，即五险一金和企业年金（图 1-15）。针对每个选项，被试可以选择“有”“没有，单位不给交”或“没有，是我不愿意交”。结果显示，整体而言，被试中拥有“五险”的比例都比较高，超过70%。

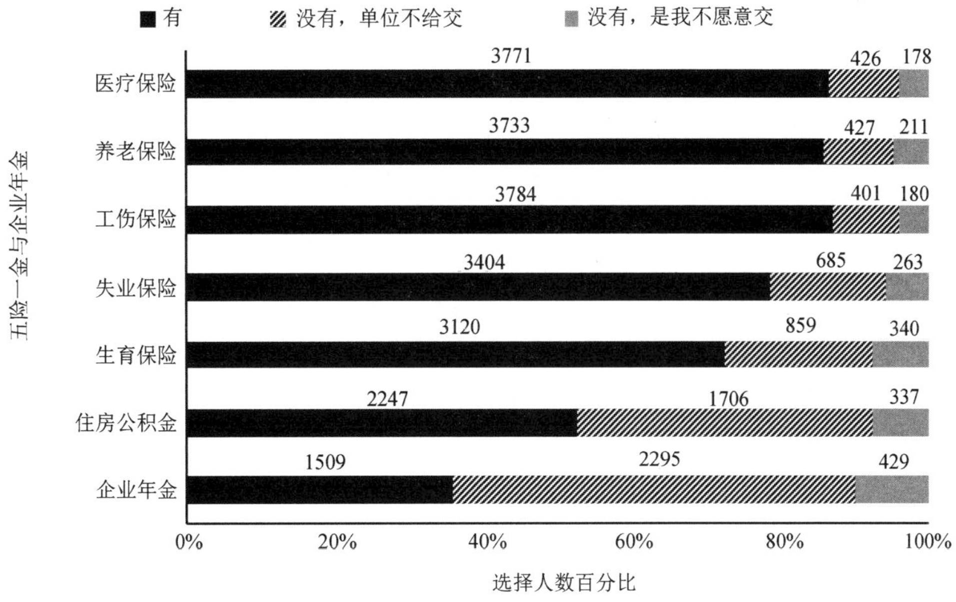

图 1-15　五险一金和企业年金情况分布

但住房公积金的拥有比例只有 52.38%，企业年金的拥有比例只有 35.65%，且主要原因是“单位不给交”。

（13）工作环境特征。我们调查了产业工人当前工作环境的特征，以了解其工作环境中各种不利因素的出现情况（图 1-16）。调查项目包括“噪声”“高温或低温”“粉尘”“有毒有害物质”“危险操作”“搬运重物”“高强度重复性操作”，针对每个项目，被试可以选择“几乎没有”“略微有一些”“较多，但可以承受”或“很多，几乎难以承受”。结果显示，噪声、高温或低温是产业工人工作环境中较为常见的不利因素，有超过 30% 的被试对其的评价为“较多”或“很多”。整体来看，对绝大多数产业工人而言，这些因素没有形成严重的负面影响。

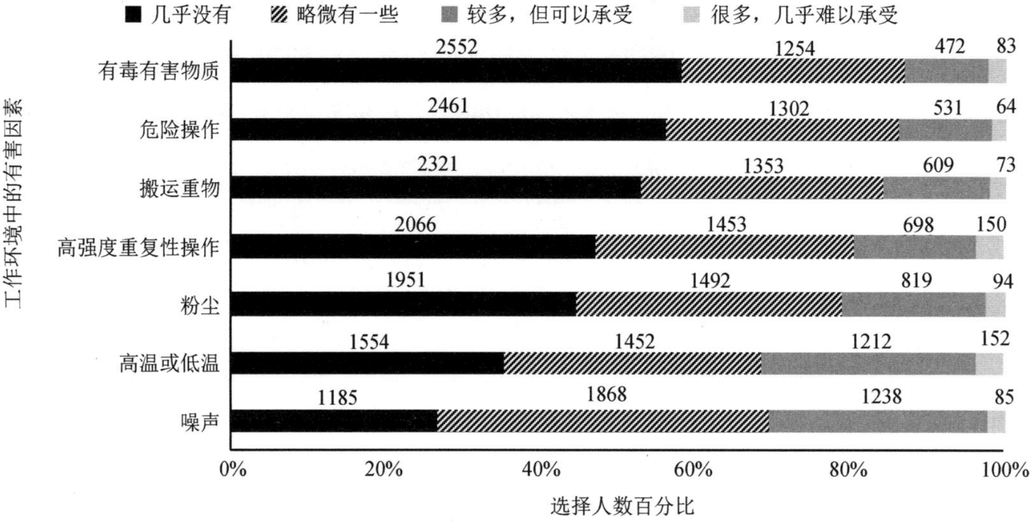

图 1-16　工作环境特征情况分布

7　产业工人的社会心理特点

中国人民大学心理学系在 2024 年实施“新时代产业工人社会心理调查”项目，在全国范围内调查了 4420 名产业工人。此外，在山东和广东两省调查了 1706 名高职院校学生，他们被作为未来产业工人样本。调查内容涵盖产业工人的个人特征、工作特征等客观变量，以及工作心理、职业心理、生活心理三个层面的心理变量。对调查数据的深入分析揭示了我国产业工人社会心理的基本特点、亚群体差异以及主客观变量之间的关系。本书各章会详细介绍研究结果，下面仅择要介绍有关发现。

7.1　产业工人的工作心理特点

产业工人是一种工作角色。他们是“工作人”，其工作心理是在工作场景、生产过程、经济交换中表现出的心理，包括基本工作状况、创新行为、人工智能认知等。

首先，在基本工作状况方面，产业工人的人力资本投入和所得组织回报之间的关系总体上符合“经济人”逻辑。我们基于“人力资本投入—组织回报”二元分析框架的分析结果表明，产业工人的人力资本投入能正向预测组织回报，虽然个别指标上也有例外。具体来说，产业工人对教育（学历水平）、技能（技能等级和职业证书）的投入，能够为其赢得各种来自组织的回报，如更多的工资待遇、福利补贴、五险二金、教育培育和各种激励机会、工会支持等；然而，换岗次数（工作经验）、每周工作时长、工龄只对某些组织回报指标有正向预测作用，而对另一些组织回报指标没有作用或有负向预测作用。在人力资本投入方面，当前我国产业工人拥有的学历，以初中（占比 30%）、高中（包括中专、技校、职高，占比 27%）、大专（21%）为主；他们中 46% 的人没有获得过专业技术等级，25% 的人专业技术等级为初级，17% 为中级，12% 为高级及以上；他们平均每周工作 53 小时。在组织回报方面，产业工人的工资待遇大致呈现出“正态分布”趋势，每月工资在 5000~5999 元这一区间的人数最多；他们拥有“五险”的比例都比较高（超过 70%），但住房公积金拥有比例只有 52%、企业年金拥有比例只有 36%，主要原因是“单位不给交”。无论是人力资本投入，还是组织回报，它们的各项指标都在个体人口学特征和工作类型方面表现出明显差异。总体来看，相比可对照人群，年轻、男性、城镇户口、未婚、从事能源产业（相比建筑业、采矿业、制造业和化工行业等）、央企/国企（相比民营企业、集体企业、外资企业、合资企业等）的工人，以及合同工/正式工（相比劳务工）的各种人力资本指标大多更占优势，各种组织回报指标也更好。

其次，产业工人的创新能力或创造力受到其创造性角色认同等主观变量影响，也因他们的人口特征、人力特征、工作类型和工作条件等客观特征而不同。在我国实施创新驱动发展战略背景下，产业工人的创新能力至关重要。本次调查结果表明，在所有自变量中，工人的创造性角色认同对创造力的正向预测作用最强，此外他们的开放性人格特征、职业晋升的清晰和可能性、工作动机、组织对创新的重视程度等主观变量都对其创造性有显著预测作用。在人力特征方面，工作时长和创造力的关系呈先升后降的倒 U 型趋势；学历越高、技术等级越高的工人创造力得分越高，但大专学历的工人创造力低于高中和本科学历者。在工作条件方面，薪酬待遇越高、工作环境越好的工人创造力越高，但薪酬达到一定高度，其创造力不再随薪酬的提升而升高。人口特征（年龄、户口类型和婚姻状态）和工作类型（行业类型、单位性质和工种）也都和工人的创造力有显著关系。

最后，产业工人对人工智能的认知是复杂的、分化的。随着人工智能技术在工业中的广泛应用，产业工人的工作方式和工作心态正在发生变化，当前产业工人对人工智能技术的认知、接受和使用情况已经成为影响我国工业智能化转型的重要因素。本次调查发现，产业工人对人工智能的熟悉度有限，仍有较大的提升空间；他们既感知到了人工智能技术的效用，也感受到了它带来的威胁；他们更愿意将人工智能作为“工具”使用，而不那么愿意将其视为“工作伙伴”。不同亚群体的工人对人工智能的态度是分化的。例如，相比可对照人群，高学历、年轻的（尤其25~29岁）工人通常对人工智能技术更熟悉，能够更多认识到其效用，并更愿意将其作为工具来使用。产业工人对人工智能的效用感知能正向预测他们对其的工具接受度，而对人工智能的威胁感知能负向预测对其的同伴接受度，在上述预测路径上，对人工智能的自我效能感可能发挥不同程度的中介作用。总之，产业工人对人工智能的认知是复杂的。这种认知不仅包括对人工智能的熟悉度、使用经验，而且更重要的是对其效用和威胁的不同感知，这能预测他们对人工智能作为一种工具的接受度，以及作为一种同伴的接受度。

7.2 产业工人的职业心理特点

产业工人是一种职业角色。他们是“职业人”，需要具有职业精神和职业认同，也要注重自身职业心理健康。产业工人是我国工人阶级的主体力量，其职业精神、职业认同和国家认同等，也会体现出他们的“政治人”属性。

首先，我国产业工人的职业精神水平整体较高，但发展不平衡的状况依然存在。新时代产业工人的职业精神主要包括“三种精神”：劳动精神、工匠精神、劳模精神。其中，劳动精神彰显产业工人作为劳动者对劳动的尊崇与热爱，工匠精神展现了产业工人在工作中爱岗敬业、精益求精的态度，劳模精神则凸显产业工人淡泊名利、甘于奉献的高尚情操。我们开发了专门用于评估三种精神的量表，调查结果证实该量表具有良好的信度和效度，而且产业工人的职业精神的确是一个三因素结构。调查还发现，在职业精神量表总均分上超过理论中间值的人数占总人数的90%，这表明我国绝大部分产业工人的职业精神水平较高，体现了良好的精神风貌。当然，职业精神各个因素的得分在多种个人特征（人口特征、人力特征）和工作特征（工作类型、工作条件）上都存在显著差异，也即存在发展不平衡的状况。例如，随着年龄增加，产业工人的整体职业精神及其各个因素得分均呈倒U型曲线，其中25~40岁时得分处于高点，更年轻和更年长的工人得分都更低。相比可对照人群，有职业证书、合同工/正式工、工会会员、国企和央企工人的整体职业精神水平均更高。

其次，我国产业工人的职业与社会认同水平总体较高，但存在领域差异和人口学特征差异。产业工人的职业与社会认同反映了其职业适应与社会融入水平。结合职业认同的自我理论和社会认同理论，我们将产业工人的职业认同看作社会认同的一个基础方面，认为职业认同与社区认同、城市认同、家国认同等一起构成社会认同的层级网络。调查结果表明，新时代产业工人的职业与社会认同水平总体较高。然而，在工作、生活和家国三种不同领域存在认同水平差异：家国层面的家庭认同和国家认同水平最高，工作领域的职业认同和单位认同次高，而生活领域的社区认同和城市认同水平相对较低。就人口学变量而言，产业工人的职业与社会认同水平随着年龄、工作年限、受教育程度、技术等级、工资待遇、主观社会阶层的提高，在较早阶段出现高峰值并随后呈现下降趋势。同时，那些非本地农村户口、受教育程度最低、工资待遇最低的产业工人在职业与社会认同上展现出了出乎意料的积极性，而受教育程度为大专学历的产业工人职业与社会认同水平都比较低。

再次，产业工人存在一定的职业心理健康问题，但整体而言并不严重。产业工人的职业心理健康不仅影响他们的身体健康，而且直接影响着他们的工作效率、生产安全和团队合作等，但目前对我国产业工人职业心理健康的研究相对较少。我们从个人、组织、社会三个层面分别将产业工人群体的职业心理健康细化为职业倦怠、工作不安全感和工作家庭冲突三个核心指标。本次调查发现，目前产业工人存在一定程度的职业心理健康困扰，包括轻度的工作家庭冲突、中等程度的工作不安全感和轻度的职业倦怠。产业工人的职业心理健康存在一系列亚群体差异。例如，相比可对照群体，25~50岁的中青年工人、中等收入的工人职业心理健康问题更少；女性的职业心理健康状况好于男性，正式工或合同工好于劳务工，农村户口好于城镇户口。

最后，未来产业工人的职业生涯探索问题值得关注。职业院校学生是未来产业工人的主要来源，了解其职业生涯探索的心理特点，有助于完善广大职业院校的职业生涯教育体系，推动学生快速成长为优质人才。因此，我们专门探讨了高职学生专业自我认知（专业认同、专业学习自我效能感、未来自我连续性）、社会支持和职业生涯探索的特点及其关系。对山东和广东两地职业学校的1706名学生的调查结果表明：在职业生涯探索方面，高职学生专业自我认知状态良好，社会支持程度和职业生涯探索水平为中等偏上。高职学生的专业自我认知和职业生涯探索在各人口学变量上存在显著差异。相比可对照人群，男生、高年级学生的专业自我认知、职业生涯探索程度较高，城镇户口、独生子女、家庭背景良好的高职学生在职业生涯探索方面表现更好。高职学生的专业认同、专业学习自我效能感、未来自我连续性和社会支持越强，其职业生涯探索也越强。

7.3　产业工人的生活心理特点

除了工作岗位和职业定位，产业工人同时拥有“生活人”或“社会人”的角色。每一名产业工人都有其日常生活，如衣食住行、休闲娱乐、消费投资等，因此我们要全面描绘产业工人日常生活以及经济生活中的心理行为特点。

一方面，就日常生活心理来看，产业工人的生活方式总体健康，但很多人存在各种不健康行为，而且有的亚群体尤甚，以至于影响其身心健康和生活质量。关注产业工人在日常生活中的心理特点并提高其生活质量，对增强产业工人工作积极性、维护社会稳定和谐发展有重要作用。本次调查显示，产业工人的生活方式总体上呈现健康状态。然而，部分产业工人存在睡眠拖延、饮食不规律、运动锻炼少、手机使用过多以及社会支持不足等问题。他们的生活方式指标在个人特征和工作特征方面的各种变量上存在一定差异。例如，大致而言，随年龄增加和受教育水平的提高，产业工人的生活方式越来越健康；相比工作时长更长的人，每周工作 5 天及以下和每天工作 8 小时及以下的产业工人的生活方式更健康；城镇户籍、已婚、稳定的工作（正式工或合同工）、加入工会等都是健康生活方式的促进因素。产业工人健康的生活方式有利于其身心健康，进而能够提升其生活质量。

另一方面，产业工人的经济生活建立在通过工作获得的收入基础上，这一群体及其亚群体在经济生活中展现出独特的经济心理和经济行为模式。我们构建了收入（债务）—经济心理—经济行为的 S-O-R 模型，以全面考察产业工人个人特征和工作特征对其经济心理与经济行为的影响，并检验该模型。结果发现：首先，在经济态度方面，产业工人对国家和家庭经济的长期信心较高，对家庭经济的满意度以及自身财经素养的评估处于中等偏上水平；在经济行为方面，产业工人收入主要用于日常消费和储蓄，消费水平处于中等偏低区间；尽管整体消费结构相对单一，但部分工人展现出理财意识和理财行为。其次，各类经济心理与经济行为指标在不同的个人特征和工作特征变量上都存在显著差异。就个人特征变量来看，相比可对照人群，年轻女性、农村户口、未婚、学历较低（高中及以下）或者学历较高（大学本科及以上）、中等收入水平的产业工人在经济心理方面比较积极；城镇户口、已婚、高收入群体在经济行为上比较理性，有更多的理财行为。就工作特征变量来看，相比可对照人群，合同工/正式工、初级技术工、能源行业工人的经济态度更为积极，高级技术工、能源行业工人比较注重理财。最后，我们提出的 S-O-R 模型得到验证，发现月收入和债务及其二者造成的收支不平衡，可以预测经济心理（如家庭经济信心等），并最终反映到消费和投资理财行为上。

7.4 产业工人心理行为的“大专学历现象”

我们发现，产业工人的很多心理行为变量得分并不随着学历提高而呈现线性模式。其中最值得关注的是“大专学历现象”：相比学历更低和更高者，拥有大专学历的产业工人在很多心理行为指标上都有更差的表现。其一，在工作心理方面，大专学历的工人自评的创造力、人工智能使用时长、人工智能熟悉度、人工智能效用感知等变量的得分都低于高中和本科学历者。其二，在职业心理方面，大专学历的产业工人在职业精神、职业认同、社区认同等方面得分都是最低的，包括低于高中、初中、小学这些更低学历群体，也低于大学本科及以上学历群体。其三，在生活心理方面，就生活方式而言，大专学历工人锻炼频率显著低于其他学历工人，而且大专学历工人的饮食最不规律；经济心理也是如此，大专学历产业工人的家庭经济满意度、主观财经素养均低于其他学历群体，而财务压力高于其他学历群体。大专学历在经济生活和日常生活方面似乎是“过度承压的”，这可能是城乡二元结构使然。

在本书第九章对这些经济心理指标的分析表明，真正让大专学历表现不同的是农村户口的大专学历工人，他们在很多经济心理指标上都表现更差，而城镇户口的大专学历工人并不如此。分析表明，农村户口大专学历工人的月收入水平是符合学历水平的（也和城镇户口者无明显差异），但是他们的收支不平衡状况却是最严重的，这可能是因为该群体接受了高等教育，自认为要脱离农村而融入城市，他们刚刚具有了能在城市购房置业的初步实力，却又很吃力，不得不负债。高中及更低学历者可能并没有那么强的融入城市的打算和相应的压力。总之，在一个城乡二元结构社会中，那些来自农村的产业工人，在读完大学专科后有可能进入城市工作和生活，然而，这个学历水平能带来的工资回报等尚较为有限，故而他们在适应城市经济生活时仍然面临很大压力。勉强在城市安顿下来的大专学历工人，在很多心理感受方面，始终处于“比上不足”的窘境。不过，这种分析是否能直接解释大专学历工人在工作心理和职业心理、生活方式等方面更差的表现（也是“反常识”的表现），还有待进一步研究；又或者，我们还应该探寻其他更有说服力的解释因素。

8　产业工人的心理建设思路

我国产业工人队伍建设的一项重要内容是心理建设，其目标是全面提升产业工人的主体心理素质，如政治信念、职业体验、工作动力、业务素质。

第一，产业工人的心理建设需要关注其社会心理的全面内容。产业工人同时具有多重角色，他们既是工作人、职业人，也是社会人、生活人，要全面提升其在工作心理、职业心理和生活心理等各方面的表现。此外，他们在心理方面面临的挑战往往有其现实根源，因此还要注重解决他们面临的客观困难。

第二，产业工人的心理建设需要政府、社会和企业全面协同。产业工人的日常生产场景是企业或工作单位，而日常生活场景是家庭、社区、城市等。除了他们直接面对的微观环境系统，国家政策和制度、社会结构和社会氛围等宏观环境系统因素也对产业工人有重要影响。因此，党政部门、企业都有责任协同做好产业工人的心理建设，全社会应该营造尊重并支持产业工人发展的社会氛围。

第三，产业工人的心理建设需要充分发挥工会的关键性作用。我国的工会是中国共产党领导的职工自愿结合的工人阶级群众组织，是党联系职工群众的桥梁和纽带，是国家政权的重要社会支柱，是会员和职工权益的代表。本书各章的研究一再表明，参加了工会的产业工人在各种心理行为指标上往往都有更好的表现。因此，今后应该继续加强工会建设，切实发挥工会作为工人之家和工人心灵港湾的作用。

第四，产业工人的心理建设需要以特定的亚群体为工作重点。本书各章的研究均发现，产业工人的各种心理和行为指标往往在不同的个人特征和工作特征变量上存在显著差异，特定的亚群体在心理行为表现上存在不平衡和不充分的问题。例如，上文指出的“大专学历现象”就是一个例子。因此，产业工人的心理建设要找准重点亚群体来发力，增强建设工作的针对性。

参考文献

安蓉，胡道圣．（2015）．高职学生职业认同现状及影响因素分析——基于对天津市的调查．*职业技术教育，36*(19)，63-67.

北京市统计局．（2020-05-19）．*新生代农民工工作生活特征分析：基于2019年北京农民工市民化监测调查*．http://www.beijing.gov.cn/gongkai/shuju/sjjd/202005/t20200520_1902711.html.

陈纬，陈书妮，兰荷伊．（2023）．时空视域下青年产业工人的睡眠节律与生成机制——基于对重庆市20位产业工人的访谈．*中国青年研究*，(7)，5-14.

程名望，陈春艳，李礼连．（2023）．参加工会提升新产业工人生活满意度了吗？——以上海市6846个样本为例．*广西大学学报(哲学社会科学版)*，(4)，172-182.

Drenth，P. J. D.，& Wang，Z. M.（2002）．第25章：工作与组织心理学（王重鸣译）．Pawlik，K.，& Rosenzweig，M. R.（主编），*国际心理学手册*(下册，pp. 678-702；张厚粲主译)．华东师范大学出版社.

杜瓦斯．（2010）．*社会心理学的解释水平*(赵密，刘保中译)．中国人民大学出版社.

范长煜，邓韵雪．（2022）．“机器换人”背景下工人失业担忧研究——基于广东省制造业“企业-职工”匹配调查数据．*社会学评论*，(2)，67-87.

冯同庆．（1993）．1992—1993年：中国职工状况的分析与预测——对5万名职工的问卷调查．*社会学研究*，(3)，14-24.

关山彤．（2021）．洞察工人阶级的内心世界——论弗洛姆对权威主义性格的剖析．*国外理论动态*，(3)，63-71.

郭贵文，马惠荣，王新世，郝永义，梁友信．（1998）．职业性铝接触对作业工人心理及行为功能的影响．*中华预防医学杂志，32*(5)，292-294.

郭靖，周晓华，张金桥，王永丽，林国雯．（2015）．工作要求-控制模型在中国产业工人中的应用：边界条件与研究反思．*南开管理评论，18*(6)，26-34.

国家统计局（2024）．*统计制度及分类标准*(16)．2024-12-03，取自 https://www.stats.gov.cn/hd/cjwtjd/202302/t20230207_1902279.html.

黄天中．（2007）．*生涯规划——理论与实践*．高等教育出版社.

黄旖丰冉．（2024）．机器、工人与数字化时代：马克思机器观的历史回溯与现实探讨．*甘肃理论学刊*，(2)，64-70.

金盛华，刘蓓．（2005）．当代中国工人价值取向：状况与特点．*心理科学，28*(1)，244-247.

黎金荣．（2016）．新生代产业工人工作意义构建策略研究——以A汽车企业管理实践为例．*中国人力资源开发*，(19)，21-27.

李强．（2012）．*农民工与中国社会分层*(第2版)．社会科学文献出版社.

李晓曼，陈丽．(2024)．人机交互对工作创新行为的影响机制研究——来自智慧电厂的证据．*外国经济与管理，46*(10)，105-120.

李艺敏，王红艳，李永鑫．(2014)．闵斯特伯格的心理学思想评述．*华东师范大学学报(教育科学版)*，(1)，82-88.

廖小琴，何学海．(2019)．当前我国青年精神生活质量调查研究．*教育与教学研究*，(1)，80-92.

林赞歌，连榕，邓远平，林荣茂．(2017)．制造业员工社会支持、职业倦怠与生活满意度的关系．*心理与行为研究，15*(1)，108-112.

卢文玉，于鑫悦，姜文源，辛素飞．(2020)．1993~2016年我国工人心理健康水平的变迁．*心理技术与应用，8*(2)，84-94.

马戎．(2024)．个体与群体：人类社会的认知与互动模式．*中南民族大学学报(人文社会科学版)，44*(2)，96-105+185.

苏姝．(2022)．高职院校学生职业生涯规划教育现状与优化路径——基于对a市9982名高职学生的问卷调查分析．*宁波职业技术学院学报，26*(4)，82-86.

王梅．(2005)．人体质量指数不同的中国成年人身体机能对比分析．*中国临床康复，9*(28)，190-193.

王文娟，王小梅．(2022)．产业工人积极心理资本研究及提升策略探讨．*北京市工会干部学院学报*，(1)，32-37.

王晓朦，王羽，刘浏，苏金昊，金洋，陈超．(2023)．用工老龄化背景下建筑工地及居住环境改善对策研究——基于全国施工现场劳务工人问卷调查．*建筑学报*，(增刊1)，26-31.

吴伟炯．(2016)．工作时间对职业幸福感的影响——基于三种典型职业的实证分析．*中国工业经济*，(3)，130-145.

辛自强．(2024-09-26)．社会心理服务体系建设对心理学科的新要求．*中国社会科学报*.

徐超凡．(2025)．弘扬“三劳”精神，推动新质生产力发展——首都劳模工匠职业心理素养研究．*企业管理*，(1)，64-70.

叶贵，陈俐莹，冯新怡，杨晶晶，越宏哲．(2020)．噪声对建筑工人冒险行为的诱发机制研究．*中国安全科学学报，30*(12)，16-23.

张琦．(2011)．新生代产业工人心理特征及思想工作对策．*思想政治工作研究*，(5)，19-21.

赵春雨，孙亚军，丁茹栩．(2022)．行为空间视角下合肥市外来务工人员城市融入研究．*人口与发展，28*(5)，136-147.

钟俊萍，张青，毛红波，刘灵芳．(2023)．高职护生职业使命感，生涯适应力和学业投入的现状及关系研究．*职业与健康，39*(23)，3283-3288.

周密，赵文红，姜玉洁．(2016)．基于工作要求-资源模型的新生代产业工人工作倦怠的研究——心理韧性的作用．*软科学，30*(12)，67-71.

朱永跃，覃正虹，欧阳晨慧．(2020)．产业工人心理所有权对工作投入的影响——职业认同与员工导向组织文化的作用．*技术经济，39*(8)，143-151.

朱永跃，王世贤，欧阳晨慧．(2023)．职业污名对工匠精神的抑制效应：来自制造业产业工人的实证研究．*江苏大学学报(社会科学版)，25*(1)，86-100+113.

Ashforth, B. E., & Kreiner, G. E. (1999). How can you do it? Dirty work and the challenge of constructing a positive identity. *Academy of Management Review, 24*(3), 413–434.

Bal, P. M., & Alhnaity, R. A. (2024). Psychology of sustainable career development: Hypernormalized ideology or rnherently sustainable? *Sustainability, 16*, 578.

Dzhambov, A., & Dimitrova, D. (2017). Occupational noise exposure and the risk for work-related injury: A systematic review and meta-analysis. *Annals of Work Exposures and Health, 61*(9), 1037–1053.

Erdheim, J., Zickar, M. J., & Yankelevich, M. (2007). Remembering Donald G. Paterson: Before the separation between industrial-organizational and vocational psychology. *Journal of Vocational Behavior, 70*, 205–221.

Ghislieri, C., Molino, M., & Cortese, C. G. (2018). Work and organizational psychology looks at the fourth industrial revolution: How to support workers and Organizations? *Frontiers in Psychology, 9*, 2365.

Guo, Y., Peng, Y., & Zhu, Y. (2023). How does empowering leadership motivate employee innovative behavior: A job characteristics perspective. *Current Psychology, 42*, 18280–18290.

Henrich, J., Heine, S. J., & Norenzayan, A. (2010). The weirdest people in the world? *Behavioral and Brain Sciences, 33*(2–3), 61–83.

International Federation of Robotics. (2021). *World robotics 2021.* https://ifr.org/img/worldrobotics/Executive_Summary_WR_Industrial_Robots_2021.pdf.

Karasek, R. (1979). Job decision latitude, job demands and mental strain: Implications for job redesign. *Administrative Science Quarterly, 24*(2), 285–308.

Lu, Y., Zheng, H., Chand, S., Xia, W., Liu, Z., Xu, X...., & Bao, J. (2022). Outlook on human-centric manufacturing towards industry 5.0. *Journal of Manufacturing Systems, 62*, 612–627.

Manstead, A. S. R. (2018). The psychology of social class: How socioeconomic status impacts thought, feelings, and behaviour. *British Journal of Social Psychology, 57*(2), 267–291.

Montgomery, A. (2024). Research and practice in occupational and organisational psychology: Are we learning from the lessons of our history? *History & Philosophy of Psychology, 24*(1), 5–14.

Passalacqua, M., Pellerin, R., Magnani, F., Doyon-Poulin, P., Del-Aguila, L., Boasen, J., & Léger, P. M. (2024). Human–centred AI in industry 5.0: A systematic review. *International Journal of Production Research*, 1–32.

Riaz, S., Xu, Y., & Hussain, S. (2018). Understanding employee innovative behavior and thriving at work: A Chinese perspective. *Administrative Sciences, 8*(3), 46.

Yan, T., Ji, F., Bi, M., Wang, H., Cui, X., Liu, B...., & Ding, X. (2022). Occupational stress and associated risk factors among 13,867 industrial workers in China. *Frontiers in Public Health, 10*, 945902.

第二章　新时代产业工人的工作状况

辛自强　王诗茵　孙 欣　栗博洋

摘要：产业工人与企业共同推动着我国经济社会的发展，双方通过工人投入人力资本并从企业组织获得回报的方式建立工作关系，以这种工作关系的形成为切入口，可以有效探明新时代产业工人的工作状况。本研究构建了有关产业工人工作状况的“人力资本投入—组织回报”二元分析框架，基于中国人民大学心理学系“新时代产业工人社会心理调查”数据，考察人口学特征和工作类型特征对其人力资本投入和组织回报的影响，以及人力资本投入和组织回报的关系。结果发现：首先，就人力资本投入而言，产业工人中受过高等教育即大专及以上学历者占比 38.28%，取得职业证书者占比 52.32%；就组织回报而言，59.61%的产业工人月工资收入在 5000 元以上。其次，各类人力资本与组织回报指标在不同的人口学变量和工作类型变量上存在显著差异。最后，从投入与回报的关系来看，人力资本投入能正向预测组织回报，但个别指标上也有例外。上述结果为从“投入—回报”的角度深入理解产业工人的工作状况提供了科学依据，为改进企业管理提供了重要参考。

关键词：工作状况，人力资本，投入，回报

1　引言

在经济发展过程中，产业工人与企业协同构成了社会生产的核心动力。一方面，产业工人是企业发展与创新的基础力量，通过专业化劳动使得各产业高效运转；另一方面，企业是价值创造和价值分配的组织载体，通过组织管理、资源配置和技术研发等过程将工人的劳动成果转化为社会财富。产业工人为企业辛勤工作，企业为产业工人提供薪酬保障和职业发展通道。二者之间的这种共生关系背后是效率与公平的权衡问题，即企业需要劳动者的配合以提升生产效率，从而获得更大的利益；同时企业也应建立公平合理的激励与保障机制以回馈劳动者。

工作是劳方（工人）和资方（企业）之间的桥梁。我们认为工作是具有一定人口

特征的工人在特定岗位上付出人力资本的劳动过程，其目的是获得企业组织给予的工资收入以及其他激励条件，同时要求企业组织提供一定的保障条件（如良好的工作环境、工会支持）。简言之，工作是产业工人付出劳动、创造价值并谋取组织回报的过程，这一过程体现了产业工人的“经济人”角色。朱卫东等人（2025）发现互惠共生的劳资关系最有利于企业的价值创造，这种模式兼顾了效率和公平，是对企业和员工发展都有利的分配方式。产业工人作为加快建设制造强国的主干力量，其工作效能和积极性直接关系到制造业的整体竞争力和创新能力。要激励产业工人对工作做出更多投入，首先应该从企业的回报方面来着手，因此我们将从产业工人的投入端（人力资本）和企业回报端（激励条件、保障条件）考察产业工人的工作状况，并着重分析二者的关系（图 2-1）。这不仅有利于更加全面地了解产业工人的实际工作状况，还有利于为增强企业的生产效率和市场竞争力以及加快建设制造强国提供对策与建议。

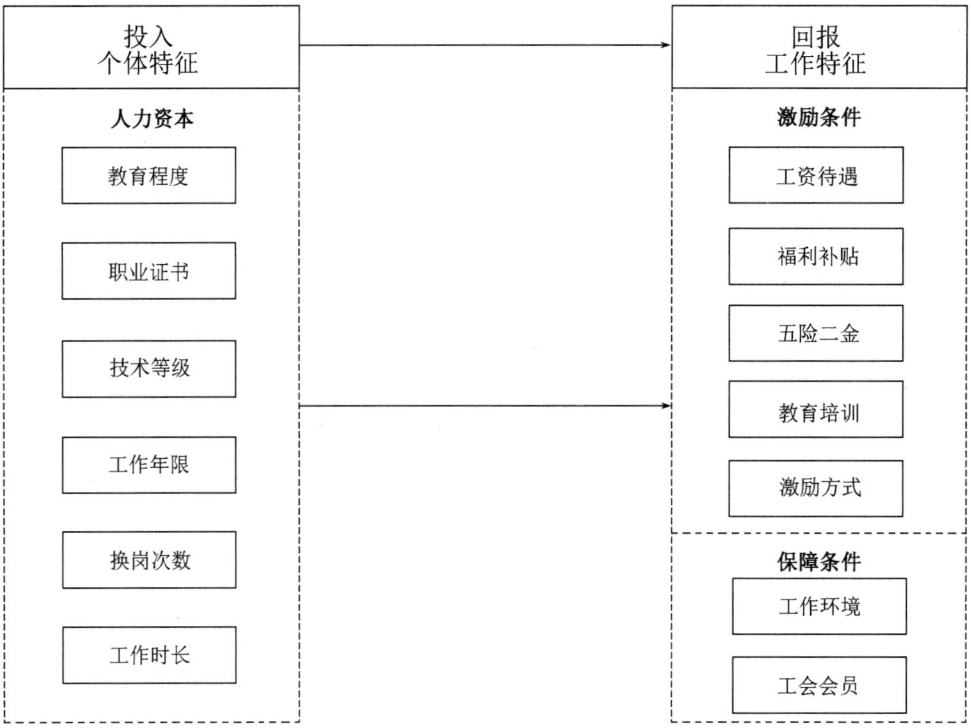

图 2-1 产业工人人力资本投入与组织回报的二元分析框架

1.1 产业工人工作中的人力资本投入

经济合作与发展组织（Organization for Economic Co-operation and Development，OECD）将人力资本定义为个人拥有的能够创造个人、社会和经济福祉的知识、技能、能力和素质（转引自陈丽珍,赵昕东,2025）。根据人力资本理论，个体为获取此类资本需进行教育、培训等投资或投入，其决策过程遵循“经济人假设”——即基于成本—收益分析追求效用最大化（Becker,1964）。例如，劳动者在选择是否接受职业培训时，会权衡时间成本、学费支出与预期回报（如未来收入增长）。关于人力资本的测量，国内外常见的衡量宏观人力资本的方法有收入法、成本法以及教育指标三类（杨振山,杨航,2022），此外，入学率也可以用于衡量宏观人力资本（Barro,1991;Barro & Lee,1993），即通过计算适龄人口中参与某一程度教育的人口比例，可以粗略地估计出不同国家的国民受教育程度，从而估计出其人力资本存量。然而，本研究关注的并不是宏观人力资本而是产业工人个人的人力资本。已有研究将受教育年限作为衡量个体人力资本存量的近似指标（李麦收,高星,2021;王刚等,2024;易行健,周利,2018;Psacharopoulos & Arriagada,1986）。实际上，个体对工作的投资，不仅仅是教育投资，还有其他的投资，比如技能培训、工作经验以及时间投入等。因此，在本研究中，我们从不同的方面来考察产业工人的人力资本，包括受教育程度、职业技能、技术等级、工作年限（可以用来衡量工作经验）、工作经历（换岗次数）、劳动时间总量（工作时长）等，这些指标代表了个体为工作投入的知识、技能、经验、时间等要素。

1.2　产业工人工作中投入与回报的关系

工人人力资本的投入和企业的回报是相辅相成的。例如，王刚等人（2024）基于2014—2020年我国31个省份数据发现，随着受教育年限的增加，居民的收入也会提升。赵卫华和刘珈榕（2023）通过分析2021年的“中国社会状况综合调查”（Chinese Social Survey）数据发现，体制内员工的工作经验越丰富以及受教育年限越长，他们的收入就会越高；然而，体制外职工的收入随工作年限增长呈现出先增长后下降的趋势，教育回报率亦呈现类似变化。尽管这一结果显示受教育年限和工作经验对体制内外员工薪资待遇的影响不尽相同，但总体而言，人力资本的投入通常会带来不同程度的回报。除此之外，李雪等人（2012）发现，相较于无职业资格证书的从业者，有职业资格证书的从业者的平均收入高出17.6%。然而，王金水和方长春（2023）通过分析2020年“江苏农民工就业状况调查数据”，发现了职业技能证书的信号失灵现象，即是否持有证书不会影响农民工工资收入，但实践技能却能显著提升收入。这些研究表明，随着社会的迅速发展，不仅需要知识还需要实践技能，这样才能得到更多的组织回报。

不过，工人人力资本的投入并不总能得到对等的回报。劳资双方收入分配不平衡的问题一直存在于各个国家中。Karabarbounis 和 Neiman（2014）发现在绝大多数国家以及行业广泛存在劳动收入份额（劳动收入占GDP比重）下降的问题。从2000—2018年，我国职工的年平均工作时长在波动中上升，但劳动收入份额经历了从上升到下降再上升的过程，始终未恢复至2000年的水平（解恩泽,余淼杰,2024）。这些研究表明，人力资本投入与企业给予的回报之间的关系并非是线性的，而是受到多种因素的影响。

一方面，人力资本的投入能够显著提高工人的收入和企业的生产效率；另一方面，劳资收入分配的不平衡则表明，即使工人投入了更多的人力资本，也可能无法获得相匹配的回报。产业工人作为“经济人”进行决策时，通常预期能够获取更多的组织回报，如收入增加、补贴与福利变好、获得更多的保障（如五险二金、加入工会等）与更好的工作环境等。很显然，上述的劳资收入分配不平衡现象与产业工人的预期相违背，这不仅会影响工人的积极性，也可能对企业的长期发展和社会稳定产生负面影响。因此，从“投入—回报”的角度来理解产业工人的工作状况，尤其是他们关于回报的诉求，不仅关乎产业工人队伍建设，也是企业管理与发展需要面对的问题。

1.3 本研究目的

本研究拟从产业工人的投入端和回报端以及二者之间的关系着手深入分析我国产业工人的工作状况。不仅如此，我们还将考察不同的人口学变量（如性别、年龄、户口类型和婚姻状态）和工作类型变量（如工种、单位性质和行业类型）对投入端和回报端变量的影响。总之，本研究试图从投入与回报的角度对产业工人工作状况及特征进行全面刻画。

2 研究方法

2.1 调查对象

本研究所用数据来源于2024年“新时代产业工人社会心理调查”项目，该项目是中国人民大学心理学系发起的一项全国范围的大型调查，有效样本为4420人。具体抽样方法参见本书第一章。针对报告了相应人口学信息和工作类型信息的被试，这里提供各个分组的人数分布或描述统计。被试的平均年龄为37.65岁（$SD=10.11$）。男性2800人，占比64.35%，女性1551人，占比35.65%。城镇户口被试有1826人（41.66%），农村户口被试有2557人（58.34%）。在婚姻状况方面，由于有些选项中的人数太少，为保证数据分析结果的稳定性，我们在统计分析时不再对离异（79人，占比1.80%）、丧偶（13人，0.30%）、其他（10人，0.22%）三类进行比较，只比较未婚（1092人，24.85%）和已婚（3201人，72.83%）两类人群。此外，产业工人的工作类型信息详见表2-1。

表2-1 产业工人工作类型情况

工作特征变量		频数	频率
工种	劳务工	1106	25.10%
	合同工/正式工	3301	74.90%

（续表）

	工作特征变量	频数	频率
单位性质	央企/国企	1302	29.59%
	集体企业	225	5.12%
	民营企业	2227	50.61%
	外资企业	86	1.95%
	合资企业	193	4.39%
	其他	367	8.34%
行业类型	采矿业	180	4.08%
	制造业	2210	50.15%
	建筑业	569	12.91%
	能源产业	248	5.63%
	化工行业	426	9.67%
	其他	774	17.56%

2.2　测量变量

2.2.1　工作投入与回报变量

本调查从“投入—回报”的角度测量产业工人的工作状况。调查题目均来自中国公民财经素养调查（辛自强等,2020）或者自编。

首先来看工作投入端变量，即人力资本投入。

（1）受教育程度。调查题目为：您的受教育程度是什么？1=“小学及以下”，2=“初中”，3=“高中（包括中专、技校、职高）”，4=“大专”，5=“大学本科”，6=“研究生”。由于研究生学历人数很少，在后续统计时最后两组合并，称为“大学本科及以上学历”。

（2）职业证书。调查题目为：您是否已取得职业资格证书或职业技能证书？1=“是”，2=“否”。

（3）技术等级。调查题目为：您目前取得的最高专业技术等级是什么？1=“无技术等级”，2=“初级”，3=“中级”，4=“高级及以上”。

（4）工作年限。调查题目为：您参加工作的年份是______年？

（5）工作经历（换岗次数）。调查题目为：自参加工作以来，您是否更换过工作单位或工作岗位？①是，大约发生过______次；②否。

（6）工作时长（周工作时长）。调查题目为：您通常每周工作的天数为______天？您通常每天工作的时长为______小时？

然后来看回报端变量，即工作条件。

（1）工资待遇。调查题目为：您通常每月的工资收入是多少？1=“2000元以下”，2=“2000~2999元”，3=“3000~3999元”，4=“4000~4999元”，5=“5000~5999元”，6=“6000~6999元”，7=“7000~7999元”，8=“8000~8999元”，9=“9000~10000元”，10=“10000元以上”。

（2）福利补贴。调查题目为：您的单位是否有给您提供补贴或福利（可多选）？1=“员工宿舍”，2=“职工食堂”，3=“学历补贴”，4=“职业技能等级补贴”，5=“培训或学习补贴”，6=“儿童托管照顾服务”，7=“租房补贴”，8=“伙食补贴”，9=“班车或通勤补贴”，10=“定期体检”，11=“针对职业病的预防和救助措施”，12=“心理健康服务（如心理讲座）”。

（3）五险二金。调查题目为：您目前是否拥有五险一金和企业年金？包括医疗保险、养老保险、工伤保险、失业保险、生育保险、住房公积金以及企业年金7个项目，每个项目有三个选项，即1=“有”，2=“没有，单位不给交”和3=“没有，是我不愿意交”。

（4）教育培训。调查题目为：过去12个月内，您的单位对您进行过哪些方面的教育与培训（可多选）？1=“思想政治方面”，2=“安全生产方面 ”，3=“学历补贴”，4=“法律法规方面”，5=“信息技术方面”。

（5）激励方式。调查题目为：您所在单位常用的激励方式有哪些（可多选）？1=“奖金”，2=“工资”，3=“股票期权”，4=“升职”，5=“公开表扬或表彰”，6=“提供培训 ”，7=“帮助解决家庭困难或个人问题”，8=“其他”，9=“无”。

（6）工作环境。调查题目为：请根据您当前工作环境的特征，在每一行的对应数字上打“√”（单选）。包括噪声、高温或低温、粉尘、有毒有害物质、危险操作、搬运重物和高强度重复性操作七个方面特征。每个选项为4点计分，即1=“几乎没有”，2=“略微有一些”，3=“较多，但可以承受”，4=“很多，几乎难以承受”。

（7）工会会员。调查题目为：您是否已加入工会？1=“是”，2=“否”。

2.2.2 人口特征与工作类型变量

本研究根据人口特征和工作类型将产业工人划分为不同的亚群体。人口特征包括性别、年龄、户口类型、婚姻状态；工作类型特征则涵盖工种、单位性质、行业类型（表2-2）。研究首先通过差异检验考察产业工人不同亚群体在投入端和回报端变量上的差异；随后，利用结构方程模型，探究投入端不同指标如何影响收入端的不同指标。

表 2-2　产业工人个人与工作特征调查变量

角度	类别	变量
个人特征	人口特征	性别、年龄、户口类型、婚姻状态
	人力特征	受教育程度、职业证书、技术等级、工作年限、工作经历（换岗次数）、工作时长（周工作时长）
工作特征	工作类型	工种、单位性质、行业类型
	工作条件	激励条件：工资待遇、福利补贴、五险二金、教育培训、激励方式保障条件：工作环境、工会会员

3　研究结果

3.1　人力特征差异检验

3.1.1　人力资本指标：受教育程度

本次调查共4412名被试报告了自己的受教育水平（图2-2），其中受教育水平为小学及以下占比4.74%，初中占比29.62%，高中（包括中专、技校、职高）占比27.36%，大专占比21.19%，大学本科及以上学历占比17.09%。

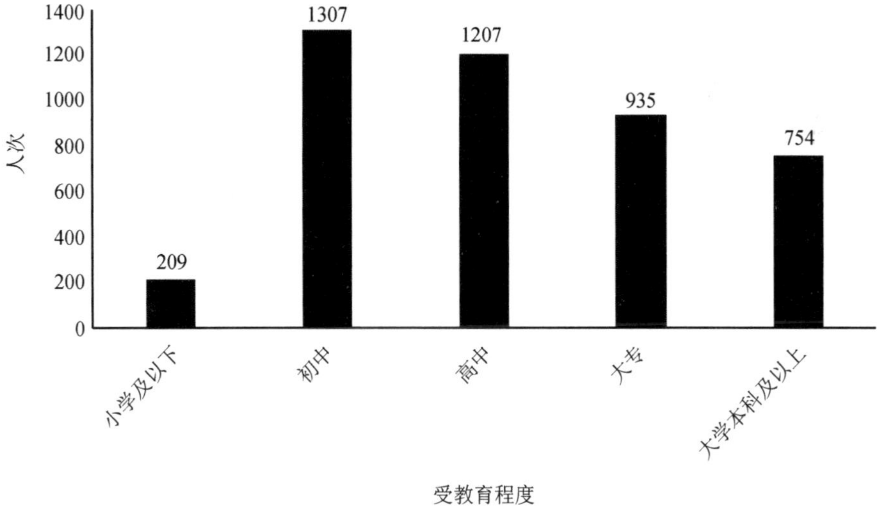

图 2-2　受教育程度人次分布

本研究通过卡方检验分析产业工人受教育程度的人口特征差异和工作类型差异（表2-3和表2-4）。结果发现，受教育程度在性别（$\chi^2=35.62$，$p<0.001$）、年龄（$\chi^2=638.61$，$p<0.001$）、户口类型（$\chi^2=220.96$，$p<0.001$）、婚姻状态（$\chi^2=137.43$，$p<0.001$）上存在显著差异。就性别而言，女性产业工人拥有初中及以下学历的比例比男

性高，而高中及以上学历则相反。在年龄方面，总体而言，年龄越大，产业工人的受教育程度越低，16~34 岁产业工人群体大专及以上教育程度的比例较高，而 35 岁及以上产业工人高中及以下教育程度的比例较高。在户口类型上，城镇产业工人受教育程度较高，而农村产业工人受教育程度较低。具体而言，城镇户口的产业工人拥有高中及以上学历的比例高出农村户口工人 18.78 个百分点。在婚姻状态方面，未婚产业工人受教育程度较高，而已婚产业工人受教育程度较低。未婚产业工人拥有大专及以上学历的比例高出已婚产业工人 16.89 个百分点。

受教育程度在工种（$\chi^2=331.55$，$p<0.001$）、单位性质（$\chi^2=556.50$，$p<0.001$）、行业类型（$\chi^2=181.52$，$p<0.001$）上均存在显著差异。在工种方面，合同工/正式工的受教育程度相对较高，而劳务工则相反。合同工/正式工拥有高中及以上学历的比例比劳务工高 25.44 个百分点。在单位性质方面，央企/国企产业工人拥有大专及以上学历的比例明显高于除外资企业外的所有性质的企业；在集体企业和民营企业产业工人中，初中及以下学历比例较高，并高于除“其他”类别外的所有企业；而在外资和合资企业产业工人中，与其他企业相比，高中和大专学历的工人比例较高，小学及以下学历的工人比例较低。在行业类型方面，与其他行业相比，能源产业工人的受教育程度较高，约三分之一拥有大学本科及以上学历；而建筑业产业工人受教育程度相对较低，相较其他行业而言，初中及以下学历占比最高。

表 2-3 产业工人受教育程度在人口特征上的分布情况

人口特征变量		小学及以下	初中	高中	大专	大学本科及以上	合计
性别	男性	102	785	771	635	504	2797
		3.65%	28.07%	27.57%	22.70%	18.02%	
	女性	103	499	413	289	245	1549
		6.65%	32.21%	26.66%	18.66%	15.82%	
	合计	205	1284	1184	924	749	4346
		4.72%	29.54%	27.24%	21.26%	17.23%	
年龄	16~24 岁	1	47	97	119	131	395
		0.25%	11.90%	24.56%	30.13%	33.16%	
	25~29 岁	15	167	169	164	175	690
		2.17%	24.20%	24.49%	23.77%	25.36%	
	30~34 岁	20	149	231	230	145	775
		2.58%	19.23%	29.81%	29.68%	18.71%	
	35~39 岁	27	254	242	175	124	822
		3.28%	30.90%	29.44%	21.29%	15.09%	

（续表）

人口特征变量		小学及以下	初中	高中	大专	大学本科及以上	合计
年龄	40~44 岁	27 5. 06%	174 32. 58%	138 25. 84%	106 19. 85%	89 16. 67%	534
	45~49 岁	28 5. 63%	194 39. 03%	149 29. 98%	75 15. 09%	51 10. 26%	497
	50~54 岁	35 8. 20%	194 45. 43%	121 28. 34%	49 11. 48%	28 6. 56%	427
	55 岁及以上	56 21. 88%	121 47. 27%	58 22. 66%	13 5. 08%	8 3. 13%	256
	合计	209 4. 75%	1300 29. 57%	1205 27. 41%	931 21. 18%	751 17. 08%	4396
户口类型	城镇	41 2. 25%	383 21. 01%	505 27. 70%	458 25. 12%	436 23. 92%	1823
	农村	162 6. 34%	913 35. 71%	693 27. 10%	473 18. 50%	316 12. 36%	2557
	合计	203 4. 63%	1296 29. 59%	1198 27. 35%	931 21. 26%	752 17. 17%	4380
婚姻状态	未婚	23 2. 11%	225 20. 62%	285 26. 12%	271 24. 84%	287 26. 31%	1091
	已婚	173 5. 41%	1038 32. 45%	892 27. 88%	644 20. 13%	452 14. 13%	3199
	合计	196 4. 57%	1263 29. 44%	1177 27. 44%	915 21. 33%	739 17. 23%	4290

表 2-4　产业工人受教育程度在工作类型上的分布情况

工作类型变量		小学及以下	初中	高中	大专	大学本科及以上	合计
工种	劳务工	107 9. 70%	479 43. 43%	289 26. 20%	181 16. 41%	47 4. 26%	1103
	合同工/正式工	101 3. 06%	822 24. 93%	915 27. 75%	753 22. 84%	706 21. 41%	3297
	合计	208 4. 73%	1301 29. 57%	1204 27. 36%	934 21. 23%	753 17. 11%	4400

（续表）

工作类型变量		小学及以下	初中	高中	大专	大学本科及以上	合计
单位性质	央企/国企	29 2.23%	159 12.23%	332 25.54%	381 29.31%	399 30.69%	1300
	集体企业	12 5.38%	96 43.05%	69 30.94%	26 11.66%	20 8.97%	223
	民营企业	148 6.65%	822 36.96%	622 27.97%	399 17.94%	233 10.48%	2224
	外资企业	0 0	12 13.95%	30 34.88%	29 33.72%	15 17.44%	86
	合资企业	4 2.07%	48 24.87%	58 30.05%	51 26.42%	32 16.58%	193
	其他	16 4.37%	159 43.44%	90 24.59%	46 12.57%	55 15.03%	366
	合计	209 4.76%	1296 29.51%	1201 27.35%	932 21.22%	754 17.17%	4392
行业类型	采矿业	4 2.23%	43 24.02%	52 29.05%	37 20.67%	43 24.02%	179
	制造业	110 4.99%	692 31.37%	630 28.56%	461 20.90%	313 14.19%	2206
	建筑业	40 7.04%	197 34.68%	136 23.94%	111 19.54%	84 14.79%	568
	能源产业	8 3.23%	46 18.55%	59 23.79%	60 24.19%	75 30.24%	248
	化工行业	14 3.29%	97 22.77%	129 30.28%	110 25.82%	76 17.84%	426
	其他	32 4.15%	226 29.27%	198 25.65%	154 19.95%	162 20.98%	772
	合计	208 4.73%	1301 29.57%	1204 27.37%	933 21.21%	753 17.12%	4399

3.1.2 人力资本指标：职业证书

共4402名被试报告了自己取得职业资格证书或职业技能证书（统称“职业证书”）的情况。其中报告自己取得职业证书占比52.32%（2303人），报告未取得职业证书的占比47.68%（2099人）。本研究进一步通过卡方检验分析产业工人取得职业证书情况的人口特征差异和工作类型差异（表2-5和表2-6）。

结果发现，职业证书在性别（$\chi^2=101.323$，$p<0.01$）、年龄（$\chi^2=55.09$，$p<0.001$）、户口类型（$\chi^2=138.60$，$p<0.001$）上存在显著差异，在婚姻状态（$\chi^2=3.34$，$p=0.07$）存在边缘显著。在性别方面，男性产业工人取得职业证书的比例比女性高出15.95个百分点。在年龄方面，随着年龄的增加，取得职业证书的工人比例逐渐下降。16~54岁产业工人群体中取得职业证书的比例显著高于55岁及以上工人群体。在户口类型上，城镇户口产业工人取得职业证书的比例比农村户口产业工人高18.05个百分点。

职业证书在工种（$\chi^2=181.52$，$p<0.001$）、单位性质（$\chi^2=375.89$，$p<0.001$）、行业类型（$\chi^2=37.73$，$p<0.001$）上均存在显著差异。在工种方面，合同工/正式工的职业证书取得情况相对较好，而劳务工则相反。合同工/正式工取得职业证书的比劳务工高23.44个百分点。在单位性质方面，央企/国企的产业工人取得职业证书的比例（73.06%）高于所有类型的企业，依次是合资企业（61.14%）、外资企业（55.81%）、民营企业（43.35%）、集体企业（45.74%）和“其他”性质的企业（30.41%）。在行业类型方面，化工行业产业工人取得职业证书的比例（62.88%）最高，其余依次是采矿业（60.00%）、能源产业（58.06%）、建筑业（53.09%）、制造业（50.66%）和“其他”行业（47.01%）。

表2-5 产业工人职业证书在人口特征上的分布情况

人口特征变量		未取得职业证书	取得职业证书	合计
性别	男性	1172 41.96%	1621 58.04%	2793
	女性	893 57.91%	649 42.09%	1542
	合计	2065 47.64%	2270 52.36%	4335
年龄	16~24岁	181 45.82%	214 54.18%	395
	25~29岁	306 44.41%	383 55.59%	689
	30~34岁	310 40.05%	464 59.95%	774

（续表）

人口特征变量		未取得职业证书	取得职业证书	合计
年龄	35~39 岁	391 47.86%	426 52.14%	817
	40~44 岁	280 52.43%	254 47.57%	534
	45~49 岁	238 48.28%	255 51.72%	493
	50~54 岁	219 51.41%	207 48.59%	426
	55 岁及以上	163 63.67%	93 36.33%	256
	合计	2088 47.63%	2296 52.37%	4384
户口类型	城镇	674 37.05%	1145 62.95%	1819
	农村	1405 55.10%	1145 44.90%	2550
	合计	2079 47.59%	2290 52.41%	4369
婚姻状态	未婚	492 45.14%	598 54.86%	1090
	已婚	1541 48.34%	1647 51.66%	3188
	合计	2033 47.52%	2245 52.48%	4278

表 2-6　产业工人职业证书在工作类型上的分布情况

工作类型变量		未取得职业证书	取得职业证书	合计
工种	劳务工	717 65.24%	382 34.76%	1099
	合同工/正式工	1376 41.80%	1916 58.20%	3292
	合计	2093 47.67%	2298 52.33%	4391

（续表）

工作类型变量		未取得职业证书	取得职业证书	合计
单位性质	央企/国企	350 26.94%	949 73.06%	1299
	集体企业	121 54.26%	102 45.74%	223
	民营企业	1257 56.65%	962 43.35%	2219
	外资企业	38 44.19%	48 55.81%	86
	合资企业	75 38.86%	118 61.14%	193
	其他	254 69.59%	111 30.41%	365
	合计	2095 47.78%	2290 52.22%	4385
行业类型	采矿业	72 40.00%	108 60.00%	179
	制造业	1087 49.34%	1116 50.66%	2206
	建筑业	266 46.91%	301 53.09%	568
	能源产业	104 41.94%	144 58.06%	248
	化工行业	157 37.12%	266 62.88%	426
	其他	407 52.99%	361 47.01%	772
	合计	2093 47.69%	2296 52.31%	4399

3.1.3　人力资本指标：技术等级

共4393名被试报告了自己的最高专业技术等级信息（统称“技术等级”）（图2-3）。其中，目前未取得技术等级的占比46.16%（2028人），取得初级技术等级的占比25.11%（1103人），取得中级技术等级的占比16.51%（725人），取得高级及以上技术等级的占比 12.22%（537 人）。

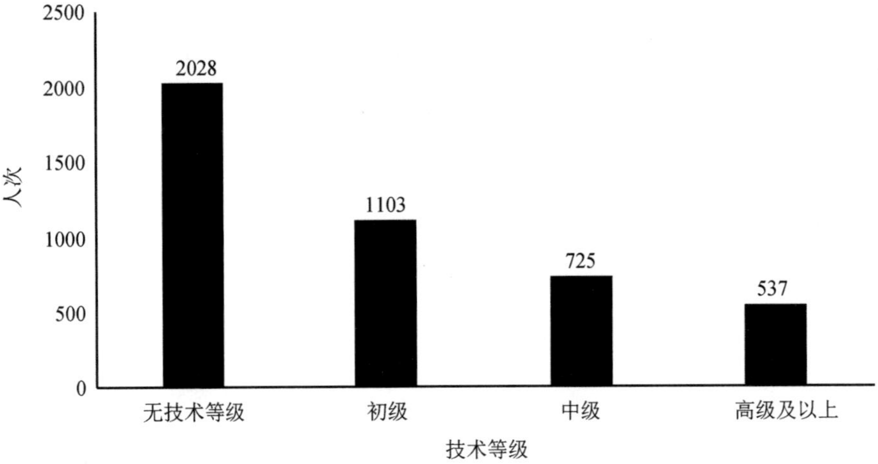

图 2-3　不同技术等级人次分布

本研究通过卡方检验分析产业工人最高专业技术等级的人口特征差异和工作类型差异（表 2-7 和表 2-8）。结果发现，产业工人技术等级在性别（$\chi^2=114.85$，$p<0.01$）、年龄（$\chi^2=97.58$，$p<0.001$）、户口类型（$\chi^2=142.47$，$p<0.001$）、婚姻状态（$\chi^2=21.64$，$p<0.001$）上存在显著差异。在性别方面，男性产业工人获得中级及以上技术等级的比例更高，而女性则相反。男性产业工人获得中级和高级及以上技术等级的分别比女性高 6.24 和 7.95 个百分点。在年龄方面，无技术等级群体比例分布随着年龄的增长而逐渐上升，而初级技术等级群体则呈现相反的趋势，中级及以上群体的年龄分布则较为均匀。16~54 岁工人在无技术等级群体中比例低于 55 岁及以上群体，16~39 岁产业工人在初级技术等级群体中的比例高于 40 岁以上群体。在户口类型上，城镇户口的产业工人获得初级、中级和高级及以上技术等级的比例比农村户口的产业工人高 3.20、6.06 和 7.57 个百分点。在婚姻状态方面，未婚产业工人获得初级和高级及以上技术等级的比例高于已婚产业工人 6.37 和 0.41 个百分点。

技术等级在工种（$\chi^2=148.06$，$p<0.001$）、单位性质（$\chi^2=516.41$，$p<0.001$）、行业类型（$\chi^2=105.81$，$p<0.001$）上均存在显著差异。在工种方面，劳务工中无技术等级的产业工人比合同工高 21 个百分点，初级、中级、高级及以上技术等级的产业工人比合同工分别低 8.68、6.91 和 5.51 个百分点。在单位性质方面，央企/国企的产业工人获得高级及以上技术等级的比例最高，而无技术等级的比例较低；民营企业和外资企业产业工人获得高级及以上技术等级的比例最低，而无技术等级的比例最高。在行业类型方面，与除“其他”行业外的所有行业相比，采矿业产业工人中获得高级及以上技术等级的比例最高；化工行业产业工人获得中级技术等级的比例最高；能源产业工人获得初级技术等级比例最高；制造业产业工人获得无技术等级的比例最高。

表 2-7　产业工人技术等级在人口特征上的分布情况

人口特征变量		无技术等级	初级	中级	高级及以上	合计
性别	男性	1148 41. 18%	695 24. 93%	524 18. 79%	421 15. 10%	2788
	女性	844 54. 88%	391 25. 42%	193 12. 55%	110 7. 15%	1538
	合计	1992 46. 05%	1086 25. 10%	717 16. 57%	531 12. 27%	4326
年龄	16~24 岁	167 42. 17%	121 30. 56%	54 13. 64%	54 13. 64%	396
	25~29 岁	313 45. 43%	207 30. 04%	74 10. 74%	95 13. 79%	689
	30~34 岁	310 40. 05%	217 28. 04%	139 17. 96%	108 13. 95%	774
	35~39 岁	378 46. 32%	205 25. 12%	137 16. 79%	96 11. 76%	816
	40~44 岁	252 47. 82%	117 22. 20%	112 21. 25%	46 8. 73%	527
	45~49 岁	230 46. 56%	109 22. 06%	86 17. 41%	69 13. 97%	494
	50~54 岁	209 49. 06%	92 21. 60%	81 19. 01%	44 10. 33%	426
	55 岁及以上	158 62. 20%	32 12. 60%	39 15. 35%	25 9. 84%	254
	合计	2017 46. 09%	1100 25. 14%	722 16. 50%	537 12. 27%	4376
户口类型	城镇	658 36. 23%	491 27. 04%	363 19. 99%	304 16. 74%	1816
	农村	1349 53. 07%	606 23. 84%	354 13. 93%	233 9. 17%	2542
	合计	2007 46. 05%	1097 25. 17%	717 16. 45%	537 12. 32%	4358

（续表）

人口特征变量		无技术等级	初级	中级	高级及以上	合计
婚姻状态	未婚	476 43.71%	327 30.03%	150 13.77%	136 12.49%	1089
	已婚	1486 46.74%	752 23.66%	557 17.52%	384 12.08%	3179
	合计	1962 45.97%	1079 25.28%	707 16.57%	520 12.18%	4268

表 2-8 产业工人技术等级在工作类型上的分布情况

工作类型变量		无技术等级	初级	中级	高级及以上	合计
工种	劳务工	679 61.95%	204 18.61%	124 11.31%	89 8.12%	1096
	合同工/正式工	1343 40.86%	897 27.29%	599 18.22%	448 13.63%	3287
	合计	2022 46.13%	1101 25.12%	723 16.50%	537 12.25%	4383
单位性质	央企/国企	356 27.41%	323 24.87%	273 21.02%	347 26.71%	1299
	集体企业	112 50.22%	55 24.66%	31 13.90%	25 11.21%	223
	民营企业	1200 54.25%	568 25.68%	325 14.69%	119 5.38%	2219
	外资企业	46 53.49%	21 24.42%	15 17.44%	4 4.65%	86
	合资企业	78 40.41%	56 29.02%	35 18.13%	24 12.44%	193
	其他	231 63.64%	72 19.83%	42 11.57%	18 4.96%	365
	合计	2023 46.23%	1095 25.02%	721 16.48%	537 12.27%	4385
行业类型	采矿业	67 37.64%	46 25.84%	37 20.79%	28 15.73%	178
	制造业	1071 48.66%	513 23.31%	299 13.58%	318 14.45%	2201

（续表）

工作类型变量		无技术等级	初级	中级	高级及以上	合计
行业类型	建筑业	233 41.02%	172 30.28%	112 19.72%	51 8.98%	568
	能源产业	95 38.31%	87 35.08%	39 15.73%	27 10.89%	248
	化工行业	161 38.15%	106 25.12%	108 25.59%	47 11.14%	422
	其他	395 51.57%	176 22.98%	129 16.84%	66 8.62%	766
	合计	2022 46.13%	1100 25.10%	724 16.52%	537 12.25%	4383

3.1.4　人力资本指标：工作年限

产业工人的平均工作年限为 16.27 年（SD = 10.23；工作年限 = 2024－参加工作的时间）。统计结果显示，工作年限在不同人口特征变量上存在显著差异（表 2-9）。具体来说，男性比女性、城镇比农村、已婚比未婚产业工人，有更长的工作年限。同时，随着年龄增长，产业工人工作年限也逐渐增加（图 2-4）。

表 2-9　产业工人工作年限在人口特征上的差异

人口特征变量		$M±SD$	t/F	Cohen's d/η^2
性别	男性	16.92±10.71	5.62***	0.18
	女性	15.09±9.19		
年龄	16~24 岁	3.36±3.09	1191.42***	0.66
	25~29 岁	7.50±3.39		
	30~34 岁	12.08±3.69		
	35~39 岁	15.82±4.86		
	40~44 岁	19.15±6.45		
	45~49 岁	23.42±8.25		
	50~54 岁	28.90±8.55		
	55 岁及以上	33.53±10.29		
户口类型	城镇户口	17.91±10.37	9.09***	0.28
	农村户口	15.04±9.93		
婚姻状态	未婚	8.54±6.74	−31.56***	−1.13
	已婚	18.85±9.86		

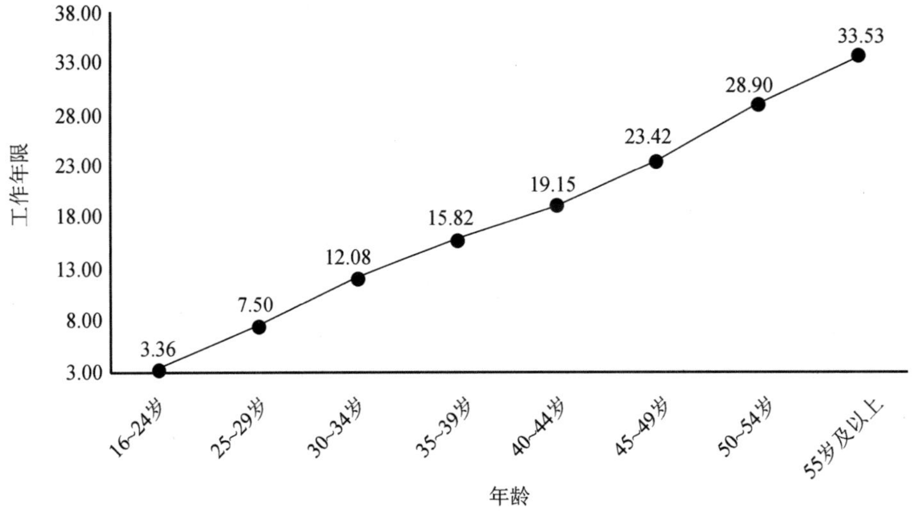

图 2-4　工作年限在年龄上的差异

工作年限在工作类型变量上也存在显著差异（表 2-10），劳务工的工作年限普遍长于合同工/正式工。在单位性质方面，在不考虑其他单位的情况下，央企/国企和合资企业产业工人的工作年限显著低于集体企业和民营企业，其中合资企业工人的工作年限最短，而集体企业工人的工作年限最长（图 2-5）。就行业类型而言，采矿业和建筑业的产业工人工作年限较长，且显著高于制造业、能源产业和化工行业的产业工人（图 2-6）。

表 2-10　产业工人工作年限在工作类型上的差异

工作类型变量		$M\pm SD$	t/F	Cohen's d/η^2
工种	劳务工	17.09±10.31	3.03**	0.11
	合同工/正式工	15.99±10.19		
单位性质	央企/国企	15.60±10.43	16.04***	0.02
	集体企业	17.39±10.21		
	民营企业	16.49±10.16		
	外资企业	15.90±7.37		
	合资企业	11.49±7.09		
	其他	19.21±10.91		
行业类型	采矿业	20.35±11.15	19.60***	0.02
	制造业	15.13±9.33		
	建筑业	18.74±11.21		
	能源产业	15.93±10.29		
	化工行业	15.52±10.10		
	其他	17.25±11.12		

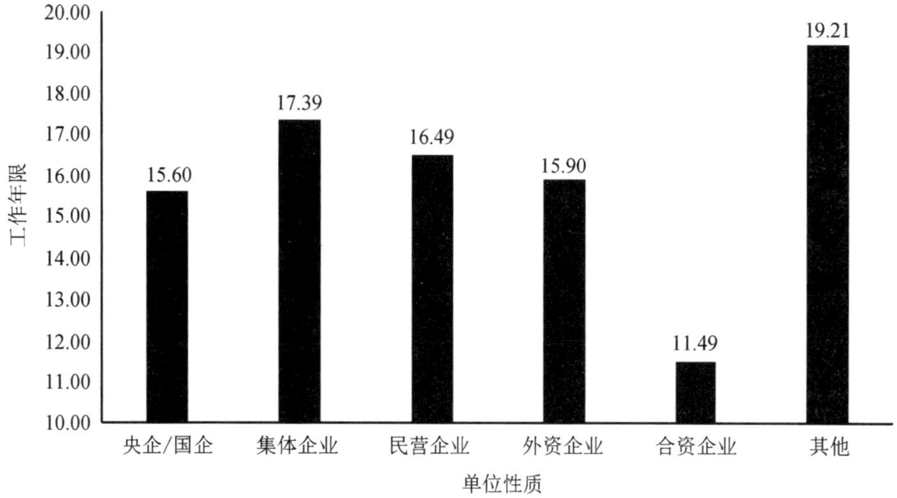

图 2-5　工作年限在单位性质上的差异

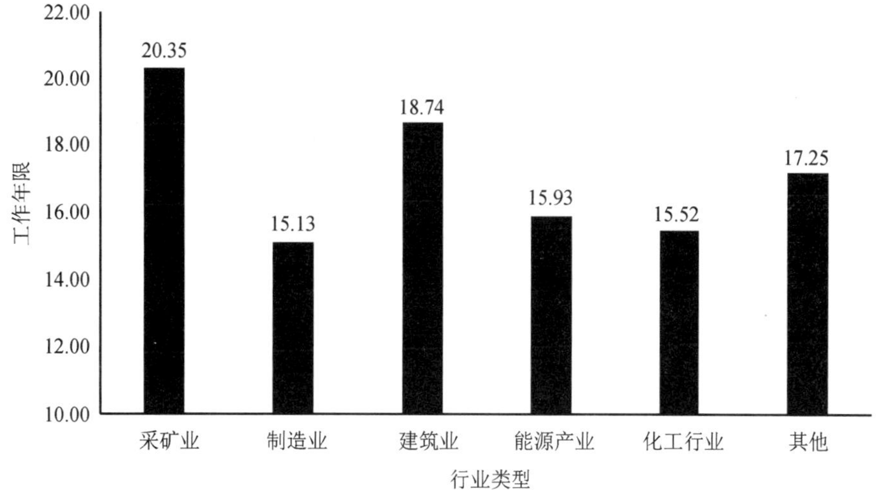

图 2-6　工作年限在行业类型上的差异

3.1.5　人力资本指标：换岗次数

我们调查了被试更换工作单位或岗位的次数。共有 4394 名被试报告了该信息（图 2-7），其中从未更换过工作单位或岗位的占比 36.09%（1586 人），更换过 1 次的占比 14.36%（631 人），更换过 2 次的占比 19.85%（872 人），更换过 3 次的占比 17.16%（754 人），更换过 3 次以上的占比 12.54%（551 人）。

统计结果显示，换岗次数在性别上不存在显著差异，但在其他人口特征变量上存在显著差异（表 2-11）。具体来说，农村比城镇、已婚比未婚产业工人有更多的换岗次数。从不同的年龄段来看，在 39 岁及以下的产业工人群体中，随着年龄的增长，换岗次数呈现增加的趋势，39 岁及以上的产业工人群体中，换岗次数不存在显著差异（图 2-8）。

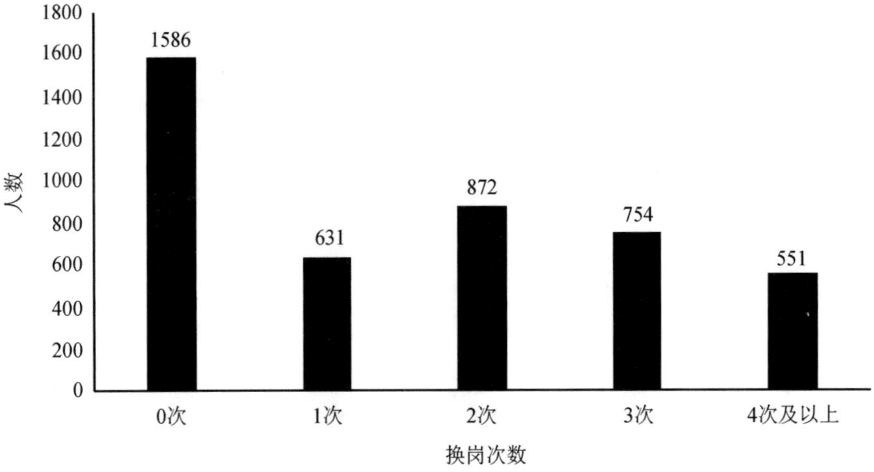

图 2-7　换岗次数的人次分布

换岗次数在工作类型变量上也存在显著差异（表 2-12）。劳务工的换岗次数显著高于合同工/正式工。在单位性质方面，民营企业产业工人的换岗次数最高，而央企/国企产业工人的换岗次数最低（见图 2-9）。在行业类型方面，建筑业产业工人的换岗次数最高，而能源产业工人的换岗次数最低（图 2-10）。

表 2-11　产业工人换岗次数在人口特征上的差异

人口特征变量		*M*±*SD*	*t*/*F*	Cohen's *d*/η^2
性别	男性	1. 59±1. 44	0. 29	0. 04
	女性	1. 52±1. 44		
年龄	16~24 岁	0. 75±1. 15	31. 21 ***	0. 05
	25~29 岁	1. 25±1. 33		
	30~34 岁	1. 62±1. 33		
	35~39 岁	1. 79±1. 43		
	40~44 岁	1. 75±1. 45		
	45~49 岁	1. 80±1. 49		
	50~54 岁	1. 63±1. 52		
	55 岁及以上	1. 72±1. 44		
户口类型	城镇户口	1. 31±1. 38	−9. 33 ***	−0. 29
	农村户口	1. 72±1. 45		
婚姻状态	未婚	1. 24±1. 36	−8. 48 ***	−0. 30
	已婚	1. 66±1. 44		

表 2-12 产业工人换岗次数在工作类型上的差异

工作类型变量		$M \pm SD$	t/F	Cohen's d/η^2
工种	劳务工	1.85±1.47	8.01***	0.28
	合同工/正式工	1.46±1.41		
单位性质	央企/国企	1.10±1.30	59.72***	0.06
	集体企业	1.31±1.33		
	民营企业	1.90±1.44		
	外资企业	1.60±1.45		
	合资企业	1.29±1.36		
	其他	1.33±1.44		
行业类型	采矿业	1.52±1.32	17.19***	0.02
	制造业	1.60±1.42		
	建筑业	1.87±1.53		
	能源产业	1.09±1.39		
	化工行业	1.65±1.37		
	其他	1.29±1.41		

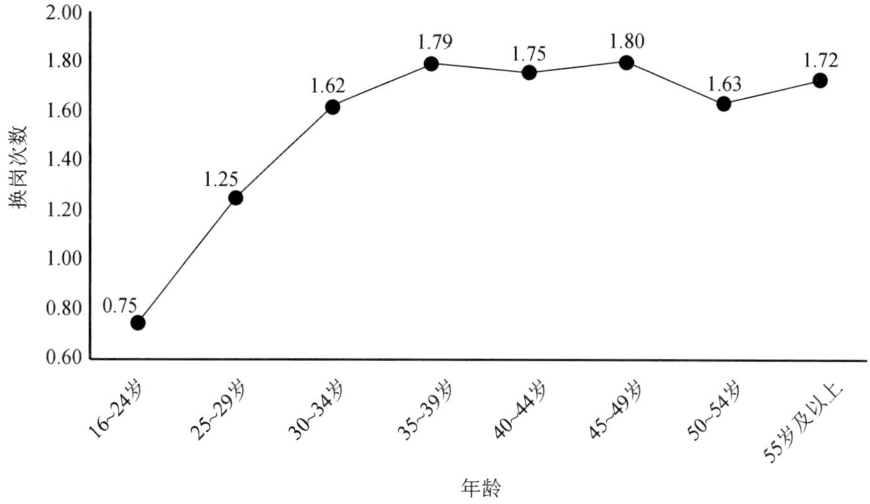

图 2-8 产业工人换岗次数在年龄上的差异

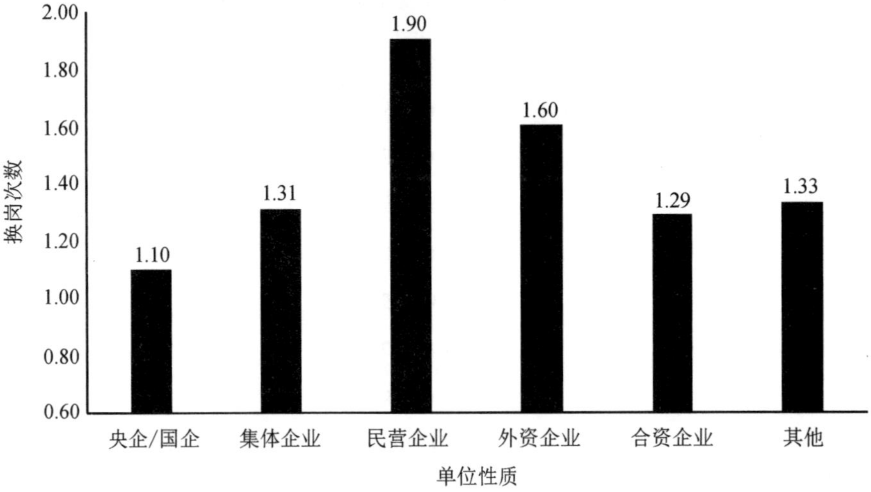

图 2-9 产业工人换岗次数在单位性质上的差异

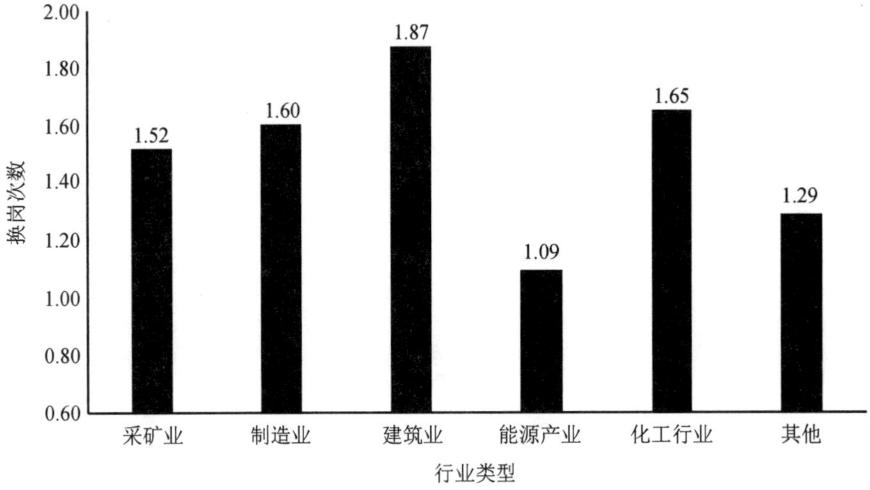

图 2-10 产业工人换岗次数在行业类型上的差异

3.1.6 人力资本指标：工作时长

本次调查共有 4396 人报告了每周的工作天数，平均每周工作 5.95 天（*SD*=0.81）；共 4390 人报告了自己通常每天工作的时长，平均每天工作 8.90 个小时（*SD*=1.48）。本研究将每周的工作天数与平均每天的工作小时数相乘，计算得出产业工人的每周工作时长。产业工人平均每周工作时长为 53.26 小时（*SD*=12.13）。

统计结果显示，工作时长在不同人口特征变量上均存在显著差异（表 2-13）。具体来说，男性、农村户口和未婚产业工人的工作时长普遍较长。在年龄方面，16~39 岁产业工人的工作时长显著长于 40 岁及以上的产业工人；40 岁以后，产业工人的工作时长先下降，在 50~54 岁达到最低点，随后又有所上升（图 2-11）。

表 2-13　产业工人工作时长在人口特征上的差异

人口特征变量		$M±SD$	t/F	Cohen's d/η^2
性别	男性	53.60±12.47	2.74**	0.09
	女性	52.54±11.41		
年龄	16~24 岁	54.00±13.67	7.93***	0.01
	25~29 岁	54.33±11.73		
	30~34 岁	54.26±11.90		
	35~39 岁	54.41±12.37		
	40~44 岁	52.48±11.28		
	45~49 岁	51.36±11.78		
	50~54 岁	50.65±11.65		
	55 岁及以上	52.19±12.71		
户口类型	城镇户口	50.26±11.22	-13.94***	-0.43
	农村户口	55.36±12.27		
婚姻状态	未婚	54.10±12.24	2.70**	0.10
	已婚	52.95±11.97		

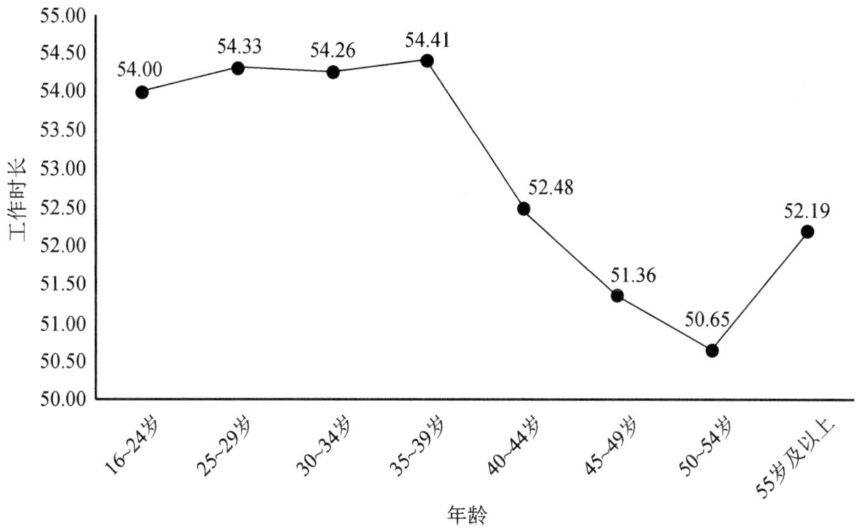

图 2-11　产业工人工作时长在年龄上的差异

在不同工作类型变量上，工作时长也存在显著差异（表 2-14）。劳务工的工作时长显著长于合同工/正式工。在单位性质方面，民营和外资企业产业工人的工作时长最长，而央企/国企产业工人的工作时长最短（图 2-12）。在行业类型方面，在不考虑

“其他”行业的情况下，能源产业工人工作时长最短，而建筑业和制造业产业工人的工作时长最长（图 2-13）。

表 2-14　产业工人工作时长在工作类型上的差异

工作类型变量		*M*±*SD*	*t*/*F*	Cohen's *d*/η²
工种	劳务工	55.69±11.72	7.82***	0.27
	合同工/正式工	52.45±12.17		
单位性质	央企/国企	49.32±11.80	53.87***	0.06
	集体企业	51.73±11.51		
	民营企业	55.89±11.50		
	外资企业	56.31±11.67		
	合资企业	51.66±12.02		
	其他	52.09±13.21		
行业类型	采矿业	50.34±12.18	71.98***	0.08
	制造业	55.10±12.08		
	建筑业	57.66±10.74		
	能源产业	48.05±10.42		
	化工行业	51.61±12.44		
	其他	47.95±10.87		

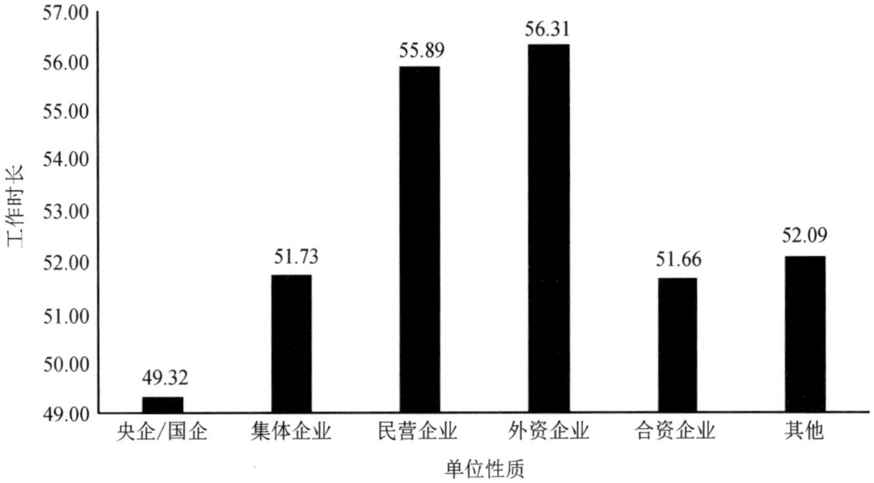

图 2-12　产业工人工作时长在单位性质上的差异

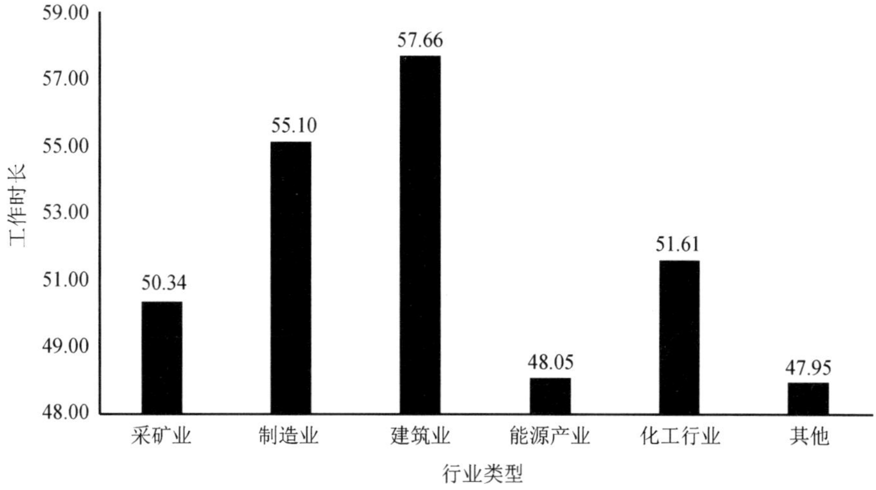

图 2-13　产业工人工作时长在行业类型上的差异

3.2　工作条件差异检验

3.2.1　激励条件指标：工资待遇

本次调查共 4390 名被试报告了个人工资待遇水平，如图 2-14 所示。产业工人的工资待遇大致呈现出“正态分布”趋势，即在 5000～5999 元这一区间的人数最多，而在两侧其他区间人数逐渐减少。为了方便统计，我们将月工资收入处理为一个连续变量进行分析，取每个收入区间的中间值进行赋值，如 2000 元以下的赋值为 1500 元，2000～2999 元赋值为 2500 元等。

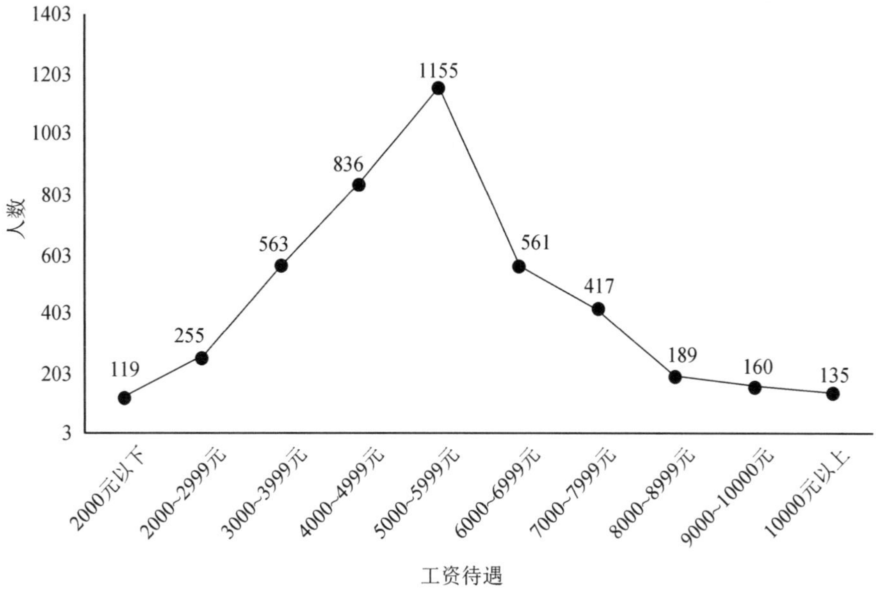

图 2-14　个人工资待遇水平区间人次分布

统计结果显示，工资待遇在不同人口统计学变量上存在显著差异（表 2-15）。具体来说，女性比男性、农村户口比城镇户口、已婚比未婚，有更低的工资待遇。从不同的年龄段来看，工资待遇随着年龄增长呈现出“先平稳后下降”的趋势，即 16~39 岁年龄段的产业工人的月工资收入较高，39 岁之后开始下降（图 2-15）。

表 2-15　产业工人工资待遇在人口特征上的差异

人口特征变量		$M \pm SD$	t/F	Cohen's d/η^2
性别	男性	5892. 75±1919. 34	17. 72***	0. 56
	女性	4822. 5±1868. 49		
年龄	16~24 岁	5663. 27±1801. 92	21. 6***	0. 03
	25~29 岁	5830. 42±1598. 10		
	30~34 岁	5857. 51±1949. 87		
	35~39 岁	5766. 5±2012. 17		
	40~44 岁	5244. 36±2185. 05		
	45~49 岁	5159. 23±2140. 75		
	50~54 岁	4962. 44±1897. 30		
	55 岁及以上	4821. 57±1890. 33		
户口类型	城镇户口	5661. 89±1964. 48	4. 07***	0. 13
	农村户口	5415. 45±1976. 93		
婚姻状态	未婚	5777. 42±1666. 22	4. 85***	0. 17
	已婚	5442. 23±2056. 17		

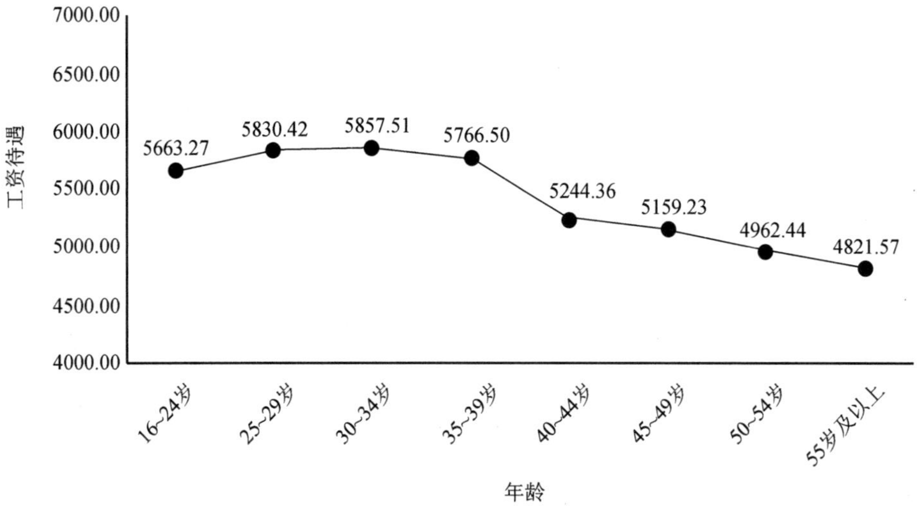

图 2-15　产业工人工资待遇在年龄上的差异

工资待遇在工作类型变量上存在显著差异（表2-16）。合同工/正式工的工资待遇显著高于劳务工；外资企业的工资待遇最高，央企/国企和合资企业次之，集体企业和"其他"单位的工资待遇最差（图2-16）；建筑业与化工行业的产业工人的工资待遇最好，采矿业、制造业和能源产业（三者没有显著差异）次之，而"其他"行业工资待遇最低（图2-17）。

表2-16　产业工人工资待遇在工作类型上的差异

工作类型变量		$M±SD$	t/F	Cohen's d/η^2
工种	劳务工	4885.45±2066.36	-12.50***	-0.44
	合同工/正式工	5730.32±1895.27		
单位性质	央企/国企	5830.50±1890.06	38.01***	0.04
	集体企业	4750.00±1884.56		
	民营企业	5502.26±1936.90		
	外资企业	6593.02±2134.47		
	合资企业	5838.54±1879.89		
	其他	4563.01±2075.20		
行业类型	采矿业	5393.85±2064.93	36.98***	0.04
	制造业	5608.83±1761.26		
	建筑业	6007.07±2197.94		
	能源产业	5483.81±2266.70		
	化工行业	5900.94±1867.88		
	其他	4732.07±2088.98		

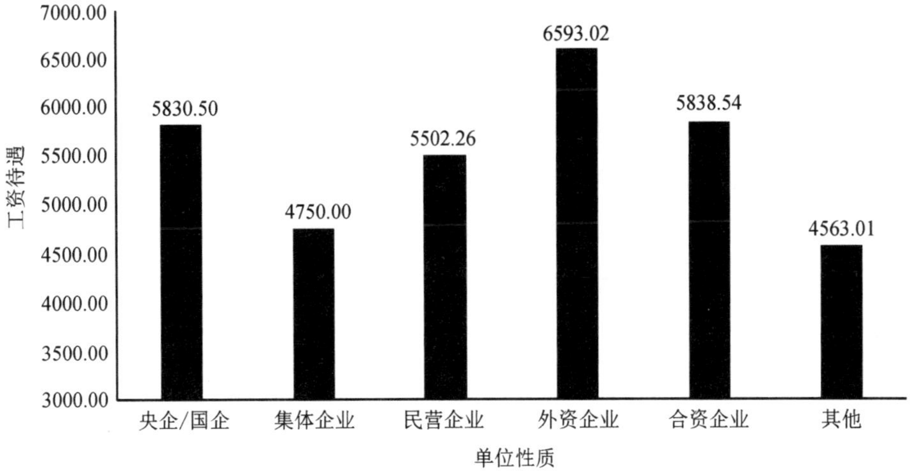

图2-16　产业工人工资待遇在单位性质上的差异

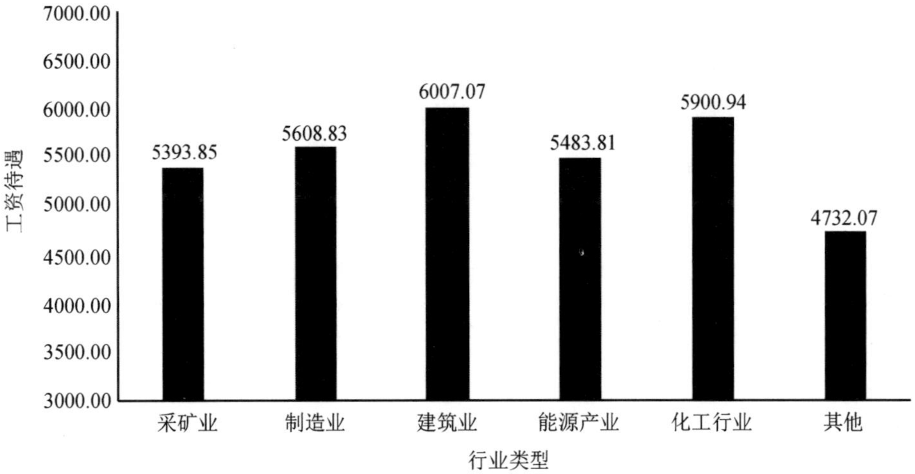

图 2-17 产业工人工资待遇在行业类型上的差异

3.2.2 激励条件指标：福利补贴项数

我们调查了被试单位给产业工人提供的补贴或福利类型。共有 4393 名被试作答了本题，其中拥有对应补贴或福利的人数及占比情况如图 2-18 所示。由此可见，大部分产业工人都有职工食堂、员工宿舍，然而只有少数的产业工人有儿童托管照顾服务、心理健康服务、租房补贴等。在进行分析统计时，我们合成了福利补贴项数这一指标，

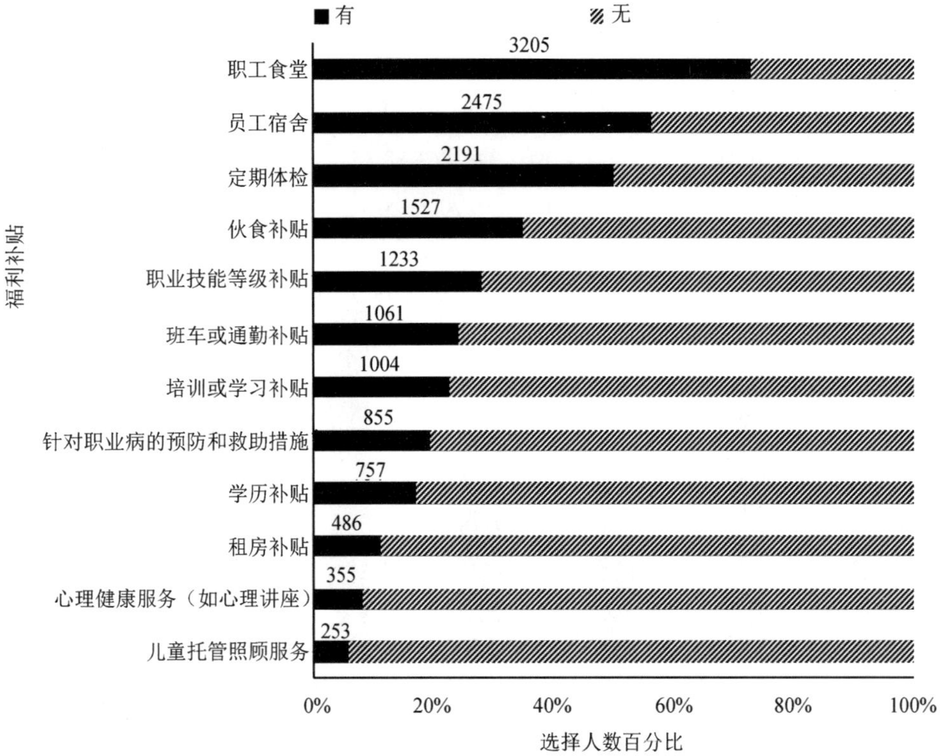

图 2-18 福利补贴项目情况分布

即产业工人拥有的补贴与福利数目相加，越多说明补贴福利越好。产业工人拥有的平均福利补贴项数为 3.50 项（$SD=2.13$）。

统计结果显示，福利补贴项数在不同人口统计学变量上存在显著差异（表 2-17）。具体来说，男性比女性、城镇户口比农村户口、未婚比已婚，有更多的福利补贴项数。从不同的年龄段来看，福利补贴项数随着年龄增长呈现出“先下降再平稳再下降”的趋势，即从 16~44 岁年龄段的产业工人的福利补贴项数逐渐减少，44~49 岁比较平稳，49 岁之后又开始下降（图 2-19）。

表 2-17　产业工人福利补贴项数在人口特征上的差异

人口特征变量		$M \pm SD$	t/F	Cohen's d/η^2
性别	男性	3.63±2.16	4.72***	0.15
	女性	3.31±2.08		
年龄	16~24 岁	4.40±2.65	29.71***	0.05
	25~29 岁	3.94±2.09		
	30~34 岁	3.71±2.09		
	35~39 岁	3.50±1.96		
	40~44 岁	3.03±1.84		
	45~49 岁	3.21±2.25		
	50~54 岁	3.00±1.99		
	55 岁及以上	2.73±1.67		
户口类型	城镇户口	3.64±2.13	3.36***	0.10
	农村户口	3.42±2.13		
婚姻状态	未婚	4.09±2.27	10.35***	0.36
	已婚	3.32±2.06		

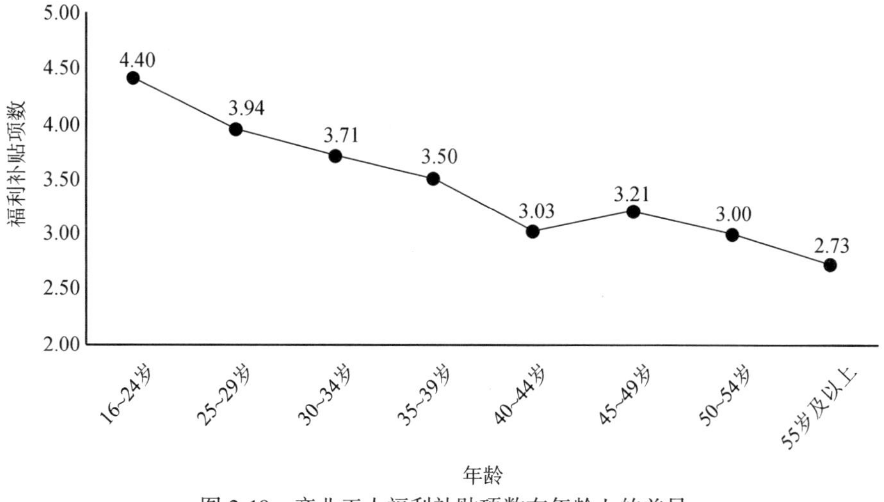

图 2-19　产业工人福利补贴项数在年龄上的差异

福利补贴项数在工作类型上存在显著差异（表 2-18）。在工种方面，合同工/正式工的福利补贴项数显著高于劳务工；央企/国企的福利补贴项数最多，但外资企业和合资企业的福利补贴项数与之没有显著差异，集体企业和“其他”单位的福利补贴项数最少（图 2-20）；建筑业的福利补贴项数最少，能源产业的补福利补贴项数最多，但采矿业、制造业和化工行业与能源产业的福利补贴项数没有显著差异（图 2-21）。

表 2-18　产业工人福利补贴项数在工作类型上的差异

工作类型变量		*M*±*SD*	*t*/*F*	Cohen's *d*/η^2
工种	劳务工	2. 51±1. 68	-18. 50***	-0. 65
	合同工/正式工	3. 84±2. 16		
单位性质	央企/国企	4. 31±2. 46	85. 20***	0. 09
	集体企业	2. 50±1. 43		
	民营企业	3. 26±1. 87		
	外资企业	3. 86±2. 21		
	合资企业	4. 13±1. 96		
	其他	2. 35±1. 58		
行业类型	采矿业	3. 64±2. 67	17. 60***	0. 02
	制造业	3. 65±2. 06		
	建筑业	3. 02±1. 62		
	能源产业	3. 98±2. 41		
	化工行业	3. 77±2. 10		
	其他	3. 11±2. 32		

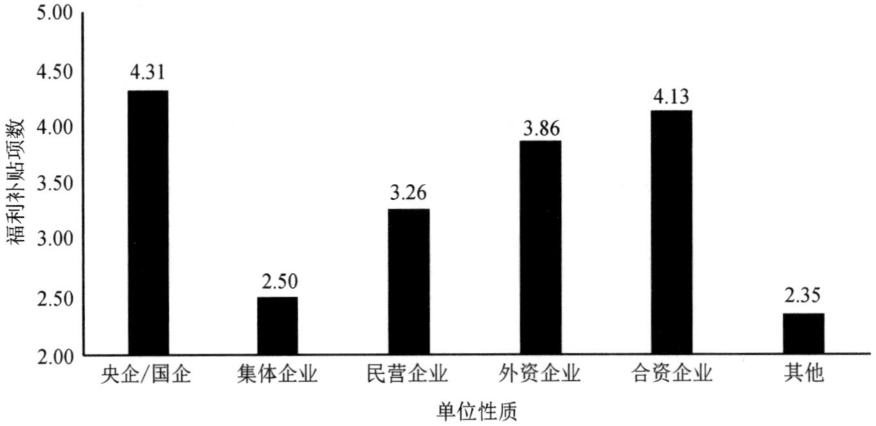

图 2-20　产业工人福利补贴项数在单位性质上的差异

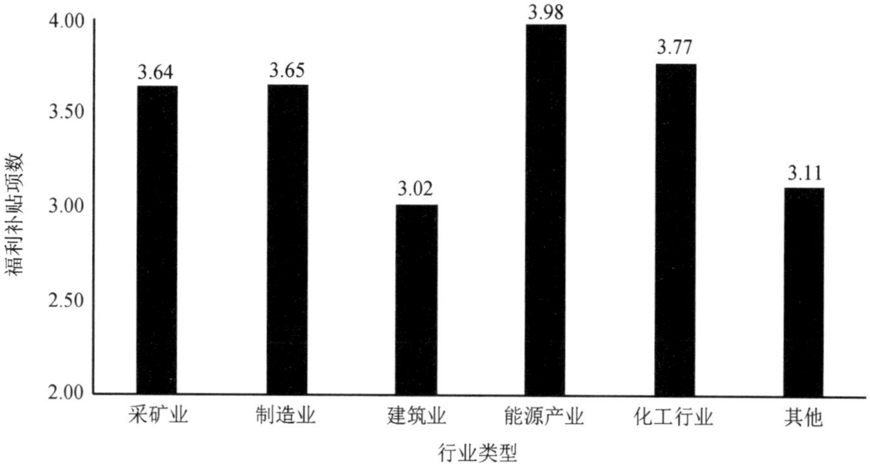

图 2-21 产业工人福利补贴项数在行业类型上的差异

3.2.3 激励条件指标：五险二金项数

我们调查了被试目前拥有五险一金和企业年金（下面统称“五险二金”）的情况，针对每个选项，被试可以选择“有”“没有，单位不给交”或“没有，是我不愿意交”。结果显示（图 2-22），被试拥有“五险”的比例都比较高（超过 70%），但住房公积金拥有比例只有 52.38%、企业年金拥有比例只有 35.65%，主要原因是“单位不给交”。为了便于统计，我们将每一个条目的选项看作二分类，即有或者没有，然后，将所有条目加和获得产业工人拥有五险二金的数量。产业工人平均拥有五险二金的数量为 4.93 项（$SD=2.23$）。

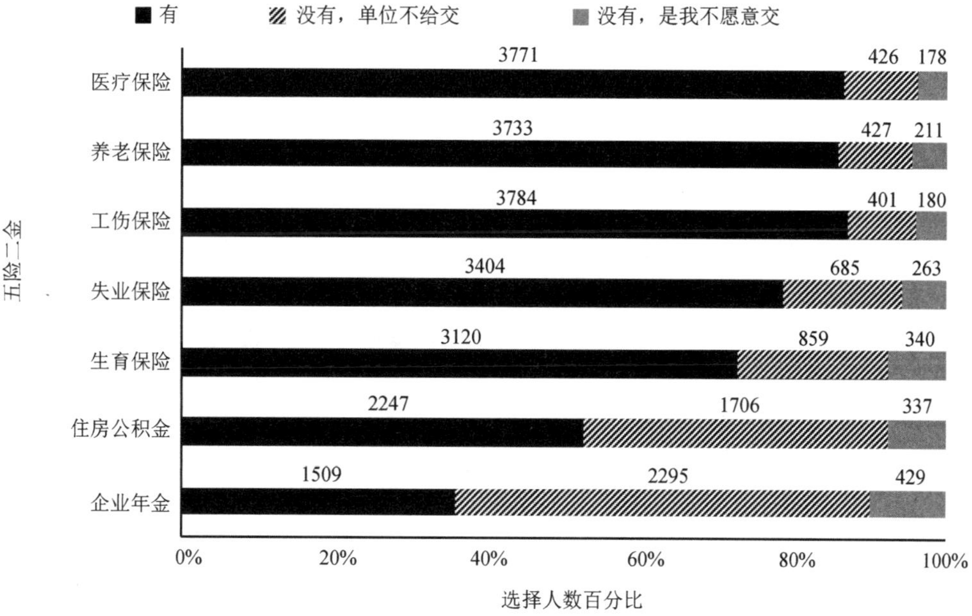

图 2-22 五险二金情况分布

统计结果显示，五险二金项数在不同人口统计学变量上存在显著差异（表 2-19）。具体来说，男性比女性、城镇户口比农村户口、未婚比已婚，拥有五险二金项数更多。从不同的年龄段来看，五险二金项数随着年龄增长大致呈现出下降趋势，即 16～39 岁之间的产业工人拥有的五险二金项数没有显著差异（此时拥有数目最多），39 岁之后大致上逐渐减少（图 2-23）。

表 2-19　产业工人五险二金项数在人口特征上的差异

人口特征变量		*M*±*SD*	*t*/*F*	Cohen's *d*/η^2
性别	男性	5. 11±2. 09	6. 94***	0. 23
	女性	4. 62±2. 40		
年龄	16～24 岁	5. 32±2. 14	35. 55***	0. 06
	25～29 岁	5. 54±1. 88		
	30～34 岁	5. 34±1. 88		
	35～39 岁	5. 11±2. 13		
	40～44 岁	4. 44±2. 39		
	45～49 岁	4. 49±2. 39		
	50～54 岁	4. 22±2. 39		
	55 岁及以上	3. 83±2. 51		
户口类型	城镇户口	5. 51±1. 80	14. 53***	0. 46
	农村户口	4. 52±2. 39		
婚姻状态	未婚	5. 51±1. 86	9. 86***	0. 35
	已婚	4. 74±2. 30		

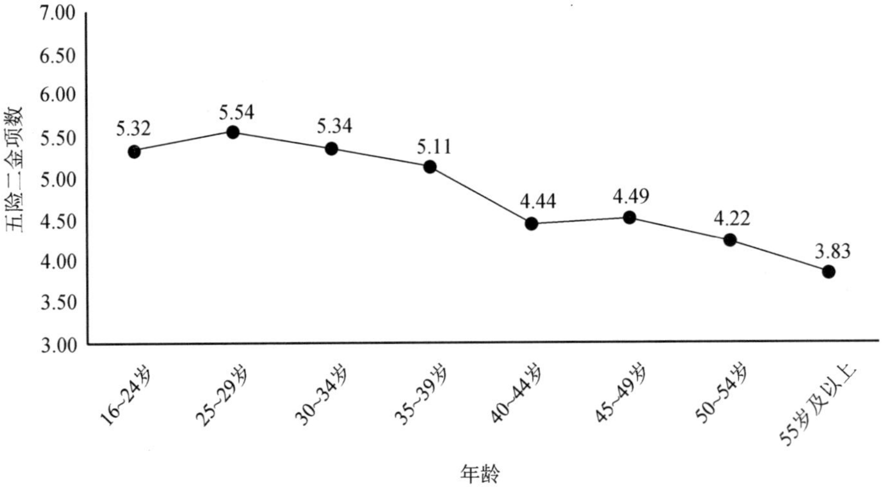

图 2-23　产业工人五险二金项数在年龄上的差异

五险二金项数在工作类型上存在显著差异（表 2-20）。合同工/正式工拥有五险二金项数显著多于劳务工。在单位性质方面，在外资企业工作的产业工人拥有五险二金项数最多，在央企/国企和合资企业工作的与之没有显著差异，而在“其他”单位工作的产业工人拥有五险二金项数最少（图 2-24）。在行业类型方面，建筑业的产业工人拥有的五险二金项数最少，而化工行业、采矿业和能源产业的工人拥有数量较多，但三者之间无显著差异（图 2-25）。

表 2-20　产业工人五险二金项数在工作类型上的差异

工作类型变量		*M*±*SD*	*t*/*F*	Cohen's *d*/η^2
工种	劳务工	2. 99±2. 54	−38. 20***	−1. 35
	合同工/正式工	5. 59±1. 65		
单位性质	央企/国企	5. 98±1. 58	131. 07***	0. 14
	集体企业	4. 66±2. 05		
	民营企业	4. 36±2. 30		
	外资企业	6. 29±1. 02		
	合资企业	5. 88±1. 62		
	其他	3. 85±2. 54		
行业类型	采矿业	5. 55±1. 96	25. 75***	0. 03
	制造业	4. 98±2. 20		
	建筑业	4. 24±2. 21		
	能源产业	5. 30±2. 40		
	化工行业	5. 65±1. 53		
	其他	4. 66±2. 41		

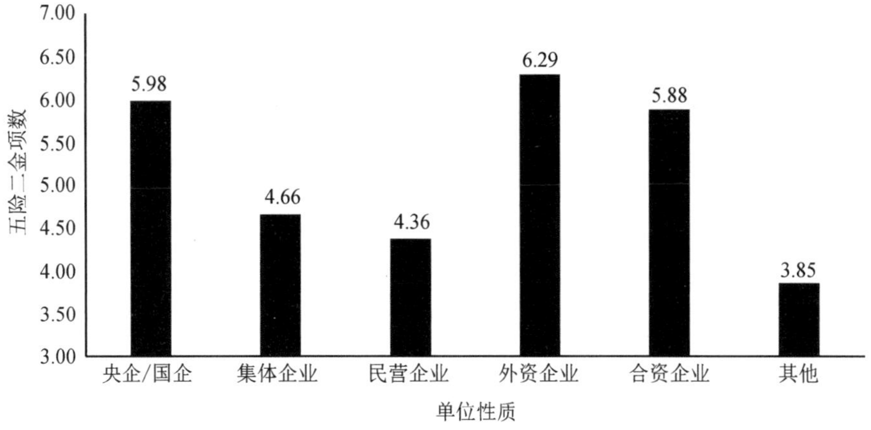

图 2-24　产业工人五险二金项数在单位性质上的差异

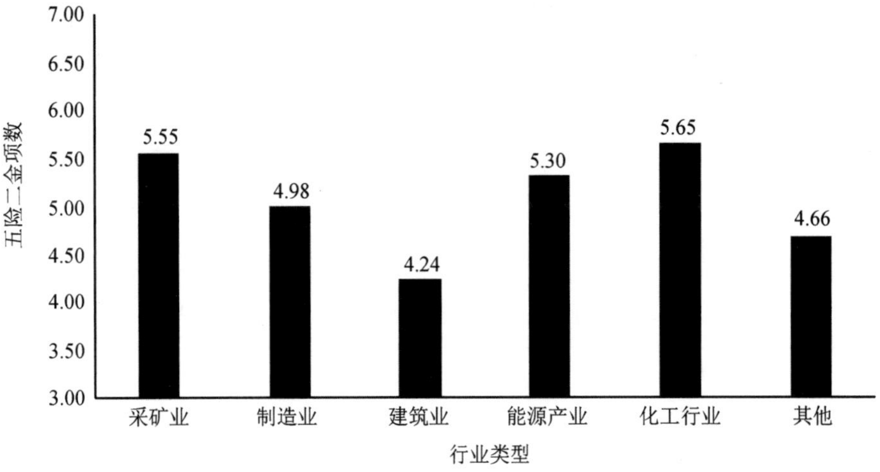

图 2-25　产业工人五险二金项数在行业类型上的差异

3.2.4　激励条件指标：教育培训项数

我们调查了产业工人在过去 12 个月内接受过单位的教育与培训类型。共有 4409 人对本题目进行作答，其中安全生产和职业技能方面的教育培训比较常见，但是思想政治、法律法规以及信息技术方面的教育培训较少（图 2-26）。受过教育培训的种类越多，产业工人在这方面获得的激励越多。产业工人平均参加过教育培训 2. 53 种（$SD=1.38$）。

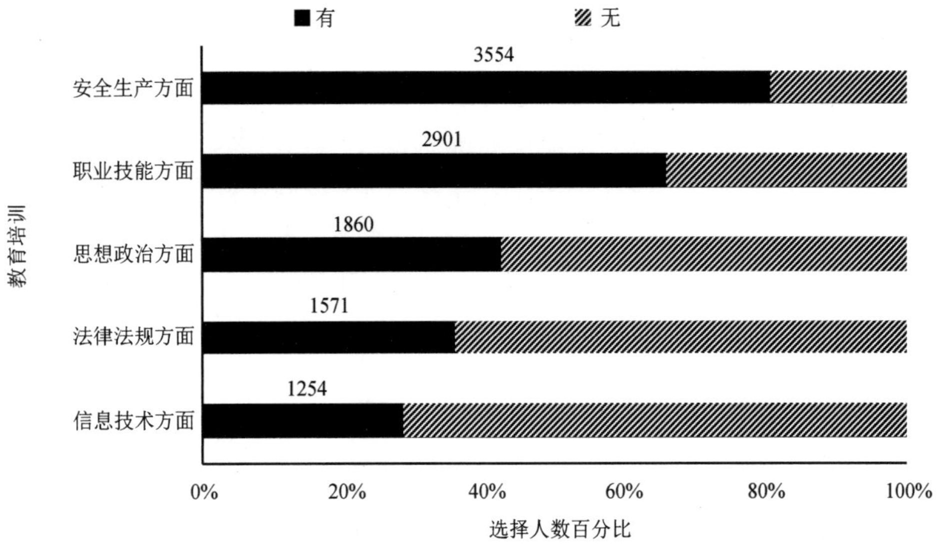

图 2-26　教育培训情况分布

统计结果显示，教育培训项数在户口类型上不存在显著差异，然而在其他人口统计学变量上存在显著差异（表 2-21）。具体来说，男性比女性、未婚比已婚，接受过的教育与培训种类更多。从不同的年龄段来看，接受教育培训数量随着年龄增长大致呈现出下降趋势，即 16~24 岁之间的产业工人接受过教育与培训的种类最多，55 岁及以上最少（图 2-27）。

表 2-21　产业工人教育培训项数在人口特征上的差异

人口特征变量		*M*±*SD*	*t*/*F*	Cohen's *d*/η²
性别	男性	2. 58±1. 40	3. 37***	0. 12
	女性	2. 44±1. 34		
年龄	16~24 岁	2. 61±1. 46	15. 73***	0. 03
	25~29 岁	2. 56±1. 41		
	30~34 岁	2. 35±1. 33		
	35~39 岁	2. 40±1. 32		
	40~44 岁	2. 21±1. 33		
	45~49 岁	2. 13±1. 44		
	50~54 岁	2. 91±1. 33		
	55 岁及以上	2. 74±1. 26		
户口类型	城镇户口	2. 53±1. 36	−0. 15	−0. 01
	农村户口	2. 53±1. 39		
婚姻状态	未婚	2. 78±1. 38	7. 01***	0. 25
	已婚	2. 44±1. 37		

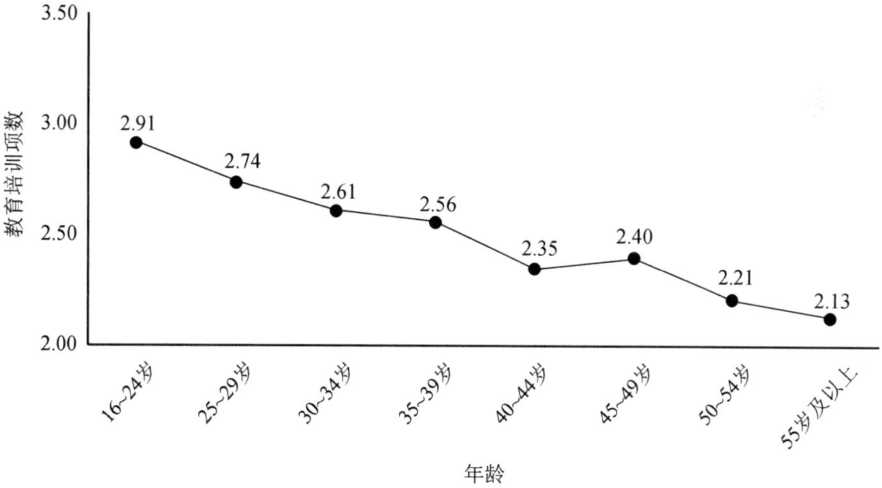

图 2-27　产业工人教育培训项数在年龄上的差异

教育培训项数在工作类型上存在显著差异（表 2-22）。合同工/正式工接受过的教育培训种类显著多于劳务工。在单位性质方面，央企/国企、合资企业的工人接受过的教育培训种类最多，“其他”企业、集体企业较少（图 2-28）。在行业类型方面，能源产业的工人参与过的教育培训种类最多，建筑业最少（图 2-29）。

表 2-22 产业工人教育培训项数在工作类型上的差异

工作类型变量		*M*±*SD*	*t*/*F*	Cohen's d/η^2
工种	劳务工	2. 24±1. 27	−8. 06***	−0. 28
	合同工/正式工	2. 62±1. 40		
单位性质	央企/国企	3. 04±1. 45	82. 76***	0. 09
	集体企业	2. 02±1. 10		
	民营企业	2. 37±1. 28		
	外资企业	2. 64±1. 35		
	合资企业	2. 93±1. 35		
	其他	1. 72±1. 16		
行业类型	采矿业	2. 45±1. 39	20. 82***	0. 02
	制造业	2. 53±1. 27		
	建筑业	2. 22±1. 37		
	能源产业	3. 21±1. 59		
	化工行业	2. 74±1. 42		
	其他	2. 44±1. 50		

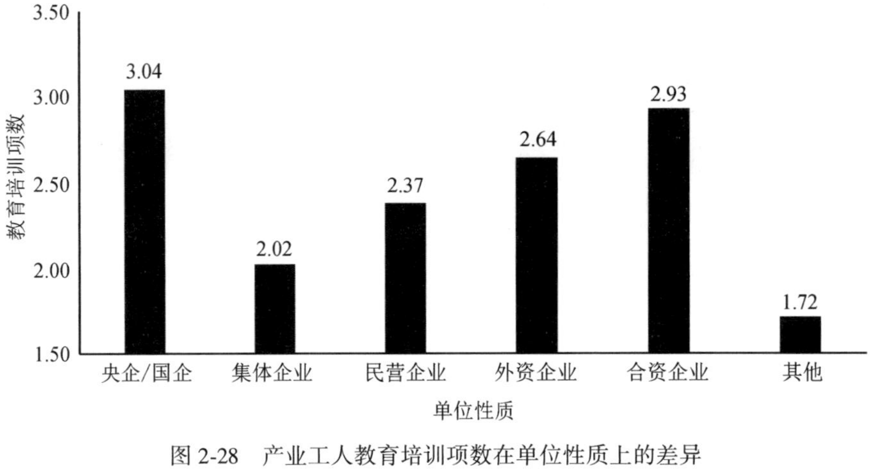

图 2-28 产业工人教育培训项数在单位性质上的差异

3.2.5 激励条件指标：激励方式项数

我们调查了被试单位常用的激励方式，包括“奖金”“工资”“股票期权”“升职”“公开表扬或表彰”“提供培训”“帮助解决家庭困难或个人问题”“其他”（图 2-30），项目加和的数值越大，说明企业提供的激励方式越多。企业提供给产业工人的激励方式平均为 2. 32 种（*SD*＝1. 49），以“工资”“奖金”为主，“公开表扬或表彰”“升职”和“提供培训”次之，其他方式均很少。

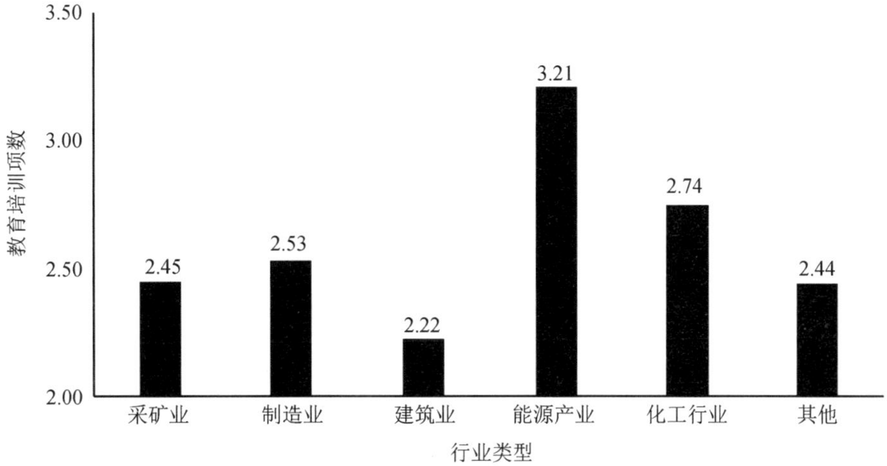

图 2-29　产业工人教育培训项数在行业类型上的差异

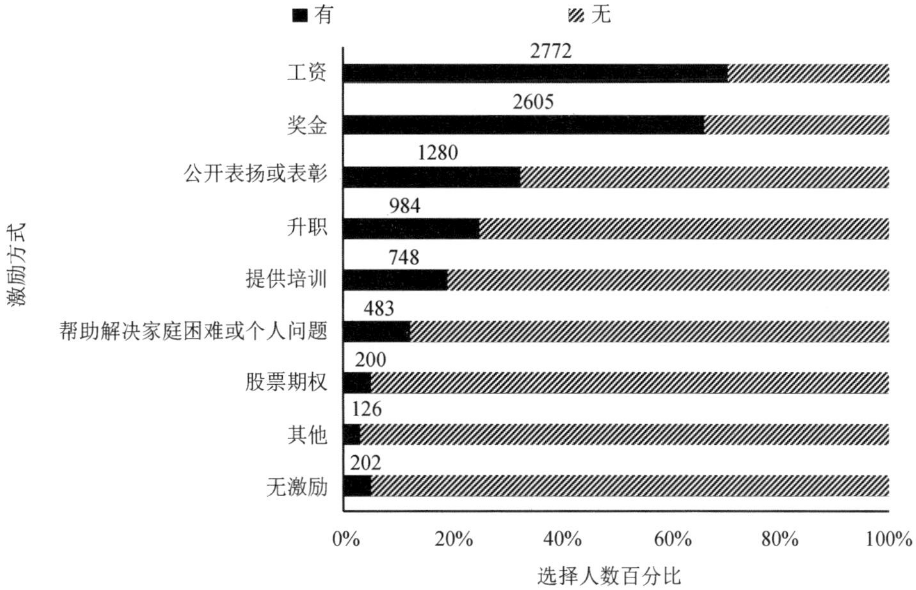

图 2-30　激励方式情况分布

统计结果显示，激励方式项数在性别、户口类型上不存在显著差异，然而在其他人口统计学变量上存在显著差异（表 2-23）。具体来说，相比已婚的产业工人，企业给予未婚产业工人的激励方式种类更多。从不同的年龄段来看，单位给予产业工人的激励方式随着年龄增长大致呈现出下降趋势（图 2-31）。

表 2-23　产业工人激励方式项数在人口特征上的差异

人口特征变量		*M*±*SD*	*t*/*F*	Cohen's *d*/η^2
性别	男性	2. 33±1. 48	0. 06	0. 002
	女性	2. 33±1. 51		
年龄	16~24 岁	2. 79±1. 85	22. 83***	0. 04
	25~29 岁	2. 59±1. 55		
	30~34 岁	2. 45±1. 49		
	35~39 岁	2. 49±1. 43		
	40~44 岁	2. 08±1. 33		
	45~49 岁	2. 12±1. 55		
	50~54 岁	1. 94±1. 22		
	55 岁及以上	1. 72±1. 13		
户口类型	城镇户口	2. 33±1. 41	0. 23	0. 01
	农村户口	2. 32±1. 55		
婚姻状态	未婚	2. 64±1. 58	7. 23***	0. 27
	已婚	2. 24±1. 45		

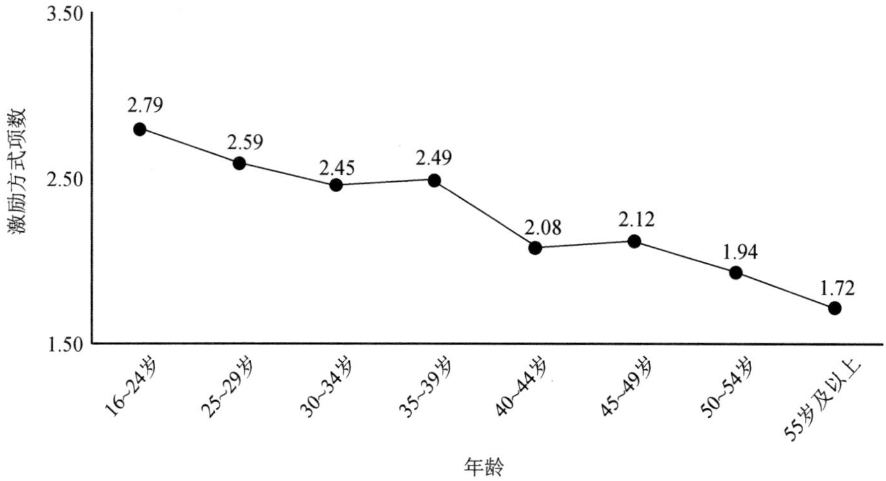

图 2-31　产业工人激励方式项数在年龄上的差异

激励方式项数在工作类型上也存在显著差异（表 2-24）。在工种方面，企业给予合同工/正式工的激励方式显著多于劳务工。在单位性质方面，央企/国企给予产业工人的激励方式最多、合资企业次之（二者无显著差异），“其他”企业最少（图 2-32）。在行业类型方面，能源产业给予产业工人的激励方式最多，而建筑业的激励方式最少（图 2-33）。

表 2-24　产业工人激励方式项数在工作类型上的差异

工作类型变量		$M±SD$	t/F	Cohen's d/η^2
工种	劳务工	1.81±1.15	−12.73***	−0.47
	合同工/正式工	2.50±1.55		
单位性质	央企/国企	2.77±1.69	42.68***	0.05
	集体企业	1.94±1.10		
	民营企业	2.21±1.39		
	外资企业	2.41±1.71		
	合资企业	2.60±1.37		
	其他	1.65±1.14		
行业类型	采矿业	2.26±1.47	35.30***	0.04
	制造业	2.45±1.45		
	建筑业	1.70±1.18		
	能源产业	3.05±1.86		
	化工行业	2.27±1.34		
	其他	2.30±1.58		

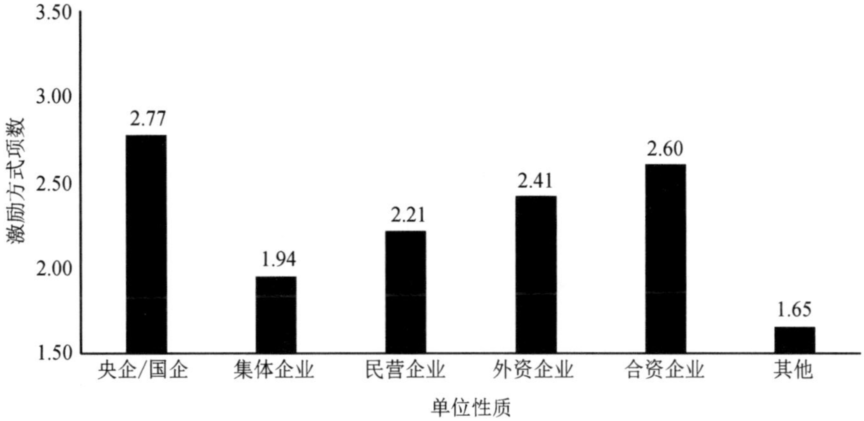

图 2-32　产业工人激励方式项数在单位性质上的差异

3.2.6　保障条件指标：工作环境

我们调查了产业工人当前工作环境的特征，以了解其工作环境中各种不利因素的出现情况（图 2-34）。结果发现，噪声、高温或低温是产业工人工作环境中较为常见的不利因素，有超过 30% 的被试对其的评价为“较多”或“很多”，然而其他不利因素较少。整体来看，产业工人感知到的工作环境良好。我们又对该题选项进行反向计分，以使分值越高，代表工作环境越好。产业工人感知到的工作环境状况得分为 3. 24 分（SD=0. 64）。

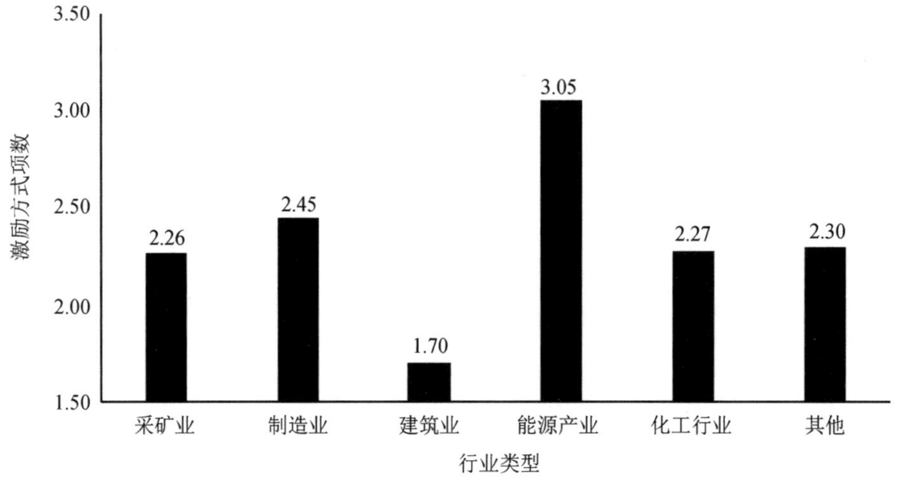

图 2-33　产业工人激励方式项数在行业类型上的差异

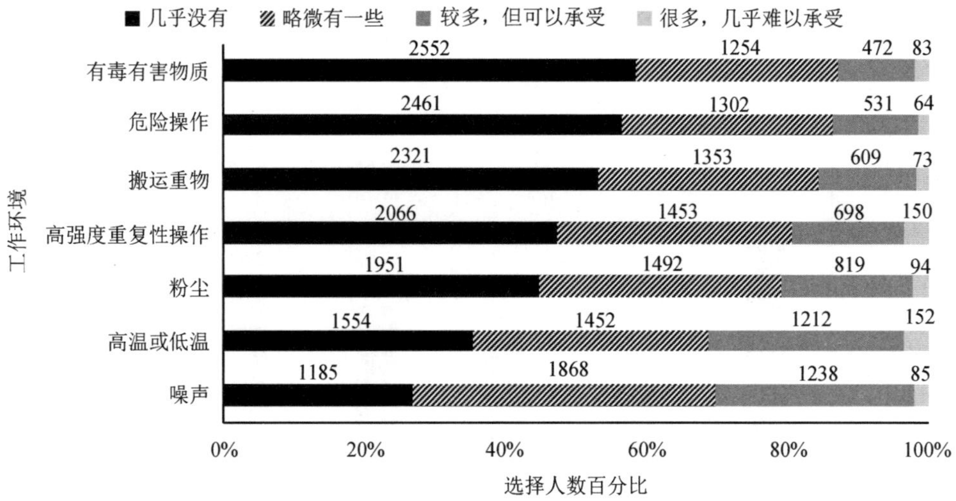

图 2-34　工作环境情况分布

统计结果显示，工作环境在婚姻状态、户口类型上不存在显著差异，然而在其他人口统计学变量上存在显著差异（表 2-25）。具体来说，女性比男性报告的工作环境更好。从不同的年龄段来看，产业工人所感知到的工作环境状况随着年龄增长大致呈现出“变好—维持—变差—维持”趋势，即 16~24 岁之间的产业工人所感知到的工作环境最差，25~39 岁感知到的工作环境一直维持最好，39 岁之后的工人感知到的工作环境稍微变差并维持此状态（图 2-35）。

表 2-25　产业工人工作环境在人口特征上的差异

人口特征变量		M±SD	t/F	Cohen's d/η²
性别	男性	3.15±0.65	−12.52***	−0.40
	女性	3.40±0.57		
年龄	16~24 岁	3.02±0.73	12.59***	0.02
	25~29 岁	3.31±0.65		
	30~34 岁	3.31±0.59		
	35~39 岁	3.31±0.60		
	40~44 岁	3.21±0.63		
	45~49 岁	3.18±0.60		
	50~54 岁	3.16±0.65		
	55 岁及以上	3.18±0.65		
户口类型	城镇户口	3.23±0.64	−0.41	−0.01
	农村户口	3.24±0.63		
婚姻状态	未婚	3.25±0.68	0.83	0.03
	已婚	3.23±0.62		

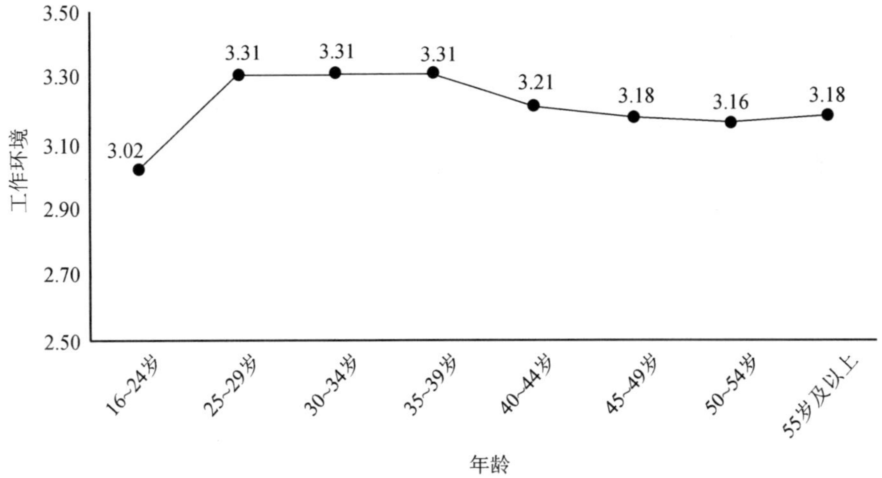

图 2-35　产业工人工作环境在年龄上的差异

工作环境在工作类型上存在显著差异（表 2-26）。在工种方面，合同工/正式工感知到的工作环境状况好于劳务工。在单位性质方面，在央企/国企工作的产业工人感知到工作环境状况显著差于“其他”单位性质的企业（图 2-36），可能是由于在央企/国企工作的工人受教育程度较高，而高学历的人对环境状况的敏感度较高。在行业类型方面，在能源产业工作的产业工人感知到的环境状况最好，制造业次之；然而，在采矿业工作的工人感知到的环境状况最差，其次是建筑业（图 2-37）。

表 2-26 产业工人工作环境在工作类型上的差异

工作类型变量		$M \pm SD$	t/F	Cohen's d/η^2
工种	劳务工	3. 14±0. 66	−5. 83***	−0. 21
	合同工/正式工	3. 27±0. 63		
单位性质	央企/国企	3. 13±0. 70	11. 17***	0. 01
	集体企业	3. 29±0. 68		
	民营企业	3. 28±0. 58		
	外资企业	3. 22±0. 67		
	合资企业	3. 23±0. 61		
	其他	3. 33±0. 64		
行业类型	采矿业	2. 90±0. 71	23. 41***	0. 03
	制造业	3. 26±0. 62		
	建筑业	3. 11±0. 60		
	能源产业	3. 50±0. 60		
	化工行业	3. 23±0. 65		
	其他	3. 26±0. 63		

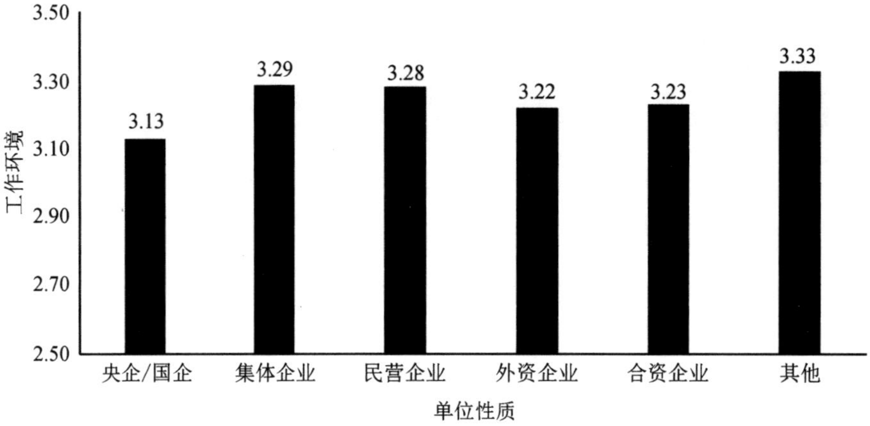

图 2-36 产业工人工作环境在单位性质上的差异

3. 2. 7 保障条件指标：工会会员情况

共 4411 名被试报告了自己加入工会的情况，加入工会的工人我们统称为“工会会员”。其中工会会员占比 44. 46%（1961 人），非工会会员占比 55. 54%（2450 人）。本研究进一步通过卡方检验分析产业工人是工会会员情况的人口特征差异和工作类型差异（见表 2-27）。

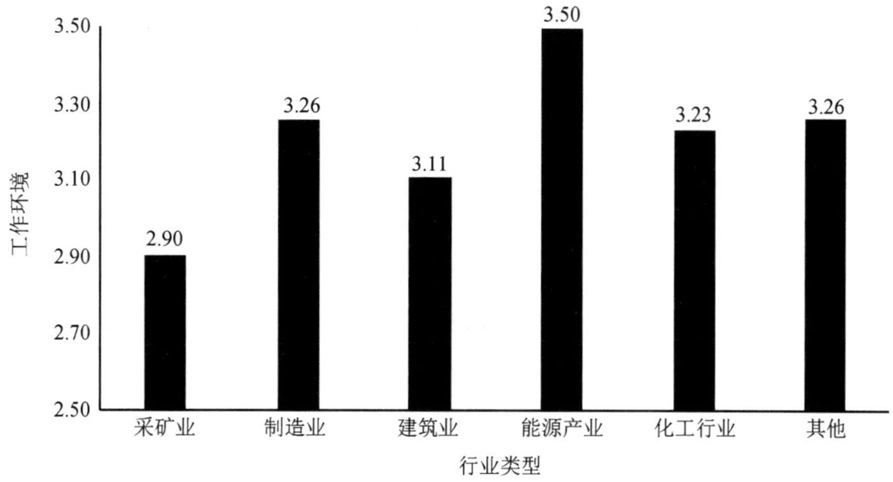

图 2-37 产业工人工作环境在行业类型上的差异

结果发现，工会会员在性别上存在边缘显著的差异（$\chi^2=3.72$，$p=0.05$），在年龄（$\chi^2=30.84$，$p<0.001$）、户口类型（$\chi^2=218.08$，$p<0.001$）和婚姻状态（$\chi^2=5.29$，$p=0.02$）上存在显著差异。就性别而言，男性是工会会员的比例比女性高 3.04 个百分点。在年龄方面，年龄较大（55 岁及以上）和年龄较小（16~24 岁）的产业工人中是工会会员的比例较低，25~34 及 45~49 岁的产业工人是工会会员的比例较高。在户口类型上，城镇户口的工人是工会会员的比例比农村户口的高 22.51 个百分点。在婚姻状态方面，未婚的工人是工会会员的比例比已婚的低 4.01 个百分点。

工会会员在工种（$\chi^2=383.95$，$p<0.001$）、单位性质（$\chi^2=514.93$，$p<0.001$）和行业类型（$\chi^2=90.09$，$p<0.001$）上也存在显著差异（表 2-28）。首先，合同工/正式工是工会会员的比例比劳务工高 33.87 个百分点。其次，在民营企业工作的工人成为工会会员的概率最低；而在央企/国企工作的产业工人成为工会会员的概率最高，合资企业次之，二者分别比民营企业高出 37.40 和 29.14 个百分点。最后，采矿业工人中工会会员的比例最高（62.57%），其次是化工行业（51.17%）和能源产业（49.39%），而建筑业最低（29.05%）。

表 2-27 产业工人工会会员情况在人口特征上的分布情况

人口特征变量		非工会会员	工会会员	合计
性别	男性	1521 54.40%	1275 45.60%	2796
	女性	888 57.44%	658 42.56%	1546
	合计	2409 55.50%	1933 44.50%	4342

（续表）

人口特征变量		非工会会员	工会会员	合计
年龄	16~24 岁	255 64. 56%	140 35. 44%	395
	25~29 岁	356 51. 67%	333 48. 33%	689
	30~34 岁	406 52. 39%	369 47. 61%	775
	35~39 岁	444 54. 01%	378 45. 99%	822
	40~44 岁	316 59. 29%	217 40. 71%	533
	45~49 岁	258 52. 02%	238 47. 98%	496
	50~54 岁	247 57. 98%	179 42. 02%	426
	55 岁及以上	157 61. 09%	100 38. 91%	257
	合计	2439 55. 52%	1954 44. 48%	4393
户口类型	城镇	771 42. 32%	1051 57. 68%	1822
	农村	1655 64. 83%	898 35. 17%	2553
	合计	2426 55. 45%	1949 44. 55%	4375
婚姻状态	未婚	635 58. 36%	453 41. 64%	1088
	已婚	1737 54. 35%	1459 45. 65%	3196
	合计	2372 55. 37%	1912 44. 63%	4284

表 2-28　产业工人工会会员情况在工作类型上的分布情况

工作类型变量		非工会会员	工会会员	合计
工种	劳务工	893 80.89%	211 19.11%	1104
	合同工/正式工	1549 47.02%	1745 52.98%	3294
	合计	2442 55.53%	1956 44.47%	4398
单位性质	央企/国企	411 31.64%	888 68.36%	1299
	集体企业	129 57.33%	96 42.67%	225
	民营企业	1534 69.04%	688 30.96%	2222
	外资企业	37 43.02%	49 56.98%	86
	合资企业	77 39.90%	116 60.10%	193
	其他	252 68.66%	115 31.34%	367
	合计	2440 55.56%	1952 44.44%	4392
行业类型	采矿业	67 37.43%	112 62.57%	179
	制造业	1227 55.62%	979 44.38%	2206
	建筑业	403 70.95%	165 29.05%	568
	能源产业	125 50.61%	122 49.39%	247
	化工行业	208 48.83%	218 51.17%	426
	其他	412 53.37%	360 46.63%	772
	合计	2442 55.53%	1956 44.47%	4398

3.3 人力特征对工作条件的预测作用

我们对人力特征相关变量（教育程度、职业证书、技术等级、工作年限、换岗次数、工作时长）和工作条件相关变量（工资待遇、福利补贴、五险二金、教育培训、激励方式、工作环境和工会会员）进行相关性分析，结果如表 2-29 所示。

本研究采用 Mplus 8.4 构建结构方程模型，在控制人口特征和工作类型变量的基础上，探讨了人力特征变量对产业工人工作条件变量的影响。为保证模型呈现的简洁性，激励条件和保障条件分别在图 2-38 和图 2-39 中展示。综合这些模型得到如下主要结果：

第一，教育程度对工作环境感知具有负向预测作用，但是对其他工作条件变量均具有正向预测作用。随着教育程度的提升，产业工人的工资待遇、福利补贴得到改善，参加的教育培训、获得的激励方式、拥有五险二金的数目更多，更容易成为工会会员，但主观感知到的工作环境却相对较差。

第二，职业证书对各项工作条件变量均具有正向预测作用。若产业工人拥有职业资格或职业技能方面证书，则其工资待遇、福利补贴更好，参加的教育培训、获得的激励方式、拥有的五险二金的数目更多，主观感知到的工作环境更好，且他们更可能成为工会会员。

第三，技术等级对五险二金和工会会员有显著正向的预测作用，但对激励方式和工作环境具有负向预测作用，而对工资待遇、福利补贴和教育培训无显著预测作用。即技术等级越高的产业工人拥有的五险二金数目越多，且越可能成为工会会员，但获得的激励方式越少以及感知到的工作环境状况越差。

第四，工作年限对工资待遇、五险二金和工作环境具有正向预测作用，但对福利补贴、教育培训和激励方式产生负向的预测作用，对工会会员无显著预测作用。即随着工作年限的增加，产业工人的工资待遇和工作环境状况得到改善，拥有五险二金的项数增多，但福利补贴、教育培训和激励方式状况则有所下降。

第五，换岗次数显著正向预测工资待遇和工作环境，显著负向预测福利补贴、教育培训、激励方式和工会会员，但对五险二金无显著预测作用。即随着换岗次数的增加，产业工人工资待遇和工作环境状况得到改善，但福利补贴、教育培训和激励方式状况较差，且较小可能成为工会会员。

第六，工作时长显著负向预测除工资待遇外的所有工作条件变量。即产业工人随着工作时长的增加，只有工资待遇在增加，而福利补贴和感知到的工作环境状况越差，参加的教育培训、获得的激励方式、拥有五险二金的项数变少，且他们更不可能是工会会员。

表 2-29　产业工人人力特征与工作条件的相关分析

	教育程度	职业证书	技术等级	工作年限	换岗次数	工作时长	工资待遇	福利补贴	五险二金	教育培训	激励方式	工作环境	工会会员
教育程度	1												
职业证书	0.31***	1											
技术等级	0.28***	0.69***	1										
工作年限	-0.29***	-0.03	0.02	1									
换岗次数	-0.20***	-0.09***	-0.11***	0.23***	1								
工作时长	-0.24***	-0.12***	-0.06***	-0.08***	0.17***	1							
工资待遇	0.27***	0.19***	0.18***	-0.08***	0.003	0.09***	1						
福利补贴	0.27***	0.22***	0.18***	-0.19***	-0.16***	-0.14***	0.27***	1					
五险二金	0.40***	0.35***	0.31***	-0.12***	-0.15***	-0.16***	0.25***	0.37**	1				
教育培训	0.21***	0.19***	0.15***	-0.19***	-0.13***	-0.15***	0.14***	0.47***	0.26***	1			
激励方式	0.19***	0.16***	0.09***	-0.20***	-0.16***	-0.19***	0.22***	0.63***	0.25***	0.47***	1		
工作环境	-0.07***	-0.05**	-0.12***	0.006	0.03*	-0.11***	-0.10***	-0.06***	0.13***	0.01	0.04**	1	
工会会员	0.29***	0.28***	0.28***	0.001	-0.19***	-0.25***	0.14***	0.29***	0.37***	0.22***	0.25***	-0.003	1

注：教育程度的编码为：1＝“小学及以下”，2＝“初中”，3＝“高中（包括中专、技校、职高）”，4＝“大专”，5＝“大学本科及以上”；职业证书编码为：0＝“否”，1＝“是”；技术等级编码为：1＝“无技术等级”，2＝“初级”，3＝“中级”，4＝“高级及以上”；工会会员编码为：0＝“否”，1＝“是”。

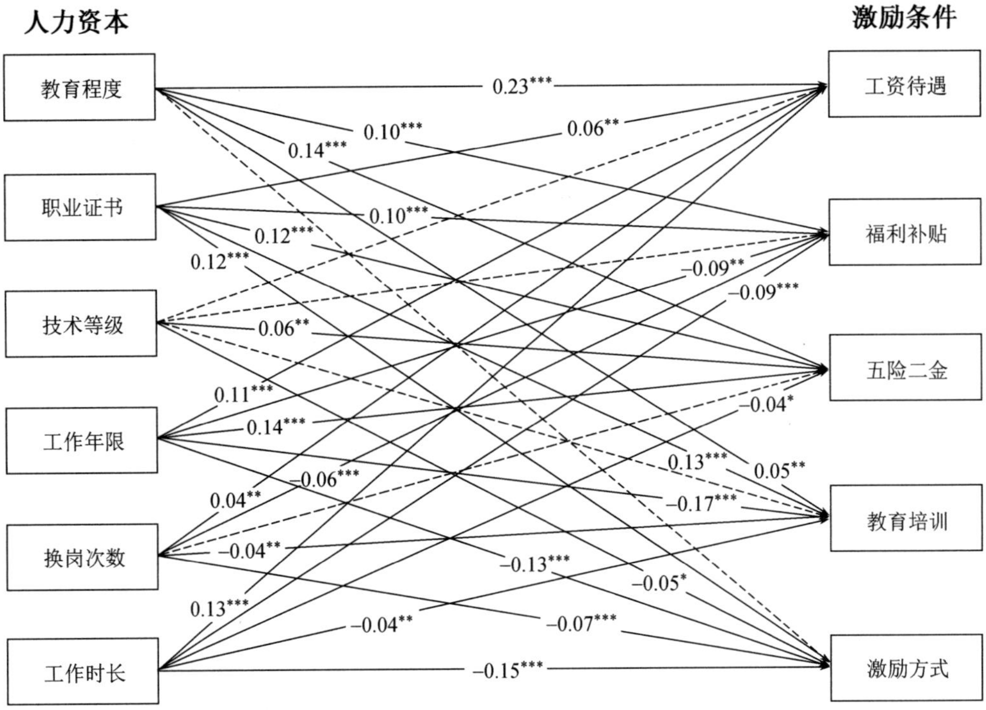

图 2-38　产业工人人力资本与激励条件的结构方程模型

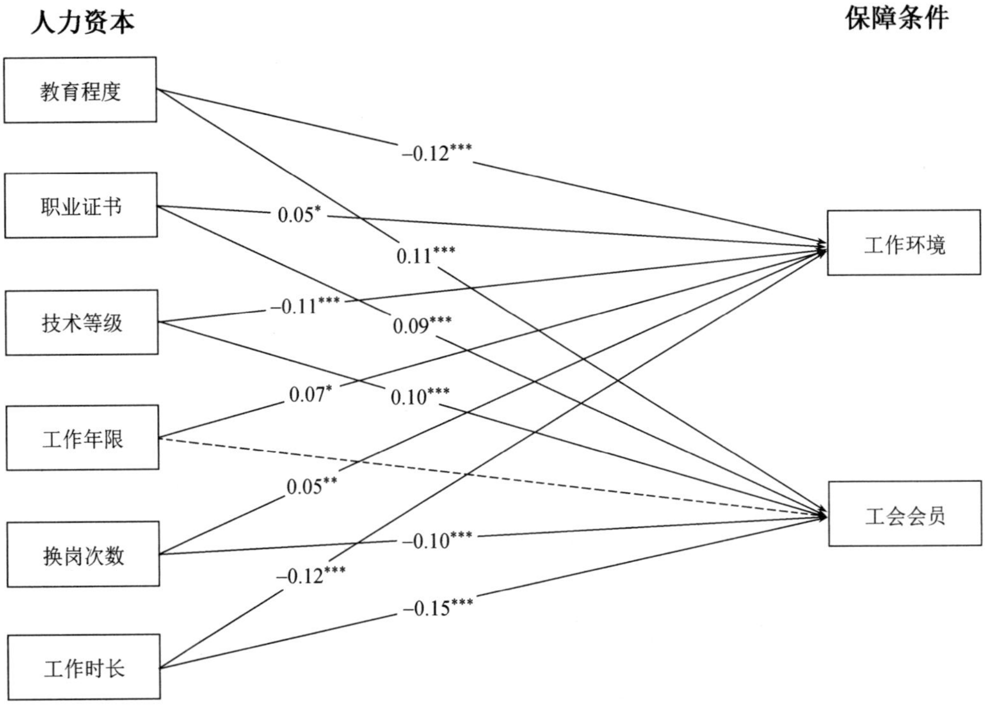

图 2-39　产业工人人力资本与保障条件的结构方程模型

4　讨论

产业工人是社会生产中不可或缺的重要力量，他们在推动经济发展、技术创新等方面发挥着关键作用。从“经济人”的角度来讲，产业工人对工作的投入通常是为了获得更多的组织回报，以维持或者改善生活水平。因此，本研究分析了产业工人的人力资本投入（如受教育程度、职业证书、技术等级、工作年限、工作时长和换岗次数等）与组织回报（如工资待遇、福利补贴、五险二金、教育培训、激励方式、工作环境和工会会员等）的关系。不仅如此，我们也探讨了产业工人不同亚群体的差异。研究结果表明，产业工人的人力资本投入和工作条件回报均存在显著的群体差异，这种差异不仅与性别、年龄、户口类型、婚姻状态等人口学变量相关，也与工种、单位性质和行业类型等工作类型变量密切相关。这些结果可以为优化产业工人的工作环境和企业管理提供理论依据。

4.1　产业工人人力资本投入和工作条件回报的基本特点

产业工人对工作中人力资本的投入呈现出三个特点。一是教育、技能投资较少。本研究发现产业工人中受过高等教育即大专及以上学历者仅占比 38.28%，取得职业证书者占比 52.32%，有技术等级者占比 53.84%。然而，在“新时代居民社会心理调查”中，受过高等教育的居民有 61%（辛自强,董妍,2023）。这说明，产业工人对教育的投资水平远低于我国一般居民对教育的投资。二是时间总量投入较多。例如他们平均每周工作 53.16 小时，远超过我国法定的工作时间（每周不超过 40 小时；中华人民共和国人力资源和社会保障部,2010）。三是工作经验和经历比较丰富。虽然本调查的产业工人的平均年龄为 37.65 岁，但是他们平均工作年限是 16.27 年，这说明产业工人的工作经验比较丰富。然而，他们中有 63.91% 的人更换过岗位，将近一半的人更换过两次及以上的工作岗位。这虽然能够说明他们具有相对丰富的工作经历，但也可能是由工作不稳定导致的，尤其是对于建筑业工人而言。

同样，产业工人的组织回报也表现出三个基本特点。一是工资收入相对可观。本次调查发现，产业工人群体中有 60% 的人月工资收入超过 5000 元，然而国家发展改革委就业收入分配和消费司同北京师范大学中国收入分配研究院发布的调研报告数据显示，月收入（人均可支配收入）在 5000 元以下的人口比例高达 95%（中国社会保障学会,2023），这说明产业工人这一群体的月收入还是相对乐观的。二是工人自我感知的工作环境相对较好。虽然也存在高温/低温、噪声、粉尘等不利的环境因素，但是工人对工作环境的总体感知还是比较积极的。三是福利补贴、工会支持等保障条件存在短板。本研究发现，产业工人拥有的平均福利补贴项数为 3.50 项（共 12 项），五险二金数量为 4.93 项（公积金和企业年金缺失比例较高），参加过的教育培训平均是 2.53 种

（共5种），企业提供的激励方式平均为2.32种（共9种）；除此之外，不到一半的产业工人加入了工会。以往也有研究发现，农民工的福利待遇较差，基本上除了工资没有其他福利（赵蒙成,李丹阳,2016），而且相当一部分企业缺少为员工提供各类培训的机会（卢艺,2021）。总的来说，企业给予产业工人的工资回报相对较高，这可能与他们付出的工作时间较长有关，然而为他们提供的其他保障（如五险二金、福利补贴等）以及激励方式（如教育培训等）不足。

4.2 产业工人人力资本投入和工作条件回报的群体差异

产业工人人力资本投入的群体差异（表2-30）呈现以下特征：（1）男性产业工人受教育程度相对较高，且获得职业证书和中级及以上技术等级的比例较高，在工作年限和工作时长上也更长。（2）年轻产业工人的受教育程度较高，且获得职业证书和技术等级的比例较高，换岗次数较少，工作时长也较长。年纪较大的产业工人则呈现相反的情况。（3）城镇户口产业工人受教育程度相对较高，且获得职业证书和初级及以上技术等级的比例较高，工作年限也较长，而农村户口产业工人的换岗次数较多，工作时长较长。（4）未婚产业工人受教育程度相对较高，获得初级和中级技术等级的比例较高而高级和无技术等级的比例较低，工作年限较短且换岗次数也较少，但工作时长较长。（5）合同工/正式工的受教育程度较高，获得职业证书和技术等级的比例较高，且工作年限较短，换岗次数较少，工作时长也较短。（6）央企/国企产业工人受教育程度相对较高，且获得职业证书和中级、高级及以上技术等级比例最高，其换岗次数最少，工作时长也最短；而民营企业产业工人受教育程度相对较低，换岗次数也最多。（7）能源产业工人受教育程度较高，且换岗次数最少，工作时长最短；建筑业产业工人受教育程度较低，工作年限较长，换岗次数最多，工作时长最长。

产业工人工作条件回报的群体差异（表2-31）呈现以下特征：（1）16~39岁的男性产业工人工资待遇较好，且获得的福利补贴、五险二金和教育培训项数较多，工会会员的比例也较高，但16~24岁产业工人更易感知工作环境较差。（2）城镇户口产业工人的工资待遇较好，且拥有福利补贴和五险二金的项数较多，也更易加入工会。（3）未婚产业工人在工作条件的各个指标上均优于已婚工人，但其对工作环境的感知与已婚产业工人并无差异。（4）合同工/正式工在工作条件回报的各个指标上的表现均优于劳务工，其对工作环境的感知也更好。（5）央企/国企产业工人获得的福利补贴、教育培训和激励方式项数最多，加入工会的比例也最高，但其对工作环境的感知情况最差；外资企业产业工人的工资待遇最好，获得的五险二金项数也最多。（6）能源行业产业工人获得的福利补贴、教育培训和激励方式项数最多，且对工作环境的感知情况最好；建筑业产业工人的工资待遇最好，但其获得的福利补贴、五险二金、教育培训和激励方式项数均最少，加入工会的比例最低。

总体上来看，年轻、男性、城镇户口、未婚、从事能源产业的央企/国企的合同工/正式工的人力资本投入较多，工作条件回报情况也较好。

表 2-30 产业工人的人力资本指标的人口特征和工作条件差异

特征变量	人力资本指标	具体差异
性别	受教育程度	男性工人在高中及以上学历中比例较高
	职业证书	男性工人取得职业证书的比例较高
	技术等级	男性工人具有中级及以上技术等级的比例较高
	工作年限、工作时长	男性得分>女性得分
	换岗次数	无显著差异
年龄	受教育程度	16~34 岁工人拥有大专及以上学历的比例较高，35 岁以上工人拥有高中及以下学历的比例较高
	职业证书	16~39 岁工人取得职业证书的比例较高
	技术等级	无技术等级工人的比例随年龄增长而逐渐增加，初级技术等级工人比例随年龄增加而逐渐下降
	工作年限	随着年龄增长，工作年限逐渐增加
	换岗次数	35 岁及以下工人换岗次数随年龄增加而增加，35 岁及以上工人中无显著差异
	工作时长	25~39 岁得分>40 岁及以上得分
户口类型	受教育程度	城镇工人在大专及以上学历中比例较高
	职业证书	城镇工人取得职业证书的比例高于农村工人
	技术等级	城镇工人取得初级及以上技术等级的比例高于农村工人
	工作年限	城镇户口得分>农村户口得分
	换岗次数、工作时长	城镇户口得分<农村户口得分
婚姻状态	受教育程度	未婚工人在大专及以上学历中比例较高
	职业证书	未婚工人中，取得职业证书的比例高于已婚工人
	技术等级	未婚工人中，初级和中级及以上技术等级比例较高，无技术等级和高级及以上技术等级比例较低
	工作年限、换岗次数	未婚得分<已婚得分
	工作时长	未婚得分>已婚得分

（续表）

特征变量	人力资本指标	具体差异
工种	受教育程度	劳务工拥有初中及以下学历的比例较高，而合同工拥有高中及以上学历的比例较高
	职业证书	劳务工未取得职业证书的比例高于合同工
	技术等级	劳务工中，无技术等级的工人比例高于合同工
	工作年限、换岗次数、工作时长	劳务工得分>合同工/正式工得分
行业类型	受教育程度	能源产业工人拥有大学本科及以上学历中的比例最高，建筑业产业工人中初中及以下学历中比例最高
	职业证书	化工行业产业工人取得职业证书的比例较高
	技术等级	制造业产业工人中，无技术等级和高级及以上比例均较高
	工作年限	采矿业和建筑业较长
	换岗次数	能源产业最少，建筑业最多
	工作时长	能源产业最短，建筑业最长
单位性质	受教育程度	央企/国企工人拥有大专及以上学历的比例较高，民营企业工人拥有初中及以下学历的比例较高
	职业证书	央企/国企和合资企业工人取得职业证书的比例较高
	技术等级	央企/国企工人取得高级及以上技术等级的比例高于其他行业，而民营企业和集体企业工人取得高级及以上技术等级的比例低于其他行业
	工作年限	合资企业最短，集体企业最长
	换岗次数	央企/国企最少，民营企业最多
	工作时长	央企/国企最短，外资企业最长

表 2-31　产业工人的激励条件指标的人口特征和工作条件差异

特征变量	激励条件指标	具体差异
性别	工资待遇、福利补贴项数、五险二金项数、教育培训项数	男性得分>女性得分
	激励方式项数	无显著差异
	工作环境	男性得分<女性得分
	工会会员	男性比例高于女性

（续表）

特征变量	激励条件指标	具体差异
年龄	工资待遇、福利补贴项数、五险二金项数、激励方式项数	16~39岁得分>40岁及以上得分
	教育培训项数	16~39岁得分>55岁及以上得分
	工作环境	16~24岁得分<25岁及以上得分
	工会会员	25~39岁以及45~49岁比例较高
户口类型	工资待遇、福利补贴项数、五险二金项数	城镇户口得分>农村户口得分
	教育培训项数、激励方式项数、工作环境	无显著差异
	工会会员	城镇比例高于农村
婚姻状态	工资待遇、福利补贴项数、五险二金项数、教育培训项数、激励方式项数	未婚得分>已婚得分
	工作环境	无显著差异
	工会会员	未婚比例高于已婚
工种	工资待遇、福利补贴项数、五险二金项数、教育培训项数、激励方式项数、工作环境	劳务工得分<合同工/正式工得分
	工会会员	劳务工会员比例低于合同工
单位性质	工资待遇	外资企业最高，其他单位最差
	福利补贴项数、教育培训项数、激励方式项数	央企/国企最多，其他单位最少
	五险二金项数	外资企业最多，其他单位最少
	工作环境	央企/国企最差，其他单位最好
	工会会员	央企/国企会员比例最高，民营企业会员比例最低
行业类型	工资待遇	建筑业与化工行业最高，其他行业最低
	福利补贴项数	能源产业最高，建筑业最少
	五险二金项数	化工行业最多，建筑业最少
	教育培训项数	能源产业最多，建筑业最少
	激励方式项数	能源产业最多，建筑业最少
	工作环境	能源产业最好，采矿业最差
	工会会员	采矿业会员比例最高，建筑业会员比例最低

4.3 产业工人人力资本投入对工作条件回报的关系

产业工人对工作进行人力资本投入时可能预期会有更多的组织回报。我们的研究发现二者之间并非简单的线性关系，而是具有复杂性。首先，产业工人对教育、职业证书、技术等级等技能的投资，在不同的组织回报方面基本上都能够获得积极反馈。尤其是，教育的投资能够明显提升工资待遇，其次是福利补贴、五险二金、加入工会的情况得到改善。王刚等人（2024）也发现随着受教育程度的增加，居民的收入水平会相应提升。然而，随着教育的提升，工人所感知到的工作环境却越来越差，这可能是因为高学历的工人更倾向于选择工作环境较好的岗位，他们对工作环境的感知较为敏感。职业证书的获取能够明显提升福利补贴、五险二金以及增加企业提供的教育培训和激励方式，然而对于工资待遇、工作环境以及加入工会的情况虽然也有改善，但远不如对前者的改善。不同的地方政府对职业证书有不同的补贴政策。例如，新疆自治区劳动和社会保障厅、经贸委等四部门就企业职工职业资格初次认定工作下发的通知表明，企业职工职业资格符合条件即可按自治区有关规定享受本单位同等工资及有关津贴、培训、休假、疗养等福利待遇（贺红艳,2007）。不仅如此，随着技术等级的升高，虽然工人有更大的可能加入工会，但是他们感知到的工作环境却变差了。这也许与受教育水平越高，工人所感知到的工作环境越差，具有同样的原因。

其次，工作年限越长的产业工人（通常工作经验越多），其工资待遇越好，五险二金越齐全，但是接受的教育培训的数量以及激励方式的种类减少了。正如赵卫华和刘珈榕（2023）的研究发现，随着工作经验的丰富，职工的收入增加。企业对于新员工通常会提供更多的教育培训机会和多样化的激励方式，以帮助他们快速提升技能和融入企业；而对于经验丰富的老员工，企业则更倾向于通过提高薪酬来认可他们的贡献。此外，产业工人的换岗次数越多代表工作经历越多。我们的研究虽然发现换岗次数可以显著预测工资待遇、福利补贴、教育培训、激励方式以及工作环境等，但是他们之间的关系比较弱，可能没有太大的解释力。然而，随着换岗次数的增加，产业工人更不可能加入工会，这一结果相对稳定。这说明如果频繁换岗可能并不利于获得工作保障，当然，也可能是频繁换岗的工人本身工作存在不稳定性。

最后，产业工人群体在工作上付出的劳动时间相对来说较多，而且随着劳动时间的增加，他们的工资待遇也会增加。然而，工作时间更长的人，其福利补贴、五险二金、工作环境、教育培训、工会会员、激励方式等并没有更好。这说明产业工人可以通过增加劳动时间来增加收入，但是无法通过这种方式改善其他工作保障条件。

总体而言，产业工人的人力资本投入在不同程度上影响了其在工作中的组织回报。产业工人对教育和技能的投入，基本上能够获得不同方面的组织回报，然而对劳动时间的投入只能在工资待遇方面获得相应的回报。此外，拥有更多的工作经验也有利于工资待遇和福利补贴的提升，但是频繁换岗经历不利于产业工人整体的发展。一些行业的产业工人换岗可能是被动的，而非主动的，如在建筑业工作的产业工人本身工作就不稳定。因此，本研究有利于产业工人了解如何投资自己的人力资本以达到增加回报的目的。例如，如果工人想要增加工资与福利待遇，那么对教育和技能的投资是非常重要的。同时，本研究也有利于企业根据不同的人力特征制定管理政策，提供差异化的支持和回报，以促进工人的职业发展，提升工作效能，并增强整体企业竞争力。

4.4　政策建议

基于产业工人群体的人力资本投入与工作条件回报的差异化特征，提出以下政策建议，旨在促进产业工人权益保障、优化企业用工结构并推动劳动力市场公平发展。

（1）完善教育培训，提升职业能力。针对低学历工人群体，这个群体一般是具有农村户口的女性，应建立专项职业技能培训基金，尤其在化工、能源等高技术壁垒行业推行“技能认证补贴”政策，并将职业资格证书持有率纳入企业考核指标。通过推动企业与职业院校、培训机构共建“产教融合基地”，在农村和边远地区设立培训站点，结合行业需求开发模块化课程（如智能制造、安全生产等），为年轻工人提供“技能+学历”双提升通道。此外，专设职工教育经费，对参与继续教育并通过技术等级考核的工人给予薪资补贴或晋升优先权。

（2）重构薪酬机制，缩小收入差距。针对保险、福利待遇等工作条件较差的群体（如劳务工、女性、农村户口等群体），需设立福利补偿兜底机制，并设立“灵活就业保障基金”，为未参保工人提供临时医疗与失业救济，确保他们在面临意外风险时能够得到基本保障。进一步通过制定差异化的工资分配政策，逐步缩小性别、城乡差异带来的收入不平衡，特别是为女性工人和农村工人群体提供薪酬激励措施，提高其收入水平，确保公平的经济回报。

（3）强化社会保障，保障基本权益。确保低技术等级群体和民营企业员工享有公平的社会保障，特别是在高风险行业（如建筑业和采矿业）中提供足够的生命安全保障与基本生活保障。针对农村户口工人群体，要进一步强化其社会保障权益，确保他们能够享有与城镇户口工人平等的社会保障待遇，包括更好的医疗、养老等保障，以减轻其生活压力。

（4）增强工会职能，优化劳资关系。鼓励低收入和低技能工人加入工会，提升工会的服务功能，增强工人话语权。通过促进劳资双方的沟通与合作，改善劳资关系，确保工人能够更好地表达需求，并为工人争取更多的福利待遇和权益保障。企业和政府应共同支持工会的建设，使其更有效地维护工人的基本权益，为劳动者创造更加公平的工作环境。

（5）激励企业责任，共享发展成果。鼓励企业增强社会责任感，设立多样化的教育与培训计划并与工人的绩效和晋升机制挂钩，激发工人的学习积极性。企业应提供更多基于工作表现的激励方式，尤其在央企/国企和合资企业中，实施更具吸引力的奖惩制度，以提高工人的工作动力，促进员工与企业的共同发展。通过这种方式，能够增强企业与员工的合作关系，提高整体生产效率。

参考文献

陈丽珍，赵昕东.（2025）. 中国省域人力资本的测度与时空演化分析. *统计与决策，41*(3)，59-63.

贺红艳.（2007-12-24）. 职业资格与待遇福利挂钩. *阿克苏日报*.

李麦收，高星.（2021）. 金融发展、教育人力资本与居民收入. *教育经济评论，6*(6)，3-21.

李雪，钱晓烨，迟巍.（2012）. 职业资格认证能提高就业者的工资收入吗？——对职业资格认证收入效应的实证分析. *管理世界*，(9)，100-109.

卢艺.（2021）. 加强新生代产业工人队伍建设的调查和思考. *中国工运*，(2)，64-67.

王刚，温涛，廖和平.（2024）. 人力资本影响居民收入增长的空间效应——基于性别差异和收入结构的双视角. *经济地理，44*(9)，46-55.

王金水，方长春.（2023）. 证书的信号失灵：职业技能与农民工收入回报. *社会学评论，11*(3)，154-172.

解恩泽，余淼杰.（2024）. 制造业企业劳资收入分配改善了么？——来自劳动力市场竞争性角度的实证证据. *管理世界，40*(6)，92-117.

辛自强，董妍.（2023）. *新时代居民社会心理调查报告(2023)*. 开明出版社.

辛自强，张红川，孙铃，于泳红，辛志勇.（2020）. 中国公民财经素养测验编制的总体报告. *心理技术与应用，8*(12)，705-717.

杨振山，杨航.（2022）. 多尺度人力资本空间测度：格局分析与尺度关联. *地理研究，44*(10)，2663-2679.

易行健，周利.（2018）. 数字普惠金融发展是否显著影响了居民消费——来自中国家庭的微观视证据. *金融研究*，(11)，47-67.

赵蒙成，李丹阳.（2016）. 新生代农民工就业质量的调查研究——苏州市新生代农民工的案例研究. *中国职业技术教育*，(11)，41-46+55.

赵卫华，刘珈榕.（2023）. 共同富裕目标下工作经验对工资收入差距的影响——基于体制差异的分析. *统计与管理，38*(12)，103-113.

中国社会保障学会.（2023）. *我国月收入 2000 元以下人口约 9.64 亿*，取自 https://caoss.org.cn/news/html?id=13834.

中华人民共和国人力资源和社会保障部.（2010-11-24）. *我国工作时间标准规定汇集*. 取自 https://www.mohrss.gov.cn/ldgxs/LDGXlaodongbiaozhun/LDGXLgongshixiujia/201011/t20101124_86616.html.

朱卫东，王丹莉，张晨，张超.（2025）. 价值分配视角下的劳资共生关系与企业价值创造. *中国管理科学*，1-17.

Barro, R. J. (1991). Economic growth in a cross section of countries. *The Quarterly Journal of Economics, 106*(2), 407-443.

Barro, R. J. , & Lee, J. W. (1993). International comparisons of educational attainment. *Journal of Monetary Economics, 32*(3), 363-394.

Becker, G. (1964). Human capital: A theoretical and empirical analysis, *with special reference to education.* University of Chicago Press.

Karabarbounis, L. , & Neiman, B. (2014). The global decline of the labor share. *The Quarterly Journal of Economics, 129*(1), 61-103.

Psacharopoulos, G. , & Arriagada, A. M. (1986). The educational attainment of the labor force: An international comparison. *International Labor Review, 125*, 561-574.

第三章　新时代产业工人的工作创新

刘聪慧　陈思羽　王凌霄

摘要：在我国实施创新驱动发展战略背景下，产业工人的创新能力提升至关重要。本研究基于中国人民大学心理学系“新时代产业工人社会心理调查”数据，系统考察了我国产业工人人口特征、人力特征、工作类型和工作条件四类客观特征，以及个人心理特征和工作组织支持两类主观变量与创造力的关系。结果发现，在所有自变量中，工人的创造性角色认同对创造力的正向预测作用最强。开放性人格特征、职业晋升感知、内部工作动机、组织对创造力重视程度等主观变量也对工人创造力有显著预测力。其次，在人力特征方面，工作时长和创造力的关系呈先升后降的倒U型趋势；学历越高、技术等级越高的工人创造力得分越高，但大专学历的工人创造力低于高中和本科学历者。再次，在工作条件方面，薪酬待遇越高、工作环境越好的工人创造力越高，但薪酬达到一定高度，其创造力不再随薪酬的提升而升高。最后，客观的人口特征（年龄、户口类型和婚姻状态）和工作类型（行业类型、单位性质和工种）也都和工人的创造力有显著关系。该结果有助于理解我国产业工人工作创新的行为特征及其影响因素，为国家和企业制定激发产业工人工作创新的举措提供参考和依据。

关键词：产业工人，创造力，个人特征，工作特征

1　引言

创新能力不仅是个体竞争力的核心，也是一个群体、组织和国家的实力体现。在党的十八大、十九大和二十大报告中，“创新”一词出现的次数分别是57、59、56次，表明党和国家一向高度重视创新能力问题。对于新时代产业工人而言，工作过程中的创新尤为重要。习近平总书记在党的十九大报告中指出，要建设知识型、技能型、创新型劳动者大军，弘扬劳模精神和工匠精神，营造劳动光荣的社会风尚和精益求精的敬业风气。其中创新不仅是劳动者大军的三个核心特征之一，而且是劳模精神和工匠

精神的精神要义和实质内涵。2024 年 10 月发布的《中共中央国务院关于深化产业工人队伍建设改革的意见》中提出："激发产业工人创新创造活力。鼓励产业工人立足工作岗位、解决现场实际问题，广泛开展面向生产全过程的技术革新、技术创新、技术攻关、技术创造和小发明、小创造、小革新、小设计、小建议等群众性创新活动，完善发挥企业班组作用的制度。引导和支持大国工匠、高技能人才参与重大技术革新、科技攻关项目。加强产业工人创新成果知识产权保护，做好产业工人申报国家科技进步奖等工作。"由此可见，国家高度重视新时代产业工人的创新行为。

1.1　我国的创新战略对产业工人创新能力的要求

我国曾发布多项有关创新的政策和规划。2016 年 5 月，中共中央、国务院发布《国家创新驱动发展战略纲要》，对国家实施创新驱动发展战略进行了顶层设计。该文件指出创新驱动是国家命运所系、世界大势所趋、发展形势所迫，提出了"三步走"的战略目标：第一步，到 2020 年进入创新型国家行列；第二步，到 2030 年跻身创新型国家前列；第三步，到 2050 年建成世界科技创新强国。2021 年 3 月发布的《中华人民共和国国民经济和社会发展第十四个五年规划和 2035 年远景目标纲要》强调，要坚持创新驱动发展，全面塑造发展新优势。其中特别指出，要强化企业创新的主体地位，提升企业技术创新能力，结合市场导向形成产学研深度融合的技术创新体系；要激发人才创新体系，加强创新型、应用型、技能型人才的培养。这些要求都与产业工人的创新能力建设密切相关。

创新能力建设是我国产业工人队伍建设的重要内容。2017 年 2 月中共中央、国务院印发的《新时期产业工人队伍建设改革方案》指出，产业工人是创新驱动发展的骨干力量，是实施制造强国战略的有生力量，要造就一支有理想守信念、懂技术会创新、敢担当讲奉献的宏大的产业工人队伍。为落实《新时期产业工人队伍建设改革方案》，2018 年 3 月，中共中央办公厅、国务院办公厅印发了《关于提高技术工人待遇的意见》，该文件指出，要激发技术工人的积极性、主动性、创造性，不仅要提高技术工人的政治、经济、社会等各个方面的保障和待遇，还要构建职业技能形成与提升的体系，畅通技术工人成长成才通道。该文件要求政府部门和企业为促进产业工人创新做出切实保障。如前所述，2024 年 10 月发布的《中共中央国务院关于深化产业工人队伍建设改革的意见》，再次高度强调要"激发产业工人创新创造活力"。

党的十八大以来，科技创新被提到了前所未有的高度，创新被视为引领发展的第一动力。产业工人是中国制造、中国创造的重要基础，在建设创新型国家的过程中发挥着关键作用。在微观研究或对个体创新的研究中，创新能力也被称为创造力。本研究拟考察产业工人的客观特征（个人特征和工作特征）和主观特征（主观心理特征和工作组织支持）与创造力的关系，为科学提升产业工人创新能力提供科学依据。

1.2 产业工人的创造力

大多数学者都认为创造力是个体产生原创和有用的想法或产品的能力。在组织和管理领域，有研究者认为创造力是个体在特定情境下，运用现有的知识和经验，通过独特的方式产生新颖、有效的思想、概念、解决方案或产品的能力（Anderson,2014）。创造力不仅是艺术家或科学家的专利，也可以在日常生活中、工作场所中体现出来，表现为问题解决能力、创新的思维方式和适应性行为（Woodman,1993）。产业工人在我国劳动群体中扮演着重要的角色，他们主要集中在制造业、建筑业、能源产业、化工行业、采矿业等基础行业（林嘉,2024）。近年来，我国各项产业的数字化、智能化、自动化水平不断提高，对产业工人的创造力提出了新的要求。产业工人的工作模式也在转变，越来越多地需要产业工人在工作中提出新方法、新技术和新流程（王星,徐佳虹,2020）。产业工人的创造力在提升企业效率、推动企业技术革新和增强企业竞争力等方面具有重要意义。影响产业工人创造力的因素有很多，包括客观特征和主观特征，客观特征包括个人特征和工作特征；主观特征包括个人心理特征和工作组织支持。

1.3 产业工人个人特征和创造力的关系

本研究将探讨产业工人的个人特征和创造力的关系。个人特征为产业工人的客观特征，包含人口特征和人力特征。人口特征包括性别、年龄、户口类型；人力特征包括受教育程度、职业技能、技术等级、工作时长。已有研究围绕其中的某些因素开展了实证研究，综述这些文献有助于我们提炼本研究的数据分析框架。

1.3.1 产业工人人口特征和创造力的关系

以往有研究发现人口特征和创造力关系密切。性别和创造力之间的关系比较复杂，最近的几项元分析发现创造力的性别差异很小（Taylor et al.,2024）或者没有（Nakano et al.,2021），更为重要的是性别差异会受很多因素的调节，例如创造力任务的类型、评分方法、被试生活的区域等（Taylor et al.,2021）。一项对我国中小学生创造力的调查发现，男生的创造力水平显著高于女生（王倩,唐一鹏,2024）；然而，一项对高年级小学生的追踪研究发现，女生的灵活性和独创性强于男生（张景焕,2020）。总体来看，创造力存在性别差异的证据不充分，还需要更多细致的研究。创造力存在年龄差异，随着年龄变化，个体的大脑也会发育成熟或老化衰退，大脑是人类认知能力的生理基础，因此个体创造力会随大脑功能的发展而变化（王亚南,刘昌,2004）。胡卫平等（2004）对11~16岁中国和英国中学生的创造力进行了测量，发现中学生的科学创造力得分随着年龄增长呈持续上升的趋势，但在14岁时会下降。李玲玉（2023）以中国山东农村群体为样本，发现成年早期（平均年龄28.66±5.41岁）被试的创造力得分高于青春期（平均年龄14.06±1.32岁）和成年中期（平均年龄49.79±3.78岁）被试。总体来看，已有的研究虽然发现某些人口特征和创造力之间存在显著的关系，但是大多数结果并非来源于我国产业工人群体。

1.3.2 产业工人人力特征和创造力的关系

广义来看，创造力也具有人力资本的含义。产业工人的各种人力特征可能和创造力关系密切。例如，学生群体在接受教育和学习的过程中，可以提升创新精神和实践能力、形成创新意识和行为表现（林崇德,2017）；也有学者认为，我国的教育对学业成绩不同的学生有不同的影响，教育可以显著提升基础薄弱学生的创造力水平，但会阻碍拔尖学生的创造力发展（柯政,梁灿,2023）。曾恺等（2019）以新生代农民工为研究对象，考察了其教育水平和创造力的关系，发现学历越高其创造力得分越高，即教育可能会提升认知能力和问题解决水平，从而导致更多的创新（Kimberly & Evanisko, 1981）。除了受教育程度之外，还有研究者发现持有职业资格证书或专业等级更高的工人通常有更强的专业知识背景和更高的技术水平（赵秀华,2024），而知识背景和技术能力是产业工人工作创新的重要基础，预示着持有资格证书和等级更高的工人会有更高的创造力表现。另外，工作时长也与产业工人创造力有关。一项韩国的大型调查发现员工工作时长与企业创新存在倒 U 型关系（Ko & Choi,2019），也有研究者对护理人员的工作时长和工作绩效的关系进行了研究，发现工作时间与工作绩效呈线性负相关关系（王丽琴等,2024）。虽然已有研究对人力特征与创造力的关系进行了不少探索，但研究对象大多不是产业工人，缺少对我国产业工人的大样本调查。

1.4 产业工人工作特征和创造力的关系

产业工人的创造力不仅取决于个人特征，还与其工作的背景、组织的特点等密切相关。因此，我们应该同时考察个人特征和工作特征对创造力的影响。工作特征包含工作类型和工作条件两个部分。工作类型包括行业类型、单位性质和工种，工作条件包括收入、补贴与福利、教育与培训、激励方式、工作环境、是否加入工会。

1.4.1 产业工人工作类型和创造力的关系

工作类型不同，对产业工人创造力的要求可能也不同。对比不同的行业类型，高新技术产业（例如制造业、能源业和化工业等），通常需要较高的研发投入，需要工人具备较强的技术创新和问题解决能力（杜勇等,2014）；而传统劳动密集型的行业，工作程序比较固定，创新需求少，例如建筑业的企业技术创新综合效率偏低，其根本原因可能是科研人员和创新投入少（王昭,2018）。另外，企业规模越大、创新激励越多，产业工人的创造力可能越高（杨洋等,2015;姚洋,章奇,2001）。尽管有一些研究探讨了工作类型和创造力的关系，但大多都是针对某一类行业，很少有研究对不同行业类型、不同所有制企业之间的员工创造力进行系统比较，并且对产业工人的工种影响关注不足。

1.4.2 产业工人工作条件和创造力的关系

本研究关注产业工人的创造力主要是就岗位创新和工作创新而言的，因而需要考察他们的工作条件如何影响创造力。例如，产业工人的工资收入直接体现了经济保障对创造力的支持作用。有研究分析了工资对制造业企业创造力的影响，发现企业的创造力随着企业员工工资的上涨而上升（林炜,2013）；另外，很多研究发现总体报酬（包括收入、福利、培训和工作环境等）可以正向预测员工的创新绩效（梁彦清,刘伟鹏,2019;王红芳等,2019）；许相颖（2022）对新生代农民工的研究发现，总体报酬可以正向预测创造力。这些已有研究都发现员工的报酬和创造力呈正相关，但是这些研究大多只聚焦于某一行业员工，很少有研究是针对我国产业工人全行业开展的。另外，它们很少关注工作环境以及是否加入工会等因素对产业工人创造力的影响。

1.5 产业工人主观特征和创造力的关系

除了前文提到的人口特征、人力特征、工作类型和工作条件四类客观特征之外，产业工人的主观特征也是创造力的重要预测因素。本研究还探讨了产业工人个人心理特征、工作组织支持两类主观特征和创造力的关系模式。个人心理特征包括创造性角色认同、开放性人格特质和工作动机，工作组织支持包括职业晋升感知和组织对创造力的重视程度。

1.5.1 产业工人个人心理特征和创造力的关系

产业工人的客观特征虽然会影响创造力，但其主观的心理特征对创造力的影响可能更大，也更为直接。个体心理特征中开放性人格特质、创造性角色认同和工作动机都可以预测创造力（Abbasi et al.,2023;George & Zhou,2001）。创造力交互理论（the interactionist model of organizational creativity）认为个体和组织等多个层面的因素会交互影响创造力的产生，其中个人的人格特质和工作动机等是影响员工创造力的重要因素（Woodman et al.,1993）。开放性人格特质是“大五”人格中的开放性（openness）维度，该特质包括好奇心、想象力、主动性、独立判断等特征，这些开放性特质可以正向预测个体的创造力（Abbasi et al.,2023;George & Zhou,2001）。具备开放性人格特质的工人可能更倾向于接受新事物，更愿意尝试不同的工作方法，从而在工作中表现出更高的创造力。

有研究者把角色认同理论整合到了组织创新研究领域，提出了创造性角色认同理论（Farmer et al.,2003），该理论认为创造性角色认同对创造力有积极的影响。创造性角色认同即个体是否认为自己是一个富有想象力、能够提供创新服务产品的人（Wang & Cheng,2010）。当工人具备较高的创造性角色认同时，他们往往会为了确立自身形象，提供更多具有创造性的方案，更倾向于在日常工作中积极探索新方法和新技术，以提高工作效率或解决工作中的问题（Farmer et al.,2003）。另外，很多研究发现工作动机对创造力有显著影响，内部动机（例如兴趣）和外部动机（如奖励）都对个体的创造力有积极的影响（Reiss,2012;Wang et al.,2016），但是外部动机的影响通常不如内部动机稳定（Byron & Khazanchi,2012;Eisenberger & Shanock,2003）。虽然已有研究发现个体心理特征与创造力之间关系密切，但对于我国产业工人而言，这些特征是否也具备预测力还需要进一步研究。本研究从内部动机（如个人成长和职业理想）和外部动机（如收入增加、职位提高、获得尊重、融入集体和不失业）考察动机对创造力的预测作用。

1.5.2　产业工人工作组织支持和创造力的关系

根据创造性交互理论，除了个人层面的特征变量外，组织层面的变量也是个体创造力的重要预测指标（Woodman et al.,1993）。其中，组织对创造力的价值评价属于组织支持变量（Amabile,1988），如果个体知觉到组织支持员工的创新，会导致员工工作创新行为的增加（Aldabbas et al.,2023;Amabile et al.,1996;Duan et al.,2020;Farmer,2003）。

职业晋升感知是指工人对自身职业发展前景的预期和判断。有研究发现，在我国基层公务员群体中，晋升机会的知觉可以正向预测个体的任务绩效和关系绩效，其内部机制可能是工作投入，即个体如果感知到自己有机会晋升到上一级，会加大工作投入，从而提升绩效（Xie & Yang,2021）。如果基层领导干部职业晋升通道感知清晰，职业理想就更容易转化为行政动力（范柏乃,盛中华,2022）；相反，如果很久得不到晋升，晋升遇到了瓶颈，则更易产生倦怠感（Xie & Yang,2021）。基于此，我们认为职业晋升感知越积极，工人的职业安全感越强，发展预期越清晰，其创新行为越高。因此本研究从"晋升通道清晰性""晋升可能性"和"晋升机制满意度"三个角度考察职业晋升感知和创造力的关系。

1.6　已有研究评述与本研究方案

总体来看，以往针对我国产业工人创造力的系统性研究还比较缺乏，已有的文献资料存在以下不足：其一，搜集的数据多集中在我国的某一个或几个地域，只关注某一个或几个产业类型，很难揭示我国新时代产业工人创造力的整体面貌。我国的产业涵盖了从传统制造业到高新技术产业的广泛领域，是全球唯一拥有联合国产业分类中全部工业门类的国家。对我国不同地区、不同门类产业工人进行调查，不仅可以了解其创造力的总体水平和特征，还可以为促进我国产业工人创造力提供思路。其二，多数研究仅仅关注某个人口学变量或心理变量和创造力的关系，而且大多不是针对我国产业工人群体。因为没有把各个变量放进一个整体的研究框架中，很难梳理出影响我国产业工人工作创新的核心变量。对我国产业工人创造力的主观和客观影响因素进行系统性探究，可以筛选对产业工人工作创造力预测最强的变量，为我国产业工人创造力的激发和培养提供干预策略，从而有助于实现建设世界科技创新强国的目标。

本研究使用产业工人全国调查数据，从主观特征和客观特征两个角度揭示其与创造力的关系。一方面，探究我国产业工人人口特征、人力特征两类客观的个人特征，以及工作类型、工作条件两类客观的工作特征和创造力的关系模式。另一方面，从产业工人主观特征的角度，探讨产业工人个人心理特征、工作组织织支持对创造力的预测作用，分析哪些因素对创造力的影响更大（图 3-1）。本研究的微观意义是为企业探索促进产业工人创造力的新路径提供研究依据；从宏观角度，为国家推动产业工人队伍建设提供理论支撑。

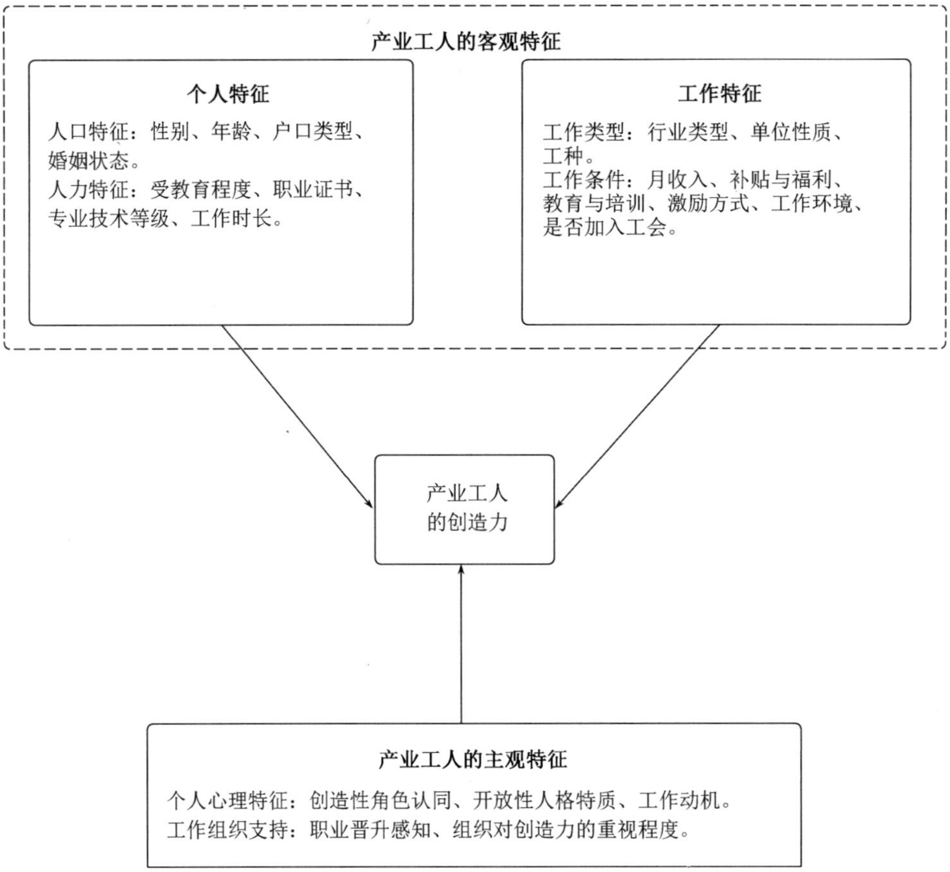

图 3-1　本研究的理论框架

2　研究方法

2.1　调查对象

本研究采用中国人民大学心理学系“新时代产业工人社会心理调查”项目所收集的数据。该调查采用方便取样的方法收集数据，覆盖了全国 31 个省、自治区和直辖市，本研究最终样本量 4419 名产业工人。在婚姻状况方面，选择离异（79 人，

1.80%）、丧偶（13 人，0.30%）和其他（10 人，0.20%）的人数较少，为保证数据分析结果的稳定性，我们在统计分析时只比较未婚（1092 人，24.70%）和已婚（3201 人，72.40%）两类人群；在受教育程度方面，研究生的人数和占比较少（52 人，1.18%），因此在统计时将研究生与本科生合并，合称本科及以上（合并后人数 754 人，17.06%）。其他调查对象的详细描述见本书第一章。

2.2 测量工具

2.2.1 产业工人创造力的测量

创造力的测量使用了 5 道题目，其中 4 道题目来自 Farmer 等人（2003）编制的员工工作过程中的创造力问卷（employee creativity scale），分别是："我会在工作中优先尝试采用新观点或新方法""我会在工作中尝试运用新方法或新途径来解决问题""我能够在工作中表现出独创性""我认为自己在工作中是个有创造性的人"；1 道自编的题目："我同事或领导认为我在工作中是个有创造性的人"。所有题目都采用 7 点量尺，1 分代表完全不符合，7 分代表完全符合。在本研究中，5 个创造力题目的内部一致性系数为 0.93，在之后的数据分析中创造力的得分使用 5 个题目的平均分。

2.2.2 产业工人的客观特征

（1）个人特征

个人特征包括人口特征和人力特征。人口特征有性别、年龄、户口类型（本地城镇户口、本地农村户口、非本地城镇户口、非本地农村户口）和婚姻状态。人力特征有受教育程度、职业证书（职业资格或职业技能证书）、专业技术等级、工作时长。

工作时长包括两个题目：您通常每周工作的天数为____天；您通常每天工作的时长为____小时。描述统计发现，每周工作天数少于 5 天的人数较少（50 人，1.13%），每日工作时长小于 8 小时（71 人，1.60%）和大于 12 小时（23 人，0.52%）的人数较少，因此该变量只分析了每周工作天数在 5~7 天、每日工作时长在 8~12 小时的产业工人。

（2）工作特征

工作特征包括工作类型和工作条件。工作类型有行业类型、单位性质和工种。工作条件有月收入、补贴与福利、教育与培训、激励方式、工作环境、是否加入工会。工作条件中有些题项是多选题，工人选择的选项数量越多得分越高。具体题目如下。

补贴与福利："您的单位是否有给您提供如下的补贴或福利（可多选）?" 选项是员工宿舍、职工食堂、学历补贴、职业技能等级补贴、培训或学习补贴、儿童托管照顾服务、租房补贴、伙食补贴、班车或通勤补贴、定期体检、针对职业病的预防和救助措施、心理健康服务（如心理讲座）。如果工人一个选项都没选，则得最低分 0 分，选择了所有选项则得最高分 12 分。

教育与培训："过去 12 个月内，您的单位对您进行过以下哪些方面的教育与培训

(可多选)?”选项是思想政治方面、职业技能方面、安全生产方面、法律法规方面、信息技术方面。如果工人一个选项都没选，则得最低分0分，选择了所有选项则得最高分5分。

激励方式:“您所在单位常用的激励方式为哪些（可多选)?”选项是奖金、工资、股票期权、升职、公开表扬或表彰、提供培训、帮助解决家庭困难或个人问题、其他、无。如果工人选择了“无”或一个选项都没选，则得最低分0分，如果选择了除去“无”之外的其他八个选项，则得最高分8分。

工作环境:“请根据您当前工作环境的特征，在每一行的对应数字上打‘√’(单选)。”每一行的内容分别是噪声、高温或低温、粉尘、有毒有害物质、危险操作、搬运重物、高强度重复性工作。选项为4点量尺，1代表几乎没有，4代表很多、几乎难以忍受。对工人在每一行的选项进行反向计分，再对所有行的得分进行平均，最低得分为1分，最高得分为4分，得分越高代表工作环境越好。

2.2.3　产业工人的主观特征

（1）个人心理特征

个人心理特征包括创新性角色认同、开放性人格特质、工作动机。创新性角色认同（role identity as a creative employee）的测量使用一道题目（Farmer et al.,2003)。该题项为“我经常思考如何成为一名有创造性的员工”，采用7点量尺，1分代表完全不符合，7分代表完全符合。开放性人格特质的测量使用2道题目，来自Gosling等(2003）编制的大五人格问卷。2个题目为“我喜欢接受新鲜事物”“我传统、缺乏创造性”，采用7点量尺，1分代表完全不符合，7分代表完全符合，第二题进行反向计分，再将两个题目得分平均。工作动机的测量使用一道自编题，该题项为“您努力工作主要是为了什么（最多选择3项)?”选项是收入增加、职位提高、获得尊重、个人成长、职业理想、融入集体、不失业。个人成长、职业理想为内部动机的题项，收入增加、职位提高、获得尊重、融入集体、不失业为外部动机的题项。每个题项选中得1分，未选得0分，对内部动机和外部动机的各题项得分进行平均。

（2）工作组织支持

工作组织支持包括职业晋升感知和组织对创造力重视程度。职业晋升感知的测量采用4道自编题目，分别是“我的职业晋升通道清晰”“我晋升到高一级岗位的可能性大”“我晋升到管理岗位的可能性大”“我对单位的晋升机制满意”。所有题目均采用7点量尺，1分代表完全不符合，7分代表完全符合。在本研究中，4个职业晋升感知题目的内部一致性系数为0.91。这4道题的平均分用作职业晋升感知的最后得分。组织对创造力重视程度量表（perceived organizational valuing of creativity scale）包括4道题目(Zhou & George,2001)，分别是“我单位的奖励制度鼓励创新”“我单位公开表彰创新型员工”“我单位鼓励创新”“我单位领导层重视我们开展创新活动的能力”。采用7

点量尺，1 分代表完全不符合，7 分代表完全符合。这四道题目的内部一致性系数为 0.94，同样取其平均分代表组织对创造力重视程度。

2.3 统计分析方法

使用 SPSS 26 对数据进行 t 检验、方差分析、相关分析和回归分析。首先，通过 t 检验、方差分析和相关分析探索产业工人人口特征、人力特征、工作类型和工作条件四类客观特征与创造性的关系模式；之后，通过相关分析和分层回归分析，在控制了产业工人的客观特征之后，分析个体心理特征、工作组织支持两类主观特征变量对创造性的独特预测作用，并提炼对产业工人创造力影响最大的变量。

3 产业工人个人特征和创造力的关系

3.1 人口特征和创造力的关系

除了性别因素之外，创造力在年龄、户口、婚姻状况的不同水平上均存在显著差异（见表 3-1）。

表 3-1 创造力的人口特征差异

人口特征		样本量	$M \pm SD$	t/F	p	Cohen's $d/\eta^2/\eta_p^2$
性别	男性	2745	4.82±1.39	1.95	0.052	0.063
	女性	1536	4.73±1.47			
年龄	18~24 岁	258	4.67±1.40	18.67	<0.001	0.038
	25~29 岁	691	5.07±1.28			
	30~34 岁	699	4.94±1.37			
	35~39 岁	885	4.99±1.34			
	40~44 岁	580	4.67±1.37			
	45~49 岁	511	4.52±1.53			
	50~54 岁	442	4.45±1.55			
	55 岁及以上	337	4.36±1.52			
户口	本地户口	3134	4.72±1.43	23.25	<0.001	0.006
	非本地户口	1245	4.97±1.39			
	户口所在地为城镇	1825	4.82±1.38	0.01	0.907	<0.001
	户口所在地为农村	2554	4.78±1.45			
	是否本地户口×户口所在地	—	—	3.39	0.066	0.001
婚姻状况	未婚	1092	4.99±1.33	5.28	<0.001	0.189
	已婚	3201	4.72±1.44			

3.1.1　年龄差异：创造力与年龄的关系呈倒U型曲线

对年龄进行单因素方差分析，发现年龄的主效应显著（$F(7,4204)=18.67$，$p<0.001$，$\eta^2=0.030$）。具体来说，年龄与创造力的关系总体呈现倒U型曲线，创造力水平随年龄先增加，在25~29岁达到顶峰，之后随年龄的增长逐步下降（见图3-2）。

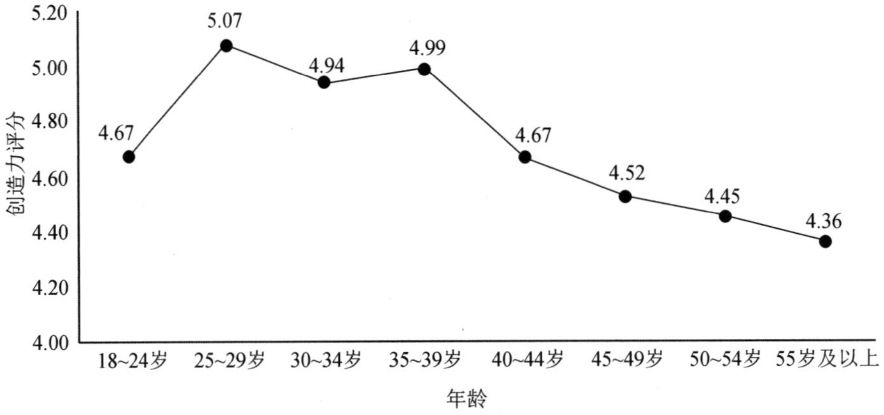

图3-2　不同年龄产业工人的创造力得分

3.1.2　户口差异：非本地户口的产业工人创造力更高

对数据进行2（是否本地户口：是 vs. 否）×2（户口所在地：城镇 vs. 农村）的双因素方差分析，发现是否本地户口主效应显著（$F(1,4147)=23.25$，$p<0.001$，$\eta_p^2=0.006$），非本地户口的产业工人创造力高于本地户口的产业工人。户口所在地的主效应（$F(1,4147)=0.01$，$p=0.907$，$\eta_p^2<0.001$）、是否本地户口与户口所在地的交互作用（$F(1,4147)=3.39$，$p=0.066$，$\eta_p^2=0.001$）均不显著（见图3-3）。

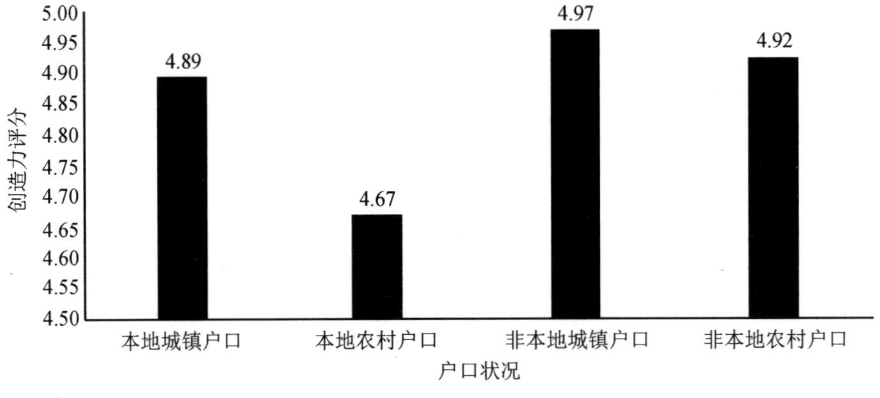

图3-3　不同户口状况产业工人的创造力得分

3.1.3　婚姻状况差异：未婚产业工人的创造力更高

对婚姻状况进行独立样本 t 检验，发现创造力在婚姻的不同水平上差异显著

($t(4288)=5.28$, $p<0.001$, Cohen's $d=0.19$)，未婚的产业工人创造力高于已婚产业工人。

3.2　人力特征和创造力的关系

创造力在受教育程度、职业证书、专业技术等级、工作时长等人力特征的不同水平上均存在显著差异（见表 3-2）。

表 3-2　创造力的人力特征差异

人力特征		样本量	$M\pm SD$	t/F	p	Cohen's d/η^2
受教育程度	小学及以下	209	4.55±1.48	8.08	<0.001	0.009
	初中	1307	4.65±1.52			
	高中	1207	4.95±1.38			
	大专	935	4.71±1.41			
	大学本科及以上	764	4.89±1.27			
职业证书	已取得	2294	4.96±1.39	8.15	0.001	0.252
	未取得	2100	4.60±1.44			
专业技术等级	无技术等级	2028	4.60±1.43	15.40	<0.001	0.018
	初级	1103	4.91±1.36			
	中级	725	4.80±1.46			
	高级及以上	537	5.15±1.38			
每周工作天数	5 天	1191	4.74±1.43	61.10	<0.001	0.029
	6 天	1845	5.05±1.33			
	7 天	1132	4.48±1.48			
每天工作时长	8 小时	2355	4.71±1.43	17.37	<0.001	0.016
	9 小时	689	5.15±1.33			
	10 小时	725	4.88±1.44			
	11 小时	131	4.82±1.38			
	12 小时	333	4.49±1.48			

3.2.1　受教育程度差异：学历越高创造力越高

对教育程度进行单因素方差分析，发现受教育程度的主效应显著（$F(4,4215)=8.08$, $p<0.001$, $\eta^2=0.009$）。总体来看，受教育程度越高，产业工人创造力越高，但是大专学历产业工人创造力得分低于高中和本科及以上学历者（见图 3-4）。

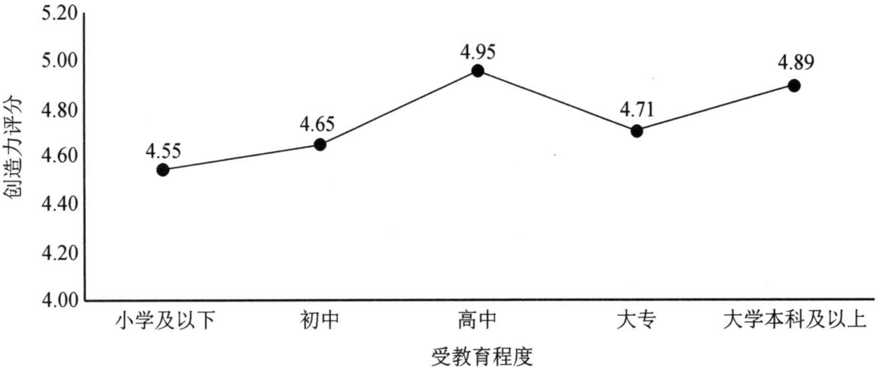

图 3-4 不同受教育程度产业工人的创造力得分

3.2.2 职业证书差异：已取得证书的产业工人创造力更高

对职业证书进行独立样本 t 检验，发现已取得职业资格或技能证书和未取得证书的产业工人在创造力方面存在显著差异（$t(4200)=8.15$，$p=0.001$，Cohen's $d=0.25$）。已取得证书的产业工人创造力得分高于未取得证书的工人。

3.2.3 专业技术等级差异：产业工人专业技术等级与创造力正相关

对专业技术等级进行单因素方差分析，发现专业技术等级主效应显著（$F(3,4198)=15.40$，$p<0.001$，$\eta^2=0.018$）。具体来看，取得高级及以上证书的产业工人创造力分数最高，其次是取得初级和中级证书的产业工人，最后是没有取得等级证书的产业工人。总体来看，产业工人的专业技术等级与创造力正相关（$r=0.12$，$p<0.001$）（见图 3-5）。

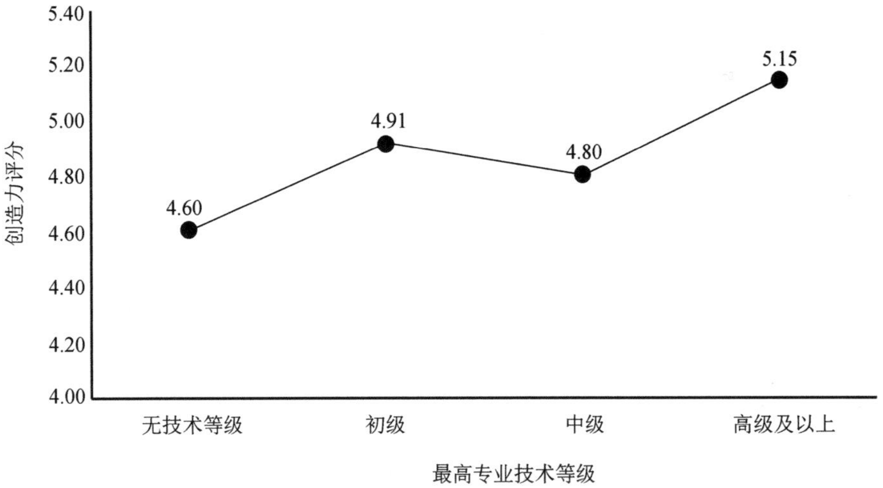

图 3-5 不同专业技术等级产业工人的创造力得分

3.2.4　工作时长差异：工作时长与创造力的关系呈倒U型

对每周工作天数进行单因素方差分析，发现每周工作天数的主效应显著（$F(2, 4165)=61.10$，$p<0.001$，$\eta^2=0.029$）。具体来看，每周工作6天的产业工人创造力得分高于工作5天和7天的产业工人。对每日工作时长进行单因素方差分析，发现每日工作时长的主效应显著（$F(4,4228)=17.37$，$p<0.001$，$\eta^2=0.016$）。具体来看，每日工作9小时的产业工人创造力得分最高。总体来说，产业工人的工作时长与创造力的关系呈倒U型（见图3-6，图3-7）。

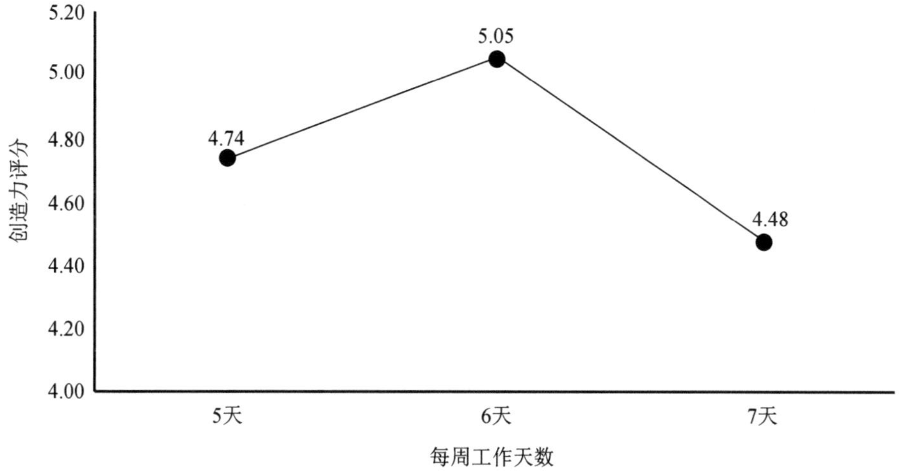

图3-6　每周工作天数不同的产业工人创造力得分

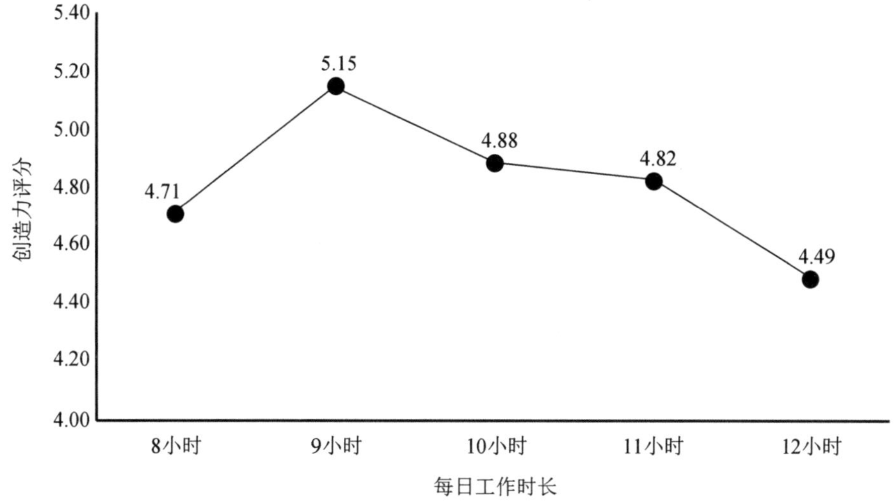

图3-7　每日工作时长不同的产业工人创造力得分

4 产业工人工作特征和创造力的关系

4.1 工作类型和创造力的关系

创造力在不同的行业类型、不同性质的单位、不同工种之间均存在显著差异（见表 3-3）。

表 3-3 创造力的工作类型差异

	工作类型	样本量	$M \pm SD$	t/F	p	Cohen's d/η^2
行业类型	采矿业	175	4.78±1.42	17.90	<0.001	0.025
	制造业	2210	4.94±1.34			
	建筑业	569	4.30±1.40			
	能源产业	248	4.89±1.48			
	化工行业	426	4.86±1.43			
	其他	774	4.61±1.54			
单位性质	央企/国企	1302	4.97±1.36	11.52	<0.001	0.016
	集体企业	225	4.70±1.46			
	民营企业	2227	4.72±1.41			
	外资企业	86	4.65±1.42			
	合资企业	193	5.03±1.33			
	其他	367	4.35±1.63			
工种	劳务工	1106	4.58±1.50	−5.39	<0.001	0.189
	合同工/正式工	3301	4.85±1.39			

4.1.1 行业类型差异：建筑业创造力相对较低

对行业类型进行单因素方差分析，发现行业类型主效应显著（$F(5,4204)=17.90$，$p<0.001$，$\eta^2=0.025$）。总体来看，建筑业产业工人创造力低于其他行业，其他不同类型行业间差异不明显（见图 3-8）。

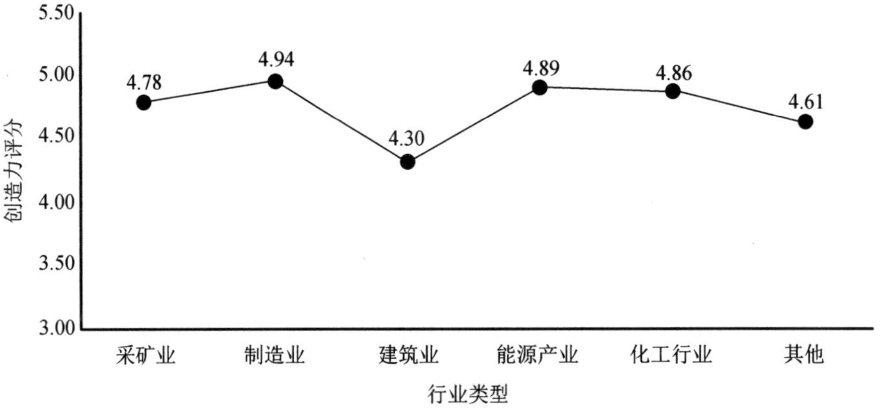

图 3-8 不同行业类型产业工人的创造力得分

4.1.2　单位性质差异：央企/国企和合资企业的产业工人创造力较高

对单位性质进行单因素方差分析，发现单位性质的主效应显著（$F(5,4203)=11.52$，$p<0.001$，$\eta^2=0.016$），中央企业、国有企业和合资企业的产业工人创造力得分更高，外资企业的产业工人创造力得分最低（见图 3-9）。

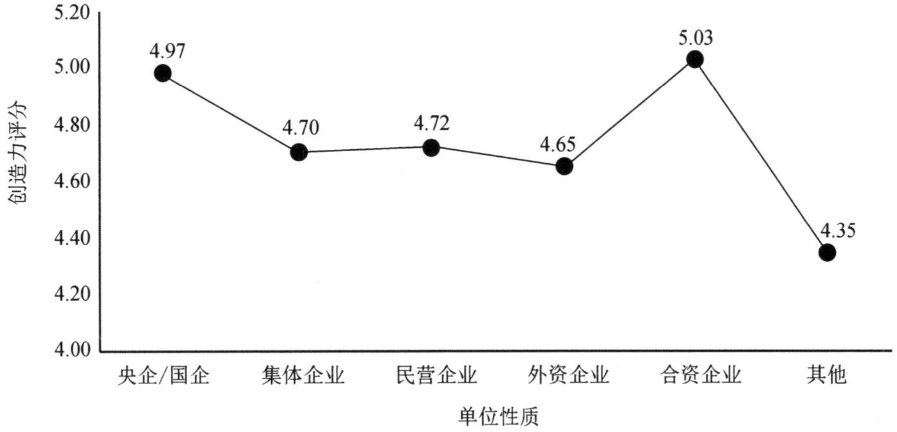

图 3-9　不同单位性质产业工人的创造力得分

4.1.3　工种差异：合同工/正式工的创造力水平更高

对工种进行独立样本 t 检验，发现产业工人的创造力在不同工种中存在显著差异（$t(4214)=-5.39$，$p<0.001$，Cohen's $d=0.19$），合同工/正式工创造力水平高于劳务工。

4.2　工作条件和创造力的关系

月收入、是否加入工会、教育与培训、福利与补贴、激励方式和工作环境均与产业工人创造力之间存在显著关系（见表 3-4）。

表 3-4　创造力的工作条件差异

工作条件		样本量	$M\pm SD$	t/F	p	Cohen's $d/\eta_p^2/r$
月收入	2000 元以下	120	3.90±1.65	25.32	0.001	0.052
	2000~2999 元	255	4.11±1.58			
	3000~3999 元	564	4.36±1.52			
	4000~4999 元	836	4.75±1.38			
	5000~5999 元	1155	5.00±1.27			
	6000~6999 元	561	5.12±1.35			
	7000~7999 元	417	4.95±1.36			
	8000~8999 元	189	4.75±1.38			
	9000~10000 元	160	5.03±1.43			
	10000 元以上	135	4.96±1.33			

（续表）

工作条件		样本量	$M \pm SD$	t/F	p	Cohen's $d/\eta_p^2/r$
是否加入工会	加入工会	1961	5.03±1.33	10.33	<0.001	0.320
	未加入工会	2450	4.58±1.46			
教育与培训	无	64	4.34±1.64	43.56	<0.001	0.047
	一项	1208	4.51±1.44			
	两项	1115	4.53±1.36			
	三项	1052	5.18±1.35			
	四项	325	4.91±1.35			
	五项及以上	652	5.14±1.45			
福利与补贴	无	50	4.33±1.67	33.63	<0.001	0.051
	一项	687	4.55±1.49			
	两项	788	4.35±1.52			
	三项	1144	4.72±1.36			
	四项	713	5.23±1.29			
	五项	342	4.95±1.32			
	六项	236	5.03±1.35			
	七项及以上	461	5.24±1.30			
激励方式	无	240	4.34±1.40	62.64	<0.001	0.086
	一种	1128	4.41±1.48			
	两种	1108	4.48±1.40			
	三种	878	5.33±1.20			
	四种	289	5.19±1.31			
	五种	116	5.08±1.21			
	六种及以上	248	5.32±1.28			
工作环境		4312	2.23±0.64	—	<0.001	0.085

4.2.1 月收入差异：创造力随月收入增加呈现先增加后平缓的趋势

对月收入进行单因素方差分析，发现月收入主效应显著（$F(9,4210)=25.32$，$p<0.001$，$\eta^2=0.052$）。总体来看，对于月收入低于7000元的产业工人，月收入越高，创造力越高；对于月收入高于7000元的产业工人，月收入越高，创造力没有明显变化且维持在较高水平（见图3-10）。

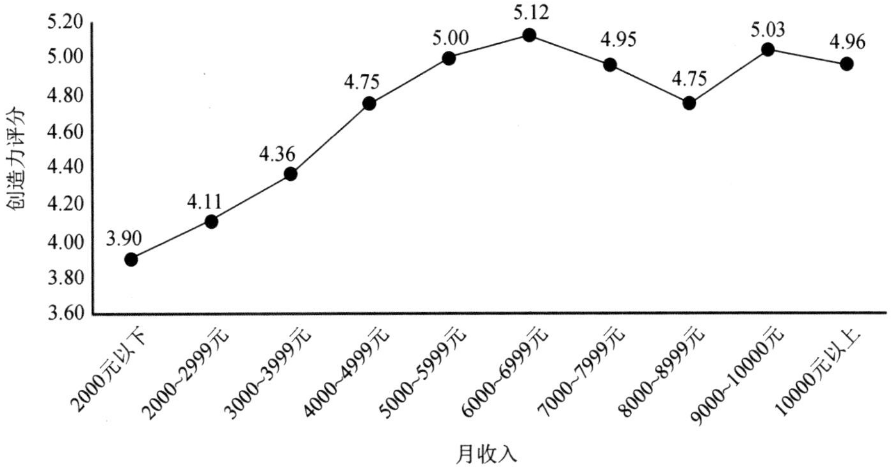

图 3-10　不同月收入产业工人的创造力得分

4.2.2　教育与培训差异：创造力随教育与培训数量增加呈现先增加后平缓的趋势

对教育与培训进行方差分析，发现教育与培训的主效应显著（$F(5,4405)=45.56$，$p<0.001$，$\eta^2=0.047$）。总体来看，企业进行的教育与培训数量在三项及以内时，数量越多，产业工人创造力越高；教育与培训数量高于三项时，随着数量增加创造力没有明显变化且维持在较高水平（见图 3-11）。

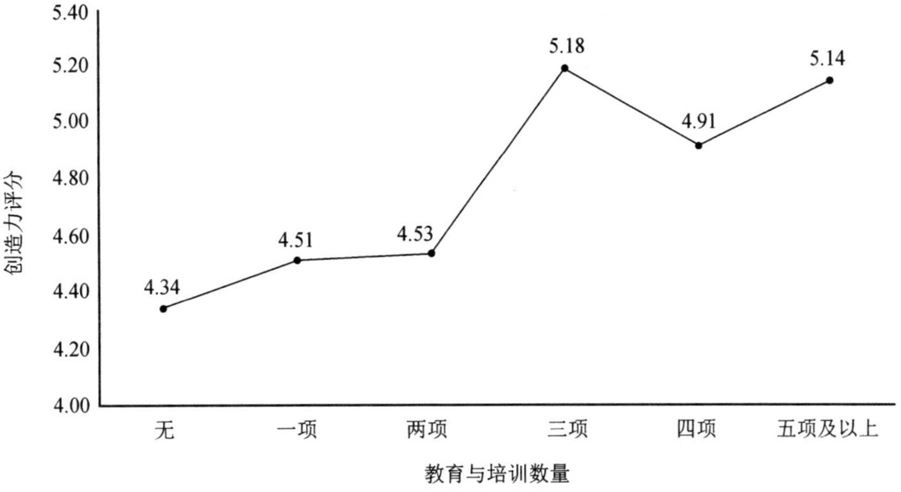

图 3-11　教育与培训数量不同的产业工人创造力得分

4.2.3　补贴与福利差异：创造力随补贴与福利数量增加呈现先增加后平缓的趋势

对补贴与福利的数量进行单因素方差分析，发现补贴与福利的数量主效应显著（$F(7,4408)=33.63$，$p<0.001$，$\eta^2=0.051$）。总体来看，企业的补贴与福利数量在四项及以内时，数量越多，产业工人创造力越高；补贴与福利数量高于四项时，随着数量增

加创造力没有明显变化且维持在较高水平（见图 3-12）。

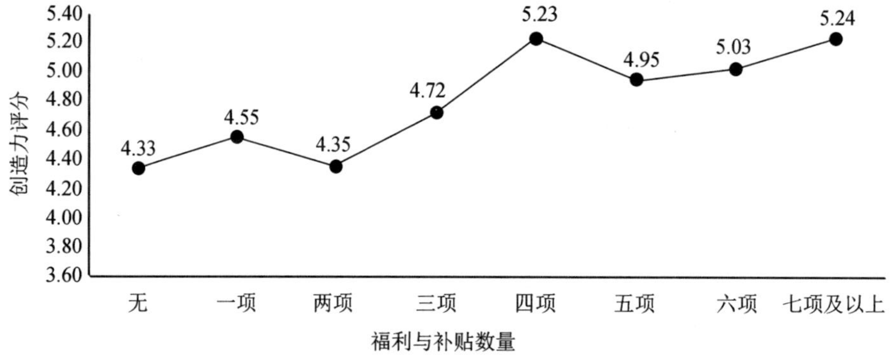

图 3-12 补贴与福利数量不同的产业工人创造力得分

4.2.4 激励方式数量差异：创造力随激励方式数量增加呈现先增加后平缓的趋势

对激励方式的种类数量进行方差分析，发现激励方式数量的主效应显著（$F(6, 3995)=63.64$，$p<0.001$，$\eta^2=0.086$）。总体来看，企业的激励方式数量在三种及以下时，数量越多，产业工人创造力越高；激励方式数量高于三种时，随着数量增加创造力没有明显变化且维持在较高水平（见图 3-13）。

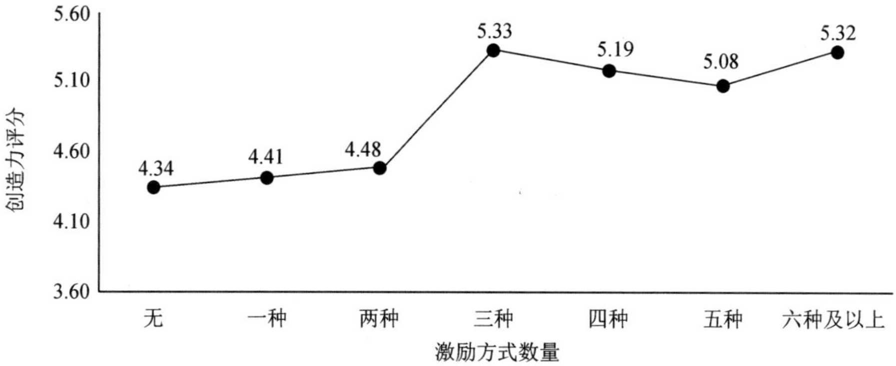

图 3-13 激励方式数量不同的产业工人创造力得分

4.2.5 工作环境：工作环境越好创造力越高

对产业工人工作环境和创造力进行相关分析，发现两者有微弱但显著的正相关（$r=0.09$，$p<0.001$）。产业工人工作环境越好，其创造力越高。

4.2.6 是否加入工会：加入工会的产业工人创造力水平更高

对是否加入工会进行独立样本 t 检验，发现产业工人的创造力在是否加入工会上存在显著差异（$t(4217)=10.33$，$p<0.001$，Cohen's $d=0.32$）。加入工会的产业工人创造力水平显著高于未加入工会的产业工人。

5　产业工人主观特征和创造力的关系

5.1　主观特征和创造力的相关

对个人心理特征和工作组织支持方面的变量与创造力进行相关分析，结果显示，产业工人的创造性角色认同、开放性人格特质、内部动机、外部动机、职业晋升感知和组织对创造力重视程度都与创造力有显著的正相关（见表3-5）。

表3-5　产业工人主观特征与创造力的相关分析

	$M±SD$	1	2	3	4	5	6
1. 创造力	4.79±1.43						
2. 创造性角色认同	4.72±1.65	0.83***					
3. 开放性人格特质	4.90±1.23	0.49***	0.42***				
4. 内部动机	0.24±0.30	0.19***	0.17***	0.20***			
5. 外部动机	0.35±0.16	0.08***	0.09***	0.06***	−0.06***		
6. 职业晋升感知	4.22±1.70	0.57***	0.55***	0.30***	0.20***	0.06***	
7. 组织对创造力重视程度	4.79±1.64	0.60***	0.55***	0.32***	0.20***	0.11***	0.68***

注：*** 表示 $p<0.001$。

5.2　主观特征对创造力的预测

在控制了产业工人客观特征的情况下，对个人心理特征和组织工作支持方面的变量与创造力进行回归分析。结果显示，在个人心理特征中，产业工人的创造性角色认同、开放性人格特质和内部动机都能够正向预测创造力得分。在组织工作支持中，职业晋升感知和组织对创造力重视程度均可以正向预测创造力得分（见表3-6）。在所有预测变量中，产业工人的创造性角色认同对创造力的预测力最强。

表3-6　产业工人主观特征与创造力的回归分析

主观特征变量	个人心理特征			组织工作支持		
	β	t	p	β	t	p
个人心理特征						
创造性角色认同	0.74	73.48	<0.001	0.62	54.67	<0.001
开放性人格特质	0.16	15.58	<0.001	0.15	14.98	<0.001
内部动机	0.03	2.91	0.004	0.02	2.33	0.020
外部动机	−0.01	−0.50	0.616	0.00	−0.41	0.682
组织工作支持						
职业晋升感知				0.09	6.64	<0.001

（续表）

主观特征变量	个人心理特征			组织工作支持		
	β	t	p	β	t	p
组织对创造力重视程度				0.17	12.79	<0.001
R^2		0.713			0.741	
ΔR^2		0.586[a]			0.028	
F		412.14***			434.83***	

注：回归分析包含三层自变量，第一层为客观特征变量，第二、三层都为主观特征变量。因本部分主要分析主观特征与创造力的关系，客观特征作为控制变量，故未在此报告。

[a] 与第一层模型相比，第二层个人心理特征引起的效应量变化。

*** $p<0.001$。

6 讨论

6.1 本研究主要发现

第一，产业工人的创造力与人口特征、人力特征、工作类型和工作条件四类客观特征有显著相关。(1) 人口特征中，年龄和创造力呈现倒U型的曲线关系，创造力随着年龄的增加，在25~29岁达到顶峰后逐渐下降，非本地户口和未婚（和本地户口、已婚相比）的产业工人创造力更高。(2) 人力特征中，产业工人每周工作天数与每日工作时长都和创造力呈倒U型关系，当产业工人取得职业资格或技能证书并且专业技术等级越高时，创造力越高，并且，产业工人的学历越高，其创造力越高，但大专学历比较特殊，低于高中和大学。(3) 工作类型中，中央企业、国有企业和合资企业的创造力较高，建筑行业创造力最低，合同工和正式工比劳务工的创造力高。(4) 工作条件中，工资待遇越高、福利与补贴越多、教育培训越多、激励越多，创造力越高，但是在这些变量达到中等程度时，创造力会进入平台期。

第二，在控制了客观特征变量后，主观特征变量对创造力有显著预测作用。个人心理特征中，产业工人的创造性角色认同、开放性人格特质和内部工作动机能够正向预测创造力。在组织工作支持中，如果产业工人认为组织重视创造力的价值，有积极的职业晋升感知，其创造力更高。总体来看，产业工人的创造性角色认同在所有预测变量里对创造力的预测力最强。

6.2 我国产业工人个人特征和创造力的关系

6.2.1 我国产业工人人口特征和创造力的关系

我们发现产业工人年龄和创造力之间呈现倒U型的趋势，这一结果和以农村群体为样本的创造力相关研究结果一致（李玲玉,2023）。从发展的角度来看，大脑的发育经历了从发育到成熟再到衰老的过程，在大脑成熟之后，个体的学习和适应能力得到加强，能够迅速掌握新技术和新方法，这为他们的创造力提供了基础；但随着年龄的进一步增长，大脑也会出现退化，大脑的信息加工速度变慢，工作记忆和抑制功能也会下降，都可能会限制个体的创造力（Park et al.,2009）。产业工人表现出的创造力与年龄的倒 U 型趋势，可能与其大脑的发育阶段有关，25~29 岁属于成年早期，这个年龄段创造力最高，因此企业应该充分发挥该年龄段产业工人的创新优势。

本研究发现非本地户口的产业工人创造力比本地户口的更高。可能的原因之一是选择在非户籍地工作的人通常具有较强的冒险精神和进取心，更愿意面对新的机会和挑战，具有这样开放性特质的个体通常表现出更高的创造性（George & Zhou,2001）。此外，非本地户口的产业工人通常需要面对更多的挑战和不确定性，例如适应新的工作环境、应对文化差异和社会融入的压力，这些挑战可能促使他们更加灵活、有更强的适应性，并且在解决问题时更具创新思维（程永辉等,2024）。

本研究还发现，未婚产业工人的创造力高于已婚产业工人。通常已婚产业工人的年龄普遍大于未婚产业工人，可能因为年龄的增长，表现出创造力的下降。另一种可能的解释是，已婚群体的经济状况和心理健康上的改变导致了创造力的下降。相比未婚群体，已婚群体的财务压力更高（详见本书第九章），抑郁情绪更多（宋健,唐田荣,2025），这些负面情绪和压力因素可能会限制其在工作中的创造力。此外，与以往研究一致（Taylor et al.,2024），本研究没有发现产业工人创造力存在性别差异。

6.2.2　我国产业工人人力特征和创造力的关系

本研究表明，我国产业工人的创造力与每周工作天数和每日工作时长之间的关系均呈倒 U 型模式：每周工作 6 天的产业工人创造力高于工作 5 天和 7 天的产业工人；每天工作 9 小时的产业工人创造力高于工作 8 小时和 10~12 小时的产业工人。本研究结果与 Ko 和 Choi（2019）的调查结果一致，该调查发现韩国员工的周工作时长超出法定时长时，企业创新会呈现先增长后下降的趋势。工作时长适度增加能提升产业工人创造力可能是因为，工作时长适度增加时，产业工人有更多的时间和精力投入到创造活动中，并且有更多的机会与他人交流和共享知识，这都有利于创造力的提高（Ko & Choi,2019）；但工作时长过度增加会减少产业工人积极主动创新探索的机会，阻碍创造力（Gilbert,2005）。也有研究与本研究结果不一致，在对护理人员的研究中发现工作时长与绩效之间呈线性的负相关关系（王丽琴等,2024）。导致这种不一致的可能原因是，两个研究调查的样本群体不同，护理人员绩效也未必体现出创造力。

本研究的另一个发现是，创造力随着教育程度的增加总体呈上升趋势，但大专学历的产业工人创造力低于高中和本科及以上学历产业工人。可能的原因在于大专生较低的家庭经济满意度和较高的财务压力，大专学历的产业工人的家庭经济满意度低于高中和本科以上学历，财务压力高于高中和本科以上学历（详见本书第九章）。与受教育程度的影响类似，我们发现取得职业证书的产业工人创造力更高，且创造力与专业技术等级呈正相关。取得职业证书和更高的专业技术等级都反映了产业工人的专业能力和工作质量，他们通常有更强的专业知识背景、更高的技术水平和更高的薪酬（赵秀华,2024;黄金来,2024），这为创造力的提升提供了基础。

6.3 我国产业工人工作特征和创造力的关系

6.3.1 我国产业工人工作类型和创造力的关系

我们发现，相较其他行业，建筑行业产业工人的创造力偏低，这可能和建筑企业的科技创新效率较低有关，建筑企业对创新的投入偏低，知识产权保护制度不完善，科技创新累计不足（缪鑫等,2023）。中央企业、国有企业和合资企业的产业工人创造力得分较高，可能和央企、国企和合资企业监管层面和制度层面的优势有关，这些类型企业内部不仅有完善的风险分担机制和知识产权保护机制，而且有创新环境和人才激励的优势，这些优势可以激发产业工人的创作热情，有利于产业工人的创造力增加(芦雅婷,田雨绯,2022)。

我们还发现，合同工与正式工比劳务工的创造力高，可能的原因是合同工和正式工的认知能力更强。例如，研究表明，在煤矿企业中，相比劳务工，合同工或正式工知识技能更高、工作习惯更好并且人和岗位的匹配度更好（李晶晶等,2023）。所以合同工或正式工基于自己更强的能力基础以及自身更清晰的角色定位，表现出了更高的创造力得分。另一个可能的原因是合同工和正式工的组织归属感更强，他们更愿意为自己的单位创造新产品（Allen et al.,2021）。

6.3.2 我国产业工人工作条件和创造力的关系

本研究对月收入、教育与培训、补贴与福利、激励方式的分析结果显示，这些工作条件都对创造力表现出积极预测作用。本研究考察的这些变量与 O'Neal 在1998 年提出的总体报酬概念类似。国内有研究者以新生代农民工为研究对象，发现总体报酬可以正向预测新生代农民工的创造力（许相颖,2022）。也有研究者发现总体报酬与创造力之间的非线性关系，创造力会随工资的增长先上升后下降，呈倒 U 型曲线关系（马君,闫嘉妮,2020）。本研究发现，工作条件方面的变量（类似总体报酬）对创造力的影响都出现了先在一定范围内上升，到达一定程度之后趋于平缓的变化趋势。这表明工作条件的改善会在一定范围内提高产业工人创造力，在达到一定的数量或程度后，单纯量的增加并不能继续提升产业工人创造力。

本研究的另一个发现是，加入工会的产业工人其创造力得分明显高于未加入工会的产业工人。《中华人民共和国工会法》明确规定，“工会动员和组织职工积极参加经济建设，努力完成生产任务和工作任务”。工会会员身份有助于调动和保护产业工人的工作积极性。研究发现，加入工会可以提升产业工人的技能水平（赵明霏,王珊娜,2023）、生活和工作满意度（程名望等,2023），这种认知能力的提升和积极情绪因素的改善，可能是加入工会的产业工人创造力更高的原因。

6.4　我国产业工人主观特征和创造力的关系

本研究发现，在个人心理特征中，产业工人的创造性角色认同、开放性人格特质和内部工作动机能够正向预测创造力得分。在组织工作支持中，职业晋升感知和组织对创造力的重视程度可以正向预测创造力得分。

6.4.1　我国产业工人个人心理特征和创造力的关系

在所有的预测变量中，产业工人的创造性角色认同对创造力的正向预测最强。当产业工人具备创造性角色认同时，他们会更倾向于认为自己是有创造能力的人，这种信念会显著提高其主动参与创新活动的可能性（Farmer et al.,2003），会更加关注创新信息，并努力提供更具创新的解决方案（Farmer et al.,2003）。创造性角色认同的形成主要依赖于社会关系的反馈和自我认知。在与同事的社会关系中，同事对员工的创造性期望和反馈能使他们更容易将自己定义为有创造力的人，同事的鼓励和支持也会使其更加确信自己的创造能力（Farmer,2003;Madjar et al,2002）。另外，个体的自我认知来自对以往经历的回顾和解释，认识到自己过去的创新行为越多，创造性角色认同越高（Farmer et al.,2003）。因此，国家和企业可以通过营造员工间对创造行为的积极反馈氛围、进行创造性自我建构的培训，以此提升工人的创造性角色认同，从而促进其创造力的发挥。

产业工人的开放性人格特质同样是创造力的重要影响因素。以往研究表明，开放性人格特质可以正向预测个体的创造力（Abbasi et al.,2023;George & Zhou,2001）。具备高开放性的人往往对新知识、新经验和新技术保持较高的兴趣和接纳度，他们更愿意打破常规思维，尝试新的方法和解决方案（McCrae & Costa,1997），因此，具有高开放性的人更容易在工作中展示出创造性思维和创新行为。内部工作动机可以正向预测产业工人的创造力，即以个人成长和职业理想为工作动机的产业工人创造力更高，这与以往研究结果一致（Reiss,2012;Wang et al.,2016）。我们没有发现外部动机对创造力的显著预测作用，可能是因为外部动机对于创造力的影响机制比较复杂，受环境等其他因素的调节（Saether,2020）。

6.4.2　我国产业工人工作组织支持和创造力的关系

本研究表明，组织对创造力的重视程度对产业工人的创造力有重要的正向预测作用。组织对创造力的高度重视直接促进员工的工作投入和创造力（Aldabbas et al.,2023）。另外，在创造性交互理论（Woodman et al.,1993）中，组织对创造力的重视程度属于组织支持层面的变量，提高组织支持可以推动员工构建工作意义、树立工作目标（Kurtessis et al.,2017），从而让其表现出更高的创造力。

本研究也证明，积极的职业晋升感知可以正向预测产业工人的创造力。这与以往对基层领导干部的调查结果一致：基层干部职业晋升通道越清晰，职业理想越容易转化为行政动力（范柏乃,盛中华,2022）；基层干部认为直接晋升的可能性大，会加大工作投入，从而提升绩效（Xie & Yang,2021）。产业工人拥有良好的职业晋升感知，会产生更强的职业安全感，发展的预期目标更清晰，工作卷入度增加导致更多创新行为。因此，企业应该制定明确清晰的晋升制度并提高晋升的可能性，以帮助产业工人形成清晰的职业晋升感知，促进其工作中的创造力。

6.5 政策及建议

6.5.1 强化创造性角色认同，完善产业工人职业发展通道

强化产业工人的创造性角色认同，完善其职业发展通道，是提升创新能力的重要举措。本次调查发现，产业工人的创造性角色认同对创造力得分的正向预测作用最大，即产业工人是否认同自己在工作中扮演了创新个体的角色，对创造力的产生至关重要。一方面，政府和企业需要强化产业工人创造性角色认同感，通过媒体宣传和文化教育引导，消除社会偏见和刻板印象。产业工人也需要扮演创新者和创造者的角色，而不仅仅是重复性劳动的实践者。另一方面，应完善产业工人职业发展通道。本次调查发现产业工人如果对自己的职业晋升通道感知越清晰，晋升到上一级的可能性越大，则其创造力越高。产业工人群体庞大且多样，技能差异较大，需要建立更加完善的职业发展体系。具体来说，政府需要引导企业为员工设立明确的职业发展路径，帮助产业工人实现从普通操作工到技术骨干甚至管理者的转型。

6.5.2 合理设置工作时间，提升工人工作效率

本次调研发现我国产业工人工作时长与创造力之间呈非线性的倒 U 型关系。适度延长工作时间可以为工人进行创新尝试和工人间知识共享提供更多机会，从而促进创造力提升；但当过度延长时间时，会加重工人身心紧张和疲劳程度，加之缺乏放松和恢复时间，会导致其创造力的降低。针对这一现象，建议政府和企业共同探索“最佳工时”管理模式。首先，可依托大数据分析和行业调研，分行业确定产业工人的最优工作时长区间，该区间应既能保证工人精力充沛，又能满足企业生产需求。其次，延长工作时间需配合绩效评价机制和工人个人意愿，将工时、产出与健康指标进行有机结合，激励员工在最佳状态下工作。最后，必须杜绝连续的超时劳动，为此政府需加强劳动法律法规的执行力度，强化监管措施，严格遏制不合理的超时工作现象，切实保障工人合法权益。通过实施这些措施，我们可实现提升生产效率与保护劳动者健康的双重目标，推动我国产业实现高质量、可持续发展。

6.5.3　完善人才培养体系，关注大专学历工人的创新意识

产业工人创新能力的培养离不开完善的人才培养体系。本次调查发现教育水平越高，产业工人的创造力通常越高，但是大专学历工人的创造力低于高中学历，也低于大学本科及以上学历。在我国的教育体系中，大专生的地位介于普通高等教育和中职教育之间，他们既需要职业技能又要兼顾理论性，可能会出现“高不成低不就”的尴尬处境。大专生既不像中职生那样强调基础性技能训练，也不像本科生那样强调系统的理论学习和创新实践，从而处于理论和实践都没有足够竞争力的困境。另外，社会对于大专生有刻板印象（张荣,2007），即大专生不需要创新，完成模式化任务即可，这种思维惯性会抑制大专生的主动创新。为了提升大专生的竞争力，大专院校需对课程体系进行优化，增加创新思维的训练模块，提升大专生的创新能力；同时，政府和企业需要通过政策和资源的分配，改善甚至打破社会对大专生的刻板印象，优化职业教育生态，释放该群体的创造潜力。

6.5.4　设置合理的薪酬制度，优化创新环境

本次调查发现薪酬对创造力的影响不是线性增加的，在薪酬达到一个基本水平后，其对创造力的积极作用开始减弱。因此，政府需要通过政策引导，推动企业建立完善的薪酬制度，包括合理的工资、奖金、福利补贴和激励方式，这些薪酬需要达到一个水平，才能保证工人的创造力在一个较高的水平。创新环境的优化不仅包括安全、健康的硬件环境，还包括开放、支持性的组织氛围，一个健康、支持创新的工作环境能够激发产业工人的创造潜力。企业在构建创新环境时不仅要重视硬件建设，创新的软环境建设更需要加强。

参考文献

程名望，陈春艳，李礼连.（2023）. 参加工会提升新产业工人生活满意度了吗？——以上海市 6846 个样本为例. *广西大学学报(哲学社会科学版)，45*(4)，172-182.

程永辉，李建伟，刘科伟，张锋，康琦.（2024）. 中国省际人口流动的网络演变、作用机制与城镇化效应. *城市发展研究，31*(6)，98-108.

杜勇，鄢波，陈建英.（2014）. 研发投入对高新技术企业经营绩效的影响研究. *科技进步与对策，31*(2)，87-92.

范柏乃，盛中华.（2022）. 新时代我国基层党政干部行政动力的实际测度及激励机制研究——职业理想的中介作用和晋升前景的调节效应. *管理世界，38*(1)，118-137.

胡卫平，Philip Adey，申继亮，林崇德.（2004）. 中英青少年科学创造力发展的比较. *心理学报，36*(6)，718-731.

黄金来.（2024）. 新制度经济学视域下职业技能等级认定体系建设研究. *教育与职业*，(21)，30-37.

柯政，梁灿.（2023）. 论应试教育与学生创造力培养之间的关系. *华东师范大学学报(教育科学版)，41*(4)，72-82.

李晶晶，袁显湖，尚国银．(2023)．批量劳务工转正背景下煤矿企业安全管理形势与对策研究．*煤炭工程，55*(S1)，252-256.

李玲玉．(2023)．*不同年龄乡村群体执行功能与创造力关系研究*(硕士学位论文)．曲阜师范大学，曲阜.

林崇德．(2017)．中国学生核心素养研究．*心理与行为研究，15*(2)，145-154.

林嘉．(2024)．产业工人群体就业及职业发展新趋势．*人民论坛*，(12)，35-37.

林炜．(2013)．企业创新激励：来自中国劳动力成本上升的解释．*管理世界*，(10)，95-105.

梁彦清，刘伟鹏．(2019)．总体报酬对员工创新绩效的影响机制研究——基于层级回归与 fsQCA 的分析．*贵州财经大学学报*，(2)，42-49.

芦雅婷，田雨绯．(2022)．内部控制影响国有企业竞争优势的中介效应研究．*企业经济，41*(2)，69-79.

马君，闫嘉妮．(2020)．正面反馈的盛名综合症效应：正向激励何以加剧绩效报酬对创造力的抑制？*管理世界*，(1)，105-121+237.

缪鑫，傅晏，刘建伟，陈思，习文强，吴思睿．(2023)．基于创新价值链理论的我国上市建筑企业科技创新效率研究．*科技管理研究，43*(10)，73-79.

宋健，唐田荣．(2025)．婚姻对个体心理健康的影响．*人口学刊，47*(1)，65-77.

王红芳，杨俊青，刘伟鹏．(2019)．总体报酬对员工绩效的影响机制研究——基于社会交换理论视角．*软科学，33*(10)，76-81.

王丽琴，周艳婷，李周湘，马强．(2024)．护理人员工作时长与工作绩效的关系：有调节的中介模型．*南京医科大学学报(社会科学版)，24*(5)，522-528.

王倩，唐一鹏．(2024)．家庭与学校支持如何影响中小学生的创造力？*华中师范大学学报(人文社会科学版)，63*(2)，179-188.

王星，徐佳虹．(2020)．中国产业工人技能形成的现实境遇与路径选择．*学术研究*，(8)，59-64.

王亚南，刘昌．(2004)．工作记忆、加工速度与流体智力的发展．*心理科学，27*(2)，507-509.

王昭．(2018)．建筑业企业技术创新效率评价研究——基于 DEA 方法的实证分析．*工程管理学报，32*(5)，40-44.

许相颖．(2022)．*新生代农民工总体报酬对其创造力的影响机制研究*(硕士学位论文)．山西财经大学，太原.

杨洋，魏江，罗来军．(2015)．谁在利用政府补贴进行创新？——所有制和要素市场扭曲的联合调节效应．*管理世界*，(1)，75-86+98.

姚洋，章奇．(2001)．中国工业企业技术效率分析．*经济研究*，(10)，13-19+28.

曾恺，段锦云，田晓明，朱玮玮．(2019)．新生代农民工教育水平与创造力：核心自我评价的作用．*应用心理学，25*(1)，69-79.

张景焕，付萌萌，辛于雯，陈佩佩，沙莎．(2020)．小学高年级学生创造力的发展：性别差异及学校支持的作用．*心理学报，52*(9)，1057-1070.

赵明霏，王珊娜．(2023)．加入工会能提高产业工人技能水平吗？——来自大连市产业工人调查数据的经验证据．*中国劳动关系学院学报，37*(6)，91-103.

赵秀华.（2024）. 职业资格证书制度服务技能型社会建设:历史脉络、内在逻辑与实践理论. *华东师范大学学报(教育科学版)*, *42*(4), 88–96.

张荣.（2007）. *大专生就业问题的社会排斥分析*(硕士学位论文). 吉林大学, 吉林.

Abbasi, S. G., Alaghbari, M. A., Abbas, M., Beshr, B., & Al-Ghazali, B. M. (2023). Openness to experience and creativity: The role of promotion focus. *Cogent Business & Management*, *10*(3), 211–223.

Aldabbas, H., Pinnington, A., & Lahrech, A. (2023). The influence of perceived organizational support on employee creativity: The mediating role of work engagement. *Current Psychology*, *42*(8), 6501–6515.

Allen, K. A., Kern, M. L., Rozek, C. S., McInerney, D. M., & Slavich, G. M. (2021). Belonging: A review of conceptual issues, an integrative framework, and directions for future research. *Australian Journal of Psychology*, *73*(1), 87–102.

Amabile, T. M. (1988). A model of creativity and innovation in organizations. In B. M. Staw & L. L. Cummings (Eds.), *Research in organizational behavior* (pp. 23–167). JAI Press.

Amabile, T. M. (1996). *Creativity in context: Update to the social psychology of creativity*. Westview Press.

Amabile, T. M., Conti, R., Coon, H., Lazenby, J., & Herron, M. (1996). Assessing the work environment for creativity. *Academy of Management Journal*, *39*(5), 1154–1184.

Anderson, N., Potocnik, K., & Zhou, J. (2014). Innovation and creativity in organizations: A state-of-the-science review and prospective commentary. *Journal of Management*, *40*(5), 1297–1333.

Byron, K., & Khazanchi, S. (2012). Rewards and creative performance: A meta-analytic test of theoretically derived hypotheses. *Psychological Bulletin*, *138*(4), 809–830.

Duan, W., Tang, X., Li, Y., Cheng, X., & Zhang, H. (2020). Perceived organizational support and employee creativity: The mediation role of calling. *Creativity Research Journal*, *32*(4), 403–411.

Eisenberger, R., & Shanock, L. (2003). Rewards, intrinsic motivation, and creativity: A case study of conceptual and methodological isolation. *Creativity Research Journal*, *15*(2–3), 121–130.

Farmer, S. M., Tierney, P., & Kung-McIntyre, K. (2003). Employee creativity in Taiwan: An application of role identity theory. *Academy of Management Journal*, *46*(5), 618–630.

George, J. M., & Zhou, J. (2001). When openness to experience and conscientiousness are related to creative behavior: An interactional approach. *Journal of Applied Psychology*, *86*(3), 513–524.

Gilbert, C. G. (2005). Unbundling the structure of inertia: Resource versus routine rigidity. *Academy of Management Journal*, *48*(5), 741–763.

Kimberly, J., & Evanisko, M. (1981). Organizational innovation: The influence of individual, organizational and contextual factors on hospital adoption of technological and administrative innovations. *Academy of Management Journal*, *24*(4), 689–713.

Ko, Y. J., & Choi, J. N. (2019). Overtime work as the antecedent of employee satisfaction, firm productivity, and innovation. *Journal of Organizational Behavior*, *40*(3), 282–295.

Kurtessis, J. N., Eisenberger, R., Ford, M. T., Buffardi, L. C., Stewart, K. A., & Adis, C. S. (2017). Perceived organizational support: A meta-analytic evaluation of organizational support theory.

Journal of Management, 43(6), 1854–1884.

Madjar, N., Oldham, G. R., & Pratt, M. G. (2002). There's no place like home? The contributions of work and nonwork creativity support to employees' creative performance. *Academy of Management Journal, 45*(4), 757–767.

McCrae, R. R., & Costa, P. T. (1997). Personality trait structure as a human universal. *American Psychologist, 52*(5), 509–516.

Nakano, T. D., Oliveira, K. D., & Zaia, P. (2021). Gender differences in creativity: A systematic literature review. *Psicologia: Teoria e Pesquisa, 37*(4), 1–10.

O'Neal, S. (1998). The phenomenon of total rewards. *The Journal of Total Rewards, 7*(3), 6–18.

Park, D. C., & Reuter-Lorenz, P. (2009). The adaptive brain: Aging and neurocognitive scaffolding. *Annual Review of Psychology, 60*(1), 173–196.

Reiss, S. (2012). Intrinsic and extrinsic motivation. *Teaching of Psychology, 39*(2), 152–156.

Saether, E. A. (2020). Creativity-contingent rewards, intrinsic motivation, and creativity: The importance of fair reward evaluation procedures. *Frontiers in Psychology*, (11), 1–9.

Taylor, C. L., Said-Metwaly, S., Camarda, A., & Barbot, B. (2024). Gender differences and variability in creative ability: A systematic review and meta-analysis of the greater male variability hypothesis in creativity. *Journal of Personality and Social Psychology, 126*(6), 1161–1179.

Taylor, J. (2018). Working extra hours in the Australian public service: Organizational drivers and consequences. *Review of Public Personnel Administration, 38*(2), 193–217.

Taylor, S. G., Roberts, A. M., & Zarrett, N. (2021). A brief mindfulness-based intervention (bMBI) to reduce teacher stress and burnout. *Teaching and Teacher Education*, (100), 1–14.

Wang, A. C., & Cheng, B. S. (2010). When does benevolent leadership lead to creativity? The moderating role of creative role identity and job autonomy. *Journal of Organizational Behavior, 31*(1), 106–121.

Wang, X. H. F., Kim, T. Y., & Lee, D. R. (2016). Cognitive diversity and team creativity: Effects of team intrinsic motivation and transformational leadership. *Journal of Business Research, 69*(9), 3231–3239.

Woodman, R. W., Sawyer, J. E., & Griffin, R. W. (1993). Toward a theory of organizational creativity. *The Academy of Management Review, 18*(2), 293–321.

Xie, L. L., & Yang, L. H. (2021). The influence of perceptions of promotion opportunities on job performance and its mechanisms: A case study of Chinese junior civil servants. *Journal of Contemporary China*, (30), 118–135.

Zhou, J., & George, J. M. (2001). When job dissatisfaction leads to creativity: Encouraging the expression of voice. *Academy of Management Journal, 44*(4), 682–696.

第四章　新时代产业工人的人工智能认知

齐玥　由姗姗　谢染

摘要：随着人工智能（AI）技术在工业中的广泛应用，产业工人的工作方式和工作心态正在发生变化，当前产业工人对人工智能技术的认知、接受和使用情况已经成为影响我国工业智能化转型的重要因素。本研究基于中国人民大学心理学系“新时代产业工人社会心理调查”数据，探讨了产业工人对人工智能技术的感知、接受和使用，以及个体因素在其中的调节作用，进而构建了一个完整的人工智能技术接受模型，试图为推动人工智能在工业中的有效应用提供实证支持。研究发现：首先，产业工人对人工智能的熟悉度有限，仍有较大的提升空间，但对人工智能技术的使用较为积极。其次，产业工人的性别、年龄、受教育程度、月收入水平和行业类型等人口学变量和工作相关变量均显著影响他们对人工智能的感知和接受。此外，本研究提出了适合我国产业工人的“效用与威胁感知驱动的人工智能接受模型”，为理解产业工人的人工智能接受机制，揭示人工智能感知和使用之间的复杂关系提供了理论支持和实证证据，也为政府制定人工智能技术推广政策、企业优化智能制造转型战略提供了实践指导。

关键词：产业工人，人工智能效用，人工智能威胁，技术接受

1　引言

习近平总书记2023年9月在黑龙江调研时首次提出“新质生产力”的概念，强调创新在推动高质量发展中的核心作用。新质生产力强调以高科技、高效能和高质量为特征的先进生产力形态，旨在摆脱传统经济增长方式，促进传统产业转型，推动经济社会的全面升级（李猛,2024;杨莉莉,杨承佳,2024）。通过智能制造、数字化转型和绿色发展等方式，新质生产力不仅优化了传统产业的生产流程，还帮助其应对资源消耗高、环境污染严重、人工成本上升等核心挑战（戚聿东等,2021;Qiu,2024）。基于此，传统产业得以突破发展瓶颈，迈向高质量发展的新阶段。

人工智能作为新一代信息技术的核心，正在深刻改变着传统生产力形态，影响着各行各业的生产方式和组织形式，成为新质生产力的核心驱动力。人工智能通过替代劳动力要素推动技能需求向“脑力化”转型。生成式人工智能（Generative AI，GAI）技术的快速迭代，特别是豆包、DeepSeek、ChatGPT 等工具的广泛应用，不仅激发了公众对聊天机器人和工业机器人的讨论热潮，也显著提升了企业员工在日常工作中的效率。生成式人工智能被广泛应用于文案创作、编程代码生成和数据分析等工作流程中，帮助员工节约时间并提高生产力。有些公司甚至将人工智能引入管理领域，用于承担领导的部分职能，从而改变了传统的决策和组织管理方式（Yam et al.,2022）。然而，企业智能化转型并非易事。波士顿咨询公司（Boston Consulting Group,2021）全球调研显示，三分之一的员工明确表示拒绝接纳新的智能化工作方式，超过一半的员工认为转型不会对职业发展产生实际价值，仅有五分之一的员工认为自己有机会参与智能化转型决策。在此背景下，作为企业生产一线的工人，智能化转型对他们的影响尤为显著，他们面临着工作超负荷、数字技能学习压力以及日益复杂的工作流程等多重挑战。一项涵盖 19 个国家的全球数字技能指数调查显示，近 75% 的员工表示自身缺乏应对智能化转型所需的技能，76% 的员工感到无法应对智能化带来的挑战（周琦玮等,2024）。因此，企业在推动智能化转型时，必须考虑产业工人群体的实际感受与需求，解决他们对人工智能技术的认知偏差、威胁感知和技术接受度问题，减少技术应用中的不均衡，从而推动技术的有效应用和工人的顺利转型，提升整体使用效率。

人类对人工智能的认知是一个多层次的过程，涉及对人工智能的本质、原理、能力、发展趋势以及其对经济、社会、文化影响的理解和评价。这一认知过程受到人类自身知识、经验、价值观和思维方式的深刻影响。具体而言，人类通过自身的知识体系和经验背景，对人工智能的功能和潜力进行评估，同时，知识、经验和价值观也在很大限度上塑造了人们对人工智能的态度和接受程度。这种认知不仅涉及对技术本身的理解，还包括对人工智能在社会伦理、经济结构和文化动态等方面潜在影响的判断和评价。因此，本研究关注的产业工人的人工智能认知，是指对于人工智能的理解以及对技术应用的态度与实践，在测量上包括了对人工智能的熟悉度、感知与接受三个部分。其中，熟悉度是指个体对人工智能概念、功能及相关技术的了解程度。人工智能感知是指个体对人工智能技术的全面评估，包括其在特定情境中的效用感知和威胁感知，这两个维度分别代表了个体对人工智能的积极与消极评价。人工智能接受度指个体是否愿意采纳和使用人工智能技术，这一过程不仅仅依赖于对技术的感知，还受到个体对人工智能的使用经验等因素的影响。综上，本研究考察人工智能认知在不同的产业工人群体之间的差异，并基于个体对人工智能的效用感知和威胁感知，探讨产业工人对人工智能作为工具和同伴两个方面的接受程度。

1.1　产业工人的人工智能感知

1.1.1　人工智能感知的可能成分

传统的技术接受模型提出，个体对技术的感知有用性和感知易用性是影响其技术接受行为的关键因素（Davis,1989）。尽管该模型为解释新技术的接受行为提供了有效的框架，但随着人工智能等复杂技术的出现，传统的技术接受模型需要做出适当的调整。人工智能技术与传统技术有显著不同，它不仅仅是一个工作工具，还可能对个体的工作方式、社会角色以及整体的职业生涯产生深远影响。因此，在人工智能背景下，技术接受模型的应用需要考虑以下两个核心因素：一是人工智能对生产和生活的积极影响，即效用感知；二是人工智能的广泛应用可能带来的负面影响，即威胁感知。产业工人对人工智能的效用和威胁感知，分别对应对技术的积极和消极态度，直接影响个体的技术接受度（Davis,1989;Venkatesh et al.,2003）。

在心理学和社会学研究中，对人工智能的态度通常指个体对人工智能技术的总体评价，包括支持、怀疑或抵制等情感和认知倾向（Ajzen,1991;Fietta et al.,2022）。具体来说，积极倾向的工人通常认为人工智能技术能提高工作效率、减少劳动强度，因而更愿意学习和使用人工智能技术；而消极倾向的工人，会对人工智能的使用产生焦虑或歧视，认为人工智能可能会带来失业风险，感到自身工作岗位受到威胁，因此他们对人工智能技术更加抗拒，难以接受这一新技术。近年来，关于产业工人对人工智能感知的研究结果存在某些不一致之处。一些研究表明，整体来看，工人对人工智能的感知较为积极，认为人工智能能够提高工作效率和生产力（Liang et al.,2024）。然而，另一部分研究指出，相比管理层，工人群体对人工智能的感知较为消极，表现出对就业威胁的担忧（Link & Stowasser,2024）。这些结果表明，单纯分析工人对人工智能的单一维度的感知倾向可能无法全面反映其认知特点，因此，区分人工智能的效用和威胁感知，有助于理解人们对人工智能的复杂态度。

1.1.2　人工智能效用感知

人工智能效用感知是指个体对人工智能技术持有的正面评价和积极的情感反应，表现为对技术在提升工作效率、改善生活质量等方面的认可，以及对技术发展的支持和期待（Schepman & Rodway,2023）。比如，在工作中，个体是否认为人工智能技术能够提高工作效率、降低劳动强度，或是在生活中，是否能够提高生活质量和幸福感。这一维度来源于技术接受模型的感知有用性，是技术接受的重要驱动因素（Davis,1989）。如果个体认为人工智能可以带来明显的利益，尤其是在提高生产力、优化决策等方面，他们通常会更倾向于接受该技术（Venkatesh et al.,2003）。

1.1.3　人工智能威胁感知

人工智能威胁感知是个体对人工智能技术可能带来的负面影响的认知，包括对就业的威胁、对隐私的侵犯以及对技术失控的担忧。由于人工智能技术的广泛应用，劳动市场面临诸多不确定性，产业工人如何感知这种挑战和不确定性，成为当前研究的关键。对韩国工人的横断调查显示，人工智能的快速进步会让工人怀疑自己工作的价值，增加工人对工作不安全的感知，从而影响着他们的工作参与度和工作满意度以及睡眠和生活（Lee et al.,2022）。人工智能威胁感知的测量主要基于以往研究中有关人工智能消极态度和人工智能焦虑的相关条目。尽管人工智能技术能够为工人带来便利，但由于工人对人工智能等新技术的理解不足，加之新技术对现有工作内容和工作形式的改变，工人很可能会因数字技能与实际需求不匹配而表现出消极态度，导致工作投入度下降和离职率上升等负面反应（梁建等,2021）。这种消极态度往往会抑制工人对人工智能的接受行为（Hajam & Gahir,2024）。人工智能焦虑则是指工人在面对新技术时产生的不安、紧张和担忧情绪（Cho & Seo,2024；Shen & Zhou,2024；Wang et al.,2024），它主要与工作安全感、担心技能过时以及社会角色调整等问题密切相关（Ashraf & Tsegay,2025）。这种情绪可能会抑制工人对人工智能技术的接受度，并降低他们的使用倾向，从而不仅影响产业工人的职业安全感，还可能阻碍企业智能化转型的推进（Link & Stowasser,2024）。

1.2 产业工人的人工智能接受度

根据计划行为理论（Theory of Planned Behavior，TPB）来推断，个体的态度会直接影响其行为意图，进而决定其是否愿意接受和使用新技术。技术接受行为是指员工在工作场所中实际使用新技术和新设备的行为（郭衍宏,魏旭,2024）。在本研究中，人工智能工具接受度和人工智能同伴接受度是影响产业工人对人工智能技术接受度的两个重要维度。

1.2.1 人工智能工具接受度

人工智能工具接受度指的是个体愿意将人工智能作为一种工具来辅助其工作的程度。具体而言，人工智能工具接受度反映了个体对人工智能在执行特定工作任务时作为工具的有效性和实用性的认知。该概念源自技术接受行为，即个体在日常工作或生活中实际采用人工智能技术的行为表现（Venkatesh et al.,2003）。例如，在制造业中，人工智能工具能够用于生产线自动化、质量检测、设备维护等任务。如果产业工人认为人工智能能够有效减少工作负担、提高工作效率，那么他们对人工智能工具的接受度将会显著提高。

人工智能作为工具的接受度主要取决于工人对技术所带来效益的认知。正如技术接受模型所述，技术的效用感知是推动技术接受的核心因素。只有当工人认为人工智能够在实际工作中提供明显的价值，他们才更愿意采用这些工具，从而推动智能化转型的顺利实施。

1.2.2 人工智能同伴接受度

与人工智能工具接受度不同，人工智能同伴接受度则聚焦于工人是否愿意将人工智能视为与其共同合作的工作伙伴。随着人工智能技术的快速发展，尤其是深度学习和人机交互技术的进步，人工智能系统逐渐具备了越来越多的类人特征，研究者开始从社会互动的角度探讨人们对人工智能技术的认知（Qin et al.,2024;Wang et al.,2024），比如一些工人可能对人工智能产生歧视。人工智能歧视是指个体将人工智能视为“外来物种”，并倾向于排斥或低估其能力，尤其是在人工智能与人类的功能日益相似时（Fiestas Lopez Guido et al.,2024;Huo et al.,2023）。例如，有些使用者在与医疗人工智能进行互动时表现出优越感，认为人类在医疗技术上具有天然优势，这种偏见会影响他们对人工智能技术的接受程度（Huo et al.,2023）。在工作环境较差时，工人更倾向于与人类沟通而非与人工智能互动（De Obesso Arias et al.,2023）。这可能因为工人不愿意将人工智能视为“同伴”而仅限于将其视为工具。这种心态可能会导致工人对人工智能的接受度降低，影响他们的使用决策。从社会感知的视角，工人是否将人工智能视为工作伙伴，也影响着人们对技术的接受程度。随着人工智能的进一步拟人化，工人可能更倾向于将人工智能视为竞争者而非合作伙伴，这种心理反应可能限制他们与人工智能的协作。

1.3 感知驱动的人工智能接受

人工智能技术的有效应用对产业工人的工作方式、工作内容和职业安全感产生了深远影响。在研究人们对人工智能的接受度时，个体的感知起着至关重要的作用。个体对人工智能的感知是其对技术应用进行初步判断的基础。感知效用、感知威胁、个体和环境因素等多重因素的相互作用，决定了工人是否愿意接受并使用人工智能技术。在这种背景下，有必要全面了解产业工人对人工智能技术的认知，帮助产业工人更好地适应与利用人工智能技术，实现传统产业的高质量发展。其中，产业工人的人工智能感知，包括了效用感知与威胁感知，是影响人工智能接受度的重要前因变量。

具体而言，一方面，从效用感知的角度来说，人工智能在工业中的应用，如智能机器人和自动化生产线，提升了生产效率，改善了工作环境。研究发现，人工智能技术的加入改善了中国制造业工人的工作环境，提高了工人的心理健康水平（Wei & Li, 2022）。另有研究证实，人工智能技术的应用使得工人的工作时间减少，工资收入上升，这也显著提高了他们的心理健康水平（Yang et al.,2022）。另一方面，从威胁感知的角度来说，人工智能技术也引发了对工人技能淘汰和就业替代的担忧。有研究指出，由于人工智能的快速发展，许多产业工人面临技术取代的担忧，这种焦虑不仅影响了他们的职业安全感，还可能阻碍企业推进智能化转型（Link & Stowasser,2024）。相比于管理者，工人对人工智能的态度较为消极，认为它会带来失业、对技术的依赖以及技术的不可靠（Link & Stowasser,2024）。因此，个体对人工智能的效用感知和威胁感知直接决定着个体对人工智能技术的接受程度。

此外，人工智能自我效能感也会影响人工智能接受度。人工智能自我效能感是指个体对自己能够成功使用人工智能技术的信心（Kim et al.,2024）。较高的自我效能感可以促进对人工智能技术的使用。以往研究发现，自我效能感更强的工人在面对组织中高强度工作压力时，其产生的工作不安全感较弱，随后的消极工作行为也显著减少（Kim et al.,2024）。高水平的人工智能自我效能有助于降低技术焦虑，增强技术采纳意愿（Wang & Wang,2022）。当员工认为人工智能能大大提高他们的工作效率时，其自我效能感会显著增强，他们更倾向于相信自己能够有效地与技术协同工作。基于此，本研究假设人工智能自我效能感在人工智能效用感知与人工智能接受度之间起中介作用。

随着研究的深入，越来越多的学者意识到，使用者本身的因素，如个体的心理特征、工作需求、知识经验等，都在很大程度上影响了人工智能技术的接受过程（Gursoy et al.,2019;Robinson et al.,2020;Stamate et al.,2021）。研究发现，受教育程度较高的个体往往具备更强的技术理解能力和批判性思维，他们在面对人工智能技术时更为谨慎（李森林等,2023）。用户在使用人工智能产品时，自身的技术水平能够影响最终的使用行为（Saihi et al.,2024）。同时，个体对人工智能的使用经验在一定程度上可以通过使用时长客观衡量。使用人工智能的时长越长，个体对人工智能技术的熟悉度往往越高，对技术的认识也会越充分，但个体的认识也同时受到其技术使用深度的影响。因此，本研究进一步假设，个体因素（如受教育程度、使用时长）在人工智能感知与人工智能接受度之间起调节作用。

1.4 本研究的框架和思路

基于以上研究背景和理论分析，本研究构建了产业工人的“效用与威胁感知驱动的人工智能接受模型”（图 4-1）。其中，人工智能接受度是模型的因变量，包括了人工智能工具接受度和人工智能同伴接受度。人工智能感知为模型的自变量，包括了人工

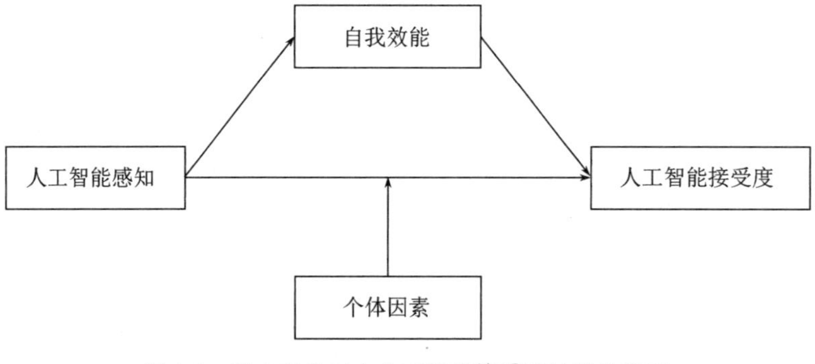

图 4-1 影响产业工人人工智能接受度的假设模型

智能效用感知和人工智能威胁感知。人工智能自我效能为模型的中介变量。人工智能使用经验相关的个体因素，例如人工智能使用时长、受教育程度作为模型的调节变量。此外，其他一些固有的个体因素，如性别、年龄等作为模型的控制变量。

1.5　研究目的与意义

随着人工智能技术的广泛应用，制造业和其他产业的工作方式正在经历深刻变革。作为直接面对新技术的群体，产业工人对人工智能的感知和接受成为影响人工智能技术有效应用的关键因素。因此，理解产业工人如何看待和使用人工智能，有助于优化企业的技术引入策略，提高生产效率，并促进人机协同工作模式的发展。过往研究主要关注人工智能对宏观经济和产业结构的影响，以及技术接受模型等理论框架在技术采纳中的应用。然而，关于产业工人这一特定群体对人工智能技术认知的研究仍相对有限。基于此，本研究旨在探讨产业工人对人工智能技术的认知现状，分析其影响因素，并提出相应的对策建议。本研究的主要目的包括以下两个方面：

（1）探究产业工人人工智能感知、接受和使用的群体差异。我们将考察人口学变量（如年龄、性别、受教育程度和主观社会阶层等）以及工作相关因素（如行业类型、月收入、专业技术等级等）如何影响工人对人工智能的感知、接受和使用，揭示不同群体在人工智能技术接受度上的差异。

（2）分析产业工人的人工智能接受及其机制。我们将考察工人对人工智能的感知，包括效用感知和威胁感知，并分析其对人工智能接受度的影响。

人工智能认知不仅关系到个体层面的技术适应性，还影响到更广泛的经济和社会结构。此外，对人工智能认知的深入研究能够揭示个体与技术之间的动态关系，从而为优化人机协作、提升技术应用效果提供理论支持（Lee,2018）。探索人工智能认知有助于理解和解决技术变革带来的社会与心理挑战，帮助工人更好地适应技术变革。除此之外，了解产业工人的人工智能认知，也能为企业推进人工智能技术的应用提供实践指导，促进人机协同，提高整体生产力，为推动新质生产力的发展提供理论支持和实践参考。本研究通过系统分析产业工人对人工智能的认知框架，结合人口学和工作因素，构建一个完整的人工智能技术接受模型，为推动人工智能技术在产业工人群体中的有效应用提供实证支持。

2　研究方法

2.1　调查对象

本研究采用中国人民大学心理学系“新时代产业工人社会心理调查”项目所收集的数据，整理和清洗人工智能认知相关数据后，获得有效样本 4421 份。

2.2 调查变量

本研究纳入了人口学变量以及工作相关变量，包括性别、年龄、户口状况、受教育程度、月收入水平、所在行业类型、每周工作天数、每天工作时长、是否加入工会、是否取得证书、最高专业技术等级、所在单位性质、工种和主观社会阶层。

本研究测量了人工智能认知的相关变量。研究首先呈现了一段指导语，介绍人工智能的定义和在生产实践中的应用："人工智能是一种由计算机或机器执行的，能够替代人类完成一些复杂或重复工作任务的技术。在生产中，人工智能有广泛的应用，比如智能分拣、数控机床的故障诊断、智能调度、自动质量检测、无人驾驶矿车、装配机器人等。"然后，测量了人工智能熟悉度、使用时长、人工智能感知、人工智能接受度和人工智能自我效能感。

2.2.1 人工智能熟悉度

询问"您对人工智能有多熟悉?"选项为"非常不熟悉、比较不熟悉、一般、比较熟悉、非常熟悉"。采用5点量尺，从"非常不熟悉"到"非常熟悉"分别计为1~5分。

2.2.2 人工智能使用时长

询问"您每天平均使用人工智能设备的时长______（以小时为单位）。"

2.2.3 人工智能感知量表的编制

（1）量表生成。

基于上述文献回顾和理论分析，本研究基于人工智能效用感知和人工智能威胁感知两个维度，设计了"产业工人人工智能感知量表"。在深入把握各维度内涵的基础上，基于国内外相关权威量表中的部分条目（Khasawneh, 2018; Schepman & Rodway, 2023）以及自编条目来构建量表，共包含13道题目。采用5点量尺，要求被试根据每个条目的表述与自己实际情况的符合程度给予评分，从"不同意"到"同意"分别计为1~5分。得分越高，说明个体越认可条目的描述，即感知到更高的效用或威胁。

（2）探索性因子分析。使用SPSS 26.0将4421名被试随机分成两组，其中第一组2210名被试，标记为样本A，第二组2211名被试，标记为样本B。样本A用于探索性因子分析，样本B用于验证性因素分析。首先，检验样本A是否适合作探索性因子分析：KMO值为0.873，高于经验标准值0.70，说明存在较多的共同因子；巴特利特球形检验达到显著性水平（$p<0.001$），表明数据相关矩阵间有共同因素存在。因此，样本A适合作因子分析。在进行因子分析适用性检验基础上，使用主成分分析法，抽取特征值大于1的因子，同时参考碎石图，并采取最大方差法旋转展开分析，共萃取出2个因子，总方差累计贡献率为58.51%。13个题项在对应维度上的因子载荷均大于0.50，所有题项在其他维度上的交叉载荷均较小（低于0.30的载荷未报告）。其中因子1包含8个题项，比如"人工智能对国家经济发展有利""人工智能会让人们感到更

加快乐”等，体现的是个体对于人工智能积极效用的感知，因此将其命名为“人工智能效用感知”；因子 2 共涉及 5 个题项，比如“人工智能是危险的”“我担心人工智能有一天会取代我的工作”等，体现的是个体对人工智能潜在威胁的感知，因此将其命名为“人工智能威胁感知”。人工智能感知量表题目内容如表 4-1 所示。

表 4-1　人工智能感知量表探索性因素分析结果

题目编号	因子 1	因子 2	题目内容
X_1	0.73		人工智能对国家经济发展有利。
X_2	0.77		人工智能会让人们感到更加快乐。
X_3	0.76		我对人工智能感兴趣。
X_4	0.81		人工智能可以让人们更幸福。
X_5	0.68		在许多常规工作中，人工智能会比人类做得更好。
X_6	0.75		人工智能可以用在很多地方。
X_7	0.78		人工智能会让大多数人的生活变得更好。
X_8	0.76		我希望工作中能使用人工智能。
X_9		0.79	人工智能可能会控制人类。
X_{10}		0.80	人工智能是危险的。
X_{11}		0.78	越来越多地使用人工智能会让我这样的人受罪。
X_{12}		0.68	我担心人工智能有一天会取代我的工作。
X_{13}		0.79	我担心人工智能会掌管世界。

（3）验证性因子分析。进一步对样本 B（$N=2211$）进行验证性因子分析。结果表明，量表结构效度良好，$\chi^2(64)=1224.67$，RMSEA = 0.09，CFI = 0.91，SRMR = 0.05。各项目标准化因素负荷值为 0.63~0.78。人工智能感知量表的两维度结构得到验证。

（4）量表信效度检验。总量表的 Cronbach' α 系数为 0.78，人工智能效用感知的 Cronbach' α 系数为 0.91，人工智能威胁感知的 Cronbach' α 系数为 0.80，产业工人人工智能感知量表的信度良好。在效标关联效度的检验中，以“您认为人类与人工智能的关系是一种工具关系（例如，人可以利用人工智能）”作为效标计算与人工智能效用感知的相关，结果发现二者存在显著正相关（$r=0.44$，$p<0.01$）。以“您认为人类与人工智能的关系是一种竞争关系（例如，人工智能会替代人类）”作为效标计算与人工智能威胁感知的相关，结果发现二者存在显著正相关（$r=0.37$，$p<0.01$）。同时，工具关系与人工智能威胁感知的相关性为负向且较弱（$r=-0.15$，$p=0.02$），竞争关系与人工智能效用感知的相关性负向且极低（$r=-0.02$，$p=0.31$），说明人工智能威胁感知和人工智能效用感知在这些效标变量下的效度表现有所差异。工具关系和竞争关系两个题项作为外部效标，验证了人工智能效用感知和人工智能威胁感知的效标关联效度。

2.2.4 人工智能接受度

本研究将人工智能接受度分为人工智能同伴接受度和人工智能工具接受度。

人工智能同伴接受度的量表基于 Huo 等人（2023）的量表设计。原量表评估了受访者在工作中与人工智能共事时可能产生的负面情绪，如愤怒和不悦。此量表包含三个项目，例如“如果让我与人工智能一起工作，可能会让我生气”。本量表使用 1～5 的评分量尺，对项目进行反向计分，得分越高表示将人工智能视为工作伙伴的接受程度越高，在本研究中的 Cronbach' α 系数为 0.74。

人工智能工具接受度的量表基于 Gansser 和 Reich（2021）研究中使用的量表改编形成。原量表用于衡量受访者在工作中主动使用和推荐人工智能设备的行为意愿。该量表包括三个项目，例如“如果工作的地方有人工智能设备，我愿意主动去用”，评估参与者是否愿意在工作场所主动使用、学习和推荐人工智能设备。该量表原先采用了 1～7 的评分量尺，得分越高表示将人工智能作为工具的接受度越强，在本研究中，为了与其他维度更好地比较，进行了量尺的转换，转换为 1～5 的评分量尺。本研究中该量表的 Cronbach' α 系数为 0.93。

2.2.5 人工智能自我效能感

人工智能自我效能感量表根据 Robinson 等人（2020）的机器人自我效能感量表设计，本研究将机器人修改为人工智能设备，用于评估受访者在使用和解决人工智能设备问题时的信心。该量表包含四个题项，使用 1～10 的评分量尺来测量参与者的自我效能感，得分越高表示自我效能感越强，例如“我能使用人工智能设备工作”。在本研究中的 Cronbach' α 系数为 0.91。

3 研究结果

3.1 产业工人人工智能认知的总体情况

3.1.1 产业工人对人工智能的熟悉度

研究发现，在 1～5 点量尺上，产业工人的平均得分为 2.94，对人工智能的熟悉度接近量尺中值。调查结果显示，44.00% 的工人（1946 人）表示对人工智能的熟悉程度“一般”；表示“非常不熟悉”的有 525 人，占 11.90%；“比较不熟悉”的有 722 人，占 16.30%；而仅有 27.80% 的工人表示对人工智能“比较熟悉”（959 人，占 21.70%）或“非常熟悉”（269 人，占 6.10%）。这表明，大多数工人对人工智能的认知处于初步阶段，存在较大的知识空白，人工智能技术的普及尚未充分渗透至工人群体，工人对人工智能技术的理解程度仍有提高的空间。因此，通过企业培训和政策支持来提高工人对人工智能的熟悉度，具有重要的现实意义。

3.1.2　产业工人对人工智能的感知

产业工人对人工智能的效用感知平均得分为3.94±0.78，显示出他们对人工智能技术的积极评价倾向较高，远高于5点量尺的中值。这与之前研究中发现工人对人工智能的看法较为积极的结论相一致（Liang et al.,2024）。相比之下，工人对人工智能威胁感知的得分较低，为2.67±0.96，接近量尺中值，表明虽然工人对人工智能技术持有一定的怀疑和消极评价倾向，但这种倾向并未成为主要的障碍。这些结果表明，虽然工人表现出对人工智能技术效用的肯定，但也感受到了人工智能带来的威胁。因此，企业和政府应重点缓解工人的焦虑情绪，减轻其对技术的担忧和怀疑，以促进技术的顺利应用。

3.1.3　产业工人对人工智能的接受与使用

产业工人的平均人工智能使用时长为每天1.98±2.74小时，显示出人工智能在日常工作中的应用时间仍有提高空间，并且不同企业的差异较大。人工智能同伴接受度的得分略高于5点量尺的中值，平均为3.07±0.99。人工智能工具接受度的得分较高，平均为3.76±1.10，远高于5点量尺的中值。这一结果显示，虽然实际使用时长较短，工人将人工智能视为工作伙伴的意愿仍有待提高，但工人愿意接受在工作场所将人工智能作为工具使用。

总体来看，尽管工人有较强的意愿使用人工智能，但其实际使用时长较短，可能表明工人在深度应用人工智能技术上仍有壁垒，或受制于工作任务和工作环境等因素没有条件接触人工智能。因此，提高人工智能技术的实际应用和培训深度是未来工作的重点。

3.2　产业工人人工智能认知的群体差异分析

3.2.1　人工智能熟悉度的群体差异

（1）年龄差异：呈倒U型分布。不同年龄产业工人的人工智能熟悉度（$F(7, 4398)=61.31$, $p<0.001$, $\eta_p^2=0.089$）存在显著差异，整体结果呈倒U型分布模式（表4-2），25~29岁的产业工人人工智能熟悉度（$M=3.35$）最高。这一现象的出现可能由于，一方面，过于年轻、刚刚参加工作的产业工人可能对新技术的接触尚浅；另一方面，整体而言，年轻群体更频繁接触到新兴技术，而年长工人可能由于长期的传统工作方式和较少接触新技术，对人工智能的了解较为有限。

表4-2　人工智能熟悉度的人口统计学差异

人口统计学变量		n	M±SD	t/F	Cohen's d/η_p^2
性别	男性	2885	2.94±1.03	0.38	<0.001
	女性	1536	2.92±1.08		

（续表）

人口统计学变量		n	$M±SD$	t/F	Cohen's d/η_p^2
年龄	18～24 岁	256	3.05±0.93	61.31***	0.089
	25～29 岁	688	3.35±0.94		
	30～34 岁	695	3.18±1.02		
	35～39 岁	879	3.07±1.02		
	40～44 岁	574	2.86±1.01		
	45～49 岁	499	2.66±1.02		
	50～54 岁	432	2.55±1.02		
	55 岁及以上	383	2.33±1.02		
户口状况	城镇	1827	3.05±1.00	-35.63***	0.008
	农村	2558	2.86±1.07		
受教育程度	小学及以下	209	2.47±1.37	40.95***	0.036
	初中	1307	2.73±1.12		
	高中	1207	3.03±1.03		
	大专	935	2.99±0.92		
	本科及以上	754	3.22±0.87		
职业证书	取得证书	2303	3.09±0.99	97.82***	0.022
	未取得证书	2100	2.78±1.08		
专业技术等级	无技术等级	2028	2.79±1.09	31.58***	0.021
	初级	1103	3.12±1.02		
	中级	725	2.94±0.94		
	高级及以上	538	3.13±0.97		
行业类型	采矿业	175	2.66±1.04	21.01***	0.023
	制造业	2229	3.06±1.02		
	建筑业	569	2.66±1.11		
	能源行业	248	3.12±1.07		
	化工行业	426	2.94±1.02		
	其他行业	774	2.80±1.03		
单位性质	中央企业/国有企业	1302	3.08±0.95	22.08***	0.025
	集体企业	225	3.14±1.17		
	民营企业	2227	2.87±1.07		
	外资企业	86	2.97±0.91		
	合资企业	193	3.28±0.95		
	其他	367	2.58±1.09		

（续表）

人口统计学变量		n	$M±SD$	t/F	Cohen's d/η_p^2
工种	劳务工	1106	2.51±1.09	254.85***	-0.055
	合同工/正式工	3301	3.08±0.99		
月收入	2000元以下	120	2.09±1.09	33.39***	0.064
	2000~2999元	255	2.45±1.04		
	3000~3999元	564	2.58±1.05		
	4000~4999元	836	2.91±1.09		
	5000~5999元	1184	3.12±1.03		
	6000~6999元	561	3.20±0.93		
	7000~7999元	417	3.03±0.93		
	8000~8999元	189	3.09±0.94		
	9000~10000元	160	3.02±0.91		
	10000元以上	135	2.98±0.92		
工会会员	加入工会	1961	3.14±0.99	136.72***	0.030
	未加入工会	2450	2.78±1.06		

注：* 表示 $p<0.05$，** 表示 $p<0.01$，*** 表示 $p<0.001$，下同。

（2）受教育程度差异：个体受教育程度越高，对人工智能的熟悉度越高。受教育程度对人工智能熟悉度（$F(4, 4407)=40.95$，$p<0.001$，$\eta_p^2=0.036$）的影响显著。具体而言，受教育程度越高的个体对人工智能的熟悉度越高，但是大专生相比高中生的熟悉度更低（图4-2）。

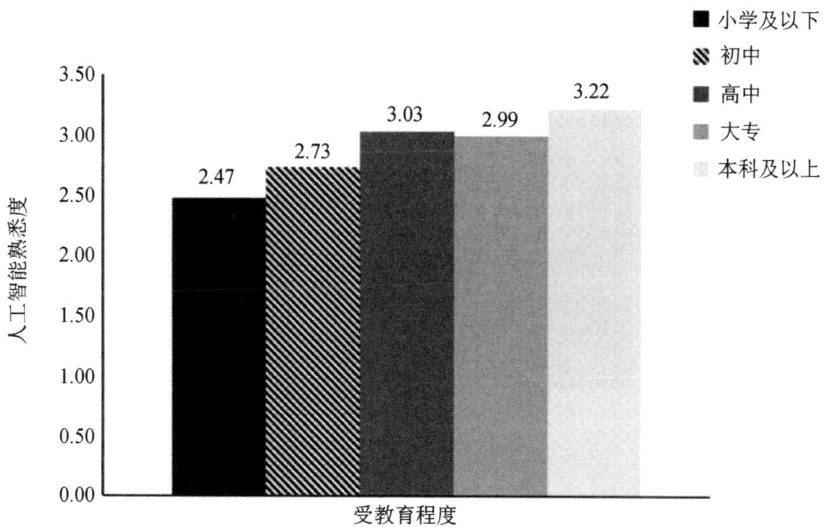

图4-2　不同受教育程度产业工人对人工智能的熟悉度

（3）月收入水平：月收入 6000~6999 元的个体的人工智能熟悉度最高。个人月收入对人工智能熟悉度（$F(9,4411)=33.39$，$p<0.001$，$\eta_p^2=0.064$）的影响显著。具体而言，月收入 2000 元以下的产业工人对人工智能的熟悉度最低，月收入 6000~6999 元的工人熟悉度最高（图 4-3）。

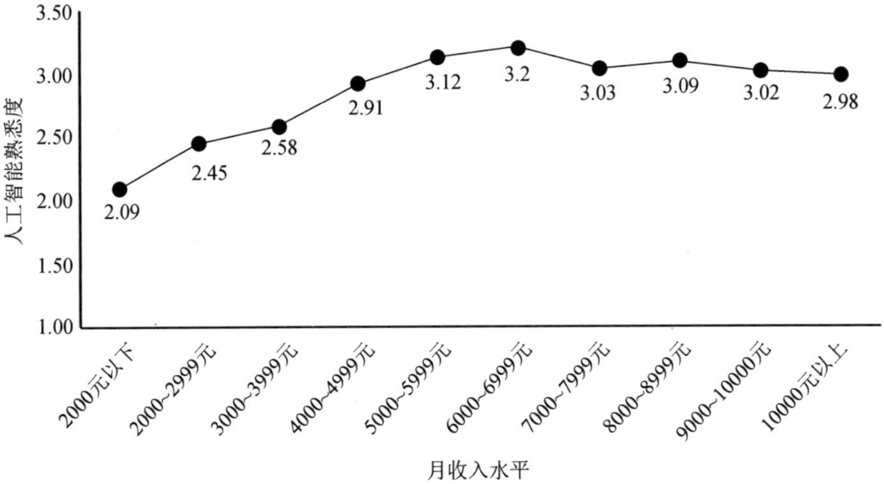

图 4-3　不同月收入水平产业工人对人工智能的熟悉度

（4）专业技术等级差异：专业技术等级较高的个体对人工智能的熟悉度更高。专业技术等级对人工智能熟悉度（$F(3,4390)=31.58$，$p<0.001$，$\eta_p^2=0.021$）的影响显著。具体而言，专业技术等级较高，个体对人工智能的熟悉度越高，但是中级出现了下降（图 4-4）。

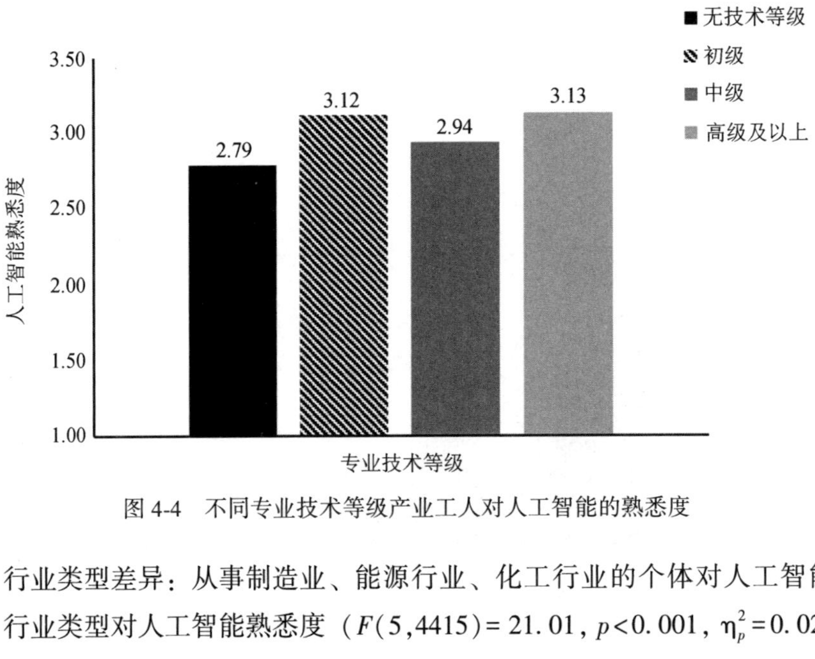

图 4-4　不同专业技术等级产业工人对人工智能的熟悉度

（5）行业类型差异：从事制造业、能源行业、化工行业的个体对人工智能的熟悉度更高。行业类型对人工智能熟悉度（$F(5,4415)=21.01$，$p<0.001$，$\eta_p^2=0.023$）的影

响显著。具体而言，从事制造业、能源行业、化工行业的个体对人工智能的熟悉度较高，从事采矿业和建筑业的个体对人工智能的熟悉度较低（图 4-5）。

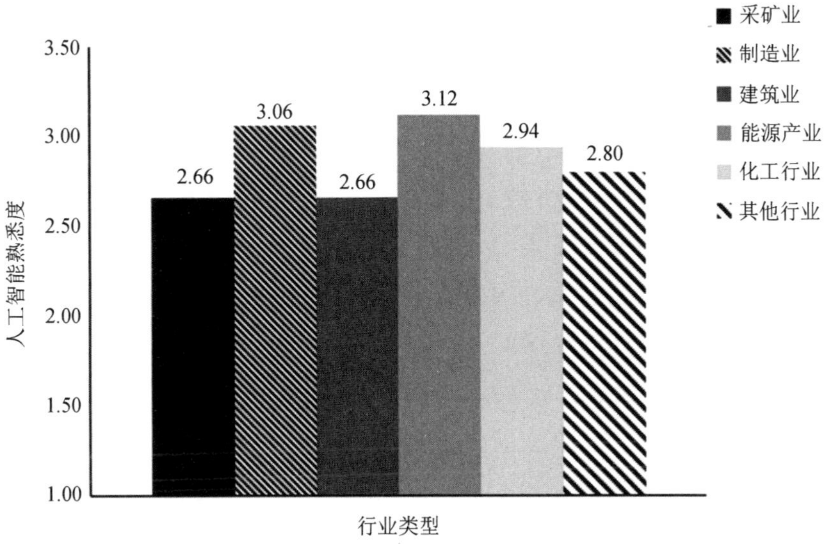

图 4-5　不同行业类型产业工人对人工智能的熟悉度

（6）单位性质差异：合资企业产业工人的熟悉度最高。单位性质对人工智能熟悉度（$F(5,4388)=22.08$，$p<0.001$，$\eta_p^2=0.025$）的影响显著，中央企业/国有企业、集体企业和合资企业产业工人对人工智能的熟悉度都较高（图 4-6）。

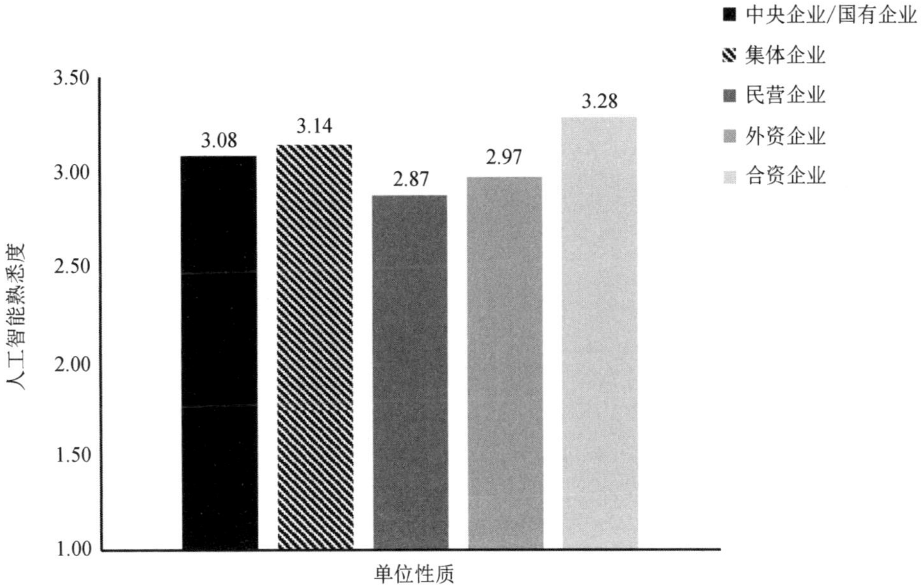

图 4-6　不同单位产业工人对人工智能的熟悉度

（7）主观社会阶层差异：主观社会阶层较高的个体对人工智能的熟悉度更高。在对人工智能的了解方面，主观社会阶层与人工智能熟悉度呈显著正相关（$r=0.16$，$p<0.001$），说明主观社会阶层较高的个体对人工智能的熟悉度更高。

（8）其他变量：在熟悉度的得分上，城镇户口的产业工人显著高于农村户口（$F(7,4383)=-35.63$，$p<0.001$，$\eta_p^2=0.008$）；取得职业证书的工人显著高于没有取得证书的（$F(7,4401)=97.82$，$p<0.001$，$\eta_p^2=0.022$）；合同工/正式工显著高于劳务工（$F(7,4405)=254.85$，$p<0.001$，$\eta_p^2=0.055$）；加入工会的产业工人显著高于未加入工会的产业工人（$F(7,4409)=136.72$，$p<0.001$，$\eta_p^2=0.030$）。

3.2.2 人工智能感知的群体差异

（1）年龄差异：表现为U型和倒U型分布模式。年龄对人工智能效用感知（$F(7,4398)=11.32$，$p<0.001$，$\eta_p^2=0.018$）和人工智能威胁感知（$F(7,4398)=11.10$，$p<0.001$，$\eta_p^2=0.017$）的影响显著（表4-3、表4-4）。具体而言，人工智能效用感知呈倒U型分布模式（图4-7），25~29岁的产业工人的效用感知打分最高（$M=4.08$）；人工智能威胁感知呈U型分布模式，30~34岁的产业工人人工智能威胁感知打分最低（$M=2.52$）。

表4-3 人工智能效用感知的人口统计学差异

人口统计学变量		n	$M±SD$	t/F	Cohen's d / η_p^2
性别	男性	2885	3.95±0.79	2.98	0.001
	女性	1536	3.91±0.76		
年龄	18~24岁	256	3.87±0.77	11.32***	0.018
	25~29岁	688	4.08±0.68		
	30~34岁	695	3.87±1.04		
	35~39岁	879	3.93±1.02		
	40~44岁	574	3.77±1.06		
	45~49岁	499	3.68±1.16		
	50~54岁	432	3.63±1.16		
	55岁及以上	383	3.58±1.20		
户口状况	城镇	1827	3.95±0.78	0.38	<0.001
	农村	2558	3.94±0.77		
受教育程度	小学及以下	209	3.82±0.73	11.46***	0.010
	初中	1307	3.86±0.83		
	高中	1207	4.02±0.76		
	大专	935	3.9±0.78		
	本科及以上	754	4.04±0.70		

（续表）

人口统计学变量		n	$M \pm SD$	t/F	Cohen's d / η_p^2
职业证书	取得证书	2303	4.00±0.76	20.51***	0.008
	未取得证书	2100	3.87±0.79		
专业技术等级	无技术等级	2028	3.87±0.78	11.96***	0.008
	初级	1103	4.01±0.77		
	中级	725	3.95±0.81		
	高级及以上	538	4.04±0.74		
行业类型	采矿业	175	3.74±0.89	28.21***	0.016
	制造业	2229	4.02±0.69		
	建筑业	569	3.65±0.77		
	能源行业	248	4.12±0.75		
	化工行业	426	3.99±0.85		
	其他行业	774	3.88±0.89		
单位性质	中央企业/国有企业	1302	4.05±0.73	14.45***	0.017
	集体企业	225	3.81±0.91		
	民营企业	2227	3.91±0.74		
	外资企业	86	4.01±0.74		
	合资企业	193	4.09±0.68		
	其他	367	3.71±1.02		
工种	劳务工	1106	3.79±0.82	55.52***	-0.012
	合同工/正式工	3301	3.99±0.76		
月收入	2000元以下	120	3.54±0.87	16.57***	0.033
	2000~2999元	255	3.62±0.89		
	3000~3999元	564	3.76±0.86		
	4000~4999元	836	3.97±0.79		
	5000~5999元	1184	3.98±0.74		
	6000~6999元	561	4.10±0.68		
	7000~7999元	417	3.98±0.69		
	8000~8999元	189	4.00±0.78		
	9000~10000元	160	4.00±0.73		
	10000元以上	135	4.12±0.73		
工会会员	加入工会	1961	4.03±0.76	49.18***	0.011
	未加入工会	2450	3.87±0.79		

表 4-4 人工智能威胁感知的人口统计学差异

人口统计学变量		n	$M\pm SD$	t/F	Cohen's d / η_p^2
性别	男性	2885	2. 64±0. 98	2. 13	<0. 001
	女性	1536	2. 68±0. 91		
年龄	18~24 岁	256	2. 99±1. 04	11. 10***	0. 017
	25~29 岁	688	2. 55±0. 90		
	30~34 岁	695	2. 52±0. 88		
	35~39 岁	879	2. 57±0. 90		
	40~44 岁	574	2. 7±0. 95		
	45~49 岁	499	2. 75±0. 99		
	50~54 岁	432	2. 77±1. 00		
	55 岁及以上	383	2. 75±1. 08		
户口状况	城镇	1827	2. 71±0. 98	8. 21***	0. 002
	农村	2558	2. 62±0. 93		
受教育程度	小学及以下	209	2. 63±0. 85	1. 17	0. 001
	初中	1307	2. 65±0. 91		
	高中	1207	2. 62±0. 94		
	大专	935	2. 7±1. 00		
	本科及以上	754	2. 69±1. 03		
职业证书	取得证书	2303	2. 63±0. 97	4. 14*	0. 001
	未取得证书	2100	2. 68±0. 94		
专业技术等级	无技术等级	2028	2. 69±0. 95	6. 72***	0. 008
	初级	1103	2. 55±0. 96		
	中级	1263	2. 67±0. 98		
	高级及以上		2. 74±0. 94		
行业类型	采矿业	175	2. 87±0. 98	25. 12***	0. 028
	制造业	2229	2. 56±0. 9		
	建筑业	569	2. 62±0. 87		
	能源行业	248	2. 5±1. 05		
	化工行业	426	2. 62±1. 00		
	其他行业	774	2. 97±1. 04		
单位性质	中央企业/国有企业	1302	2. 72±0. 98	25. 32***	0. 028
	集体企业	225	2. 8±0. 97		
	民营企业	2227	2. 55±0. 9		
	外资企业	86	2. 59±0. 93		
	合资企业	193	2. 54±0. 95		
	其他	367	3. 1±1. 07		

（续表）

人口统计学变量		n	M±SD	t/F	Cohen's d / η_p^2
工种	劳务工	1106	2.77±0.92	21.82***	−0.005
	合同工/正式工	3301	2.61±0.97		
月收入	2000 元以下	120	3.03±0.91	7.62***	0.015
	2000~2999 元	255	2.77±0.99		
	3000~3999 元	564	2.81±1.04		
	4000~4999 元	836	2.56±0.9		
	5000~5999 元	1184	2.56±0.89		
	6000~6999 元	561	2.58±0.89		
	7000~7999 元	417	2.74±1.05		
	8000~8999 元	189	2.72±0.97		
	9000~10000 元	160	2.7±1.05		
	10000 元以上	135	2.79±1.06		
工会会员	加入工会	1961	2.65±0.98	0.042	<0.001
	未加入工会	2450	2.66±0.94		

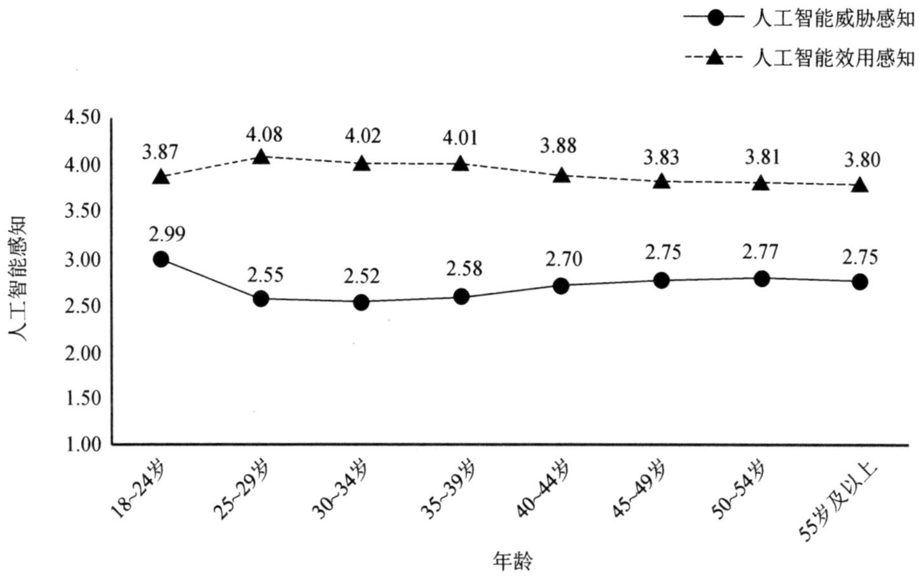

图 4-7　不同年龄产业工人的人工智能感知得分情况

（2）受教育程度：受教育程度较高的个体效用感知得分更高，大专生的效用感知有所下滑。受教育程度对人工智能效用感知（$F(4,4407)=11.46$，$p<0.001$，$\eta_p^2=0.010$）的影响显著，对威胁感知的影响不显著。具体而言，受教育程度较高的个体人工智能的效用感知得分更高，但是大专生的效用感知相比于高中生有所下滑（图 4-8）。

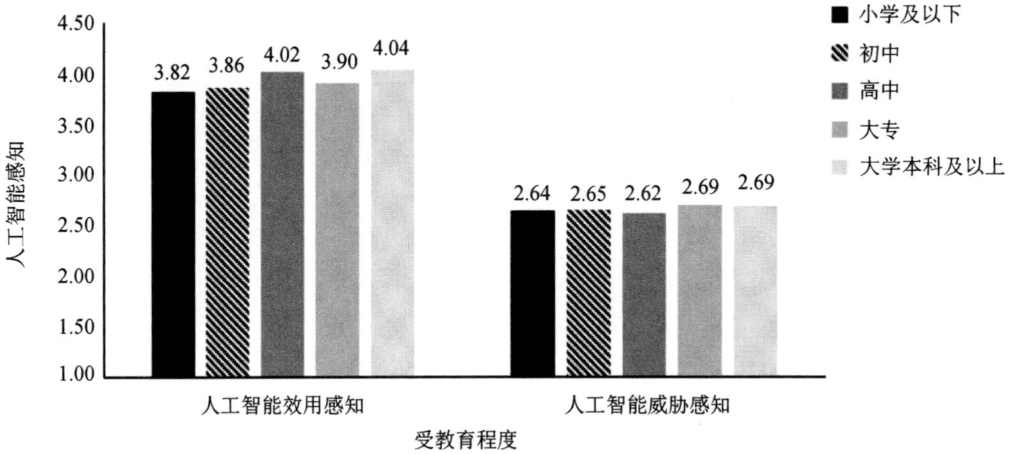

图 4-8　不同受教育程度产业工人的人工智能感知得分情况

（3）月收入水平：中高收入的个体效用感知更高，中等收入的个体威胁感知较轻微。个人月收入对人工智能效用感知（$F(9,4411)=16.57$，$p<0.001$，$\eta_p^2=0.033$）和人工智能威胁感知（$F(9,4411)=7.62$，$p<0.001$，$\eta_p^2=0.015$）的影响显著。具体而言，个人月收入较高的个体（月收入超过 4000 元）对人工智能的效用感知更高，而在威胁感知上则呈现 U 型趋势，即中等收入的个体（月收入 4000~6999 元）的人工智能威胁感知较轻微（图 4-9）。

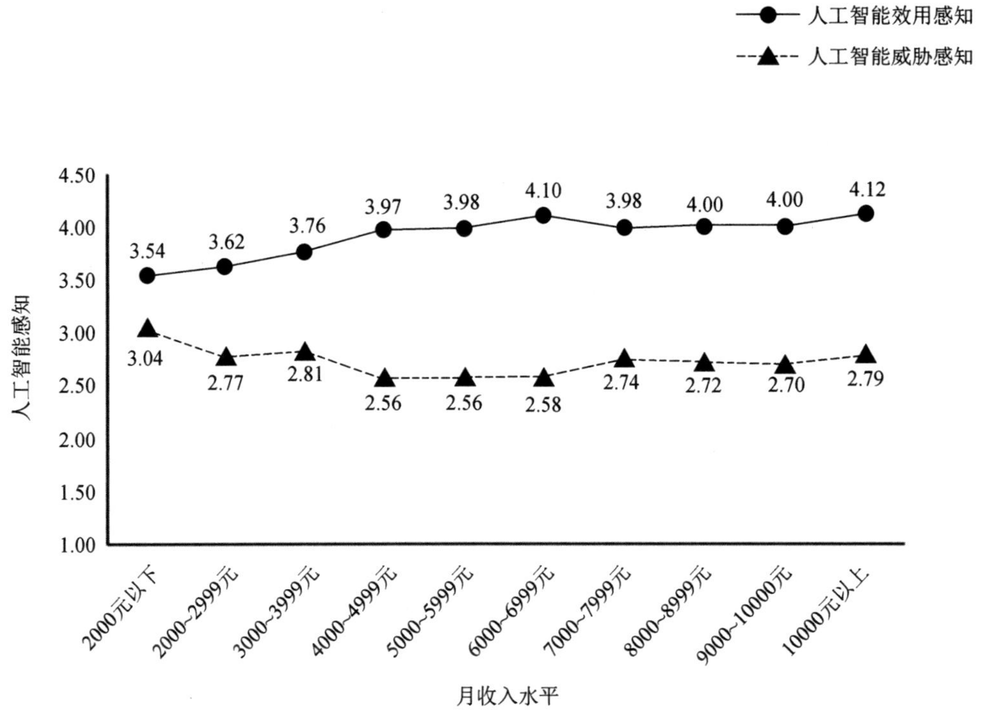

图 4-9　不同月收入水平产业工人对人工智能感知得分情况

（4）行业类型差异：制造业和能源行业效用感知较高，而威胁感知较低。行业类别对人工智能效用感知（$F(5,4415)=28.21$，$p<0.001$，$\eta_p^2=0.016$）和人工智能威胁感知（$F(5,4415)=25.12$，$p<0.001$，$\eta_p^2=0.028$）的影响显著。具体而言，在效用感知上，从事制造业和能源行业的产业工人得分较高（图 4-10）；在威胁感知上，采矿业和其他行业的产业工人威胁感知最强，而制造业和能源行业的产业工人威胁感知最低。

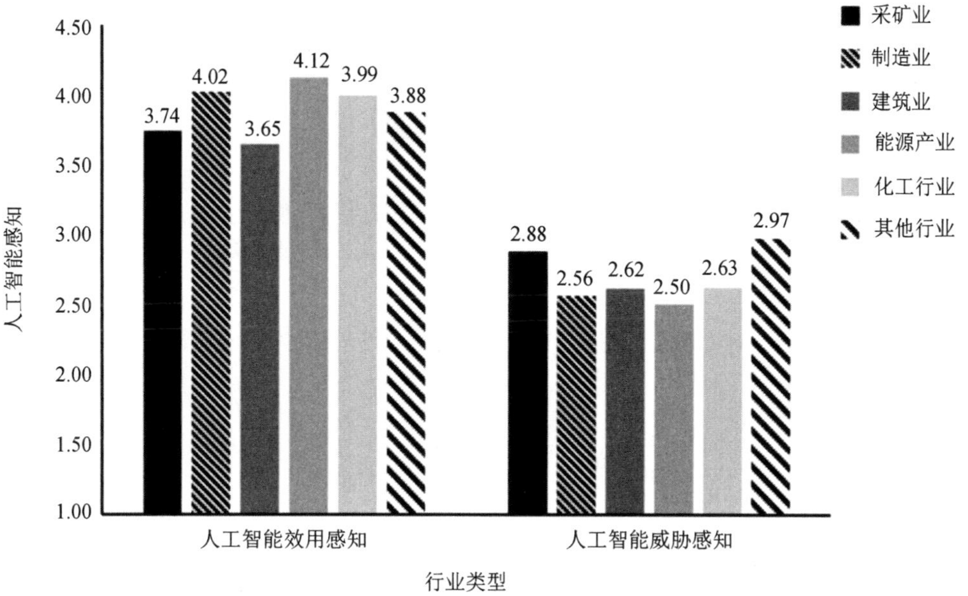

图 4-10　不同行业类型产业工人的人工智能感知得分情况

（5）专业技术等级差异：专业技术等级居中（初级）的个体人工智能威胁感知最低。专业技术等级对人工智能效用感知（$F(3,4390)=11.96$，$p<0.001$，$\eta_p^2=0.008$）和人工智能威胁感知（$F(3,4390)=6.72$，$p<0.001$，$\eta_p^2=0.005$）的影响显著。具体而言，在效用感知上，专业技术等级较高的个体对人工智能有着更高的效用感知，但是中级发生了下降（图 4-11）。在威胁感知上，得分呈现 U 型模式，专业技术等级为初级的个体人工智能威胁感知最低。

（6）单位性质差异：合资企业员工对人工智能的效用感知最高，威胁感知最低。单位性质对人工智能效用感知（$F(5,4388)=14.45$，$p<0.001$，$\eta_p^2=0.017$）和人工智能威胁感知（$F(5,4388)=25.32$，$p<0.001$，$\eta_p^2=0.028$）的影响显著。具体而言，合资企业产业工人对人工智能的效用感知更高，威胁感知更低（图 4-12）。

（7）主观社会阶层差异：主观社会阶层较高的个体对人工智能持更积极的效用感知，而威胁感知程度更低。主观社会阶层与人工智能效用感知（$r=0.10$，$p<0.001$）和人工智能威胁感知（$r=-0.11$，$p<0.001$）呈显著相关。具体而言，主观社会阶层较高的个体对人工智能持更积极的效用感知，并且人工智能威胁感知程度更低。

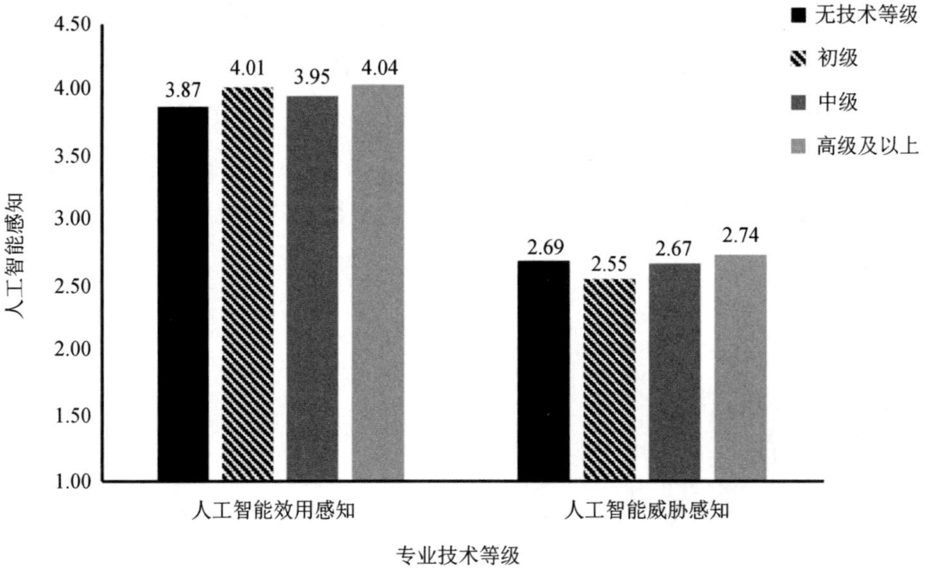

图 4-11　不同专业技术等级产业工人的人工智能感知得分情况

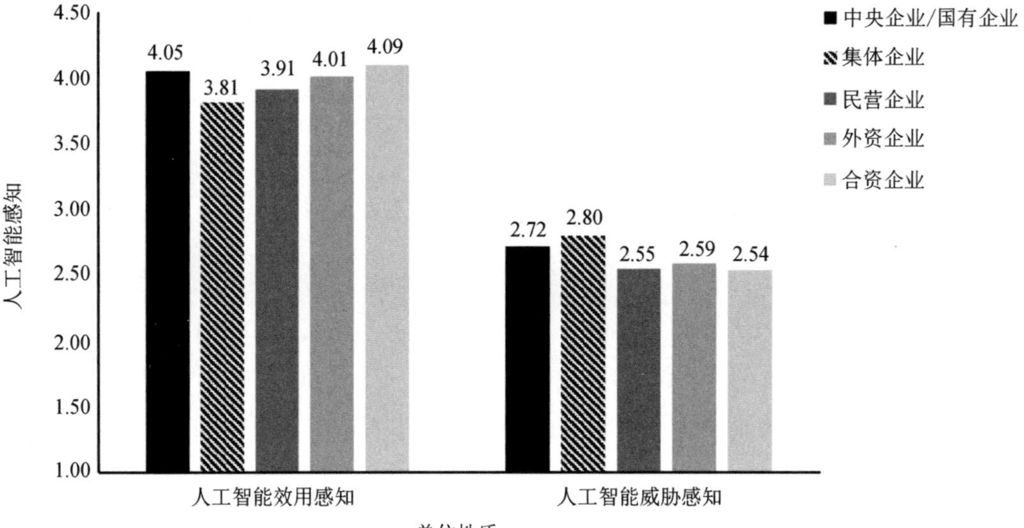

图 4-12　不同单位产业工人的人工智能感知得分情况

（8）其他变量：在人工智能效用感知上，取得证书的产业工人得分显著高于没有取得证书的工人（$F(7,4401)=20.51$，$p<0.001$，$\eta_p^2=0.008$）；合同工/正式工显著高于劳务工（$F(7,4405)=55.52$，$p<0.001$，$\eta_p^2=0.012$）；加入工会的产业工人显著高于未加入工会的产业工人（$F(7,4409)=49.18$，$p<0.001$，$\eta_p^2=0.011$）。在人工智能威胁感知上，城镇户口的工人显著高于农村户口（$F(7,4383)=8.21$，$p<0.001$，$\eta_p^2=0.002$）；取得证书的工人显著高于没有取得证书的（$F(7,4401)=4.14$，$p<0.001$，$\eta_p^2=0.001$）；

合同工/正式工显著高于劳务工（$F(7,4405)=21.82$，$p<0.001$，$\eta_p^2=0.005$）。

3.2.3 人工智能接受与使用的群体差异

（1）性别差异：女性的人工智能使用时长更长且对人工智能同伴接受度更高（表4-5），而男性的人工智能工具接受度更高（表4-6）。性别对人工智能的使用时长（$F(1,4420)=5.82$，$p=0.016$，$\eta_p^2=0.001$）、人工智能同伴接受度（$F(1,4420)=15.25$，$p=0.001$，$\eta_p^2=0.003$）和人工智能工具接受度（$F(1,4420)=5.71$，$p=0.017$，$\eta_p^2=0.001$）的影响显著。具体而言，女性的人工智能使用时长更长，人工智能同伴接受度更高，人工智能工具接受度更低。

表 4-5　人工智能同伴接受度的人口统计学差异

人口统计学变量		n	$M\pm SD$	t/F	Cohen's d /η_p^2
性别	男性	2885	3.03±0.98	15.25***	0.003
	女性	1536	3.15±1.02		
年龄	18~24岁	256	2.79±0.91	11.31***	0.018
	25~29岁	688	3.37±1.05		
	30~34岁	695	3.30±0.99		
	35~39岁	879	3.19±1.03		
	40~44岁	574	3.00±0.94		
	45~49岁	499	2.86±0.92		
	50~54岁	432	2.82±0.85		
	55岁及以上	383	2.73±0.90		
户口状况	城镇	1827	3.06±0.98	0.38	<0.001
	农村	2558	3.08±1.00		
受教育程度	小学及以下	209	3.01±0.87	20.09***	0.018
	初中	1307	3.16±1.05		
	高中	1207	3.22±1.07		
	大专	935	2.91±0.89		
	本科及以上	754	2.92±0.87		
职业证书	取得证书	2303	3.12±0.98	7.89***	0.002
	未取得证书	2100	3.03±1.01		
专业技术等级	无技术等级	2028	2.98±1.01	17.34***	0.012
	初级	1103	2.75±1.02		
	中级	725	3.04±0.88		
	高级及以上	538	2.93±1.00		

（续表）

人口统计学变量		n	$M±SD$	t/F	Cohen's d / η_p^2
	采矿业	175	2. 87±0. 90		
	制造业	2229	3. 16±1. 02		
行业类型	建筑业	569	3. 00±0. 82	25. 28***	0. 030
	能源行业	248	3. 25±1. 02		
	化工行业	426	3. 16±1. 06		
	其他行业	774	2. 84±0. 96	16. 29***	0. 018
	中央企业/国有企业	1302	2. 99±0. 95		
	集体企业	225	2. 7±1. 08		
单位性质	民营企业	2227	2. 9±0. 99	5. 51***	0. 006
	外资企业	86	2. 94±0. 84		
	合资企业	193	2. 64±1. 04		
	其他	367	3. 12±1. 06		
工种	劳务工	1106	2. 97±1. 00	17. 10***	0. 004
	合同工/正式工	3301	3. 11±0. 99		
	2000 元以下	120	2. 88±0. 96		
	2000~2999 元	255	2. 90±0. 91		
	3000~3999 元	564	2. 83±0. 94		
	4000~4999 元	836	3. 11±1. 00		
月收入	5000~5999 元	1184	3. 32±1. 02	22. 12***	0. 041
	6000~6999 元	561	3. 23±1. 04		
	7000~7999 元	417	2. 89±0. 86		
	8000~8999 元	189	2. 87±0. 89		
	9000~10000 元	160	2. 76±0. 89		
	10000 元以上	135	2. 79±0. 92		
工会会员	加入工会	1961	3. 13±0. 99	12. 81***	0. 003
	未加入工会	2450	3. 03±0. 99		

表 4-6　人工智能工具接受度的人口统计学差异

人口统计学变量		n	$M±SD$	t/F	Cohen's d / η_p^2
性别	男性	2885	3. 79±1. 56	5. 71***	0. 001
	女性	1536	3. 71±1. 52		

（续表）

人口统计学变量		*n*	*M*±*SD*	*t*/*F*	Cohen's *d* /η_p^2
年龄	18～24 岁	256	3.73±1.47	34.38***	0.052
	25～29 岁	688	4.00±1.26		
	30～34 岁	695	3.83±1.5		
	35～39 岁	879	3.86±1.45		
	40～44 岁	574	3.75±1.61		
	45～49 岁	499	3.55±1.71		
	50～54 岁	432	3.62±1.67		
	55 岁及以上	383	3.45±1.73		
户口状况	城镇	1827	3.88±1.45	25.10***	−0.006
	农村	2558	3.68±1.60		
受教育程度	小学及以下	209	3.23±1.78	42.30***	0.037
	初中	1307	3.53±1.64		
	高中	1207	3.87±1.48		
	大专	935	3.87±1.46		
	本科及以上	754	4.01±1.35		
职业证书	取得证书	2303	3.90±1.43	80.15***	0.018
	未取得证书	2100	3.61±1.64		
专业技术等级	无技术等级	2028	3.62±1.16	22.17***	0.015
	初级	1103	3.83±1.06		
	中级	725	3.87±1.08		
	高级及以上	538	3.99±0.95		
行业类型	采矿业	175	3.62±1.82		
	制造业	2229	3.82±1.43	25.12***	0.028
	建筑业	569	3.38±1.53		
	能源行业	248	3.86±1.70		
	化工行业	426	3.88±1.52	17.07***	0.019
	其他行业	774	3.81±1.68		
单位性质	中央企业/国有企业	1302	4.00±1.01	25.26***	0.028
	集体企业	225	3.60±1.15		
	民营企业	2227	3.63±1.12		
	外资企业	86	3.96±0.91		
	合资企业	193	4.06±0.86		
	其他	367	3.60±1.23		
工种	劳务工	1106	3.44±1.78	125.33***	0.028
	合同工/正式工	3301	3.87±1.43		

（续表）

人口统计学变量		n	$M±SD$	t/F	Cohen's d /η_p^2
月收入	2000 元以下	120	2. 97±2. 10	21. 46***	0. 042
	2000~2999 元	255	3. 21±1. 88		
	3000~3999 元	564	3. 56±1. 72		
	4000~4999 元	836	3. 81±1. 50		
	5000~5999 元	1184	3. 80±1. 43		
	6000~6999 元	561	3. 97±1. 26		
	7000~7999 元	417	3. 88±1. 49		
	8000~8999 元	189	3. 99±1. 37		
	9000~10000 元	160	3. 89±1. 43		
	10000 元以上	135	3. 96±1. 46		
工会会员	加入工会	1961	3. 96±1. 39	118. 29***	0. 026
	未加入工会	2450	3. 60±1. 63		

（2）年龄差异：青年群体接受度更高，使用行为更多。年龄对人工智能使用时长（$F(7,4398)=4.66$，$p<0.001$，$\eta_p^2=0.007$）、人工智能同伴接受度（$F(7,4398)=34.38$，$p<0.001$，$\eta_p^2=0.052$）和人工智能工具接受度（$F(7,4398)=11.31$，$p<0.001$，$\eta_p^2=0.018$）的影响显著。具体而言，年轻个体使用人工智能的时长较长，而随着年龄增加，人工智能使用表现出减少的趋势（图 4-13）。人工智能同伴接受度呈现倒 U 型分布，25~29 岁的产业工人得分最高（$M=3.37$；图 4-14）。人工智能工具接受度呈现倒 U 型分布，25~29 岁的产业工人工具接受度最高（$M=4.00$）。

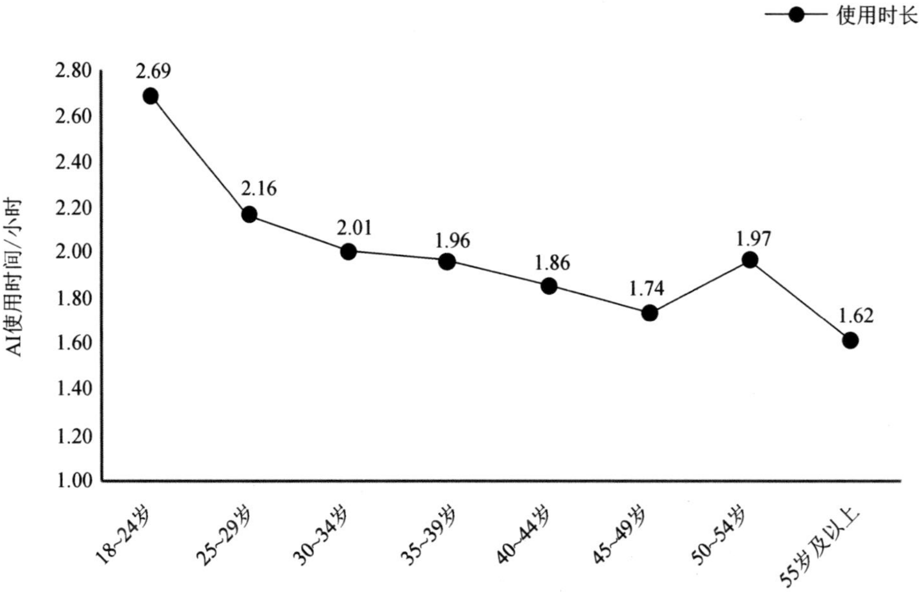

图 4-13　不同年龄产业工人的人工智能使用时长情况

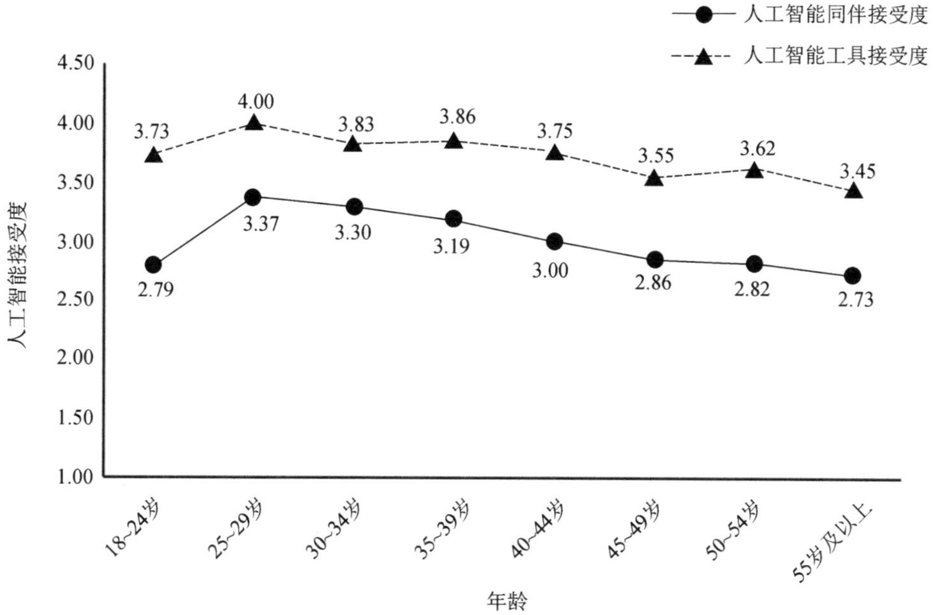

图 4-14　不同年龄产业工人的人工智能接受度得分情况

（3）受教育程度：受教育程度越高的个体，人工智能使用时长越长，工具接受度越高。在人工智能接受和使用方面，受教育程度对人工智能使用时长（$F(4,4407)=5.36$，$p<0.001$，$\eta_p^2=0.005$）、人工智能同伴接受度（$F(4,4407)=20.09$，$p<0.001$，$\eta_p^2=0.018$）和人工智能工具接受度（$F(4,4407)=42.30$，$p<0.001$，$\eta_p^2=0.037$）的影响均显著。具体而言，受教育程度越高的个体，人工智能使用时长越长（图 4-15），人工智能工具接受度也更高（图 4-16），而人工智能同伴接受度呈现 U 型模式，受教育程度为高中的产业工人同伴接受度得分最高（$M=3.22$）。

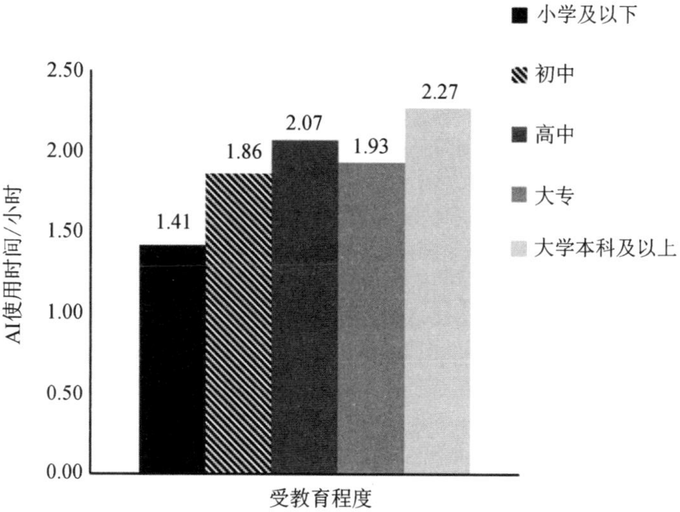

图 4-15　不同受教育程度产业工人的人工智能使用时长情况

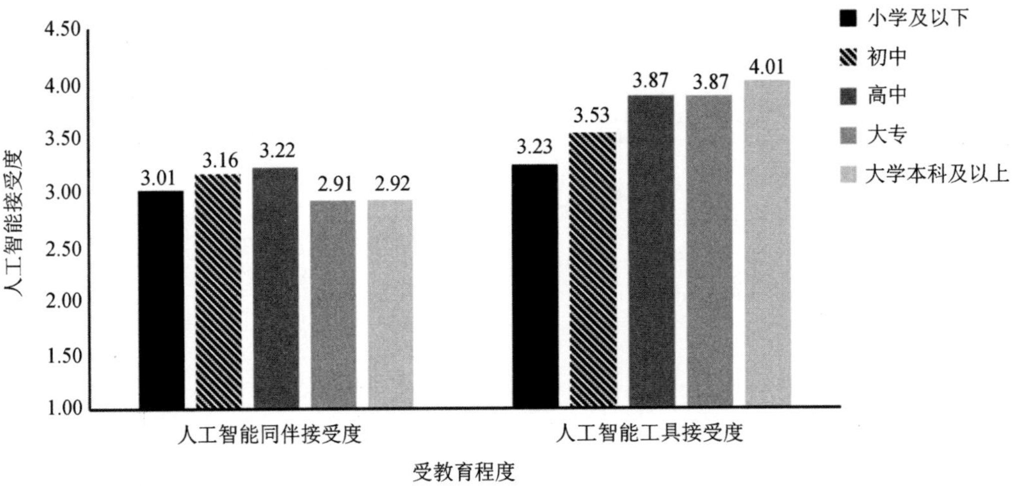

图 4-16 不同受教育程度产业工人的人工智能接受度得分情况

（4）月收入水平差异：呈现倒 U 型模式。个人月收入对人工智能使用时长（$F(9,4411)=6.58$，$p<0.001$，$\eta_p^2=0.013$）、人工智能同伴接受度（$F(9,4411)=21.12$，$p<0.001$，$\eta_p^2=0.041$）和人工智能工具接受度（$F(9,4411)=21.46$，$p<0.001$，$\eta_p^2=0.042$）的影响显著。具体而言，个人月收入较高的个体（月收入超过 4000 元）人工智能使用时长较长，但月收入超过 10000 元时，人工智能的使用时长有所下降（图 4-17）。人工智能同伴接受度呈倒 U 型趋势，月收入水平为 5000~5999 元的产业工人得分最高（$M=3.32$）。人工智能工具接受度大致呈线性趋势，月收入水平越高，工具接受度越高（图 4-18）。

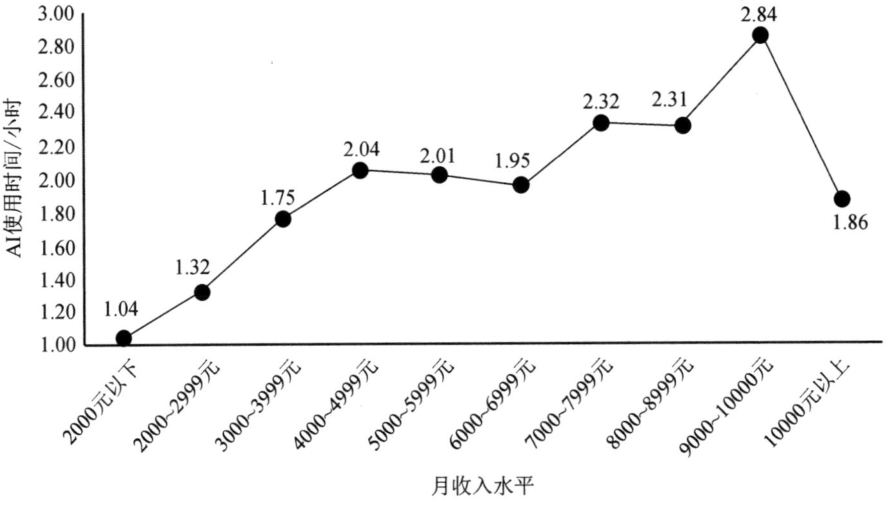

图 4-17 不同月收入水平产业工人的人工智能使用时长情况

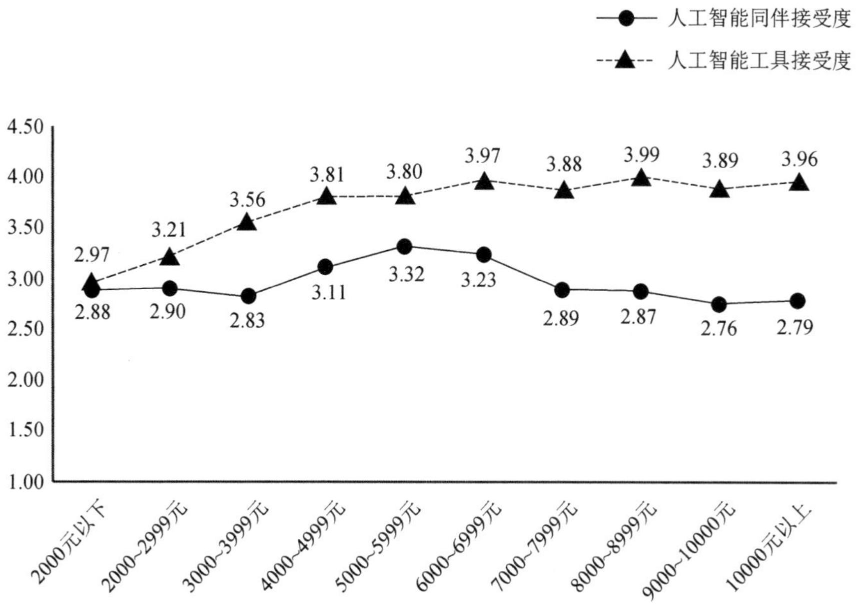

图 4-18　不同月收入水平产业工人的人工智能接受度得分情况

（5）行业类型差异：高技术行业个体接受度更高，使用行为更多。行业类别对使用时长（$F(5,4415)=7.55$，$p<0.001$，$\eta_p^2=0.005$）、人工智能同伴接受度（$F(5,4415)=16.29$，$p<0.001$，$\eta_p^2=0.018$）和人工智能工具接受度（$F(5,4421)=17.07$，$p<0.001$，$\eta_p^2=0.019$）的影响显著。具体而言，相比于从事采矿业和建筑业的工人，从事制造业、能源行业和化工行业的产业工人在人工智能使用时长（图 4-19）、人工智能同伴接受度和人工智能工具接受度上的得分均更高（图 4-20）。

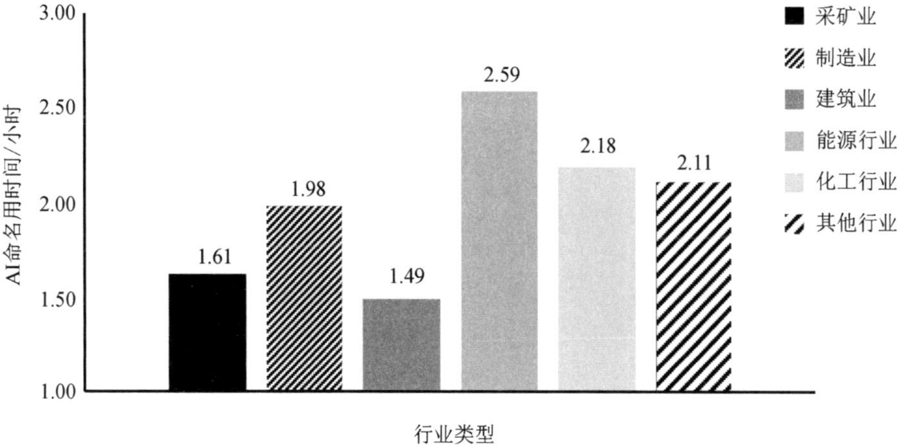

图 4-19　不同行业类型产业工人的人工智能使用时长情况

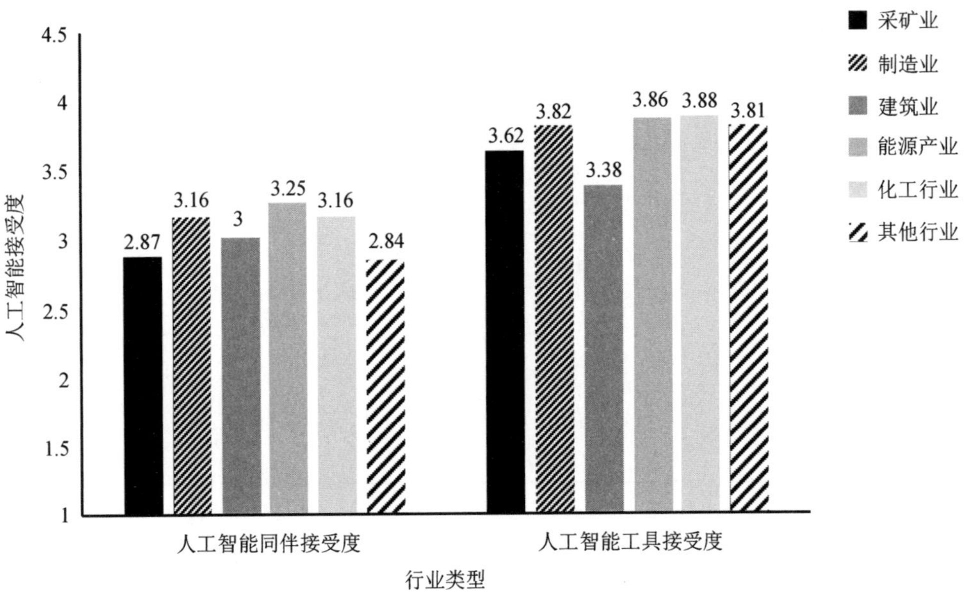

图 4-20 不同行业类型产业工人的人工智能接受度得分情况

（6）专业技术等级差异：技术等级越高，工具接受度越高。专业技术等级对人工智能使用时长（$F(3,4390)=4.31$，$p=0.005$，$\eta_p^2=0.003$）、人工智能同伴接受度（$F(3,4390)=17.34$，$p<0.001$，$\eta_p^2=0.012$）和人工智能工具接受度（$F(3,4390)=22.17$，$p<0.001$，$\eta_p^2=0.015$）的影响显著。具体而言，专业技术等级为初级的个体的

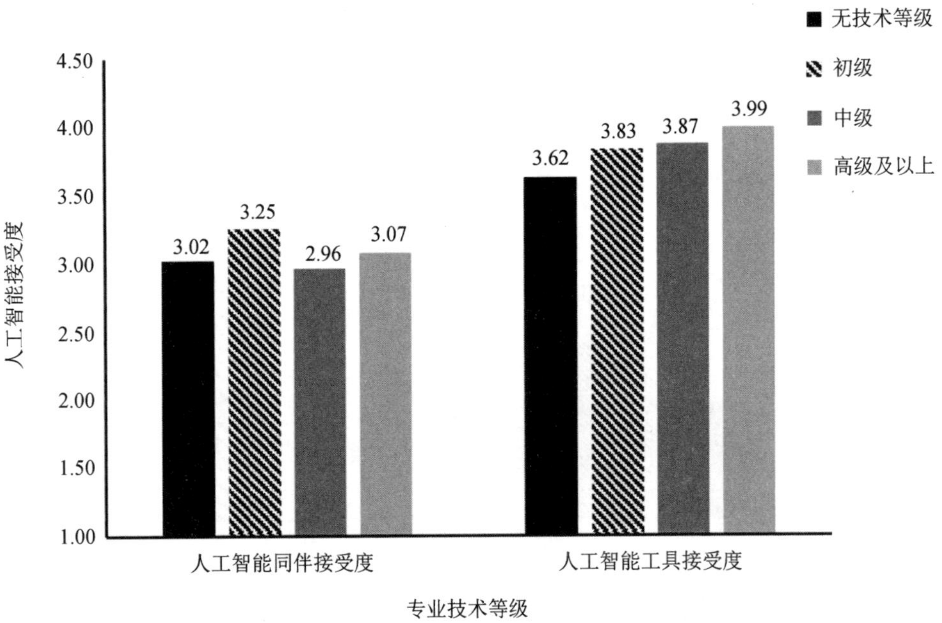

图 4-21 不同专业技术等级产业工人的人工智能接受度得分情况

人工智能同伴接受度最高，技术等级较高的个体的人工智能工具接受度更高（图 4-21）。人工智能使用时长呈现倒 U 型模式，专业技术等级为初级的产业工人对人工智能使用时间最长（$M=2.14$），其次是中级（$M=2.13$）、高级及以上（$M=1.94$），无技术等级的产业工人使用时间最短（$M=1.82$）。

（7）单位性质差异：合资企业工人接受度更高，使用时间更长。单位性质对人工智能使用时长（$F(5,4388)=5.51$，$p<0.001$，$\eta_p^2=0.006$）、人工智能同伴接受度（$F(5,4388)=9.80$，$p<0.001$，$\eta_p^2=0.011$）和人工智能工具接受度（$F(5,4388)=25.26$，$p<0.001$，$\eta_p^2=0.028$）的影响显著。具体而言，合资企业产业工人在人工智能工具接受度和同伴接受度的得分更高（图 4-22）。在人工智能使用时长上，中央企业/国有企业（$M=1.90$）和民营企业（$M=1.85$）的产业工人使用时长较短，集体企业（$M=2.29$）、外资企业（$M=2.35$）和合资企业（$M=2.47$）的产业工人使用时长较长。

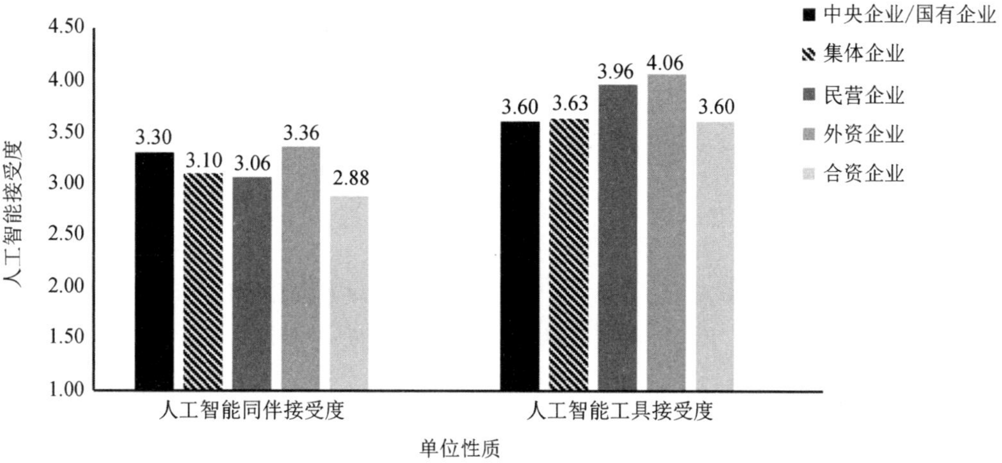

图 4-22　不同单位产业工人的人工智能接受度得分情况

（8）主观社会阶层差异：主观社会阶层高的个体接受度更高，使用时长更长。在人工智能接受和使用方面，主观社会阶层与人工智能使用时长（$r=0.03$，$p=0.044$）、人工智能同伴接受度（$r=0.17$，$p<0.001$）和人工智能工具接受度（$r=0.05$，$p=0.003$）均显著正相关。这一结果说明，主观社会阶层较高的个体使用人工智能的时间更长，人工智能同伴接受度和工具接受度均较高。

（9）其他变量：在人工智能同伴接受度上，取得证书的产业工人得分显著高于没有取得证书的（$F(7,4401)=7.89$，$p<0.001$，$\eta_p^2=0.002$）；合同工/正式工显著高于劳务工（$F(7,4405)=17.10$，$p<0.001$，$\eta_p^2=0.004$）；加入工会的产业工人显著高于未加入工会的产业工人（$F(7,4409)=12.81$，$p<0.001$，$\eta_p^2=0.003$）。在人工智能工具接受度上，城镇户口的工人显著高于农村户口（$F(7,4383)=25.10$，$p<0.001$，$\eta_p^2=0.006$）；取得证书的工人显著高于没有取得证书的（$F(7,4401)=80.15$，$p<0.001$，$\eta_p^2=0.018$）；

合同工/正式工显著高于劳务工（$F(7,4405)=125.33$，$p<0.001$，$\eta_p^2=0.028$）；加入工会的产业工人显著高于未加入工会的产业工人（$F(7,4409)=118.29$，$p<0.001$，$\eta_p^2=0.026$）。

3.3 产业工人人工智能技术接受机制分析

本研究通过构建路径分析模型来探讨工人对人工智能接受的机制。为了确保模型的稳健性，研究引入了性别、年龄和行业类型作为控制变量。这些因素可能对人工智能接受行为产生一定影响。例如，群体差异的分析发现，与过往文献相符（Venkatesh et al.,2003），不同年龄段的个体对技术的接受程度可能存在差异。类似地，不同性别、行业类型的从业人员对人工智能技术的需求和适应性也有所不同。因此，在分析模型时，我们控制了这些变量，以提高研究结论的可靠性。使用 Harman's 单因子检验评估数据中的共同方法偏差。通过主成分分析提取因子，并观察第一个因子解释的方差比例。结果显示，第一个因子解释的方差比例为32.87%，未超过40%的临界标准，说明数据未受到严重的共同方法偏差影响。

3.3.1 人工智能工具接受度机制分析

在构造有调节的中介模型前，首先构造不含交互项的基准模型，结果显示，各指标拟合度良好，$\chi^2/df=15.57$，CFI=0.97，RMSEA=0.06，AIC=191.72，可以在基准模型的基础上构建有调节的中介模型。

在基准模型基础上加入交互项“人工智能效用感知×人工智能使用时长”会对人工智能自我效能产生影响，模型的拟合度检验结果可以接受，$\chi^2/df=13.99$，CFI=0.96，RMSEA=0.05，AIC=155.21，尽管 χ^2/df 稍高，但 CFI、TLI、IFI 和 RMSEA 均表明模型拟合良好。与基准模型相比，AIC 数值大幅度减小；同时通过似然比检验可知，$\chi_1^2=155.72$，$df_1=10$，$\chi_2^2=209.86$，$df_2=15$，两个模型的差异显著，$p<0.001$，说明有调节的中介模型比基准模型显著更好。因此，有调节的中介模型成立。

如图4-23所示，人工智能效用感知正向影响人工智能工具接受度（$\beta=0.43$，$p<0.001$）。在中介效应上，人工智能效应感知对人工智能工具接受度的作用中存在人工智能自我效能的中介作用，人工智能效用感知会提高人工智能自我效能（$\beta=0.45$，$p<0.001$），进一步提高人工智能工具接受度（$\beta=0.37$，$p<0.001$）。在调节作用上，人工智能使用时长会正向调节人工智能效用感知对人工智能自我效能的影响（$\beta=0.19$，$p<0.001$），工人使用人工智能设备的时间越长，影响效果会越强。

人工智能威胁感知负向影响人工智能工具接受度（$\beta=-0.05$，$p<0.001$）。在中介效应上，人工智能威胁感知对人工智能工具接受度的作用中存在人工智能自我效能的中介作用，人工智能威胁感知会略微提高人工智能自我效能（$\beta=0.05$，$p<0.001$），自我效能会提高人工智能工具接受度（$\beta=0.37$，$p<0.001$）。这说明自我效能会在人工智能威胁感知和人工智能工具接受度中起到反向中介作用。

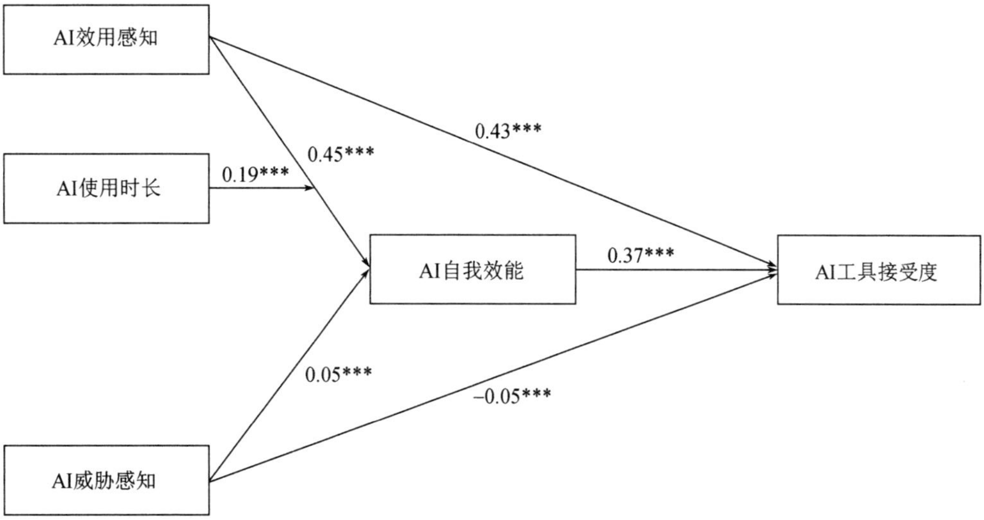

图 4-23　产业工人的人工智能工具接受度机制

3.3.2　人工智能同伴接受度机制分析

在构造 AI 同伴接受度有调节的中介模型前，同样首先构造不含交互项的基准模型，结果显示，各指标拟合度良好，$\chi^2/df=15.57$，CFI = 0.95，RMSEA = 0.06，AIC = 291.72，可以在基准模型的基础上构建有调节的中介模型。

在基础模型基础上加入交互项“人工智能效用感知×人工智能使用时长”会对人工智能自我效能产生影响，“人工智能威胁感知×受教育程度”会对同伴接受度产生影响。模型的拟合度检验结果较好，$\chi^2/df=13.99$，CFI = 0.94，RMSEA = 0.06，AIC = 278.21，尽管 χ^2/df 稍高，但 CFI、TLI、IFI 和 RMSEA 均表明模型拟合良好，意味着该模型能较好地解释数据的变化。与基准模型相比，AIC 数值大幅度减小；同时通过似然比检验可知，$\chi_1^2=155.72$，$df_1=10$，$\chi_2^2=294.86$，$df_2=21$，两个模型的差异显著，$p<0.05$，说明有调节的中介模型比基准模型显著更好。因此，有调节的中介模型成立。

如图 4-24 所示，人工智能效用感知对人工智能同伴接受度没有直接影响（$\beta=-0.03$，$p=0.21$）。在中介效应上，人工智能效用感知对人工智能同伴接受度的作用中存在人工智能自我效能的中介作用，人工智能效用感知会提高人工智能自我效能（$\beta=0.45$，$p<0.001$），进一步提高人工智能同伴接受度（$\beta=0.06$，$p<0.001$）。而在调节作用上，人工智能使用时长仍会正向调节人工智能效用感知对人工智能自我效能的影响（$\beta=0.20$，$p<0.001$），工人使用人工智能设备的时间越长，影响效果会越强。

人工智能威胁感知负向影响人工智能同伴接受度（$\beta=-0.46$，$p<0.001$）。在中介效应上，人工智能威胁感知对人工智能同伴接受度的作用中存在人工智能自我效能的反向中介作用，人工智能威胁感知会提高人工智能自我效能（$\beta=0.05$，$p<0.001$），而自我效能会提高工具接受度（$\beta=0.06$，$p<0.001$）。而在调节作用上，受教育程度会调

节人工智能威胁感知对人工智能同伴接受度的负向影响（$\beta=-0.11$，$p<0.001$），教育水平越高，越不会因为人工智能威胁感知而产生对人工智能的排斥。

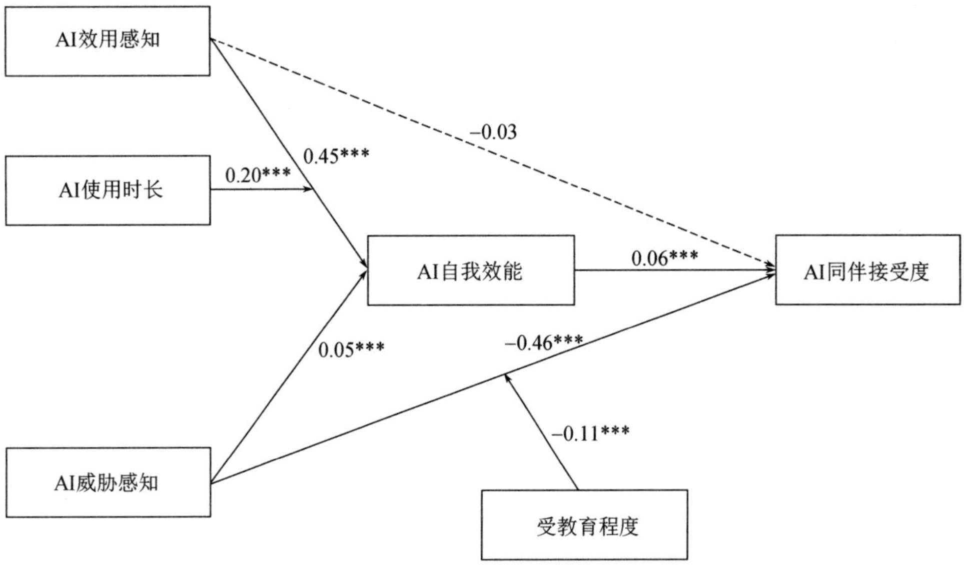

图 4-24 产业工人的人工智能同伴接受度机制

4 讨论

4.1 产业工人人工智能认知的特点

首先，产业工人对人工智能的熟悉程度较为有限。本研究结果显示，产业工人对人工智能的熟悉度在1~5点量尺上得分为2.94，处于中等水平，这表明大多数产业工人对人工智能技术的熟悉程度较低。这与前人的研究基本一致。在对人工智能的了解和使用上，一项奥地利20名建筑工人的案例研究表明，建筑工人缺乏对人工智能（如人工智能的概念）深入的了解（Maitz et al.,2022）。然而，这一结果需要考虑到其他因素的干扰，即可能不同产业工人群体之间存在较大的不均衡。

其次，产业工人的人工智能感知谨慎乐观。本研究结果显示，人工智能效用感知的平均值为3.94，远高于中值，人工智能威胁感知的平均值为2.67，接近中值，即产业工人对人工智能的效用感知较高，同时也感受到一定程度的威胁。这表明不能够简单地认为产业工人对人工智能的感知是积极或者消极的，而是两种倾向同时存在，这与他人之前研究中发现的人工智能态度的复杂表现相一致（Fietta et al.,2022）。

最后，产业工人的人工智能使用表现出感知和行为的分离。本研究结果显示，人工智能自我效能感为6.30（使用1~10的量尺），人工智能工具接受度为3.76（使用1~5的量尺），均高于中值分数，而实际使用时长只有平均每天1.98小时。这表明，尽管产业工人具有使用人工智能技术的自信，做好了使用人工智能技术的心理准备，但是其实际使用依旧较少，相对于工作时长，人工智能的使用时长占比小于四分之一。这与产业工人对人工智能的熟悉度较低的结果相一致。此外，对人工智能技术的熟悉可能也影响着工人的接受度，有研究发现，在体验过人工智能技术后，建筑工人对人工智能的接受度更高（Liang et al.,2024）。为工人提供支持也能够增加其接受行为。例如，对意大利的一家制造公司的蓝领工人的调查结果显示，向工人提供人工智能相关的信息或者提供培训能够显著提高工人对人工智能技术的接受度，从而进一步提高工作参与度（Molino et al.,2020）。信息支持和知识获取能够提高工人感知到的技术有用性，从而提高其使用 ChatGPT 的意图（Jo & Park,2024）。

4.2　产业工人人工智能认知的群体差异

本研究的结果显示，产业工人各个亚群体的人工智能认知存在明显的不均衡现象（表 4-7）。

表 4-7　产业工人人工智能认知群体差异主要结果汇总

特征变量	人工智能认知变量	特征差异
性别	人工智能使用时长、人工智能同伴接受度	女性>男性
	人工智能工具接受度	女性<男性
年龄	人工智能熟悉度、人工智能效用感知、人工智能同伴接受度、人工智能工具接受度	25~29 岁产业工人得分最高
	人工智能威胁感知	30~34 岁威胁感知最低
	人工智能使用时长	18~24 岁使用时长最长
户口状况	人工智能熟悉度、人工智能威胁感知、人工智能工具接受度	城镇>农村
	人工智能使用时长	城镇<农村
受教育程度	人工智能熟悉度、人工智能效用感知、人工智能使用时长	大专生发生下滑
	人工智能同伴接受度	高中生同伴接受度最高
	人工智能工具接受度	本科生工具接受度最高
职业证书	人工智能熟悉度、人工智能效用感知、人工智能使用时长、人工智能同伴接受度、人工智能工具接受度	取得证书>未取得证书
	人工智能威胁感知	取得证书<未取得证书

（续表）

特征变量	人工智能认知变量	特征差异
专业技术等级	人工智能熟悉度、人工智能效用感知	中级发生下降
	人工智能威胁感知	初级最低
	人工智能使用时长、人工智能同伴接受度	初级最高
	人工智能工具接受度	等级越高，接受度越高
行业类型	人工智能熟悉度	建筑行业和采矿行业最低
	人工智能效用感知、人工智能使用时长、人工智能工具接受度	建筑行业最低
	人工智能威胁感知	能源行业最低
	人工智能同伴接受度	能源行业最高，采矿行业最低
单位性质	人工智能熟悉度、人工智能效用感知、人工智能同伴接受度、人工智能工具接受度	合资企业最高
	人工智能威胁感知	合资企业最低
	人工智能使用时长	民营企业最低
工种	人工智能熟悉度、人工智能效用感知、人工智能使用时长、人工智能同伴接受度、人工智能工具接受度	合同工/正式工更高
	人工智能威胁感知	劳务工更高
月收入	人工智能熟悉度、人工智能效用感知	6000~6999元得分最高
	人工智能威胁感知	2000元以下威胁感知最高
	人工智能使用时长	9000~10000时间最长
	人工智能同伴接受度	5000~5999同伴接受度最高
	人工智能工具接受度	8000~8999工具接受度最高
工会会员	人工智能熟悉度、人工智能效用感知、人工智能使用时长、人工智能工具接受度	加入工会>未加工会

首先，受教育水平越高，产业工人的人工智能认知也会相应提高。低学历工人可能因技术门槛和学习能力的限制，对人工智能比较抵触，而高学历工人相对来说专业水平较高，更容易接触和使用人工智能相关产品，这种差异可能造成整体上受教育程度越高，对人工智能的效用感知更高，人工智能工具接受度更高。但是，高学历工人也更容易意识到人工智能技术的应用风险，因此，本科及以上教育程度的工人在人工智能同伴接受度的得分上更低。这与前人的研究并不完全一致，有人发现受教育程度与人工智能的积极态度是正相关的线性关系（Kharroubi et al.,2024）。这可能是由于本

研究的调查变量设置更为细致，因此捕捉到了更多的细微变化。

其次，固有的个体因素包括性别、年龄、户口状况等也会影响产业工人的人工智能认知。本研究发现女性虽然对人工智能的使用时长更长，同伴接受度更高，但是工具接受度要低于男性。这与前人研究结果有一定差别。有研究者指出，不同性别的个体对人工智能的兴趣存在差异，女性会更加谨慎，而男性则表现出更大的热情（Atadika et al.,2024;Avcı,2024）。而本研究则发现了女性在人工智能使用和同伴接受度上得分高于男性。这可能与女性产业工人的工作内容与男性工人不同有关。此外，在年龄上，24 岁及以下的年轻工人尽管对人工智能使用时长更长，但由于职业经验不足，可能对人工智能的实际应用缺乏深刻理解（Kim & Lee,2025）。而年长工人由于技术适应性下降，可能对人工智能的使用更加保守（Mei et al.,2024）。相较之下，中青年工人（25~39 岁）往往处于职业发展高峰期，既有经验也有技术适应能力，对人工智能的熟悉度更高、效用感知更高、威胁感知更低、接受度更高。

最后，工作相关变量，比如行业类型等同样对产业工人的人工智能认知造成影响。与其他行业相比，采矿业、建筑业工人的人工智能认知差距较大，具体来讲，其熟悉度更低，效用感知更低，威胁感知更高，使用时长更少，接受程度更低。这与以往研究中建筑工人缺乏对人工智能深入了解的发现相吻合（Maitz et al.,2022）。这表明，在推动人工智能技术广泛应用时，应当关注不同行业之间的差异。在月收入上，低收入工人往往面临较高的技术替代风险，因此对人工智能的威胁感知程度较高。

整体而言，人工智能使用经验丰富、教育水平较高、处于职业发展中期的工人通常对人工智能的接受度较高，而低教育、低技能、低收入群体对人工智能的威胁感知更高，接受度更低。此外，不同行业的产业工人对人工智能的态度和接受行为也表现出明显的分化。未来研究可进一步探讨如何通过政策、培训和组织支持来缩小这些群体差异，以提高产业工人整体的人工智能认知水平和技术适应能力。

4.3　产业工人人工智能接受度的影响因素

基于路径分析的结果，本研究发现，产业工人对人工智能的接受度受到多维度心理认知因素的显著影响，主要包括感知驱动、能力适配两个方面。

（1）感知驱动：效用感知和威胁感知的双向作用。

本研究发现，人工智能效用感知是工人人工智能工具接受度的核心驱动因素，它不仅直接影响工人的人工智能工具接受度，还通过增强自我效能感，进一步促进工具接受度。这一结果与技术接受模型的核心观点一致，即个体对技术的态度是影响其技术接受的关键变量（Davis,1989;Venkatesh et al.,2003）。不同于传统研究主要关注正向态度对技术接受的推动作用，本研究发现，人工智能的威胁感知显著降低了工人对人工智能同伴的接受度，但对人工智能工具接受度的影响较小。这种现象可能与产业场景的技术应用强制性有关，即工人对人工智能持有一定程度的负面看法（如隐私风险或取代担忧），他们仍需服从组织安排使用人工智能设备。这一结果揭示了组织主导的技术应用场景下可能存在认知与行为分离，即产业工人对人工智能的接受和使用行为可能并非完全由其对技术的评价决定，而是受到外部环境的制约。这一发现为未来研究提供了新的方向，即在组织环境中，如何通过管理策略优化工人的人工智能使用体验，以降低威胁感知可能带来的隐性阻力。

（2）能力适配：受教育程度和使用经验的关键调节效应。

本研究发现了个体受教育程度和人工智能使用时长的差异化调节效应。这验证了教育赋能技术认知的论断，即高学历工人通过更强的技术批判能力，将对技术的积极感知转化为对人工智能系统的理性评估，进而决定使用行为（李森林等,2023）。这一结果可能反映了工人在面对人工智能技术时的两种心理反应：一方面，高人工智能威胁感知会导致工人将人工智能视为潜在的竞争者，从而减少对人工智能同伴的接受度（即不愿意与人工智能共事）；另一方面，人工智能威胁感知虽对人工智能工具接受度存在负向影响，但影响程度较小，这可能是因为工人虽然对人工智能的威胁有所察觉，但仍然愿意利用人工智能工具提高工作效率。此外，受教育程度的调节作用可能表明，高学历工人更能够理性看待人工智能的影响，并通过自身技能优势减少对人工智能的排斥，从而降低人工智能威胁感知对人工智能同伴接受度的负面作用。

此外，使用时长的调节效应可能说明，工人在使用人工智能工具的过程中，逐渐积累经验，并形成对人工智能效能的正面认知，进而增强自身对人工智能的操作信心，这种信心提升促使他们更加愿意接受人工智能工具。长时间的实践能够增强他们对人工智能技术的掌控感，使得人工智能效用感知对人工智能自我效能的正向影响更显著。

基于以上发现，本研究建议在工人培训体系中构建“感知—能力”双重路径的培训策略，即通过提升效用感知，降低威胁感知，提高知识水平，实现人工智能技术的有效接受和应用。在理论层面，本研究通过整合技术接受模型与相关理论，提出了适合中国产业工人的“效用与威胁感知驱动的人工智能接受模型”，拓展了技术接受模型在智能经济背景下的解释边界。实践层面，企业需实施差异化干预，将数字素养培训纳入产业工人终身教育体系，特别是在人机协作伦理、故障应急处理等深层技能维度（Gursoy et al.,2019）加强培训，以破解技术采纳悖论。

5 研究结论与意义

5.1 研究结论

本研究系统探讨了新时代产业工人对人工智能的认知现状及其影响因素。研究结果表明，产业工人对人工智能的熟悉度有限。在人工智能使用方面，工人表现出感知和行为的分离，尽管有较强的使用意愿和自我效能感，但实际使用时长较短。此外，不同性别、年龄、受教育程度、收入水平和行业等群体在人工智能认知上存在显著差异。通过路径分析，本研究揭示了产业工人的人工智能接受度的形成机制。研究结果为推动人工智能技术在传统产业中的应用以及提升产业工人对新技术的适应能力提供了理论支持和实践参考。

5.2　学术意义

本研究在学术领域填补了关于我国产业工人对人工智能认知的研究空白。通过对产业工人的人工智能感知、使用行为和人机关系的多维度分析，本研究不仅丰富了人工智能认知的理论框架，还为理解技术变革对劳动者心理和行为的影响提供了新的视角。研究结果表明，产业工人对人工智能的认知是一个复杂的心理过程，受到个人特征（如性别、年龄、受教育程度、收入水平、主观社会阶层）、工作环境（如行业类型、工作时长）的综合影响。此外，本研究通过结构方程模型揭示了效用感知和威胁感知等心理因素对工人人工智能接受度的影响机制，进一步拓展了技术接受模型在人工智能领域的应用。

5.3　实践意义

在实践层面，本研究为企业组织推进人工智能技术应用提供了重要的指导。研究发现，尽管产业工人对人工智能的使用比较积极，但实际使用时间较短，表明企业在技术推广和培训方面仍有较大的提升空间。建议企业通过提供系统化的人工智能培训、增强员工对人工智能技术的理解和信任，减少员工对人工智能技术的威胁感。此外，企业应关注不同群体（如不同性别、年龄、受教育程度人群）的差异化需求，制定针对性的培训和推广策略，以提高员工对人工智能技术的接受度和使用效率。通过提升员工的人工智能自我效能感和效用感知，降低威胁感知，企业可以更好地促进人机协同，提高整体生产力。

本研究为政府制定相关产业政策和教育政策提供了重要参考。研究结果表明，产业工人对人工智能的了解和熟悉度有限，建议政府加大对人工智能教育和培训的投入，特别是针对低学历和传统行业的工人，提供更多的学习机会和资源，以缩小不同群体之间的数字鸿沟。此外，政府应鼓励企业开展人工智能技术应用试点项目，通过政策支持和补贴，降低企业技术转型的成本和风险。同时，政府应加强对人工智能技术应用的监管，确保技术发展符合社会伦理和法律法规，减少工人对人工智能技术的担忧和恐惧。通过政策引导和资源配置，促进人工智能技术在传统产业中的广泛应用，推动产业升级和经济高质量发展。

参考文献

郭衍宏，魏旭.（2024）. 老龄员工技术焦虑对人工智能技术持续采纳的影响——组织信任与 ICT 自我效能的遮掩效应. *软科学*,（6）, 1-10.

李猛.（2024）. "人工智能+"赋能新质生产力发展 内在机理与路径探索. *北京航空航天大学学报(社会科学版), 37*(4), 127-137.

李森林，张乐，李瑾.（2023）. 当代青年人工智能风险感知的测度与解析. *科学学研究, 41*(10), 1737-1746.

梁建，黄旭，陈威如，陈志俊.（2021）. 数字时代工作设计和组织关系的变化与研究机遇. *管理学季刊, 6*(2), 30-35.

戚聿东，杜博，温馨.（2021）. 国有企业数字化战略变革：使命嵌入与模式选择——基于 3 家中央企业数字化典型实践的案例研究. *管理世界, 37*(11), 137-158+10.

杨莉莉，杨承佳.（2024）. 人工智能对新质生产力的影响研究. *E-Commerce Letters, 14*, 84.

周琦玮，李倩，梁爽.（2024）. 员工对企业数字化转型的反应研究：基于压力的理论视角. *心理科学进展, 32*(4), 594-615.

Ajzen, I. (1991). The theory of planned behavior. *Organizational Behavior and Human Decision Processes, 50*(2), 179-211.

Ashraf, M. A., & Tsegay, S. M. (2025). Editorial: The impact of technology on human behaviors in medical professions education. *Frontiers in Medicine, 12*, Article 1546296.

Atadika, D., Anim, A. N., & Segbenya, M. (2024). Antecedents of artificial intelligence and learners' demographic characteristics in higher education: Implication for human resource managers. *Current Psychology, 43*(40), 31542-31558.

Avcı, Ü. (2024). Students' GAI acceptance: Role of demographics, creative mindsets, anxiety, attitudes. *Journal of Computer Information Systems*, 1-15.

Boston Consulting Group. (2021). *The leader's path to digital value*. Retrieved from https://web-assets.bcg.com/a3/ec/1dbcfdc5472c85343c87c30dd251/bcg-the-leaders-path-to-digital-value-jul-2021-chn.pdf

Cho, K. A., & Seo, Y. H. (2024). Dual mediating effects of anxiety to use and acceptance attitude of artificial intelligence technology on the relationship between nursing students' perception of and intention to use them: A descriptive study. *BMC Nursing, 23*(1), 212.

Davis, F. D. (1989). Perceived usefulness, perceived ease of use, and user acceptance of information technology. *MIS Quarterly, 13*(3), 319-340.

De Obesso Arias, M. de las M., Pérez Rivero, C. A., & Carrero Márquez, O. (2023). Artificial intelligence to manage workplace bullying. *Journal of Business Research, 160*, 113813.

Fiestas Lopez Guido, J. C., Kim, J. W., Popkowski Leszczyc, P. T. L., Pontes, N., & Tuzovic, S. (2024). Retail robots as sales assistants: How speciesism moderates the effect of robot intelligence on customer perceptions and behaviour. *Journal of Service Theory and Practice, 34*(1), 127-154.

Fietta, V., Zecchinato, F., Stasi, B. D., Polato, M., & Monaro, M. (2022). Dissociation between users' explicit and implicit attitudes toward artificial intelligence: An experimental study. *IEEE Transactions on Human-Machine Systems, 52*(3), 481-489.

Gansser, O. A., & Reich, C. S. (2021). A new acceptance model for artificial intelligence with extensions to UTAUT2: An empirical study in three segments of application. *Technology in Society, 65*, 101535.

Gursoy, D., Chi, O. H., Lu, L., & Nunkoo, R. (2019). Consumers acceptance of artificially intelligent (AI) device use in service delivery. *International Journal of Information Management, 49*, 157-169.

Hajam, K. B., & Gahir, S. (2024). Unveiling the attitudes of university students toward artificial intelligence. *Journal of Educational Technology Systems, 52*(3), 335-345.

Huo, W., Zhang, Z., Qu, J., Yan, J., Yan, S., Yan, J., & Shi, B. (2023). Speciesism and preference of human-artificial intelligence interaction: A study on medical artificial intelligence. *International Journal of Human-Computer Interaction, 40*(11), 2925-2937.

Huo, W., Yuan, X., Li, X., Luo, W., Xie, J., & Shi, B. (2023). Increasing acceptance of medical AI: The role of medical staff participation in AI development. *International Journal of Medical Informatics, 175*, 105073.

Jo, H., & Park, D. -H. (2024). AI in the workplace: Examining the effects of ChatGPT on information support and knowledge acquisition. *International Journal of Human-Computer Interaction, 40*(23), 8091-8106.

Kharroubi, S. A., Tannir, I., Abu El Hassan, R., & Ballout, R. (2024). Knowledge, attitude, and practices toward artificial intelligence among university students in Lebanon. *Education Sciences, 14*(8), Article 8.

Khasawneh, O. Y. (2018). Technophobia: Examining its hidden factors and defining it. *Technology in Society, 54*, 93-100.

Kim, B. -J., & Lee, D. (2025). Self-efficacy in using artificial intelligence as a shield: Mitigating the detrimental effects of organizationally prescribed perfectionism on employee stress and anxiety. *Current Psychology*, 1-27.

Kim, B. -J., Oh, H. -J., Kim, M. -J., & Lee, D. (2024). The perils of perfection: Navigating the ripple effects of organizational perfectionism on employee misbehavior through job insecurity and the buffering role of AI learning self-efficacy. *Behavioral Sciences, 14*(10), Article 10.

Lee, H. J., Probst, T. M., Bazzoli, A., & Lee, S. (2022). Technology advancements and employees' qualitative job insecurity in the Republic of Korea: Does training help? Employer-provided vs. self-paid training. *International Journal of Environmental Research and Public Health, 19*(21), Article 21.

Lee, M. K. (2018). Understanding perception of algorithmic decisions: Fairness, trust, and emotion in response to algorithmic management. *Big Data & Society, 1*, 1-16.

Liang, X., Rasheed, U., Cai, J., Wibranek, B., & Awolusi, I. (2024). Impacts of collaborative robots on construction work performance and worker perception: Experimental analysis of human-robot collaborative wood assembly. *Journal of Construction Engineering and Management, 150*(8), 04024087.

Link, J., & Stowasser, S. (2024). Negative emotions towards artificial intelligence in the workplace—motivation and method for designing demonstrators. In Degen, H. , Ntoa, S (Eds.) , *Artificial Intelligence in HCI, HCII 2024*(Vol. 14735, pp. 75–86). Springer, Cham.

Maitz, K. , View Profile, Fessl, A. , View Profile, Pammer–Schindler, V. , View Profile, Kaiser, R. , View Profile, Lindstaedt, S. , & View Profile. (2022). What do construction workers know about artificial intelligence? An exploratory case study in an Austrian SME. *Proceedings of Mensch Und Computer 2022*, 389–393.

Mei, H. , Bodog, S. –A. , & Badulescu, D. (2024). Artificial intelligence adoption in sustainable banking services: The critical role of technological literacy. *Sustainability, 16*(20) , Article 20.

Molino, M. , Cortese, C. G. , & Ghislieri, C. (2020). The promotion of technology acceptance and work engagement in Industry 4. 0: From personal resources to information and training. *International Journal of Environmental Research and Public Health, 17*(7) , Article 7.

Qin, S. , Li, C. , & Qi, Y. (2024). Trust transfer in autonomous vehicles: The role of warm brand image amid automation failure. In D. Harris & W. –C. Li (Eds.) , *Engineering Psychology and Cognitive Ergonomics* (Vol. 14693, pp. 123–140). Springer Nature Switzerland.

Qiu, Y. (2024). The theoretical basis of digital economy promoting the formation of new quality productivity. *Academic Journal of Business & Management, 6*(11) , 170–175.

Robinson, N. L. , Hicks, T. –N. , Suddrey, G. , & Kavanagh, D. J. (2020). The robot self-efficacy scale: Robot self-efficacy, likability and willingness to interact increases after a robot–delivered tutorial. *2020 29th IEEE International Conference on Robot and Human Interactive Communication (RO-MAN)*, 272–277.

Saihi, A. , Ben–Daya, M. , & Hariga, M. (2024). The moderating role of technology proficiency and academic discipline in AI–chatbot adoption within higher education: Insights from a PLS–SEM analysis. *Education and Information Technologies* , 1–39.

Schepman, A. , & Rodway, P. (2023). The general attitudes towards artificial intelligence scale (GAAIS): Confirmatory validation and associations with personality, corporate distrust, and general trust. *International Journal of Human-Computer Interaction, 39*(13) , 2724–2741.

Shen, Y. , & Zhou, P. (2024). Technological anxiety: Analysis of the impact of industrial intelligence on employment in China. Chinese Journal of Population, *Resources and Environment, 22*(3) , 343–355.

Stamate, A. N. , Sauvé, G. , & Denis, P. L. (2021). The rise of the machines and how they impact workers' psychological health: An empirical study. *Human Behavior and Emerging Technologies, 3*(5) , 942–955.

Venkatesh, Morris, Davis, & Davis. (2003). User acceptance of information technology: Toward a unified view. *MIS Quarterly, 27*(3) , 425.

Wang, K. , Wu, J. , Sun, Y. , Chen, J. , Pu, Y. , & Qi, Y. (2024). Trust in human and virtual live streamers: The role of integrity and social presence. *International Journal of Human-Computer Interaction, 40*(23) , 8274–8294.

Wang, Y. –M. , Wei, C. –L. , Lin, H. –H. , Wang, S. –C. , & Wang, Y. –S. (2024). What drives students' AI learning behavior: A perspective of AI anxiety. *Interactive Learning Environments, 32*(6) ,

2584-2600.

Wang, Y. -Y. , & Wang, Y. -S. (2022). Development and validation of an artificial intelligence anxiety scale: An initial application in predicting motivated learning behavior. *Interactive Learning Environments, 30*(4), 619-634.

Wei, W. , & Li, L. (2022). The impact of artificial intelligence on the mental health of manufacturing workers: The mediating role of overtime work and the work environment. *Frontiers in Public Health, 10*, 862407.

Yam, K. C. , Goh, E. -Y. , Fehr, R. , Lee, R. , Soh, H. , & Gray, K. (2022). When your boss is a robot: Workers are more spiteful to robot supervisors that seem more human. *Journal of Experimental Social Psychology, 102*, 104360.

Yang, S. , Liu, K. , Gai, J. , & He, X. (2022). Transformation to Industrial Artificial Intelligence and Workers' Mental Health: Evidence from China. *Frontiers in Public Health, 10*, 881827.

第五章　新时代产业工人的职业精神

张登浩　汪文艺

摘要：产业工人是工人阶级的主体力量，是创造社会财富的中坚力量，是实施创新驱动发展战略、加快建设制造强国的骨干力量。本研究聚焦新时代产业工人职业精神，在梳理相关理论与政策的基础上，建构了以劳动精神、工匠精神和劳模精神为内涵的产业工人职业精神三维结构。为全面考察新时代产业工人职业精神的现状与特点，研究依托中国人民大学心理学系2024年开展的新时代产业工人社会心理调查，对来自我国30个省、直辖市、自治区的3881名被试的数据进行分析。结果确认了产业工人职业精神的三维结构，发现当前我国产业工人的职业精神水平整体较高，但发展不平衡。未来需要大力营造尊重产业工人的社会氛围，积极开展对产业工人职业精神的科学研究，为培育和提升产业工人职业精神提供理论支持与实践指导，助力产业工人队伍建设改革与制造业高质量发展。

关键词：产业工人，职业精神，劳动精神，工匠精神，劳模精神

1　引言

习近平总书记（2021）深刻指出："人无精神则不立，国无精神则不强。唯有精神上站得住、站得稳，一个民族才能在历史洪流中屹立不倒、挺立潮头。我们党之所以历经百年而风华正茂、饱经磨难而生生不息，就是凭着那么一股革命加拼命的强大精神。同困难作斗争，是物质的角力，也是精神的对垒。"职业精神作为人类精神体系的关键构成，与人们的职业紧密相连，具有鲜明的职业特性（卜丽娟,2015）。职业精神作为从业者认同、接受和追求的价值取向与道德规范，调节着他们的行为和思维方式（卜丽娟,2015;彭艳,2008;张晓锋,2008;周志新,2014）。

国内关于职业精神的研究虽起步较晚，但成果丰硕。截至2025年2月，在中国期刊全文数据库以"职业精神"为主题检索，可得7462条结果，研究领域广泛，涵盖职业教育、高等教育、医学教育、新闻与传媒等；研究内容主要集中在职业精神的内涵、

现状与问题、培养实践以及特定行业职业精神特点等方面（匡瑛,范军,2015）。值得注意的是，当前国内对职业精神的研究主要聚焦于少数职业领域，如医务人员（卜丽娟,2015;付安荣等,2013;万学红等,2010;于德华等,2013;周志新,陈晓阳,2013）、新闻从业者（张晓锋,2008）、图书馆员（彭艳,2008）等。相比之下，像产业工人这样庞大的群体，对其职业精神的研究并不多。

我国是工人阶级领导的、以工农联盟为基础的人民民主专政的社会主义国家，中国共产党党员是中国工人阶级的有共产主义觉悟的先锋战士。工人阶级在宪法及重要文件中被明确为国家的领导阶级和社会主义建设的主力军。产业工人作为工人阶级的主体力量，是创造社会财富的中坚力量，是实施创新驱动发展战略、加快建设制造强国的骨干力量。深入探索产业工人的职业精神，不仅能够拓展职业精神的研究对象，丰富相关研究成果，更能够充分发挥职业精神对产业工人的思想引领与行为规范作用，意义重大。

1.1　新时代产业工人的"三种精神"

2018 年 10 月 29 日，习近平总书记同中华全国总工会新一届领导班子成员集体谈话时，首次将劳模精神、劳动精神、工匠精神（以下简称"三种精神"）并列提出。2020 年 11 月 24 日，在全国劳动模范和先进工作者表彰大会上，习近平总书记首次明确"三种精神"的科学内涵，这进一步丰富和发展了劳动观，成为习近平总书记关于工人阶级和工会工作论述的重要部分，为激发产业工人的热情与活力、发挥工人阶级主力军作用，提供了科学理论指引与有力思想武器（彭维锋,2021）。

1.1.1　劳动精神

进入新时代，以习近平同志为核心的党中央高度重视劳动精神的培育与弘扬。2014 年 4 月 30 日，习近平总书记在乌鲁木齐接见劳动模范和先进工作者、先进人物时，首次提出弘扬劳动精神。习近平总书记多次强调劳动的重要性，提出"劳动最光荣、劳动最崇高、劳动最伟大、劳动最美丽"（习近平,2013），明确要求在全社会大力弘扬劳动精神，引导广大干部群众树立辛勤劳动、诚实劳动、创造性劳动的理念。2020 年 3 月，中共中央、国务院印发《关于全面加强新时代大中小学劳动教育的意见》，强调将劳动教育纳入人才培养全过程，贯通各学段，贯穿家庭、学校、社会各方面，积极探索具有中国特色的劳动教育模式，促进学生形成正确的世界观、人生观、价值观。这些举措充分彰显了劳动精神在新时代的重要地位与作用，为其传承与发展提供了坚实保障。

2020 年，习近平总书记在全国劳动模范和先进工作者表彰大会的讲话中，首次将劳动精神的内涵阐述为"崇尚劳动、热爱劳动、辛勤劳动、诚实劳动"。"崇尚劳动"

是对劳动和劳动者地位的高度肯定，体现了对劳动重要作用和劳动人民历史地位的尊崇；“热爱劳动”是劳动主体对劳动的积极情感，展现为满腔热忱地投入创造物质和精神财富的活动；“辛勤劳动”体现为劳动者辛辛苦苦、勤勤恳恳地从事生产劳动，是劳动精神的实践体现；“诚实劳动”要求劳动者坦诚自觉、真实负责、安全守纪地参与劳动，形成诚实守信、恪守规则的精神品质，是新时代劳动精神的道德原则，体现了劳动者言行一致、脚踏实地的劳动行为（宇文利,奚佳梦,2023）。习近平总书记（2016）指出：“我们要在全社会大力弘扬劳动精神，提倡通过诚实劳动来实现人生的梦想、改变自己的命运，反对一切不劳而获、投机取巧、贪图享乐的思想。”新时代劳动精神以“劳动光荣”为基础，源于中华优秀传统文化，凝聚了马克思主义劳动思想的精神实质与价值取向，是马克思主义劳动思想在新时代的新发展（上官苗苗,2020;张梅,王玥,2022），为新时代加强劳动教育提供了遵循，为解决劳动问题指明了方向（黄磊,2024）。

1.1.2　工匠精神

工匠在我国古代被称作“手艺人”，指熟练掌握某种手工技艺并以此谋生之人，如铁匠、木匠、皮匠等；在现代，泛指在家庭作坊、工厂工地等生产一线动手操作、具体制造的工人、技师、工程师等（李宏伟,别应龙,2015）。历代能工巧匠在我国历史传说中备受赞誉。例如，被誉为中国土木工匠祖师的鲁班，历史上留下了诸多与其相关的成语，如“有眼不识泰山”“班门弄斧”等。1987年设立的“建筑工程鲁班奖”，是中国建筑行业工程质量的最高荣誉奖。

2016年4月26日，习近平总书记在知识分子、劳动模范、青年代表座谈会上首次提出工匠精神。习近平总书记（2016）指出：“无论从事什么劳动，都要干一行、爱一行、钻一行。在工厂车间，就要弘扬‘工匠精神’，精心打磨每一个零部件，生产优质的产品。”随后“工匠精神”出现在同年的政府工作报告中，提出“要鼓励企业开展个性化定制、柔性化生产，培育精益求精的工匠精神”。此后，在2017年、2018年、2019年和2021年的政府工作报告中，“工匠精神”多次被提及，党和国家领导人在多个场合反复予以强调。2021年10月，中共中央办公厅、国务院办公厅印发的《关于推动现代职业教育高质量发展的意见》强调，要加快构建现代职业教育体系，建设技能型社会，弘扬工匠精神，培养更多高素质技术技能人才、能工巧匠、大国工匠，为全面建设社会主义现代化国家提供有力人才和技能支撑。2023年7月，习近平总书记在四川考察参观三星堆博物馆新馆时强调，文物保护修复是一项长期任务，要加大国家支持力度，加强人才队伍建设，发扬严谨细致的工匠精神，一件一件来，久久为功，做出更大成绩。

2020年，习近平总书记在全国劳动模范和先进工作者表彰大会上对工匠精神的内涵进行了详细阐释，即“执着专注、精益求精、一丝不苟、追求卓越”，涵盖了劳动者的精神态度、品质追求、自我要求和理想目标四个方面。“执着专注”体现时间上的坚持与精神上的聚焦；“精益求精”注重品质提升与技术完善；“一丝不苟”强调细节严谨与态度坚守；“追求卓越”突出理念创新与目标远大（彭维锋,2024）。

弘扬和培育工匠精神，是推动企业科技创新、发明创造的关键动力，也是我国实现产品品质提升、制造业转型升级的有效路径（高中华,2022;唐国平,万仁新,2019）。工匠精神能够激发个体的内在动机，强化个体的目标导向，具有工匠精神的个体通常会出色完成工作任务，展现良好工作绩效，带来一系列积极工作行为和结果（高中华等,2020），如更多的主动性工作行为（高中华,2022）、主动变革行为（石冠峰,刘澳龙,2024）、工作奉献（吴砚,赵景峰,2023）、主动担责行为（Morrison & Phelps,1999）以及工作塑造行为（Leana et al.,2009）等。

1.1.3　劳模精神

1950年，新中国首次表彰劳动模范，迄今先后有数万名全国劳动模范和工作突出的劳动者受到表彰奖励。劳动模范是国家给予劳动者的崇高荣誉，他们以奉献和牺牲精神为国家富强、社会发展、民族振兴、人民幸福立下不朽功勋。劳动模范始终具有深厚的责任感，将国家和人民利益置于首位，是勇于担当历史使命的榜样人物，是忘我劳动、爱岗敬业和不断创新的杰出劳动者（夏一璞,2021）。习近平总书记（2020）指出，“劳动模范是民族的精英、人民的楷模，是共和国的功臣”。这一论述从民族、人民和国家的宏观视角对劳动模范进行了全新定位，充分肯定了他们在中华民族发展史、中国人民奋斗史以及中国共产党创业史中的重要地位和作用（焦晓云,2023）。

劳模精神是对劳动模范身上所蕴含的丰富精神力量与内容实质的高度概括，是劳动模范思想的精髓。习近平总书记（2020）指出，“在长期实践中，我们培育形成了爱岗敬业、争创一流、艰苦奋斗、勇于创新、淡泊名利、甘于奉献的劳模精神”，这一精准概括深刻体现了劳模精神的内涵。劳模精神是劳动模范在生产实践中职业素养、职业能力、职业品质的生动展现。其中，爱岗敬业、争创一流体现了劳动模范对待工作的尊重热爱与追求卓越的目标；艰苦奋斗、勇于创新展现了他们面对困难时的坚韧意志和开拓能力；淡泊名利、甘于奉献彰显了他们的高尚道德境界和无私精神追求（单旖旎,2021）。习近平总书记（2018）强调，“全社会都应该尊重劳动模范、弘扬劳模精神，让诚实劳动、勤勉工作蔚然成风”。尊重劳动模范、弘扬劳模精神，能够有效发挥其导向与凝聚、教育与感召、激励与引领功能（王海亮,2019）。

1.2　新时代产业工人职业精神的界定与研究思路

职业精神属于社会意识的范畴，是以职业的出现为前提，与职业紧密相连，被大多数从业者认可和接受的优秀思想品格、价值取向和道德规范的集合（卜丽娟,2015；张晓锋,2008）。目前，研究者对职业精神内涵的界定主要从两个角度展开。从事职业教育的研究者多从传统文化、职业生涯规划、产业文化等角度探讨，如陆媛（2011）认为，职业精神由职业理想、职业态度、职业责任、职业技能、职业纪律、职业良心、职业信誉和职业作风构成；从事德育工作的研究者则从信仰教育和伦理教育维度思考，如邱吉（2012）认为，职业规范中的道德规范是职业精神的集中体现。总体而言，这两种界定角度理论性较强，但与具体职业结合不足，导致研究者对职业精神的理解存在较大差异。鉴于职业精神的职业特性以及产业工人在我国经济社会发展中的特殊地位，深入探讨产业工人职业精神的内涵具有重要的现实意义。

2024 年 10 月 12 日，《中共中央国务院关于深化产业工人队伍建设改革的意见》为推动产业工人队伍建设改革走深走实，提出了二十七条具体改革意见，强调大力弘扬劳模精神、劳动精神、工匠精神，这是党和国家具有战略性、全局性的重大决策部署，为新时代深化产业工人队伍建设提出了总体要求，也为建构产业工人职业精神提供了根本遵循。“三种精神”的主体既涵盖劳动者群体，也包括工匠群体和劳模群体，体现了产业工人作为劳动者和“手艺人”的双重特性；同时，“三种精神”兼具普遍性与基础性（劳动精神）、示范引领性（劳模精神）和专业技术性（工匠精神），能够更全面、准确地界定新时代产业工人的职业精神。

本研究基于以劳动精神、工匠精神和劳模精神为内涵的职业精神的三维结构，编制产业工人职业精神测量量表，并使用该量表开展大规模调查，旨在深入考察新时代产业工人职业精神的现状与特点，进而提出针对性的对策建议，为新时代产业工人队伍建设和职业精神培育提供理论与实践支持。

2 研究方法

2.1 调查对象

本研究数据来自中国人民大学心理学系 2024 年开展的新时代产业工人社会心理调查，该调查覆盖了我国的 31 个省、直辖市、自治区（不含港澳台），包括有效样本 4220 人。在本研究部分的数据清理中，根据两道测谎题剔除无效问卷 536 份；此外，有三份问卷同时存在三个及以上的异常值（如 5 点计分题，被试填写“6”），故删除。剔除无效问卷后，剩余有效问卷 3881 份。最终有效问卷共涵盖 30 个省、直辖市、自治区。各省份样本数量为 8～499 之间不等，平均每个省份收集问卷 126 份（$SD=110$）。调查对象平均年龄为 37.46±10.01 岁。调查对象的基本情况如表 5-1 所示。

表 5-1　调查对象基本情况

省区	样本量	性别		年龄		户口状况	
		男	女	*M*	*SD*	城镇	农村
北京	29	58.62%	41.38%	31.28	10.83	31.00%	69.00%
天津	52	64.71%	35.29%	36.38	10.80	28.80%	71.20%
河北	128	51.56%	48.44%	36.50	9.00	21.90%	78.10%
上海	17	58.82%	41.18%	31.12	6.07	35.30%	64.70%
江苏	248	75.81%	24.19%	32.37	7.30	31.00%	69.00%
浙江	181	50.29%	49.71%	37.39	10.43	19.40%	80.60%
福建	213	65.07%	34.93%	36.98	11.08	23.90%	76.10%
山东	248	84.49%	15.51%	38.57	9.52	52.40%	47.60%
广东	499	59.27%	40.73%	36.06	9.59	39.00%	61.00%
海南	8	75.00%	25.00%	31.50	5.10	25.00%	75.00%
山西	279	59.71%	40.29%	44.35	9.75	65.20%	34.80%
安徽	102	56.44%	43.56%	38.10	10.82	28.00%	72.00%
江西	254	72.22%	27.78%	38.34	10.24	66.80%	33.20%
河南	269	56.18%	43.82%	38.80	9.56	33.00%	67.00%
湖北	147	76.39%	23.61%	36.88	9.05	54.50%	45.50%
湖南	95	64.13%	35.87%	37.91	9.20	38.90%	61.10%
广西	78	43.59%	56.41%	34.70	7.06	50.00%	50.00%
重庆	70	61.43%	38.57%	35.36	9.03	58.60%	41.40%
四川	46	58.70%	41.30%	30.96	6.09	52.20%	47.80%
贵州	129	49.61%	50.39%	40.08	9.44	31.80%	68.20%
云南	53	53.85%	46.15%	36.85	8.97	20.80%	79.20%
内蒙古	119	78.99%	21.01%	36.06	9.99	38.70%	61.30%
西藏	188	49.47%	50.53%	32.02	10.81	20.70%	79.30%
陕西	138	56.93%	43.07%	38.78	9.93	46.70%	53.30%
甘肃	14	78.57%	21.43%	41.64	12.92	50.00%	50.00%
宁夏	15	61.54%	38.46%	38.20	6.73	80.00%	20.00%
新疆	65	78.46%	21.54%	41.25	5.41	69.20%	30.80%
黑龙江	48	67.39%	32.61%	38.79	9.22	70.80%	29.20%
吉林	12	50.00%	50.00%	32.92	6.88	41.70%	58.30%
辽宁	128	85.94%	14.06%	43.93	8.78	50.00%	50.00%
合计	3782	63.62%	36.38%	37.46	10.01	41.50%	58.50%

注：有 99 份问卷未填写居住地，故未呈现于主表内。

2.2　调查变量

2.2.1　人口特征

（1）性别。询问“您的性别是?”选项为男、女。

（2）年龄。询问“您的出生年份是：____年”。

（3）地区。询问“您目前主要居住地是：____省/市/自治区”。

（4）户口状况。询问“您的户口状况是?”区分为城镇户口、农村户口。

（5）婚姻状况。询问“您的婚姻状况是?”主要分析未婚、已婚两个选项（调查时还有离异、丧偶等其他选项，因人数少不作分析）。

（6）子女数量。询问“您目前有几个孩子?”。

（7）独生子女。询问“您是否是独生子女?”选项为是、否。

2.2.2　人力特征

（1）受教育程度。询问“您的受教育程度是?”选项为小学及以下、初中、高中（包括中专、技校、职高）、大专、大学本科及以上。

（2）职业证书。询问“您是否已取得职业资格证书或职业技能证书?”选项为是、否。

（3）专业技术等级。询问“您目前取得的最高专业技术等级为?”选项为无技术等级、初级、中级、高级及以上。

2.2.3　工作类型

（1）行业类型。询问“您所在的行业类型为?”选项为采矿业、制造业、建筑业、能源产业、化工行业、其他。

（2）单位性质。询问“您目前所在单位的性质为?”选项为中央企业/国有企业、集体企业、民营企业、外资企业、合资企业。

（3）工种。询问“您的工种为?”选项为劳务工（临时工、劳务派遣人员）、合同工/正式工。

2.2.4　工作条件

（1）月收入。询问“您通常每月的工资收入为?”选项为2000元以下、2000~2999元、3000~3999元、4000~4999元、5000~5999元、6000~6999元、7000~7999元、8000~8999元、9000~10000元、10000元以上。

（2）工会会员。询问“您是否已加入工会?”选项为是、否。

2.3　职业精神量表编制

2.3.1　量表生成

基于上述文献回顾和理论分析，本研究从劳动精神、工匠精神、劳模精神三个维度出发，设计产业工人职业精神量表。在深入把握各维度内涵的基础上，选取并融合国内外相关权威量表中的部分条目以设计量表题项（才国伟，吴华强，2016；杨浩翔，2022；朱永跃等，2021；Bachrach et al.，2007）。此外，邀请相关领域专家审定所有条目是否符合量表的理论建构，以及各条目内容是否存在冲突或重叠，同时，将过短或过长条目进行改写或扩充，以保证各条目表述格式基本一致。最后，小范围地邀请产业工人进行试读与试填，收集他们的意见和想法，并经过与相关领域专家的多轮反复交流，形成产业工人职业精神量表的初始版本，共包含 33 个题目。

2.3.2　问卷发放与样本收集

产业工人职业精神量表初始版本采用 Likert 5 级评分法，要求被试根据每个条目的表述与自己实际情况的符合程度给予评分，从"完全不符合"到"完全符合"分别计为 1~5 分。得分越高，说明该题项描述的职业精神特征越符合被试的实际情况。

2.3.3　探索性因子分析

使用 SPSS 25.0 将 3881 名被试随机分成两组，其中第一组 1944 名被试，标记为样本 A，第二组 1937 名被试，标记为样本 B。样本 A 用于探索性因子分析，样本 B 用于验证性因子分析。首先，检验样本 A 是否适合做探索性因子分析：KMO 值为 0.97，高于经验标准值 0.70，说明存在较多的共同因子；巴特利特球形检验达到显著性水平（$p<0.001$），表明数据相关矩阵间有共同因子存在。因此，样本 A 适合做因子分析。

在进行因子分析适用性检验基础上，使用主成分分析法，抽取特征值大于 1 的因子，同时参考碎石图，并采取最大方差法旋转展开分析，共萃取四个因子。为了获取具有较高理论意义和价值的因子结构，对题项进一步筛选，删除存在多载荷的题项 X_1、X_3、X_4、X_5、X_8，最终保留 28 个题项，萃取三个因子，总方差累计贡献率为 61.46%。在 28 个题项中，27 个题项在对应维度上的因子载荷均大于 0.50，所有题项在其他维度上的交叉载荷均较小（低于 0.30 的载荷未报告）。其中：因子 1 涉及 13 个题项，比如"如果有同事工作跟不上，我会给予帮助"、"我愿意与其他同事共享自己的特长"、"就算一件工作需要花很长时间才能有结果，我仍然会坚持尽力去做"和"就算身体有点不舒服，或者有其他的理由可以休息，我也会努力完成每日应该做的工作"等，体现的是个体在工作中淡泊名利、甘于奉献的特点，因此将其命名为"劳模精神"；因子 2 共涉及九个题项，比如"我对自己有很高的工作要求"、"我在工作中高度注重细节，追求完美"、"我愿意投入精力在工作中"以及"我对工作充满热情"等，体现的是个体在工作中精益求精、爱岗敬业的特点，因此将其命名为"工匠精神"；因子 3 包含六个题项，比如"参与劳动给我带来了快乐"、"参与义务劳动使我很开心"以及"对于集体或组织分配给我的任何劳动，我都会欣然接受"等，体现的是个体对于劳动的崇尚与热爱，因此将其命名为"劳动精神"。产业工人职业精神量表构成及探索性因子分析结果如表 5-2 所示。

表 5-2 探索性因子分析结果

题目编号	因子 1	因子 2	因子 3	题目内容
X_{21}	0.77			如果有同事工作跟不上，我会给予帮助。
X_{22}	0.77			我愿意与其他同事共享自己的特长。
X_{24}	0.77			我会采取措施尽力避免与同事产生矛盾。
X_{25}	0.76			我愿意花时间帮助在工作中遇到问题的同事。
X_{23}	0.75			当同事之间意见不一致时，我会尽力作调解人。
X_{26}	0.74			在做有可能影响到同事的事之前，我会提前跟他们打招呼。
X_{27}	0.70			在同事情绪低落的时候，我会加以鼓励。
X_{33}	0.59			就算一件工作需要花很长时间才能有结果，我仍然会坚持尽力去做。
X_{32}	0.57			就算是我不喜欢做的工作，我也会尽全力去做。
X_{28}	0.56			我会给工作单位提出提高生产效率的建议。
X_{31}	0.56			就算身体有点不舒服，或者有其他的理由可以休息，我也会努力完成每日应该做的工作。
X_{30}	0.56			我会积极参与团队会议。
X_{29}	0.44			我愿意冒着遭人非议的风险，表达有利于工作单位的看法。
X_{16}		0.76		我对自己有很高的工作要求。
X_{15}		0.74		我在工作中高度注重细节，追求完美。
X_{14}		0.73		我能接受比别人更高的工作标准。
X_{19}		0.71		在工作中，我感到精力充沛。
X_{17}		0.71		我对自己从事的工作充满自豪感。
X_{12}		0.71		我有极高的工作目标。
X_{18}		0.70		我愿意投入精力在工作中。
X_{13}		0.68		做事有条理、有系统对我是十分重要的。
X_{20}		0.63		我对工作充满热情。
X_{11}			0.79	参与义务劳动使我很开心。
X_{10}			0.78	参与劳动给我带来了快乐。
X_6			0.68	我愿意通过参与劳动获得人生的意义。
X_7			0.65	我能够坚持从事非常困难的劳动。
X_2			0.57	我需要通过从事劳动获得精神的满足。
X_9			0.55	对于集体或组织分配给我的任何劳动，我都会欣然接受。

2.3.4　验证性因子分析

使用 Amos 24.0 对样本 B（含 1937 名被试）进行验证性因子分析。一阶模型验证性因子分析结果表明，劳动精神、工匠精神、劳模精神三个维度的相关系数均高于 0.5，相关性较强，故可以在一阶模型的基础上构建二阶模型。二阶模型的验证性因子分析结果如图 5-1 所示，工匠精神的路径系数远高于临界值 0.70，劳模精神和劳动精神的大部分条目的路径系数高于 0.70，少部分条目的路径系数为 0.60～0.70。二阶模

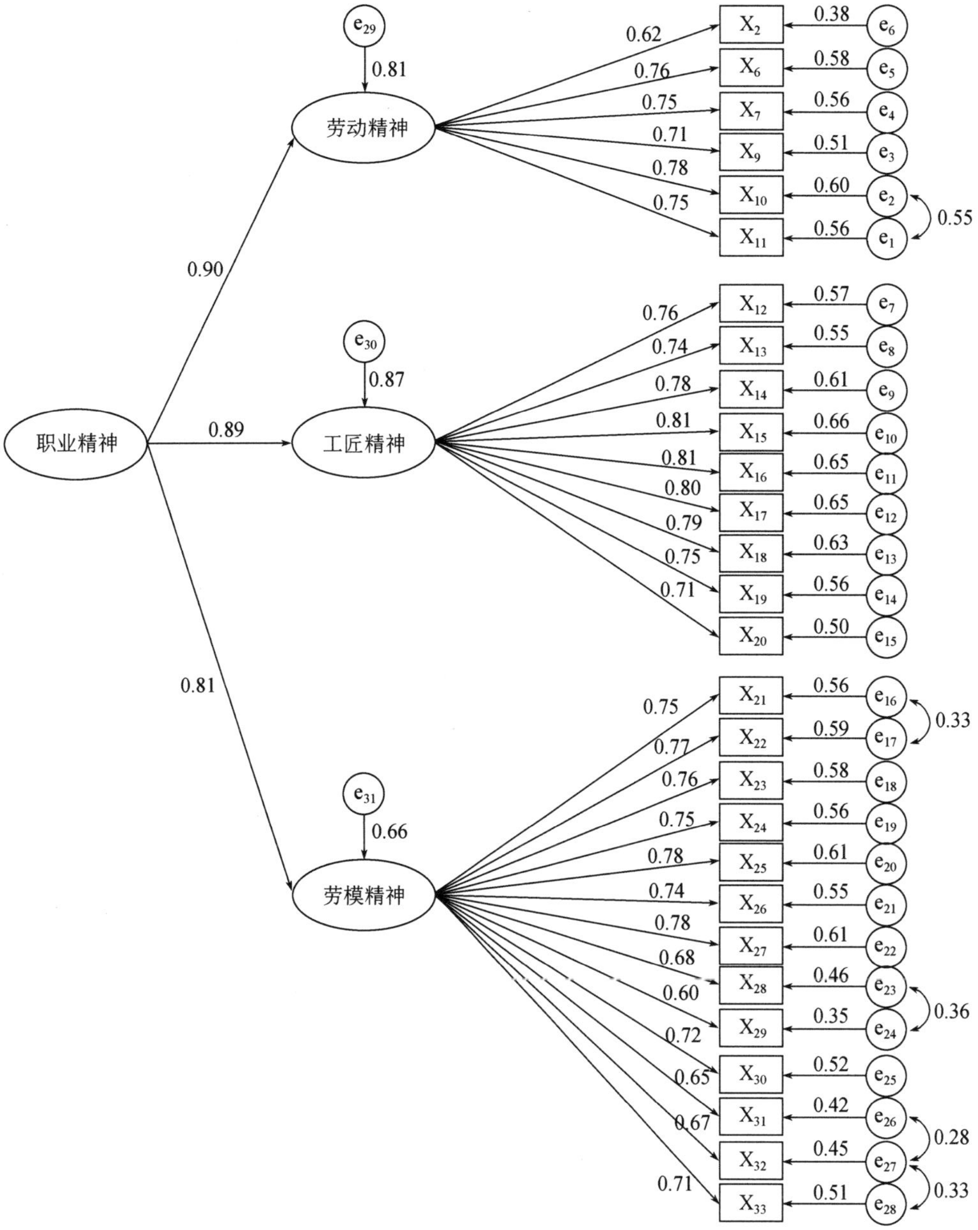

图 5-1　职业精神二阶验证性因子分析模型参数估计

型的各拟合指标如表 5-3 所示，模型拟合指标均表现良好。综上，可以认为理论假设中的三个维度能够较好地收敛于职业精神这一更高层面概念，二阶模型拟合较好。

表 5-3 模型拟合指数

χ^2	df	χ^2/df	RMSEA	GFI	TLI	CFI	SRMR
2686.97	342	7.86***	0.06	0.89	0.93	0.94	0.05

注：*** 表示 $p<0.001$。

2.3.5 量表信效度检验

为检验产业工人职业精神量表结构的可靠性，对最终确定的三个维度、28 个条目进行信度评估。本研究采用 Cronbach' α 系数作为信度指标，经过分析，总问卷的 Cronbach' α 系数为 0.96，劳动精神、工匠精神、劳模精神三个维度的 Cronbach' α 系数分别为 0.88、0.93 和 0.94，产业工人职业精神量表的信度良好。

对三个维度的效标关联效度进行分析。以工作意义感量表（May et al.,2011）作为劳动精神维度的效标，效标关联效度为 0.71；以制造业员工工匠精神量表（朱永跃等，2021）、安全行为量表（Neal et al.,2000）作为工匠精神维度的效标，效标关联效度分别为 0.96，0.64；以组织公民行为量表（Bachrach et al.,2007）、进取精神量表（才国伟,吴华强,2016）作为劳模精神维度的效标，效标关联效度分别为 0.98，0.85。效标关联效度均大于 0.60，说明劳动精神、工匠精神、劳模精神维度具备良好的效标关联效度。

3 调查结果

3.1 劳动精神

3.1.1 总体状况

本次调查结果显示，在 1~5 的 5 点量尺上，产业工人的劳动精神平均得分为 3.79，标准差为 0.84。得分在中间值 3 分以下者 585 人，占被调查对象的 15.07%，得分为 3 分者 257 人，占被调查对象的 6.62%，得分在 3 分以上者 3039 人，占被调查对象的 78.30%，具体如图 5-2 所示。

3.1.2 人口特征差异

（1）性别差异：女性产业工人的劳动精神水平更高。

我们分析了劳动精神的各种人口学特征差异。统计显示，除了不存在婚姻状况、所在单位性质差异外，在其他方面均存在显著差异（表 5-4）。性别独立样本 t 检验分析结果表明，在产业工人中，女性的劳动精神得分显著高于男性，$t(3767)=3.51$，$p<0.001$，Cohen's $d=0.12$。

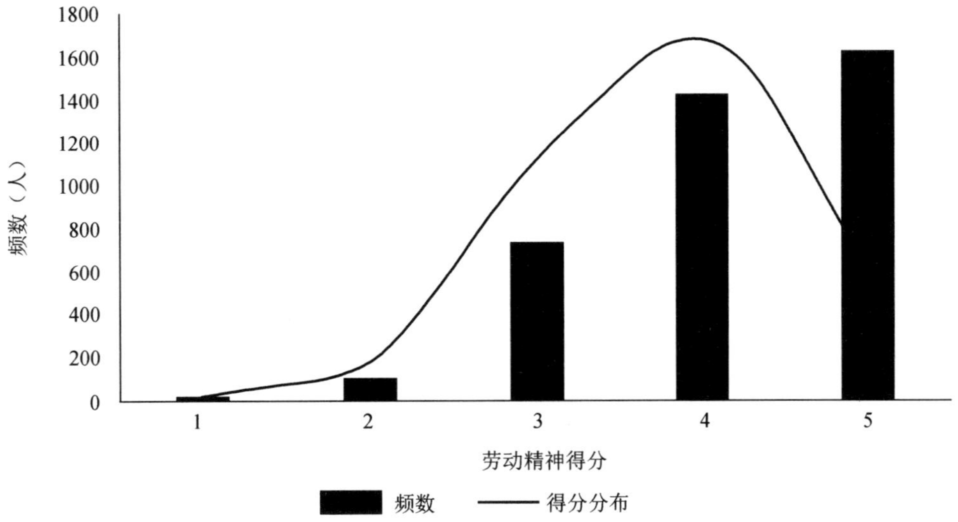

图 5-2　产业工人的劳动精神得分分布

表 5-4　劳动精神的人口统计学差异

人口统计学变量		*n*	*M*±*SD*	*t*/*F*	Cohen's *d* / η_p^2
性别	男性	2397	3.75±0.85	−3.51***	−0.12
	女性	1372	3.85±0.82		
年龄	18~24 岁	338	3.69±0.89	10.10***	0.02
	25~29 岁	630	3.85±0.84		
	30~34 岁	693	3.91±0.80		
	35~39 岁	737	3.90±0.78		
	40~44 岁	461	3.69±0.85		
	45~49 岁	418	3.68±0.84		
	50~54 岁	362	3.60±0.86		
	55 岁及以上	219	3.70±0.83		
地区	东部地区	1623	3.83±0.79	16.64***	0.01
	中部地区	1146	3.64±0.86		
	西部地区	915	3.90±0.87		
	东北地区	188	3.77±0.81		
户口状况	城镇	1600	3.72±0.86	−3.87***	−0.13
	农村	2261	3.83±0.81		

（续表）

人口统计学变量		n	$M±SD$	t/F	Cohen's d / η_p^2
婚姻状况	未婚	993	3.81±0.86	0.92	0.04
	已婚	2790	3.78±0.83		
子女数量	没有子女	998	3.83±0.86	6.86***	0.005
	有一个子女	1360	3.71±0.86		
	有两个子女	1247	3.85±0.81		
	有三个及以上	182	3.76±0.74		
独生子女	是独生子女	1107	3.86±0.83	3.58***	0.12
	非独生子女	2754	3.76±0.84		
受教育程度	小学及以下	186	3.84±0.72	6.84***	0.007
	初中	1147	3.80±0.84		
	高中	1080	3.87±0.81		
	大专	805	3.68±0.87		
	本科及以上	656	3.74±0.86		
职业证书	取得证书	2007	3.84±0.85	4.29***	0.13
	未取得证书	1854	3.73±0.83		
专业技术等级	无技术等级	1814	3.72±0.83	14.72***	0.01
	初级	980	3.92±0.81		
	中级	613	3.71±0.86		
	高级及以上	453	3.86±0.87		
行业类型	采矿业	140	3.88±0.88	25.28***	0.03
	制造业	1975	3.86±0.80		
	建筑业	534	3.54±0.76		
	能源产业	230	4.10±0.84		
	化工行业	356	3.82±0.87		
单位性质	中央企业/国有企业	1133	3.84±0.88	0.71	0.001
	集体企业	178	3.80±0.89		
	民营企业	2020	3.81±0.78		
	外资企业	78	3.71±0.86		
	合资企业	176	3.85±0.85		
工种	劳务工	947	3.69±0.81	−4.35***	−0.16
	合同工/正式工	2928	3.82±0.84		

（续表）

人口统计学变量		n	$M±SD$	t/F	Cohen's d /η_p^2
月收入	2000 元以下	92	3.84±0.77	6.69***	0.02
	2000~2999 元	202	3.66±0.80		
	3000~3999 元	457	3.54±0.90		
	4000~4999 元	771	3.77±0.85		
	5000~5999 元	1067	3.86±0.79		
	6000~6999 元	505	3.89±0.81		
	7000~7999 元	355	3.83±0.86		
	8000~8999 元	162	3.75±0.83		
	9000~10000 元	133	3.83±0.91		
	10000 元以上	115	3.84±0.83		
工会会员	加入工会	1713	3.87±0.85	5.36***	0.18
	未加入工会	2161	3.72±0.82		

注：* 表示 $p<0.05$，** 表示 $p<0.01$，*** 表示 $p<0.001$，下同。

（2）年龄差异：劳动精神的年龄分布呈倒 U 型模式。

方差分析结果表明，劳动精神水平存在年龄上的差异，$F(7,1356.61)=10.10$，$p<0.001$，$\eta_p^2=0.02$。具体来说，劳动精神得分的年龄分布整体呈现倒 U 型模式：劳动精神得分从 18~24 岁之后呈上升趋势，在 30~34 岁达到最高，之后呈下降趋势（图 5-3）。

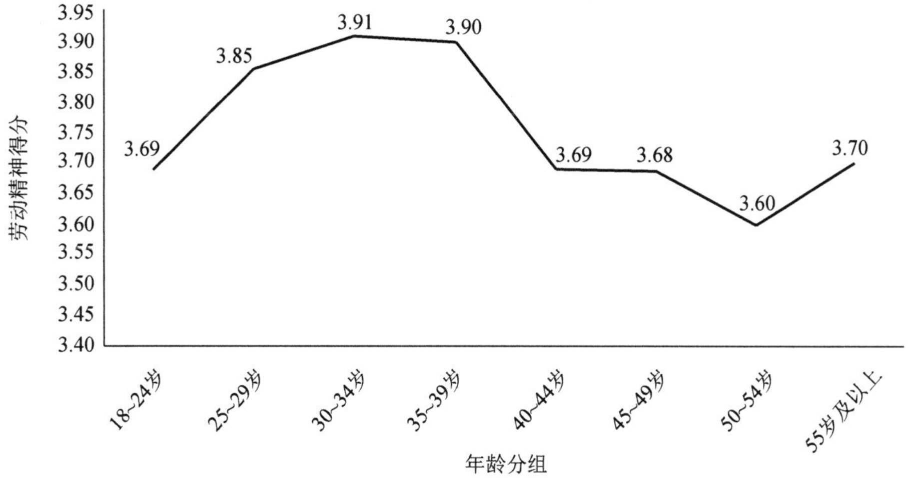

图 5-3　不同年龄组产业工人的劳动精神得分情况

（3）地区差异：西部地区产业工人的劳动精神水平较高。

方差分析结果表明，劳动精神水平存在地区差异，$F(3,815.16)=16.64$，$p<0.001$，$\eta_p^2=0.01$。西部地区产业工人的劳动精神得分较高，且显著高于中部地区（$ps<0.001$）（图 5-4）。

表 5-5　全国各地区分组

地区分组	包含省、直辖市、自治区
东部地区	北京 天津 河北 上海 江苏 浙江 福建 山东 广东 海南
中部地区	山西 安徽 江西 河南 湖北 湖南
西部地区	广西 重庆 内蒙古 四川 贵州 新疆 云南 西藏 陕西 甘肃 宁夏
东北地区	黑龙江 吉林 辽宁

注：样本不含港澳台（本章下文地区分组同此表）。

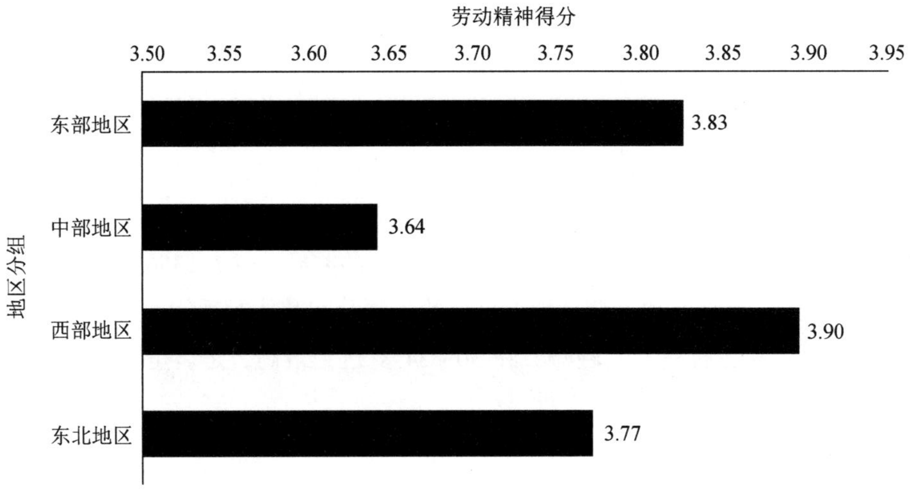

图 5-4　不同地区产业工人的劳动精神得分情况

（4）户口差异：农村户口产业工人的劳动精神水平更高。

独立样本 t 检验表明，农村户口产业工人的劳动精神得分显著高于城镇户口产业工人，$t(3319.74)=3.87$，$p<0.001$，Cohen's $d=0.13$。

（5）子女数量差异：只有一个子女的产业工人的劳动精神水平较低。

方差分析结果表明，劳动精神水平存在子女数量上的差异，$F(3,820.19)=6.86$，$p<0.001$，$\eta_p^2=0.005$。只有一个子女的产业工人的劳动精神得分较低，且显著低于没有子女以及有两个子女的产业工人（$ps<0.01$）（图 5-5）。

（6）独生子女差异：自身是独生子女的产业工人的劳动精神水平更高。

独立样本 t 检验表明，自身是独生子女的产业工人的劳动精神得分显著高于不是独生子女的产业工人，$t(3859)=3.58$，$p<0.001$，Cohen's $d=0.12$。

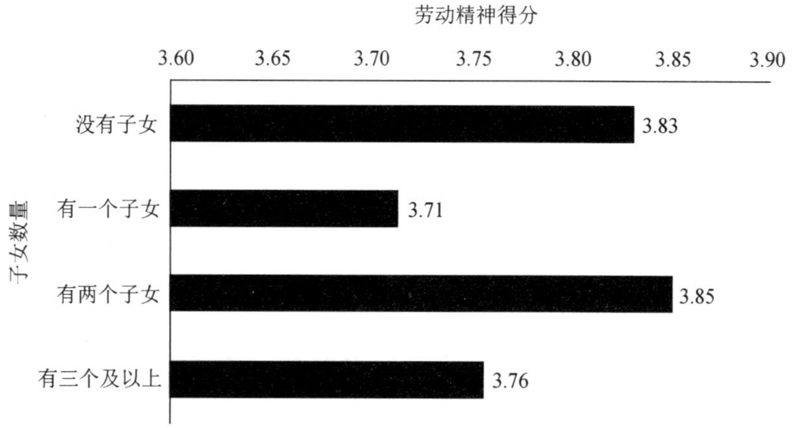

图 5-5　不同子女数量产业工人的劳动精神得分情况

3.1.3　人力特征差异

（1）受教育程度差异：高中学历产业工人劳动精神水平较高。

方差分析结果表明，劳动精神水平存在受教育程度上的差异，$F(4,3869)=6.84$，$p<0.001$，$\eta_p^2=0.007$。高中学历产业工人的劳动精神得分较高，且显著高于初中、大专、本科及以上学历的产业工人（$ps<0.05$）(图 5-6)。

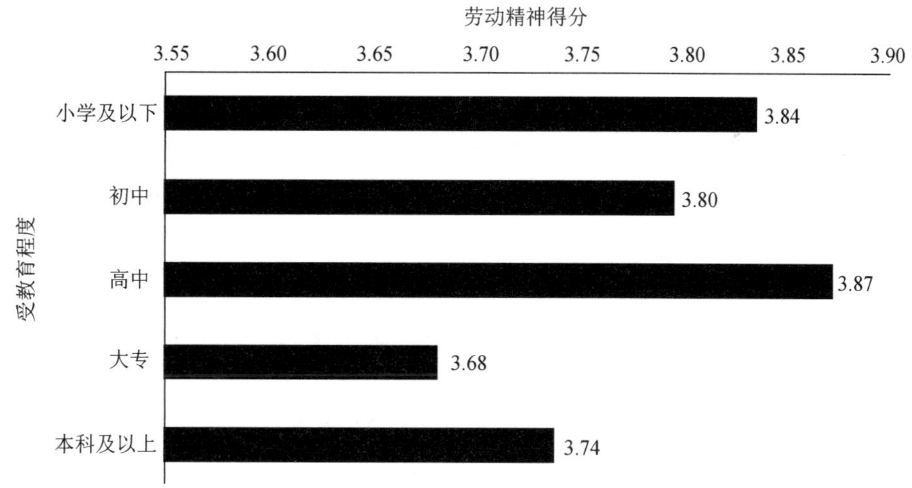

图 5-6　不同受教育程度产业工人的劳动精神得分情况

（2）职业证书差异：取得职业证书的产业工人的劳动精神水平更高。

独立样本 t 检验表明，已取得职业证书的产业工人的劳动精神得分显著高于未取得职业证书的产业工人，$t(3859)=4.29$，$p<0.001$，Cohen's $d=0.13$。

（3）专业技术等级差异：初级、高级及以上技术等级的产业工人的劳动精神水平较高。

方差分析结果表明，劳动精神水平存在专业技术等级上的差异，$F(3,3856)=$

14.72，$p<0.001$，$\eta_p^2=0.01$。初级技术等级产业工人的劳动精神得分显著高于无技术等级、中级技术等级的产业工人（$ps<0.001$）；高级及以上技术等级的产业工人的劳动精神得分显著高于无技术等级、中级技术等级的产业工人（$ps<0.01$）（图 5-7）。

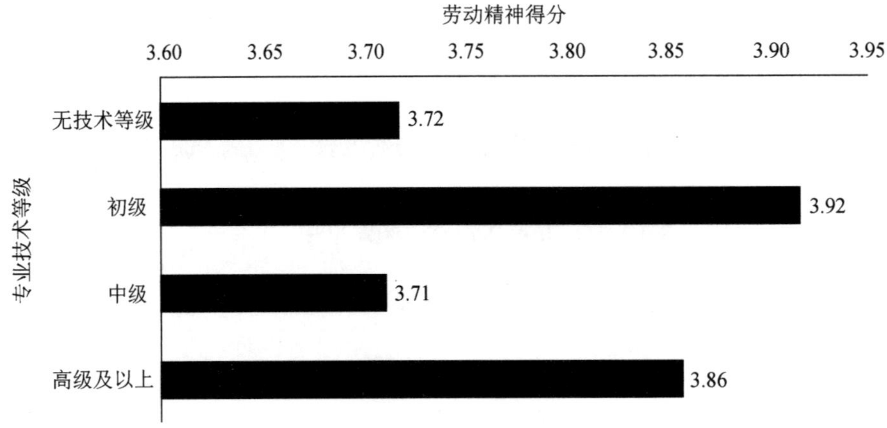

图 5-7　不同专业技术等级产业工人的劳动精神得分情况

3.1.4　工作类型差异

（1）行业类型差异：建筑业产业工人劳动精神水平较低，能源产业工人的劳动精神水平较高。

方差分析结果表明，劳动精神存在行业类型差异，$F(4,565.75)=25.28$，$p<0.001$，$\eta_p^2=0.03$。建筑业的产业工人的劳动精神得分最低，其显著低于其他行业类型的产业工人（$ps<0.001$）；能源产业工人的劳动精神得分较高，且显著高于建筑业、制造业、化工行业的产业工人（$ps<0.01$）（图 5-8）。

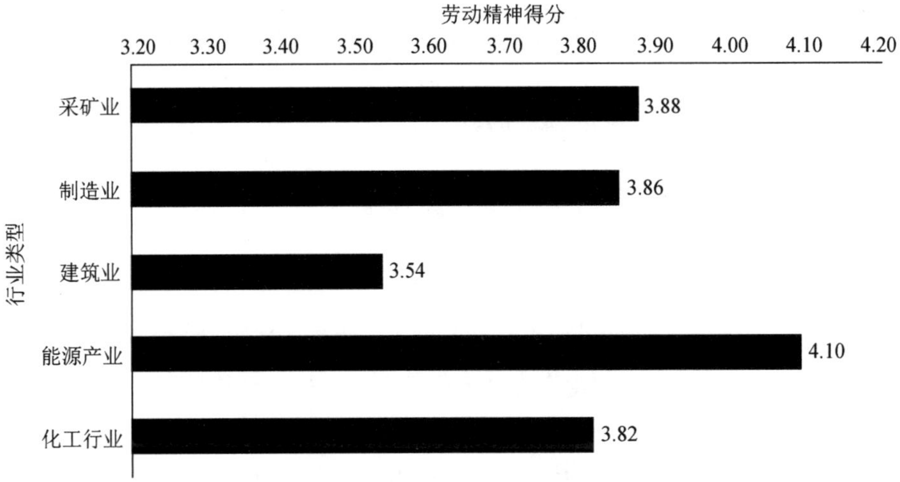

图 5-8　不同行业类型产业工人的劳动精神得分情况

（2）工种差异：在产业工人中，合同工/正式工的劳动精神水平高于劳务工。

独立样本 t 检验表明，在产业工人中，合同工/正式工的劳动精神得分显著高于劳务工，$t(1666.13)=4.35$，$p<0.001$，Cohen's $d=0.16$。

3.1.5　工作条件差异

（1）月收入差异：劳动精神的月收入差异呈 W 形模式，月收入为 3000~3999 元的产业工人的劳动精神水平最低。

方差分析结果表明，劳动精神水平存在月收入水平上的差异，$F(9,769.92)=6.69$，$p<0.001$，$\eta_p^2=0.02$。在月收入分组上，劳动精神得分整体呈 W 形模式，其中，月收入在 3000~3999 元的产业工人的劳动精神得分最低，且显著低于月收入为 2000 元以下、4000~4999 元、5000~5999 元、6000~6999 元、7000~7999 元、9000~10000 元、10000 元以上的产业工人（$ps<0.05$）（图 5-9）。

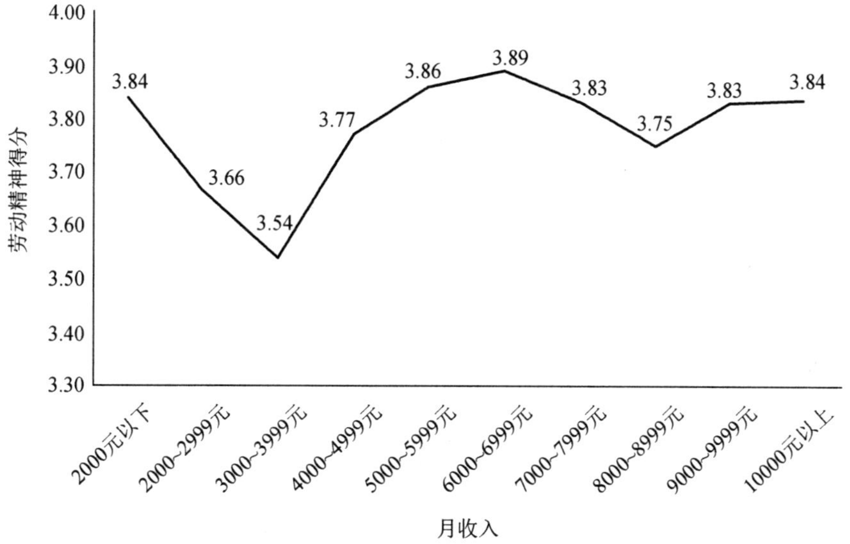

图 5-9　不同月收入水平产业工人的劳动精神得分情况

（2）工会会员差异：已加入工会的产业工人的劳动精神水平更高。

独立样本 t 检验表明，已加入工会的产业工人的劳动精神得分显著高于未加入工会的产业工人，$t(3606.01)=5.36$，$p<0.001$，Cohen's $d=0.18$。

3.2　工匠精神

3.2.1　总体状况

本次调查结果显示，在 1~5 的 5 点量尺上，产业工人的工匠精神平均得分为 3.92，标准差为 0.77。得分在中间值 3 分以下者 395 人，占被调查对象的 10.18%，得分为 3 分者 173 人，占被调查对象的 4.46%，在 3 分以上者 3313 人，占被调查对象的

85.36%，具体如图 5-10 所示。

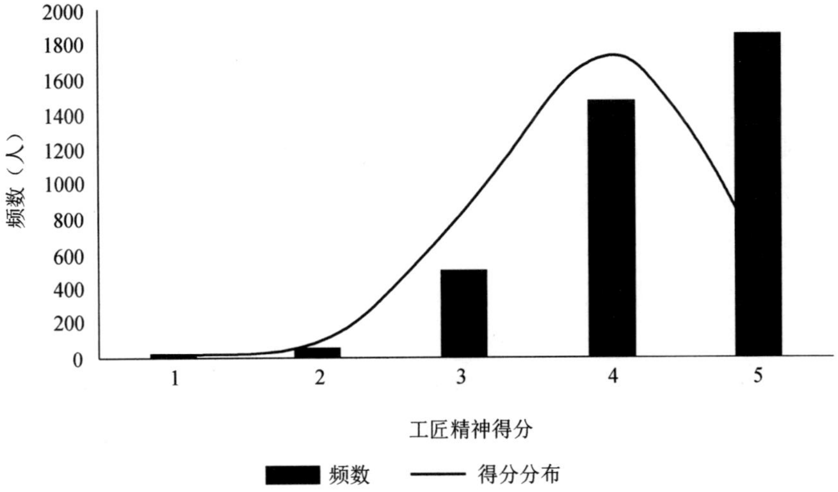

图 5-10　产业工人的工匠精神得分分布

3.2.2　人口特征差异

（1）年龄差异：工匠精神的年龄分布呈倒 U 型模式。

我们分析了工匠精神的各种人口学特征差异。统计显示，除了不存在性别、婚姻状况、户口状况、子女数量方面的差异外，在其他方面均存在显著差异（表 5-6）。以年龄为自变量的方差分析结果表明，工匠精神水平存在年龄上的差异，$F(7, 1354.75) = 4.71$，$p < 0.001$，$\eta_p^2 = 0.009$。具体来说，工匠精神得分的年龄分布整体呈现倒 U 型模式：工匠精神得分从 18~24 岁之后呈上升趋势，在 35~39 岁达到最高，之后呈下降趋势（图 5-11）。

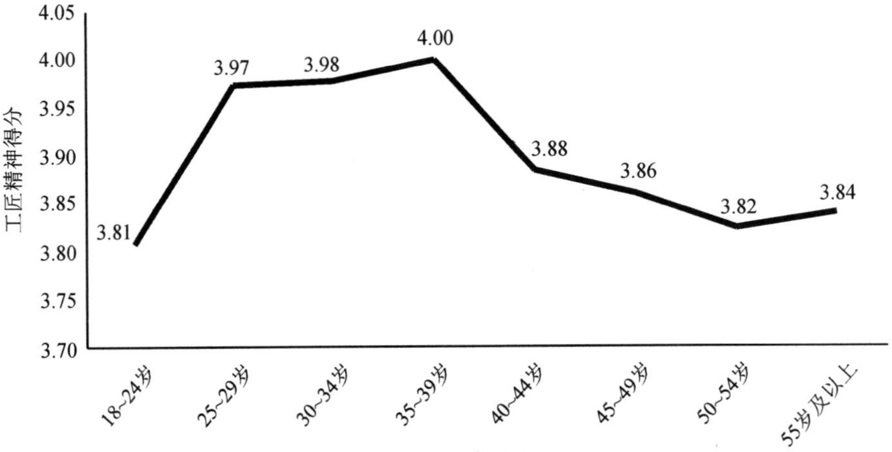

图 5-11　不同年龄组产业工人的工匠精神得分情况

表 5-6 工匠精神的人口统计学差异

人口统计学变量		*n*	*M*±*SD*	*t*/*F*	Cohen's *d* / η_p^2
性别	男性	2397	3.91±0.77	-0.62	-0.03
	女性	1372	3.93±0.76		
年龄	18~24岁	338	3.81±0.85	4.71***	0.009
	25~29岁	630	3.97±0.75		
	30~34岁	693	3.98±0.72		
	35~39岁	737	4.00±0.75		
	40~44岁	461	3.88±0.75		
	45~49岁	418	3.86±0.80		
	50~54岁	362	3.82±0.79		
	55岁及以上	219	3.84±0.79		
地区	东部地区	1623	3.91±0.75	8.52***	0.007
	中部地区	1146	3.85±0.79		
	西部地区	915	4.01±0.78		
	东北地区	188	4.03±0.68		
户口状况	城镇	1600	3.90±0.77	-1.63	-0.05
	农村	2261	3.94±0.76		
婚姻状况	未婚	993	3.92±0.78	0.07	0.00
	已婚	2790	3.92±0.76		
子女数量	没有子女	998	3.95±0.78	1.50	0.001
	有一个子女	1360	3.91±0.76		
	有两个子女	1247	3.94±0.77		
	有三个及以上	182	3.83±0.72		
独生子女	是独生子女	1107	4.00±0.73	4.42***	0.15
	非独生子女	2754	3.89±0.78		
受教育程度	小学及以下	186	3.83±0.77	6.37***	0.006
	初中	1147	3.90±0.77		
	高中	1080	4.00±0.72		
	大专	805	3.84±0.81		
	本科及以上	656	3.93±0.77		
职业证书	取得证书	2007	3.99±0.77	5.80***	0.17
	未取得证书	1854	3.85±0.76		

（续表）

人口统计学变量		n	$M\pm SD$	t/F	Cohen's d / η_p^2
专业技术等级	无技术等级	1814	3.84±0.76	13.88***	0.01
	初级	980	4.01±0.75		
	中级	613	3.90±0.80		
	高级及以上	453	4.03±0.76		
行业类型	采矿业	140	4.01±0.78	21.01***	0.03
	制造业	1975	3.95±0.73		
	建筑业	534	3.70±0.77		
	能源产业	230	4.20±0.71		
	化工行业	356	3.91±0.80		
单位性质	中央企业/国有企业	1133	3.99±0.77	4.13***	0.005
	集体企业	178	3.93±0.82		
	民营企业	2020	3.90±0.74		
	外资企业	78	3.77±0.81		
	合资企业	176	4.04±0.74		
工种	劳务工	947	3.82±0.76	-4.42***	-0.17
	合同工/正式工	2928	3.95±0.77		
月收入	2000元以下	92	3.73±0.76	7.60***	0.02
	2000~2999元	202	3.66±0.82		
	3000~3999元	457	3.75±0.84		
	4000~4999元	771	3.93±0.76		
	5000~5999元	1067	3.95±0.71		
	6000~6999元	505	4.03±0.71		
	7000~7999元	355	3.96±0.78		
	8000~8999元	162	4.00±0.80		
	9000~10000元	133	4.04±0.81		
	10000元以上	115	4.05±0.77		
工会会员	加入工会	1713	3.99±0.77	5.43***	0.17
	未加入工会	2161	3.86±0.76		

（2）地区差异：东北地区、西部地区产业工人的工匠精神水平较高。

方差分析结果表明，工匠精神水平存在地区差异，$F(3, 829.26) = 8.52$，$p < 0.001$，$\eta_p^2 = 0.007$。具体来说：东北地区产业工人的工匠精神水平较高，且显著高于中部地区

($p<0.01$)；西部地区产业工人的工匠精神水平也较高，且显著高于东部地区、中部地区（$ps<0.01$）(图 5-12)。

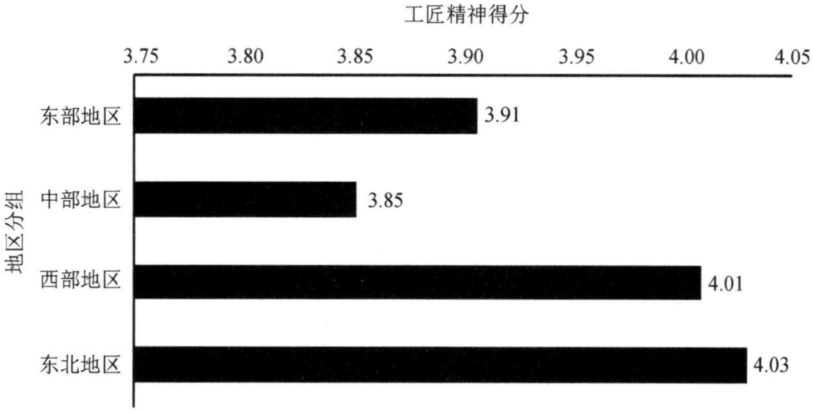

图 5-12　不同地区产业工人的工匠精神得分情况

（3）独生子女差异：自身是独生子女的产业工人的工匠精神水平更高。

独立样本 t 检验表明，自身是独生子女的产业工人的工匠精神得分显著高于不是独生子女的产业工人，$t(2171.56)=4.42$，$p<0.001$，Cohen's $d=0.15$。

3.2.3　人力特征差异

（1）受教育程度差异：高中学历的产业工人的工匠精神较高。

方差分析结果表明，工匠精神水平存在受教育程度上的差异，$F(4,1042.27)=6.37$，$p<0.001$，$\eta_p^2=0.006$。高中学历产业工人的工匠精神得分较高，且显著高于初中、大专学历的产业工人（$ps<0.05$）(图 5-13)。

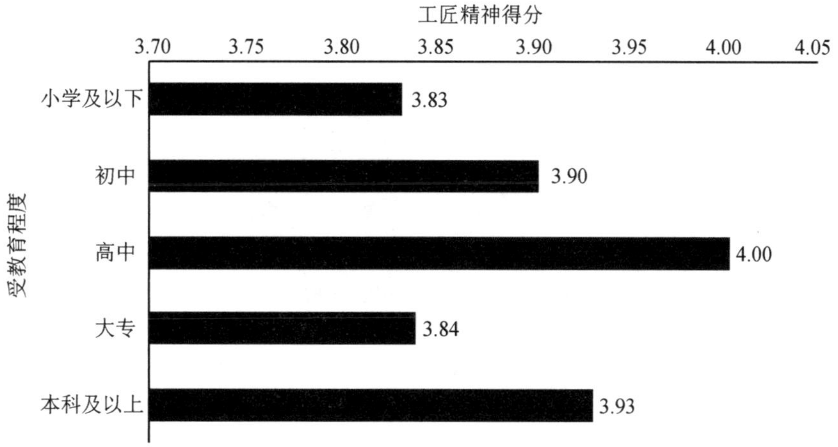

图 5-13　不同受教育程度产业工人的工匠精神得分情况

（2）职业证书差异：取得了职业证书的产业工人的工匠精神水平更高。

独立样本 t 检验表明，已取得职业证书的产业工人的工匠精神得分显著高于未取得职业证书的产业工人，$t(3859)=5.80$，$p<0.001$，Cohen's $d=0.17$。

（3）专业技术等级差异：初级、高级及以上技术等级产业工人的工匠精神水平较高。

方差分析结果表明，工匠精神水平存在专业技术等级上的差异，$F(3, 3856) = 13.88$，$p < 0.001$，$\eta_p^2 = 0.01$。初级技术等级的产业工人的工匠精神得分较高，且显著高于无技术等级、中级技术等级的产业工人（$ps < 0.01$）；高级及以上技术等级的产业工人的工匠精神得分较高，且显著高于无技术等级、中级技术等级的产业工人（$ps < 0.01$）（图 5-14）。

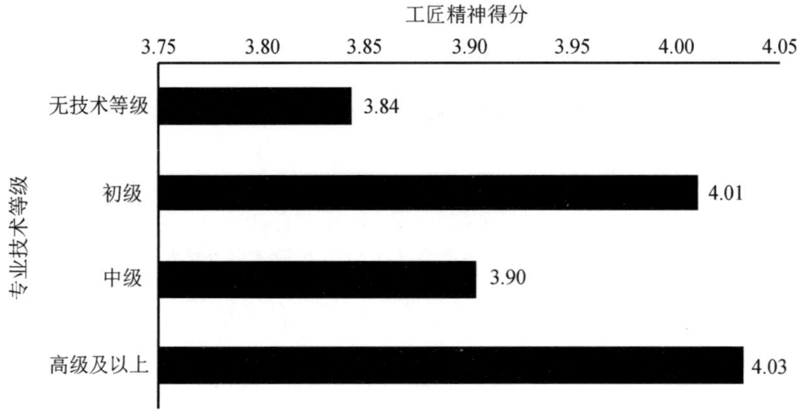

图 5-14　不同专业技术等级产业工人的工匠精神得分情况

3.2.4　工作类型差异

（1）行业类型差异：建筑业产业工人的工匠精神水平较低，能源产业工人的工匠精神水平较高。

方差分析结果表明，工匠精神水平存在行业类型差异，$F(4, 3230) = 21.01$，$p < 0.001$，$\eta_p^2 = 0.03$。建筑业产业工人的工匠精神得分最低，其显著低于其他行业类型的产业工人（$ps < 0.001$）；能源产业工人的工匠精神得分最高，其显著高于其他类型的产业工人（$ps < 0.05$）（图 5-15）。

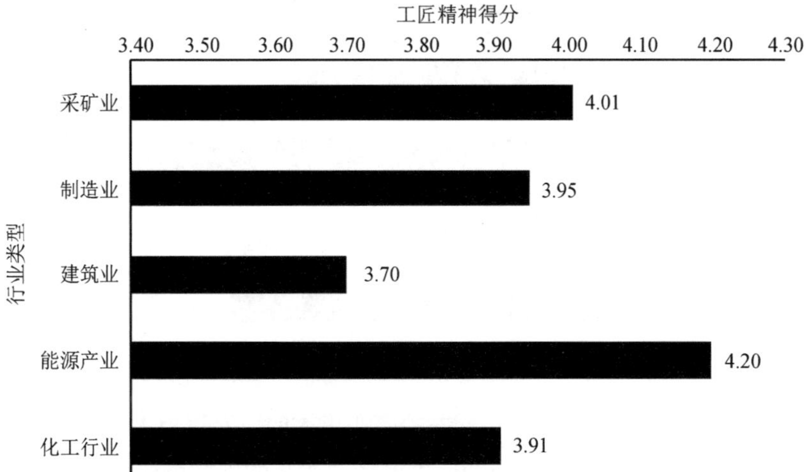

图 5-15　不同行业类型产业工人的工匠精神得分情况

（2）单位性质差异：中央企业/国有企业、合资企业产业工人的工匠精神水平较高。

方差分析结果表明，工匠精神存在单位性质上的差异，$F(4,3580)=4.13$，$p<0.01$，$\eta_p^2=0.01$。中央企业/国有企业、合资企业产业工人的工匠精神得分较高，且显著高于民营企业、外资企业的产业工人（$ps<0.05$）（图 5-16）。

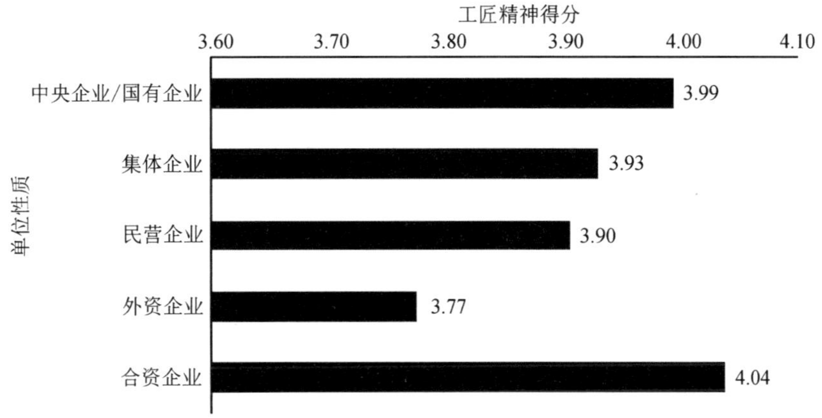

图 5-16　不同单位性质产业工人的工匠精神得分情况

（3）工种差异：在产业工人中，合同工/正式工的工匠精神水平高于劳务工。

独立样本 t 检验表明，在产业工人中，合同工/正式工的工匠精神得分显著高于劳务工，$t(3873)=4.42$，$p<0.001$，Cohen's $d=0.17$。

3.2.5　工作条件差异

（1）月收入差异：月收入越高，工匠精神水平越高。

方差分析结果表明，工匠精神水平存在月收入水平上的差异，$F(9,766.55)=7.60$，$p<0.001$，$\eta_p^2=0.02$。在月收入分组上，虽偶有波动，但总体呈现线性关系：随着月收入的增长，工匠精神得分越高（图 5-17）。

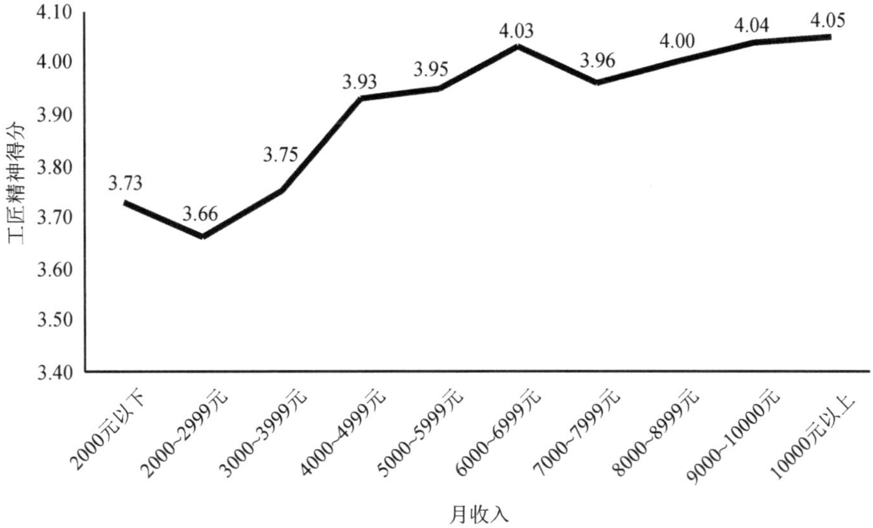

图 5-17　不同月收入水平产业工人的工匠精神得分情况

（2）工会会员差异：加入了工会的产业工人的工匠精神水平更高。

独立样本 t 检验表明，已加入工会的产业工人的工匠精神得分显著高于未加入工会的产业工人，$t(3872)=5.43$，$p<0.001$，Cohen's $d=0.17$。

3.3 劳模精神

3.3.1 总体状况

本次调查结果显示，在1~5的5点量尺上，产业工人的劳模精神平均得分为4.00，标准差为0.73。得分在中间值3分以下者302人，占被调查对象的7.78%，得分为3分者共有127人，占被调查对象的3.27%，得分在3分以上者3452人，占被调查对象的88.95%，具体如图5-18所示。

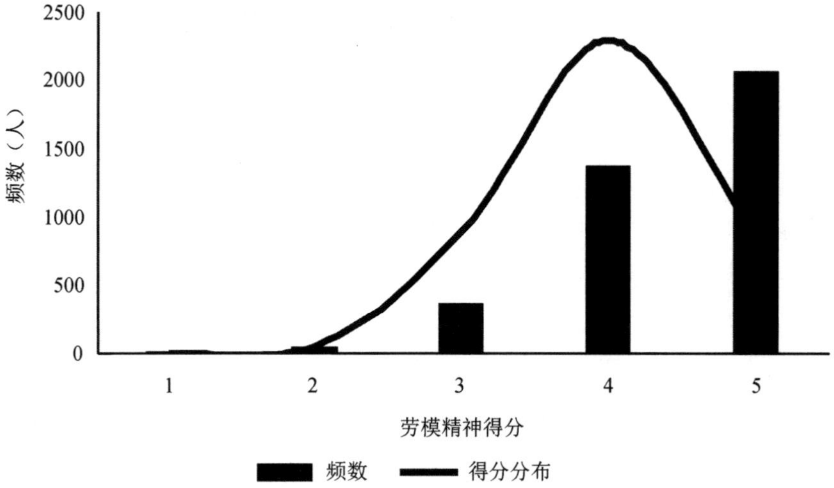

图5-18 产业工人的劳模精神得分分布

3.3.2 人口特征差异

（1）年龄差异：劳模精神的年龄分布呈倒U型模式。

我们分析了劳模精神的各种人口学特征差异。统计显示，除了不存在性别、婚姻状况、户口状况差异外，在其他方面均存在显著差异（表5-7）。以年龄为自变量的方差分析结果表明，劳模精神水平存在年龄上的差异，$F(7, 1351.15)=4.95$，$p<0.001$，$\eta_p^2=0.009$。具体来说，劳模精神得分的年龄分布整体呈现倒U型模式：劳模精神得分从18~24岁之后呈上升趋势，在30~34岁达到最高，之后呈下降趋势，并逐渐趋于平缓（图5-19）。

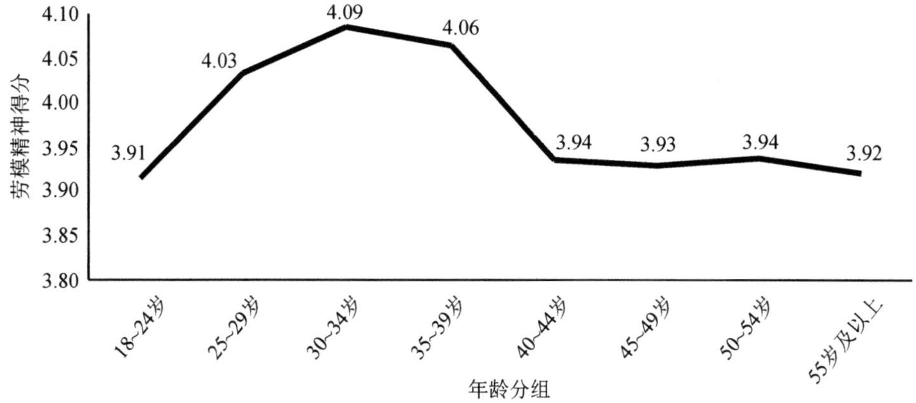

图 5-19　不同年龄组产业工人的劳模精神得分情况

表 5-7　劳模精神的人口统计学差异

人口统计学变量		n	$M \pm SD$	t/F	Cohen's d / η_p^2
性别	男性	2397	4.00±0.73	-0.98	-0.03
	女性	1372	4.02±0.72		
年龄	18~24 岁	338	3.91±0.75	4.95^{***}	0.009
	25~29 岁	630	4.03±0.68		
	30~34 岁	693	4.09±0.65		
	35~39 岁	737	4.06±0.72		
	40~44 岁	461	3.94±0.73		
	45~49 岁	418	3.93±0.82		
	50~54 岁	362	3.94±0.77		
	55 岁及以上	219	3.92±0.75		
地区	东部地区	1623	4.02±0.68	5.15^{**}	0.004
	中部地区	1146	3.95±0.78		
	西部地区	915	4.00±0.77		
	东北地区	188	4.13±0.61		
户口状况	城镇	1600	3.98±0.75	-1.58	-0.06
	农村	2261	4.02±0.70		
婚姻状况	未婚	993	4.02±0.70	1.27	0.04
	已婚	2790	3.99±0.73		

（续表）

人口统计学变量		n	$M±SD$	t/F	Cohen's d / η_p^2
子女数量	没有子女	998	4.06±0.70	5.87***	0.005
	有一个子女	1360	3.99±0.74		
	有两个子女	1247	4.01±0.73		
	有三个及以上	182	3.82±0.75		
独生子女	是独生子女	1107	4.08±0.64	4.82***	0.16
	非独生子女	2754	3.97±0.76		
受教育程度	小学及以下	186	3.91±0.68	8.24***	0.008
	初中	1147	3.95±0.75		
	高中	1080	4.09±0.69		
	大专	805	3.94±0.78		
	本科及以上	656	4.04±0.68		
职业证书	取得证书	2007	4.08±0.70	7.34***	0.24
	未取得证书	1854	3.91±0.74		
专业技术等级	无技术等级	1814	3.92±0.74	19.35***	0.01
	初级	980	4.09±0.68		
	中级	613	3.99±0.75		
	高级及以上	453	4.14±0.69		
行业类型	采矿业	140	4.14±0.71	20.94***	0.02
	制造业	1975	4.03±0.69		
	建筑业	534	3.80±0.70		
	能源产业	230	4.21±0.61		
	化工行业	356	4.11±0.69		
单位性质	中央企业/国有企业	1133	4.07±0.74	3.93***	0.004
	集体企业	178	3.98±0.74		
	民营企业	2020	3.99±0.68		
	外资企业	78	4.04±0.62		
	合资企业	176	4.14±0.66		
工种	劳务工	947	3.89±0.74	-5.15***	-0.19
	合同工/正式工	2928	4.03±0.72		

（续表）

人口统计学变量		n	$M±SD$	t/F	Cohen's d /η_p^2
月收入	2000 元以下	92	3.91±0.68	3.74***	0.009
	2000~2999 元	202	3.85±0.77		
	3000~3999 元	457	3.89±0.83		
	4000~4999 元	771	4.03±0.72		
	5000~5999 元	1067	4.01±0.69		
	6000~6999 元	505	4.10±0.66		
	7000~7999 元	355	4.00±0.71		
	8000~8999 元	162	3.98±0.78		
	9000~10000 元	133	4.11±0.74		
	10000 元以上	115	4.04±0.74		
工会会员	加入工会	1713	4.09±0.71	6.91***	0.22
	未加入工会	2161	3.93±0.73		

（2）地区差异：东北地区产业工人的劳模精神水平较高。

方差分析结果表明，劳模精神水平存在地区差异，$F(3,833.90)=5.15$，$p<0.001$，$\eta_p^2=0.004$。东北地区产业工人的劳模精神得分较高，且显著高于中部地区产业工人（$p<0.01$）（图 5-20）。

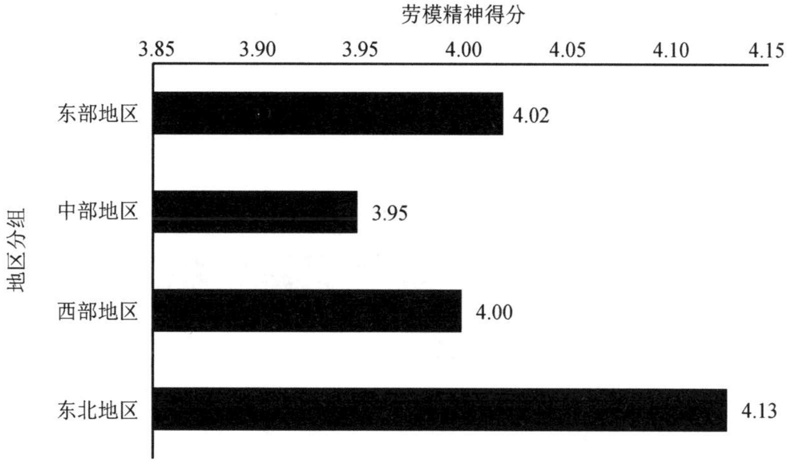

图 5-20 不同地区产业工人的劳模精神得分情况

（3）子女数量差异：有三个及以上子女的产业工人的劳模精神水平更低。

方差分析结果表明，劳模精神水平存在子女数量上的差异，$F(3,3783)=5.87$，$p<0.001$，$\eta_p^2=0.005$。具体来说，有三个及以上子女的产业工人的劳模精神得分显著低于

没有子女、有一个子女、有两个子女的产业工人（$ps<0.01$）(图 5-21)。

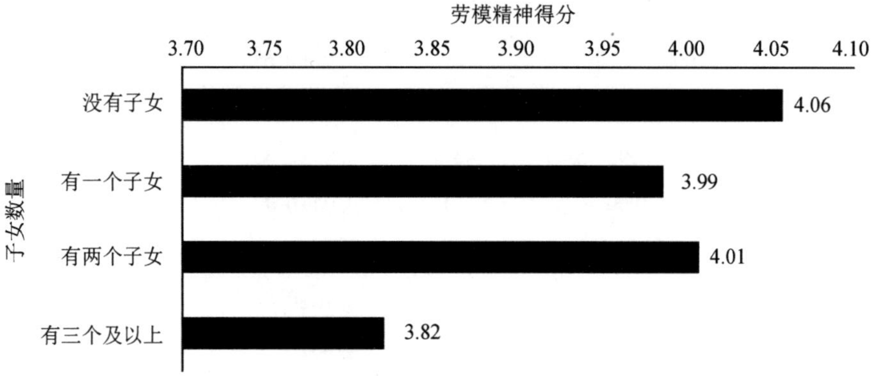

图 5-21 不同子女数量产业工人的劳模精神得分情况

（4）独生子女差异：自身是独生子女的产业工人的劳模精神水平更高。

独立样本 t 检验表明，自身是独生子女的产业工人的劳模精神得分显著高于不是独生子女的产业工人，$t(2378.96)=4.82$，$p<0.001$，Cohen's $d=0.16$。

3.3.3 人力特征差异

（1）受教育程度差异：高中学历产业工人的劳模精神水平较高。

方差分析结果表明，劳模精神水平存在受教育程度上的差异，$F(4, 1053.62)=8.24$，$p<0.001$，$\eta_p^2=0.008$。高中学历产业工人的劳模精神得分较高，且显著高于小学及以下、初中和大专学历的产业工人（$ps<0.05$）(图 5-22)。

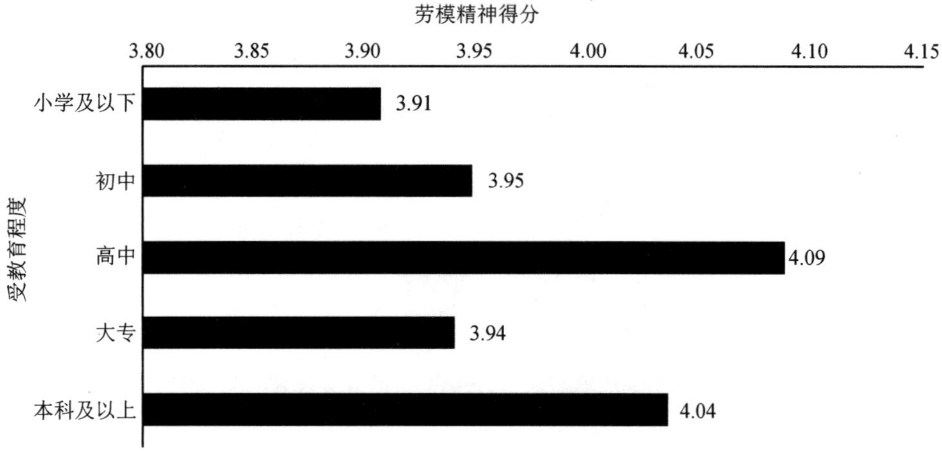

图 5-22 不同受教育程度产业工人的劳模精神得分情况

（2）职业证书差异：已取得职业证书的产业工人的劳模精神水平更高。

独立样本 t 检验表明，已取得职业证书的产业工人的劳模精神得分显著高于未取得职业证书的产业工人，$t(3790.67)=7.34$，$p<0.001$，Cohen's $d=0.24$。

（3）专业技术等级差异：无技术等级的产业工人的劳模精神水平更低，高级及以上技术等级的产业工人的劳模精神水平更高。

方差分析结果表明，劳模精神存在专业技术等级上的差异，$F(3,1401.47)=19.35$，$p<0.001$，$\eta_p^2=0.01$。无技术等级的产业工人的劳模精神得分更低，且显著低于初级、高级及以上技术等级的产业工人（$ps<0.001$）；高级及以上技术等级的产业工人的劳模精神得分更高，且显著高于无技术等级、中级技术等级的产业工人（$ps<0.01$）（图 5-23）。

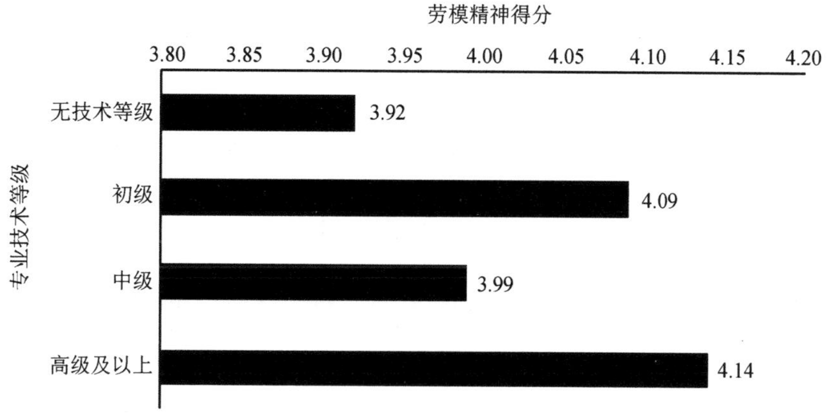

图 5-23　不同专业技术等级产业工人的劳模精神得分情况

3.3.4　工作类型差异

（1）行业类型差异：建筑业产业工人的劳模精神水平较低。

方差分析结果表明，劳模精神存在行业类型上的差异，$F(4,756.50)=20.94$，$p<0.001$，$\eta_p^2=0.02$。建筑业产业工人的劳模精神得分显著低于其他行业类型的产业工人（$ps<0.001$）（图 5-24）。

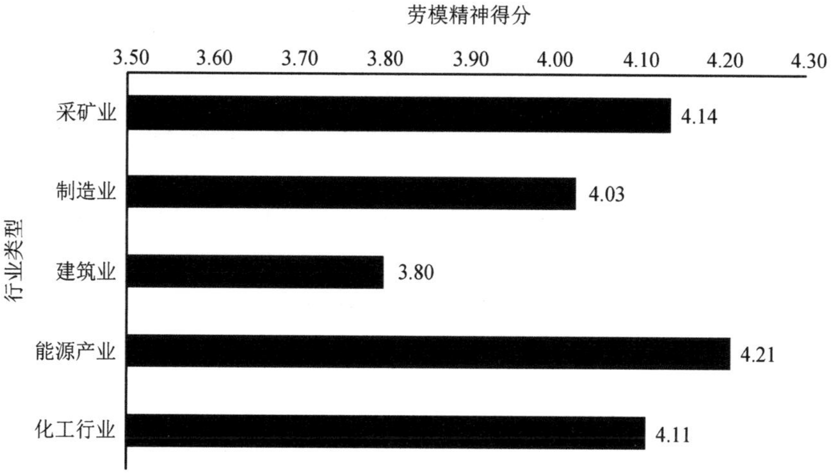

图 5-24　不同行业类型产业工人的劳模精神得分情况

（2）单位性质差异：中央企业/国有企业、合资企业产业工人的劳模精神水平较高。

方差分析结果表明，劳模精神存在单位性质上的差异，$F(5,346.40)=3.93$，$p<0.001$，$\eta_p^2=0.004$。中央企业/国有企业、合资企业产业工人的劳模精神得分较高，且显著高于集体企业和民营企业的产业工人（$ps<0.05$）（图 5-25）。

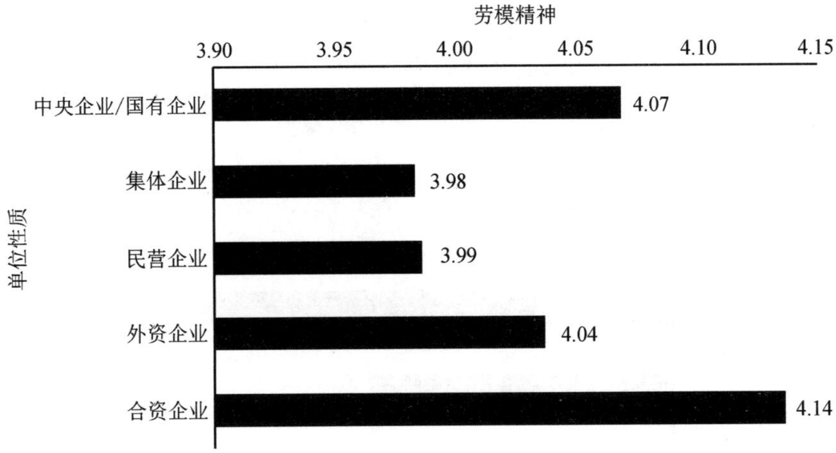

图 5-25 不同单位性质产业工人的劳模精神得分情况

（3）工种差异：在产业工人中，合同工/正式工的劳模精神水平高于劳务工。

独立样本 t 检验表明，在产业工人中，合同工/正式工的劳模精神得分显著高于劳务工，$t(3873)=5.15$，$p<0.001$，Cohen's $d=0.19$。

3.3.5 工作条件差异

（1）月收入差异：劳模精神水平的月收入差异整体呈波动式上升模式。

方差分析结果表明，劳模精神水平存在月收入水平上的差异，$F(9,768.09)=3.74$，$p<0.001$，$\eta_p^2=0.009$。在月收入分组上，劳模精神得分整体呈波动式上升模式，月收入

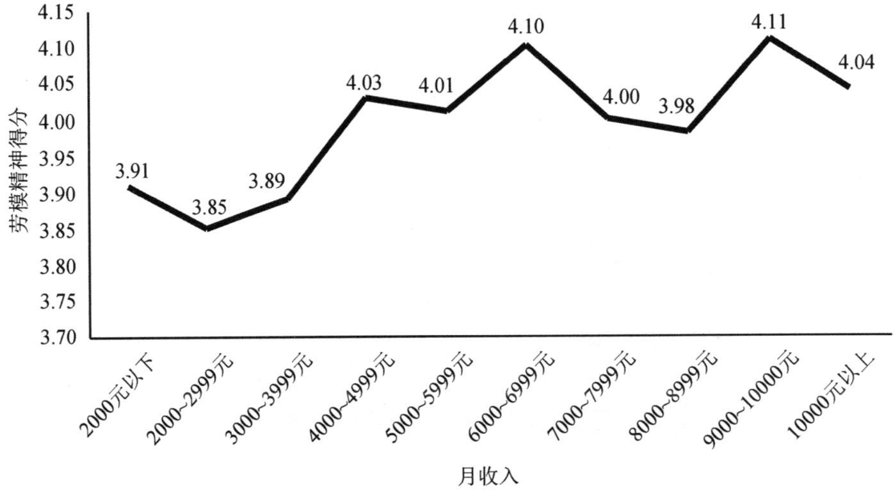

图 5-26 不同月收入水平产业工人的劳模精神得分情况

越高，劳模精神水平越高。月收入为6000~6999元的产业工人的劳模精神得分显著高于月收入为2000~2999元、3000~3999元的产业工人（$ps<0.01$）（图5-26）。

（2）工会会员差异：已加入工会的产业工人的劳模精神水平更高。

独立样本t检验表明，已加入工会的产业工人的劳模精神得分显著高于未加入工会的产业工人，$t(3716.79)=6.91$，$p<0.001$，Cohen's $d=0.22$。

3.4 整体职业精神

3.4.1 总体状况

本次调查结果显示，在1~5的5点量尺上，由职业精神总量表全部题项加总求平均值可知，产业工人的职业精神平均得分为3.93，标准差为0.69。得分在中间值3分以下者335人，占被调查对象的8.63%，得分为3分者共有50人，占被调查对象的1.29%，得分在3分以上者3496人，占被调查对象的90.08%，具体如图5-27所示。

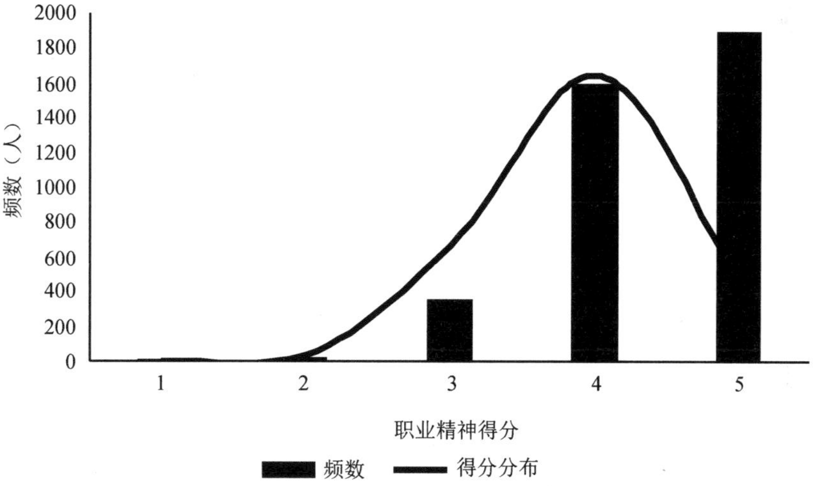

图5-27　产业工人的职业精神得分分布

3.4.2 人口特征差异

（1）年龄差异：职业精神的年龄分布呈倒U型模式。

我们分析了职业精神的各种人口学特征差异。统计显示，除了不存在性别、婚姻状况差异外，在其他方面均存在显著差异（表5-8）。以年龄为自变量的方差分析结果表明，职业精神水平存在年龄上的差异，$F(7,3850)=7.16$，$p<0.001$，$\eta_p^2=0.01$。具体来说，职业精神得分的年龄分布整体呈现倒U型模式：职业精神得分从18~24岁之后呈上升趋势，在30~39岁达到最高，之后呈下降趋势（图5-28）。

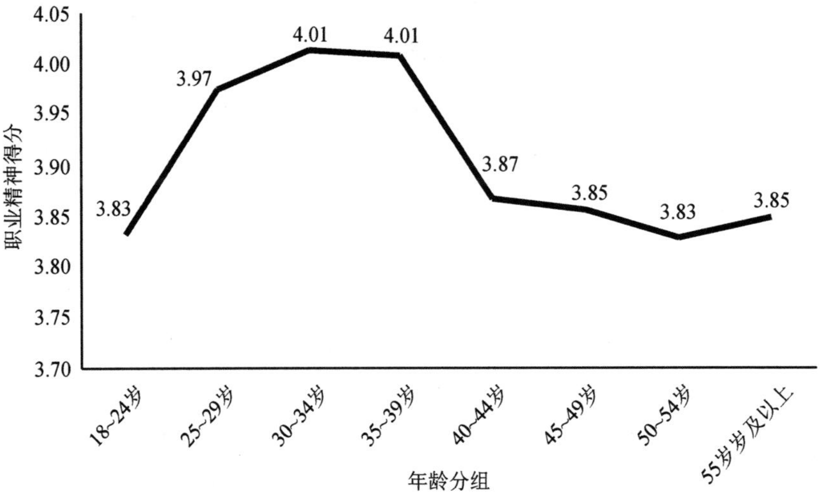

图 5-28　不同年龄组产业工人的职业精神得分情况

表 5-8　职业精神的人口统计学差异

人口统计学变量		n	$M\pm SD$	t/F	Cohen's d / η_p^2
性别	男性	2397	3. 91±0. 69	−1. 62	−0. 06
	女性	1372	3. 95±0. 69		
年龄	18~24 岁	338	3. 83±0. 73	7. 16***	0. 01
	25~29 岁	630	3. 97±0. 68		
	30~34 岁	693	4. 01±0. 64		
	35~39 岁	737	4. 01±0. 67		
	40~44 岁	461	3. 87±0. 68		
	45~49 岁	418	3. 85±0. 72		
	50~54 岁	362	3. 83±0. 68		
	55 岁及以上	219	3. 85±0. 69		
地区	东部地区	1623	3. 94±0. 65	8. 11***	0. 01
	中部地区	1146	3. 85±0. 70		
	西部地区	915	3. 98±0. 74		
	东北地区	188	4. 02±0. 60		
户口状况	城镇	1600	3. 90±0. 70	−2. 39*	−0. 07
	农村	2261	3. 95±0. 67		
婚姻状况	未婚	993	3. 94±0. 69	0. 89	0. 03
	已婚	2790	3. 92±0. 68		

（续表）

人口统计学变量		n	$M±SD$	t/F	Cohen's d / η_p^2
子女数量	没有子女	998	3.97±0.70	4.24**	0.003
	有一个子女	1360	3.90±0.69		
	有两个子女	1247	3.95±0.68		
	有三个及以上	182	3.81±0.66		
独生子女	是独生子女	1107	4.01±0.65	4.85***	0.16
	非独生子女	2754	3.90±0.70		
受教育程度	小学及以下	186	3.87±0.65	7.76***	0.008
	初中	1147	3.90±0.70		
	高中	1080	4.02±0.65		
	大专	805	3.85±0.73		
	本科及以上	656	3.94±0.66		
职业证书	取得证书	2007	4.00±0.68	6.82***	0.22
	未取得证书	1854	3.85±0.68		
专业技术等级	无技术等级	1814	3.85±0.68	19.29***	0.02
	初级	980	4.03±0.66		
	中级	613	3.90±0.72		
	高级及以上	453	4.05±0.67		
行业类型	采矿业	140	4.04±0.71	25.36***	0.03
	制造业	1975	3.97±0.66		
	建筑业	534	3.71±0.65		
	能源产业	230	4.18±0.63		
	化工行业	356	3.98±0.70		
单位性质	中央企业/国有企业	1133	4.00±0.71	3.25*	0.004
	集体企业	178	3.93±0.73		
	民营企业	2020	3.92±0.65		
	外资企业	78	3.88±0.68		
	合资企业	176	4.04±0.66		
工种	劳务工	947	3.83±0.67	−5.23***	−0.19
	合同工/正式工	2928	3.96±0.69		

（续表）

人口统计学变量		n	$M±SD$	t/F	Cohen's d /η_p^2
月收入	2000 元以下	92	3. 84±0. 64	6. 69***	0. 02
	2000~2999 元	202	3. 75±0. 67		
	3000~3999 元	457	3. 77±0. 75		
	4000~4999 元	771	3. 94±0. 69		
	5000~5999 元	1067	3. 96±0. 66		
	6000~6999 元	505	4. 03±0. 65		
	7000~7999 元	355	3. 95±0. 68		
	8000~8999 元	162	3. 94±0. 71		
	9000~10000 元	133	4. 03±0. 71		
	10000 元以上	115	4. 00±0. 71		
工会会员	加入工会	1713	4. 01±0. 69	6. 75***	0. 22
	未加入工会	2161	3. 86±0. 68		

（2）地区差异：东北地区产业工人的职业精神水平较高。

方差分析结果表明，职业精神水平存在地区差异，$F(3,828.91)=8.11$，$p<0.001$，$\eta_p^2=0.006$。东北地区产业工人的职业精神得分较高，且显著高于中部地区（$p<0.01$）（图 5-29）。

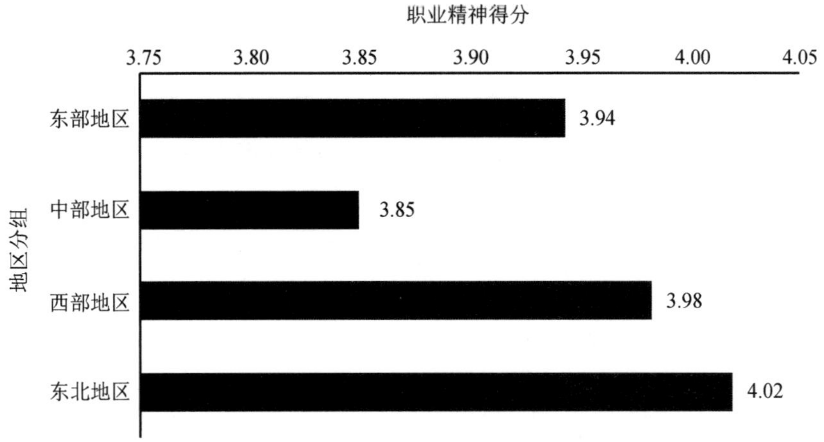

图 5-29　不同地区产业工人的职业精神得分情况

（3）户口差异：农村户口的产业工人的职业精神水平较高。

独立样本 t 检验显示，农村户口产业工人的职业精神得分显著高于城镇户口产业工人，$t(3829)=2.39$，$p<0.05$，Cohen's $d=0.07$。

（4）子女数量差异：没有子女的产业工人的职业精神水平较高，有三个及以上子女的产业工人的职业精神水平较低。

方差分析结果表明，职业精神水平存在子女数量上的差异，$F(3,3783)=4.24$，$p<0.01$，$\eta_p^2=0.003$。没有子女的产业工人的职业精神得分较高，且显著高于有一个子女、有三个及以上子女的产业工人（$ps<0.05$）；有三个及以上子女的产业工人的职业精神得分较低，且显著低于没有子女、有两个子女的产业工人（$ps<0.01$）（图 5-30）。

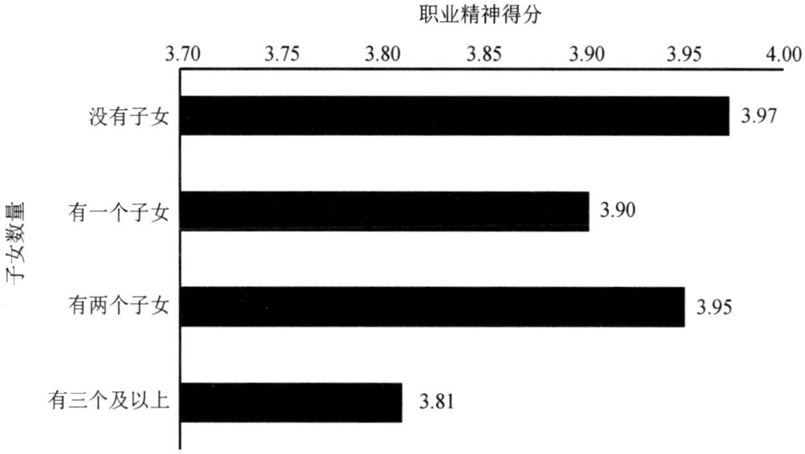

图 5-30　不同子女数量产业工人的职业精神得分情况

（5）独生子女差异：自身是独生子女的产业工人的职业精神水平更高。

独立样本 t 检验表明，自身是独生子女的产业工人的职业精神得分显著高于不是独生子女的产业工人，$t(2189.48)=4.85$，$p<0.001$，Cohen's $d=0.16$。

3.4.3　人力特征差异

（1）受教育程度差异：高中学历产业工人的职业精神水平较高。

方差分析结果表明，职业精神水平存在受教育程度上的差异，$F(4,1051.53)=7.76$，$p<0.001$，$\eta_p^2=0.008$。高中学历产业工人的职业精神得分较高，且显著高于小学及以下、初中、大专学历的产业工人（$ps<0.05$）（图 5-31）。

（2）职业证书差异：已取得职业证书的产业工人的职业精神水平更高。

独立样本 t 检验表明，已取得职业证书的产业工人的职业精神得分显著高于未取得职业证书的产业工人，$t(3859)=6.82$，$p<0.001$，Cohen's $d=0.22$。

（3）专业技术等级差异：初级、高级及以上技术等级的产业工人的职业精神水平较高。

方差分析结果表明，职业精神水平存在专业技术等级上的差异，$F(3,3856)=19.29$，$p<0.001$，$\eta_p^2=0.02$。初级技术等级的产业工人的职业精神得分较高，且显著高

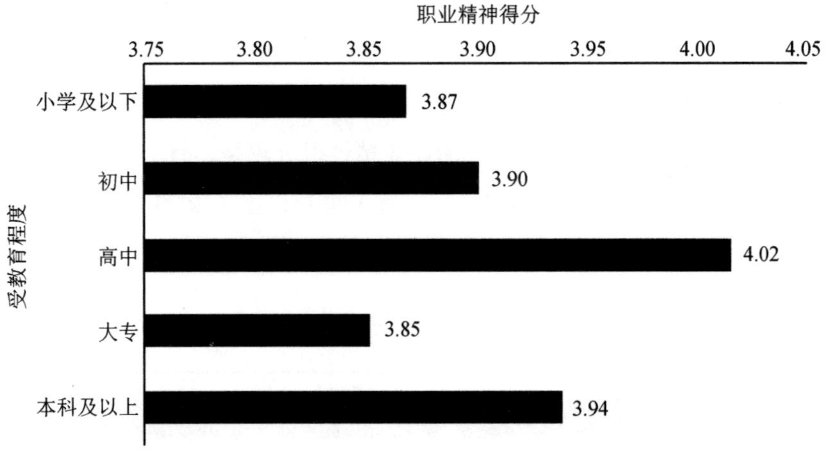

图 5-31　不同受教育程度产业工人的职业精神得分情况

于无技术等级、中级技术等级的产业工人（$ps<0.001$）；高级及以上技术等级的产业工人的职业精神得分较高，且显著高于无技术等级、中级技术等级的产业工人（$ps<0.001$）（图 5-32）。

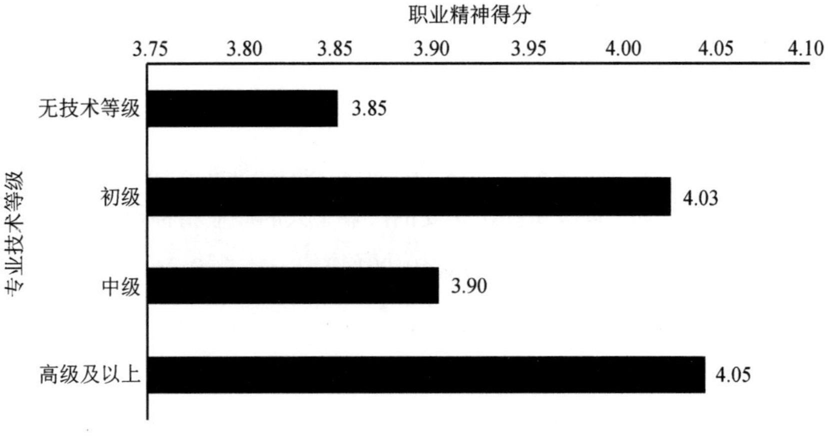

图 5-32　不同专业技术等级产业工人的职业精神得分情况

3.4.4　工作类型差异

（1）行业类型差异：建筑业产业工人的职业精神水平较低，能源产业工人的职业精神水平较高。

方差分析结果表明，职业精神水平存在行业类型差异，$F(4,7560.46)=25.36$，$p<0.001$，$\eta_p^2=0.03$。建筑业产业工人的职业精神得分最低，且显著低于其他行业类型的产业工人（$ps<0.001$）；能源产业工人的职业精神得分最高，且显著高于其他行业类型的产业工人（$ps<0.05$）（图 5-33）。

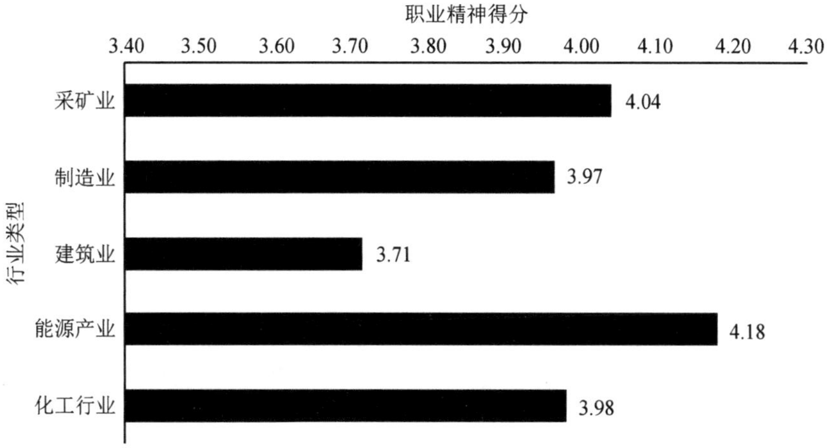

图 5-33　不同行业类型产业工人的职业精神得分情况

（2）单位性质差异：合资企业、中央企业/国有企业的产业工人的职业精神水平较高。

方差分析结果表明，职业精神存在单位性质上的差异，$F(4,343.25)=3.25$，$p<0.05$，$\eta_p^2=0.004$。具体而言，合资企业、中央企业/国有企业产业工人的职业精神得分较高（图 5-34）。

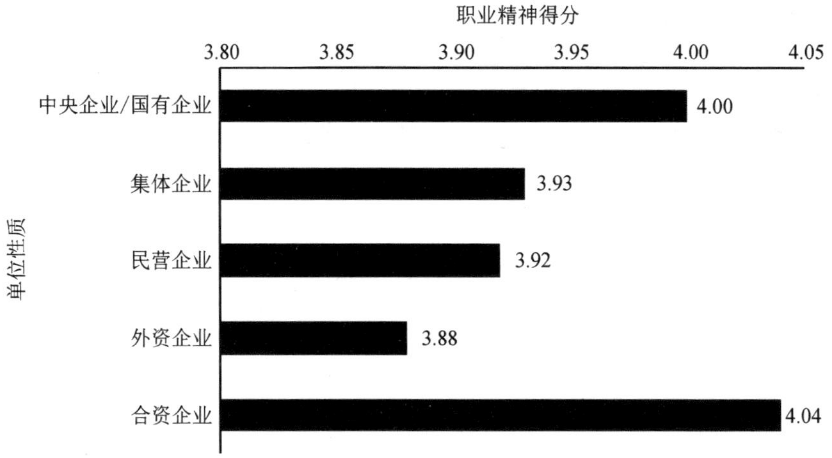

图 5-34　不同单位性质产业工人的职业精神得分情况

（3）工种差异：在产业工人中，合同工/正式工的职业精神水平高于劳务工。

独立样本 t 检验表明，在产业工人中，合同工/正式工的职业精神得分显著高于劳务工，$t(3873)=5.23$，$p<0.001$，Cohen's $d=0.19$。

3.4.5　工作条件差异

（1）月收入差异：职业精神水平的月收入差异整体呈波动式上升模式。

方差分析结果表明，职业精神水平存在月收入水平上的差异，$F(9,3849)=6.69$，p

<0.001，$\eta_p^2=0.02$。在月收入分组上，职业精神得分整体呈波动式上升模式，月收入越高，职业精神水平越高。月收入为 2000～2999 元的产业工人的职业精神得分较低，且显著低于月收入为4000 元以上的产业工人（$ps<0.01$）；月收入为3000～3999 元的产业工人的职业精神得分较低，且显著低于月收入为 4000～10000 元的产业工人（$ps<0.01$）；月收入为6000～6999 元的产业工人的职业精神得分较高，且显著高于月收入为6000 元以下的产业工人（$ps<0.05$）（图 5-35）。

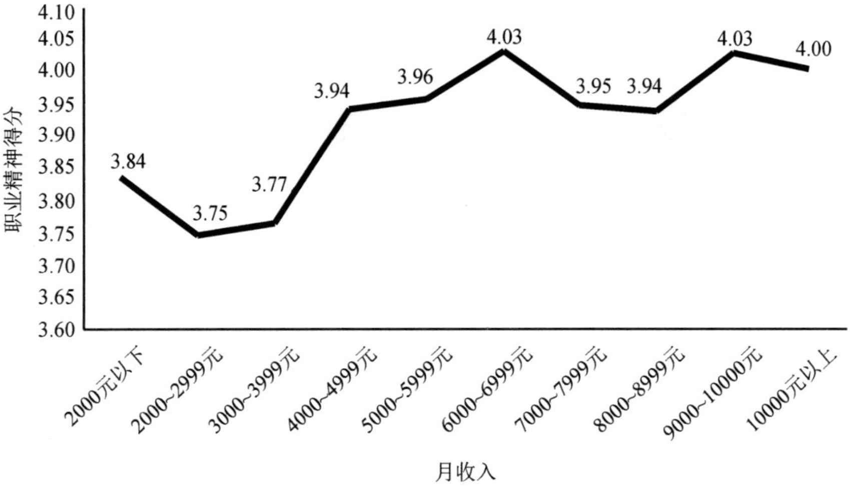

图 5-35　不同月收入水平产业工人的职业精神得分情况

（2）工会会员差异：已加入工会的产业工人的职业精神水平更高。

独立样本 t 检验表明，已加入工会的产业工人的职业精神得分显著高于未加入工会的产业工人，$t(3872)=6.75$，$p<0.001$，Cohen's $d=0.22$。

4　分析与建议

4.1　结果分析

4.1.1　新时代产业工人职业精神的结构与测量工具

本研究编制了新时代产业工人职业精神量表，并对 3881 名产业工人进行施测。对调查数据的探索性因子分析和验证性因子分析确认了产业工人职业精神的三维结构，即职业精神包括劳动精神、工匠精神和劳模精神三个因子。其中，劳动精神彰显产业工人作为劳动者对劳动的尊崇与热爱；工匠精神展现了产业工人在工作中爱岗敬业、精益求精的态度；劳模精神则凸显产业工人淡泊名利、甘于奉献的高尚情操。

从“三种精神”产生的主体来看，劳模精神来自劳模群体，劳动精神来自劳动者群体，工匠精神来自工匠群体（梁大伟,茹亚辉,2022）。劳模和工匠首先都属于劳动者范畴，因此，劳动精神构成了工匠精神和劳模精神的基石，是一名合格劳动者应具备的基本素养（邵月娥,2020）。习近平总书记（2013）指出，“人民创造历史，劳动开创未来”。劳动精神以崇尚劳动、热爱劳动为核心，劳动者只有发自内心、自愿自觉地参与劳动，形成热爱劳动的情感倾向，才能全方位满足物质与精神、生存与发展、内在与外在等各方面需求，进而收获幸福。产业工人作为劳动者的重要组成部分，理应首先具备劳动精神，始终保持对劳动的敬重与热爱。

精益求精、爱岗敬业的工匠精神是激励产业工人持续挑战自我、超越自我的内在动力，也是产业工人岗位责任意识和产品质量意识的体现。产业工人凭借技术立足职场，工匠精神凝聚于产业工人创造的产品及其劳动过程之中，体现出对精湛技艺的不懈探索，是一种基于技能导向的职业精神（彭维锋,2024）。只有真正热爱自己的岗位与工作，甘愿投入时间和精力，反复钻研、改进产品，做到精益求精、挑战自我、追求完美，才能成长为专业型乃至专家型的劳动者（彭维锋,2021）。栗洪武和赵艳（2017）认为，工匠精神的核心在于爱岗敬业、精益求精的职业理念、工作态度和做事本分。本研究所确定的工匠精神包含精益求精、爱岗敬业两个方面的内容，这与之前众多研究者构建的工匠精神概念结构高度契合，体现出相当的一致性（李淑玲,2020;吕守军等,2018;邹仲海等,2017）。

淡泊名利、甘于奉献的劳模精神则是产业工人职业精神的价值追求，彰显的是劳模和先进工作者们心甘情愿、默默坚守、全身心投入、不追求声名和个人私利的精神境界（彭维锋,2021;邵月娥,2020）。从价值导向视角来看，劳模精神是楷模层次，具有引领性和示范性；劳动精神是基础层次，具有普遍性和基础性；工匠精神是专业层次，具有专业性和技术性，体现着个人对专业技能和创新能力的极致追求（吴晋,岳佳璇,2024）。产业工人职业精神的三个维度，清晰呈现出产业工人从合格到优秀再到楷模的不断递进的职业理想和追求，共同勾勒出新时代产业工人职业精神的完整画像。

职业精神具有鲜明的职业特性和时代特性（卜丽娟,2015;张晓锋,2008）。产业工人职业精神的三维结构是在产业工人群体特殊性的基础上构建的，体现新时代产业工人多层次的精神追求和职业理想，体现新时代党和国家对产业工人的总体要求。大规模调查结果表明，本研究所编制的新时代产业工人职业精神量表具有良好的结构效度（表明三维结构的合理性）、效标关联效度以及内部一致性信度，可以作为今后开展产业工人职业精神相关实证研究的有效工具，可以用于科学评估产业工人的职业精神现状以及职业精神培育项目的实施效果。

4.1.2　当前我国产业工人的职业精神水平整体较高

本次调查结果表明，在职业精神量表总均分上超过理论上的中间值的人数占总人数的90.08%，这表明新时代我国绝大部分产业工人的职业精神水平较高，体现了良好的精神风貌。从职业精神的三个维度来看，三者均分也都高于中间值。在劳动精神维度上得分超过中间值的人数占总人数的78.30%，表明大部分产业工人具备较高水平的劳动精神，崇尚劳动，热爱劳动；在工匠精神维度上得分超过中间值的人数占总人数的85.36%，表明大部分产业工人具备较高水平的工匠精神，爱岗敬业，且对待工作精益求精、追求卓越；在劳模精神维度上得分超过中间值的人数占总人数的88.95%，表明大部分产业工人具备较高水平的劳模精神，淡泊名利，在工作中无私奉献。概括而言，新时代产业工人具有较高水平的职业精神。

4.1.3 当前我国产业工人的职业精神水平不平衡

从调查结果来看，职业精神总量表以及劳动精神、工匠精神、劳模精神三个维度得分在大部分人口统计学指标上均存在显著差异，表明当前我国产业工人的职业精神发展水平不平衡。

在性别方面，男性和女性产业工人在工匠精神、劳模精神和整体职业精神水平方面均无显著差异，但女性产业工人的劳动精神水平高于男性产业工人。现代社会中，性别角色观念逐渐发生变化，“男主外，女主内”的传统观念受到冲击，女性在职业领域的参与度不断提高（朱苑苑,2024）。根据2023年《中国妇女发展纲要（2021—2030年）》统计监测报告，国家出台了一系列政策保障女性劳动者权益，为女性提供了更好的工作环境，有助于提升其劳动精神水平。

在年龄方面，产业工人在劳动精神、工匠精神、劳模精神和整体职业精神上的表现均呈倒U型曲线，其中25~40岁产业工人在各维度和职业精神总分上均处于高点，这可能是由于该年龄段的产业工人正处于职业发展黄金期，具有更高水平的职业认同感（高艳等,2011），因此工作投入水平更高（朱永跃等,2020）；25~40岁产业工人承担着家庭与社会双重责任，希望通过努力工作为家庭提供更好的生活条件（钟洪亮,吴贵明,2021）。18~24岁和40岁以上的产业工人可能因分别处于职业适应期（高艳等,2011;孙彦彦等,2023）和职业倦怠期（余悦等,2023），职业精神水平相对较低。

在地区方面，西部地区产业工人具备更高的劳动精神和工匠精神。西部大开发战略的实施为西部地区产业工人提供了更多的发展机会和资源，提升了劳动精神；《西部地区鼓励类产业目录（2020年本）》明确指出，要促进西部地区产业结构调整和特色优势产业发展，这对工人的技能提出了更高要求，促使工人提升自身技术水平，增强工匠精神。此外，东北地区产业工人具备更高的工匠精神、劳模精神和整体职业精神。东北地区工业基础深厚，其工匠精神和劳模文化传统延续至今，长期以来涌现了许多劳动模范，例如“高炉卫士”孟泰、“东北工人的一面旗帜”赵国有、“铁人”王进喜等，激励东北地区新一代产业工人继续发扬劳模精神（李泽军,2021）。

在户口状况方面，农村户口和城镇户口的产业工人在工匠精神和劳模精神方面无显著差异，但农村户口产业工人的劳动精神和整体职业精神水平高于城镇户口产业工人。农村户口产业工人通常面临更大的经济压力，需要努力工作以维持家庭经济；农村户口产业工人具备更强的心理韧性（李强等,2017），能够承受更大的工作压力和挑战。

在子女数量方面，无子女的产业工人的职业精神水平较高，这可能是由于其家庭负担更轻，可以在工作中投入足够的时间和精力。相反，多子女意味着更大的家庭责任和更多的精力投入，因此有三个及以上子女的产业工人在工作中表现出较低水平的劳模精神和整体职业精神。与无子女、有两个及以上子女的产业工人相比，只有一个子女的产业工人承担有限的家庭负担，既无法在工作中投入足够的精力，又同时缺乏努力工作的动力，故劳动精神水平较低。

在独生子女方面，自身是独生子女的产业工人的劳动精神、工匠精神、劳模精神和整体职业精神水平都更高。独生子女家庭通常会将更多的资源集中投入到独生子女身上，包括更好的教育机会、技能培训和职业发展支持；此外，独生子女在社会中往往受到更多关注和期望（丁士贤,1989），在成年后也承担着更重的家庭负担，促使其工作更加努力。

在受教育程度方面，高中学历（包括中专、技校、职高）产业工人的劳动精神、工匠精神、劳模精神和整体职业精神都更高。高中教育尤其是中专、技校、职高教育更加注重实践技能和职业精神的培养，2022 年新修订的《中华人民共和国职业教育法》也首次增加了关于工匠精神培育的相关表述，要求“培育劳模精神、劳动精神、工匠精神”。高中学历产业工人通常更早进入职场，职业稳定性较高，有助于在工作中培养职业精神。

在职业证书方面，相比之下，已取得职业证书的产业工人的劳动精神、工匠精神、劳模精神和整体职业精神水平都更高。已取得职业证书的产业工人经过了系统的职业技能培训和考核，具备更高的技能水平，有助于在工作中表现出更高的劳动精神和工匠精神；职业证书的获取为产业工人提供了更多职业发展机会，促使其更加努力工作，展现出更高的劳模精神；在职业技能培训过程中，通常也会融入职业精神的培养（徐春,2020），如工匠精神等。

在专业技术等级方面，初级、高级及以上技术等级的产业工人的劳动精神、工匠精神和整体职业精神水平更高。相比于无技术等级，初级、高级及以上技术等级的产业工人通常经过更系统的职业技能培训和实践，其劳动技能和职业素养均得到提高（徐春,2020）。无技术等级的产业工人的劳模精神水平更低，因为缺乏技术等级往往导致更多工作挑战与工作压力，从而降低工作动机和工作满意度（郭圣乾,唐雪,2020），进而影响劳模精神。同理，高级及以上技术等级产业工人工作压力相对较低，同时拥有更多的职业发展机会和更高的经济回报，其工作满意度较高，表现出更高的劳模精神。中级技术等级产业工人在主观社会地位感知上不如高级及以上技术等级工人，同时又没有初级技术等级工人“从无到有”的成就感，加之可能正处于职业发展的瓶颈期，面临更大的压力和不确定性，导致其劳动精神、工匠精神、劳模精神和整体的职业精神水平受到影响（朱永跃,窦笑宇等,2023）。

在行业类型方面，建筑业产业工人的劳动精神、工匠精神、劳模精神和整体职业精神水平都更低。建筑业是劳动密集型行业，标准化程度低，简单重复性劳动多，导致工人的工作投入度和职业认同感相对较低；建筑产业工人工作具有流动性和不确定性，需要频繁更换工作地点和项目（赵祖平等,2024），这种不稳定性可能影响其工作积极性。能源产业工人的劳动精神、工匠精神和整体职业精神水平都更高，可能是因为能源产业工人通常在一个企业或项目中工作较长时间，这种稳定性有助于提高工人的工作积极性；能源产业是技术密集型行业，对工人的技能水平和专业知识要求较高，工人工作投入度和职业认同感相对较高，有利于提高其工匠精神和整体职业精神。

在单位性质方面，不同性质单位产业工人的劳动精神水平无显著差异，但中央企业/国有企业和合资企业产业工人的工匠精神、劳模精神和整体职业精神水平都更高：中央企业/国有企业通常具有更深厚的企业文化（徐海涛,2024）和更完善的培训体系，而合资企业通常引入先进的管理理念和技术。

在工种方面，合同工/正式工的劳动精神、工匠精神、劳模精神和整体职业精神水平都高于劳务工。合同工和正式工通常享有更高的工作稳定性、更核心的职业地位、更优厚的福利待遇，因此其职业认同感和工作投入水平更高（朱永跃等,2020），从而表现出更高的职业精神。

在月收入方面，月收入 3000～3999 元的产业工人的劳动精神水平较低。月收入3000～3999 元的产业工人生活压力较大（王芳,2021），这可能影响其工作积极性和职业认同感，导致劳动精神水平相对较低。随着月收入增加，工匠精神、劳模精神和整体职业精神得分都呈波动式上升模式。收入水平增加带来更高的工作满意度（张勉,李树,2001）和社会阶层感知（何昊旸,2023），激励产业工人提高工匠精神、劳模精神和整体职业精神水平。当然，也可能是相反的影响过程，具有高职业精神的产业工人更可能取得工作成绩，从而获得更高的收入。

在工会会员方面，已加入工会的产业工人的劳动精神、工匠精神、劳模精神和整体职业精神水平都更高。工会发挥思想政治引领作用（王艳艳,2024），增强了产业工人的理想信念和职业认同感；工会提供技能培训、建立权益保障与激励机制、宣传劳模典型事迹、发挥组织动员作用、组织工人参与企业的民主管理过程（李宣廷等,2024;徐留平,2024）。

4.2 对策建议

4.2.1 大力营造尊重产业工人的社会氛围

尽管产业工人是我国经济社会发展的中坚力量，但长期以来待遇差、工作环境艰苦，使得产业工人这一职业群体容易被污名化，“打工仔”“农民工”等称呼容易让产业工人意识到自身的“不受欢迎”。根据社会认同理论，职业污名会降低个体对自己职业的认同、减少工作投入、增加离职意愿等（蒋昀洁等,2020），而且研究也发现，职业污名会显著降低产业工人的工匠精神（朱永跃,王世贤等,2023）。从本研究的结果也可以看出，具有正式合同、加入工会、取得职业资格证书或者职业技能证书、来自中央企业/国有企业的产业工人的劳动精神、工匠精神、劳模精神和整体职业精神水平都更高，这可能是因为他们工作相对稳定、拥有相对良好的工作和生活条件，而建筑业产业工人的劳动精神、工匠精神、劳模精神和整体职业精神水平都更低，也正是因为建筑行业工作稳定性更差、工作更加艰苦。

习近平总书记（2020）指出：“全社会要崇尚劳动、见贤思齐，加大对劳动模范和先进工作者的宣传力度，讲好劳模故事、讲好劳动故事、讲好工匠故事，弘扬劳动最光荣、劳动最崇高、劳动最伟大、劳动最美丽的社会风尚。”只有全社会大力弘扬尊重劳动、尊重劳动者的社会氛围，不断完善相关体制机制，为产业工人创造良好的工作和生活条件，让产业工人生活得更加体面、更有尊严、更有保障，才能激发他们拥有更高水平的劳动精神、工匠精神、劳模精神和职业精神。

4.2.2　针对不同群体，积极开展有针对性的职业精神精准培育

为缓解产业工人职业精神在各人口统计学变量中存在的不平衡现象，要针对不同群体，积极开展职业精神精准培育。第一，大力弘扬劳动精神、工匠精神、劳模精神：将劳动精神、工匠精神、劳模精神纳入大思政课体系（刘燕,2021），发挥工会的思想政治引领作用（王艳艳,2024），实施产业工人继续教育项目，以提高各学历层次尤其是高中以下学历、大学本科及以上学历产业工人的职业精神。第二，加强职业技能培训，提高25岁以下及40岁以上、专业技术等级较低、未获得职业资格证书或者职业技能证书的产业工人的专业技能，增强其自我效能感和工作满意度（石梅,王军妮,2015），进而提高职业精神。第三，完善用工制度与劳动保障制度，提高产业工人收入水平，保障低收入产业工人基本生活，为产业工人尤其是劳务工、建筑业产业工人、民营企业产业工人营造更加稳定舒适的工作环境，不断扩大工会对产业工人的有效覆盖，以提高其工作积极性和工作满意度。第四，提供心理健康服务，增强产业工人尤其是低收入水平、多子女家庭等产业工人的心理弹性（王梓阳,杨东,2019），从而提高他们的职业精神水平。

4.2.3　积极开展对产业工人职业精神的科学研究

产业工人是实体经济的重要支撑，其职业精神直接影响产业发展和国家竞争力。在全球化和技术变革的背景下，如何进一步提升我国产业工人的职业精神，亟需科学研究以提供理论支持和实践指导。当前国内对于产业工人职业精神的研究较少，对于劳动精神、工匠精神、劳模精神的研究也多集中在理论探讨和实践路径的讨论上，缺少系统的实证研究。对于产业工人的职业精神及其具体维度的前因和后果的探索都比

较缺乏，需要整合心理学、社会学及管理学等学科的力量，在借鉴国内外已有研究的基础上，深入开展相关研究，探讨职业精神的核心要素和维度，构建科学的理论模型；分析个人、组织、社会等多层面因素对产业工人职业精神的影响机制；探究有效的教育、培训、激励产业工人职业精神的措施；构建科学的产业工人职业精神评价指标体系和评估工具。

参考文献

卜丽娟. (2015). *医生职业精神研究*(博士学位论文). 山东大学, 济南.

才国伟, 吴华强. (2016). 进取、公平与社会信任. *经济管理, 38*(1), 62-72.

丁士贤. (1989). 对城市一代独生子女教育问题的社会学考察. *人口研究*, (5), 8-12.

付安荣, 王哲, 徐婕, 徐长江. (2013). 青年医务人员职业精神调查研究. *南京医科大学学报(社会科学版), 14*(3), 250-254.

高艳, 乔志宏, 宋慧婷. (2011). 职业认同研究现状与展望. *北京师范大学学报(社会科学版)*, (4), 47-53.

高中华, 赵晨, 付悦. (2020). 工匠精神的概念、边界及研究展望. *经济管理, 42*(6), 192-208.

高中华. (2022). 工匠精神对员工主动性行为的影响机制研究. *管理学报, 19*(6), 851-860.

郭圣乾, 唐雪. (2020). 工作压力、工作动机与农民工工作满意度的实证分析. *统计与决策, 36*(18), 58-61.

何昊旸. (2023). 家庭年收入状况、社会阶层感知与居民幸福感的影响研究——基于1998年武汉人形象调查数据的实证分析. *现代管理, 13*(7), 861-872.

黄磊. (2024). 习近平总书记关于劳动精神重要论述的三重维度. *浙江理工大学学报(社会科学版), 46*(6), 1-8.

蒋昀洁, 李璐, 黄庆, 蒋春燕. (2020). 阳光下的阴影：职业污名的研究视角、成因及应对. *中国人力资源开发*, (9), 24-37.

焦晓云. (2023). 习近平关于劳模精神重要论述及其时代价值. *湖南师范大学社会科学学报, 52*(1), 16-22.

匡瑛, 范军. (2015). 职业精神之国内外研究述评. *职教通讯, 19*(31), 36-40.

梁大伟, 茹亚辉. (2022). 新时代加强劳动教育的根本遵循、目标导向与价值旨归. *现代教育管理, 42*(6), 20-26.

李宏伟, 别应龙. (2015). 工匠精神的历史传承与当代培育. *自然辩证法研究, 31*(8), 54-59.

栗洪武, 赵艳. (2017). 论大国工匠精神. *陕西师范大学学报(哲学社会科学版), 46*(1), 158-162.

李强, 梁栋, 陈坡, 徐玮. (2017). 农民工情绪性、弹性和坚韧性特质及其对心理健康的预测作用. *应用心理学, 23*(3), 278-284.

李淑玲. (2020). *智能制造背景下的工匠精神维度结构研究*(博士学位论文). 首都经济贸易大学, 北京.

刘燕. (2021). 劳模精神、劳动精神、工匠精神融入高职院校思政课教学的思考. *思想理论教育导刊*, (11), 109-112.

李宣廷，陈思，王英伟，杨凤.（2024）.中国特色工匠精神的理论内核、价值意蕴及其实践要求. *科学技术哲学研究，41*(1)，118-124.

李泽军.（2021）. *中华人民共和国建立以来东北工业劳模研究*(博士学位论文). 吉林大学，长春.

陆媛.（2011）.当代大学生职业精神的培养与塑造. *继续教育研究，28*(12)，155-157.

吕守军，代政，徐海霞.（2018）.论新时代大力弘扬劳模精神和工匠精神. *中州学刊，40*(5)，104-107.

彭维锋.（2021）.新时代劳模精神、劳动精神、工匠精神的理论内涵与实践导向. *江西社会科学，41*(5)，208-217+256.

彭维锋.（2024）.习近平总书记关于工匠精神的重要论述研究. *江西社会科学，44*(2)，25-38.

彭艳.（2008）.浅谈图书馆员的职业精神. *图书馆论坛，28*(1)，134-136.

邱吉.（2012）.培育职业精神的哲学思考——从职业规范的视角看职业伦理. *中国人民大学学报，26*(2)，75-82.

上官苗苗.（2022）.中国共产党劳动精神的百年传承、深刻内涵与弘扬践行. *观察与思考，39*(12)，74-82.

单旖旎.（2021）. *当代劳模精神研究*(博士学位论文). 东北大学，沈阳.

邵月娥.（2020）.关于劳模精神、劳动精神、工匠精神的时代内涵与内在逻辑的理论探析与实践探索. *天津市工会管理干部学院学报，37*(1)，27-32.

石冠峰，刘澳龙.（2024）.工匠精神对员工主动变革行为的影响研究. *首都经济贸易大学学报，26*(3)，86-97.

石梅，王军妮.（2015）.工作压力、自我效能感与工作满意度相关研究——基于矿业院校学生管理者的心理研究. *西安科技大学学报，35*(5)，670-674.

孙彦彦，王瑾，刘晓曼，袁方，陈惠清，凌瑞杰，余丹，邹建芳，李霜.（2023）.中国医务人员职业倦怠水平及影响因素. *环境与职业医学，40*(4)，405-412.

唐国平，万仁新.（2019）.“工匠精神”提升了企业环境绩效吗. *山西财经大学学报，41*(5)，81-93.

王芳.（2024）.产业工人队伍思想教育工作问题与对策——以天津为例. *社会科学前沿，13*(2)，1109-1117.

王海亮.（2019）. *当代中国劳模精神研究*(博士学位论文). 哈尔滨理工大学，哈尔滨.

王艳艳.（2024）.人工智能视域下产业工人思想政治引领工作面临的挑战与工会工作创新研究. *中国劳动关系学院学报，38*(2)，17-27.

王梓阳，杨东.（2019）.员工心理弹性对工作动机的影响：工作倦怠的中介效应与创造性问题解决的调节效应. *心理学进展，9*(3)，275-285.

万学红，吕小岩，郑尚维.（2010）.医师职业精神研究现状与发展趋势. *中国循证医学杂志，10*(4)，376-378.

吴晋，岳佳璇.（2024）.劳模精神、劳动精神、工匠精神融入高校人才培养的逻辑理路与路径优化. *甘肃教育研究，4*(20)，63-66.

吴砚，赵景峰.（2023）.工程领域中工匠精神对工作奉献影响的实证研究. *工程管理科技前沿，42*(4)，66-72.

习近平.（2013）. 在同全国劳动模范代表座谈时的讲话. *人民日报*, 2013-04-29(02).
习近平.（2016）. *在知识分子、劳动模范、青年代表座谈会上的讲话*. 人民出版社.
习近平.（2018）. 习近平给中国劳动关系学院劳模本科班学员的回信. *人民日报*, 2018-05-01(01).
习近平.（2020）. 在全国劳动模范和先进工作者表彰大会上的讲话. *人民日报*, 2020-11-25(02).
习近平.（2021）. 党的伟大精神永远是党和国家的宝贵精神财富. *求是*,（17）, 4-20.
夏一璞.（2021）. *劳模精神*. 人民日报出版社.
徐春.（2020）. 职业技能提升与职业精神培养融合的策略研究. *职业*,（10）, 50-53.
徐海涛.（2024）. 新时代央企企业文化建设的作用与路径研究. *企业文化*,（18）, 104-106.
徐留平.（2024）. 在进一步全面深化改革、推进中国式现代化中贡献工会力量. *旗帜*,（10）, 9-11.
杨浩翔.（2022）. *大学生劳动意识与其职业生涯规划的关系：职业价值观和职业成熟度的链式中介作用*(硕士学位论文). 西北师范大学, 兰州.
于德华, 李建刚, 许树长, 黄红, 刘薇群, 董政军, 程卢山.（2013）. 不同工作模式对医务人员职业精神的影响. *中国医院管理, 33*(2), 49-51.
宇文利, 奚佳梦.（2023）. 新时代劳动精神的弘扬与培育. *新疆师范大学学报(哲学社会科学版), 44*(2), 134-144+2.
余悦, 王瑾, 张巧耘, 陈惠清, 袁方, 楼建林, 赵容, 李珏, 贾晓东, 刘静, 李霜.（2023）. 我国职业人群"职业倦怠-工作投入连续体"5种状态分布及影响因素. *环境与职业医学, 40*(4), 389-395+412.
张梅, 王玥.（2022）. 新时代劳动精神的生成逻辑. *社会主义核心价值观研究, 8*(6), 59-66.
张勉, 李树茁.（2001）. 企业员工工作满意度决定因素实证研究. *统计研究*,（8）, 33-37.
张晓锋.（2008）. *新闻职业精神论*(博士学位论文). 复旦大学, 上海.
赵祖平, 龚梦洁, 张琳.（2024）. 建筑产业工人技能素质提升的现实困境与路径选择. *中国劳动关系学院学报, 38*(1), 19-28.
钟洪亮, 吴贵明.（2021）. 新生代产业工人精神生活质量的时代价值、现实图景及提升路径. *福建开放大学学报*,（4）, 6-11.
周志新, 陈晓阳.（2013）. 制度伦理、德性伦理与医学职业精神建设. *河南社会科学, 21*(10), 52-54.
周志新.（2014）. *薪酬满意度与医师职业精神关系的理论与实证研究*(博士学位论文). 山东大学, 济南.
朱永跃, 窦笑宇, 李炳耀.（2023）. 主观社会地位对制造业工人工匠精神的影响:基于认知-情感个性系统理论. *技术经济, 42*(8), 145-155.
朱永跃, 过旻钰, 陈雯.（2021）. 传统与现代交融视角下制造业员工工匠精神量表开发及应用. *科技进步与对策, 38*(9), 124-133.
朱永跃, 覃正虹, 欧阳晨慧.（2020）. 产业工人心理所有权对工作投入的影响——职业认同与员工导向组织文化的作用. *技术经济, 39*(8), 143-151.
朱永跃, 王世贤, 欧阳晨慧.（2023）. 职业污名对工匠精神的抑制效应：来自制造业产业工人的实证研究. *江苏大学学报(社会科学版), 25*(1), 86-100+113.
朱苑苑.（2024）. 性别角色观念对女性就业和工作收入的影响研究——基于CFPS2020的实证分析. *社会科学前沿, 13*(2), 719-730.

邹仲海，徐小龙，谢萌．（2017）．工匠精神的当代解读：内涵与价值．*沈阳大学学报（社会科学版），19*（6），724-728.

Bachrach, D. G., Wang, H., Bendoly, E., & Zhang, S. (2007). Importance of organizational citizenship behaviour for overall performance evaluation: Comparing the role of task interdependence in China and the USA. *Management and Organization Review, 3*(2), 255-276.

Leana, C. E., Appelbaum, & Shevchuk, I. (2009). Work process and quality of care in early childhood education: The role of job crafting. *Academy of Management Journal, 52*(6), 1169 -1192.

May, D. R., Gilson, R. L., & Harter, L. M. (2011). The psychological conditions of meaningfulness, safety and availability and the engagement of the human spirit at work. *Journal of Occupational & Organizational Psychology, 77*(1), 11-37.

Morrison, E. W., & Phelps, C. C. (1999). Taking charge at work: Extrarole efforts to initiate workplace change. *Academy of Management Journal, 42*(4), 403-419.

Neal, A., Griffin, M. A., & Hart, P. M. (2000). The impact of organizational climate on safety climate and individual behavior. *Safety Science, 34*(1), 99-109.

第六章　新时代产业工人的职业与社会认同

韦庆旺　郑广业　肖世勋

摘要：新时代产业工人是工人阶级的主体力量，他们的职业与社会认同反映了其职业适应与社会融入水平。结合职业认同的自我理论和社会认同理论，我们将新时代产业工人的职业认同看作社会认同的一个基础方面，认为职业认同与社区认同、城市认同、家国认同等一起构成社会认同的层级网络。我们基于中国人民大学心理学系“新时代产业工人社会心理调查”数据，对新时代产业工人的职业与社会认同水平及其在多种人口学变量上的差异进行分析，结果发现：新时代产业工人的职业与社会认同水平总体较高，但在工作、生活和家国三种不同领域存在认同水平差异。他们的职业认同具有认同产业工人的社会价值多于个体价值，职业行为态度好于职业归属感的特征。就人口学变量而言，产业工人的职业与社会认同水平随着年龄、工作年限、受教育程度、技术等级、工资待遇、主观社会阶层的提高，在较早阶段出现高峰值并随后呈现下降趋势。同时，那些非本地农村户口、受教育程度最低、工资待遇最低的产业工人群体在职业与社会认同上展现出了出乎意料的积极性，而受教育程度为大专学历的产业工人职业与社会认同水平都比较低。基于这些结果，我们就如何进一步提升新时代产业工人职业与社会认同给出了政策建议。

关键词：产业工人，职业认同，社会认同，城市认同，国家认同

1　引言

产业工人是我国工人阶级的主体力量，目前全国技能劳动者已超过 2 亿人，其中高技能人才超过 6000 万人。2024 年 10 月发布的《中共中央国务院关于深化产业工人队伍建设改革的意见》(以下简称《意见》）指出，壮大产业工人队伍，要稳定制造业产业工人队伍，大力培养大国工匠，吸引更多青年加入产业工人队伍，以及把农民工培养成高素质现代产业工人。实现这一要求和目标，除了对产业工人进行思想引领和

技能培训以外，还要在心理上提升他们对自身职业的认同。只有产业工人形成较高的职业认同，才能更好地进行职业投入，发挥主人翁精神和劳动精神，他们的成就感、获得感、幸福感才能得到进一步增强。同时，以职业认同为基础，促进产业工人更好地融入社会，增强对所在单位、社区、城市等的社会认同，同样具有重要的意义。因此，了解产业工人的职业与社会认同状况，对于产业工人队伍建设具有重要的参考价值。然而，当前很少有研究从心理学角度对此进行大规模调查分析，本研究拟弥补这一不足。

1.1　心理学视角的职业与社会认同研究

职业认同是个体在职业范畴上对自我身份的认定，是一个人对自己与职业具有一致性或从属于某个职业的认知、体验和行为（Johnson et al.,2006）。当个体认同自己所从事的职业时，他们会将自己与职业联系起来，追求个人发展目标与职业发展要求的一致性（罗杰等,2014）。职业认同与个体在职场的工作态度及行为密切相关，较高的职业认同能够产生更高的工作投入（陈文春等,2018），更高的工作绩效（李志等,2020）和更高的工作满意感（罗杰等,2014），而较低的职业认同则会增强离职倾向（魏淑华,宋广文,2012）。职业认同的研究通常关注某种特定职业的群体，如教师职业群体（黄杰等,2023）、基层公务员群体（陈文春等,2018）、高新技术企业员工群体（顾远东等,2019）。然而，不管针对何种职业群体，职业认同的理论均来自社会认同理论和自我理论。社会认同理论以某职业群体一分子的“身份”来界定职业认同（Ashforth & Mael,1998），自我理论认为职业认同是个体自我认同的一部分（高艳等,2011）。在这一点上，职业认同研究与其他群体和社会认同研究本质是一致的。

具体来说，社会认同理论认为社会认同是个体对其社会身份的主观确认，并由此而经历的情感体验与行为过程。Tajfel（1986）提出社会认同的概念，认为个人的自我概念不是凭空产生的，而是源于其对自己群体身份的认知，以及对群体身份所具有的价值和情感的认知与体验。由社会认同理论所衍生的自我归类论强调，个体对群体身份的认知，实际上是个体在认知上把自己进行群体分类的过程，而这个对自我进行群体归类的过程本质上就是自我概念的形成过程（Brewer,1991;Terry & Hogg,1996）。换言之，社会认同理论及自我归类论认为一个人的自我概念是由他的社会身份或群体分类所决定的。从该观点来看，职业认同就是个体对其职业身份或者所属职业群体的认知与体验。以此类推，个体的社会身份和群体归属可以有很多不同的层面，并且彼此之间可能存在交叉（辛素飞,辛自强,2015）。研究发现，个体的社会认同对其自我价值和社会适应具有决定性的影响。对于弱势群体而言，其社会认同既因为自我归属于一个群体而有积极的适应价值，又因为自己所属的群体在社会上处于低地位而使自尊受威胁（张莹瑞,佐斌,2006;赵志裕等,2005）。近来，研究者将“非体面工作”从业者对自身职业兼具认同和不认同的现象称为矛盾职业认同，指出多重支持资源可以使这种矛盾认同得到有效缓解（王红丽等，2024）。总之，社会认同理论强调群体和社会身份比个体自我重要，是群体和社会身份影响自我而不是相反。

与社会认同理论的观点不同，自我理论认为自我概念是个体自身内部决定的，社会身份和群体分类是外部于个体的元素或空间，个体形成自我概念以后，在拓展自我概念边界的过程中会将这些外部元素或空间纳入到自我的边界中。换言之，自我理论将社会认同看作个体自我概念的延伸，认为社会认同是自我认同的一部分（高艳等，2011；张永，2010）。张永（2010）总结了基于自我认同的职业认同研究取向，该研究取向认为职业认同是个体自我认同在职业领域的表现，个体自我认同的形成和运用过程自然包含了职业认同的形成和运用。换言之，自我理论从自我出发，将自我的社会认同看作个体自我由内而外向他人和社会拓展的过程。采用自我理论视角的研究者不仅将家人、亲属、朋友等亲密关系看作个体自我的拓展（Uleman et al.，2000），还把各种内外群体也看作个体自我的拓展，如将女性对女性群体的认同看作一个女性个体的自我向女性群体拓展的过程，并用自我包含女性群体的程度作为女性群体认同的指标（Tropp & Wright，2001）。类似地，人们可以用这种观点解释个体对任何群体的社会认同，如用自我包含社区的程度解释个体的社区认同（Mashek et al.，2006）。显然，从自我概念的视角解释社会认同，带有明显的个体自我中心主义特征。这种特征在社会认同的测量上直观表现为以代表自我的圆与其他代表群体的圆交叉的程度作为自我的社会认同水平（Tropp & Wright，2001）。这种将自我与群体先分成两个独立的实体再讨论自我如何在拓展中把群体纳入的思路，与社会认同理论认为个体的群体和社会身份先于个体的自我概念而存在的观点截然不同。

结合以上两种视角，我们认为社会认同是自我与社会双向互动的过程。从社会认同理论来说，个体的社会身份对个体的影响具有先在性，有些社会身份在个体一出生就决定了，如种族、性别，而个体不管是在认知、体验还是行为上，都必须基于自己的社会身份建立和调适自己的归属感和认同感。然而，尽管个体身上有很多社会身份，但每个社会身份都有赖于个体主动认识、体验、适应与建构。换言之，自我与社会认同之间的关系，既存在从社会认同到自我概念的认知转化过程，也存在从自我概念到社会认同的认知转化过程（Otten & Schubert，2006）。与这种观点相呼应，有些学者将自我与某种社会认同表征为个体自己与某社会身份群体之间相互融入的过程，从彼此无关，到相互接近，再到融入交叠，最后可以达到完全融合的状态（Schubert & Otten，2002）。然而，个体身上总是有多重社会身份，而不同的社会身份，与个体的关联程度也不同。结合费孝通（1948）采用差序格局来表征不同社会群体的思路，我们进一步将个体自我与社会相互融入的“社会端”依据社会群体或社会领域的不同划分为不同的圈层，用来代表个体在自我与社会融入过程中，从与更小社会群体融入向与更大社会群体融入的过程。下面，我们将采用自我依不同圈层与社会相互融入的观点对新时代产业工人的职业与社会认同进行分析。

1.2　新时代产业工人的职业与社会认同

如前所述，社会认同是自我与社会双向互动的过程，并且不同的社会群体可划分为不同的圈层。就本文所考察的产业工人群体而言，他们的职业与社会认同可用图 6-1 来说明。

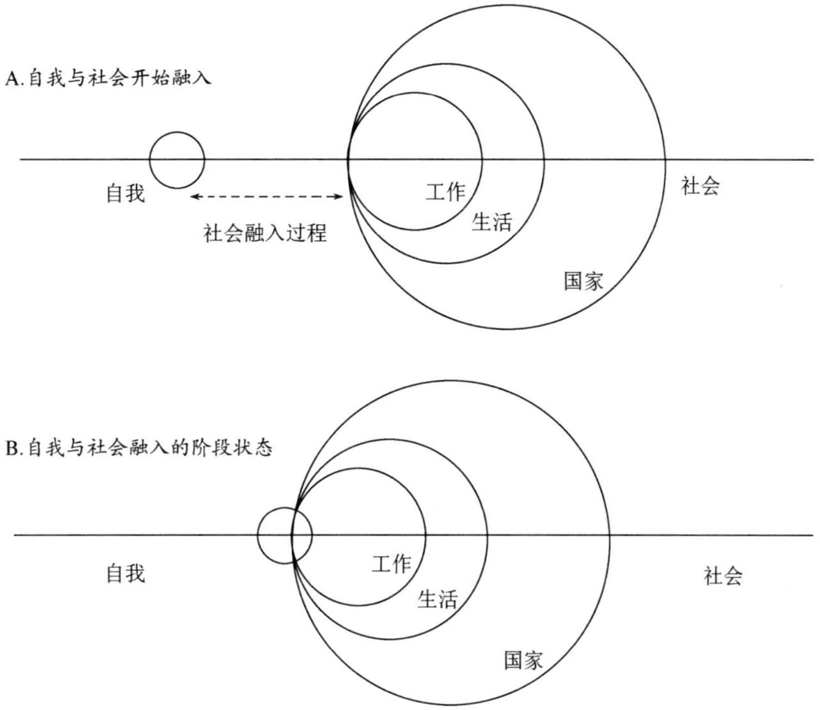

图 6-1　自我与社会融入视角下的社会认同示意图

如图 6-1 所示，我们将产业工人的社会认同划分为从小到大、逐层拓展的三个层次：工作领域（职业认同）、生活领域（社区和城市认同）和国家领域（国家认同）；将自我的社会认同看作一个自我与不同圈层的社会群体双向互动的动态过程（图 6-1）。该社会认同的分析框架与西方学者对社会认同的看法相比，结合了中国文化视角关于社会群体存在差序格局的观点。在西方学者关于自我与社会融入的解析中，在社会一端只是提到内群体与外群体的区别，并把自我对内群体的社会认同与自我对外群体的社会认同分开讨论（Schubert & Otten,2002）。

产业工人典型的社会认同过程包含从工作领域到生活领域，再到国家领域的社会认同拓展过程。首先，职业认同是产业工人社会认同的基础，只有在工作领域创造价值，产业工人才能获得基本的社会立足点。研究表明，产业工人的职业认同能显著正向预测其工作投入（朱永跃等,2020）。反之，如果产业工人缺乏对自身职业的认同感和自豪感，就容易对工作产生消极情绪，对工作投入不足（郭靖等,2015;林赞歌等,2017）。其次，职业认同能够进一步促进产业工人融入城市和认同城市（罗明忠,卢颖霞,2013）。更进一步，那些认同所生活城市的产业工人，也会更愿意在这个城市进行消费（金晓彤等,2017）。最后，产业工人作为制造强国和中国式现代化的一支骨干力量，工作有了价值感、生活有了幸福感，对国家也就更有信心，就会对国家作出更多贡献。由此，从工作领域到生活领域，再到国家领域，产业工人的社会认同完成了一个自我与不同领域社会认同的相互建构过程。

需要指出的是，在这个典型的从较小社会认同到较大社会认同建构完成的基础上，还可能存在某些较大领域社会认同影响较小领域社会认同的过程。例如，国家虽然在社会领域层面比工作和生活更大，但中国传统文化蕴藏着深厚的家国情怀（陈望衡,张文,2021），并且这种家国情怀并没有随着社会变迁减弱，而是居于极高水平（韦庆旺等,2024）。因此，我们虽然将国家看作比城市更大的社会领域，但并不认为只有城市认同能够促进国家认同，国家认同也有可能会促进城市认同以及职业认同等其他领域的社会认同。然而，鉴于这方面的研究很少，并且要验证这种双向因果关系，需要更严谨的设计，对此我们在本研究中只在理论上进行分析。此外，考虑到中国文化具有家国同构的特征，虽然家在社会领域的场景上是距离自我最近的，但家的象征意义远远超出其看似狭小的物理空间，在心理上非常大，因此，我们将家庭的社会认同意义等值于国家认同，不在图中另外标示（图 6-1）。

1.3 研究目的和思路

综上所述，我们将新时代产业工人的职业认同看作社会认同的一个基础方面，认为它与社区认同、城市认同、家庭认同、国家认同等一起构成社会认同的层级网络。本研究旨在从职业与社会认同层级网络的角度，基于中国人民大学心理学系“新时代产业工人社会心理调查”数据，对产业工人的职业与社会认同状况进行描述和分析，并分析诸多人口学变量对职业与社会认同的影响。

2 研究方法

2.1 调查对象

本研究所用数据来源于 2024 年新时代产业工人社会心理调查项目，该项目是中国人民大学心理学系发起的一项全国范围的大型调查，有效样本为 4420 人。经过数据整理和清洗程序后，本部分的有效样本 4269 人。被调查者年龄范围为 16~67 岁，工龄为 0~46 年，其中男性 2786 人（65.3%），女性 1483 人（34.7%）；本地城镇户口 1367 人

（32.0%），本地农村户口1700人（39.8%），非本地城镇户口407人（9.6%），非本地农村户口795人（18.6%）。

2.2 调查变量和工具

2.2.1 职业认同量表

职业认同量表根据魏淑华（2008）的教师职业认同量表改编，使其适合描述产业工人。改编后的产业工人职业认同量表共11题，分为四个维度：社会价值认同，指个体对作为社会分工的产业工人职业对于社会运转和社会发展的价值的认可；个体价值认同，指个体对作为一份工作的产业工人身份之于自身的价值的认可；职业行为态度，指完成本职工作的认真程度；职业归属感，指个体对产业工人这个职业的积极情感体验。量表采用5点量尺，要求被试根据每个条目的表述与自己实际情况的符合程度给予评分，从“完全不符合”到“完全符合”分别记为1~5分。总量表的Cronbach' $\alpha=0.89$。其中，社会价值认同维度有2道题（$\alpha=0.64$），如“我认为产业工人的工作对社会发展有重要作用”。个体价值认同维度有4道题（$\alpha=0.78$），如“做产业工人能够实现我的人生价值”。职业行为态度维度有3道题（$\alpha=0.80$），如“我能够认真完成我的工作”。职业归属感维度有2道题（$\alpha=0.66$），如“当有人无端指责产业工人时，我感到自己受到了侮辱”。

2.2.2 五种社会认同测量

除了职业认同以外，还测量了单位认同、社区认同、城市认同、家庭认同和国家认同五个领域的社会认同。所有量表均采用5点量尺，要求被试根据每个条目的表述与自己实际情况的符合程度评分，从“完全不符合”到“完全符合”分别计1~5分。其中，社区认同量表采用辛自强和凌喜欢（2015）社区认同量表中的2个题目，如“我觉得所在社区已经成为我生命的一部分”。量表的Cronbach' $\alpha=0.84$。城市认同的测量采用金晓彤等人（2017）编制的量表，共3道题，如“我对目前所在的城市有强烈的认同感”。量表的Cronbach' $\alpha=0.90$。单位认同量表和家庭认同量表均参照城市认同量表做相应改编而来，各有3道题。量表的Cronbach' α 分别为0.87和0.90。国家认同量表来自“中国综合社会调查”（Chinese Social Survey，CSS）2017年的调查问卷，有5题，如“即使可以选择世界上任何国家，我也更愿意做中国公民”。量表的Cronbach' $\alpha=0.93$。

2.2.3 自我社会融入测量

自我社会融入测量借鉴Uleman等人（2000）的自我群体融入图形测量方法，绘制代表自我的小圆和代表自己所属群体的大圆之间的不同距离关系图，表征自我与各种群体或社会领域的融入程度，距离越近代表融入程度越高，同心圆代表完全融入（图6-2）。共有6道题，分别测量自我与工人群体、单位、社区、城市、家庭和国家的融入程度，采用8点量尺，从两圆相离到同心圆，分别为1~8分。

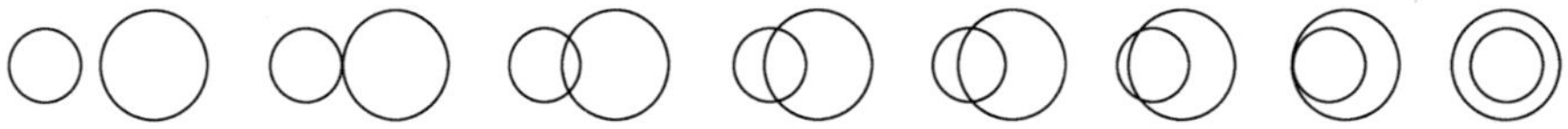

图6-2　自我社会融入测量图形

2.2.4　人口学变量

除了职业与社会认同，本研究还使用了产业工人的人口学变量，包括性别、年龄、工作年限、受教育程度、职业技能等级、户口类型、工资待遇和主观社会阶层。其中，主观社会阶层的测量要求被试想象社会像一个梯子，社会阶层从低到高划分为1~10级，分布在梯子的各个梯级上，然后根据自己的感知，填写自己所属社会阶层的数字。分析时从1~10每两个分数合并为一组，转化为低层、中低层、中层、中高层和高层五种水平后再进行比较。

3　研究结果

3.1　新时代产业工人的职业与社会认同总体特征

3.1.1　职业与社会认同的效度检验

表6-1展示了职业与各领域社会认同的得分与各领域自我社会融入得分的相关。以各个对应社会领域的认同得分与自我社会融入得分的相关系数作为职业与社会认同测量的效度指标。结果显示，对应社会领域的认同与自我社会融入均呈显著的正相关（$r = 0.32 \sim 0.42$，$p < 0.001$），且高于绝大多数非对应社会领域的相关系数。该相关模式说明职业与社会认同的测量具有较好效度。

表6-1　职业与社会认同的效度检验

变量	职业认同	单位认同	社区认同	城市认同	家庭认同	国家认同
自我工人群体融入	**0.32*****	0.40***	0.32***	0.31***	0.23***	0.26***
自我单位融入	0.33***	**0.35*****	0.31***	0.31***	0.25***	0.25***
自我社区融入	0.37***	0.38***	**0.41*****	0.39***	0.17***	0.22***
自我城市融入	0.31***	0.36***	0.37***	**0.42*****	0.21***	0.27***
自我家庭融入	0.20***	0.21***	0.20***	0.21***	**0.37*****	0.31***
自我国家融入	0.10***	0.20***	0.13***	0.18***	0.28***	**0.38*****

注：*表示$p<0.05$，**表示$p<0.01$，***表示$p<0.001$。下同。

3.1.2　职业与社会认同的描述统计

表6-2提供了职业认同与各种社会认同指标的描述性统计结果。可以看出，职业认

同、单位认同、社区认同、城市认同的偏度较低，平均数均高于中值3，可以视作正态分布。家庭认同和国家认同分布则呈现一定负偏态，且平均数都接近满分，代表产业工人在这两项上的得分大多集中在较高的位置（图6-3）。具体而言，国家认同均分为4.26（*SD*=0.83），家庭认同均分为4.30（*SD*=0.89）。

表6-2　职业与社会认同各项目得分的描述性统计（*N*=4269）

变量	平均值	标准差	最大值	最小值	偏度	峰度
职业认同	3.82	0.72	5.00	1.00	−0.48	−0.03
单位认同	3.74	0.98	5.00	1.00	−0.56	−0.29
社区认同	3.50	1.07	5.00	1.00	−0.53	−0.31
城市认同	3.64	1.00	5.00	1.00	−0.51	−0.40
家庭认同	4.30	0.83	5.00	1.00	−1.27	1.24
国家认同	4.26	0.83	5.00	1.00	−1.20	0.99

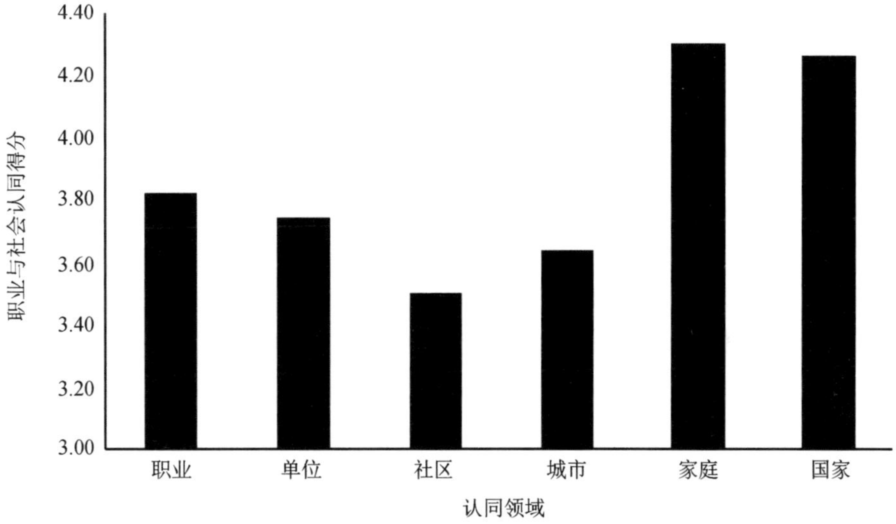

图6-3　职业认同与不同领域社会认同的比较

3.1.3　职业认同各维度及总分的描述统计

表6-3提供了职业认同四个维度及总分的描述统计。各维度得分均高于量表中值（3分），从高到低依次为职业行为、社会价值认同、个体价值认同和职业归属感。职业认同总分的均值为3.82，明显高于中值，说明产业工人的职业认同水平较高。

表6-3　职业认同各维度得分及总分（*N*=4269）

变量	平均值	标准差	最大值	最小值	偏度	峰度
社会价值认同	3.95	0.86	5.00	1.00	−0.63	−0.06
个体价值认同	3.68	0.84	5.00	1.00	−0.42	−0.27

（续表）

变量	平均值	标准差	最大值	最小值	偏度	峰度
职业行为	4.05	0.81	5.00	1.00	−0.73	0.10
职业归属感	3.61	0.96	5.00	1.00	−0.46	−0.14
职业认同总分	3.82	0.72	5.00	1.00	−0.48	−0.03

3.2 新时代产业工人职业认同的亚群体差异

3.2.1 职业认同的差异总览

我们分析了职业认同的多种人口学特征差异。统计显示，除了不存在性别差异以外，在其他方面均存在显著差异（表 6-4）。

表 6-4 职业认同的人口统计学差异总览（N=4269）

人口统计学变量		N	$M±SD$	t/F	$t(df)$/$F(df1,df2)$	Cohen's d/η_p^2
性别	男	2786	3.81±0.73	−1.22	(4267)	−0.039
	女	1483	3.84±0.70			
年龄	18~24 岁	389	3.82±0.70	18.94***	(7,4261)	0.030
	25~29 岁	683	3.91±0.71			
	30~34 岁	761	4.92±0.68			
	35~39 岁	800	3.93±0.68			
	40~44 岁	509	3.69±0.69			
	45~49 岁	476	3.74±0.73			
	50~54 岁	415	3.57±0.80			
	55 岁及以上	236	3.67±0.76			
工作年限	0~5 年	799	3.79±0.72	24.43***	(6,4262)	0.033
	6~10 年	859	3.95±0.68			
	11~15 年	768	3.93±0.68			
	16~20 年	662	3.88±0.69			
	21~25 年	415	3.73±0.70			
	26~30 年	367	3.56±0.84			
	30 年以上	399	3.61±0.72			

（续表）

人口统计学变量		N	$M\pm SD$	t/F	$t(df)/F(df1, df2)$	Cohen's d/η_p^2
受教育程度	小学及以下	194	3.91±0.68	5.78***	(4,4264)	0.010
	初中	1244	3.78±0.76			
	高中	1175	3.87±0.73			
	大专	917	3.75±0.70			
	本科及以上	739	3.85±0.72			
技术等级	无技术等级	1954	3.74±0.74	18.57***	(3,4265)	0.013
	初级	1088	3.92±0.70			
	中级	694	3.79±0.72			
	高级及以上	533	3.93±0.70			
户口类型	本地城镇户口	1367	3.73±0.74	16.12***	(3,4265)	0.011
	本地农村户口	1700	3.82±0.72			
	非本地城镇户口	407	3.89±0.71			
	非本地农村户口	795	3.94±0.68			
工资待遇	2000元以下	108	3.71±0.64	10.28***	(9,4259)	0.021
	2000~2999元	240	3.68±0.64			
	3000~3999元	539	3.60±0.81			
	4000~4999元	816	3.82±0.75			
	5000~5999元	1135	3.88±0.69			
	6000~6999元	551	3.94±0.66			
	7000~7999元	412	3.90±0.73			
	8000~8999元	184	3.73±0.73			
	9000~10000元	156	3.85±0.68			
	10000元以上	128	3.84±0.72			
主观社会阶层	低层	873	3.52±0.80	87.88***	(4,4264)	0.076
	中低层	1413	3.72±0.66			
	中层	1676	4.03±0.64			
	中高层	264	3.98±0.73			
	高层	43	3.80±0.95			

3.2.2 职业认同的年龄差异

方差分析结果表明，职业认同水平存在年龄上的差异，$F(7,4261)=18.94$，$p<0.001$，$\eta_p^2=0.030$。具体来说，职业认同水平从 18~24 岁到 35~39 岁缓慢上升，持续处于较高水平，之后呈下降趋势（详见图 6-4）。

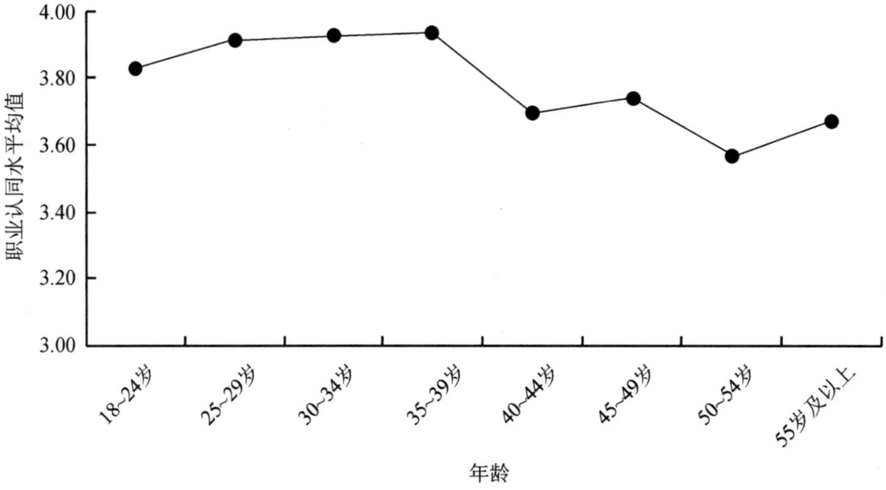

图 6-4 职业认同在年龄上的差异

3.2.3 职业认同的工作年限差异

方差分析结果表明，职业认同水平存在工作年限的差异，$F(6, 4262)=24.43$，$p<0.001$，$\eta_p^2=0.033$。具体来说，职业认同水平从 0~5 年到 6~10 年的阶段有显著上升，之后呈持续下降趋势，而且在 21~25 年阶段开始下降有加快的趋势，最后在 30 年以上略有上升（详见图 6-5）。

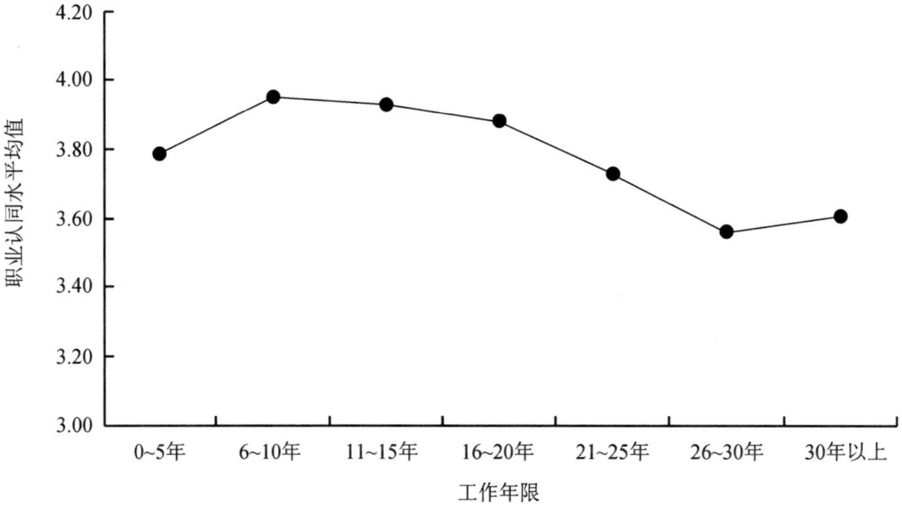

图 6-5 职业认同在工作年限上的差异

3.2.4　职业认同的受教育程度差异

方差分析结果表明，职业认同水平存在受教育程度的差异，$F(4,4264)=5.78$，$p<0.001$，$\eta_p^2=0.010$。具体来说，受教育程度为小学及以下、高中和本科及以上的产业工人职业认同水平较高，而受教育程度为初中和大专的职业认同水平相对较低（详见图6-6）。

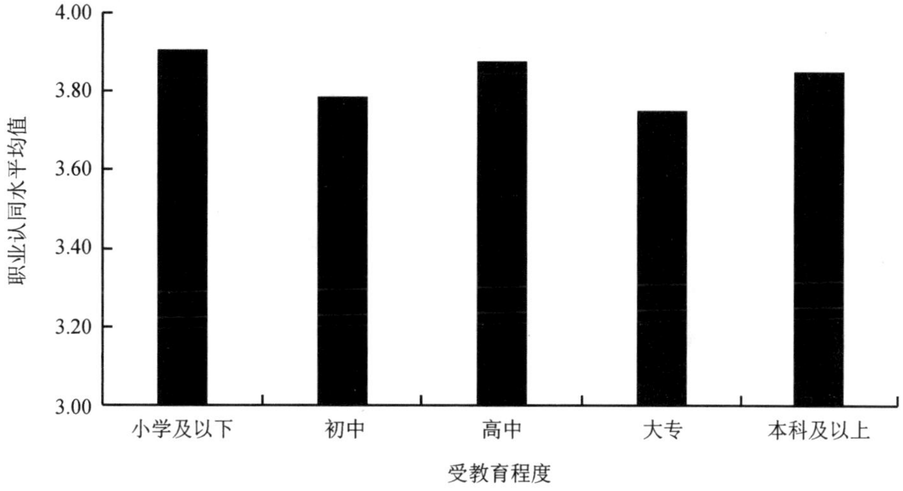

图 6-6　职业认同在受教育程度上的差异

3.2.5　职业认同的技术等级差异

方差分析结果表明，职业认同水平存在技术等级的差异，$F(3,4265)=18.57$，$p<0.001$，$\eta_p^2=0.013$。具体来说，技术等级为初级和高级及以上的产业工人职业认同水平较高，而技术等级为无技术等级和中级的产业工人职业认同水平相对较低（详见图6-7）。

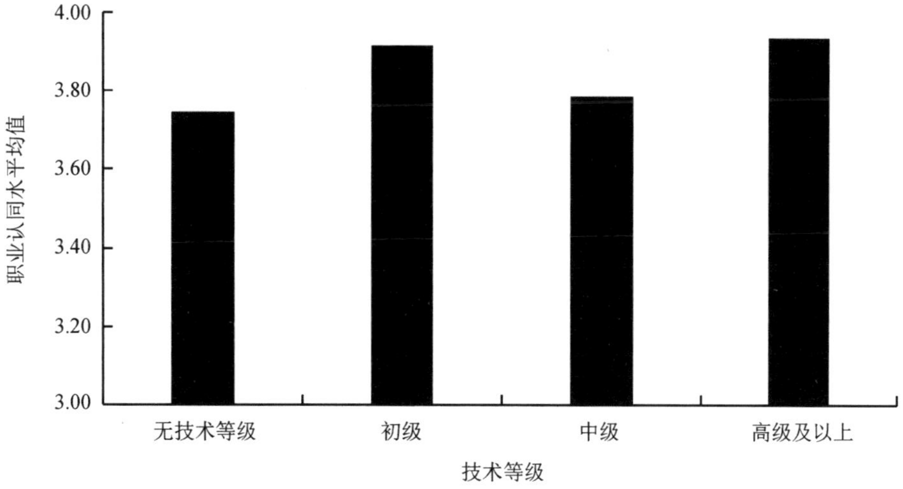

图 6-7　职业认同在技术等级上的差异

3.2.6 职业认同的户口类型差异

方差分析结果表明，职业认同水平存在户口类型的差异，$F(3,4265)=16.12$，$p<0.001$，$\eta_p^2=0.011$。具体来说，职业认同水平从高到低依次为非本地农村户口、非本地城镇户口、本地农村户口、本地城镇户口（详见图 6-8）。

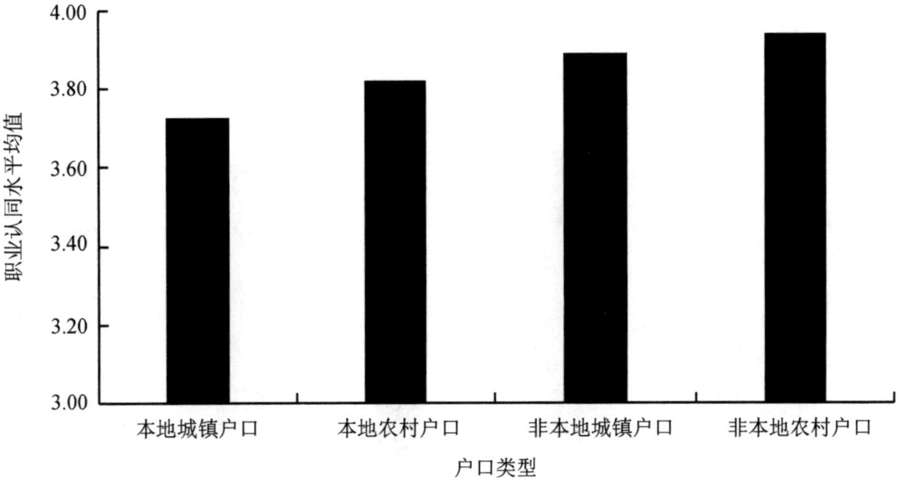

图 6-8 职业认同在户口类型上的差异

3.2.7 职业认同的工资待遇差异

方差分析结果表明，职业认同水平存在工资待遇的差异，$F(9,4259)=10.28$，$p<0.001$，$\eta_p^2=0.021$。总体来说，职业认同水平在较低工资待遇阶段略有下降，在中等工资待遇阶段呈现倒 U 型趋势，在较高工资阶段下降后略有上升。其中，职业认同水平最低点出现在工资待遇为月收入 3000～3999 元时，最高点出现在月收入 6000～6999 元时，而月收入 8000～8999 元时出现了一个在较高工资待遇阶段的相对低点（详见图 6-9）。

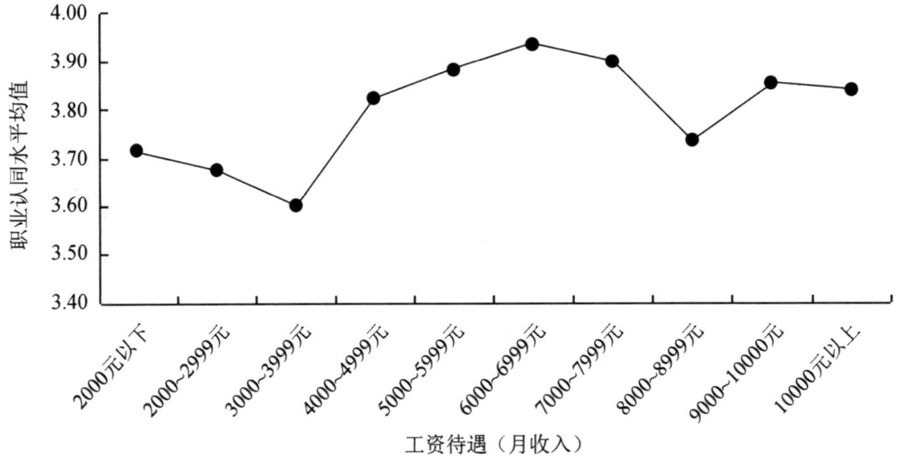

图 6-9 职业认同在工资待遇上的差异

3.2.8　职业认同在主观社会阶层上的差异

方差分析结果表明，职业认同水平存在主观社会阶层的差异，$F(4,4264)=87.88$，$p<0.001$，$\eta_p^2=0.076$。具体来说，主观社会阶层为中层的产业工人职业认同水平最高，从高到低依次为中高层、高层、中低层、低层（详见图 6-10）。

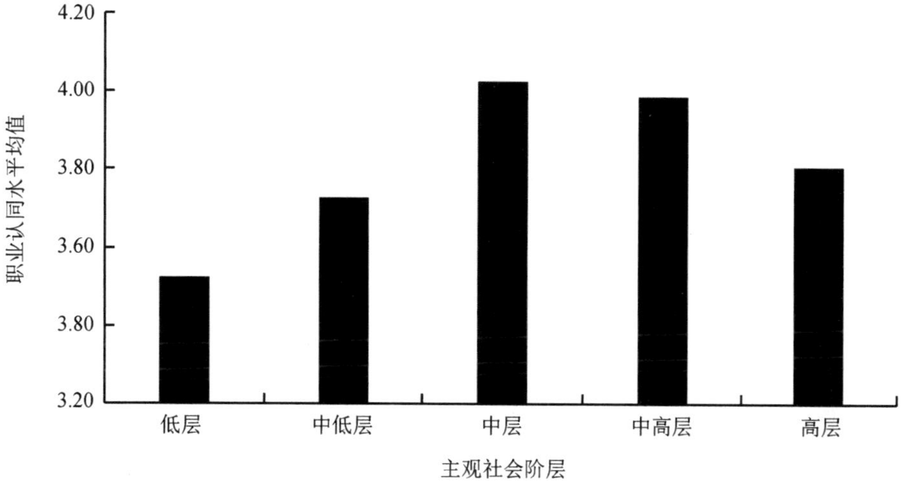

图 6-10　职业认同在主观社会阶层上的差异

3.3　新时代产业工人社会认同的亚群体差异

3.3.1　社会认同的性别差异

独立样本 t 检验表明，产业工人在各领域的社会认同都不存在性别上的显著差异（详见表 6-5）。

表 6-5　社会认同的性别差异

社会认同	男性（$n=2786$）	女性（$n=1483$）	独立样本 t 检验		
	$M \pm SD$	$M \pm SD$	$t(4267)$	p	Cohen's d
单位认同	3.74±1.00	3.76±0.96	−0.64	0.52	−0.021
社区认同	3.49±1.07	3.54±1.07	−1.35	0.18	−0.043
城市认同	3.63±1.01	3.67±0.99	−1.01	0.31	−0.032
家庭认同	4.29±0.85	4.31±0.79	−0.77	0.44	−0.025
国家认同	4.26±0.85	4.28±0.79	−0.96	0.34	−0.031

3.3.2　社会认同的年龄差异

方差分析表明，不同年龄群体在各领域的社会认同上均存在显著差异（详见表 6-6 和图 6-11）。数据趋势上，家庭认同和国家认同水平除了在 50~54 岁时略有下降以外，在不同年龄群体之间差异较小，均维持在较高水平。单位认同、社区认同和城市认同

表 6-6 社会认同的年龄差异

年龄	样本量（N=4269）	单位认同		社区认同		城市认同		家庭认同		国家认同	
		$M±SD$	排名	$M±SD$	排名	$M±SD$	排名	$M±SD$	排名	$M±SD$	排名
18~24 岁	389	3.76±0.97	4	3.54±1.03	4	3.70±0.99	4	4.29±0.86	3	4.35±0.74	1
25~29 岁	683	3.88±0.90	1	3.71±1.00	1	3.81±0.95	1	4.24±0.80	5	4.27±0.77	5
30~34 岁	761	3.84±0.91	3	3.64±0.96	3	3.77±0.96	2	4.34±0.74	2	4.31±0.72	3
35~39 岁	800	3.87±0.92	2	3.70±0.95	2	3.76±0.96	3	4.34±0.76	2	4.34±0.75	2
40~44 岁	509	3.69±0.96	5	3.34±1.07	6	3.49±0.99	6	4.28±0.88	4	4.25±0.88	6
45~49 岁	476	3.66±1.02	6	3.37±1.11	5	3.53±1.01	5	4.36±0.85	1	4.28±0.89	4
50~54 岁	415	3.39±1.11	8	3.09±1.25	8	3.35±1.06	8	4.18±0.98	6	4.03±1.04	8
55 岁及以上	236	3.48±1.16	7	3.15±1.25	7	3.36±1.13	7	4.34±0.90	2	4.16±1.02	7
$F(7,4261)$		13.77***		25.61***		16.58***		2.67**		7.32***	
η_p^2		0.026		0.040		0.027		0.004		0.012	

水平在不同年龄段差异相对较大。具体来说，认同水平均从 18~24 岁到 25~29 岁有小幅上升，然后维持在高位，在 25~29 岁达到最高，随后随年龄增长呈整体降低趋势，不同认同在不同年龄阶段略有波动。

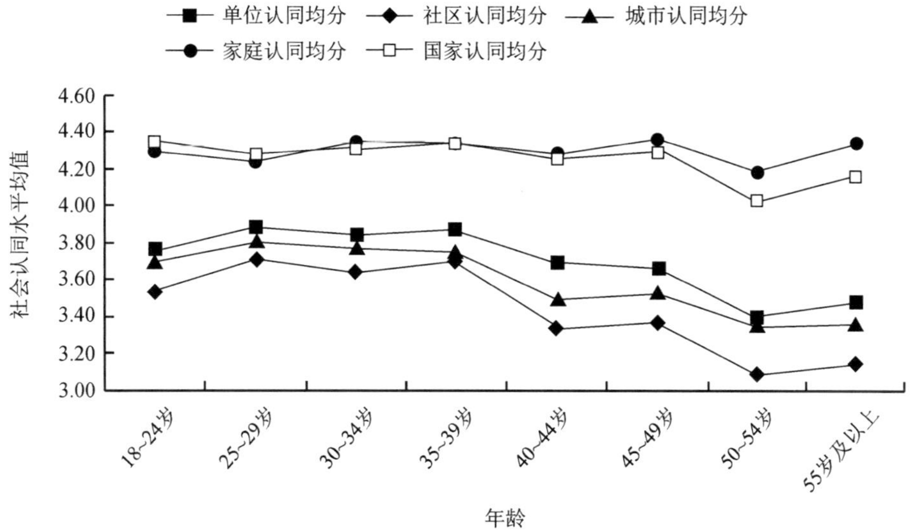

图 6-11　社会认同在年龄上的差异

3.3.3　社会认同的工作年限差异

方差分析表明，不同工作年限群体在各领域的社会认同上均存在显著差异（详见表 6-7 和图 6-12）。数据趋势上，家庭认同和国家认同水平除了在工作年限为 26~30 年时略有下降以外，在不同工作年限群体之间差异较小，均维持在较高水平。单位认同、社区认同和城市认同水平均随着工作年限的增长，在开始有明显上升后即在工作年限

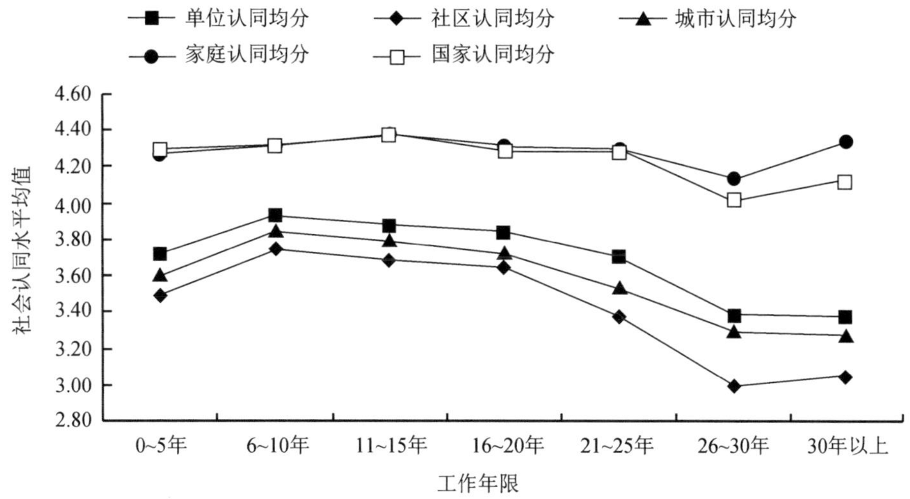

图 6-12　社会认同在工作年限上的差异

表 6-7　社会认同的工作年限差异

工作年限	样本量（N=4269）	单位认同		社区认同		城市认同		家庭认同		国家认同	
		$M \pm SD$	排名	$M \pm SD$	排名	$M \pm SD$	排名	$M \pm SD$	排名	$M \pm SD$	排名
0~5 年	799	3.72±0.98	4	3.49±1.04	4	3.60±1.02	4	4.26±0.89	5	4.29±0.82	4
6~10 年	859	3.93±0.87	1	3.75±0.94	1	3.85±0.92	1	4.31±0.74	4	4.31±0.73	3
11~15 年	768	3.88±0.91	2	3.68±0.95	2	3.81±0.95	2	4.37±0.75	1	4.37±0.70	1
16~20 年	662	3.84±0.89	3	3.65±1.01	3	3.72±0.94	3	4.31±0.79	3	4.28±0.80	5
21~25 年	415	3.70±0.98	5	3.37±1.11	5	3.54±1.01	5	4.30±0.86	6	4.28±0.85	6
26~30 年	367	3.38±1.14	6	2.99±1.27	7	3.29±1.07	6	4.13±1.01	7	4.01±1.06	7
30 年以上	399	3.37±1.14	7	3.05±1.17	6	3.28±1.08	7	4.33±0.84	2	4.12±1.01	2
$F(6,4262)$		27.19^{***}		41.85^{***}		28.39^{***}		3.77^{**}		10.39^{***}	
η_p^2		0.037		0.056		0.038		0.005		0.014	

为6~10年的群体达到最高，随后呈现不断降低的趋势。

3.3.4　社会认同的受教育程度差异

方差分析表明，不同受教育程度群体在各领域社会认同上均存在显著差异（详见表6-8和图6-13）。数据趋势上，家庭认同和国家认同水平差异较小，均维持在较高水平。单位认同、社区认同和城市认同的最高水平均出现在受教育程度为高中的群体，而单位认同和城市认同的最低水平均出现在受教育程度为小学及以下的最低学历群体中，社区认同最低水平则出现在受教育程度为大专的较高学历群体中。

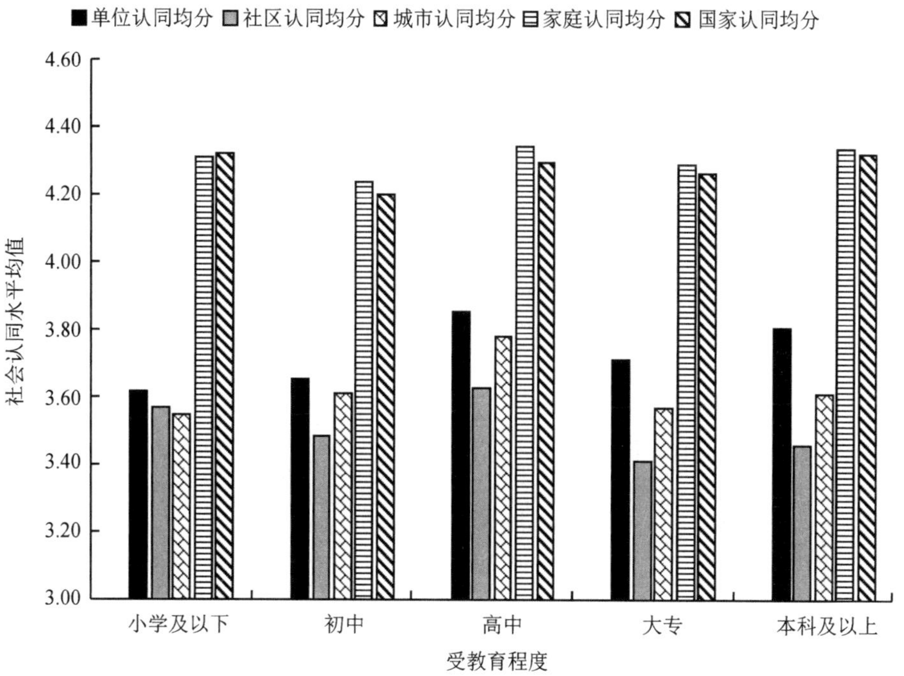

图6-13　社会认同在受教育程度上的差异

3.3.5　社会认同在技术等级上的差异

方差分析表明，不同技术等级群体在各领域社会认同上均存在显著差异（详见表6-9和图6-14）。数据趋势上，除了技术等级为中级的群体国家认同略低以外，家庭认同和国家认同水平在各技术等级群体中的差异较小，均维持在较高水平。单位认同和城市认同的最高水平均出现在高级及以上技术等级，社区认同的最高水平出现在初级技术等级，三种认同的最低水平均出现在无技术等级。值得注意的是，相比于中级技术等级，初级技术等级在单位认同、社区认同和城市认同水平上都更高一些。

表 6-8 社会认同的受教育程度差异

受教育程度	样本量（N=4269）	单位认同		社区认同		城市认同		家庭认同		国家认同	
		$M \pm SD$	排名	$M \pm SD$	排名	$M \pm SD$	排名	$M \pm SD$	排名	$M \pm SD$	排名
小学及以下	194	3.62±0.92	5	3.57±0.98	2	3.55±0.87	4	4.31±0.75	3	4.32±0.71	1
初中	1244	3.65±1.03	4	3.48±1.17	3	3.61±1.05	2	4.24±0.86	5	4.20±0.87	4
高中	1175	3.85±0.97	1	3.63±1.05	1	3.78±0.98	1	4.35±0.77	1	4.30±0.81	2
大专	917	3.71±0.96	3	3.41±0.99	5	3.57±0.99	3	4.29±0.85	4	4.26±0.85	3
本科及以上	739	3.80±0.96	2	3.46±1.04	4	3.61±1.00	2	4.34±0.85	2	4.32±0.79	1
$F(5,4263)$		8.13^{***}		6.29^{***}		7.68^{***}		3.19^{*}		3.54^{**}	
η_p^2		0.008		0.006		0.007		0.003		0.003	

表 6-9　社会认同的技术等级差异

技术等级	样本量（N=4269）	单位认同		社区认同		城市认同		家庭认同		国家认同	
		$M±SD$	排名	$M±SD$	排名	$M±SD$	排名	$M±SD$	排名	$M±SD$	排名
无技术等级	1367	3.64±1.00	4	3.41±1.11	4	3.56±1.01	4	4.26±0.84	4	4.22±0.86	4
初级	1700	3.84±0.96	2	3.64±1.03	1	3.76±0.98	2	4.30±0.83	3	4.30±0.79	2
中级	407	3.75±0.99	3	3.49±1.04	3	3.62±1.03	3	4.35±0.85	2	4.23±0.87	3
高级及以上	795	3.93±0.92	1	3.61±1.01	2	3.77±0.98	1	4.39±0.73	1	4.40±0.74	1
$F(3,4265)$		16.96^{***}		12.88^{***}		12.66^{***}		4.61^{**}		7.18^{***}	
η_p^2		0.012		0.009		0.009		0.003		0.005	

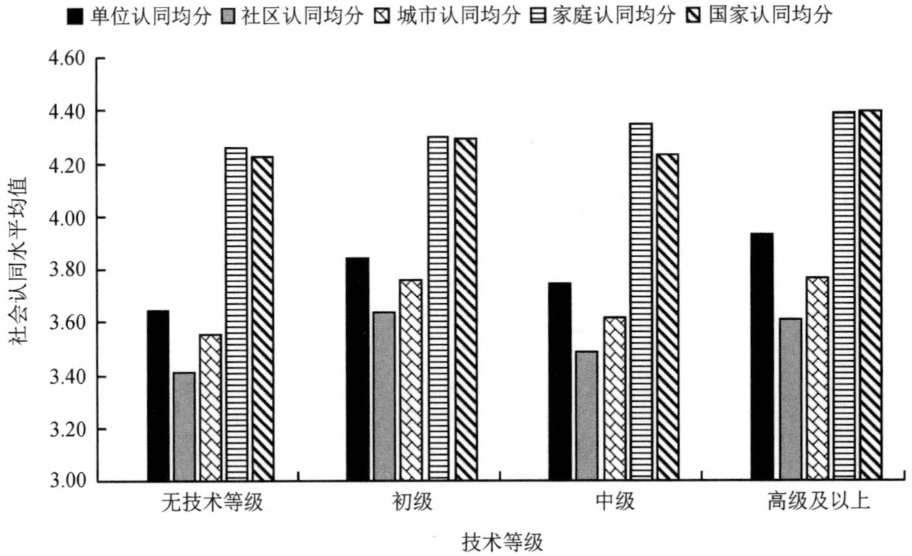

图 6-14　社会认同在技术等级上的差异

3.3.6　社会认同的户口类型差异

方差分析表明，不同户口类型群体在各领域社会认同上均存在显著差异。数据趋势上，家庭认同和国家认同水平仍然总体较高，但从显著性和效果量上来看，户口类型的群体差异比另外三种认同还要明显。总体上，非本地农村户口群体在五种社会认同水平上均最高，而本地农村户口在四种社会认同水平上均为次高，本地城镇户口在四种社会认同水平上均为最低，非本地城镇户口在三种社会认同水平上位列第三（详见表 6-10 和图 6-15）。

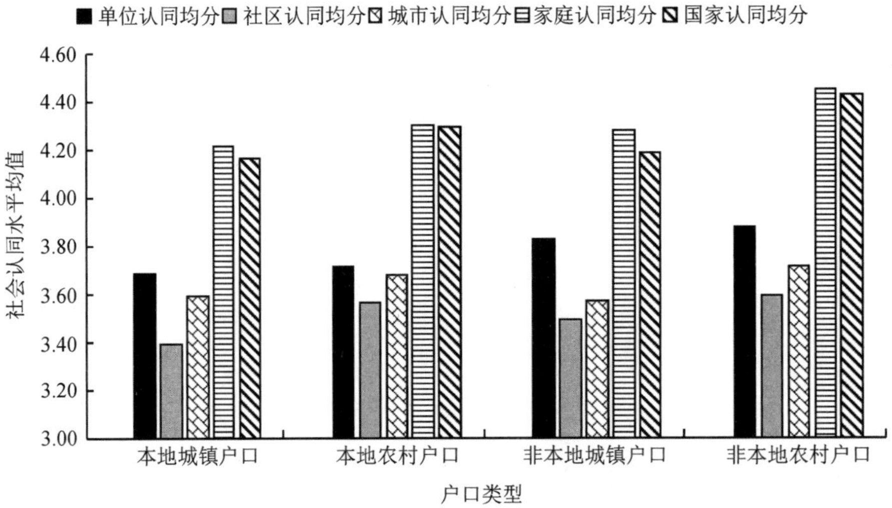

图 6-15　社会认同在户口类型上的差异

表 6-10　社会认同的户口类型差异

户口类型	样本量	单位认同		社区认同		城市认同		家庭认同		国家认同	
	(N=4269)	M±SD	排名	M±SD	排名	M±SD	排名	M±SD	排名	M±SD	排名
本地城镇户口	1367	3.68±1.01	4	3.39±1.12	4	3.59±1.04	3	4.22±0.89	4	4.16±0.90	4
本地农村户口	1700	3.71±0.97	3	3.56±1.05	2	3.67±0.97	2	4.30±0.81	2	4.29±0.82	2
非本地城镇户口	407	3.83±0.94	2	3.49±1.09	3	3.57±1.05	4	4.28±0.86	3	4.19±0.83	3
非本地农村户口	795	3.88±0.96	1	3.59±1.02	1	3.71±0.99	1	4.45±0.73	1	4.43±0.69	1
$F(3,4265)$		8.10***		8.51***		3.62*		13.46***		19.33***	
η_p^2		0.006		0.006		0.003		0.009		0.013	

3.3.7 社会认同的工资待遇差异

方差分析表明，不同工资待遇群体在各领域的社会认同上均存在显著差异。数据趋势上，家庭认同和国家认同水平的差异相对较小，均维持在较高水平。单位认同、社区认同和城市认同水平均在低收入区间呈现下降，中等收入区间呈现弱倒U型，较高收入区间在下降后再上升的趋势。其中，三种认同的最低点均出现在月收入3000～3999元群体中，而较高收入水平区间的相对低点则出现在月收入8000～8999元群体中（详见表6-11和图6-16）。

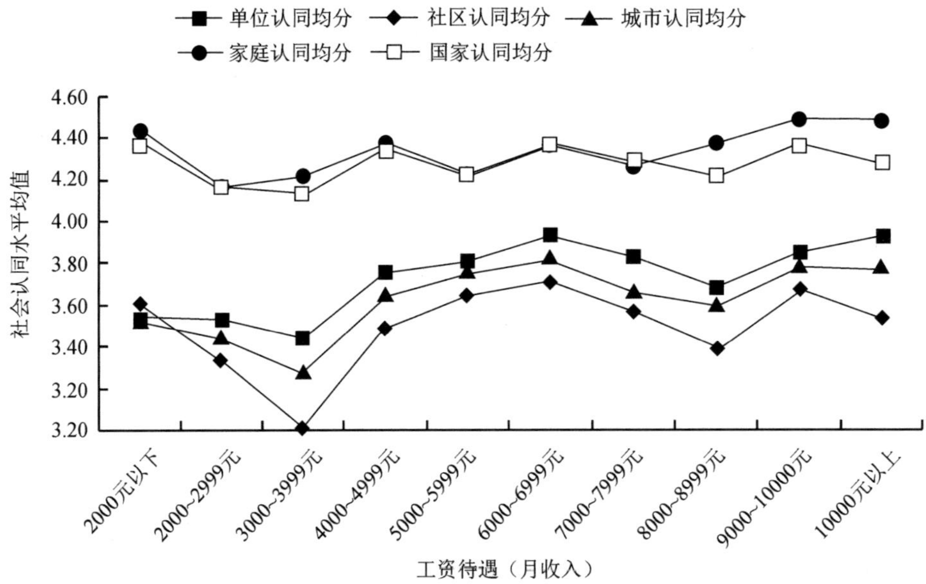

图6-16 社会认同在工资待遇上的差异

3.3.8 社会认同的主观社会阶层差异

方差分析表明，不同主观社会阶层群体在各领域社会认同上均存在显著差异。数据趋势上，家庭认同和国家认同水平差异较小，均维持在较高水平。单位认同、社区认同和城市认同的最高水平均出现在中层或中高层，最低水平则出现在低层（详见表6-12和图6-17）。

表 6-11　社会认同的工资待遇差异

工资待遇	样本量（N=4269）	单位认同		社区认同		城市认同		家庭认同		国家认同	
		$M \pm SD$	排名	$M \pm SD$	排名	$M \pm SD$	排名	$M \pm SD$	排名	$M \pm SD$	排名
2000 元以下	108	3.53±096	8	3.60±0.97	4	3.52±0.92	7	4.44±0.79	3	4.36±0.70	1
2000~2999 元	240	3.53±1.00	8	3.33±1.10	9	3.44±0.97	8	4.17±0.86	7	4.16±0.82	8
3000~3999 元	539	3.44±1.14	9	3.02±1.30	10	3.28±1.15	9	4.22±0.93	6	4.13±1.03	9
4000~4999 元	816	3.75±0.99	6	3.49±1.13	7	3.65±1.05	5	4.37±0.80	4	4.33±0.86	2
5000~5999 元	1135	3.81±0.90	5	3.65±0.98	3	3.75±0.95	4	4.22±0.83	6	4.23±0.76	6
6000~6999 元	551	3.93±0.88	1	3.71±0.93	1	3.82±0.89	1	4.37±0.69	4	4.27±0.69	5
7000~7999 元	412	3.83±1.00	4	3.57±0.99	5	3.65±0.96	5	4.26±0.91	5	4.29±0.84	3
8000~8999 元	184	3.68±1.05	7	3.39±0.96	8	3.60±0.97	6	4.37±0.86	4	4.22±0.93	7
9000~10000 元	156	3.85±0.95	3	3.67±0.97	2	3.78±0.96	2	4.49±0.72	1	4.36±0.77	1
10000 元以上	128	3.92±0.92	2	3.54±0.89	6	3.77±1.00	3	4.48±0.74	2	4.28±0.84	4
$F(9, 4259)$		11.63^{***}		19.32^{***}		13.46^{***}		5.67^{***}		4.20^{***}	
η_p^2		0.024		0.039		0.028		0.012		0.009	

表 6-12　社会认同的主观社会阶层差异

主观社会阶层	样本量（N=4269）	单位认同		社区认同		城市认同		家庭认同		国家认同	
		M±SD	排名	M±SD	排名	M±SD	排名	M±SD	排名	M±SD	排名
低层	873	3.41±1.17	5	2.97±1.26	5	3.27±1.14	5	4.17±1.01	4	4.30±1.05	3
中低层	1413	3.59±0.92	4	3.35±1.00	4	3.47±0.96	4	4.33±0.79	2	4.31±0.80	2
中层	1676	4.01±0.84	1	3.85±0.89	2	3.94±0.97	2	4.36±0.72	1	4.36±0.69	1
中高层	264	3.99±0.92	2	3.86±0.92	1	3.95±0.88	1	4.26±0.90	3	4.25±0.84	4
高层	43	3.75±1.11	3	3.71±1.16	3	3.71±1.00	3	3.95±0.83	5	4.00±0.95	5
$F(4,4264)$		73.76^{***}		126.62^{***}		91.05^{***}		10.04^{***}		25.96^{***}	
η_p^2		0.065		0.106		0.079		0.009		0.024	

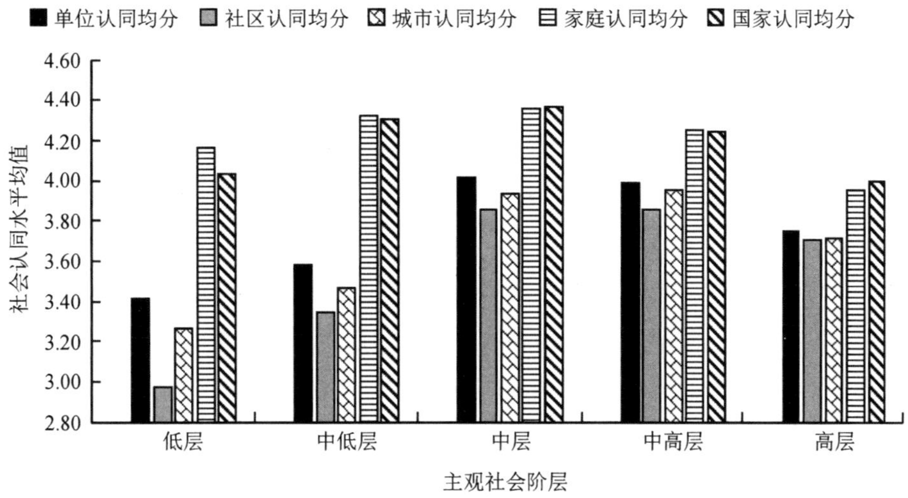

图 6-17　社会认同在主观社会阶层上的差异

4　讨论

本研究以新时代产业工人的职业认同为核心，将职业认同与单位认同、城市认同、国家认同等其他领域的社会认同一起看作产业工人的自我与不同层级的群体和社会相互融入的过程。基于中国人民大学心理学系“新时代产业工人社会心理调查”数据，对新时代产业工人的职业与社会认同水平进行了分析，并比较了它们在性别、年龄、工作年限等八项人口学变量上的差异。结果发现：新时代产业工人的职业与社会认同水平总体较高，但在工作、生活和家国三种不同领域存在认同水平差异，即存在“领域特征”。职业认同表现为认同职业的社会价值多于个体价值，职业行为态度好于职业归属感的特征，即存在“分离特征”。就人口学变量而言，产业工人的职业与社会认同水平随着年龄、工作年限、受教育程度、技术等级、工资待遇、主观社会阶层的提高在较早阶段出现高峰值，之后就不再上升，甚至呈现下降趋势，即存在“瓶颈效应”。此外，非本地农村户口、受教育程度最低、工资待遇最低的产业工人群体在职业与社会认同上展现出了出乎意料的积极性，而受教育程度为大专学历的产业工人职业与社会认同水平都比较低，我们认为这些群体值得特别关注。

4.1　新时代产业工人职业与社会认同的总体特征

4.1.1　新时代产业工人的职业与社会认同水平总体较高

我们通过 5 点量表测量了新时代产业工人的职业认同、单位认同、社区认同、城市认同、家庭认同和国家认同，满分均为 5 分。调查结果发现，最低的认同为社区认同，3.50 分，高于中值 3 分；最高的认同为家庭认同，4.30 分。综合来看，总体认同水平都较高，相对较低认同的均值也呈现出超过中值的积极水平，而相对较高认同的均值，如家庭认同和国家认同比其他认同明显更高一些。这些结果说明，从职业与社会认同的角度来看，我国新时代产业工人的社会心理与全国居民的社会心理具有类似的特征，均呈现总体积极向上的基本特征（辛自强,董妍,2024）。其中的家庭认同和国家认同水平较高，也从另一个侧面呼应了以往调查发现的中国人的社会心理具有家国情怀导向特征（韦庆旺等,2024）。

4.1.2 新时代产业工人职业与社会认同呈现“领域特征”

不同社会领域的认同呈现“领域特征”。如前所述，本文依据社会认同的不同领域，将新时代产业工人的职业与社会认同划分为三个领域：工作领域，包括职业认同和单位认同；生活领域，包括社区认同和城市认同；家国领域，包括家庭认同和国家认同。研究发现，不同领域的认同相比较，家国层面的家庭认同和国家认同水平最高，工作领域的职业认同和单位认同次高，而生活领域的社区认同和城市认同水平相对较低。对于产业工人来说，工作领域是他们安身立命、实现自我价值和社会价值的基础，较高的职业认同水平反映了他们对工作具有积极的认知、态度与情感，较高的单位认同则表达了他们与所在企业的积极心理联系。然而，家国层面的家庭认同和国家认同因其具有神圣性而承载了文化上的象征意义（陈望衡,张文,2021），相对而言更不受城市化和人口流动，以及宏观社会与文化变迁的影响，因此能够比职业认同和单位认同稳定地保持在更高水平。生活领域的社区认同和城市认同表达了产业工人与其所生活环境之间的联系，相比于职业认同和单位认同，体现了他们在更大意义上的社会融入程度。因此，社区认同和城市认同更容易受到产业工人这个群体在社会上的地位，以及他们所经历的城市化和社会互动经验的影响。研究发现，不管是实际的社会地位还是观念舆论上的认知，产业工人的社会地位仍然不高（河北省总工会办公室,2019），而社会上尚存在一些对产业工人负面的刻板印象（朱永跃等,2023），这些因素无疑对渴望融入社区和城市的产业工人造成了阻碍，降低了他们的社区和城市认同。

4.1.3 新时代产业工人职业认同不同维度呈现“分离特征”

新时代产业工人职业认同总体水平较高，但不同维度之间存在差异。职业认同分为社会价值认同、个体价值认同、职业行为、职业归属感。依据各维度的含义，可以分为社会价值认同与个体价值认同，及职业行为与职业归属感两对概念。本研究结果发现，新时代产业工人的职业认同在这两对概念上存在分离特征。首先，社会价值认同与个体价值认同之间存在分离，即社会价值认同水平高于个体价值认同，表明新时代产业工人虽然认为产业工人这个职业对社会具有较高的价值，但谈到产业工人对自己的价值时，则觉得没有那么高。其次，职业行为与职业归属感之间存在分离，即职业行为得分高于职业归属感得分，表明新时代产业工人虽然在行为上能够认真努力地完成本职工作，有较高的工作投入，但在情感上对产业工人这个职业的归属感则没有那么高。产业工人职业认同的这两种分离特征，可能反映了宏观上产业工人这个职业在客观社会地位和总体社会评价上尚未得到与其实际的社会价值与社会贡献相匹配的认可。最近一项有关职业认同的质性研究提出一种被称为“职业支持”的新维度，指出包括从家人到组织（单位）再到整个社会对一个职业的理解、认可和支持对于职业认同具有非常重要的作用（王晔安等,2021）。产业工人这种职业认同各维度所呈现的分离特征，可能体现了产业工人在获得社会多层次的职业支持方面还存在不足。

4.2　新时代产业工人职业与社会认同在亚群体上的比较

4.2.1　高家国认同对于不同人口学特征的产业工人具有较高一致性

如前所述，新时代产业工人在家国领域的社会认同明显高于他们在工作领域和生活领域的社会认同，并且达到极高的水平。进一步从产业工人不同人口学特征的比较来看，家国认同出现了惊人的跨群体一致性。虽然由于调查的样本量很大而使得大部分人口学特征的差异比较都达到了统计意义上的显著性，但从效果量来看都很小。尤其通过与职业和单位认同、社区和城市认同进行对比，可以更明显地看出家国认同的跨群体一致性特征。该结果从另一侧面表明了不仅产业工人群体在总体上与我国民众的高家国认同具有一致性（韦庆旺等,2024），而且不同人口学特征的产业工人亚群体同样具有高家国认同的一致性。这些结果提示我们，尽管产业工人自身面临比较大的生活压力，但不能因此就忽视他们的家国情怀，而应注重给予产业工人更多政治参与及展现家国情怀的机会（周相宜,周颖,2016）。

4.2.2　职业与社会认同在多项人口学变量上存在“瓶颈效应”

新时代产业工人的一些人口学特征可以反映他们职业和人生发展的轨迹。我们的研究结果显示，产业工人的职业与社会认同在多项人口学特征上存在“瓶颈效应”。所谓“瓶颈效应”，是指在那些具有成长和发展性质的人口学变量上，产业工人的职业与社会认同没有随着人口学特征的发展一直发展或持续发展到更高水平，而是到达这些人口学变量的某个阶段之后就不再增长了，即到达了瓶颈。

首先，产业工人的职业与社会认同在年龄、工作年限、受教育程度、技术等级等四方面的人口学变量存在“瓶颈效应”，并且在瓶颈期后认同水平显著下降。年龄是体现人生发展性的变量，工作年限是体现职业发展性的变量，两个变量均能够描绘一个人发展的轨迹。受教育程度决定了产业工人的职业起点水平，并一定程度上决定了其职业生涯发展的速度和高度。技术等级与受教育程度类似，它既可能在开始奠定产业工人的职业起点水平，也可能在自我提高过程中影响其职业生涯发展的速度和高度。对于受教育程度和技术等级较高的产业工人来说，他们的职业起点水平相对较高，伴随着对工作的胜任和更好的技能学习与提升水平，还会获得更快更大的发展。而对于每一个产业工人来说，随着他的年龄和工作年限的增长，他们的工作和社会经验也会不断累积。因此，产业工人的职业与社会认同理应在年龄、工作年限、受教育程度和技术等级这四个变量上体现线性提高的特征。然而，我们的结果发现这四个人口学变量均存在“瓶颈效应”。具体来说，除了在单位认同上，技术等级在高级以上的产业工人单位认同比其他等级在趋势上都更高以外，职业和单位认同、社区和城市认同在年龄、工作年限、受教育程度和技术等级上分别存在“35～39 岁瓶颈”“6～10 年瓶颈”“高中瓶颈”“初级瓶颈”。换言之，产业工人的职业和单位认同及社区和城市认同水平在“35～39 岁年龄、6～10 年工作年限、高中学历、技术初级”达到了顶峰，此后的任何阶段再也没有超过该顶峰，并且紧随着这些顶峰阶段会马上有一个显著的降低。

其次，产业工人的职业和单位认同、社区和城市认同在工资待遇和主观社会阶层两个人口学变量上同样存在“瓶颈效应”，分别表现为工资待遇达到月收入 6000～6999 元时认同水平到达顶峰，主观社会阶层达到中层或中高层时认同水平到达顶峰。如果说年龄、工作年限、受教育程度和技术等级是反映产业工人个体职业和人生发展性的人口学变量，那么工资待遇和主观社会阶层则是对其在经济社会地位提升方面的客观与主观衡量。因此，工资待遇和主观社会阶层的“瓶颈效应”，更多地反映了他们的经济社会地位本身的局限，以及经济社会地位提升对职业与社会认同影响的局限。一方面，产业工人工资待遇的人数在月收入 5000～5999 元达到最多，随后更高收入水平的人数明显减少，收入越高，人数越少；产业工人的主观社会阶层在中层达到最多，中高层以上的人数急剧减少。另一方面，随着工资待遇和主观社会阶层的提升，认同水平并没有线性提高，而是在相对不那么高的工资待遇和相对不高的主观社会阶层水平上即到达认同的顶峰，之后或维持在较高程度，或降低不明显。对于主观社会阶层而言，一项来自全国居民代表性大样本的社会心态调查发现，同样将居民主观社会阶层划分为五个水平，在各项社会心理指标上，几乎都是在前四个主观阶层水平上，社会心理的积极程度会随着主观社会阶层的提高而提高，即在中上层达到最高（王俊秀，2018）。而我们的研究发现，产业工人的职业与社会认同在主观社会阶层上的“瓶颈效应”体现在中层阶段，即使那些在中高层达到顶峰的认同，其认同水平也与中层的认同水平没有差异，而不是中高层明显高于中层。

综合来看，新时代产业工人的职业和单位认同及社区和城市认同在多项人口学变量上出现的“瓶颈效应”反映了产业工人虽然在静态总体上具有积极的社会心理，但在动态的职业发展和社会融入上仍存在某些方面的限制。本质上，新时代产业工人职业与社会认同在人口学变量上的“瓶颈效应”，与前述“领域特征”和“分离特征”具有紧密联系，可能反映了产业工人这个职业在发展中受到该群体自身历史局限和我国经济社会发展过程中的社会结构不平衡的客观制约（李培林,李炜,2007）。同时，职业与社会认同作为社会心理因素，体现了自我与社会的动态互动，产业工人职业与社会认同的建立与提升，需要良好的社会氛围和积极的社会认可。相反，如果社会氛围让产业工人感受到较高的职业污名，则很难建立积极的职业与社会认同（朱永跃等，2023）。

4.2.3　其他值得关注的职业与社会认同特征及典型群体

新时代产业工人的职业与社会认同除了在不同人口学变量上存在“瓶颈效应”以外，还存在其他一些特征，这些特征体现为在某些人口学变量上有些值得关注的典型群体。

首先，非本地农村户口、受教育程度最低、工资待遇最低的产业工人群体在职业与社会认同上展现出了出乎意料的积极性。对于职业认同来说，非本地农村户口的产业工人在所有不同户口状态的亚群体中认同水平最高，小学及以下受教育程度的产业工人在各受教育程度的亚群体中认同水平最高，工资待遇在月收入从低到高划分的低收入一端的认同水平并不是一开始就随着收入线性提高，而是先小幅下降再上升（如图 6-9）。类似地，非本地农村户口的产业工人在单位认同、社区认同和城市认同等所有认同的原始得分上都是最高分（或并列最高），该结果与一些对比农村户籍产业工人和本地城市户籍产业工人的调查结果具有一致性（戴霞等,2011）。受教育程度最低的小学及以下程度的产业工人，在社区认同和家国认同上也具有相当高的水平。收入水平在社区认同和城市认同上也存在与职业认同同样的模式，认同水平先下降后上升，表明收入水平最低的产业工人认同水平并不是最低的，尤其是社区认同，收入最低的产业工人认同水平在各收入水平亚群体中都居于中上水平。我们认为这些非本地农村户口、受教育程度最低、收入水平最低的产业工人群体身上出乎意料的积极性，可能与他们在社会发展过程中主要做与自身出身的纵向对比而不是与所工作和生活环境中其他人的横向对比所致（李培林,李炜,2007）。

其次，受教育程度为大专学历的产业工人职业与社会认同水平都比较低，尤其表现为均低于高中学历。同时，对于社区认同和城市认同来说，除了受教育程度为大专学历的产业工人认同水平相对较低以外，受教育程度为本科以上学历的产业工人认同水平也不高。也就是说，大专以上的高学历对于产业工人职业与社会认同的提升似乎作用有限，尤其大专学历与高中学历相比，出现了认同水平的倒挂现象。之所以产生这种现象，原因可能是多方面的。比如，大专以上的高学历产业工人可能没有得到足够的重视，实际工作没有使他们发挥出才能，存在人才超配的情况。也可能大专以上的高学历产业工人的职业生涯发展空间受到了一定限制，自我发展和社会地位提升一定程度受阻。还有可能是大专以上的高学历产业工人对工作回报和生活质量等的心理预期较高，而实际情况距离他们的预期差距较大（金晓彤等,2017）。此外，社会舆论和社会氛围可能对高学历产业工人的认知和评价存在刻板印象和偏见，认为产业工人对于他们的高学历而言是一个不够体面的职业，因此对他们的自我认知和社会融入产生了消极的影响（河北省总工会办公室，2019）。我们认为受教育程度较高的产业工人职业与社会认同水平上较低的现象是这些因素综合作用的结果。

4.3 进一步提升新时代产业工人职业与社会认同的政策建议

提升新时代产业工人的职业与社会认同，除了经常强调的户籍制度改革、增加经济收入、完善社会保障、提升教育和培训的政策，以及近年来注重的强化思想政治引领、健全产业工人的职业发展体系（如劳模评选、职业技能认定）等措施之外，还应该从社会心理的角度着眼，重视产业工人面对的社会心理层面的问题。例如，新时代产业工人越来越注重追求工作的意义感（黎金荣,2016）。具体而言，结合本研究的研究发现，提出以下政策建议。

第一，要给予广大普通的产业工人更多表达展示家国情怀的机会。当前中国制造在世界具有十分重要的影响力，每一个产业工人都是其中的参与者，都理应自豪和骄傲。我们的调查结果证实了产业工人具有极高的家国认同水平，然而现实中除了少数劳模和大国工匠容易彰显家国情怀，以及海外产业工人更容易凸显自己的中国身份和中国价值以外，更广大的产业工人很少有机会站在公域空间表达他们的家国情怀，应给更多普通的产业工人表达家国情怀的机会。

第二，要在社会心理上增强产业工人群体基于职业身份的认同感。一个群体的身份对该群体的归属感和认同感非常重要，而这个身份既是群体自身的，又离不开社会的评价和认可（方文,2008）。产业工人的职业认同归根结底建立在他们的自我与社会所达成的共识之上，但现实社会舆论尚缺乏对产业工人自己声音的倾听。比如“新生代产业工人”这个群体名称的使用更多源于学者和管理者，对于作为主体的“新生代产业工人”自身而言是外部给予的标签，他们是否认同这个标签就是一个很少被讨论的问题。我们认为，在关注和宣传新时代产业工人的工作中，要多听取他们自己的声音，让他们作为主体有更多的机会站到台前来。

第三，要切实促进产业工人融入当地社区和所在城市。社区和城市认同是产业工人走出工作环境迈向生活领域的认同，是产业工人从自我向更宽广的社会融入的关键。然而，我们的研究发现，新时代产业工人的社区和城市认同水平相对不高。因此，不仅要发挥产业工人在工作中的主人翁精神，也要在社区和城市的生活及治理上充分吸纳产业工人作为参与者和自治的主体之一。

第四，要重视产业工人的心理需求，把满足产业工人的心理需求作为社会心理服务体系的重要内容。随着中国式现代化的发展，以及新生代产业工人的成长，他们不仅对生活质量和人生发展的要求更高，而且越来越具有现代价值观念，同时他们的生活压力也越来越大，心理健康的需求也越来越多。因此，应将产业工人作为社会心理服务体系中的重点人群，及时满足他们的多种心理诉求。

参考文献

陈望衡，张文．(2021)．论中国传统文化中的家国情怀．*天津社会科学*，(6)，125–130.

陈文春，张义明，陈桂生．(2018)．从职业认同到工作投入：公共服务动机的中介作用与自我效能感的调节作用．*中国人力资源开发，35*(2)，118–128.

戴霞，韦瑞英，史悦红．(2011)．深圳外来农村籍产业工人与深圳市居民健康自评对比分析．*广州体育学院学报，31*(3)，16–20.

方文．(2008)．群体资格：社会认同事件的新路径．*中国农业大学学报(社会科学版)，25*(1)，89–108.

费孝通．(1948)．*乡土中国*．上海观察社.

高艳，乔志宏，宋慧婷．(2011)．职业认同研究现状与展望．*北京师范大学学报(社会科学版)*，(4)，47–53.

顾远东，周文莉，彭纪生．(2019)．消极情绪与员工创造力：组织认同、职业认同的调节效应研究．*管理科学学报，22*(6)，21–35.

郭靖，周晓华，张金桥，王永丽，林国雯．(2015)．工作要求-控制模型在中国产业工人中的应用：边界条件与研究反思．*南开管理评论，18*(6)，26–34.

河北省总工会办公室．(2019)．新时期不同类型产业工人思想状况分析与对策．*工会信息*，(11)，20–22.

黄杰，朱丹，杨澳．(2023)．实习初期教师职业认同的发展轨迹及其与主动性人格的关系：一项追踪研究．*心理发展与教育，39*(1)，40–47.

金晓彤，韩成，聂盼盼．(2017)．新生代农民工缘何进行地位消费？——基于城市认同视角的分析．*中国农村经济*，(3)，18–30.

黎金荣．(2016)．新生代产业工人工作意义构建策略研究——以A汽车企业管理实践为例．*中国人力资源开发*，(19)，21–27.

李培林，李炜．(2007)．农民工在中国转型中的经济地位与社会态度．*社会学研究*，(3)，1–17.

林赞歌，连榕，邓远平，林荣茂．(2017)．制造业员工社会支持、职业倦怠与生活满意度的关系．*心理与行为研究，15*(1)，108–112.

李志，布润，李安然．(2020)．基层公务员职业认同特征及其对工作绩效与离职倾向的影响研究．*重庆大学学报(社会科学版)，26*(3)，176–188.

罗杰，周瑗，陈维，潘运，赵守盈．(2014)．教师职业认同与情感承诺的关系：工作满意度的中介作用．*心理发展与教育，30*(3)，322–328.

罗明忠，卢颖霞．(2013)．农民工的职业认同对其城市融入影响的实证分析．*中国农村观察*，(5)，10–23.

王红丽，徐光毅，李振．(2024)．主动抑或回避？多重支持资源对非体面工作感知与矛盾职业认同的影响机制研究．*商业经济与管理*，(1)，37–52.

王俊秀．(2018)．不同主观社会阶层的社会心态．*江苏社会科学*，(1)，24–33.

王晔安，郑广怀，朱苗．(2021)．职业支持：社会认同理论与职业认同的新维度．*社会发展研究*，(1)，52–75.

韦庆旺，崔凤骁，阳光耀，皮特.（2024）. 新时代居民政治心理报告. 载：辛自强，董妍.（2024）. *新时代居民社会心理调查报告(2023)*. 开明出版社.

魏淑华.（2008）. *教师职业认同研究*(博士学位论文). 西南大学，重庆.

魏淑华，宋广文.（2012）. 教师职业认同与离职意向：工作满意度的中介作用. *心理学探新，32*(6)，564-569.

辛素飞，辛自强.（2015）. 社会身份复杂性的研究：理论、方法与进展. *心理科学进展，20*(3)，433-442.

辛自强，董妍.（2024）. *新时代居民社会心理调查报告(2023)*. 开明出版社.

辛自强，凌喜欢.（2015）. 城市居民的社区认同：概念、测量及相关因素. *心理研究，8*(5)，64-72.

赵志裕，温静，谭俭邦.（2005）. 社会认同的基本心理历程——香港回归中国的研究范例. *社会学研究*，(5)，202-227.

张莹瑞，佐斌.（2006）. 社会认同理论及其发展. *心理科学进展，14*(3)，475-480.

张永.（2010）. 基于自我认同的职业认同研究取向. *外国教育研究，37*(4)，43-47.

周相宜，周颖.（2016）. 当代中国工人阶级的群体心理与政治认同状况分析. *中国劳动关系学院学报，30*(6)，87-92.

朱永跃，覃正虹，欧阳晨慧.（2020）. 产业工人心理所有权对工作投入的影响——职业认同与员工导向组织文化的作用. *技术经济，39*(8)，143-151.

朱永跃，王世贤，欧阳晨慧.（2023）. 职业污名对工匠精神的抑制效应：来自制造业产业工人的实证研究. *江苏大学学报(社会科学版)，25*(1)，86-100+113.

Ashforth，B. E.，& Mael，F.（1989）. Social identity theory and the organization. *Academy of Management Review，14*(1)，20-39.

Brewer，M. B.（1991）. The social self：on being the same and different at the same time. *Personality & Social Psychology Bulletin，17*(5)，475-482.

Johnson，M. D.，Morgeson，F. P.，Ilgen，D. R.，& Meyer，C. J.（2006）. Multiple professional identities：Examining differences in identification across work-related targets. *Journal of Applied Psychology，91*(2)，498-506.

Mashek D.，Stuewig，J.，Furukawa，E.，& Tangney，J.（2006）. Psychological and behavioral implications of connectedness to communities with opposing values and beliefs. *Journal of Social and Clinical Psychology，25*(4)，404-428.

Otten，S.，& Schubert，T. W.（2006）. Overlapping mental representations of self，ingroup，and outgroup：Unraveling self-stereotyping and self-anchoring. *Personality and Social Psychological Bulletin，32*(7)，957-969.

Schubert，T. W.，& Otten，S.（2002）. Overlap of self，ingroup，and outgroup：Pictorial measures of Self-Categorization. *Self and Identity，1*(4)，353-376.

Tajfel，H.，& Turner，J. C.（1986）. The social identity theory of intergroup behavior. *Psychology of Intergroup Relations，13*(3)，7-24.

Terry，D. J.，& Hogg，M. A.（1996）. Group norms and the attitude-behavior relationship：A role for group identification. *Personality & Social Psychology Bulletin, 22*(8), 776-793.

Tropp, L. R., & Wrigth, S. C. (2001). Ingroup identification as the inclusion of ingroup in the self. *Personality and Social Psychology Bulletin, 27*(5), 585-600.

Uleman, J. S., Rhee, E., Bardoliwalla, N., Semin, G., & Toyama, M. (2000). The relational self: Closeness to ingroups depends on who they are, culture, and the type of closeness. *Asian Journal of Social Psychology, 3*(1), 1-17.

第七章　新时代产业工人的职业心理健康

唐信峰　冯乐乐　黄子芹

摘要：产业工人的职业心理健康不仅影响他们的身体健康，而且直接影响着他们的工作效率、生产安全和团队合作等，但目前对我国产业工人职业心理健康的研究相对较少。本研究基于中国人民大学心理学系“新时代产业工人社会心理调查”数据，考察了全国4367名产业工人的职业心理健康情况，包括产业工人的工作家庭冲突、工作不安全感和职业倦怠。结果发现，从整体来看，目前产业工人存在一定程度的职业心理健康困扰，包括轻度的工作家庭冲突、中等程度的工作不安全感和轻度的职业倦怠。人口统计学差异分析显示，产业工人的职业心理健康存在一系列亚群体差异。最后，本研究基于调查结果，从企业、政府和社会三个层面对提升产业工人的职业心理健康提供了建议。

关键词：职业心理健康，工作家庭冲突，工作不安全感，职业倦怠

1　引言

随着经济社会的发展，产业工人作为重要的生产力群体，其职业心理健康问题逐渐引起关注。产业工人在我国具有重要地位：产业工人是工人阶级的主体力量，是创造社会财富的中坚力量，是实施创新驱动发展战略、加快建设制造强国的骨干力量。党的二十届三中全会明确提出要“建设一流产业技术工人队伍”。为实现全面建成社会主义现代化强国的目标，在维护产业工人利益，促进其发展的同时，也应关注其身心健康。在党的二十大报告中，习近平总书记（2022）指出：“人民健康是民族昌盛和国家强盛的重要标志。把保障人民健康放在优先发展的战略位置，完善人民健康促进政策。”职业心理健康对产业工人而言是健康范畴中至关重要的一部分，这不仅关系到工人的生活质量，也直接影响企业生产效率与社会和谐。党的十九大报告也曾明确提出“实施健康中国战略”“要完善国民健康政策，为人民群众提供全方位全周期健康服务”“加强社会心理服务体系建设，培育自尊自信、理性平和、积极向上的社会心态”。

然而，由于长期面临高强度工作、职业不确定性以及生活与工作之间的冲突矛盾，产业工人的职业心理健康面临较大挑战（Ahola et al.,2009;Benach et al.,2014;Minnotte & Yucel,2018）。

在我国，关于产业工人职业心理健康的研究仍然较为匮乏，相关学术文献较少，这一群体的心理健康问题在研究和实践中尚未得到全面系统的关注。当前，随着工作环境和社会压力的不断变化，产业工人的工作家庭冲突、工作不安全感和职业倦怠等心理问题日益严重，影响了他们的工作表现和生活质量，甚至可能对整个社会的生产力和经济发展产生负面影响。因此，研究产业工人群体的职业心理健康，不仅具有重要的学术价值，也具有迫切的实践需求。

1.1　产业工人的职业心理健康

《中共中央国务院关于深化产业工人队伍建设改革的意见》明确提出，要通过加强产业工人服务保障，有效维护产业工人安全健康权益等多项措施，增强产业工人成就感获得感幸福感。这深刻反映出国家对产业工人职业心理健康的重视。职业心理健康（Occupational Mental Health，OMH）是指个体在职业环境中的心理适应状态，也可以理解为一种与工作密切相关的健康状态（齐亚静,伍新春,2018）。职业心理健康反映了个体在应对工作压力、组织管理模式、平衡多个社会角色时所表现出的情绪、认知和行为状态。职业心理健康不仅影响个体的工作绩效和生活质量，还对组织的生产力和社会的稳定发展具有重要意义。

职业心理健康的指标多种多样。在本研究中，我们从社会、组织和个人三个层面出发，将产业工人群体的职业心理健康细化为工作家庭冲突、职业倦怠和工作不安全感三个核心指标（见图 7-1）。

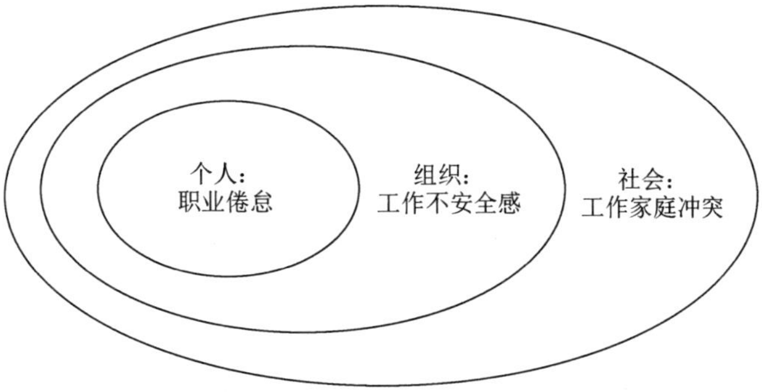

图 7-1　职业心理健康的三大指标

1.1.1　社会层面：工作家庭冲突

在社会层面，有限的时间如何分配？家庭和工作角色怎样灵活切换？遇到复杂的选择问题时在家庭和工作之间怎样进行取舍？这些都是员工在生活中可能面临的实际问题，会对职业心理健康造成困扰。个人的时间和精力等资源是有限的，因此个体承担的多个角色会增加压力，加大资源过度消耗的风险。工作家庭冲突（Work-Family Conflict）就是个人多种角色之间的冲突，它指工作和家庭两个领域的责任相互干扰，导致个体在一个领域的要求与在另一个领域的要求无法兼顾。这种冲突往往对个体心理健康和身体健康有着较大负面影响（Minnotte & Yucel,2018）。

具体而言，工作家庭冲突可以从两个角度进行概念化：工作影响家庭（work-to-family conflict，WFC），即工作领域的需求影响个体在家庭领域的表现；家庭影响工作（family-to-work conflict，FWC），即家庭中的问题影响个体在工作领域的表现（Frone et al.,1992;Netemeyer et al.,1996）。无论从哪个角度出发，当冲突发生时，都会引起不好的后果。从资源保存理论的角度来看，个体需要在工作和家庭需求之间进行平衡，这一过程会导致多种资源的损耗，从而引发压力。而当资源的消耗未能通过资源的获取得到补偿时，便会导致职业倦怠（Rupert et al.,2009）。

随着双职工家庭和单亲家庭的增加，以及传统的单收入家庭的减少，工作、家务和育儿的责任已不再局限于传统的性别角色划分。越来越多的员工发现自己在努力应对工作和家庭之间的竞争性需求（Byron,2005）。简单来说，可以将工作家庭冲突理解为角色间冲突，当工作和家庭角色的要求不一致时，就会产生这种冲突。也有学者基于不同情境将工作家庭冲突划分为了三个类型（Carlson et al.,2000;Greenhaus & Beutell,1985）：在工作所投入的时间妨碍了参与家庭事务并履行家庭责任时会产生时间型工作家庭冲突；在工作带来的压力使得难以履行家庭义务时会产生压力型工作家庭冲突；在工作中所需的行为不适合家庭角色时会产生行为型工作家庭冲突。已有元分析研究考察了工作家庭冲突与其结果之间的关系，发现工作家庭冲突与工作满意度、生活满意度、职业倦怠和缺勤都密切相关（Allen et al.,2000;Allen et al.,2020）。一项针对我国台湾省制造业工人的调查显示，工作家庭冲突会使个体的幸福感下降（Huang et al.,2019）。不仅如此，工作家庭冲突还会严重影响员工的工作绩效、工作满意度和总体幸福感（Allen et al.,2020;Frone et al.,1992）。

1.1.2 组织层面：工作不安全感

面对当下全球范围内激烈的竞争、变幻莫测的政治局势、日渐衰退的经济形势以及飞速进步的科学技术，组织越来越多地开展重组、收购、合并或者缩小规模以保持竞争力，这些变化导致员工对未来的工作有很大的不确定性（Jiang & Lavaysse,2018）。与此相伴随的是个体在组织中所感知到的工作不安全感（Job Insecurity）。

工作不安全感分为认知和情感两种成分，这两种工作不安全感是不同的，但它们之间存在显著的相关性（Huang et al.,2010）。认知工作不安全感（Cognitive Job Insecurity）指的是对完全失去工作或失去工作可能性的看法，具体表现为个体对其工作职位或未来职业发展的不确定性（Shoss,2017）。情感工作不安全感（Affective Job Insecurity）描述的是个体在面临工作不确定性时所产生的情感反应，具体表现为焦虑、担忧或恐惧，这些情绪反应会进一步加剧个体的心理压力（Huang et al.,2010）。整体来看，工作不安全感主要反映了个体对目前工作状况连续性和稳定性所面临威胁的感知（Shoss,2017）。工作不安全感不仅对个体的身心健康构成威胁，还可能对组织的稳定和可持续发展产生消极影响（Benach et al.,2014;Burgard et al.,2009;Greenhalgh & Rosenblatt,2010）。

工作不安全感反映的是个体与工作之间的关系。在资源保存理论视角下，就业稳定性是一种关键条件资源，它不仅能直接提供收入等物质资源，还能间接带来社会地位、尊重和控制感等心理资源（Jahoda,1981）。因此，在个体感知到失业风险或收入不稳定的情况下，会产生对未来的不确定性和无力感，而这种资源威胁会导致心理资源的快速消耗（Hellgren et al.,1999）。有研究者指出，情感工作不安全感是对认知工作不安全感的一种情感化反应（Jiang et al.,2020）。这一情感反应并非简单的情绪反应，而是对工作不安全的认知评估的情感延伸，它在个体的工作满意度、组织承诺和躯体不适等方面产生了深远影响（Huang et al.,2010）。

1.1.3　个人层面：职业倦怠

当前一个常见的职业心理健康问题是职业倦怠（Job Burnout）。职业倦怠指的是一种由长期工作压力引起的情感、认知和身体的耗竭状态，主要包含情感耗竭、对工作的去个性化（冷漠）以及成就感降低三个方面表现（Maslach & Jackson,1981）。具体而言，情绪耗竭被视为职业倦怠最具代表性的特征，表现为个体缺乏活力；去个性化则反映了职业倦怠在人际关系维度上的问题，主要表现为将服务对象非人性化，态度冷漠，缺乏同情心；个人成就感的降低属于职业倦怠的自我评价层面，表现为对工作意义的认可度下降、生产效率不足、自我效能感减弱，并伴随着工作动力的降低或投入度的减少（Maslach & Jackson,1981）。职业倦怠的核心在于情绪资源的耗竭。当个体的情绪资源枯竭时，他们往往会感到无法继续全身心投入工作。情绪耗竭不仅会导致个体对工作的情感态度变得消极，还会影响其工作表现和成就感，使得个体对自己的工作成就失去兴趣，并倾向于以情绪化的方式评价自己。随着情绪资源的进一步枯竭，个体在去个性化、个人成就感缺乏等方面也会逐渐表现出负面倾向，最终使得个体的情感状态更加低落，产生无助感。

在个体层面，职业倦怠是职业心理健康受损的直接表现，它反映了个体在长期工作压力下的心理消耗状态（Maslach & Leiter,2000）。心理健康良好的个体能够在工作中保持积极的情绪体验和良好的适应能力，而职业倦怠的发生往往意味着个体的心理资源被严重消耗，进而引发焦虑、抑郁、注意力下降等一系列心理健康问题（Hobfoll,1989）。由于职业倦怠是一种个体层面的心理状态，它直接受到工作要求、个体应对策略以及心理资源状况的影响。在产业工人群体中，工作时间过长、劳动强度过大往往加剧了职业倦怠的发生风险。同时，采矿业、制造业等行业的工作环境恶劣（如高噪声、低温或高温环境、有限的职业发展机会），这更容易导致职业倦怠的累积效应（Yi et al.,2021）。职业倦怠不仅直接影响产业工人的工作绩效和职业幸福感，还可能引发更为严重的健康问题，如慢性疲劳、抑郁等各种生理和心理疾病（Ahola et al.,2009）。职业倦怠带来的心理和生理损害具有长期性，并可能进一步降低个体的整体生活质量，对其家庭关系、社交互动和整体幸福感产生消极影响（Marzo et al.,2022）。

1.2 本研究的目的和思路

职业心理健康不仅对个体和组织的成功十分重要，也深刻影响着国家的经济社会发展。良好的职业心理健康能够提高员工的工作效率，增加工作投入，减少工作压力和负面情绪，从而提升员工的整体表现和组织的生产力（Hobfoll,2001）。反之，如果职业心理健康出现问题，不仅会对个体的生活质量和工作表现造成严重影响，还会对组织的长期发展产生不利影响（Maslach & Leiter,2000）。

产业工人在现代工业生产中面临着复杂的职业环境和严峻的心理健康挑战。高强度、重复性或不确定性的工作容易导致长期的资源消耗。工作压力突出、职业发展机会有限以及人际关系紧张等问题使得产业工人在工作需求高而资源不足时，更易出现心理健康问题。因此，对产业工人职业心理健康开展深入研究具有重要意义。

本研究旨在探讨产业工人职业心理健康的三大指标，即工作家庭冲突、工作不安全感和职业倦怠在个人特征和工作特征上的差异，并识别潜在的高风险群体。本研究成果有助于优化职业心理健康相关干预对策，助力产业工人的职业可持续发展。

2 调查方法

2.1 调查对象

本研究所用数据来源于2024年新时代产业工人社会心理调查项目，该项目是中国人民大学心理学系发起的一项全国范围的大型调查，有效样本为4420人，具体抽样方法见本书第一章。根据职业心理健康部分问卷的作答情况，我们排除了一些存在较多的漏填、错填、异常填答的问卷，最终保留4367份有效问卷。

2.2 调查变量

2.2.1 产业工人职业心理健康变量

（1）工作家庭冲突。

使用由Netemeyer等人（1996）编制、经石占菊（2019）翻译并修订的工作家庭冲突量表，该量表共由10个题项构成。包含“工作对家庭的冲突”和“家庭对工作的冲突”两个维度，各有 5 个题项，量表题项分别如“我工作上的要求会干扰我的家庭和家庭生活”“来自家庭或配偶/伴侣的要求会干扰我的工作”。工作家庭冲突量表为 5 点评分，1 = 完全不符合，5 = 完全符合，分数越高代表工作家庭冲突越严重。本调查中，工作家庭冲突总量表的内部一致性信度为 0.94，两个分量表的内部一致性信度分别为 0.92 和 0.93。

（2）工作不安全感。

使用易凌峰和陈浩宇（2024）编制的工作不安全感量表，包括认知工作不安全感和情感工作不安全感两个量表，分别包括 4 个题项和 7 个题项，量表题项分别如“我担心我未来几年内不会有晋升和发展的机会”“我常考虑是否会继续留在目前这家工作单位”。量表为 7 点评分，1 = 完全不符合，7 = 完全符合，分数越高代表工作不安全感越强烈。本调查中，认知工作不安全感量表的内部一致性信度为 0.91，情感工作不安全感量表的内部一致性信度为 0.87。

（3）职业倦怠。

采用由 Schutte 等人（2000）开发、李超平和时勘（2003）翻译并修订的职业倦怠量表（通用版），共 15 个题项，量表题项如“工作让我感觉身心疲惫”。量表采用 7 点评分，1 = 完全不符合，7 = 完全符合，分数越高代表职业倦怠感越强。本调查中，职业倦怠量表的内部一致性信度为 0.91。

2.2.2　产业工人客观特征变量

（1）个人特征变量。它包括产业工人的性别、年龄、户口类型、受教育程度与月收入。

（2）家庭特征变量。它包括产业工人的婚姻状态和孩子数量。

（3）工作特征变量。它指与产业工人的工作经历和环境密切相关的变量，包括工作年限、工作强度（每周工作天数、每天工作时长）、工种、技术等级与行业类型。

3　结果

3.1　工作家庭冲突

3.1.1　产业工人工作家庭冲突整体情况

在本调查中，在 1~5 的 5 点量尺上，产业工人的工作家庭冲突量表的平均得分为 2.37，标准差为 0.98，中位数为 2.30，意味着产业工人的工作家庭冲突整体处于较低水平。

3.1.2　个人特征变量

（1）性别差异：男性产业工人的工作家庭冲突更强。

我们分析了工作家庭冲突的各种人口学特征差异（见表 7-1）。统计显示，男性的工作家庭冲突得分显著高于女性，$t(3172.04) = 3.95$，$p < 0.001$，Cohen's $d = 0.13$。具体到两个分量表发现，男性感受到的工作对家庭的冲突显著强于女性，$t(4302) = 3.92$，

$p<0.001$，Cohen's $d=0.18$，而二者的家庭对工作的冲突则没有显著差异。综合来看，男性面临的工作家庭冲突比女性更强，且主要是由于工作对家庭的冲突。而一般来说，由于女性通常被期望在家庭中扮演更为传统的角色，会面临更多工作家庭冲突，这可能是因为像产业工人这样高体力需要的工作往往对男性从业者有更高的要求，使得男性产业工人需要在工作中投入更多的时间和精力，因此更难以顾及家庭角色。

表 7-1 工作家庭冲突的人口统计学差异

人口统计学变量			n	$M±SD$	t/F	Cohen's d/η_p^2
个人特征变量	性别	男性	2769	2.42±0.98	3.95***	0.13
		女性	1535	2.29±0.97		
	年龄	18~24岁	389	2.44±1.08	5.13***	0.008
		25~29岁	689	2.27±0.96		
		30~34岁	773	2.30±0.94		
		35~39岁	811	2.34±0.96		
		40~44岁	529	2.45±0.94		
		45~49岁	492	2.52±0.96		
		50~54岁	425	2.32±1.01		
		55岁及以上	251	2.37±0.98		
	户口	城镇	1810	2.47±0.97	5.29***	0.16
		农村	2582	2.31±0.98		
	受教育程度	小学及以下	206	2.33±0.98	22.54***	0.020
		初中	1284	2.27±0.98		
		高中	1197	2.25±0.97		
		大专	929	2.53±0.95		
		本科及以上	745	2.58±0.97		
	月收入	2000元以下	114	2.71±1.11	13.64***	0.028
		2000~2999元	249	2.46±1.10		
		3000~3999元	557	2.40±0.98		
		4000~4999元	831	2.24±0.98		
		5000~5999元	1145	2.27±0.96		
		6000~6999元	559	2.26±0.90		
		7000~7999元	411	2.67±0.91		
		8000~8999元	185	2.56±0.95		
		9000~10000元	157	2.64±0.99		
		10000元以上	133	2.66±1.09		

（续表）

人口统计学变量			n	$M \pm SD$	t/F	Cohen's d/η_p^2
家庭特征变量	婚姻状态	未婚	1082	2.26±0.99	−4.28***	−0.15
		已婚	3167	2.40±0.97		
	孩子数量	没有子女	1136	2.27±0.99	5.78***	0.004
		有一个子女	1573	2.42±0.96		
		有两个子女	1415	2.40±0.96		
		有三个及以上	204	2.37±1.03		
工作特征变量	工作年限	0~5年	804	2.51±1.06	8.06***	0.011
		6~10年	872	2.32±0.97		
		11~15年	780	2.30±0.95		
		16~20年	672	2.23±0.93		
		21~25年	425	2.50±1.00		
		26~30年	376	2.47±0.94		
		30年以上	416	2.40±0.94		
	工作天数	每周5天及以下	1277	2.53±1.00	6.75***	0.23
		每周5天以上	3074	2.31±0.96		
	工作时长	每天8小时及以下	2441	2.48±0.98	7.94***	0.24
		每天8小时以上	1899	2.24±0.96		
	工种	劳务工	1091	2.48±1.02	4.17***	0.15
		合同工/正式工	3265	2.34±0.96		
	技术等级	无技术等级	2007	2.36±0.98	4.03**	0.03
		初级	1100	2.32±0.98		
		中级	709	2.48±0.99		
		高级及以上	535	2.41±0.94		
	从事行业	采矿业	174	2.61±0.97	18.80***	0.021
		制造业	2191	2.26±0.95		
		建筑业	563	2.49±0.93		
		能源业	242	2.40±0.97		
		化工业	416	2.27±0.95		
		其他	763	2.60±1.05		

注：* 表示 $p<0.05$，** 表示 $p<0.01$，*** 表示 $p<0.001$。下同。

（2）年龄差异：年轻与年长产业工人的工作家庭冲突更强。

方差分析结果表明，产业工人的工作家庭冲突在不同年龄段个体间存在显著差异，$F(7,4351)=5.13$，$p<0.001$，$\eta^2=0.008$。事后检验发现，年轻和年长的产业工人工作家庭冲突更强，具体表现为45~49年龄组的工作家庭冲突最强，并显著高于25~39岁的中青年工人。此外，18~24岁的年轻工人的工作家庭冲突也显著高于25~34岁工人（见图7-2）。工作对家庭的冲突和家庭对工作的冲突这两个分量表和总量表的表现基本一致，因此不展开报告，下同。

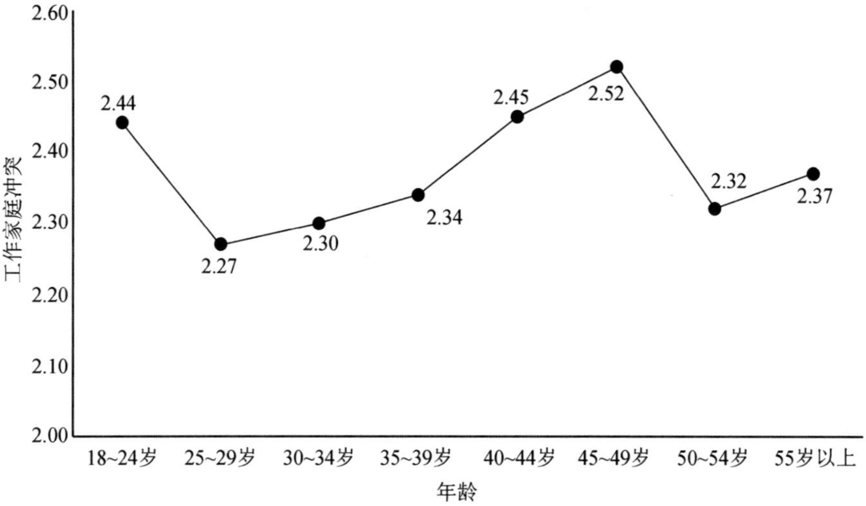

图7-2 产业工人工作家庭冲突在年龄上的差异

（3）户口差异：城镇户口产业工人的工作家庭冲突更强。

统计显示，城镇户口工人的工作家庭冲突显著高于农村户口工人，$t(4336)=5.29$，$p<0.001$，Cohen's $d=0.16$。

（4）受教育程度差异：高学历产业工人的工作家庭冲突更强。

方差分析结果表明，受教育程度显著影响产业工人的工作家庭冲突，$F(4,4356)=22.54$，$p<0.001$，$\eta^2=0.020$。根据事后检验，高学历工人感受到的工作家庭冲突比低学历组更强，具体表现为大专、本科及以上这两个较高学历组的工作家庭冲突得分显著高于高中及以下三个较低学历组，同时较高学历组之间、较低学历组之间的工作家庭冲突无显著差异（见图7-3）。

（5）月收入差异：低月收入和高月收入产业工人的工作家庭冲突更强。

方差分析结果表明，不同月收入水平产业工人的工作家庭冲突存在显著差异，$F(9,4331)=13.64$，$p<0.001$，$\eta^2=0.028$。事后检验表明，低薪组和高薪组的工作家庭冲突明显更高，具体表现为月收入2000元以下工人的工作家庭冲突显著高于月收入2000~6999元这五组的工人，月收入7000元及以上四组的工人的工作家庭冲突显著高

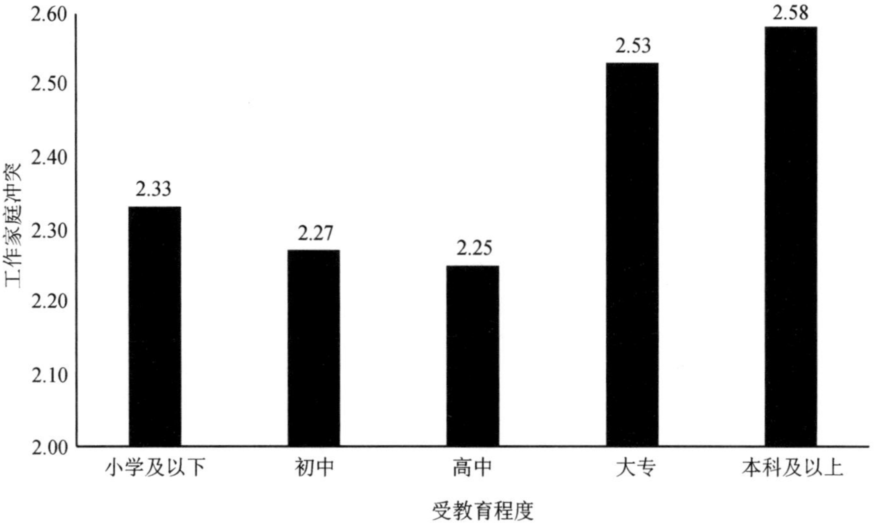

图 7-3　产业工人工作家庭冲突在受教育程度上的差异

于 3000~6999 元的这四组工人（见图 7-4）。

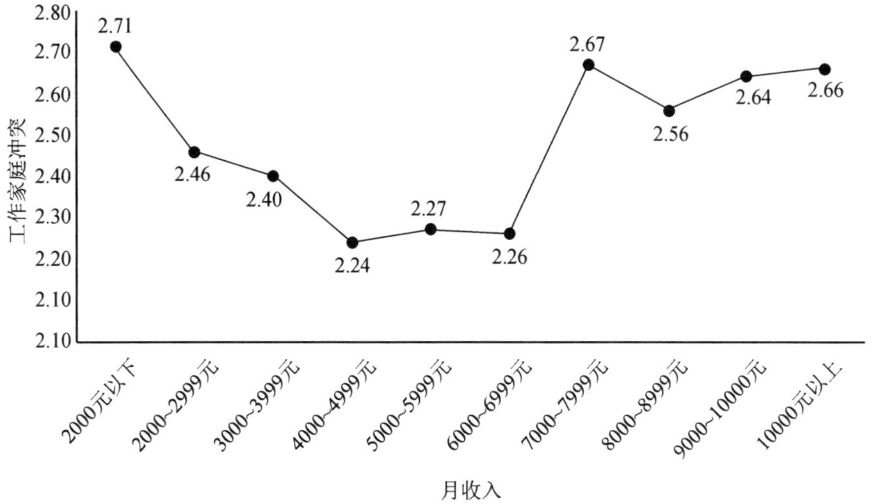

图 7-4　产业工人工作家庭冲突在月收入上的差异

3.1.3　家庭特征变量

（1）婚姻状态差异：已婚产业工人的工作家庭冲突更强。

统计显示，已婚工人的工作家庭冲突感受显著高于未婚工人，$t(4247)=-4.28$，$p<0.001$，Cohen's $d=-0.15$。

（2）孩子数量差异：有子家庭产业工人的工作家庭冲突更强。

方差分析结果表明，孩子数量不同的产业工人的工作家庭冲突存在显著差异，$F(3,4324)=5.78$，$p<0.001$，$\eta^2=0.004$。根据事后检验，没孩子组的产业工人工作家

庭冲突显著低于有孩子组的，而不同孩子数量家庭（1 个、2 个、3 个及以上）之间的工作家庭冲突无显著差异（见图 7-5）。

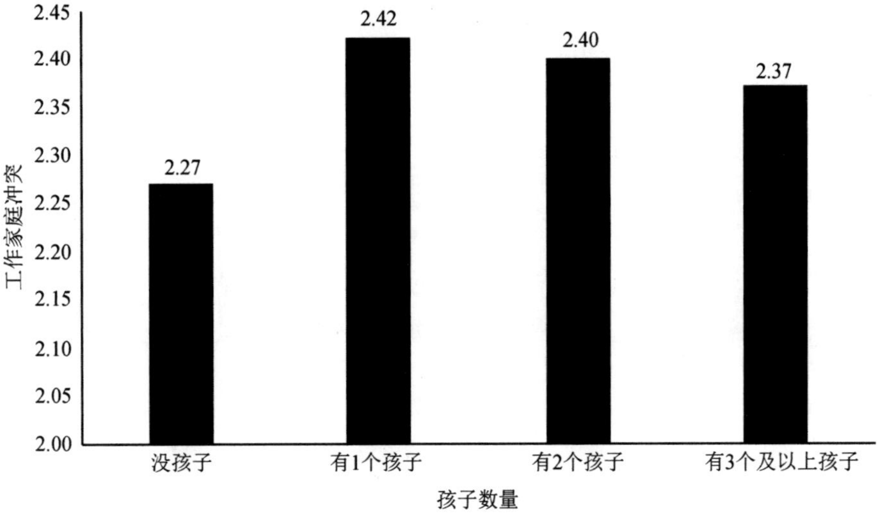

图 7-5 产业工人工作家庭冲突在孩子数量上的差异

3.1.4 工作特征变量

（1）工作年限差异：刚入行与成熟产业工人的工作家庭冲突更强。

方差分析结果表明，参加工作时间长度不同的产业工人的工作家庭冲突存在显著差异，$F(6,4338)=8.06$，$p<0.001$，$\eta^2=0.011$。根据事后检验，参加工作时间较短和较长的产业工人会有更强的工作家庭冲突，具体表现为刚参加工作 0～5 年的工人的工作家庭冲突最强，显著高于参加工作 6～20 年的三组。其次，参加工作 21～30 年的两组工人的工作家庭冲突也显著高于参加工作 6～20 年的三组（见图 7-6）。

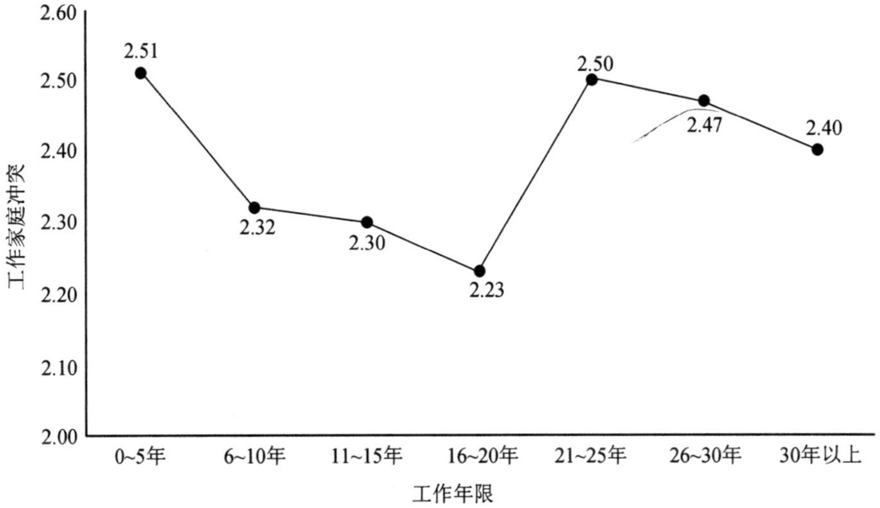

图 7-6 产业工人工作家庭冲突在工作年限上的差异

（2）工作强度差异：工作强度低的产业工人工作家庭冲突更强。

统计显示，每周工作 5 天及以下的产业工人的工作家庭冲突感受显著高于每周工作 5 天以上的产业工人，$t(4349)=6.75$，$p<0.001$，Cohen's $d=0.23$。并且，每天工作 8 小时及以下的产业工人的工作家庭冲突感受显著高于每天工作 8 小时以上的产业工人，$t(4338)=7.94$，$p<0.001$，Cohen's $d=0.24$。综合来看，工作强度更高的产业工人的工作家庭冲突反而更低，那么可能正是较低的工作家庭冲突，使得这部分产业工人可以在工作上投入更多时间。而面临较强工作家庭冲突的产业工人则由于家庭角色的冲突，无法选择加班，因而工作强度更低。

（3）工种差异：劳务工的工作家庭冲突更强。

统计显示，劳务工的工作家庭冲突得分显著高于合同工/正式工，$t(1780.57)=4.17$，$p<0.001$，Cohen's $d=0.15$，也就是雇用关系更稳定的产业工人工作家庭冲突更小。

（4）技术等级差异：技术等级较高的产业工人工作家庭冲突更强。

方差分析结果表明，技术等级不同的产业工人的工作家庭冲突存在显著差异，$F(3,4347)=4.03$，$p=0.007$，$\eta^2=0.003$。根据事后检验，拥有中级技术等级的产业工人的工作家庭冲突最高，并显著高于无技术等级和初级技术等级的产业工人，其他组之间的工作家庭冲突无显著差异（见图 7-7）。

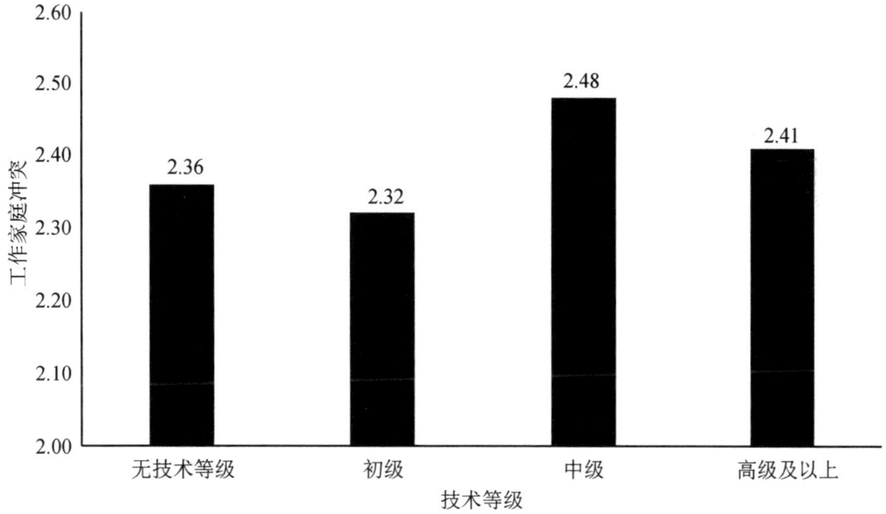

图 7-7　产业工人工作家庭冲突在技术等级上的差异

（5）行业类型差异：采矿业和建筑业产业工人的工作家庭冲突更强。

方差分析结果表明，从事行业不同的产业工人的工作家庭冲突存在显著差异，$F(5,4343)=18.80$，$p<0.001$，$\eta^2=0.021$。根据事后检验，除了“其他”行业外的五个主要行业中，采矿业产业工人的家庭冲突显著高于制造业、能源业和化工业这三个行业，建筑业的产业工人的工作家庭冲突也显著高于制造业和化工业，总体呈现出高体

能要求产业的工作家庭冲突更高的情况（见图 7-8）。

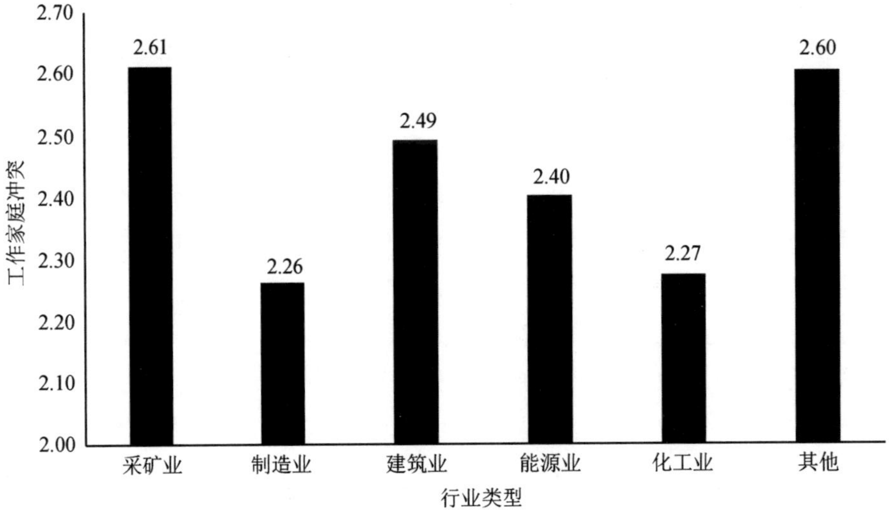

图 7-8　产业工人工作家庭冲突在行业类型上的差异

3.2　工作不安全感

3.2.1　产业工人工作不安全感整体情况

在本调查中，在 1~7 的 7 点量尺上，产业工人的认知工作不安全感量表的平均得分为 3.53，标准差为 1.51，中位数为 3.50，整体得分居中，表明产业工人有中等程度的认知工作不安全感。产业工人的情感工作不安全感量表的平均得分为 3.21，标准差为 1.52，中位数为 3.00，整体得分偏低，表明产业工人有较低程度的情感工作不安全感。

3.2.2　个人特征变量

（1）性别差异：男性产业工人的工作不安全感更强。

我们分析了认知工作不安全感与情感工作不安全感的各种人口学特征差异（见表 7-2、表 7-3）。统计显示，男性的认知工作不安全感显著高于女性，$t(4302)=4.69$，$p<0.001$，Cohen's $d=0.15$。男性的情感工作不安全感也显著高于女性，$t(3354.03)=4.26$，$p<0.001$，Cohen's $d=0.13$。

表 7-2　认知工作不安全感的人口统计学差异

人口统计学变量			n	$M±SD$	t/F	Cohen's d/η_p^2
个人特征变量	性别	男性	2769	3.60±1.52	4.69***	0.15
		女性	1535	3.38±1.48		

（续表）

人口统计学变量			n	$M \pm SD$	t/F	Cohen's d/η_p^2
个人特征变量	年龄	18~24 岁	389	3. 94±1. 62	7. 05***	0. 011
		25~29 岁	689	3. 37±1. 54		
		30~34 岁	773	3. 44±1. 51		
		35~39 岁	811	3. 44±1. 52		
		40~44 岁	529	3. 62±1. 48		
		45~49 岁	492	3. 52±1. 45		
		50~54 岁	425	3. 66±1. 44		
		55 岁及以上	251	3. 44±1. 46		
	户口	城镇	1810	3. 63±1. 50	3. 82***	0. 12
		农村	2582	3. 45±1. 52		
	受教育程度	小学及以下	206	3. 41±1. 44	47. 14***	0. 041
		初中	1284	3. 22±1. 46		
		高中	1197	3. 33±1. 51		
		大专	929	3. 84±1. 47		
		本科及以上	745	3. 99±1. 51		
	月收入	2000 元以下	114	3. 88±1. 47	10. 56***	0. 021
		2000~2999 元	249	3. 78±1. 40		
		3000~3999 元	557	3. 61±1. 47		
		4000~4999 元	831	3. 39±1. 48		
		5000~5999 元	1145	3. 31±1. 45		
		6000~6999 元	559	3. 37±1. 54		
		7000~7999 元	411	3. 86±1. 58		
		8000~8999 元	185	3. 81±1. 50		
		9000~10000 元	157	3. 80±1. 74		
		10000 元以上	133	3. 94±1. 61		
家庭特征变量	婚姻状态	未婚	1082	3. 48±1. 59	−0. 97	−0. 03
		已婚	3167	3. 53±1. 49		
	孩子数量	没有子女	1136	3. 50±1. 60	0. 28	0. 000
		有一个子女	1573	3. 55±1. 48		
		有两个子女	1415	3. 51±1. 48		
		有三个及以上	204	3. 49±1. 51		

（续表）

人口统计学变量			n	$M±SD$	t/F	Cohen's d/η_p^2
工作特征变量	工作年限	0~5 年	804	3.88±1.57	12.07***	0.016
		6~10 年	872	3.39±1.58		
		11~15 年	780	3.41±1.51		
		16~20 年	672	3.31±1.48		
		21~25 年	425	3.58±1.44		
		26~30 年	376	3.60±1.42		
		30 年以上	416	3.58±1.51		
	工作天数	每周 5 天及以下	1277	3.72±1.51	5.51***	0.18
		每周 5 天以上	3074	3.44±1.51		
	工作时长	每天 8 小时及以下	2441	3.65±1.48	6.18***	0.19
		每天 8 小时以上	1899	3.36±1.51		
	工种	劳务工	1091	3.65±1.53	3.25***	0.11
		合同工/正式工	3265	3.48±1.51		
	技术等级	无技术等级	2007	3.48±1.49	7.83***	0.005
		初级	1100	3.42±1.51		
		中级	709	3.70±1.54		
		高级及以上	535	3.69±1.53		
	从事行业	采矿业	174	3.76±1.41	11.98***	0.014
		制造业	2191	3.38±1.52		
		建筑业	563	3.77±1.32		
		能源业	242	3.36±1.61		
		化工业	416	3.50±1.60		
		其他	763	3.76±1.52		

表 7-3 情感工作不安全感的人口统计学差异

人口统计学变量			n	$M±SD$	t/F	Cohen's d/η_p^2
个人特征变量	性别	男性	2769	3.28±1.55	4.26***	0.13
		女性	1535	3.08±1.45		
	年龄	18~24 岁	389	3.57±1.69	6.41***	0.010
		25~29 岁	689	3.05±1.48		
		30~34 岁	773	3.13±1.46		
		35~39 岁	811	3.13±1.49		
		40~44 岁	529	3.33±1.55		
		45~49 岁	492	3.16±1.48		
		50~54 岁	425	3.41±1.48		
		55 岁及以上	251	3.14±1.55		

（续表）

人口统计学变量			n	$M±SD$	t/F	Cohen's d/η_p^2
个人特征变量	户口	城镇	1810	3.25±1.52	1.29	0.40
		农村	2582	3.19±1.52		
	受教育程度	小学及以下	206	3.15±1.32	13.11***	0.012
		初中	1284	3.08±1.44		
		高中	1197	3.07±1.50		
		大专	929	3.41±1.56		
		本科及以上	745	3.44±1.62		
	月收入	2000元以下	114	3.75±1.52	10.70***	0.022
		2000~2999元	249	3.61±1.44		
		3000~3999元	557	3.27±1.52		
		4000~4999元	831	3.00±1.45		
		5000~5999元	1145	3.07±1.42		
		6000~6999元	559	3.04±1.49		
		7000~7999元	411	3.51±1.61		
		8000~8999元	185	3.42±1.57		
		9000~10000元	157	3.47±1.79		
		10000元以上	133	3.52±1.77		
家庭特征变量	婚姻状态	未婚	1082	3.19±1.55	−0.44	−0.02
		已婚	3167	3.21±1.50		
	孩子数量	没有子女	1136	3.19±1.57	0.46	0.000
		有一个子女	1573	3.24±1.50		
		有两个子女	1415	3.19±1.50		
		有三个及以上	204	3.26±1.52		
工作特征变量	工作年限	0~5年	804	3.48±1.65	6.96***	0.008
		6~10年	872	3.11±1.50		
		11~15年	780	3.10±1.45		
		16~20年	672	3.06±1.48		
		21~25年	425	3.31±1.49		
		26~30年	376	3.21±1.49		
		30年以上	416	3.26±1.47		

（续表）

人口统计学变量			n	$M \pm SD$	t/F	Cohen's d/η_p^2
工作特征变量	工作天数	每周5天及以下	1277	3.24±1.59	0.80	0.03
		每周5天以上	3074	3.20±1.49		
	工作时长	每天8小时及以下	2441	3.26±1.53	2.48**	0.08
		每天8小时以上	1899	3.15±1.51		
	工种	劳务工	1091	3.50±1.53	7.28***	0.26
		合同工/正式工	3265	3.12±1.51		
	技术等级	无技术等级	2007	3.25±1.49	2.13	0.001
		初级	1100	3.12±1.50		
		中级	709	3.27±1.59		
		高级及以上	535	3.19±1.57		
	从事行业	采矿业	174	3.40±1.56	12.86***	0.015
		制造业	2191	3.09±1.48		
		建筑业	563	3.51±1.39		
		能源业	242	2.83±1.57		
		化工业	416	3.23±1.58		
		其他	763	3.39±1.59		

（2）年龄差异：年轻与年长产业工人的工作不安全感更强。

方差分析结果表明，产业工人的工作不安全感在不同年龄段个体间存在显著差异（认知：$F(7,4351)=7.05$，$p<0.001$，$\eta^2=0.011$；情感：$F(7,4351)=6.41$，$p<0.010$，$\eta^2=0.008$，$\eta^2=0.011$）。根据事后检验，在认知工作不安全感方面，18~24岁的年轻工人的认知工作不安全感最高且显著高于25岁及以上的工人。另外，40~44岁和50~54岁的年长工人的认知工作不安全感显著高于25~39岁的中青年工人。在情感工作不安全感方面，18~24岁的年轻工人的情感工作不安全感最高，显著高于其他各组（除50~54岁组），此外，40~44岁和50~54岁的年长工人的情感工作不安全感显著高于25~39岁的中青年工人。综合来看，年轻与年长产业工人的工作不安全感更强（见图7-9）。

（3）户口差异：城镇户口产业工人的工作不安全感更强。

统计显示，城镇户口工人的认知工作不安全感显著高于农村户口工人，$t(3930.33)=3.82$，$p<0.001$，Cohen's $d=0.12$。城镇户口工人的情感工作不安全感与农村户口工人则不存在显著差异。

（4）受教育程度差异：高学历产业工人的工作不安全感更强。

方差分析结果表明，受教育程度显著影响产业工人的工作不安全感（认知：

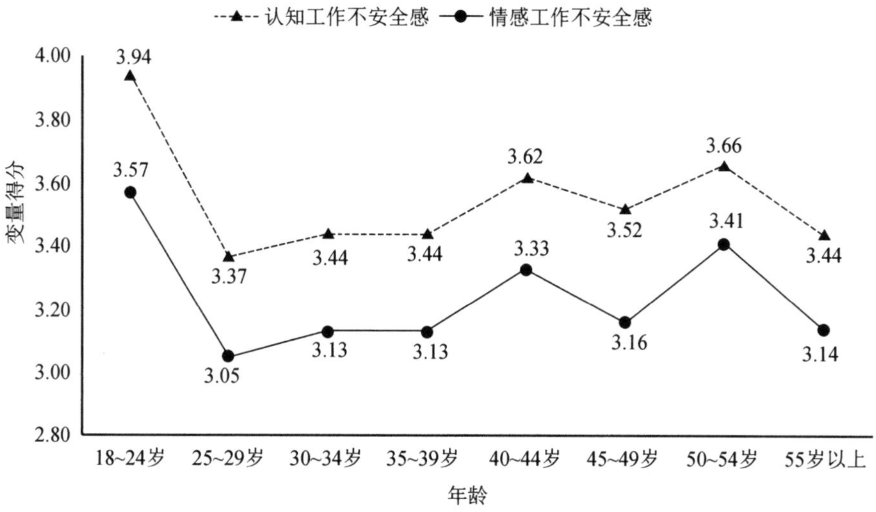

图 7-9　产业工人工作不安全感在年龄上的差异

$F(4, 4356) = 47.14$, $p < 0.001$, $\eta^2 = 0.041$；情感：$F(4, 4356) = 13.11$, $p < 0.001$, $\eta^2 = 0.012$)。根据事后检验，大专、本科及以上这两个较高学历组的工作不安全感得分显著高于高中及以下三个较低学历组，而较高学历组之间、较低学历组之间的工作不安全感无显著差异。因此受教育程度较高的产业工人工作不安全感更强（见图 7-10)。

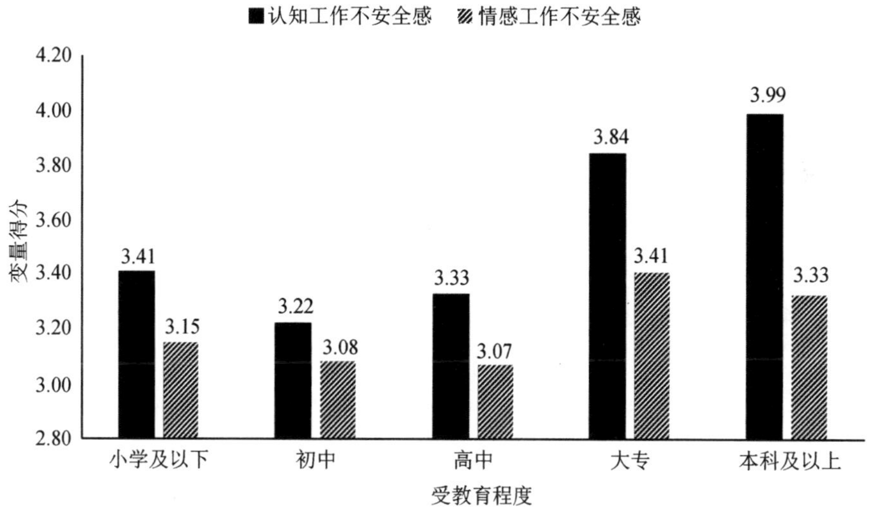

图 7-10　产业工人工作不安全感在受教育程度上的差异

（5）月收入差异：低月收入和高月收入产业工人的工作不安全感更强。

方差分析结果表明，不同月收入水平产业工人的认知工作不安全感存在显著差异（认知：$F(9, 4331) = 10.56$, $p<0.001$, $\eta^2 = 0.021$；情感：$F(9, 4331) = 10.70$, $p<0.001$, $\eta^2 = 0.022$)。事后检验显示，在认知工作不安全感方面，月收入 4000 元以下工人的认知工作不安全感显著高于月收入 4000~6999 元这三组工人，而月收入 7000 元以上的四

组工人的认知工作不安全感同样显著高于月收入 4000～6999 元这三组。在情感工作不安全感方面，月收入 3000 元以下工人的情感工作不安全感显著高于月收入 3000～6999 元这四组，月收入 7000 元以上工人的情感工作不安全感显著高于月收入 4000～6999 元这三组。综合来看低薪和高薪产业工人的工作不安全感更高（见图 7-11）。

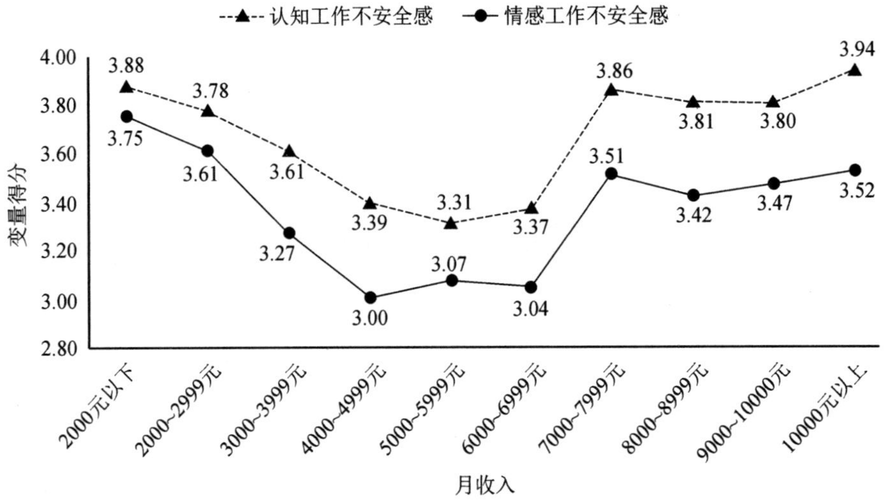

图 7-11　产业工人工作不安全感在月收入上的差异

3.2.3　家庭特征变量

家庭方面，不同婚姻状态（已婚、未婚）和不同孩子数量的产业工人的工作不安全感不存在显著差异。

3.2.4　工作特征变量

（1）工作年限差异：刚入行与成熟产业工人的工作不安全感更强。

方差分析结果表明，参加工作时间长度不同的产业工人的工作不安全感显著差异（认知：$F(6,4356)=12.07$，$p<0.001$，$\eta^2=0.016$；情感：$F(6,4338)=6.96$，$p<0.001$，$\eta^2=0.008$）。根据事后检验，在认知工作不安全感方面，刚参加工作 0～5 年的工人的认知工作不安全感最高，显著高于其他所有组。参加工作 25～30 年的工人的认知工作不安全感显著高于参加工作 6～20 年的三组工人。在情感工作不安全感方面，参加工作 0～5 年的工人的情感工作不安全感的最高，显著高于参加工作时间 6～20 年的三组，参加工作 21～25 年的工人的情感工作不安全感也显著高于 6～20 年的三组。总的来说，参加工作时间较短和较长的产业工人的工作不安全感更高（见图 7-12）。

（2）工作强度差异：工作强度低的产业工人工作不安全感更强。

统计显示，每周工作 5 天及以下的产业工人的认知工作不安全感显著高于每周工作 5 天以上的，$t(4349)=5.51$，$p<0.001$，Cohen's $d=0.18$。每天工作 8 小时及以下的产业工人认知工作不安全感也显著高于每天工作 8 小时以上的，$t(3993.52)=6.18$，$p<$

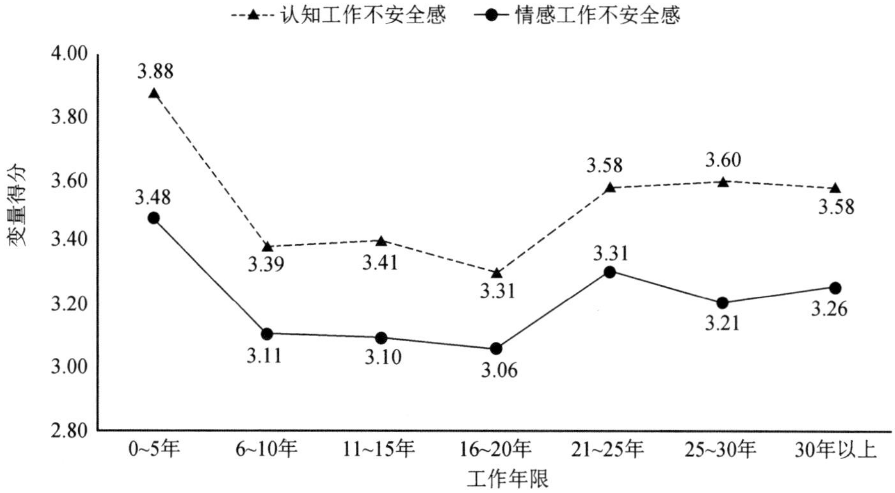

图 7-12　产业工人工作不安全感在工作年限上的差异

0.001，Cohen's $d=0.19$。综合来看，工作强度更低的产业工人认知工作不安全感更强。

同时，每周工作 5 天及以下的产业工人的情感工作不安全感和每周工作 5 天以上无显著差异。而每天工作 8 小时及以下的产业工人的情感工作不安全感显著高于每天工作 8 小时以上的，$t(4338)=2.48$，$p=0.007$，Cohen's $d=0.08$。虽然每周工作时间上不存在显著差异，但就每天工作时间来看，仍然是工作强度更低的产业工人情感工作不安全感更强。

（3）工种差异：劳务工感觉到更高的工作不安全感。

统计显示，劳务工的认知工作不安全感显著高于合同工/正式工，$t(4354)=3.25$，$p<0.001$，Cohen's $d=0.11$。劳务工的情感工作不安全感也显著高于合同工/正式工，$t(4354)=7.28$，$p<0.001$，Cohen's $d=0.26$。总的来说，合同工/正式工有更低的工作不安全感。

（4）技术等级差异：技术等级较高产业工人的认知工作不安全感更强。

方差分析结果表明，技术等级不同的产业工人的认知工作不安全感存在显著差异，$F(3,4347)=7.83$，$p<0.001$，$\eta^2=0.005$。根据事后检验，拥有中级和高级及以上等技术等级的产业工人的认知工作不安全感显著高于无技术等级和拥有初级技术等级的产业工人。技术等级不同的产业工人的情感工作不安全感不存在显著差异（见图 7-13）。出现这种情况可能是因为较高技术等级的工人可能面临更大的晋升压力和更高的自我期望。随着技能水平的提升，他们可能担心没有合适的晋升机会或感到工作内容与个人能力不匹配，这种不匹配感会加剧他们对未来工作的不确定性，也就是认知工作不安全感会更强。而情感工作不安全感更多地受到个体情感管理、工作环境和组织支持等因素的影响，主要是产业工人对于自己所处的工作单位的工作保障、前景等方面的评估，而工人技术等级对这方面的影响可能并不多。

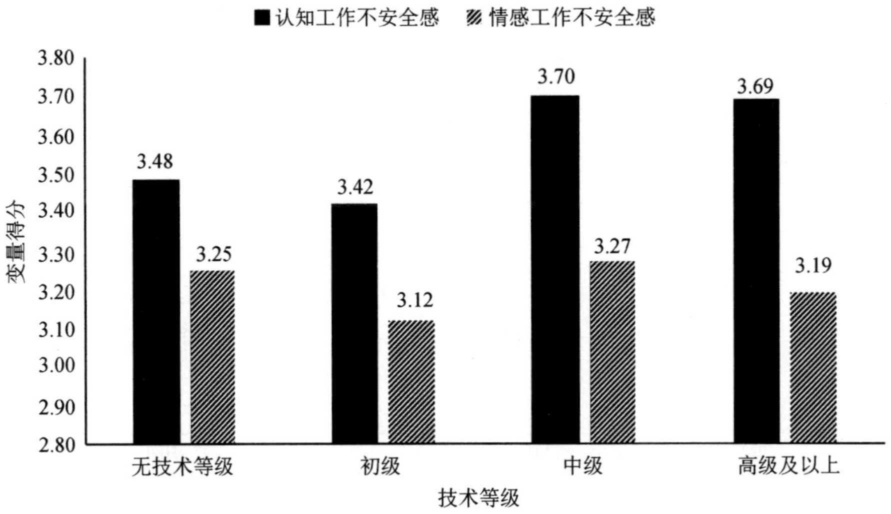

图 7-13　产业工人工作不安全感在技术等级上的差异

（5）行业类型差异：采矿业和建筑业产业工人的工作不安全感更强。

方差分析结果表明，从事行业不同的产业工人的工作不安全感存在显著差异（认知：$F(5,4343)=11.98$，$p<0.001$，$\eta^2=0.014$；情感：$F(5,343)=12.86$，$p<0.001$，$\eta^2=0.015$）。根据事后检验，在认知工作不安全感方面，除了“其他”行业外的五个主要行业中，采矿业和建筑业产业工人的认知工作不安全感显著高于制造业、能源业和化工业的产业工人。在情感工作不安全感方面，除了“其他”行业外的五个主要行业中，建筑业产业工人的情感工作不安全感最高，并显著高于制造业、能源产业和化工产业的产业工人。采矿业产业工人的情感工作不安全感也显著高于制造业和能源产业。总体呈现出高体能要求、高安全风险行业的产业工人工作不安全感更强（见图 7-14）。

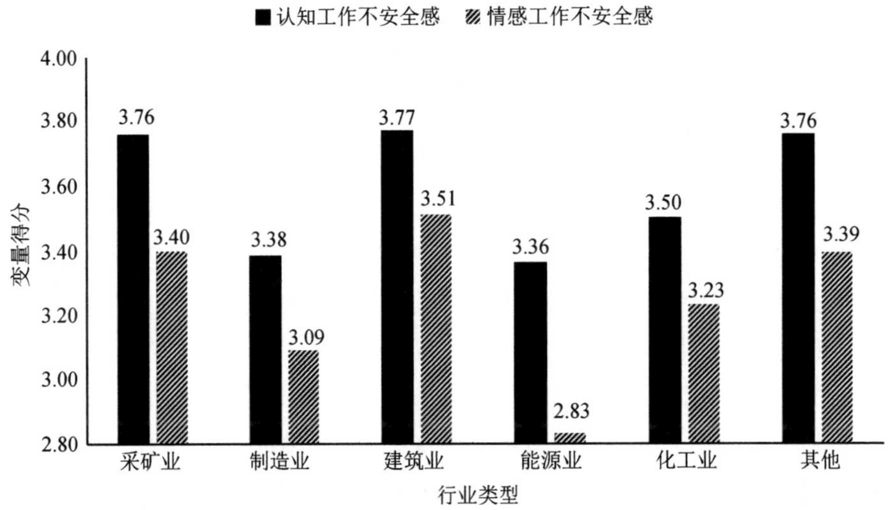

图 7-14　产业工人工作不安全感在行业类型上的差异

3.3 职业倦怠

3.3.1 产业工人职业倦怠整体情况

在本调查中，在1~7的7点量尺上，产业工人的职业倦怠量表的平均得分为3.15，标准差为1.13，中位数为3.20，整体得分偏低，表明产业工人职业倦怠程度较低。

3.3.2 个人特征变量

（1）性别差异：男性产业工人的职业倦怠更强。

我们分析了职业倦怠的各种人口学特征差异（见表7-4）。统计显示，男性产业工人的职业倦怠显著高于女性，$t(4302)=2.87$，$p=0.002$，Cohen's $d=0.09$。

表7-4 职业倦怠的人口统计学差异

人口统计学变量			n	$M \pm SD$	t/F	Cohen's d/η_p^2
个人特征变量	性别	男性	2769	3.19±1.14	2.87**	0.09
		女性	1535	3.08±1.12		
	年龄	18~24岁	389	3.40±1.1.2	14.12***	0.022
		25~29岁	689	3.02±1.13		
		30~34岁	773	2.97±1.10		
		35~39岁	811	3.02±1.08		
		40~44岁	529	3.28±1.12		
		45~49岁	492	3.19±1.09		
		50~54岁	425	3.44±1.21		
		55岁及以上	251	3.26±1.27		
	户口	城镇	1810	3.23±1.17	4.04***	0.13
		农村	2582	3.09±1.10		
	受教育程度	小学及以下	206	3.15±1.02	11.55***	0.010
		初中	1284	3.16±1.14		
		高中	1197	2.98±1.12		
		大专	929	3.28±1.12		
		本科及以上	745	3.25±1.50		
	月收入	2000元以下	114	3.46±1.01	9.35***	0.019
		2000~2999元	249	3.48±1.04		
		3000~3999元	557	3.39±1.14		
		4000~4999元	831	3.08±1.13		
		5000~5999元	1145	3.07±1.13		
		6000~6999元	559	2.96±1.10		
		7000~7999元	411	3.18±1.17		
		8000~8999元	185	3.20±1.08		
		9000~10000元	157	3.08±1.13		
		10000元以上	133	3.16±1.13		

（续表）

人口统计学变量			n	$M±SD$	t/F	Cohen's d/η_p^2
家庭特征变量	婚姻状态	未婚	1082	3.09±1.14	-1.80*	-0.06
		已婚	3167	3.16±1.12		
	孩子数量	没有子女	1136	3.09±1.15	4.67**	0.003
		有一个子女	1573	3.21±1.16		
		有两个子女	1415	3.10±1.09		
		有三个及以上	204	3.31±1.07		
工作特征变量	工作年限	0~5年	804	3.33±1.12	17.86***	0.024
		6~10年	872	2.99±1.10		
		11~15年	780	3.01±1.10		
		16~20年	672	2.96±1.11		
		21~25年	425	3.30±1.11		
		26~30年	376	3.39±1.20		
		30年以上	416	3.33±1.13		
	工作天数	每周5天及以下	1277	3.21±1.20	2.02*	0.07
		每周5天以上	3074	3.13±1.10		
	工作时长	每天8小时及以下	2441	3.21±1.14	4.05***	0.12
		每天8小时以上	1899	3.07±1.13		
	工种	劳务工	1091	3.38±1.09	8.07***	0.28
		合同工/正式工	3265	3.07±1.14		
	技术等级	无技术等级	2007	3.27±1.14	14.10***	0.010
		初级	1100	3.02±1.14		
		中级	709	3.12±1.08		
		高级及以上	535	3.03±1.13		
	从事行业	采矿业	174	3.15±1.08	32.71***	0.036
		制造业	2191	3.01±1.10		
		建筑业	563	3.49±0.93		
		能源业	242	2.79±1.14		
		化工业	416	3.09±1.13		
		其他	763	3.43±1.23		

（2）年龄差异：年轻与年长产业工人的职业倦怠更强。

方差分析结果表明，产业工人的职业倦怠在不同年龄段个体间存在显著差异，$F(7,4351)=14.12$，$p<0.001$，$\eta^2=0.022$。根据事后检验，年轻和年长的产业工人职业倦怠感更强，具体表现为50~54岁年龄组的工人职业倦怠感最高，且显著高于25~49

岁和55岁及以上的六个年龄组的工人，其次是18~24岁的年轻工人，其职业倦怠感显著强于25~39岁及45~49岁四个年龄组的工人（见图7-15）。

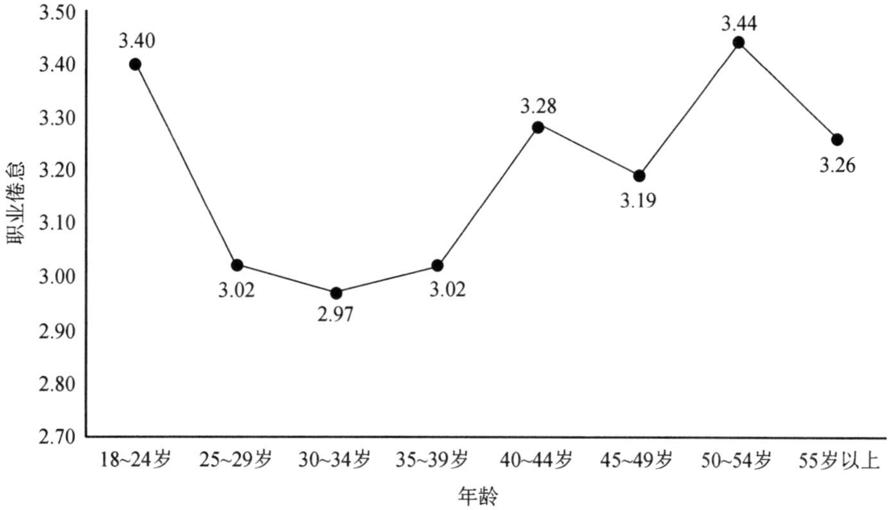

图7-15　产业工人职业倦怠在年龄上的差异

（3）户口差异：城镇户口产业工人的职业倦怠更强。

统计显示，城镇户口工人的职业倦怠显著高于农村户口工人，$t(3754.29)=4.04$，$p<0.001$，Cohen's $d=0.13$。

（4）受教育程度差异：高学历产业工人的职业倦怠更强。

方差分析结果表明，受教育程度显著影响产业工人的职业倦怠，$F(4,4356)=11.55$，$p<0.001$，$\eta^2=0.010$，根据事后检验，高学历产业工人的职业倦怠更高，具体而言，大专学历的产业工人职业倦怠感最高，显著高于高中及以下各学历组；而高中学历的产业工人职业倦怠感最低，且显著低于其他各学历组（见图7-16）。

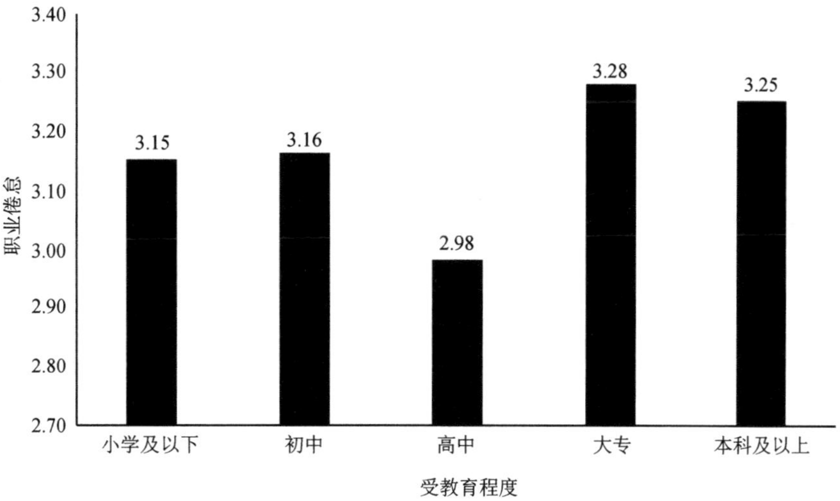

图7-16　产业工人职业倦怠在受教育程度上的差异

（5）月收入差异：低月收入产业工人的职业倦怠更强。

方差分析结果表明，不同月收入水平产业工人的职业倦怠存在显著差异，$F(9, 4331)=9.35$，$p<0.001$，$\eta^2=0.019$。根据事后检验，低薪的产业工人职业倦怠感更强，具体表现为月收入4000元以下的三组工人的职业倦怠感最强，且显著强于其他各组，但其中月收入2000元以下工人和月收入8000~8999元的工人的职业倦怠无显著差异，其他各组间的职业倦怠基本无显著差异（见图7-17）。

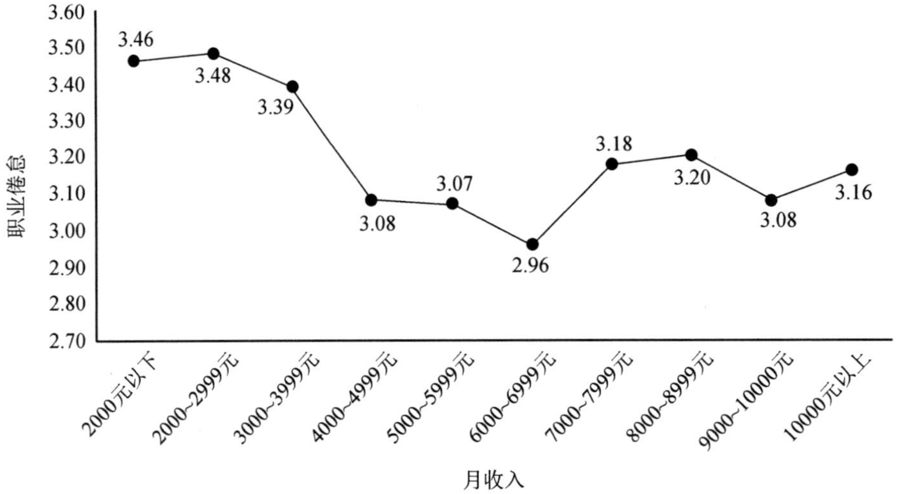

图7-17 产业工人职业倦怠在月收入上的差异

3.3.3 家庭特征变量

（1）婚姻状态差异：已婚产业工人的职业倦怠更强。

统计显示，已婚工人职业倦怠显著高于未婚工人，$t(1845.21)=-1.80$，$p=0.035$，Cohen's $d=-0.06$。

（2）孩子数量差异：无子和二孩家庭产业工人的职业倦怠更低。

方差分析结果表明，孩子数量不同的产业工人的职业倦怠存在显著差异，$F(3, 4324)=4.67$，$p=0.003$，$\eta^2=0.003$。根据事后检验，没孩子和有2个孩子的产业工人的职业倦怠显著低于有1个孩子和有3个及以上孩子的产业工人（见图7-18）。

3.3.4 个体工作情况

（1）工作年限差异：刚入行与成熟产业工人的职业倦怠更强。

方差分析结果表明，参加工作时间长度不同的产业工人的职业倦怠存在显著差异，$F(6,4338)=17.86$，$p<0.001$，$\eta^2=0.024$。根据事后检验，职业倦怠感强的现象集中在工作年限低和工作年限高的产业工人中，而参加工作6~20年这三组工人的职业倦怠感显著低于其他组（见图7-19）。

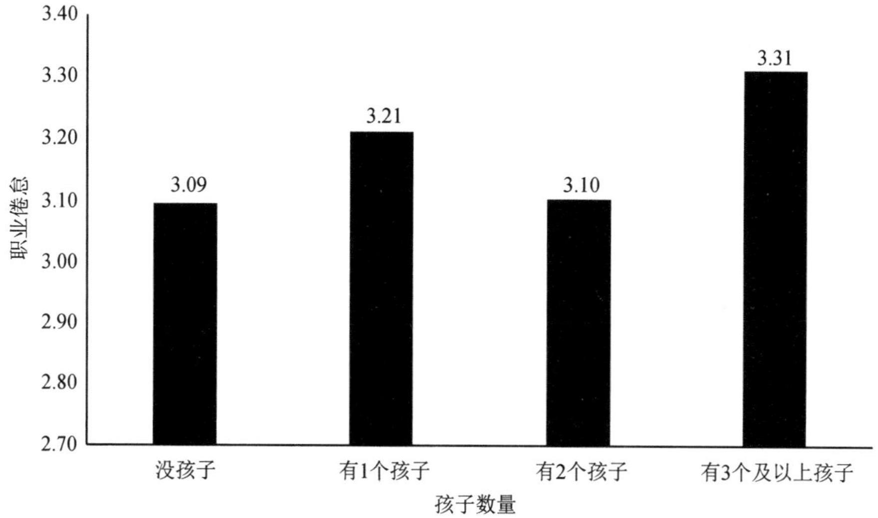

图 7-18　产业工人职业倦怠在孩子数量上的差异

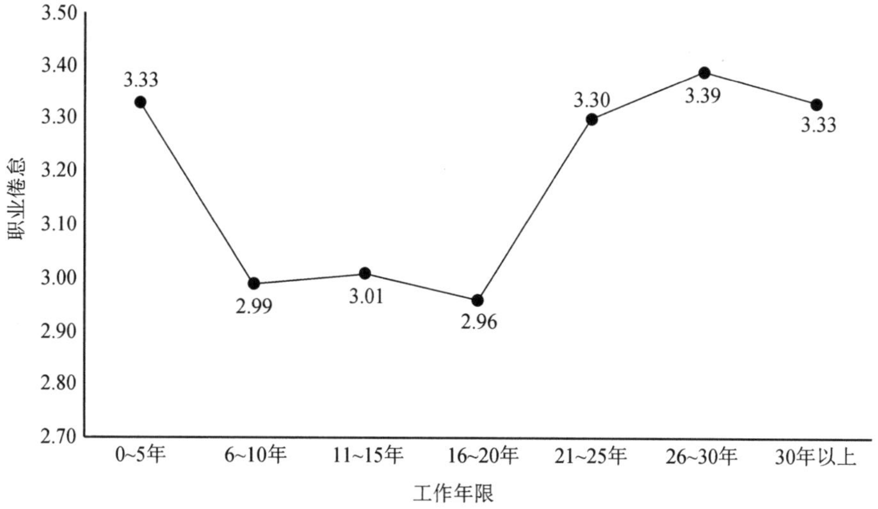

图 7-19　产业工人工作倦怠在工作年限上的差异

（2）工作强度差异：工作强度低的产业工人职业倦怠更强。

统计显示，每周工作 5 天及以下的产业工人职业倦怠感显著高于每周工作 5 天以上的产业工人，$t(2221.29)=2.02$，$p=0.022$，Cohen's $d=0.07$。每天工作 8 小时及以下的产业工人的职业倦怠感显著高于每天工作 8 小时以上的产业工人，$t(4338)=4.05$，$p<0.001$，Cohen's $d=0.12$。

（3）工种差异：劳务工的职业倦怠感更强。

统计显示，劳务工的职业倦怠感显著高于合同工/正式工，$t(1936.51)=8.07$，$p<0.001$，Cohen's $d=0.28$。

（4）技术等级差异：无技术等级产业工人的职业倦怠更强。

方差分析结果表明，技术等级不同的产业工人的职业倦怠存在显著差异，$F(3, 4347)=14.10$，$p<0.001$，$\eta^2=0.010$。根据事后检验，无技术等级产业工人的职业倦怠最高，且显著高于其他技术等级产业工人，而其他技术等级产业工人间的职业倦怠无显著差异（见图 7-20）。

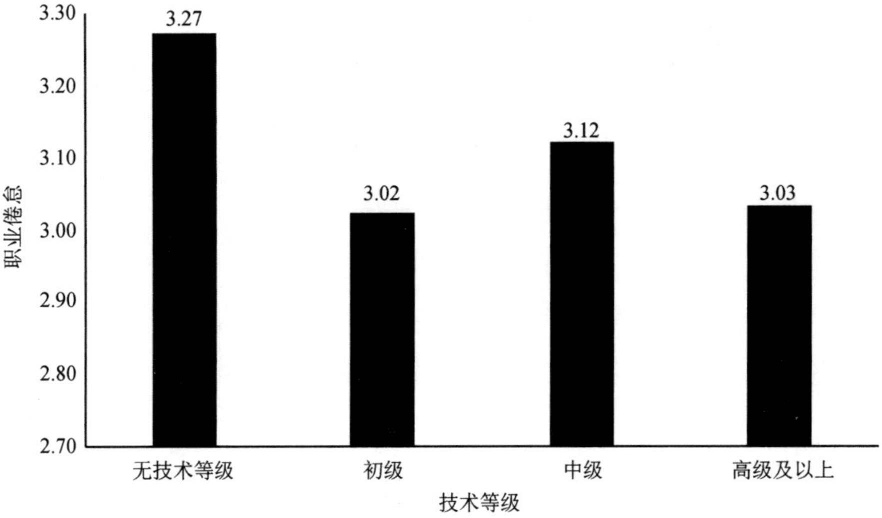

图 7-20　产业工人职业倦怠在技术等级上的差异

（5）行业类型差异：建筑业产业工人的职业倦怠最强。

方差分析结果表明，从事行业不同的产业工人的职业倦怠存在显著差异，$F(5, 4343)=32.71$，$p<0.001$，$\eta^2=0.036$。根据事后检验，除“其他”行业外的五个主要行

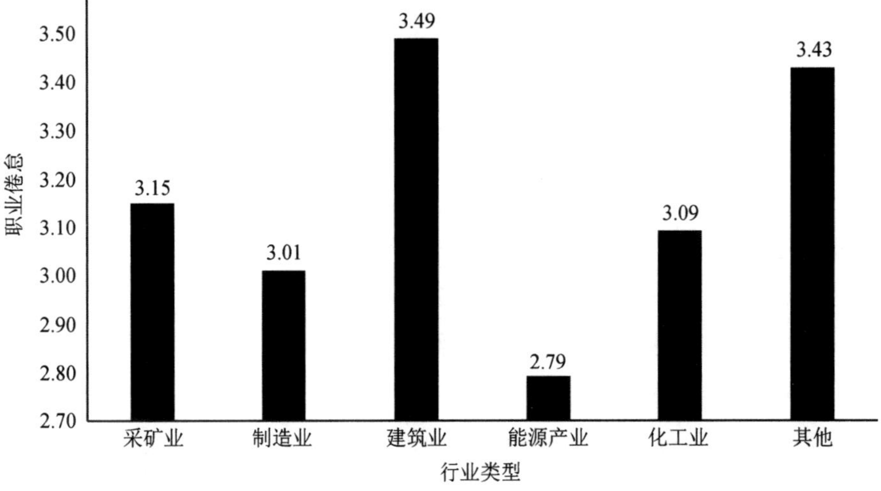

图 7-21　产业工人职业倦怠在行业类型上的差异

业中，从事建筑业的产业工人的职业倦怠感最高，并显著高于其他四个行业，而从事能源业的产业工人的职业倦怠感最低，并显著低于其他四个行业，反映出传统的、有较高体力要求行业的产业工人的职业倦怠感要强于新兴的、较低体力要求行业的产业工人（见图 7-21）。

4　讨论

本研究围绕产业工人的职业心理健康展开分析，重点探讨产业工人职业心理健康各变量（工作家庭冲突、工作不安全感和职业倦怠）在个体差异上的表现。以下部分将围绕产业工人的职业心理健康整体情况、群体差异及对策建议展开。

4.1　产业工人职业心理健康的整体情况

总体来看，产业工人在各个量表上的得分整体中等或偏低，说明产业工人存在一定的职业心理健康问题，但整体并不严重，即大部分产业工人不存在职业心理健康问题或程度较轻，仅极少数产业工人可能面临较严重的职业心理健康问题。具体来看，产业工人的工作家庭冲突程度整体偏低，反映出大多数工人在平衡工作和家庭之间的责任时可能并未经历严重的冲突，家庭对其工作的支持度是比较高的。而产业工人有中等程度的工作不安全感，反映出部分产业工人可能有一定程度的担忧，少部分产业工人对自己的工作存在较高程度的担忧，尤其是在工作不稳定、行业变化较快或公司政策不明确的背景下，不过多数产业工人的担忧并未达到严重的程度。产业工人的职业倦怠量表得分偏低，表明虽然可能有少部分产业工人面临较严重的职业倦怠，但多数产业工人不存在职业倦怠或程度较轻。

4.2　产业工人职业心理健康的群体差异

4.2.1　个人特征变量

在性别方面，总体表现为女性的职业心理健康状况好于男性。在工作家庭冲突方面，一般来说女性由于社会角色期望等会面临更多工作家庭冲突（Duxbury & Higgins，1991），但本调查中反而发现男性产业工人的工作家庭冲突更强，这可能是由于产业工人的工作通常对体力要求高，使得行业性别分工更传统，导致男性往往需要投入更多工作时间。传统性别角色观念下，男性更有可能因为财务压力、家庭压力等原因产生更强的工作不安全感（Gaunt & Benjamin，2007）。本调查还发现男性产业工人经历着更高的职业倦怠，虽然元分析指出女性更容易经历职业倦怠（Purvanova & Muros，2010），但在高压力、高强度的工作环境中，特别是当经历了更强的工作家庭冲突后，男性可能会经历更强的职业倦怠（Mullins & Holmes，2018）。所以综合来看，产业工人的职业心理健康的性别差异还是源于行业本身的特殊性，如男性更多、对体力要求更高、性别分工更传统等，最终使得男性产业工人的职业心理健康问题更明显。

在年龄方面，中青年产业工人比年轻的（18~24岁）和年长的产业工人（50岁以上）职业心理健康状态更好。已有研究指出，年轻的和年长的的员工确实更容易产生工作不安全感（Huang et al.,2021）、职业倦怠（Marchand et al.,2018）等问题。首先，年轻的职工更容易经历定量工作不安全感，也就是对工作的各个方面的威胁性的看法（如晋升、薪水和发展机会等）（Hellgren et al.,1999;Huang et al.,2021）。郭靖和周月容（2015）指出，新生代的产业工人在参加工作后，有着与前辈不一样的视角和对工作的看法，他们具有更高涨的自我意识、对工作发展有更高的要求，但同时也更容易产生对现实和未来的迷茫，新生代有不一样的需求。由此来看，初入行业的迷茫以及对所从事工作的不安全感是年轻的产业工人普遍存在的问题。另一方面，由于长期职业生涯、应对挑战能力减弱，年长的职工会同样产生工作不安全感（Stynen et al.,2015），并且主要是稳定性工作不安全感，也就是对工作连续的威胁性看法（如是否会继续被任用、是否有被解雇的风险等）（Huang et al.,2021）。同时，年长的产业工人还存在“中年危机”这一特殊的挑战，同时面临来自家庭、工作乃至社会等多方面的压力（孙岩,施思,2019）。而55岁以上的产业工人反而表现出一种向好趋势，这可能是由于此时产业工人已经到了快退休的时候，因而由其职业带来的诸多心理困扰有所缓解。

在户口类型方面，城镇户口产业工人比农村户口产业工人在职业心理健康方面面临更大挑战，包括更高的工作家庭冲突、更强的工作不安全感以及更严重的职业倦怠。这可能是因为农村户口产业工人有更强的家庭支持、较低的社会比较压力和生活成本。而相比之下，城镇户口工人可能面临较高的职业期望、经济压力和社会适应难度等，因此他们的职业心理健康状况逊于农村户口产业工人。

在受教育程度方面，一个有意思的结果是，受教育程度较高的产业工人在职业心理健康方面面临更多挑战，表现为更高的工作家庭冲突、更强的工作不安全感以及更高的职业倦怠水平。高学历工人可能对自身职业发展有更高期望，但产业岗位的技能要求可能相对较低，导致他们感到自身能力未被充分利用。另外，高学历工人可能在工作上承担更多责任，导致时间安排紧张，从而加剧工作和家庭之间的冲突。再有，可能更希望有职业晋升机会，但当前工作可能无法满足其职业发展需求，导致他们对未来缺乏安全感。总体而言，高学历工人可能长期处于工作与期望不匹配的状态，容易产生倦怠。

在月收入方面，中等收入水平的产业工人的职业心理健康状态最好，其次是高薪产业工人，最后是低薪产业工人。客观来说，经济因素对于工人的工作满意度、身心健康有重要的影响，低薪的工人往往比高薪的工人有更多的心理健康问题（Perwez et al.,2014），并面临着更多的挑战，如经济压力与家庭负担等，因此他们的工作家庭冲突也更明显。当然薪资对工人心理健康的影响是多维的，并非一味提高薪水就能避免发生心理困扰（Sayre & Conroy,2024），毕竟高薪产业工人也面临着职业健康心理问题。但不难发现，虽然高薪的产业工人在家庭冲突和工作不安全感上得分较高，表现出一定的困扰，但他们在职业倦怠上和中等薪资的产业工人无显著差异。因此综合来看，提升薪酬水平对于产业工人的职业心理健康仍有重要意义。

4.2.2　家庭特征变量

在婚姻状态方面，未婚产业工人的工作家庭冲突和职业倦怠情况都好于已婚产业工人。这种差异可能是因为未婚产业工人需要承担的家庭责任和负担较少，能够更好地平衡工作与生活，减少工作家庭冲突。相应地，他们的经济压力也更低、普遍从业年限更短，使未婚工人在面对职业挑战时有更好的心理适应性，对于工作与自身资质的匹配通常更满意。此外，更灵活的个体生活方式，也使未婚工人在工作压力管理和心理调节上更加灵活。

在孩子数量方面，除工作不安全感不存在显著差异外，无子女产业工人的职业心理健康状态整体好于有子女家庭。这种趋势整体和婚姻状态是一致的，和有子女家庭相比，无子女家庭没有育儿压力，同时家庭责任和经济压力都更轻，工作和生活中都更自主、压力也更小，因此有更好的职业心理健康状态。

4.2.3　工作特征变量

在工作年限方面，产业工人的职业心理健康状态的表现和其在年龄上的表现是基本一致的，即和参加工作时间中等（6~20 年）的产业工人相比，刚参加工作（0~5 年）和参加工作时间较长（20 年以上）的产业工人职业心理健康问题更明显。从这里也能进一步看出，“新人危机”和“中年危机”是产业工人在特定年龄和工作阶段普遍存在的问题，那么这两个年龄阶段的产业工人的职业心理健康状况也需要受到更多的关注。

在工作强度方面，工作强度更高的产业工人拥有更好的职业心理健康状态。产业工人的工作强度普遍偏高，70.65%的产业工人每周工作 5 天以上，43.76%的产业工人每天工作 8 小时以上。而研究通常发现工作强度与工作不安全感、职业倦怠等呈正相关（Engelbrecht et al.,2020;Osei et al.,2023），即高工作强度会引起心理健康危机，这和本调查发现的结果恰好相反。之所以会出现这种情况，可能是因为对于产业工人来说，高工作强度是普遍的，同时更高的工作强度或许意味着更高的生产投入。根据工作要求-资源模型，高工作要求（如过量工作、时间压力）会导致更高的情绪衰竭和去人性化，即倦怠的两个核心特征。但另一方面，当员工将工作要求视为挑战而非压力，并且拥有足够的资源支持时，他们的工作投入度会更高，此时高工作强度就会带来积极的结果（Bakker & Demerouti,2007;Demerouti & Bakker,2011）。这一结果反映出产业工人在面对高强度工作时心态是较良好的，体现出我国产业工人的高心理韧性和抗压能力。不过，由于本研究是横断调查，变量之间的因果关系需要谨慎解释，也有可能是心理健康状态较好的产业工人，能够工作的时长更长，胜任更高强度的工作。

在工种方面，正式工和合同工的心理健康状态明显好于劳务工。劳务工（相比正式工）通常会经历更高水平的就业状态不稳定，续约或长期聘用的可能性较低，并且就业保障和职业发展机会相对较差，这种工作条件较低且相对缺乏稳定性的工人就会更容易产生心理压力和倦怠感（Cottini & Lucifora,2013）。不仅如此，在实践中还发现，劳务工转为正式工之后也会面临一系列心态转变和能力匹配的问题（李晶晶等,2023）。因此，如何平衡好劳务工的心理并保障好劳务工的权益，是管理者们必须要思考的。

在技术等级方面，产业工人在各职业心理健康变量上的得分趋势不统一。拥有较低技术等级的产业工人的工作家庭冲突与认知工作不安全感更低，而拥有较高技术等级的产业工人职业倦怠更低。这种情况的出现可能是由于，相较于技术等级较高的产业工人，他们的工作压力和晋升期望较低，因而能更轻松地平衡工作和家庭责任，从而减少了工作家庭冲突，对工作稳定性和未来的认知不安全感也较少（Sverke et al.,2002）。但相应地，缺乏职业挑战性的工作内容和受发展机会的限制，使低技术等级产业工人更容易感到工作不满、动力不足，进而产生较高的职业倦怠。而拥有较高技术等级的产业工人虽然通常面临更高的工作要求与职业期望，更难平衡工作与家庭，并会产生更高的认知工作不安全感，但他们由于技术水平较高，通常能获得更多的职业发展机会和外在支持，从而减轻了职业倦怠感。

在行业方面，体能要求较低、风险较低的产业工人职业心理健康状态更好。本次调查主要纳入了采矿业、制造业、建筑业、能源业和化工业。其中，采矿业和建筑业都属于体力劳动密集、风险较高、工作危险性较高的行业，制造业、能源业和化工业则属于体力劳动相对较轻而技术要求相对更高的产业，其中能源业和化工业还包括一些新兴产业领域，对技术提出更高的要求。根据研究结果，采矿业和建筑业的产业工人的职业心理健康状态相对较差，尤其是建筑业的产业工人还经历了最高水平的职业倦怠。而实际上，采矿业和建筑业产业工人都长时间从事高安全压力、高强度的体力工作，部分工人还认为自己的劳动付出与所得报酬不匹配（张巨峰等,2021;袁霈龙,2023）。而建筑工人目前还面临着供需不平衡、从业老龄化的现象（李心雨等,2023）。以上多种因素都不利于采矿业和建筑业产业工人的心理健康。而能源业工人的各量表得分是最低的，其情感工作不安全感量表和职业倦怠量表得分都显著低于其他行业，可以看出整体上能源业工人的职业心理健康状态是最好的，这可能和能源业有更多的新兴技术领域有关，如新能源行业，这些行业是目前的快速发展行业，并且比部分传统产业安全性更高、重复性劳动更少、技术要求更高，并可能带来更高经济回报，这对于从事该行业的产业工人的整体职业心理健康是有益的。

4.3 改善产业工人职业心理健康的对策建议

产业工人的职业心理健康受到个人特征、家庭特征和工作特征的多重影响，为有效提升产业工人的职业心理健康水平，需要多方协同、共同努力，以下将从企业管理、政府政策和社会支持三个层面提出对策建议。

4.3.1　企业层面：优化管理政策、提供心理支持

企业作为产业工人的直接管理者和工作环境提供者，在改善工人职业心理健康方面承担着重要责任。首先，企业的人力资源部门应设立心理健康服务中心，提供定期心理咨询、压力管理培训和情绪调节课程。特别是针对男性工人，人力资源部门可以开展工作家庭平衡专题培训，帮助其缓解工作家庭冲突。对于高学历工人，人力资源部门应联合职业发展中心提供职业规划指导，帮助其实现职业期望，从而缓解职业倦怠和工作不安全感。

其次，企业的管理部门应优化工作安排与福利政策。例如，减少过度加班，确保工人有足够的时间履行家庭责任；提供弹性工作时间和育儿假等家庭友好政策，特别是针对已婚和有子女的工人。此外，企业的薪酬福利部门应提高低薪工人的基本工资水平，并提供额外福利支持（如住房补贴、子女教育补助），以减轻其经济压力。

不仅如此，企业的培训部门还需注意加强职业发展与技能培训。针对年轻工人，培训部门应提供职业规划指导，帮助其明确职业目标；针对年长工人，培训部门应提供技能更新培训，增强其职业安全感；针对低技术工人，培训部门应设立职业发展通道，提供技能提升培训，以缓解其职业倦怠和工作不满。

最后，对于高风险行业（如采矿业和建筑业），企业的安全管理部门应加强安全生产培训，减少工作环境中的安全隐患，并提供更好的休息设施，减少高强度劳动时间。这些措施有助于降低高风险行业工人的职业倦怠和心理压力。

4.3.2　政府层面：制定支持性政策并提供资源

政府在制定政策和提供资源支持方面具有重要作用。

首先，人力资源和社会保障部门及工会应出台相关政策，要求企业为工人提供心理健康服务和职业安全保障。特别是针对劳务工，人力资源和社会保障部门及工会应加强权益保护，确保其享有与正式工同等的福利待遇。

其次，财政部门可以设立专项基金，为低薪工人提供经济援助，并提供育儿补贴和教育补助，以减轻已婚工人的家庭负担。

最后，教育部门同人力资源和社会保障部门应推动职业培训与技能提升。通过设立职业培训项目，为工人提供免费或低成本的技能提升机会，并鼓励企业参与职业培训，提供政策支持和资金补贴。这些措施有助于增强工人的职业安全感和职业发展机会，特别适用于年轻工人、年长工人和低技术工人群体。

4.3.3　社会层面：加强社区支持与宣传教育

社会支持是改善产业工人职业心理健康的重要外部资源。首先，社区服务机构应加强支持与资源整合。通过组织社区活动，增强工人的社会归属感，特别是针对城镇

户口工人和已婚工人。同时，社区服务机构应整合社区资源，提供心理健康服务和经济援助，以缓解工人的社会适应压力和经济负担。

其次，媒体和卫生部门应开展职业心理健康宣传。通过媒体宣传，提高公众对职业心理健康问题的关注，并开展心理健康教育活动，普及心理健康知识。这些措施有助于提升工人对心理健康问题的认知，减少心理问题的污名化。

最后，行业协会应推动行业协作与资源共享。通过制定职业心理健康标准，提供资源共享平台，并鼓励企业间协作，共同改善高风险行业的工作条件。这些措施有助于提升高风险行业工人和劳务工的职业心理健康水平。

参考文献

郭靖，周月容.（2015）. 新生代产业工人的心理特征分析：基于量化研究和质性研究. *中国临床心理学杂志，23*(3)，503-511.

李心雨，刘佳纯，万钇宏，王天宇，陈浩.（2023）. 建筑业劳务用工老龄化特征及其成因——来自微观数据的证据. *建筑经济，44*(7)，5-14.

李晶晶，袁显湖，尚国银.（2023）. 批量劳务工转正背景下煤矿企业安全管理形势与对策研究. *煤炭工程，55*(S1)，252-256.

李超平，时勘.（2003）. 分配公平与程序公平对工作倦怠的影响. *心理学报*，(5)，677-684.

齐亚静，伍新春.（2018）. 工作要求—资源模型：理论和实证研究的拓展脉络. *北京师范大学学报(社会科学版)*，(6)，28-36.

石占菊.（2019）. *工作家庭冲突与婚姻满意度：夫妻沟通模式的中介作用和人际情绪调节的调节作用*（硕士学位论文）. 西北师范大学，兰州.

孙岩，施思.（2019）. 新生代产业工人职业价值观研究——基于“80后”与“90后”的比较分析. *山东工会论坛，25*(1)，85-93.

习近平.（2022）. 高举中国特色社会主义伟大旗帜为全面建设社会主义现代化国家而团结奋斗——在中国共产党第二十次全国代表大会上的报告. *创造，30*(11)，6-29.

袁霈龙.（2023）. 建筑工人供需失衡导致的问题及措施探讨. *建筑经济，44*(S2)，38-41.

易凌峰，陈浩宇.（2024）. 趋利避害：工作不安全感对推脱型知识隐藏的差异化影响. *研究与发展管理，36*(3)，100-112.

张巨峰，杨峰峰，徐宏武，何姜毅，张建江，苗在全.（2021）. 甘肃省采矿业产业工人队伍现状研究. *煤，30*(6)，9-15.

Ahola, K., Toppinen-Tanner, S., Huuhtanen, P., Koskinen, A., & Väänänen, A. (2009). Occupational burnout and chronic work disability: An eight-year cohort study on pensioning among Finnish forest industry workers. *Journal of Affective Disorders, 115*(1), 150-159.

Allen, T. D., Herst, D. E. L., Bruck, C. S., & Sutton, M. (2000). Consequences associated with work-to-family conflict: A review and agenda for future research. *Journal of Occupational Health Psychology, 5*(2), 278-308.

Allen, T. D., French, K. A., Dumani, S., & Shockley, K. M. (2020). A cross-national meta-analytic examination of predictors and outcomes associated with work-family conflict. *Journal of Applied Psychology, 105*(6), 539-576.

Bakker, A. B., & Demerouti, E. (2007). The job demands - resources model: State of the art. *Journal of Managerial Psychology, 22*(3), 309-328.

Benach, J., Vives, A., Amable, M., Vanroelen, C., Tarafa, G., & Muntaner, C. (2014). Precarious employment: Understanding an emerging social determinant of health. *Annual Review of Public Health, 35,* 229-253.

Burgard, S. A., Brand, J. E., & House, J. S. (2009). Perceived job insecurity and worker health in the United States. *Social Science & Medicine, 69*(5), 777-785.

Byron, K. (2005). A meta-analytic review of work-family conflict and its antecedents. *Journal of Vocational Behavior, 67*(2), 169-198.

Carlson, D. S., Kacmar, K. M., & Williams, L. J. (2000). Construction and initial validation of a multi-dimensional measure of work-family conflict. *Journal of Vocational Behavior, 56*(2), 249-276.

Cottini, E., & Lucifora, C. (2013). Mental health and working conditions in Europe. *ILR Review, 66*(4), 958-988.

Demerouti, E., & Bakker, A. B. (2011). The job demands-resources model: Challenges for future research. *SA Journal of Industrial Psychology, 37*(2), 1-9.

Duxbury, L. E., & Higgins, C. A. (1991). Gender differences in work-family conflict. *Journal of Applied Psychology, 76*(1), 60-74.

Engelbrecht, G. J., De Beer, L. T., & Schaufeli, W. B. (2020). The relationships between work intensity, workaholism, burnout, and self - reported musculoskeletal complaints. *Human Factors and Ergonomics in Manufacturing & Service Industries, 30*(1), 59-70.

Frone, M. R., Russell, M., & Cooper, M. L. (1992). Antecedents and outcomes of work-family conflict: Testing a model of the work-family interface. *Journal of Applied Psychology, 77*(1), 65-78.

Gaunt, R., & Benjamin, O. (2007). Job insecurity, stress and gender: The moderating role of gender ideology. Community, *Work & Family, 10*(3), 341-355.

Greenhaus, J. H., & Beutell, N. J. (1985). Sources of conflict between work and family roles. *Academy of Management Review, 10*(1), 76-88.

Greenhalgh, L., & Rosenblatt, Z. (2010). Evolution of research on job insecurity. *International Studies of Management & Organization, 40*(1), 6-19.

Hellgren, J., Sverke, M., & Isaksson, K. (1999). A two-dimensional approach to job insecurity: Consequences for employee attitudes and well-being. *European Journal of Work and Organizational Psychology, 8*(2), 179-195.

Hobfoll, S. E. (1989). Conservation of resources: A new attempt at conceptualizing stress. *American Psychologist, 44*(3), 513-524.

Hobfoll, S. E. (2001). The influence of culture, community, and the nested-self in the stress process: Advancing conservation of resources theory. *Applied Psychology, 50*(3), 337-421.

Huang, G., Zhang, Y., Zhang, X., & Long, L. (2021). Job insecurity, commitment and proactivity towards the organization and one's career: Age as a condition. *Human Resource Management Journal, 31*(2), 532-552.

Huang, G. -H., Lee, C., Ashford, S., Chen, Z., & Ren, X. (2010). Affective job insecurity. *International Studies of Management & Organization, 40*(1), 20-39.

Huang, S. -L., Li, R. -H., Fang, S. -Y., & Tang, F. -C. (2019). Well-being: Its relationship with work-to-family conflict and burnout among males and females. *International Journal of Environmental Research and Public Health, 16*(13), 13.

Jahoda, M. (1981). Work, employment, and unemployment: Values, theories, and approaches in social research. *American Psychologist, 36*(2), 184-191.

Jiang, L., Hu, S., Näswall, K., Bohle, S. L., & Wang, H. -J. (2020). Why and when cognitive job insecurity relates to affective job insecurity? A three-study exploration of negative rumination and the tendency to negative gossip. *European Journal of Work and Organizational Psychology, 29*(6), 902-920.

Jiang, L., & Lavaysse, L. M. (2018). Cognitive and affective job insecurity: A meta-analysis and a primary study. *Journal of Management, 44*(6), 2307-2342.

Marzo, R. R., Khaled, Y., ElSherif, M., Abdullah, M. S. A. M. B., Zhu Thew, H., Chong, C., ... & Lin, Y. (2022). Burnout, resilience and the quality of life among Malaysian healthcare workers during the COVID-19 pandemic. *Frontiers in public health, 10*, 1021497.

Marchand, A., Blanc, M. -E., & Beauregard, N. (2018). Do age and gender contribute to workers' burnout symptoms? *Occupational Medicine, 68*(6), 405-411.

Maslach, C., & Jackson, S. E. (1981). The measurement of experienced burnout. *Journal of Occupational Behavior, 2*(2), 99-113.

Maslach, C., & Leiter, M. P. (2000). *The truth about burnout: How organizations cause personal stress and what to do about it*. John Wiley & Sons.

Minnotte, K. L., & Yucel, D. (2018). Work-family conflict, job insecurity, and health outcomes among US workers. *Social Indicators Research, 139*(2), 517-540.

Mullins, F., & Holmes, J. (2018). Balancing board? The effects of board independence and capital on firms offering work-family benefits. *Human Resource Management, 57*(2), 457-469.

Netemeyer, R. G., Boles, J. S., & McMurrian, R. (1996). Development and validation of work-family conflict and family-work conflict scales. *Journal of Applied Psychology, 81*(4), 400-410.

Osei, H. V., Asiedu-Appiah, F., & Ansah, R. O. (2023). Work intensity, burnout and quality of work life in the hotel industry: The moderating role of psychological detachment. *Journal of Human Resources in Hospitality & Tourism, 22*(1), 26-48.

Perwez, S. K., Khalique, A., Ramaseshan, H., & Swamy, T. N. V. R. (2014). The Link betweensalary and psychiatric problems among the industrial workers. *Asian Social Science, 10*(7), 87-95.

Purvanova, R. K., & Muros, J. P. (2010). Gender differences in burnout: A meta-analysis. *Journal of*

Vocational Behavior, 77(2), 168–185.

Rupert, P. A., Stevanovic, P., & Hunley, H. A. (2009). Work–family conflict and burnout among practicing psychologists. *Professional Psychology: Research and Practice, 40*(1), 54–61.

Sayre, G. M., & Conroy, S. A. (2024). The other side of the coin: An integrative review connecting pay and health. *Journal of Applied Psychology, 109*(8), 1178–1203.

Schutte, N., Toppinen, S., Kalimo, R., & Schaufeli, W. (2000). The factorial validity of the Maslach Burnout Inventory–General Survey (MBI–GS) across occupational groups and nations. *Journal of Occupational and Organizational Psychology, 73*(1), 53–66.

Shoss, M. K. (2017). Job insecurity: An integrative review and agenda for future research. *Journal of Management, 43*(6), 1911–1939.

Stynen, D., Forrier, A., Sels, L., & De Witte, H. (2015). The relationship between qualitative job insecurity and OCB: Differences across age groups. *Economic and Industrial Democracy, 36*(3), 383–405.

Sverke, M., Hellgren, J., & Näswall, K. (2002). No security: A meta–analysis and review of job insecurity and its consequences. *Journal of Occupational Health Psychology, 7*(3), 242–264.

Yi, X., Li, X., & Li, F. (2021). The relationship between occupational stress and job burnout in coal miners: Interactions between GCCR and SLC6A4 gene polymorphisms and the environment. *Journal of Affective Disorders, 295*, 456–464.

第八章　新时代产业工人的日常生活心理

董 妍　张兰心　韩剑宇　刘思远　徐郅程

摘要： 关注产业工人在日常生活中的心理特点并提高其生活质量，对增强产业工人工作积极性、维护社会稳定和谐发展有重要作用。本研究基于中国人民大学心理学系“新时代产业工人社会心理调查”数据，考察了产业工人的日常生活方式在个人特征和工作特征上的差异，通过构建生活方式影响产业工人生活质量的模型，检验了生活方式是否会通过身心健康影响其生活质量。结果发现：总体上产业工人的生活方式呈现健康状态，但是，部分产业工人存在睡眠拖延、饮食不规律、运动锻炼少、手机使用过多以及社会支持不足等问题；生活方式在个人特征和工作特征变量上存在一定差异。最后，本研究提出的产业工人生活质量模型得到验证，健康的生活方式有利于产业工人的身心健康，进而能够提升其生活质量。上述结果描绘了产业工人的日常生活心理，也为进一步提高产业工人的生活质量提供了重要依据。

关键词： 产业工人，生活方式，身心健康，生活质量

1　引言

产业工人是工人阶级的主体力量，是创造社会财富的中坚力量，是实施创新驱动发展战略、加快建设制造强国的骨干力量（新华社,2024）。党的二十大报告提出，要“增进民生福祉，提高人民生活品质”。关注产业工人的日常生活心理特点并提高其生活质量，对增强产业工人的工作积极性、维护社会的稳定和谐发展有重要作用。产业工人不仅是中国式现代化建设中的主力军，而且也是生活在现实社会中的普通人，他们在日常生活中的生活方式和心理特点与其工作表现息息相关。本研究重点关注我国新时代产业工人日常的生活方式和心理特点，并考察日常生活方式对其身心健康和生活质量的影响。

1.1　产业工人的生活方式

生活方式是个人及其家庭日常生活的活动方式，包括衣、食、住、行以及闲暇时

间的利用等，而广义的生活方式还包括了人们一切生活活动的典型方式和特征（大百科全书第三版,2021）。产业工人是从事一线工作的劳动者，由于收入水平、户籍制度等多方面的原因，我国部分产业工人的工作条件和生活环境相对较差，生活满意度较低（程名望等,2023）。为此，上海等一些省市和企业已经出台了相关政策以保障新时代产业工人的就业和相关权益（新华社,2018;张文新,廖国光,2024），这是否在一定程度上改善了产业工人的生活情况值得关注。

根据世界卫生组织的定义，健康的生活方式是指定期进行体育锻炼或运动、不吸烟、节制饮酒、吃健康绿色食品，防止体重超标以保持健康（World Health Organization,WHO,1999）。从身心健康角度出发，研究者构建了健康生活方式的六因素模型（Chan & Hazan,2022）。其中，持续良好且充足的睡眠、均衡膳食、适当的正确的锻炼是非常重要的三个因素。对产业工人来讲，良好的睡眠和健康的饮食可以满足他们的基本生理需要，通过锻炼来保持健康的身体状况能够让他们缓解压力，保持充沛的精力。此外，随着互联网技术的发展，智能手机的使用极大地改变了人们的生活方式，手机业已成为人们日常生活的重要组成部分，因此，本研究也将手机使用情况作为产业工人日常生活方式的一个考察点。最后，日常的居住情况和能够从外界获得的社会支持也是产业工人日常生活中不可忽视的重要方面，我们对此也进行了调查。因此，本研究所谓的生活方式不仅包括个体的生活习惯（睡眠时间、锻炼状况和饮食状况），还包括他们的手机使用状况（社交媒体使用时长和短视频过度使用情况）、日常居住情况和社会支持来源。

1.2　产业工人的生活方式与身心健康

生活方式与个人的身心健康有密切的关系。一方面，从理论上看，Dahlgren 与 Whitehead（1991）提出的健康模型（又称“彩虹模型”）认为，健康是由一系列因素层层作用的结果，主要受到了从微观的个体因素到宏观的文化和社会因素的影响。从个人自身的因素来讲，除受到年龄、性别和遗传因素影响之外，与个人健康关系最为紧密的因素就是个人的生活方式。另一方面，大量实证研究已经证明，生活方式与工人的健康情况有关（Baek et al.,2024）。例如，研究发现数字化企业车间工人的体育运动不足会增加其亚健康风险（麦洁梅等,2024），不良生活方式也会增加钢铁工人发生高胆固醇血症的风险（薛超等,2021）。

1.3　产业工人的生活方式与生活质量

习近平总书记在党的二十大报告中明确提出，“必须坚持在发展中保障和改善民生，鼓励共同奋斗创造美好生活，不断实现人民对美好生活的向往”（新华社,2022）。生活质量是反映美好生活的一个核心指标。为保障产业工人的生活质量，我国出台了一系列政策并采取了相应措施（李梅,2023）。例如，2022 年，根据《中华全国总工会办公厅关于开展提升职工生活品质试点工作的通知》要求（中工网,2022），全国一些省市已经开展了全面提升职工生活质量的试点工作，比如，上海市和西宁市总工会都以提升职工生活质量为目标，因地制宜从建设职工文化活动阵地、优化职工就餐、住宿等生活设施方面开展了相关工作。但是，对于产业工人生活质量的研究在我国还十分缺乏。

生活质量在不同专业或学科中有不同的定义。综合来看，生活质量是指个体在物质、精神、文化、社会和环境等方面的综合感受和满意程度（Felce & Perry,1995）。研究者开发了多种测量生活质量的工具，常见的综合性问卷有世界卫生组织生活质量测定量表（WHOQOL-100）、个人生活质量评估表（SEIQF）、健康调查简表（SF-36）等（WHOQOL Group,1995）。本研究不仅选取简版世界卫生组织生活质量测定量表的五道代表性题目，而且还测量了产业工人的主观生活感受，包括获得感、幸福感和安全感，以期更全面地评估产业工人的生活质量。

以往研究发现，生活方式与人们的生活质量有关（刘娜,王俊秀,2024）。例如，遵循科学的生活方式可以提高老年人的生活质量（张文轩,2004），而居住模式会显著影响城乡老年人的生活质量（张文武等,2024）。然而，当前鲜有研究考察产业工人生活方式与生活质量的关系。本研究拟考察产业工人的生活方式是否影响其生活质量，以及影响的心理机制是什么，以期为提高产业工人的生活质量提供参考。

1.4 本研究关注的主要问题

本研究拟关注两个主要问题。一是考察新时代产业工人在日常生活中的生活方式以及表现出的心理特点。主要从个人特征（性别、年龄、受教育程度、收入水平、婚姻状况、户口所在地）、工作特征（工种、工作时间、是否有职业证书、是否加入工会、行业类型、单位性质）方面对产业工人的睡眠、锻炼、饮食、手机使用和社会支持情况进行差异分析。二是探究新时代产业工人的日常生活方式对其身心健康和生活质量的影响。基于以往研究，我们构建了产业工人生活质量模型（图 8-1）。在该模型图中，生活方式的评估包括睡眠拖延、饮食规律、锻炼频率、短视频过度使用、社会支持情况，生活质量的评估包括一般生活质量和生活感受（获得感、幸福感、安全感）。我们假设生活方式不仅会直接作用于生活质量，而且会通过身心健康情况作用于生活质量。

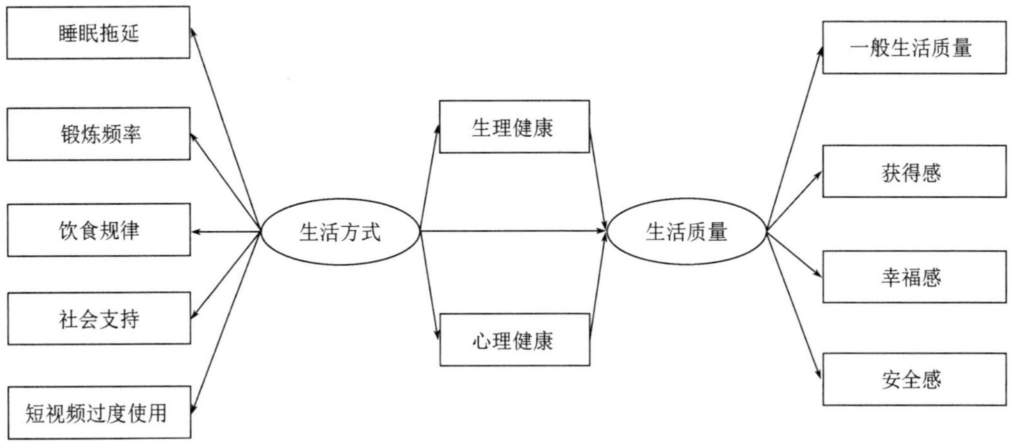

图 8-1　产业工人生活质量模型

2　研究方法

2.1　样本基本情况

本章所用数据来源于 2024 年新时代产业工人社会心理调查项目，该项目是中国人民大学心理学系发起的一项全国范围的大型调查，有效样本为 4420 名来自全国 31 个省、直辖市和自治区的产业工人（详见第一章）。本章选择各变量有效数据进行分析，与总有效样本量可能略有不同，详见下文图表中标注的样本量。

2.2　测量工具

2.2.1　生活方式的测量

（1）睡眠情况。睡眠情况选用匹兹堡睡眠日记法（Monk et al.,2003）进行测量。测量工具由两道关于起居时间的填空题组成，要求产业工人填写自己在工作日或休息日通常的起居时间，以及自己在工作日和休息日理想的起居时间。

（2）锻炼状况。锻炼状况的测量工具由三道题目组成。一道是测量每日锻炼时间的填空题，要求产业工人填写目前平均每天运动和锻炼的时间为多少分钟。一道是测量锻炼频率的选择题，询问“大约多久进行一次运动和锻炼”，选项为“一个月以上”“至少一个月”“至少一周”“至少三天”“至少一天”，分别计 1～5 分，得分越高代表锻炼频率越高。一道是测量锻炼强度的选择题，询问“平均每次锻炼的强度如何”，选项为“无锻炼”“较低”“中等”“剧烈”，分别计 1～5 分，得分越高代表锻炼强度越高。

（3）饮食状况。采用一道自编题目“请问您的早中晚餐饮食规律如何”（1=不太规律，2=一般规律，3=非常规律），得分越高代表饮食规律状况越好。

（4）手机使用情况。一道自编的填空题目测量产业工人工作之余平均每天使用社交媒体的时长，具体题目为：您工作之余平均每天使用社交媒体（如微博、微信、QQ、抖音、快手等）的时长是：________小时。

另外，有八道题目测量短视频过度使用，该测量工具改编自一份国外量表（Facebook Addiction Scale;Andreassen et al.,2012）。具体项目为："因为玩短视频，我很难集中精力工作"；"我睡醒后想到的第一件事就是玩短视频"；"我因为玩短视频太久而失眠"；"玩短视频干扰了我的社交活动"；"我心情不好的时候会通过玩短视频来让自己感觉更好"；"我的家人或朋友认为我在短视频上花了太多时间"；"如果不能玩短视频，我会感到焦虑"；"我试着在短视频上少花点时间，但没有成功"。这八个项目均采用五点量尺计分（1=完全不符合，5=完全符合）。本研究中的 Cronbach's α 系数为 0.92。

（5）社会支持。社会支持的测量工具改编自社会支持评定量表（肖水源,1994），包括两个题目。第一题调查近一年产业工人的居住情况，包括 4 个选项（1=远离他人，且独居一室，2=住处经常变动，多数时间和陌生人住在一起，3=和同学、同事或朋友住在一起，4=和家人住在一起）。第二题调查产业工人在遇到困难时曾经得到谁的关心和帮助。这是一道多选题，选项包括：A. 配偶；B. 朋友；C. 其他家人；D. 亲戚；E. 同事；G. 党团工会等官方或半官方组织；H. 宗教、社会团体等非官方组织；F. 工作单位；I. 其他。选择几个选项社会支持来源就计为几分，得分越高说明其受到的社会支持程度越高。

2.2.2　健康状况的测量

各用一道题测量产业工人的身体健康状况和心理健康状况。产业工人从以下五个选项中，选择自己的身体健康状况和心理健康状况：（1）非常不健康；（2）比较不健康；（3）一般；（4）比较健康；（5）非常健康。五个选项分别计 1~5 分，得分越高代表健康状况越好。

2.2.3　生活质量的测量

生活质量的测量包含了一般生活质量和生活感受（获得感、安全感、幸福感）的测量。

一般生活质量的测量选取中文版世界卫生组织生存质量测定简表（The World Health Organization Quality of Life,WHOQOL-BREF,1994）中的五个项目："我认为自己的生活质量很好"（调查总体生活质量），"我的睡眠状况良好"（睡眠质量），"我有充沛的精力去应付日常生活"（精力旺盛度），"为了维持日常生活，我需要吃药、看医生"（医疗需求度，反向计分），"我能很好地集中注意力"（认知能力）。采用 5 点量尺计分（1=完全不符合，5=非常符合），各题均分越高代表其一般生活质量越高。在本研究中，Cronbach's α 系数为 0.75。

测量生活感受的题目均根据过往对产业工人的访谈结果自编产生。三个项目测量获得感："我的合法权益得到了切实的保障"、"我参与到了社会发展的进程中"、"我的所有付出都有它的价值”；三个项目测量安全感:“我感觉我的生活很有保障”、“我所处的社会环境是安全稳定的”、“我不会担心自己生活中可能出现的变化”；三个项目测量幸福感:“我对我的工作感到满意”、“我感到我的生活很自由”、“我常常感到开心快乐”。这些题目的选项均采用5点量尺计分（1=完全不符合，5=非常符合），得分越高代表其获得感、安全感和幸福感水平越高。在本研究中，获得感、安全感和幸福感问卷的 Cronbach's α 系数分别为 0.84、0.75 和 0.80。

2.2　数据分析

首先，对产业工人的日常生活情况进行了描述性分析和差异分析。在差异分析方面，自变量为个人特征（性别、年龄、户口类型、婚姻状况、受教育程度、职业技能、技术等级、工作时长）和工作特征（行业类型、单位性质、工种、工资待遇、是否加入工会)，因变量为日常生活方式。其次，考察产业工人生活方式、身心健康和生活质量之间的相关情况。最后，构建结构方程模型，检验产业工人生活方式影响生活质量的路径。

3　研究结果

3.1　日常生活方式特点分析

本部分关注产业工人的睡眠、锻炼、饮食、手机使用（社交媒体使用时长、短视频过度使用）及社会支持等方面的特点及其群体差异。

3.1.1　睡眠状况

(1) 产业工人睡眠状况的总体特点。

睡眠情况包括起居时间、睡眠时长和睡眠拖延三个方面指标。首先，从起居时间来看，产业工人的睡眠情况呈现明显的差异化作息模式（表8-1)。工作日表现为早睡早起，休息日表现为晚睡晚起模式。休息日平均就寝时间和起床时间明显后移，分别比工作日晚30分钟和96分钟。而且，无论是工作日还是休息日，产业工人的理想就寝时间均早于实际就寝时间，分别早39分钟和37分钟。其次，睡眠时长方面，产业工人平均睡眠时间为9~10小时（表8-2)，工作日和休息日睡眠时长差异显著，$t(4236)=-21.71$, $p<0.001$, Cohen's $d=-0.33$，休息日比工作日多睡0.97小时。最后，产业工人的睡眠拖延现象（理想睡眠时长减去实际睡眠时长）普遍存在（表8-2)，并且工作日和休息日的睡眠拖延现象存在显著差异，$t(4296)=-19.84$, $p<0.001$, Cohen's $d=-0.30$，休息日较工作日更为严重，拖延时长增加约0.56小时。

表 8-1　产业工人平均的起居时间

（24 小时制）	工作日		休息日	
	N	时间点	*N*	时间点
就寝时间	4360	21 点 34 分	4360	22 点 04 分
起床时间	4291	6 点 40 分	4333	8 点 16 分
理想就寝时间	4347	20 点 55 分	4352	21 点 27 分
理想起床时间	4305	7 点 26 分	4335	8 点 16 分

表 8-2　产业工人的睡眠状况（单位：h）

	工作日			休息日		
	N	*M*	*SD*	*N*	*M*	*SD*
实际睡眠时长	4277	8. 52	2. 42	4333	9. 49	2. 51
理想睡眠时长	4287	9. 43	1. 60	4316	9. 69	1. 95
睡眠拖延	4328	0. 75	0. 95	4329	1. 31	1. 74

（2）产业工人睡眠时长的个人特征差异。

差异分析表明，产业工人工作日的睡眠时长在受教育程度、职业技能、技术等级和工作时长上有显著差异（表 8-3），产业工人休息日的睡眠时长在年龄、户口类型、婚姻状况和工作时长上有显著差异，下文详细报告有显著差异的结果（下同）。

表 8-3　睡眠时长的个人特征差异

变量	工作日/休息日	变量水平（人数）	*M*±*SD*	*t*/*F*	Cohen's d/η^2
性别	工作日	男性（2656）	8. 52±2. 49	−0. 39	−0. 01
		女性（1492）	8. 55±2. 29		
	休息日	男性（2687）	9. 51±2. 55	0. 96	0. 03
		女性（1508）	9. 44±2. 45		
年龄	工作日	16~24 岁（377）	8. 68±2. 46	1. 52	0. 003
		25~29 岁（668）	8. 44±2. 25		
		30~34 岁（741）	8. 51±2. 31		
		35~39 岁（785）	8. 36±2. 28		
		40~44 岁（510）	8. 70±2. 89		
		45~49 岁（472）	8. 60±2. 46		
		50~54 岁（413）	8. 48±2. 48		
		55 岁及以上（248）	8. 35±1. 75		

（续表）

变量	工作日/休息日	变量水平（人数）	$M \pm SD$	t/F	Cohen's d/η^2
年龄	休息日	16~24岁（384）	9.15±3.29	9.13***	0.02
		25~29岁（677）	9.10±2.83		
		30~34岁（755）	9.32±2.81		
		35~39岁（800）	9.40±2.60		
		40~44岁（513）	9.97±2.18		
		45~49岁（475）	9.73±1.87		
		50~54岁（414）	9.84±1.46		
		55岁及以上（249）	9.82±1.36		
户口类型	工作日	城镇（2571）	8.49±2.51	-0.83	-0.03
		农村（1672）	8.55±2.24		
	休息日	城镇（2600）	9.39±2.65	-3.11**	-0.09
		农村（1699）	9.63±2.25		
婚姻状态	工作日	未婚（1042）	8.37±2.16	9.12**	0.002
		已婚（3058）	8.56±2.46		
	休息日	未婚（1060）	8.95±3.01	25.93***	0.006
		已婚（3095）	9.67±2.29		
受教育程度	工作日	小学及以下（208）	8.32±2.01	6.17***	0.006
		初中（1277）	8.34±2.10		
		高中（1175）	8.44±2.25		
		大专（887）	8.75±2.67		
		大学本科及以上（722）	8.76±2.90		
	休息日	小学及以下（209）	9.49±1.76	2.29	0.002
		初中（1288）	9.52±2.19		
		高中（1187）	9.32±2.60		
		大专（909）	9.63±2.59		
		大学本科及以上（732）	9.54±2.90		
职业技能	工作日	已取得职业资格证书（2223）	8.60±2.54	2.23*	0.07
		未取得职业资格证书（2030）	8.43±2.27		
	休息日	已取得职业资格证书（2246）	9.42±2.66	-1.91	-0.06
		未取得职业资格证书（2062）	9.57±2.32		

（续表）

变量	工作日/休息日	变量水平（人数）	$M \pm SD$	t/F	Cohen's d/η^2
技术等级	工作日	无技术等级（1967）	8.35±2.13	6.03***	0.004
		初级（1068）	8.59±2.34		
		中级（704）	8.68±2.58		
		高级及以上（513）	8.74±3.14		
	休息日	无技术等级（1997）	9.52±2.33	2.30	0.002
		初级（1082）	9.36±2.64		
		中级（706）	9.64±2.60		
		高级及以上（523）	9.38±2.77		
工作时长	工作日	每周五天及以下（1200）	8.52±2.24	2.09*	0.07
		每周五天以上（2887）	8.36±2.14		
	休息日	每周五天及以下（1224）	9.63±2.25	3.08**	0.09
		每周五天以上（2910）	9.38±2.56		
	工作日	每天8小时及以下（2358）	8.72±2.46	6.40***	0.20
		每天8小时以上（1901）	8.25±2.29		
	休息日	每天8小时及以下（2407）	9.73±2.23	6.87***	0.22
		每天8小时以上（1901）	9.20±2.78		

注：* 表示 $p<0.05$，** 表示 $p<0.01$，*** 表示 $p<0.001$。下同。

产业工人的休息日睡眠时长呈现出明显的年龄差异，$F(7,4259)=9.13$，$p<0.001$，$\eta^2=0.02$，40 岁以上工人的休息日睡眠时长（9.7~9.9 小时）显著长于 18~29 岁工人（9.1~9.2 小时），差距近 40~50 分钟。这表明年长工人更注重在休息日通过延长睡眠时间来恢复体力，有更强的睡眠补偿行为（图 8-2）。休息日睡眠时长存在户口类型上的差异，$t(4010.38)=3.11$，$p=0.002$，Cohen's $d=0.09$，农村户口工人比城镇户口工人睡眠时间长 0.24 小时，这可能与农村户口工人在休息日活动选择相对有限有关。在控制年龄因素后，婚姻状态对睡眠时长的影响显著，已婚工人无论在工作日还是休息日都比未婚工人睡眠时间更长。工作日：$F(1,4097)=9.12$，$p=0.003$，$\eta^2=0.002$；休息日：$F(1,4152)=25.93$，$p<0.001$，$\eta^2=0.006$。

在工作日，产业工人的睡眠时长在受教育程度上有显著差异（图 8-3），$F(4,4264)=6.17$，$p<0.001$，$\eta^2=0.006$，大专及以上学历工人（8.75~8.76 小时）比初中及以下学历工人（8.32~8.34 小时）平均多睡约 25 分钟；产业工人的睡眠时长在职业技能上有显著差异，$t(4251)=2.22$，$p=0.027$，Cohen's $d=0.07$，已取得职业资格证书的工人

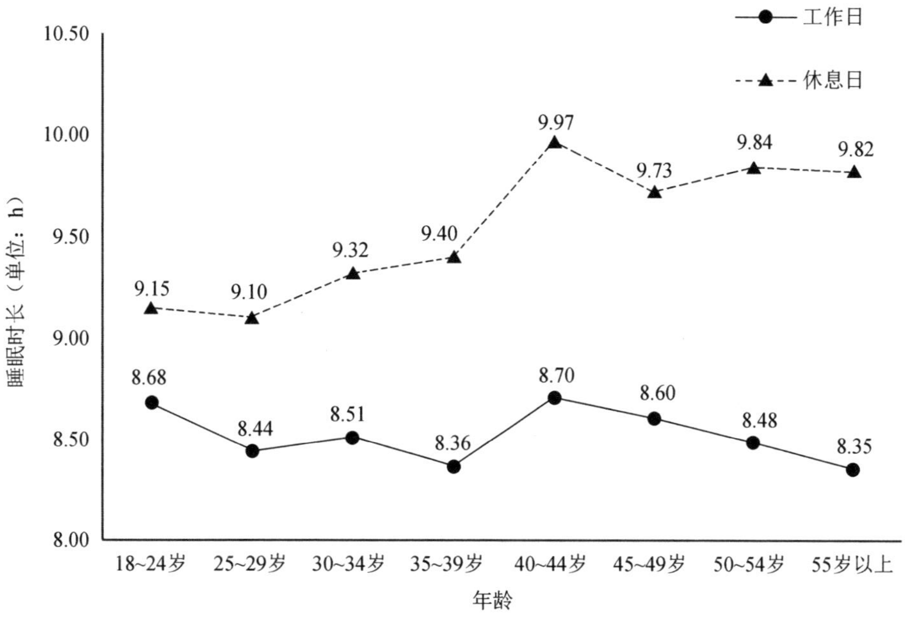

图 8-2 不同年龄产业工人的睡眠时长

比未取得证书的工人工作日睡眠时间略长；在技术等级上有显著差异（图 8-4），$F(3, 4248)=6.03$，$p<0.001$，$\eta^2=0.004$，高技术等级的产业工人睡眠更充足。总体上，在工作日，高教育程度和高技能的产业工人睡眠更充足。然而，休息日的睡眠时长并不存在这些方面的差异。

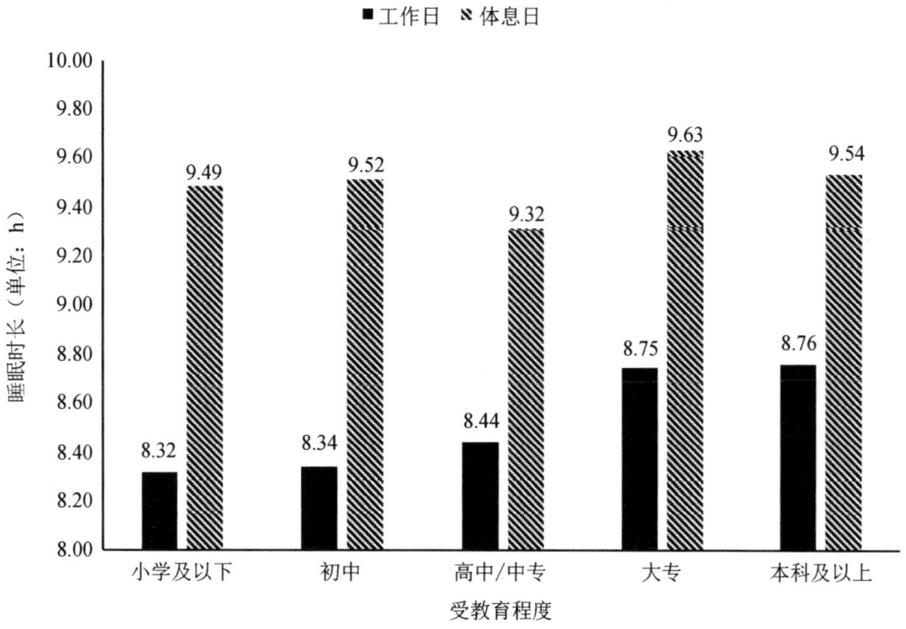

图 8-3 不同受教育程度产业工人的睡眠时长

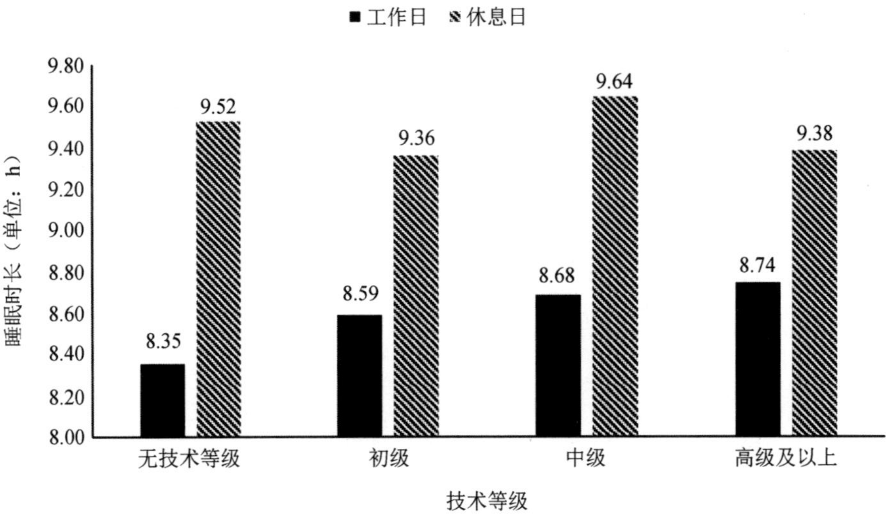

图 8-4 不同专业技术等级产业工人的睡眠时长

产业工人的睡眠时长会受到工作时长的显著影响。一方面，在工作日，每周工作天数对睡眠时长有显著影响，$t(4085)=2.09$，$p=0.036$，Cohen's $d=0.07$；在休息日，每周工作天数对睡眠时长也有显著影响，$t(4132)=2.93$，$p=0.003$，Cohen's $d=0.10$。总体上，每周工作天数五天及以下的产业工人在工作日和休息日都比工作时间更长的同事睡眠时间更长。另一方面，在工作日，每天工作时长对睡眠时长有显著影响，$t(4257)=2.09$，$p<0.001$，Cohen's $d=0.20$；在休息日，每天工作时长也对睡眠时长有显著影响，$t(4312)=7.04$，$p<0.001$，Cohen's $d=0.22$。总体上，每天工作 8 小时及以下的产业工人在工作日和休息日的睡眠时长均长于每天工作 8 小时以上的产业工人。上述结果表明较长工时确实会显著压缩工人的睡眠时间，且这种影响不仅限于工作日，还会延伸到休息日。

（3）睡眠时长的工作特征差异。

差异分析表明，产业工人在工作日的睡眠时长在行业类型、单位性质和工资待遇上有显著差异，产业工人在休息日的睡眠时长在行业类型、单位性质、工种和工资待遇上有显著差异（表 8-4）。

虽然产业工人的睡眠时长在行业类型上有显著差异，但是去掉“其他”行业后再进行差异分析，在工作日和休息日，产业工人的睡眠时长在不同行业类型上不存在显著差异（$ps>0.05$）。值得关注的是，建筑业产业工人在工作日睡眠时长最短（图 8-5）。产业工人工作日的睡眠时长在单位性质上有显著差异（图 8-6），$F(5,4251)=2.44$，$p=0.032$，$\eta^2=0.003$，民营企业工人睡眠时长最短，集体企业工人最长，差距有 22 分钟。产业工人休息日的睡眠时长在单位性质上有显著差异（图 8-6），$F(5,4307)=2.30$，$p=0.042$，$\eta^2=0.003$，除去“其他”企业，合资企业工人睡眠最短，外资企业工人最长，差距达 32 分钟。这一结果可能与不同性质企业的工作时长和工作文化不同有关。产业工人休息日的睡眠时长在工种上有显著差异，$t(4319) = 3.18$，$p = 0.002$，Cohen's $d = 0.04$，劳务工人睡眠时长比合同工/正式工显著更长。

表 8-4　睡眠时长的工作特征差异

变量	工作日/休息日	变量水平（人数）	$M \pm SD$	t/F	Cohen's d/η^2
行业类型	工作日	采矿业（174）	8.72±3.12	2.57*	0.003
		制造业（2145）	8.45±2.43		
		建筑业（564）	8.33±1.88		
		能源业（237）	8.56±1.76		
		化工业（401）	8.71±2.66		
		其他（738）	8.69±2.52		
	休息日	采矿业（172）	9.62±2.46	2.85*	0.003
		制造业（2170）	9.40±2.67		
		建筑业（562）	9.55±2.12		
		能源业（238）	9.33±2.25		
		化工业（414）	9.42±2.79		
		其他（759）	9.77±2.21		
单位性质	工作日	中央企业/国有企业(1265)	8.59±2.67	2.44*	0.003
		集体企业（220）	8.77±2.68		
		民营企业（2158）	8.40±2.14		
		外资企业（82）	8.63±3.05		
		合资企业（177）	8.63±2.58		
		其他（355）	8.75±2.59		
	休息日	中央企业/国有企业（1276）	9.47±2.44	2.30*	0.003
		集体企业（222）	9.34±2.32		
		民营企业（2184）	9.52±2.44		
		外资企业（84）	9.54±3.12		
		合资企业（187）	9.01±3.43		
		其他（360）	9.73±2.39		
工种	工作日	劳务工（临时工、劳务派遣）(1087)	8.52±2.50	0.09	0.003
		合同工/正式工（3179）	8.52±2.37		
	休息日	劳务工（临时工、劳务派遣）(1092)	9.70±2.37	3.18**	0.11
		合同工/正式工（3229）	9.42±2.54		

（续表）

变量	工作日/休息日	变量水平（人数）	$M \pm SD$	t/F	Cohen's d/η^2
工资待遇	工作日	2000 元以下（116）	9.03±2.98	3.93***	0.008
		2000~2999 元（247）	8.87±2.69		
		3000~3999 元（548）	8.62±2.60		
		4000~4999 元（812）	8.45±2.28		
		5000~5999 元（1122）	8.26±2.14		
		6000~6999 元（538）	8.40±2.28		
		7000~7999 元（401）	8.80±2.61		
		8000~8999 元（183）	8.75±2.82		
		9000~10000 元（154）	8.77±2.61		
		10000 元以上（131）	8.69±2.60		
	休息日	2000 元以下（118）	10.29±2.23	5.57***	0.01
		2000~2999 元（252）	9.90±1.91		
		3000~3999 元（555）	9.70±1.82		
		4000~4999 元（820）	9.35±2.45		
		5000~5999 元（1133）	9.26±2.65		
		6000~6999 元（552）	9.29±2.78		
		7000~7999 元（405）	9.59±2.43		
		8000~8999 元（182）	10.01±3.20		
		9000~10000 元（157）	9.77±2.49		
		10000 元以上（133）	9.36±2.90		
加入工会情况	工作日	已加入工会（1880）	8.57±2.53	1.24	0.038
		未加入工会（2388）	8.48±2.31		
	休息日	已加入工会（1917）	9.41±2.56	-1.77	-0.054
		未加入工会（2407）	9.55±2.46		

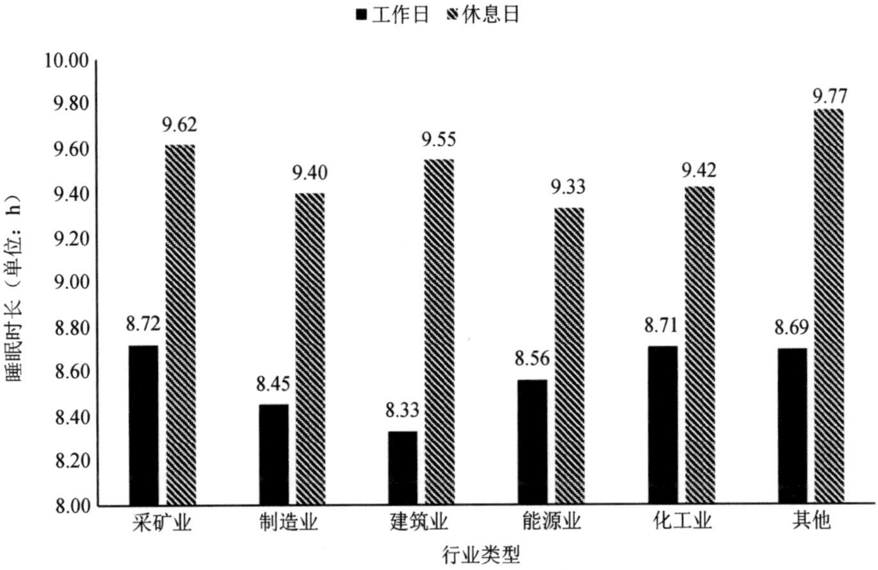

图 8-5　不同行业类型产业工人的睡眠时长

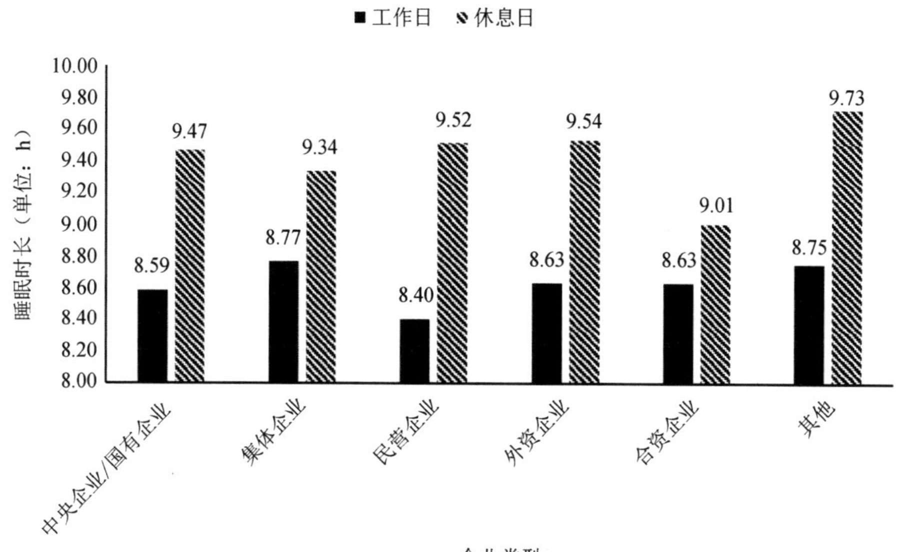

图 8-6　不同单位性质产业工人的睡眠时长

产业工人工作日的睡眠时长在工资待遇上有显著差异（图 8-7），$F(5,4242)=3.93$，$p<0.001$，$\eta^2=0.008$；产业工人休息日的睡眠时长在工资待遇上也有显著差异（图 8-7），$F(5,4297)=5.57$，$p<0.001$，$\eta^2=0.01$。其中，月收入 5000~5999 元的产业工人在工作日和休息日睡眠时间均最短，并且，在工作日显著低于 3000 元以下和 7000~7999 元的产业工人；在休息日显著低于 4000 元以下和 8000~8999 元的产业工人。

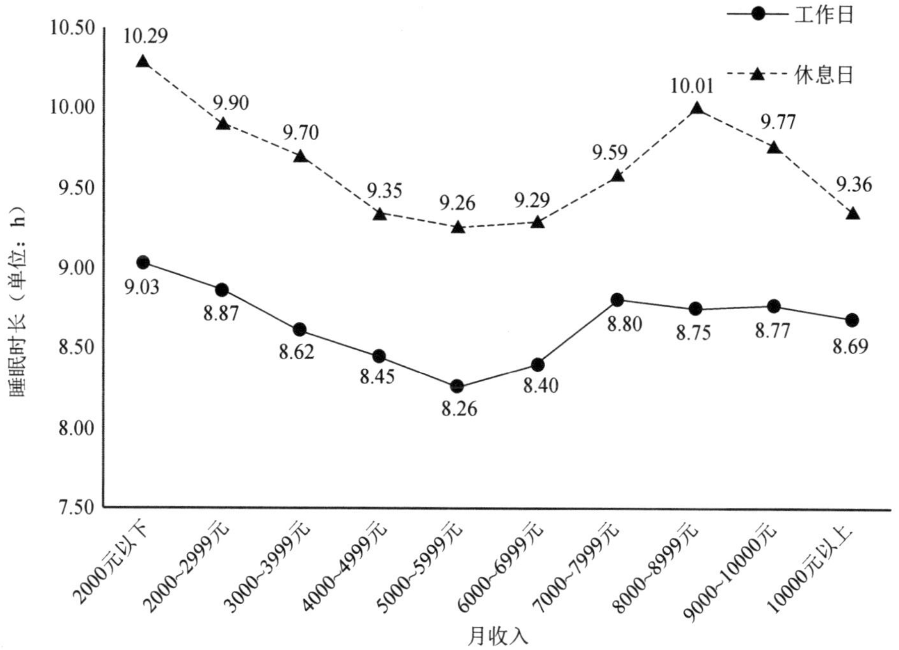

图 8-7　不同工资待遇产业工人的睡眠时长

3.1.2 锻炼状况

（1）产业工人锻炼状况的总体特点。

总体而言，产业工人的每日平均锻炼时间为40.13分钟，$SD=39.47$，数据的离散程度较大（这种分布样态使得该数据不适合进行方差分析，故后续未做差异检验），这反映出不同工人群体在锻炼时间上的分化较为明显。为更清楚描述产业工人的锻炼情况，按照锻炼时间0分钟、1~30分钟、31~60分钟、61~120分钟以及121分钟以上，将被调查的产业工人分为五组，绘制了图8-8。结果显示，约一半的产业工人（50.92%）日均锻炼时间集中在30分钟以内，其中301人（7.31%）完全没有锻炼，表明产业工人的锻炼时间较为有限。

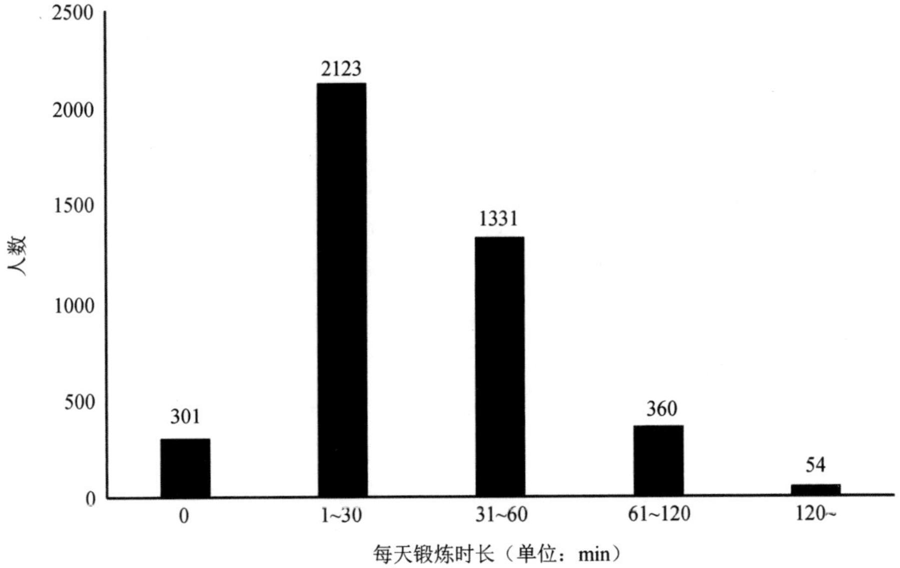

图8-8 产业工人的锻炼时长

在锻炼强度方面，少数产业工人平时不进行锻炼（占比11.4%），多数认为自身的锻炼强度为较低（占比43.1%）和中等（占比38.8%），仅极少数产业工人锻炼强度为剧烈（占比6.5%）。

我们还对产业工人的锻炼频率进行了调查，即多久进行一次锻炼（图8-9）。结果表明，产业工人的锻炼频率集中在三天锻炼一次和一周锻炼一次，也有23.24%的产业工人能够每天进行锻炼。

（2）产业工人锻炼情况的个人特征差异。

按照锻炼频次从最低到最高计1~5分，然后进行差异检验，结果表明，产业工人锻炼频率在年龄、户口类型、婚姻状况、受教育程度、职业技能、技术等级和每周工作时长上存在显著差异（表8-5）。

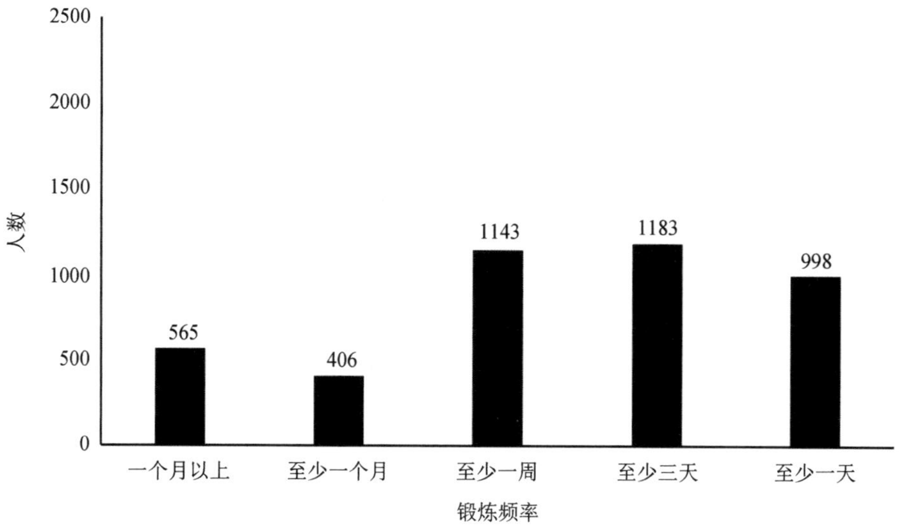

图 8-9　产业工人的锻炼频率

表 8-5　锻炼频率的个人特征差异

变量	变量水平（人数）	$M \pm SD$	t/F	Cohen's d/η^2
性别	男性（2669）	3.37±1.30	-0.79	-0.03
	女性（1495）	3.40±1.30		
年龄	18~24 岁（382）	3.18±1.25	9.79^{***}	0.02
	25~29 岁（672）	3.33±1.29		
	30~34 岁（754）	3.29±1.34		
	35~39 岁（790）	3.32±1.30		
	40~44 岁（508）	3.30±1.30		
	45~49 岁（473）	3.56±1.26		
	50~54 岁（407）	3.69±1.21		
	55 岁及以上（246）	3.73±1.26		
户口类型	城镇（2562）	3.42 ±1.28	2.49^{*}	0.08
	农村（1702）	3.32±1.33		
婚姻状态	未婚（1060）	3.32±1.25	5.65^{*}	0.001
	已婚（3061）	3.42±1.31		
受教育程度	小学及以下（204）	3.53±1.38	15.38^{***}	0.01
	初中（1264）	3.49±1.27		
	高中（1169）	3.49±1.27		
	大专（915）	3.11±1.32		
	大学本科及以上（735）	3.33±1.30		

（续表）

变量	变量水平（人数）	$M \pm SD$	t/F	Cohen's d/η^2
职业技能	已取得职业资格/技能证书（2244）	3.44±1.28	2.98**	0.09
	未取得职业资格/技能证书（2026）	3.32±1.32		
技术等级	无技术等级（1960）	3.31±1.31	5.09**	0.004
	初级（1076）	3.50±1.22		
	中级（705）	3.38±1.30		
	高级及以上（531）	3.41±1.36		
工作时长	每周五天及以下（1213）	3.55±1.25	4.91***	0.17
	每周五天以上（2891）	3.34±1.31		
	每天8小时及以下（2386）	3.42±1.27	1.77	0.05
	每天8小时以上（1890）	3.34±1.34		

产业工人的锻炼频率在年龄上有显著差异（图 8-10），$F(7,4224)=9.79$，$p<0.001$，$\eta^2=0.02$，18～44 岁产业工人的锻炼频率相对稳定，而 45 岁后锻炼频率开始随年龄明显增加，并且 50 岁以上工人的锻炼频率显著高于 45 岁以下群体，其中 55 岁以上工人表现出最高的锻炼频率。这一现象可能反映了年长工人休闲时间的增加和健康意识的增强。

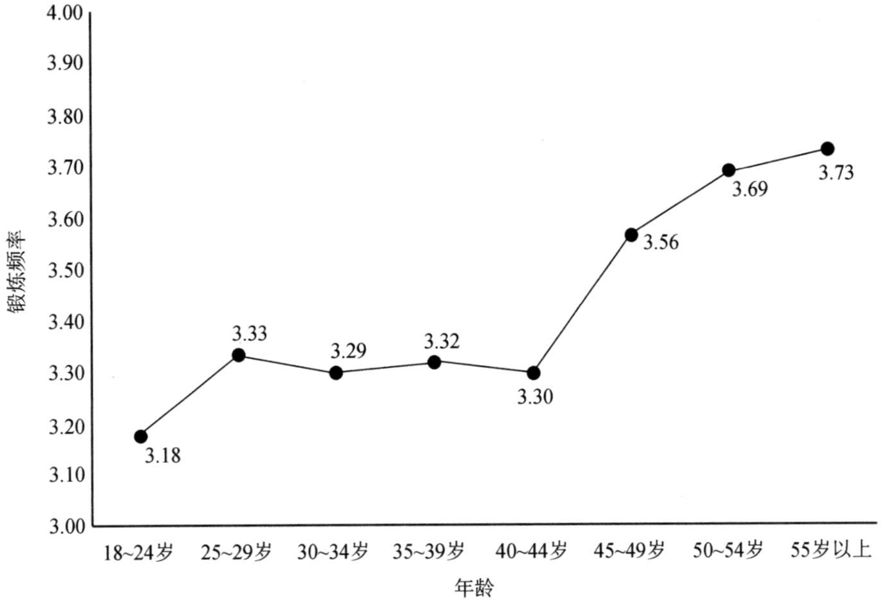

图 8-10 不同年龄产业工人的锻炼频率

产业工人的锻炼频率在户口类型上有显著差异，$t(3537.32)=2.49$，$p=0.012$，Cohen's $d=0.08$，城镇户口的产业工人比农村户口的有更高的锻炼频率。控制了年龄的情况下，产业工人的锻炼频率在婚姻状态上有显著差异，$F(1,4118)=5.65$，$p=0.017$，$\eta^2=0.001$，已婚群体锻炼频率高于未婚群体。

产业工人的锻炼频率在受教育程度上有显著差异（图 8-11），$F(4,4282)=15.38$，$p<0.001$，$\eta^2=0.01$，大专学历工人锻炼频率显著低于其他学历的产业工人。产业工人的锻炼频率在职业技能上有显著差异，$t(4193.78)=2.98$，$p=0.003$，Cohen's $d=0.09$，已取得职业资格或技能证书的产业工人比未取得的有更高的锻炼频率。产业工人的锻炼频率在技术等级上差异显著（图 8-12），$F(3,4268)=5.09$，$p=0.002$，$\eta^2=0.004$，其中初级技术等级工人锻炼频率最高，并显著高于无技术等级的产业工人。在每周工作时间上产业工人的锻炼频率存在显著差异，$t(2373.84)=4.91$，$p<0.001$，Cohen's $d=0.17$，每周工作五天以下的产业工人锻炼频率更高。

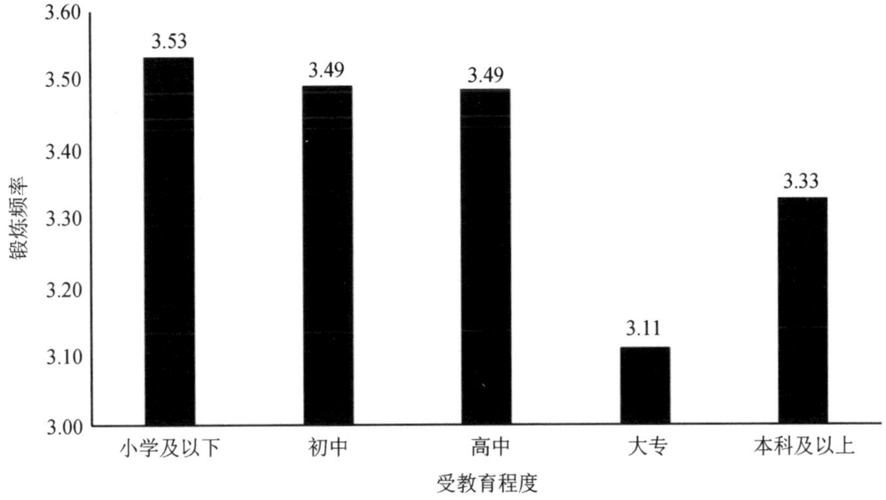

图 8-11　不同受教育程度产业工人的锻炼频率

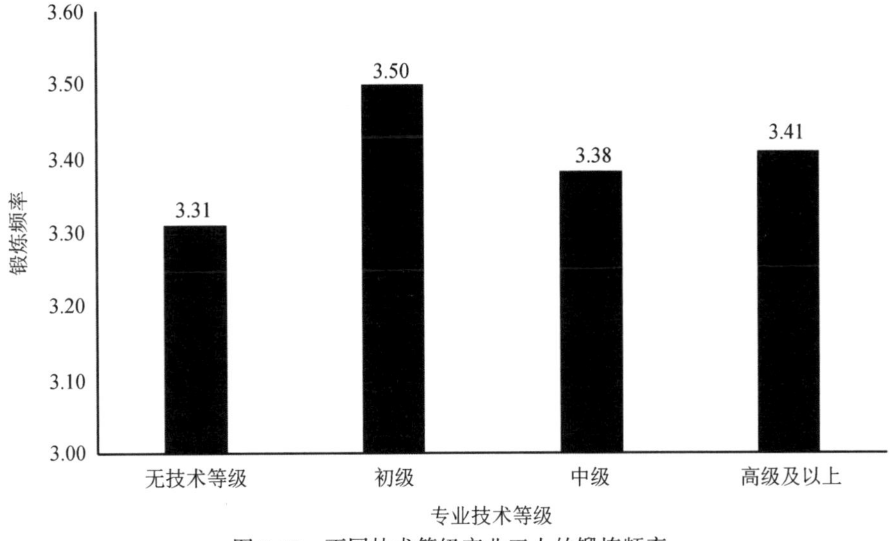

图 8-12　不同技术等级产业工人的锻炼频率

（3）产业工人锻炼状况的工作特征差异。

差异分析表明，产业工人锻炼频率在行业类型、单位性质、工种、工资待遇和是否加入工会上均有显著差异（表 8-6）。

表 8-6 锻炼频率的工作特征差异

变量	变量水平（人数）	$M±SD$	t/F	Cohen's d/η^2
行业类型	采矿业（167）	3. 35±1. 29	3. 55**	0. 004
	制造业（2163）	3. 35±1. 30		
	建筑业（556）	3. 32±1. 34		
	能源业（243）	3. 66±1. 27		
	化工业（414）	3. 34±1. 36		
	其他（736）	3. 47±1. 22		
单位性质	中央企业/国有企业（1274）	3. 43±1. 30	3. 00**	0. 004
	集体企业（216）	3. 60±1. 15		
	民营企业（2160）	3. 35±1. 30		
	外资企业（86）	3. 06±1. 31		
	合资企业（190）	3. 42±1. 25		
	其他（350）	3. 37±1. 32		
工种	劳务工（临时工、劳务派遣）（1075）	3. 27±1. 42	−3. 12**	−0. 12
	合同工/正式工（3209）	3. 45±1. 25		
工资待遇	2000 元以下（116）	2. 89±1. 49	7. 04***	0. 02
	2000~2999 元（250）	3. 21±1. 31		
	3000~3999 元（545）	3. 55±1. 26		
	4000~4999 元（816）	3. 56±1. 23		
	5000~5999 元（1131）	3. 42±1. 23		
	6000~6999 元（551）	3. 28±1. 33		
	7000~7999 元（402）	3. 31±1. 36		
	8000~8999 元（182）	3. 13±1. 36		
	9000~10000 元（154）	3. 27±1. 41		
	10000 元以上（126）	3. 20±1. 38		
加入工会情况	已加入工会（1920）	3. 52±1. 23	6. 31***	0. 19
	未加入工会（2366）	3. 27±1. 33		

不同行业工人的锻炼频率存在显著差异（图 8-13），$F(5,4273)=3.55$，$p=0.003$，$\eta^2=0.004$。能源业工人表现出最高的锻炼频率，显著高于制造业、建筑业和化工业工

人。化工业和建筑业工人的锻炼频率最低，这可能与这些行业的工作性质和时间安排相关。产业工人的锻炼频率在不同单位性质上也有显著差异（图 8-14），$F(5,4270)=3.00$，$p=0.010$，$\eta^2=0.004$。外资企业工人的锻炼频率最低，集体企业和央国企工人锻炼频率最高，且集体企业显著高于民营企业和外资企业工人。

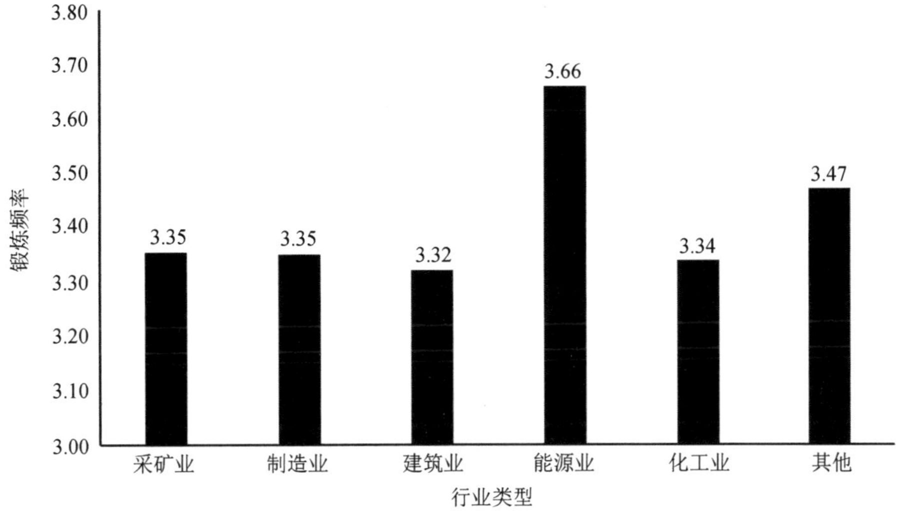

图 8-13　不同行业类型产业工人的锻炼频率

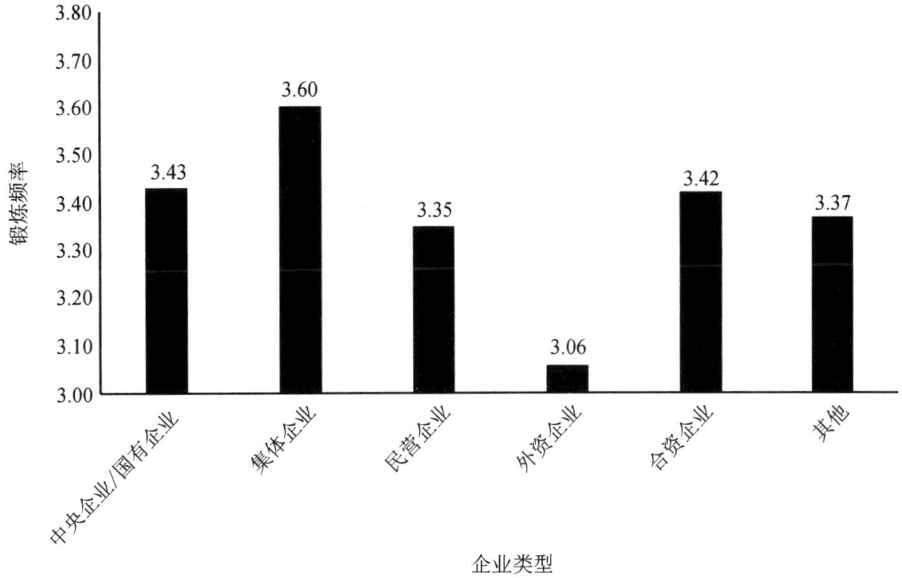

图 8-14　不同单位性质产业工人的锻炼频率

产业工人的锻炼频率在工种上有显著差异，$t(1661.01)=-3.12$，$p=0.002$，Cohen's $d=-0.12$。劳务工锻炼频率低于合同工/正式工。锻炼频率在是否加入工会上有显著差异，$t(4213.35)=6.31$，$p<0.001$，Cohen's $d=0.19$，加入工会的产业工人锻炼频率更高。这在一定程度上表明，工作稳定性和权益得到保障可能对健康行为产生积极影响。

产业工人的锻炼频率在工资待遇上有显著差异（图 8-15），$F(9,4263)=7.04$，$p<0.001$，$\eta^2=0.02$。中等收入（3000~4999 元）工人表现出最高的锻炼频率，显著高于低收入（2999 元以下）、中高收入（6000~6999 元）及高收入（8000 元以上）工人，整体呈倒"U"型分布。

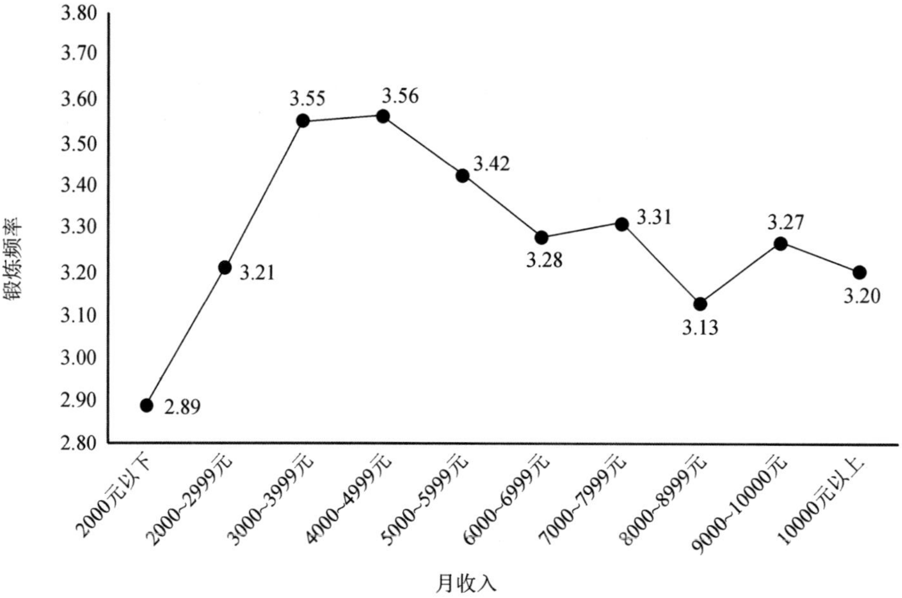

图 8-15 不同月收工人的锻炼频率

3.1.3 饮食状况

（1）产业工人饮食状况的总体特点。

在饮食规律状况上，共 4388 人进行了自我报告。2489 人认为自己的一日三餐规律程度为"一般"（占比 56.30%），1163 人认为自己的一日三餐"非常规律"（占比 26.31%），736 人报告"不太规律"（占比 16.65%），表明产业工人群体整体饮食规律性处于中等水平，仍有改善空间。

（2）产业工人饮食状况的个人特征差异。

差异分析表明，产业工人的饮食规律情况在性别、年龄、户口类型、受教育程度、职业技能、技术等级方面存在显著差异（表 8-7）。

表 8-7　饮食状况的个人特征差异

变量	变量水平（人数）	$M±SD$	t/F	Cohen's d/η^2
性别	男性（2729）	2.08±0.65	−2.50*	−0.08
	女性（1521）	2.13±0.65		
年龄	18～24 岁（389）	2.00±0.66	3.89***	0.01
	25～29 岁（684）	2.14±0.65		
	30～34 岁（770）	2.11±0.66		
	35～39 岁（810）	2.13±0.65		
	40～44 岁（518）	2.03±0.65		
	45～49 岁（483）	2.14±0.64		
	50～54 岁（417）	2.05±0.63		
	55 岁及以上（250）	2.18±0.64		
户口类型	城镇（2633）	2.12±0.66	2.60*	0.08
	农村（1720）	2.07±0.64		
婚姻状态	未婚（1072）	2.12±0.66	2.54	<0.01
	已婚（3131）	2.10±0.65		
受教育程度	小学及以下（208）	2.29±0.65	8.02***	0.01
	初中（1300）	2.10±0.66		
	高中（1198）	2.13±0.66		
	大专（927）	2.03±0.62		
	大学本科及以上（747）	2.09±0.66		
职业技能	已取得职业资格/技能证书（2279）	2.14±0.64	4.11***	0.12
	未取得职业资格/技能证书（2083）	2.06±0.66		
技术等级	无技术等级（2015）	2.06±0.66	5.66***	<0.01
	初级（1095）	2.12±0.62		
	中级（721）	2.12±0.67		
	高级及以上（532）	2.18±0.67		
工作时长	每周五天及以下（1234）	2.10±0.61	−0.91	−0.03
	每周五天以上（2951）	2.11±0.66		
	每天 8 小时及以下（2435）	2.10±0.63	0.13	<0.01
	每天 8 小时以上（1933）	2.10±0.68		

产业工人饮食规律情况在性别上存在显著差异，$t(4248) = -2.50$，$p = 0.012$，Cohen's $d = -0.08$。女性产业工人比男性产业工人饮食更规律，但差异较小。产业工人

饮食规律情况在年龄上存在显著差异（图 8-16），$F(7,4313) = 3.89$，$p < 0.001$，$\eta^2 = 0.006$。24 岁以下和 40~44 岁的产业工人表现出最不规律的饮食习惯，而最年长群体（55 岁以上）则展现出最规律的饮食行为。

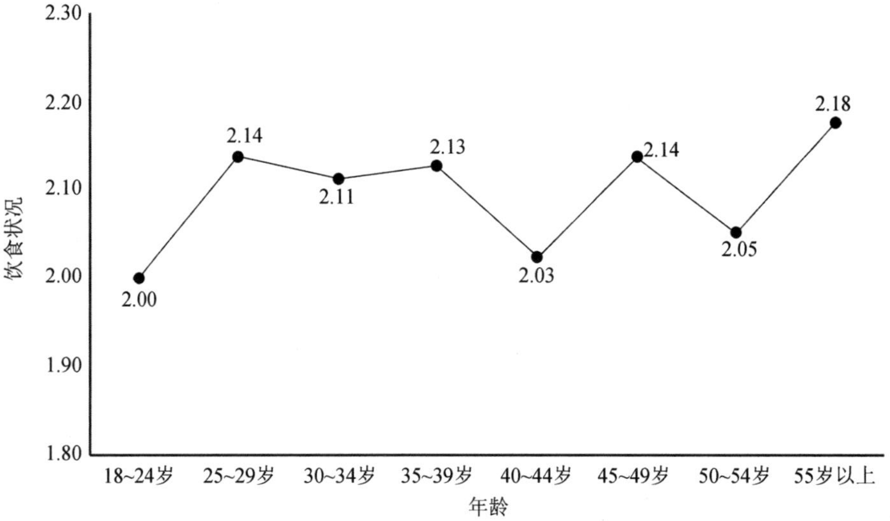

图 8-16　不同年龄段产业工人的饮食规律状况

产业工人的饮食规律状况在户口类型上有显著差异，$t(3729.31) = 2.60$，$p = 0.009$，Cohen's $d = 0.08$。城镇户口产业工人饮食规律性好于农村户口的产业工人，这一差异可能反映了城乡生活节奏和饮食文化的不同。

产业工人的饮食规律状况在受教育程度上有显著差异（图 8-17），$F(4,4375) = 8.02$，$p < 0.001$，$\eta^2 = 0.007$。小学及以下的产业工人饮食最规律，并且，显著高于其他

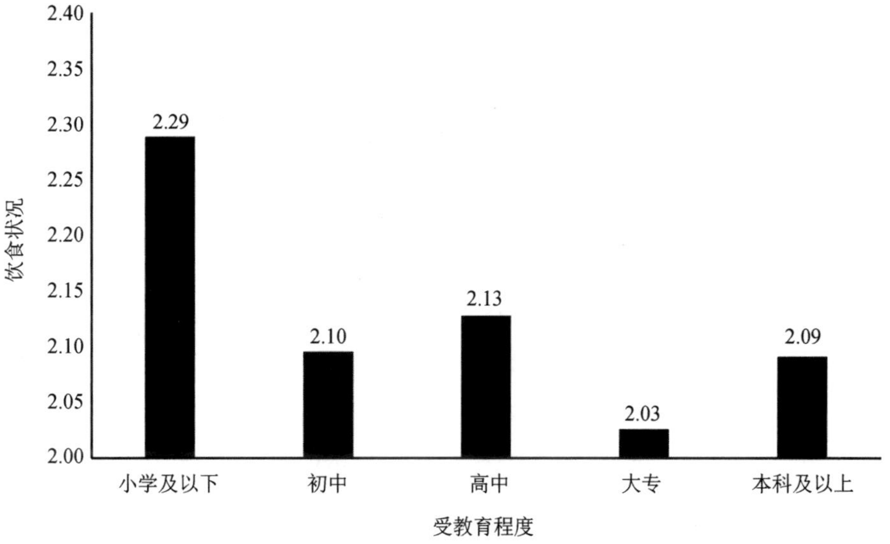

图 8-17　不同受教育程度产业工人的饮食规律状况

学历的产业工人；大专学历的产业工人饮食最不规律。产业工人的饮食规律状况在职业技能上有显著差异，$t(4360)=4.11$，$p<0.001$，Cohen's $d=0.12$。已获得职业证书的产业工人饮食状况显著比未取得的更为规律。与此相应，产业工人的饮食规律状况在技术等级上有显著差异（图 8-18），$F(3,4359)=5.66$，$p=0.004$，$\eta^2<0.01$。专业技术等级越高的产业工人饮食规律性越高，高级及以上等级的产业工人高于无技术等级的，说明职业技能的提升对保障饮食规律性起积极作用。

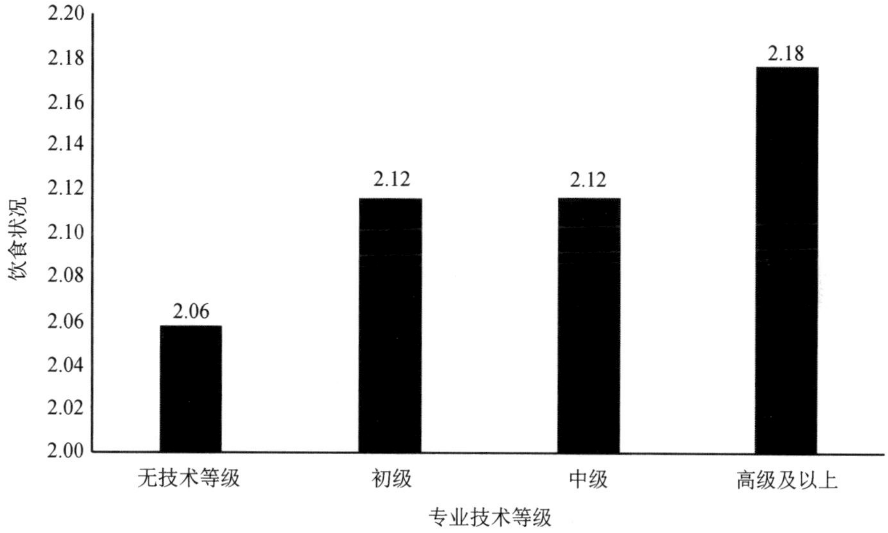

图 8-18　不同专业技术等级产业工人的饮食规律状况

（3）产业工人饮食状况的工作特征差异。

差异分析表明，产业工人饮食规律情况在行业类型、单位性质、工种、工资待遇和是否加入工会上均存在显著差异（表 8-8）。

表 8-8　饮食状况的工作特征差异

变量	变量水平（人数）	$M \pm SD$	t/F	Cohen's d/η^2
行业类型	采矿业（175）	2.03±0.72	7.85^{***}	0.01
	制造业（2206）	2.14±0.64		
	建筑业（560）	2.08±0.69		
	能源业（245）	2.18±0.62		
	化工业（423）	1.99±0.65		
	其他（763）	2.02±0.62		

（续表）

变量	变量水平（人数）	$M \pm SD$	t/F	Cohen's d/η^2
单位性质	中央企业/国有企业（1296）	2.14±0.63	10.30***	0.01
	集体企业（219）	2.07±0.70		
	民营企业（2213）	2.10±0.65		
	外资企业（85）	2.19±0.65		
	合资企业（192）	2.16±0.64		
	其他（363）	1.88±0.63		
工种	劳务工（临时工、劳务派遣）（1100）	2.03±0.67	-4.11***	-0.14
	合同工/正式工（3275）	2.12±0.64		
工资待遇	2000元以下（118）	2.05±0.63	2.34*	0.005
	2000~2999元（251）	2.07±0.60		
	3000~3999元（559）	2.08±0.65		
	4000~4999元（832）	2.16±0.64		
	5000~5999元（1148）	2.11±0.65		
	6000~6999元（559）	2.10±0.70		
	7000~7999元（414）	2.02±0.63		
	8000~8999元（187）	2.03±0.66		
	9000~10000元（159）	2.04±0.64		
	10000元以上（133）	2.20±0.68		
加入工会情况	已加入工会（1944）	2.15±0.62	4.92***	0.15
	未加入工会（2435）	2.05±0.67		

不同行业工人的饮食规律情况存在显著差异（图8-19），$F(5,4366)=7.85$，$p<0.001$，$\eta^2<0.01$。能源行业和制造业工人饮食最为规律，显著优于化工业。化工业工人的饮食规律性最差，这可能与该行业的特殊工作节奏和环境条件有关。同时，产业工人饮食规律情况在单位性质上存在显著差异（图8-20），$F(5,4362)=10.30$，$p<0.001$，$\eta^2=0.01$。外资企业工人展现出最规律的饮食习惯，其次是合资企业和央国企工人。这一差异可能反映了不同企业文化和行业特征对员工生活方式的潜在影响。

产业工人的饮食规律情况在工种上存在显著差异，$t(4373)=-4.11$，$p<0.001$，Cohen's $d=-0.14$，合同工/正式工比劳务工饮食更规律。产业工人的饮食规律情况在是否加入工会上存在显著差异，$t(4377)=4.92$，$p<0.001$，Cohen's $d=0.15$，加入工会的产业工人饮食状况显著比未加入的规律。这一结果与锻炼频率一样，稳定的工作环境和权益保障对健康生活方式有促进作用。

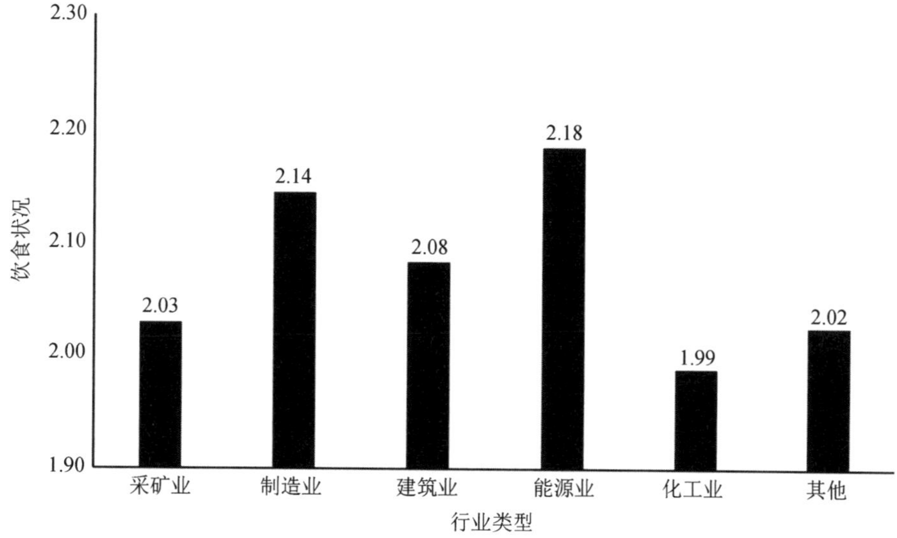

图 8-19　不同行业类型产业工人的饮食规律状况

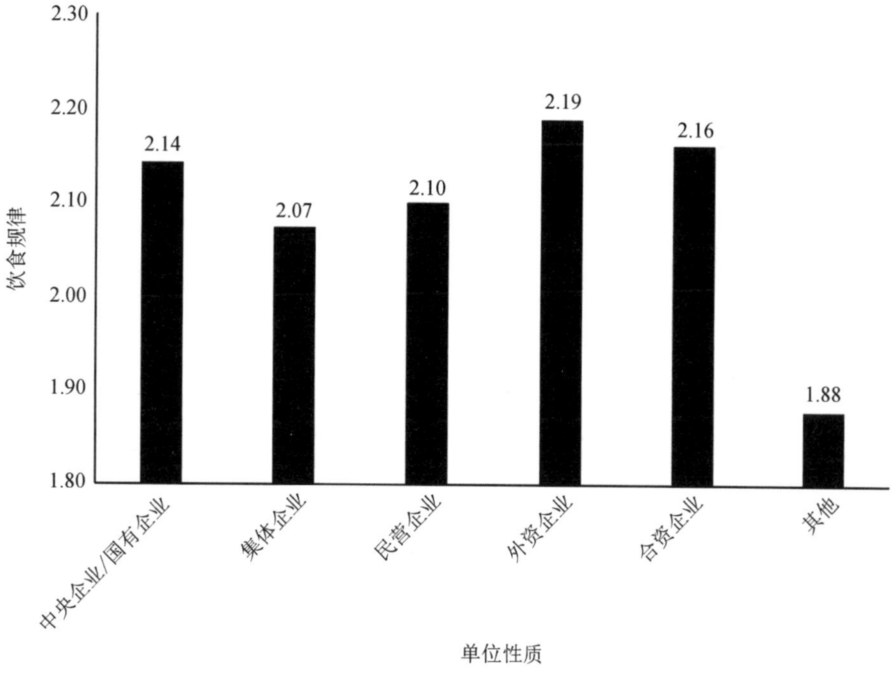

图 8-20　不同单位性质产业工人的饮食规律状况

产业工人的饮食规律情况在工资待遇上有显著差异（图 8-21），$F(9,4350)=2.34$，$p=0.013$，$\eta^2=0.005$。中等收入（4000～5999 元）和高收入人群（10000 元以上）表现出最规律的饮食习惯，其余收入水平的产业工人饮食规律情况无显著差异。

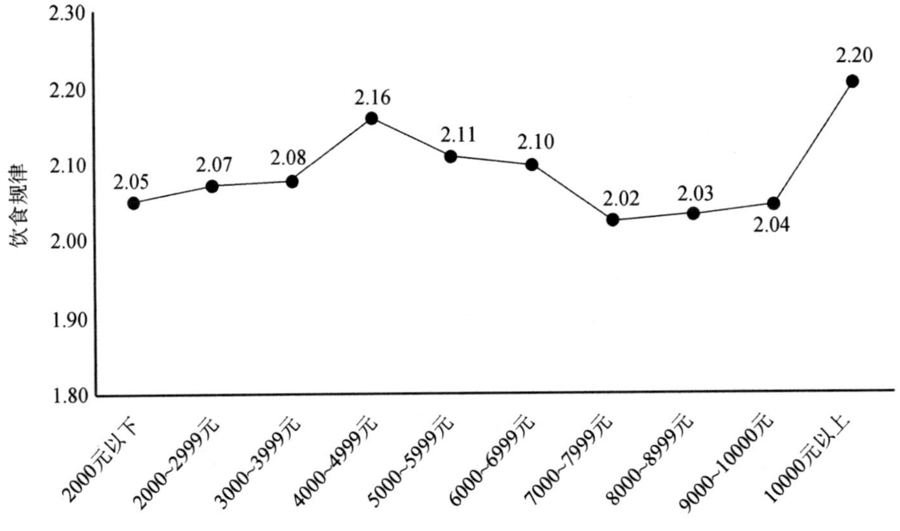

图 8-21　不同工资待遇产业工人的饮食规律状况

3.1.4　手机使用情况

（1）社交媒体使用时长。

1）产业工人社交媒体使用时长的整体状况。

共 4207 名产业工人自我报告了每日社交媒体使用时长，平均使用时长为 3.02 小时，标准差 0.03，表明社交媒体已在产业工人日常生活中占据相当比重。

2）产业工人社交媒体使用时长的个人特征差异。

差异分析表明，产业工人的社交媒体使用时长在年龄、受教育程度、职业技能、技术等级和工作时长上存在显著差异（表 8-9）。

表 8-9　社交媒体使用的个人特征差异

变量	变量水平（人数）	$M \pm SD$	t/F	Cohen's d/η^2
性别	男性（2663）	3.00±1.99	-0.57	-0.02
	女性（1478）	3.03±1.93		
年龄	18~24 岁（384）	3.66±2.04	9.32***	0.02
	25~29 岁（673）	3.16±2.23		
	30~34 岁（754）	2.99±1.90		
	35~39 岁（793）	2.84±1.82		
	40~44 岁（504）	3.03±2.08		
	45~49 岁（474）	3.03±1.93		
	50~54 岁（385）	2.91±1.88		
	55 岁及以上（240）	2.55±1.80		
户口类型	城镇（2578）	2.99±1.89	-1.30	-0.04
	农村（1662）	3.08±2.13		

（续表）

变量	变量水平（人数）	$M \pm SD$	t/F	Cohen's d/η^2
婚姻状态	未婚（1063）	3. 25±2. 21	1. 88	0. 000
	已婚（3032）	2. 94±1. 89		
受教育程度	小学及以下（194）	2. 34±1. 77	27. 58***	0. 03
	初中（1247）	2. 85±1. 96		
	高中（1180）	2. 82±1. 76		
	大专（909）	3. 25±1. 99		
	大学本科及以上（735）	3. 54±2. 25		
职业技能	已取得职业资格/技能证书（2227）	2. 94±1. 91	−2. 95**	−0. 09
	未取得职业资格/技能证书（2023）	3. 12±2. 08		
技术等级	无技术等级（1950）	3. 16±2. 15	5. 63***	0. 004
	初级（1076）	2. 93±1. 88		
	中级（705）	2. 94±1. 87		
	高级及以上（520）	2. 84±1. 75		
工作时长	每周五天及以下（1209）	3. 27±2. 09	5. 15***	0. 18
	每周五天以上（2881）	2. 90±1. 94		
	每天 8 小时及以下（2373）	3. 07±1. 89	1. 84	0. 06
	每天 8 小时以上（1883）	2. 96±2. 10		

产业工人的社交媒体使用时长呈现显著的年龄差异（图 8-22），$F(7,4313)=9.32$，$p<0.001$，$\eta^2=0.02$。年龄越小，社交媒体使用时长越长。最年轻群体（18～24 岁）产业工人的使用时长平均达到 3. 66 小时，显著高于其他年龄段的产业工人（$ps<0.01$）；55 岁以上的产业工人的使用时长最短，平均为 2. 55 小时。

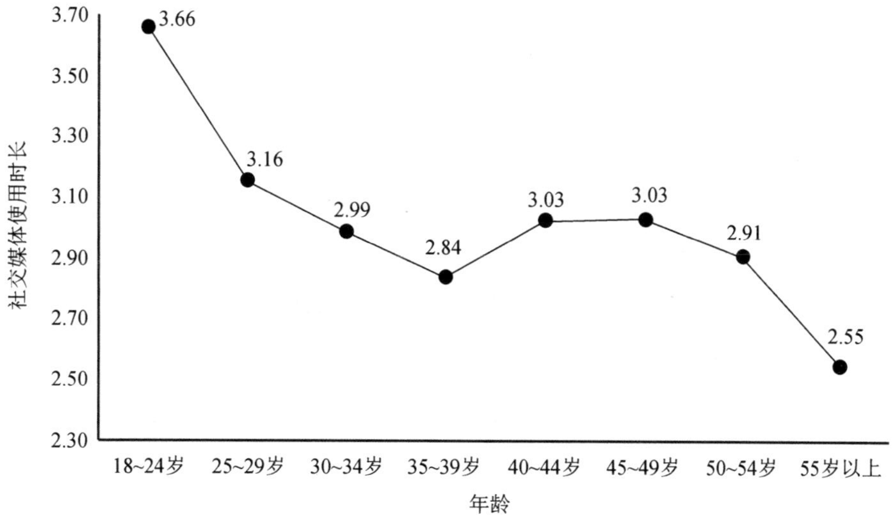

图 8-22　不同年龄产业工人的社交媒体使用时长状况

社交媒体使用时长在受教育程度上呈现出显著差异（图 8-23），$F(4,4260)=27.58$, $p<0.001$, $\eta^2=0.03$。高等教育背景工人表现出明显更长的社交媒体使用时间，本科及以上学历的产业工人的社交媒体使用时长最长，大专学历的产业工人的社交媒体使用时长显著高于所有大专以下学历的产业工人，$ps<0.05$；本科及以上学历的产业工人的社交媒体使用时长显著高于其他学历的产业工人，$ps<0.05$；小学及以下的产业工人使用时长最短，显著低于其他学历的产业工人，$ps<0.05$。社交媒体使用时长在职业技能上呈现出显著差异，$t(4248)=-5.31$, $p=0.003$, Cohen's $d=-0.09$。未取得职业资格或技能证书的工人社交媒体使用时长更长。与此相似，社交媒体使用时长在专业技术等级上呈现出显著差异（图 8-24），$F(3,4247)=5.63$, $p=0.001$, $\eta^2=0.004$。无专业技术等级工人的社交媒体使用时长更长。

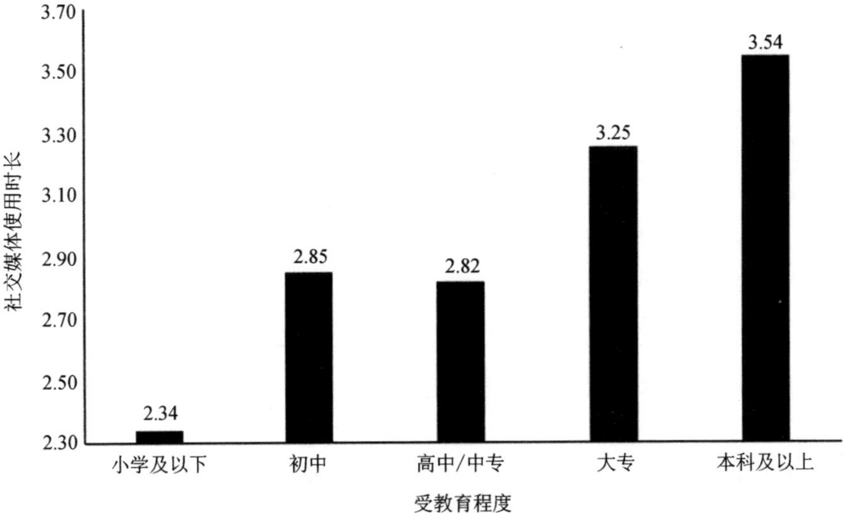

图 8-23　不同受教育程度产业工人的社交媒体使用时长状况

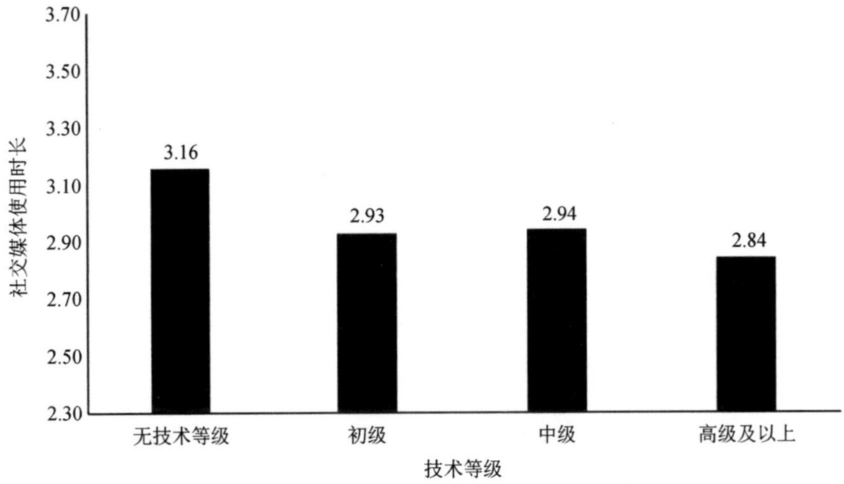

图 8-24　不同专业技术等级产业工人的社交媒体使用时长状况

社交媒体使用时长在每周工作天数上呈现出显著差异，$t(4088)=5.15$，$p<0.001$，Cohen's $d=0.18$，每周工作天数五天及以下的工人媒体使用时长更长。

3）工作特征差异。

差异分析表明，产业工人的社交媒体使用时长在行业类型、单位性质、工种、工资待遇和是否加入工会上存在显著差异（表8-10）。

表8-10　社交媒体使用的工作特征差异

变量	变量水平（人数）	$M±SD$	t/F	Cohen's d/η^2
行业类型	采矿业（167）	3.08±1.59	3.68**	<0.01
	制造业（2171）	3.02±2.13		
	建筑业（555）	2.90±1.96		
	能源业（235）	2.67±1.43		
	化工业（408）	3.00±1.92		
	其他（723）	3.24±1.87		
单位性质	中央企业/国有企业（1274）	3.04±2.02	8.06***	<0.01
	集体企业（210）	2.81±1.60		
	民营企业（2166）	2.93±2.01		
	外资企业（84）	3.14±1.46		
	合资企业（191）	3.18±1.72		
	其他（329）	3.64±2.13		
工种	劳务工（临时工、劳务派遣）(1051)	3.17±2.18	2.64**	0.10
	合同工/正式工（3210）	2.98±1.93		
工资待遇	2000元以下（110）	2.91±1.67	3.17***	0.01
	2000~2999元（243）	3.00±1.77		
	3000~3999元（536）	3.25±1.98		
	4000~4999元（819）	3.02±1.86		
	5000~5999元（1115）	2.93±2.16		
	6000~6999元（549）	2.79±1.78		
	7000~7999元（404）	3.03±1.95		
	8000~8999元（185）	3.21±2.04		
	9000~10000元（157）	3.21±2.13		
	10000元以上（129）	3.53±2.44		
加入工会情况	已加入工会（1906）	2.93±1.88	−2.67**	−0.08
	未加入工会（2358）	3.09±2.07		

产业工人的社交媒体使用时长在行业类型上差异显著（图8-25），$F(5,4253)=3.68$，$p=0.003$，$\eta^2=0.004$。能源行业工人表现出最短的使用时长，采矿业工人的使用

时长相对较长。产业工人的社交媒体使用时长在单位性质上差异显著（图 8-26），$F(5, 4248)=8.06$，$p<0.001$，$\eta^2=0.009$，集体企业工人社交媒体使用时长最短，除“其他”外，外资和合资企业使用社交媒体时间更长。

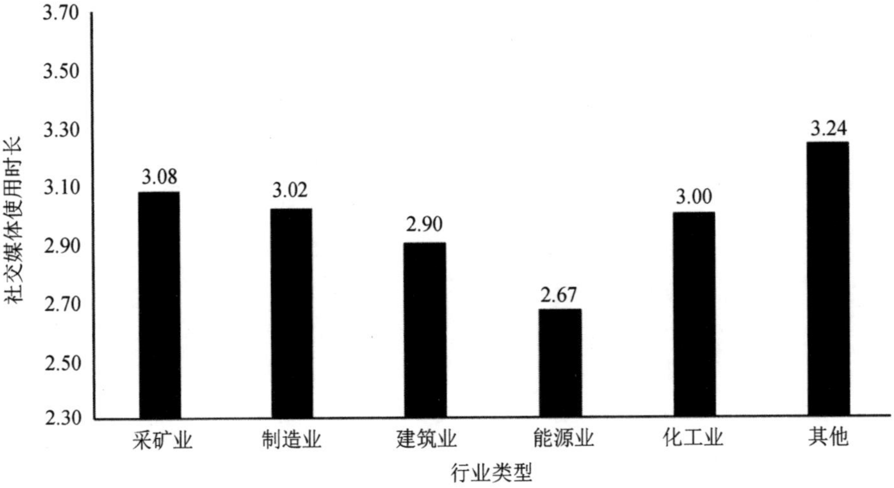

图 8-25　不同行业类型产业工人的社交媒体使用时长状况

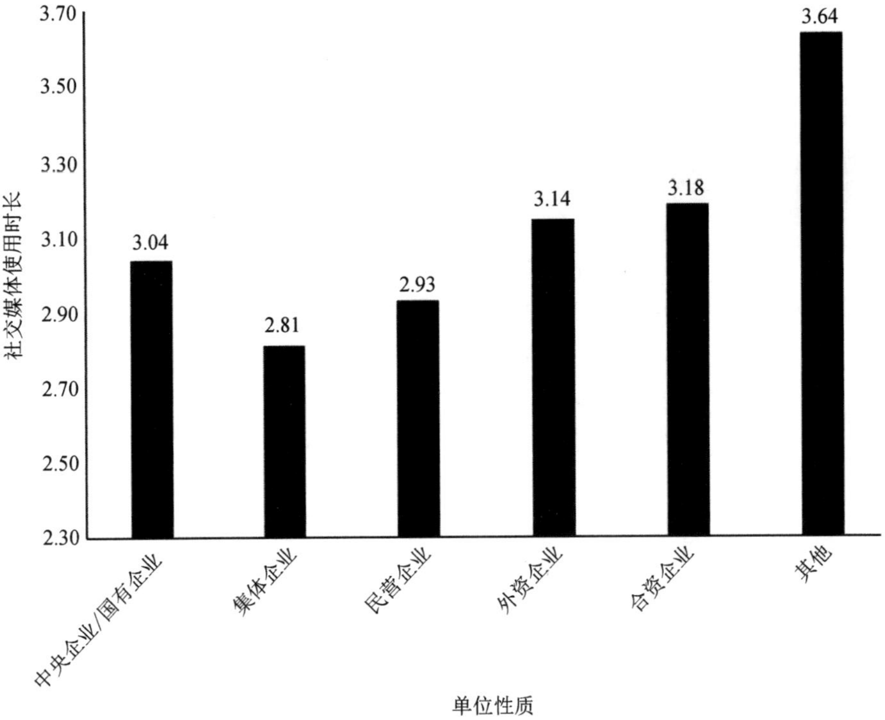

图 8-26　不同单位性质产业工人的社交媒体使用时长状况

产业工人的社交媒体使用时长在工种上差异显著，$t(4259)=2.64$，$p=0.005$，Cohen's $d=0.10$，劳务工的社交媒体使用时长高于合同工/正式工。产业工人的社交媒体使用时长在是否加入工会上差异显著，$t(4262)=-2.67$，$p=0.008$，Cohen's $d=-0.08$，加入工会的产业工人相较于未加入工会的产业工人社交媒体使用时长更短。

产业工人的社交媒体使用时长在工资待遇上差异显著（图8-27），$F(9,4237)=3.17$，$p=0.001$，$\eta^2=0.007$。社交媒体使用时长整体随月收入波浪式上升，月收入10000元以上的产业工人社交媒体使用时长最长，月收入6000~6999元的产业工人社交媒体使用时长最短，两者差异显著，$p=0.008$。

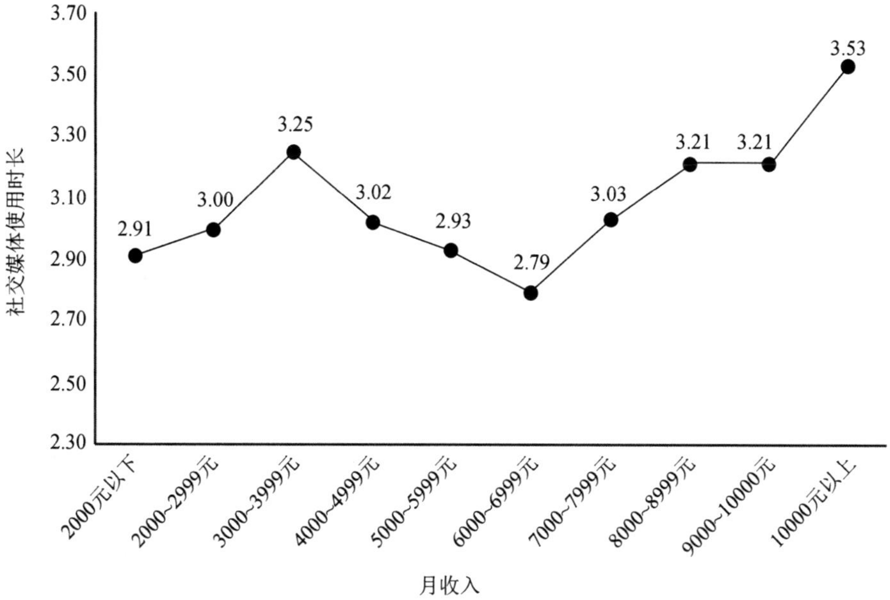

图8-27 不同工资待遇产业工人的社交媒体使用时长状况

（2）短视频过度使用情况。

1）产业工人短视频过度使用的总体特点。

共4387名产业工人自我报告了短视频过度使用水平。调查结果表明，产业工人短视频过度使用水平$M=2.23$，$SD=0.97$，略低于3分的理论中值。这说明产业工人群体整体上并未表现出明显的短视频过度使用行为。统计结果表明，社交媒体使用时长和短视频过度使用之间相关显著，$r=0.28$，$p<0.001$，说明二者呈现一种共同增长的关系。

2）产业工人短视频过度使用的个人特征差异。

差异分析表明，产业工人短视频过度使用情况在年龄、户口类型、受教育程度、职业技能、技术等级和工作时长上有显著差异（表8-11）。

表 8-11　短视频过度使用的个人特征差异

变量	变量水平（人数）	$M \pm SD$	t/F	Cohen's d/η^2
性别	男性（2725）	2.23±0.97	0.02	0.001
	女性（1526）	2.23±0.98		
年龄	18~24 岁（391）	2.46±1.03	9.80***	0.02
	25~29 岁（687）	2.10±0.92		
	30~34 岁（770）	2.14±0.87		
	35~39 岁（810）	2.15±0.93		
	40~44 岁（521）	2.35±1.01		
	45~49 岁（478）	2.31±0.98		
	50~54 岁（413）	2.35±1.05		
	55 岁及以上（251）	2.14±1.06		
户口类型	城镇（2637）	2.19±0.96	-3.30***	0.10
	农村（1718）	2.29±0.99		
婚姻状态	未婚（1077）	2.20±0.96	0.08	0.00
	已婚（3125）	2.23±0.97		
受教育程度	小学及以下（208）	2.14±0.97	11.52***	0.01
	初中（1291）	2.18±0.95		
	高中（1200）	2.13±0.96		
	大专（930）	2.30±0.97		
	大学本科及以上（750）	2.40±1.02		
职业技能	已取得职业资格/技能证书（2276）	2.17±0.94	-4.17***	-0.13
	未取得职业资格/技能证书（2087）	2.30±1.00		
技术等级	无技术等级（2015）	2.30±1.00	11.51***	0.008
	初级（1098）	2.12±0.94		
	中级（718）	2.30±0.98		
	高级及以上（533）	2.12±0.90		
工作时长	每周五天及以下（1240）	2.38±1.06	6.03***	0.22
	每周五天以上（2948）	2.17±0.93		
	每天 8 小时及以下（2432）	2.32±1.02	7.03***	0.21
	每天 8 小时以上（1936）	2.12±0.90		

产业工人短视频过度使用在年龄上有显著差异（图 8-28），$F(7,4313)=9.80$，$p<0.001$，$\eta^2=0.01$。18~24 岁青年工人和 40~54 岁中年工人表现出较高的短视频过度使

用水平，而25~39岁工人则表现出最低水平。

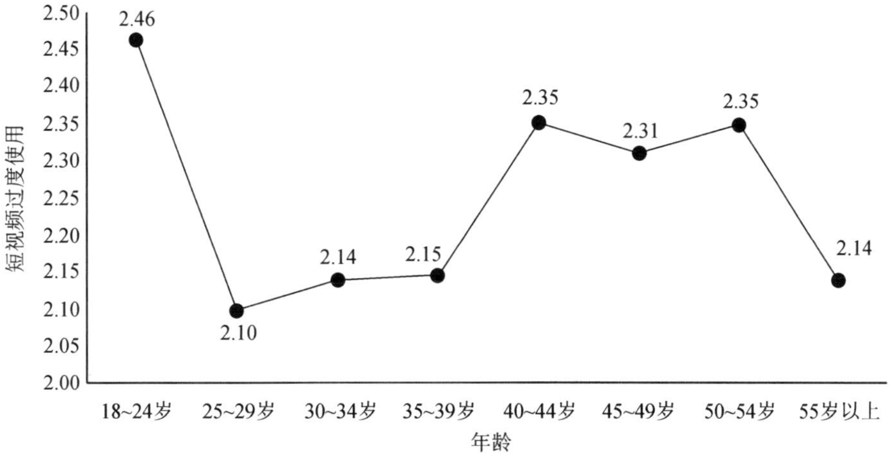

图8-28　不同年龄产业工人的短视频过度使用状况

产业工人短视频过度使用在户口类型上差异显著，$t(3563.96)=3.30$，$p<0.001$，Cohen's $d=0.10$。农村户口产业工人的短视频过度使用程度更高，这可能反映了城乡间其他休闲娱乐资源可获得性的不平衡以及生活方式上的差异。

产业工人短视频过度使用在受教育程度上差异显著（图8-29），$F(4,4374)=11.52$，$p<0.001$，$\eta^2=0.01$。高学历群体表现出更高的短视频过度使用倾向，其中大学本科及以上学历工人的过度使用水平显著高于所有大专以下学历群体，大专学历工人同样表现出相对较高的过度使用水平。这一结果可能是高教育群体对数字媒体的更高接受度和使用熟练度导致的。产业工人短视频过度使用在职业技能上存在显著差异，

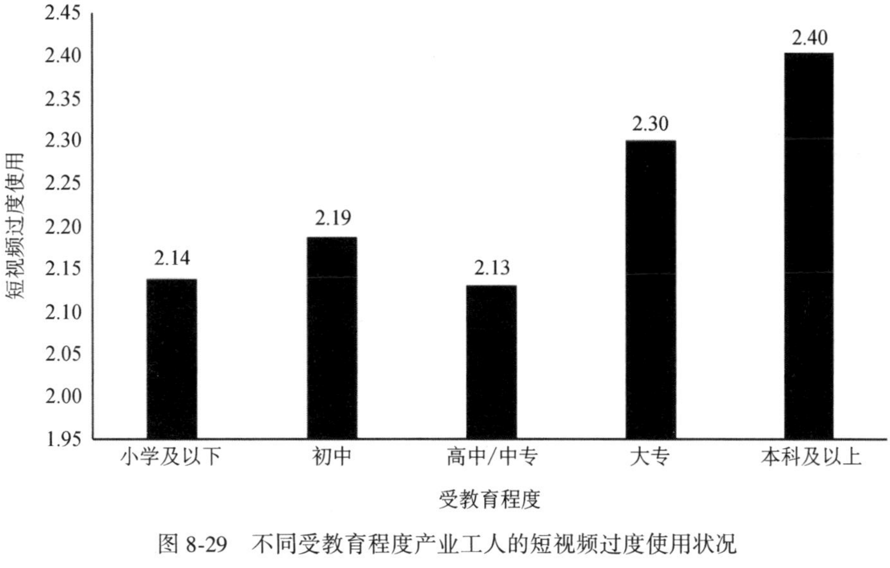

图8-29　不同受教育程度产业工人的短视频过度使用状况

$t(4361)=-4.17$，$p<0.001$，Cohen's $d=-0.13$，已取得职业资格或技能证书的工人表现出显著更低的短视频过度使用水平。产业工人短视频过度使用在技术等级上存在显著差异（图 8-30），$F(3,4360)=11.51$，$p<0.001$，$\eta^2=0.008$。无技术等级工人和中级技术工人表现出显著高于初级和高级及以上工人的过度使用水平（$ps<0.001$）。

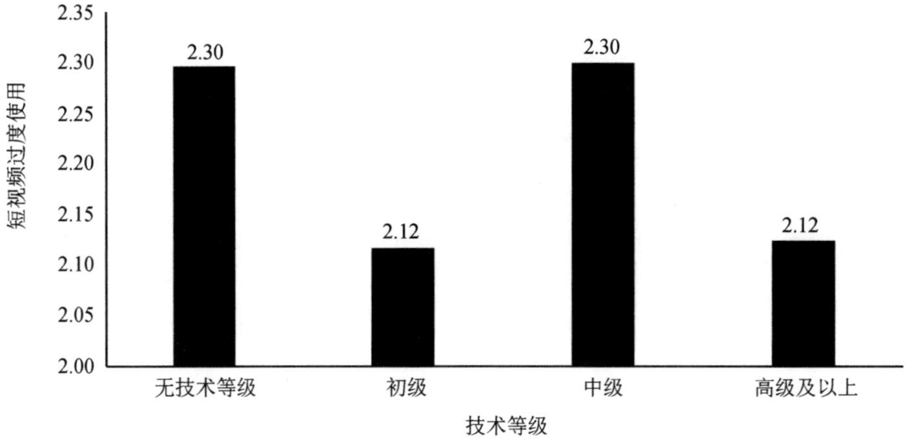

图 8-30 不同专业技术等级的短视频过度使用状况

短视频过度使用在每周工作时间上有显著差异，$t(4186)=6.03$，$p<0.001$，Cohen's $d=0.22$，每周工作五天及以下的产业工人、短视频过度使用程度更高。短视频过度使用在每天工作时间上有显著差异，$t(4366)=7.03$，$p<0.001$，Cohen's $d=0.21$。每天工作 8 小时及以下的产业工人短视频过度使用程度更高。这一结果表明可支配时间对媒体使用行为有决定性影响。

3）产业工人短视频过度使用的工作特征差异。

差异分析表明，产业工人短视频过度使用情况在行业类型、单位性质、工种、工资待遇和是否加入工会上有显著差异（表 8-12）。

表 8-12 短视频过度使用的工作特征差异

变量	变量水平（人数）	$M\pm SD$	t/F	Cohen's d/η^2
行业类型	采矿业（173）	2.36±1.01	14.20^{***}	0.02
	制造业（2200）	2.20±0.92		
	建筑业（566）	2.13±0.94		
	能源业（243）	2.11±0.97		
	化工业（422）	2.11±0.93		
	其他（765）	2.47±1.09		

（续表）

变量	变量水平（人数）	$M \pm SD$	t/F	Cohen's d/η^2
单位性质	中央企业/国有企业（1293）	2.24±0.96	30.25***	0.03
	集体企业（223）	2.35±1.00		
	民营企业（2212）	2.14±0.92		
	外资企业（86）	2.18±0.85		
	合资企业（193）	2.15±1.00		
	其他（363）	2.79±1.15		
工种	劳务工（临时工、劳务派遣）（1097）	2.40±1.01	6.51***	0.23
	合同工/正式工（3279）	2.17±0.96		
工资待遇	2000元以下（117）	2.44±1.05	10.35***	0.02
	2000~2999元（251）	2.36±1.06		
	3000~3999元（560）	2.49±1.08		
	4000~4999元（832）	2.17±0.96		
	5000~5999元（1149）	2.12±0.92		
	6000~6999元（559）	2.08±0.86		
	7000~7999元（413）	2.25±0.98		
	8000~8999元（187）	2.31±0.94		
	9000~10000元（158）	2.34±0.90		
	10000元以上（134）	2.43±1.10		
加入工会情况	已加入工会（1942）	2.17±0.94	−3.98***	0.12
	未加入工会（2436）	2.28±0.99		

短视频过度使用在不同行业类型上存在显著差异（图8-31），$F(5,4363)=14.20$，$p<0.001$，$\eta^2=0.02$。除“其他”类行业工人外，采矿业工人表现出最高的过度使用水平，而能源业和化工业工人的过度使用水平最低。短视频过度使用行为在单位性质上也存在显著差异（图8-32），$F(5,4364)=30.25$，$p<0.001$，$\eta^2=0.03$。“其他”类企业产业工人过度使用水平最高，集体企业工人过度使用程度次高，但仍低于理论中值（3）。

短视频过度使用在工种上存在显著差异，$t(4374)=6.51$，$p<0.001$，Cohen's $d=0.23$，劳务工高于合同工/正式工。短视频过度使用在是否加入工会上存在显著差异，$t(4262)=-3.98$，$p<0.001$，Cohen's $d=0.12$，加入工会的产业工人短视频过度使用更低。这一结果依旧呈现合同工/正式工及加入工会的工人有更健康的生活状态。

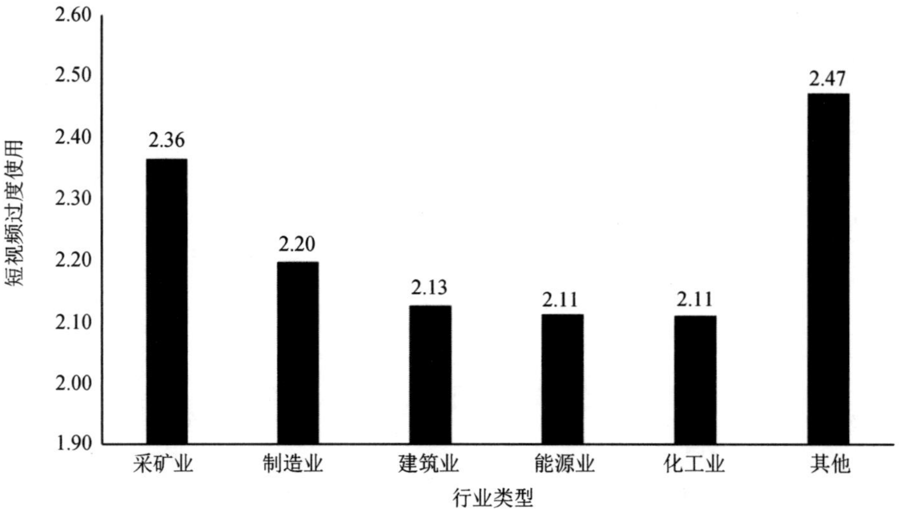

图 8-31　不同行业类型产业工人的短视频过度使用状况

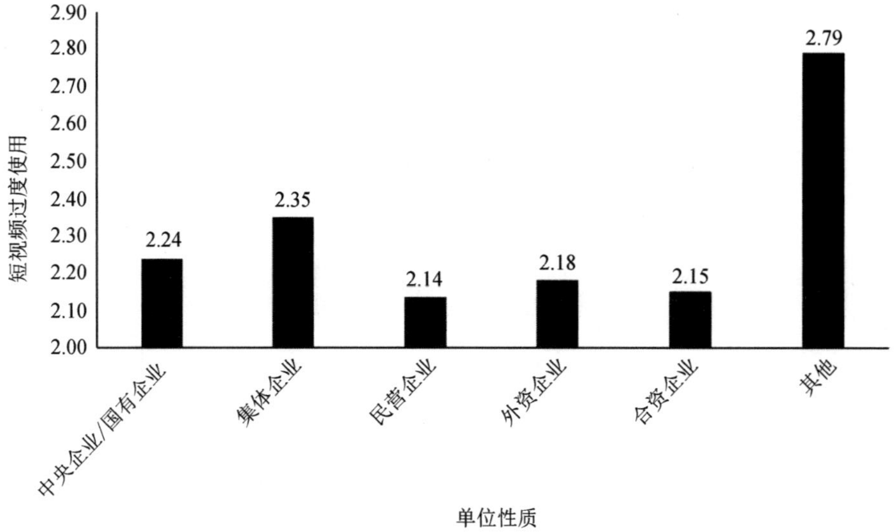

图 8-32　不同单位性质产业工人的短视频过度使用状况

短视频过度使用在工资待遇上存在显著差异（图 8-33），$F(9,4350)=10.35$，$p<0.001$，$\eta^2=0.02$。中等收入群体（6000～6999 元）表现出最低的过度使用水平，而低收入群体（3999 元及以下）和高收入群体（9000 元及以上）则表现出较高的过度使用水平。整体上，工资待遇与短视频过度使用呈现显著的“U”型关系。

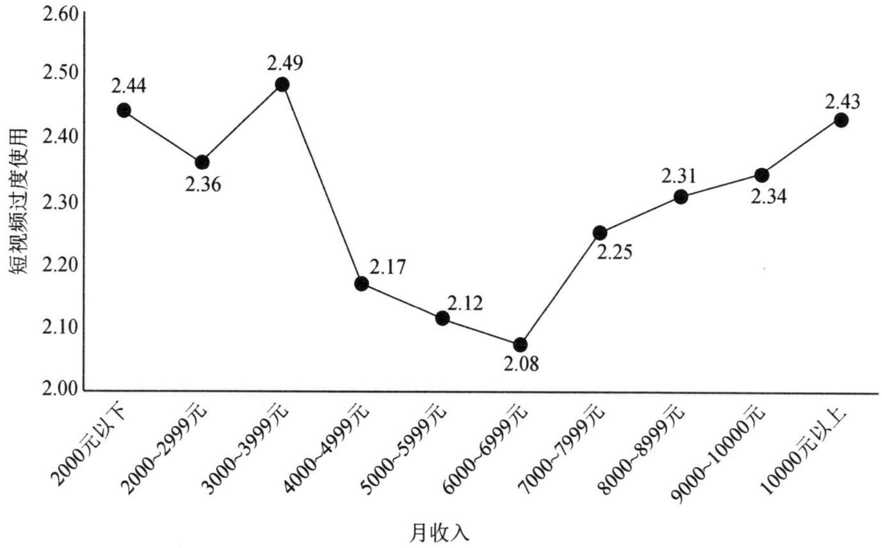

图 8-33　不同工资待遇产业工人的短视频过度使用状况

3.1.5　社会支持

（1）产业工人社会支持的总体特点。

社会支持的测量改编自社会支持评定量表（肖水源,1994）中的两道题目，第一道题目测量个体的居住状态，第二道题目测量个体客观所获得的社会支持，由此来衡量个体的社会支持水平。结果显示，在居住状态上（图 8-34），大多数产业工人和家人居住在一起（n=2888），部分产业工人与同学、同事、朋友居住在一起（n=755），但仍有部分产业工人远离家人独居一室（n=492）或者居无定所（n=272）。在社会支持来源方面（图 8-35），产业工人在遇到困难时获得的平均社会支持来源数量为 2.87 个（SD=1.52），大多数个体只有 2～3 个社会支持来源，其中朋友和家人（尤其是配偶）是产业工人最主要的社会支持来源。

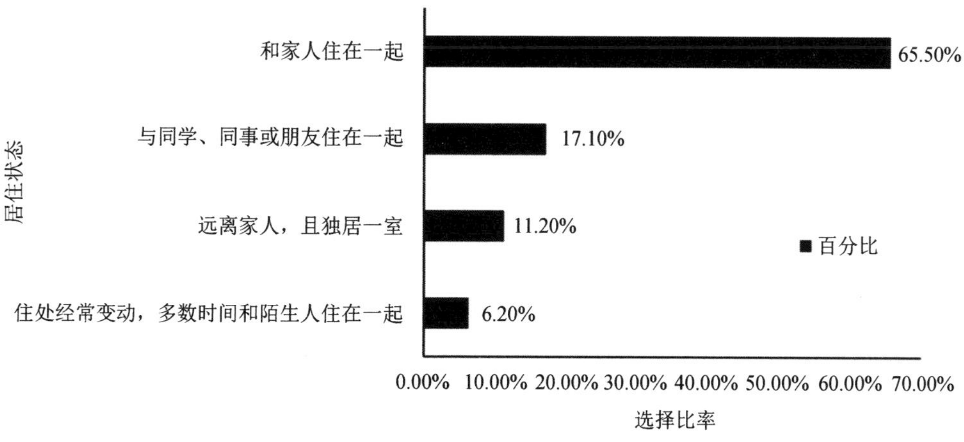

图 8-34　产业工人的居住状况统计

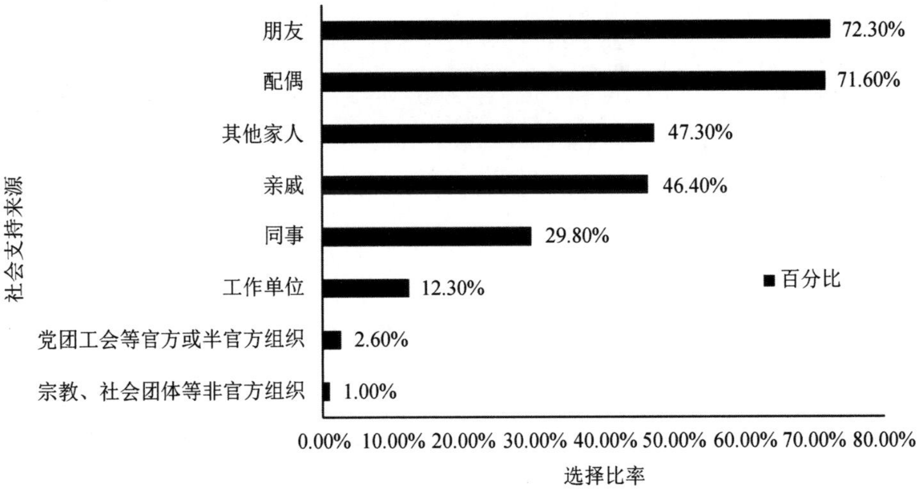

图 8-35 产业工人的社会支持来源统计

（2）产业工人社会支持水平的个人特征差异。

以社会支持来源数目作为产业工人社会支持水平，进行个人特征差异分析。结果发现，产业工人社会支持水平在性别、年龄、户口类型、婚姻状态、受教育程度、职业技能、技术等级和工作时间上均有显著差异（表 8-13）。

表 8-13 社会支持的个人特征差异

变量	变量水平（人数）	*M*±*SD*	*t*/*F*	Cohen's *d*/η²
性别	男性（2563）	2.82±1.53	-2.33*	-0.08
	女性（1420）	2.94±1.48		
年龄	18~24 岁（378）	2.56±1.43	9.73***	0.02
	25~29 岁（668）	2.67±1.35		
	30~34 岁（758）	2.81±1.42		
	35~39 岁（794）	2.87±1.55		
	40~44 岁（468）	2.99±1.61		
	45~49 岁（442）	3.16±1.67		
	50~54 岁（335）	3.24±1.58		
	55 岁及以上（215）	2.87±1.40		
户口类型	城镇（2486）	2.81±1.53	-3.56***	0.11
	农村（1598）	2.98±1.49		
婚姻状态	未婚（1051）	2.55±1.32	26.66***	0.01
	已婚（2900）	3.00±1.56		

（续表）

变量	变量水平（人数）	$M \pm SD$	t/F	Cohen's d/η^2
受教育程度	小学及以下（195）	2.79±1.50	8.47***	0.01
	初中（1169）	2.75±1.41		
	高中（1136）	2.79±1.47		
	大专（899）	2.95±1.57		
	大学本科及以上（710）	3.13±1.67		
职业技能	已取得职业资格/技能证书（2183）	2.93±1.57	2.78**	0.09
	未取得职业资格/技能证书（1907）	2.80±1.45		
技术等级	无技术等级（1835）	2.80±1.45	2.88*	0.002
	初级（1048）	2.98±1.46		
	中级（688）	2.87±1.65		
	高级及以上（521）	2.89±1.66		
工作时长	每周五天及以下（1115）	3.18±1.66	7.34***	0.28
	每周五天以上（2817）	2.76±1.44		
	每天8小时及以下（2263）	3.02±1.58	6.98***	0.22
	每天8小时以上（1836）	2.70±1.42		

产业工人获得的社会支持水平在性别上存在显著差异，$t(3981)=-2.33$，$p=0.020$，Cohen's $d=-0.08$，女性产业工人表现出显著高于男性的社会支持水平。产业工人获得的社会支持水平在年龄上存在显著差异，$F(7,4050)=9.73$，$p<0.001$，$\eta^2=0.02$。社会支持水平随年龄增长而稳步提高（图8-36），从18～24岁群体（$M=2.56$，$SD=1.43$）

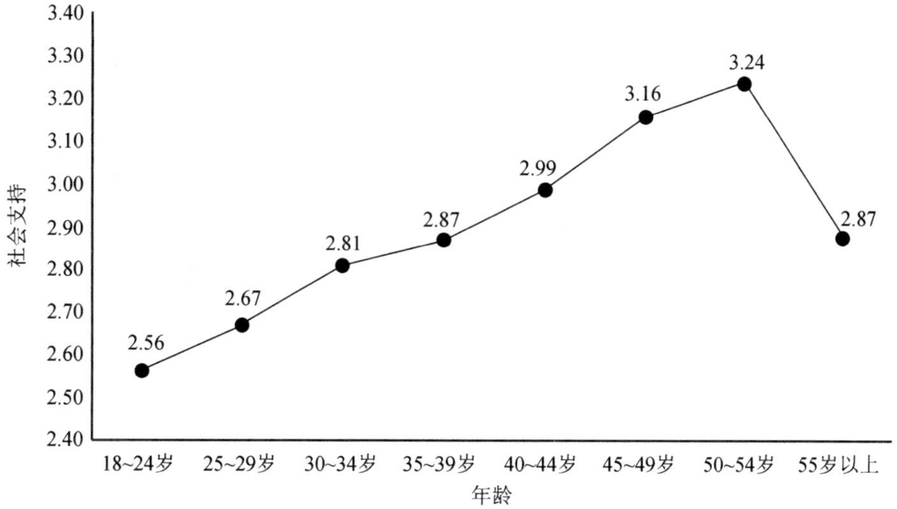

图8-36　不同年龄产业工人的社会支持

逐步增加至50~54岁群体（$M=3.24$，$SD=1.58$），反映了社会网络随年龄增长不断扩展和深化的普遍趋势。但55岁以上群体的社会支持水平偏低，偏离了整体增长趋势，这可能反映了老年人退休过渡期面临社会网络重构，使得其在社会支持的获得和感知上面临一定的挑战。

产业工人的社会支持水平在户口类型上存在显著差异，$t(4082)=-3.56$，$p<0.001$，Cohen's $d=-0.11$。农村户口产业工人的社会支持水平显著高于城镇户口，反映了农村社区更强的传统互助文化和紧密的社会联系。产业工人的社会支持水平在婚姻状态上存在显著差异，$t(3948)=26.66$，$p<0.001$，Cohen's $d=0.01$。在控制年龄的情况下，已婚群体的社会支持水平显著高于未婚的产业工人，这一发现突显了婚姻关系在提供情感支持和实际帮助方面的作用。婚姻不仅直接提供伴侣支持，还可能扩展个体的亲属网络资源。

社会支持水平在不同受教育程度工人间存在显著差异，$F(4,4104)=8.47$，$p<0.001$，$\eta^2<0.01$。数据呈现出随教育水平升高而社会支持增加的趋势（图8-37），其中本科及以上学历工人表现出显著高于所有大专以下学历群体的社会支持水平（$ps<0.05$）。大专学历工人同样拥有相对较高的社会支持，而高中及以下学历群体的社会支持水平相对较低。社会支持水平在职业技能上存在显著差异，$t(4088)=2.78$，$p=0.006$，Cohen's $d=0.09$，已取得职业证书的工人其社会支持水平更高。社会支持水平在技术等级上存在显著差异（图8-38），$F(3,4088)=2.88$，$p=0.035$，$\eta^2=0.002$。专业技术等级为初级的产业工人社会支持水平最高，无技术等级的产业工人的社会支持水平最低。

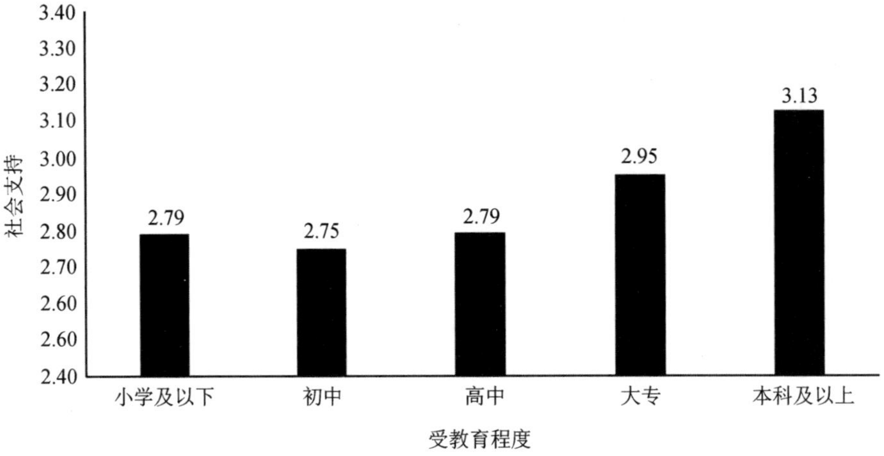

图8-37 不同受教育程度产业工人的社会支持

社会支持水平在每周工作时间上存在显著差异，$t(1814.45)=7.34$，$p<0.001$，Cohen's $d=0.28$，每周工作五天及以下的产业工人其社会支持水平更高。社会支持水平在每天工作时间上存在显著差异，$t(4056.40)=6.98$，$p<0.001$，Cohen's $d=0.22$，每天

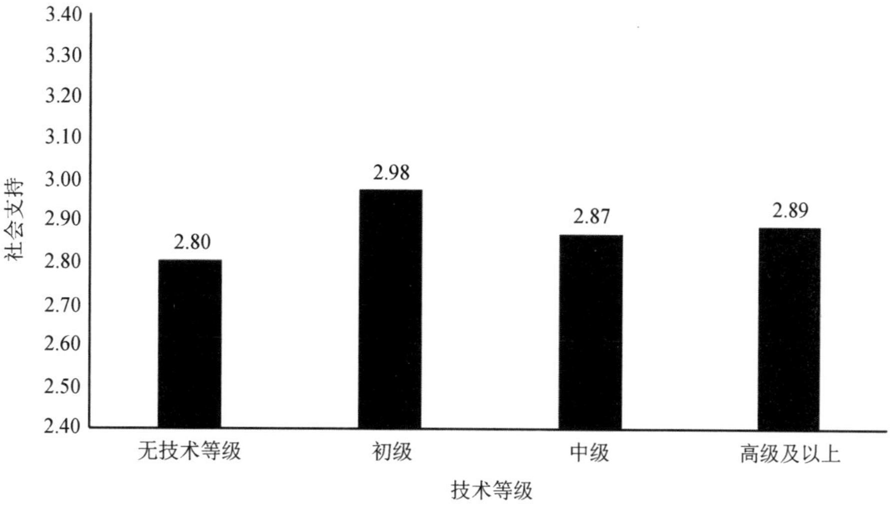

图 8-38　不同技术等级产业工人的社会支持

工作 8 小时及以下的产业工人其社会支持水平更高。这说明充足的闲暇时间可能对维持社会网络和发展社会关系有重要作用。

(3) 产业工人社会支持水平的工作特征差异。

同样以社会支持来源数目作为产业工人社会支持水平，进行工作特征差异分析。结果发现，产业工人社会支持水平在行业类型、单位性质、工种、工资待遇、是否加入工会上均有显著差异（表 8-14）。

表 8-14　社会支持的工作特征差异

变量	变量水平（人数）	$M \pm SD$	t/F	Cohen's d/η^2
行业类型	采矿业（149）	3.05±1.57	12.70^{***}	0.02
	制造业（2132）	2.85±1.43		
	建筑业（552）	2.83±1.53		
	能源业（231）	3.48±1.81		
	化工业（401）	2.52±1.47		
	其他（634）	2.95±1.61		
单位性质	中央企业/国有企业（1253）	3.05±1.62	10.61^{***}	0.01
	集体企业（177）	2.59±1.36		
	民营企业（2138）	2.87±1.44		
	外资企业（83）	2.57±1.51		
	合资企业（188）	2.73±1.55		
	其他（257）	2.40±1.55		

（续表）

变量	变量水平（人数）	$M \pm SD$	t/F	Cohen's d/η^2
工种	劳务工（临时工、劳务派遣）(999)	2.69±1.41	-4.50***	0.15
	合同工/正式工（3104）	2.93±1.55		
工资待遇	2000 元以下（115）	3.18±1.75	7.29***	0.02
	2000~2999 元（234）	2.88±1.60		
	3000~3999 元（458）	3.02±1.54		
	4000~4999 元（774）	2.84±1.42		
	5000~5999 元（1087）	2.70±1.41		
	6000~6999 元（545）	2.68±1.41		
	7000~7999 元（402）	3.23±1.63		
	8000~8999 元（185）	2.87±1.45		
	9000~10000 元（158）	3.22±1.72		
	10000 元以上（131）	3.02±1.88		
加入工会情况	已加入工会（1844）	3.03±1.59	5.82***	0.18
	未加入工会（2263）	2.75±1.44		

社会支持水平在行业类型上存在显著差异（图 8-39），$F(5,4093)=12.70$，$p<0.001$，$\eta^2=0.02$。能源业工人表现出最高的社会支持水平，而化工业工人的社会支持水平最低，两者差距显著；建筑业工人同样表现出相对较低的社会支持水平。社会支持水平在单位性质上存在显著差异（图 8-40），$F(5,4090)=10.61$，$p<0.001$，$\eta^2=0.01$。中央企业/国有企业工人拥有最高的社会支持水平。

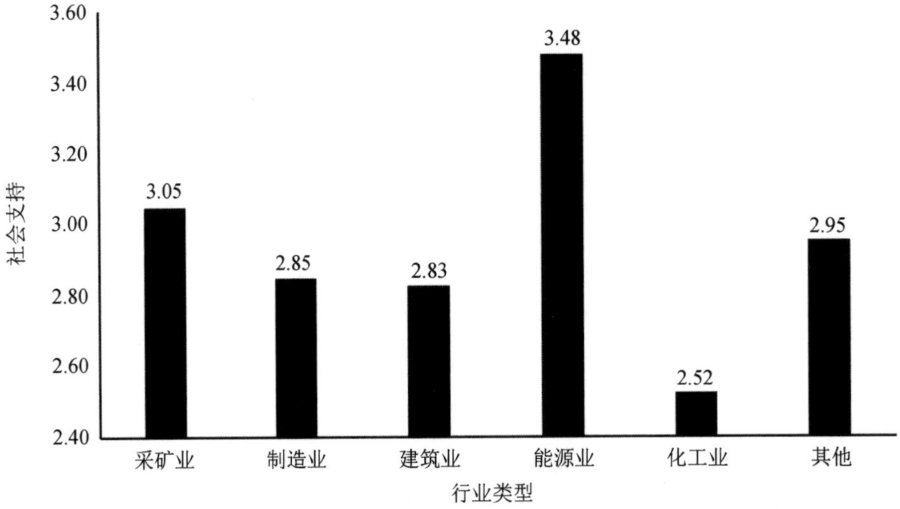

图 8-39　不同行业类型产业工人的社会支持

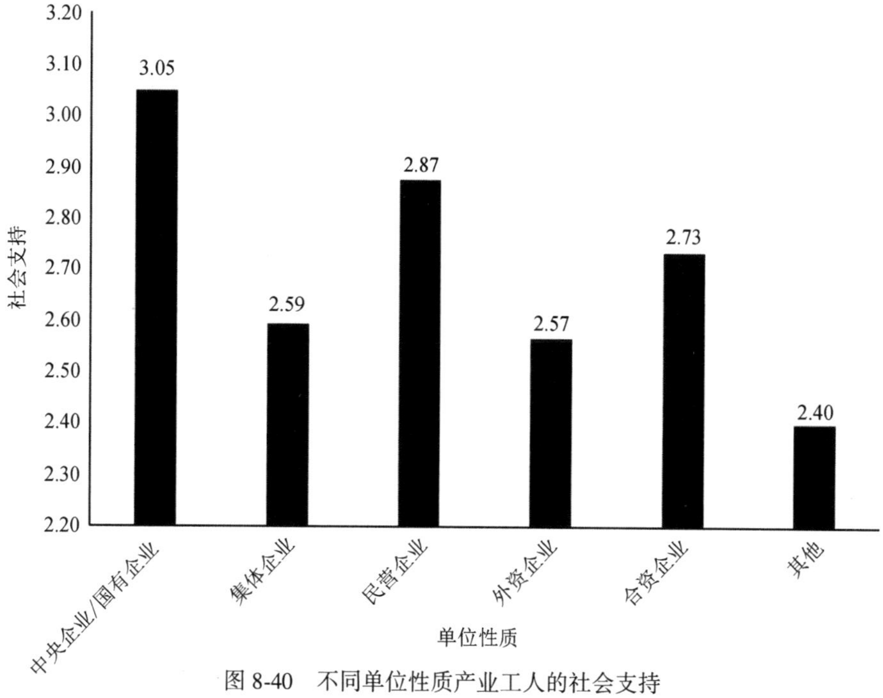

图 8-40 不同单位性质产业工人的社会支持

社会支持水平在工种上存在显著差异，$t(4101) = -4.50$，$p < 0.001$，Cohen's $d = -0.15$，劳务工社会支持水平低于合同工/正式工。社会支持水平在是否加入工会上存在显著差异，$t(3757.12) = 5.82$，$p < 0.001$，Cohen's $d = 0.18$，加入工会的产业工人的社会支持水平高于未加入的产业工人。

社会支持水平在工资待遇上存在显著差异（图 8-41），$F(9, 4079) = 7.29$，$p < 0.001$，$\eta^2 = 0.02$。其中月收入 2000 元以下、7000～7999 元和 9000～10000 元的工人群

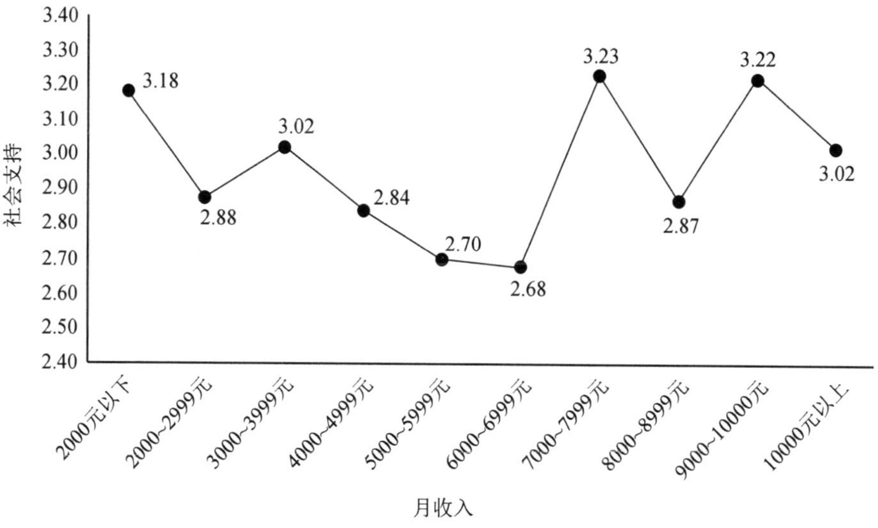

图 8-41 不同工资待遇产业工人的社会支持

体拥有较高的社会支持水平，而月收入 6000~6999 元的工人群体社会支持水平最低。

3.2 产业工人生活方式与其身心健康和生活质量的关系

为考察产业工人的生活方式与其身心健康和生活质量的关系，选取可以量化的睡眠拖延情况、锻炼频率、饮食规律情况、社会支持水平和短视频过度使用情况作为生活方式的观察指标，由于各变量量纲不完全相同，因此将所有题目进行标准化，然后拟合成生活方式的潜变量。选取一般生活质量和生活感受（获得感、幸福感和安全感）作为生活质量的观察指标，进行标准化后，拟合成生活质量的潜变量。生理健康和心理健康题目较少，不适宜构建潜变量，直接采用显变量得分进行计算。首先计算生活方式、身心健康和生活质量的相关情况（表 8-15），结果发现各变量之间呈显著正相关关系。

表 8-15 研究变量之间的相关关系

变量	1	2	3
1. 生活方式（潜变量）			
2. 生理健康（显变量）	0.55***		
3. 心理健康（显变量）	0.44***	0.36***	
4. 生活质量（潜变量）	0.26***	0.88***	0.66***

构造产业工人生活方式与其身心健康和生活质量的结构方程模型，结果显示，模型各项拟合指标较为良好：$\chi^2 = 1528.04$，$df = 32$，CFI = 0.90，TLI = 0.82，SRMR = 0.04。标准化后的各路径系数及结果见图 8-42。采用非参数百分位 bootstrap 法对两条中介路径和直接路径进行显著性检验，自抽样次数为 5000。结果显示，生理健康在生活方式与生活质量间的中介效应显著，标准化中介效应值为 0.12（$SD = 0.03$），95% CI = [0.07, 0.17]；心理健康在生活方式与生活质量间的中介效应同样显著，中介效应值为 0.12（$SD = 0.03$），95% CI = [0.07, 0.18]；总中介值为 0.24（$SD = 0.02$），95% CI = [0.21, 0.28]；生活方式对生活质量的直接效应也显著，直接效应值为 0.09（$SD = 0.02$），95% CI = [0.05, 0.14]。由此可见，一方面，产业工人的生活方式可以对其生活质量产生直接作用；另一方面，产业工人的生活方式也可以通过生理健康和心理健康对他们的生活质量产生间接作用。

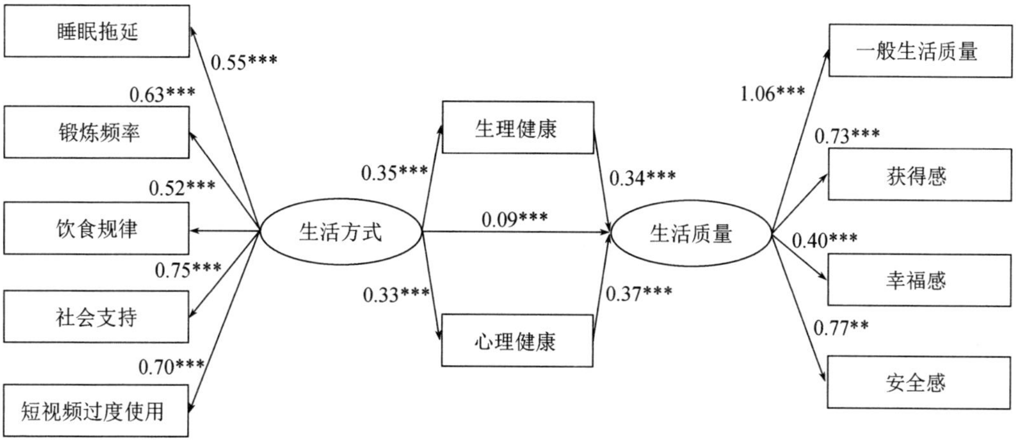

图 8-42　结构方程模型结果图

4　讨论

4.1　产业工人日常生活心理的基本特征

本调查发现，总体上产业工人的生活方式呈现健康状态，例如，能够有充足的睡眠时间，平均每日锻炼时间 40 多分钟，有 45. 3% 的产业工人有中等以上的锻炼强度，大部分产业工人饮食比较有规律，较少有短视频过度使用情况，半数以上产业工人与家人或同学、同事、朋友一起居住，在遇到困难时能够获得朋友和家人（尤其是配偶）的支持。下面分别分析产业工人在睡眠、锻炼、饮食、手机使用和社会支持方面的特点。

4.1.1　工作日睡眠规律，休息日睡眠拖延

产业工人在工作日表现为早睡早起的模式，这可能与他们的工作性质有关。大部分产业工人都不是弹性工作时间，每天需要按时上下班，所以他们睡觉比较有规律。在休息日，产业工人的睡眠时间明显更长，并且表现出晚睡晚起的模式，具有一定的拖延情况。推迟睡眠虽然是当今社会人们普遍的现象，但是在身体需要休息的时候，推迟睡眠时间可能会对身体造成一定的影响和伤害（傅轶鸣等,2020）。

具体来看，产业工人睡眠情况的突出特点是：（1）在工作日，高学历、高技能的产业工人其睡眠时间更为充足。这可能与他们技术水平高，在工作上得心应手，不用额外加班有一定关系。（2）在休息日，年长产业工人、农村户口产业工人、劳务工人睡眠时间更长。年长产业工人身体力量等各方面都在下降，因此，需要睡眠补偿来帮助其身体恢复活力。农村户口产业工人和劳务工人平时更多从事采矿、建筑等行业，这些行业的工作相对更为辛苦，需要付出更多的体力，因此，在休息日他们可能也需要通过睡眠来恢复精力。（3）工作时间短的产业工人睡眠时间更充足。这说明工作时

间会严重压缩睡眠时长，这种现象从工作日延伸到了休息日。因此，有必要保障劳动者的合法权益，减少劳动者过度加班的现象。（4）建筑业、集体和民营企业产业工人睡眠时间短。从第二章的分析来看，这些产业工人的学历较低，初中及以下学历占比较高，这可能导致他们需要更多的时间来完成日常的工作，进一步压缩了他们的睡眠时长。

4.1.2 锻炼习惯不均，日练少频率低

少数产业工人能够坚持每天锻炼，但是大部分锻炼频率较低，并且在锻炼时长上呈现出较大的个体差异。具体来看，产业工人锻炼情况的突出特点是：（1）中老年、城镇、已婚产业工人锻炼更加积极。这些群体可能由于健康意识较强、生活较为稳定等因素，更倾向于保持规律和高频率的锻炼习惯。（2）持有技能、工作时间短的产业工人锻炼频率更高。这可能是因为，这些产业工人拥有更多的闲暇时间，从而有更多的机会进行身体锻炼。（3）能源业、央国企和集体企业、加入工会的产业工人锻炼频率更高。这可能是因为在这些地方工作的产业工人工作和生活较为稳定，有更多的动力进行锻炼。（4）建筑业和劳务工人锻炼频率低。这两类人群有一大部分是重复的，他们日常工作较为辛苦，可能导致他们较少有额外的时间和精力再进行身体锻炼。

4.1.3 饮食较有规律，仍有提升空间

大部分产业工人一日三餐都比较有规律，但是仍有16%左右的产业工人饮食不太规律，这部分人群需要提高自己健康饮食的意识。具体来看，产业工人饮食情况的突出特点是：（1）女性和55岁以上的产业工人饮食规律性更好。这一结果与常识相一致，女性往往比男性更加注重饮食健康，并且随着年龄增长，人们也会越来越重视健康和饮食问题。（2）城镇、合同工、加入工会、技能高、能源业的产业工人饮食更加有规律。这一结果可能意味着，稳定的工作环境和权益保障对健康饮食有促进作用。此外，通过第二章分析看到，能源业的产业工人换岗次数最低，这也进一步说明工作稳定性对于保持规律饮食非常重要。（3）外资和合资企业的产业工人饮食规律性更好。这可能得益于外资和合资企业管理理念比较先进，提供的餐饮种类较为丰富。

4.1.4 社交媒体用时多，视频观看不过度

平均来看，产业工人手机社交媒体达3个多小时，说明新时代产业工人习惯用互联网进行社交。这可能是因为产业工人生活范围比较固定，有比较少的机会参与其他社会生活或者娱乐休闲活动（甘满堂，王亮，2018；林赞歌等，2017；刘亭亭，2016）。同时，他们由于工作繁忙，可能只在碎片化时间里观看短视频，所以没有过度观看短视频的现象。此外，我们也分析了社交媒体使用时间和观看短视频过度使用之间的关系，发现两者呈现正相关关系，说明产业工人一方面会利用社交媒体向他人展示自己，另一方面，也喜欢通过观看短视频了解外部世界。

具体来看，产业工人手机使用的突出特点是：（1）年龄小、未取得职业资格证书

或技能证书、无技术等级的产业工人社交媒体使用和观看短视频更多。这些产业工人一般是刚刚参加工作不久，他们可能在工作中面临一定的压力，而短视频和社交媒体提供了丰富的娱乐内容，能够满足他们放松和娱乐的需求。(2) 高学历产业工人使用社交媒体和观看短视频比较多。高学历的产业工人通常具有较高的数字化素养，更容易使用数字化生活方式，他们也对知识更新和信息获取有更高的需求，而社交媒体和短视频平台提供了丰富的信息资源，有助于他们更新知识，拓宽视野。(3) 采矿业产业工人使用社交媒体和观看短视频也比较多，能源行业少。这可能与采矿业产业工人的工作地区较为偏远，工作环境较为枯燥有关。日常的工作生活环境无法满足他们正常的娱乐休闲需求，因此，他们只能过多依靠刷视频来满足自己放松的需要。第二章的结果分析发现，能源产业工人教育培训种类多，他们平时可能更注重自身素养的提升，因此用社交媒体和观看短视频的情况比较少。

4.1.5　与家人居住占多半，社会支持来源有限

虽然总体上有多半产业工人与家人一起居住，但是也有部分产业工人还居无定所。值得关注的是，我们提供了 9 个社会支持来源供产业工人选择，但是大多数产业工人只选择了 2~3 个。这说明产业工人社交范围小，可以获得的社会支持来源比较少。此外，遇到困难时，产业工人选择从工作单位、党团组织和工会组织求助的人数不足 20%，提示企业方面还需要加强对产业工人的关心和帮助。

具体来看，产业工人社会支持的突出特点是：(1) 女性、已婚、中老年产业工人社会支持来源更多，这可能是与女性朋友更多，已婚和中老年人社会阅历更多，社交圈更大有关。(2) 高学历、能源业、有职业资格证书、合同工、央国企、加入工会的产业工人，其社会支持来源更多。这可能与这些产业工人的工作、生活稳定有密切的关系。(3) 每周工作时间和每天工作时间少的产业工人社会支持来源更多。这可能是因为他们有更多的时间维系各种社会关系，因此，在遇到困难时也有更多的求助对象。

4.2　产业工人生活方式的群体差异

本研究揭示了产业工人群体内部在生活方式方面的显著差异，这些差异主要体现在个人特征（性别、年龄、户口类型、婚姻状态、受教育程度、职业证书、技术等级和工作时长）和工作特征（行业类型、单位性质、工种、工资待遇和加入工会情况）两个方面（具体见表 8-16 和表 8-17）。

4.2.1　产业工人生活方式在个人特征上的差异

在性别方面，产业工人睡眠时长、锻炼频率、社交媒体使用时长、短视频过度使用情况均不存在显著差异。相较于男性，女性产业工人的饮食更为规律，社会支持来源更多，说明女性的生活方式更为健康。一般来说，男性产业工人承担着比女性更为繁重的工作，他们身心压力更大，而健康的生活方式是应对压力的有效途径，因此，

更需要引导男性产业工人采用健康的生活方式。

总体上，随着年龄的增加，产业工人的生活方式越来越健康。对于18~24岁的年轻群体而言，在本研究调查的五类生活方式上都处于相对比较不健康的状况。他们不仅锻炼少、饮食规律性差，而且社交媒体使用时间和短视频过度使用情况较多，得到的社会支持来源也最少。值得关注的是，55岁以上群体的产业工人在工作日的睡眠时长较短，其社会支持水平偏低，他们也需要进一步关注。

在户口类型上，户籍为城镇的产业工人有更高的锻炼频率，其饮食也更加规律。一方面，这可能是因为城镇的教育水平普遍较高，产业工人可能更了解健康生活方式的重要性（Zhang et al.,2017），城镇的社会规范更倾向于健康生活方式，产业工人更容易受到积极影响。另一方面，可能是因为城镇产业工人的收入相对较高，能够负担健身和健康饮食的费用。此外，城镇产业工人的工作时间相对固定，有助于形成规律的饮食和锻炼习惯（Liu & Zhang,2015）。因此，本研究结果提示，农村户籍的产业工人需要增加社会支持来源，减少短视频过度使用。

在婚姻方面，总体上已婚产业工人的生活方式更为健康，他们的睡眠时间更长，锻炼频率更高，获得的社会支持也更高一些。一方面，这可能是因为婚姻提供了情感和实际支持，有助于应对压力，促进健康行为（Umberson & Montez,2010）；另一方面，已婚者通常经济状况更好，能够获得更好的医疗资源和健康食品（Waite & Gallagher,2000），进而使他们的生活方式更健康。

受教育水平越高，产业工人总体上生活方式越健康。但是，大专学历产业工人的生活方式值得关注。他们不仅锻炼频率低，而且饮食也不规律。并且，他们社交媒体使用时间长、短视频过度使用得分也高。这可能与大专学历的产业工人压力较大有关。相较于本科及以上学历的产业工人，他们的晋升路径更为狭窄，但是他们可能又不会像高中及以下学历的产业工人那样“安于现状”，这种期望与需求的差异导致他们更容易产生生存压力。在高压力情况下，人们容易选择不健康的生活方式。此外，大学本科及以上学历的产业工人其社交媒体使用和短视频过度使用得分最高。这可能是因为，学历越高手机使用的广度和深度越大，在工作学习和娱乐休闲方面有更多手机使用的需求。

在职业技能方面，获得职业资格证书或职业技能证书的工人具有更加良好的生活方式。例如，有更高的锻炼频率，有更多的睡眠保障，有更规律的饮食。他们使用社交媒体的时间更短，短视频过度使用得分更低，同时他们也会获得更多的社会支持。在专业技术等级方面，高级及以上专业技术等级的产业工人其生活方式更为健康。例如，他们在工作日睡眠时长较长，饮食规律占比越高，使用社交媒体时长更短。这可能与他们收入也相对更多（在本研究中两者呈显著正相关关系）、对生活方式有更多的选择权有关。

在工作时间方面，每周工作五天及以下和每天工作 8 小时及以下产业工人的生活方式更健康。他们的睡觉时长更多，有充分的休息时间，锻炼频率更高，饮食更为规律。需要注意的是，他们在短视频过度使用得分上也更高。这说明空余时间是把双刃剑，需要产业工人合理安排休闲时间（冯广圣,刘蕊婕,2024）。

表 8-16　生活方式变量在个人特征上的差异

特征变量	生活方式变量	个人特征差异
性别	饮食规律、社会支持	男性得分<女性得分
	工作日睡眠、休息日睡眠、锻炼频率、社交媒体使用时长、短视频过度使用	无性别差异
年龄	社交媒体使用时长	18~29 岁得分>30 岁及以上得分
	休息日睡眠、社会支持	18~39 岁得分<40 岁及以上得分
	锻炼频率	55 岁及以上得分最高
	饮食规律	18~24 岁得分最低
	短视频过度使用	18~24 岁得分最高
	工作日睡眠	无年龄差异
户口类型	休息日睡眠、社会支持、短视频过度使用	城镇户口得分<农村户口得分
	锻炼频率、饮食规律	城镇户口得分>农村户口得分
	工作日睡眠、社交媒体使用时长	无户口类型差异
婚姻状态	工作日睡眠、休息日睡眠、锻炼频率、社会支持	未婚得分<已婚得分
	饮食规律、社交媒体使用时长、短视频过度使用	无婚姻状态方面差异
受教育程度	工作日睡眠、社会支持、短视频过度使用	大专和本科及以上得分较高
	休息日睡眠	无受教育程度差异
	锻炼频率	大专学历得分最低
	社交媒体使用时长	大学本科及以上得分较高
	饮食规律	小学及以下学历得分最高
职业证书	社交媒体使用时长、短视频过度使用	获得的<未获得的
	工作日睡眠、锻炼频率、饮食规律、社会支持	获得的>未获得的
	休息日睡眠	无职业证书方面的差异

（续表）

特征变量	生活方式变量	个人特征差异
技术等级	锻炼频率、社会支持	初级技术等级得分最高
	休息日睡眠	无技术等级方面的差异
	工作日睡眠、饮食规律	高级及以上技术等级得分较高
	社交媒体使用时长	无技术等级得分较高
	短视频过度使用	无技术等级和中级技术等级得分较高
工作时长（周）	工作日睡眠、休息日睡眠、锻炼频率、社交媒体使用时长、社会支持、短视频过度使用	五天以下>五天以上
	饮食规律	无工作时长方面差异
工作时长（天）	工作日睡眠、休息日睡眠、社会支持、短视频过度使用	8 小时以下>8 小时以上
	锻炼频率、饮食规律、社交媒体使用时长	无工作时长方面差异

4.2.2 产业工人生活方式在工作特征上的差异

在行业类型方面，建筑业和化工行业产业工人的生活方式值得关注。例如，建筑行业产业工人睡眠时间较短，化工和建筑业产业工人的锻炼频率较低，社会支持程度也较低。这可能与建筑业产业工人受教育程度较低，工作年限较长，换岗次数最多，工作时长最长有关，化工行业产业工人也有类似的问题（详见第二章）。因此，需要给予这两个行业的产业工人更多的人文关怀。相对来讲，能源行业工人的生活方式更有优势。他们锻炼频率更高，饮食最为规律，社会支持也更高一些。如前所述，能源产业工人受教育程度较高，且换岗次数最少，工作时长最短。因此，他们更有时间打理自己的生活，让自己生活得更好。

在单位性质方面，产业工人的生活方式各有优势。集体企业产业工人睡眠较为充足，身体锻炼频率最高，集体企业工人社交媒体使用时间最短。外资和合资企业的产业工人饮食更为规律。央国企和民营企业则社会支持最多。这可能体现了不同单位企业文化和企业管理模式的不同。

在工种方面，劳务工的生活方式更差一些，他们的锻炼频率更低，饮食更不规律，媒体使用时间更长、短视频过度使用得分更高，获得的社会支持更低。这可能是因为他们从事的体力劳动多，工作强度大，时间长，因此，他们没有更多时间和精力进行锻炼或保持规律饮食（Chen et al.,2010），同时他们可能也更多是远离家人居住，平时可能主要靠刷手机打发空闲时间，因此劳务工的生活方式需要受到关注。

工资待遇对产业工人生活方式的影响体现为振荡性的特点。最低收入群体表现为好静不好动，锻炼少，社交媒体使用时间长的特点。中低收入群体表现为锻炼多饮食好，睡眠少社交少的特点，这可能与他们希望通过多工作获取多一些收入，工作认真努力有关。中高收入群体则体现为锻炼少、饮食不规律、手机使用多的特点。高收入产业工人的典型特点是睡眠好，饮食规律，手机使用多。这可能是因为收入水平高能够让他们对生活方式更有选择权，更有可能选择健康的生活方式（林宝梅,2021）。工资待遇对产业工人生活方式的影响可能更多受到其他个人特征的影响。

加入工会的产业工人有较好的生活方式，例如，他们有更高的锻炼频率，饮食状况更加有规律，社交媒体使用时长更短，短视频过度使用得分更低，并且加入工会的工人其社会支持水平更高。一方面，这可能与加入工会的产业工人主要在央国企工作为主，有比较好的生活保障，生活比较安稳有关；另一方面，这可能与工会组织发挥的积极作用有关。例如，近年来各级工会采取了多种措施保障企业员工的合法权益，并开展了多种喜闻乐见的活动促进企业员工采取健康的生活方式（赵探徽等,2021）。

表 8-17 生活方式变量在工作特征上的差异

特征变量	生活方式变量	具体工作特征差异
行业类型	工作日睡眠	建筑业得分最低
	休息日睡眠、短视频过度使用	除“其他”外，无显著差异
	饮食规律	能源产业和制造业得分较高
	社交媒体使用时长	能源业得分最低
	锻炼频率、社会支持	能源业得分最高
单位性质	工作日睡眠	集体企业得分较高，民营得分较低
	休息日睡眠	合资企业得分最低
	锻炼频率	外资企业得分最低
	饮食规律	除“其他”外，集体企业得分最低
	社交媒体使用时长	合资企业得分最高
	短视频过度使用	集体企业得分最高
	社会支持	中央企业/国有企业得分最高
工种	锻炼频率、饮食规律、社会支持	劳务工得分<合同工/正式工得分
	休息日睡眠、社交媒体使用时长、短视频过度使用	劳务工得分>合同工/正式工得分
	工作日睡眠	无工种差异

（续表）

特征变量	生活方式变量	具体工作特征差异
工资待遇	工作日睡眠、休息日睡眠	2000 元以下区间得分最高
	锻炼频率	3000~5999 元区间得分较高
	短视频过度使用	4000~6999 元区间得分较低
	社会支持	5000~6999 元区间得分较低
	饮食规律、社交媒体使用时长	10000 元以上区间得分最高
加入工会情况	社交媒体使用时长、短视频过度使用	加入的<未加入的
	锻炼频率、饮食规律、社会支持	加入的>未加入的
	工作日睡眠、休息日睡眠	无此类差异

4.3 生活方式对产业工人生活质量的影响

本研究探讨了生活方式如何通过身心健康影响产业工人的生活质量。首先，产业工人的生活方式会直接预测他们的生活质量。这一结果也得到了以往研究的支持（刘继同,2003），说明健康的生活方式是个体生活质量的重要保障。其次，从模型的前半段路径来看，生活方式对身心健康有预测作用，这与以往结果类似（朱金卫,2015）。这一结果说明产业工人越是有自律且健康的生活方式，其身心健康状况越好。因此，产业工人应保持良好的个人生活习惯，如良好的睡眠、适度的锻炼、规律的饮食、合理使用手机以及有足够的社会支持等。最后，从模型的后半段路径来看，产业工人的生理健康和心理健康对生活质量起到了促进作用，因此，未来可以通过加强产业工人的身心健康，促进其生活质量的提升。

4.4 政策建议

根据本研究结果，产业工人在生活方式上总体较为健康，但是也呈现出一定的问题，并且存在显著的群体差异。为进一步改善产业工人的生活方式，提高其生活质量，我们提出如下几点建议：

首先，政府和企业提供政策保障，改善产业工人的生活条件。良好的生活条件是产业工人能够合理安排日常生活，采用健康生活方式的前提条件。因此，在各级政府和企业层面应通过制定有针对性的政策措施，从收入、住房、医疗、教育、社会保障等多方面入手，提高产业工人的生活条件。例如，本研究发现，还有一些产业工人无固定的或稳定的住所。安居才能乐业，居住问题直接关系着一线劳动者的获得感、幸福感和安全感（赵国超等,2022）。本研究还发现，城镇、合同工、加入工会、技能高、能源业的产业工人总体上生活方式更为健康，这可能与他们有稳定的工作环境和权益保障有关。因此，从国家、政府和企业多个层面应通过多种途径保障产业工人工作的稳定性和基本的生活权益，以提高产业工人的生活质量。

其次，发挥工会作用，促进产业工人生活方式的改善。本调查发现，加入工会的产业工人具有更好的生活方式。因此，可以发挥工会的积极作用，为产业工人具有健康的生活方式保驾护航（李梅,2023）。首先，工会可以推动企业为产业工人提供完善的生活保障和生产条件，减轻工人的后顾之忧，使工人有更多的时间和精力考虑自己的日常生活。例如，推动企业为产业工人提供完善的医疗、养老等社会保障，推动企业改善工作环境和工作条件等。其次，工会可以定期组织健康生活方式的宣讲活动，提高产业工人对健康生活方式的认识。最后，工会也可以发挥积极作用，为产业工人提供身心健康方面的服务，例如，提供运动锻炼的场所和心理健康服务，增强员工的归属感和幸福感。

再次，发挥社区作用，丰富产业工人的业余生活。本研究发现，每周工作五天以下和每天工作 8 小时以下产业工人的生活方式更健康，但是，他们的短视频过度使用得分也比较高。因此，有必要发挥社区作用，为产业工人工作之外的生活创建更丰富、更有意义的休闲娱乐活动。例如，可以通过社区开展一些文体活动，增加产业工人的锻炼时间，丰富产业工人的精神文化生活。此外，社区也可以搭建社交平台，增强邻里之间的线下互动。例如，通过组织社区的亲子活动或者志愿服务活动。这既可以增加产业工人的线下活动时间，使他们减少玩手机的时间，也可以让他们结识更多的朋友，获得更多社会支持。

最后，加强企业、社区和主流媒体的宣传作用，提高产业工人的身心健康。本研究发现，产业工人的身心健康会影响其生活质量。因此，需要进一步通过新闻媒体等多种渠道，加强宣传指导，增强产业工人的身心健康水平。有些产业工人对身心健康的重视程度不够（王艳霞,2018），需要通过企业、社区和社会媒体等多种途径提高产业工人的身心健康素养，普及身心健康知识，提高产业工人对身心健康的重视程度，达到对身心健康问题早预防、早发现、早治疗的目的。

参考文献

程名望，陈春艳，李礼连.（2023）. 参加工会提升新产业工人生活满意度了吗？——以上海市 6846 个样本为例. *广西大学学报(哲学社会科学版)*, *45*(4), 172-182.

冯广圣，刘蕊婕.（2024）. 齐变效应与场景重构：短视频平台中的“数字劳动时间”. *新闻与传播评论*, *77*(6), 29-37.

傅轶鸣，马晓涵，牟丽.（2020）. 睡眠拖延行为背后的心理生理机制解析. *心理科学*, *43*(5), 1190-1196.

甘满堂，王亮.（2018）. 农民工休闲方式新动向：手机使用与网络休闲. *福州大学学报(哲学社会科学版)*, *46*(1), 101-106.

李梅．(2023)．产业工人权益维护探索：基于提高生活品质的视角——以上海市为例．*北京市工会干部学院学报，38*(4)，34-43.

林宝梅．(2021)．*我国居民收入对健康影响的实证研究*(硕士学位论文)，安徽财经大学，蚌埠.

林赞歌，连榕，邓远平，林荣茂．(2017)．制造业员工社会支持、职业倦怠与生活满意度的关系．*心理与行为研究，36*(1)，108-112.

刘继同．(2003)．生活方式与生活质量：中国社会福利研究的独特视角．*华中师范大学学报(人文社会科学版)，48*(2)，57-62.

刘娜，王俊秀．(2024)．生活质量与睡眠质量的关系：感知压力和睡眠焦虑的链式中介作用．*华南师范大学学报(社会科学版)，68*(4)，74-93.

刘亭亭．(2016)．*中小城镇产业工人休闲生活状况分析*(硕士学位论文)，中国社会科学院研究生院，北京.

麦洁梅，钟小燕，郑隆霞，杨虹雨．(2024)．健康促进生活方式与亚健康状态的相关性——基于数字化企业车间工人的分析．*暨南大学学报(自然科学与医学版)，45*(2)，192-200.

王艳霞．(2018)．深化产业工人队伍建设研究——基于新时代我国社会主要矛盾变化的视角．*山东工会论坛，23*(04)，31-36.

肖水源．(1994)．《社会支持评定量表》的理论基础与研究应用．*临床精神医学杂志，3*(2)，98-100.

新华社．(2018-3-22)．关于提高技术工人待遇的意见．来自 https://www.gov.cn/gongbao/content/2018/content_5280548.htm.

新华社．(2022-10-25)．高举中国特色社会主义伟大旗帜 为全面建设社会主义现代化国家而团结奋斗——在中国共产党第二十次全国代表大会上的报告．来自 https://www.gov.cn/xinwen/2022-10/25/content_5721685.htm.

新华社．(2024-10-21)．中共中央、国务院关于深化产业工人队伍建设改革的意见．来自 https://www.spp.gov.cn/spp/tt/202410/t20241021_669403.shtml

薛超，李庆林，王涵，张生奎，秦盛，袁聚祥．(2021)．倒班与不良生活方式的交互作用对钢铁工人高胆固醇血症的影响研究．*中国全科医学，24*(32)，7-9.

张文新，廖国光．(2024)．广西贵港市：推动产业园区保障性租赁住房建设让产业工人住得舒心干得安心．*城乡建设，68*(18)，30-31.

张文轩．(2004)．遵循科学的生活方式，提高老年生活质量．*中南民族大学学报(人文社会科学版)，44*(S2)，213-214.

张文武，周子杰，陆梓璇．(2024)．居住模式、社会网络与老年人生活质量——基于 CHARLS 追踪调查的实证分析．*大连理工大学学报(社会科学版)，44*(6)，106-118.

赵琛徽，翟欣婷，蔡婷．(2021)．工会实践对员工组织公民行为的影响机制——心理契约和高绩效人力资源实践的作用．*经济管理，42*(3)，194-208.

赵国超，虞晓芬，许璐媛．(2022)．“工者有其居”理念下农民工居住满意度研究——基于 2020 年浙江流动人口抽样数据．*浙江大学学报(人文社会科学版)，67*(8)，47-57.

中国大百科全书第三版网络版(2021)．来自 https://www.zgbk.com/sbjs/.

中工网(2022-11-23)．全国总工会深入推进提升职工生活品质工作．来自 https://baijiahao.baidu.

com/s? id=1750298168250510513&wfr=spider&for=pc.

朱金卫. (2015). 生活方式改善心理健康的实证依据. *陕西师范大学学报(哲学社会科学版)*, *44*(5), 123-128.

Andreassen, C. S., Torsheim, T., Brunborg, G. S., & Pallesen, S. (2012). Development of a facebook addiction scale. *Psychological Reports*, *110*(2), 501-517.

Baek, S. U., Won, J. U., Lee, Y. M., & Yoon, J. H. (2024). Association between precarious employment and the onset of depressive symptoms in men and women: A 13-year longitudinal analysis in Korea (2009-2022). *Epidemiol Psychiatry Science*, *33*, e25.

Chan, C. S., & Hazan, H. (2022). The health hexagon model: Postulating a holistic lifestyle, approach to mental health for times and places of uncertainty. *SSM-Mental Health*, *2*, 100071.

Chen, X., Li, S., & Zhang, Y. (2010). The impact of workplace health promotion programs on employee health behaviors. *Journal of Occupational Health*, *52*(3), 189-197.

Dahlgren, G., & Whitehead, M. (1991). Policies and strategies to promote social equity in health. *Arbetsrapport*, *14*, 1063-1069.

Felce, D., & Perry, J. (1995). Quality oflife: Its definition and measurement. *Research in Developmental Disabilities*, *16*(1), 51-74.

Liu, J., & Zhang, L. (2015). The influence of work schedules on health behaviors among urban industrial workers. *Journal of Health Psychology*, *20*(4), 456-465.

Monk, Timothy, Reynolds, Charles, Buysse, & Daniel, et al. (2003). The relationship between lifestyle regularity and subjective sleep quality. *Chronobiology International*, *20*(1), 97-107.

Umberson, D., & Montez, J. K. (2010). Social relationships and health: A flashpoint for health policy. *Journal of Health and Social Behavior*, *51*(S), S54-S66.

Waite, L. J., & Gallagher, M. (2000). The case for marriage. *Contemporary Sociology*, *30*(6), 10-11.

Zhang, X., Li, Y., & Wang, S. (2017). Education level and health behaviors among urban industrial workers. *Journal of Public Health*, *25*(3), 321-330.

第九章　新时代产业工人的经济生活心理

辛自强　孙 欣　王诗茵

摘要：中国制造业取得的巨大成就以及整个工业的快速发展均有赖于产业工人的辛勤付出。反过来，产业发展为广大工人就业和收入水平提高创造了契机，由此这一群体的经济心理与行为模式可能会呈现出新的特点。本研究构建了收入（债务）—经济心理—经济行为的S-O-R模型，基于中国人民大学心理学系“新时代产业工人社会心理调查”数据，考察产业工人人口学特征和工作特征对其经济心理与经济行为的影响，并检验该模型。结果发现：首先，在经济态度方面，产业工人对国家和家庭经济的未来发展趋势持有较积极的态度，对家庭经济的满意度以及自身财经素养的评估处于中等偏上水平；在经济行为方面，产业工人收入主要用于日常消费和储蓄，消费水平处于中等偏低区间；尽管整体消费结构相对单一，但部分工人展现出理财意识和理财行为。其次，各类经济心理与经济行为指标在不同的人口学变量和工作特征变量上都存在显著差异。最后，本研究提出的S-O-R模型得到验证，发现月收入和债务及其二者造成的收支不平衡，可以预测经济心理（如家庭经济信心等），并最终反映到消费和投资理财行为上。上述结果为深入理解产业工人的内在需求与经济行为特征提供了科学依据，为相关行业（如商业、金融业）和宏观经济的管理提供了重要参考。

关键词：收入，债务，经济心理，经济行为

1　引言

产业工人是推动经济和社会发展的重要力量。在现代化建设进程中，产业工人通过高质量的生产活动提升了产品竞争力，使“中国制造”名片愈发闪亮、“Made in China”遍及全球，中国拥有了“世界工厂”的地位（刘建江等,2025），从而为我国经济和社会发展注入了持续动力。与此同时，经济和社会的快速发展也为广大产业工人带来了新的发展机遇。随着科技革命和产业变革的深入推进，产业工人的就业质量显

著提升（林嘉,2024），收入增长空间不断扩大。这种变化使得产业工人的经济心理和行为模式呈现出新的时代特征。

改革开放以来，我国始终以经济建设为中心，经济生活已成为国家和个人生活的核心组成部分。对于公民个人而言，衣食住行等物质生活需求以及文化、娱乐等精神追求都离不开经济活动。产业工人是经济生活的直接参与者以及创造社会财富的中坚力量，深入了解和揭示其经济心理与行为特征显得尤为重要。这不仅有助于更全面地理解该群体的内在需求与经济行为模式，还能为商业、金融业等各行业管理以及国家提振经济信心、拉动和满足内需提供有价值的参考。

1.1　收入（债务）—经济心理—经济行为的 S-O-R 模型

金钱是经济生活的基础，它不仅关乎个人的生活质量，也是实现各种社会功能的必要条件。对于产业工人而言，获得经济收入是他们工作的最直接目的。这些收入主要用于满足生活需求，如饮食、住房、医疗、教育、休闲娱乐等，剩余部分则用于储蓄以备不时之需或者投资以实现财富增值。传统经济学通常将支出行为划分为储蓄、投资和消费三类（陈斌开等,2014），其中储蓄和投资都属于理财行为。因此，本研究从消费和理财两个方面考察产业工人日常以收入支出为主的经济行为。从各种与收入有关的经济学理论来看，收入会直接影响消费和理财这两种经济行为。比如，凯恩斯在 1936 年提出的绝对收入假说认为，居民的可支配收入主要用来消费和储蓄，并且随着收入增加，消费和储蓄也会增加，虽然消费的增长速度可能会低于收入增长速度。这说明收入是消费和理财行为的关键刺激因素。与收入对应的是债务，它同样会影响个体的经济行为。例如，张雅淋等人（2019）分析了 2010 年、2012 年和 2014 年中国家庭追踪调查（China Family Panel Studies，CFPS）数据，结果发现有债务家庭的平均消费水平比无债务家庭高 14.1%。这似乎与常识相悖。原因可能是“有能力”借债的家庭本来收入水平更高，故而消费水平也高，而且债务的一个重要部分是消费贷，如为购买汽车等大件商品而贷款。综合来看，收入和债务都是影响消费和理财行为的关键因素。不仅如此，收入和债务之间可能存在一种收支是否平衡的动态关系（收大于支、收支平衡或者收小于支），这也可能影响着个人的消费与理财。然而，其间的关联可能是复杂的，例如，随着产业工人收入水平的提高，他们是否会有更多的债务和借贷消费行为，就是一个值得探讨的话题。

根据刺激—有机体—反应（Stimuli-Organism-Response，S-O-R）模型，我们认为收入和债务除了直接影响经济行为之外，也会间接影响经济行为。新行为主义者提出的 S-O-R 模型包括三个部分，分别是刺激因素、有机体和反应。刺激（S）指外部环境中能够引起个体反应的任何因素，如本研究所提到的收入、债务、收支不平衡等因素；有机体（O）方面的因素主要是个体受到外部刺激之后产生的内部认知和情感反应等，例如对家庭经济的满意度和信心、对自己财经素养水平的主观认知以及由债务诱发的债务压力等；反应（R）则表示个体对外部刺激做出的行为反应，比如做出不同的消费和理财行为等。产业工人的经济行为不仅受到外部刺激的影响，还受到内部心理状态的影响。经济收入或者负债状况先经过内部的认知加工和情感评估后，形成特定的心理状态（如家庭经济信心升高或降低），最终产生不同的经济行为（如增加或降低消费）。据此，我们提出了收入（债务）—经济心理—经济行为的 S-O-R 模型（图 9-1）作为本研究的分析框架。虽然在该框架中我们并未纳入产业工人的人口学变量和工作特征变量，但这些作为最基本的背景刺激也会影响他们的经济心理与行为。因此，我们将考察经济心理与行为在这些变量上的差异。

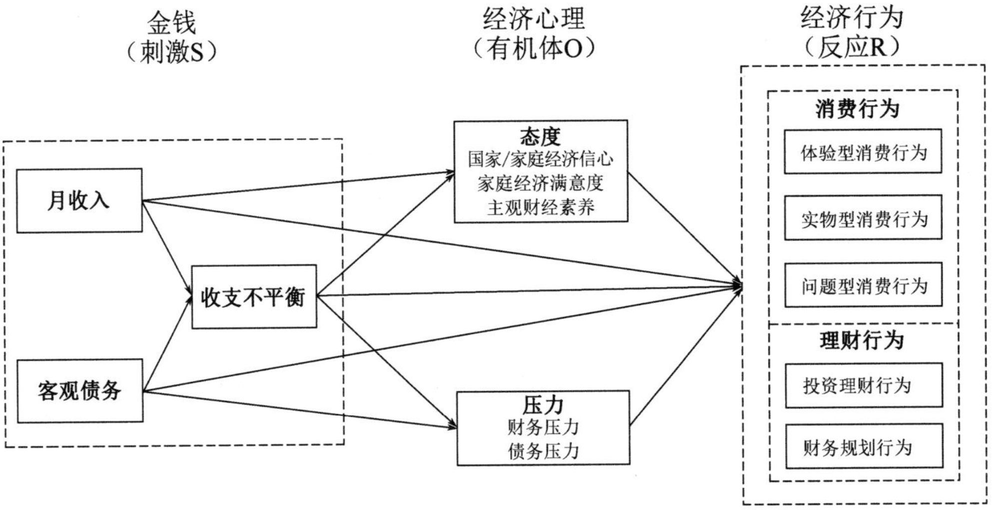

图 9-1 收入（债务）—经济心理—经济行为的 S-O-R 模型

一方面，收入与债务是影响个体经济心理的重要因素。辛自强等人（2020）通过对全国 30 个省份 1074 名公民的问卷调查发现，个体收入与短期经济信心呈现 V 形关系。具体来说，个体月收入中等组的公民短期经济信心最差，而收入无论是逐步变低或变高，短期经济信心都在增加。就家庭经济满意度而言，张凤兵和包玉香（2022）的研究指出家庭绝对收入的增加或者减少直接影响了家庭经济满意度的升高或者降低。在财经素养方面，Monticone（2010）发现，高收入群体更倾向于主动学习金融知识，而低收入群体则往往认为学习成本过高或缺乏学习动机。这也许可以解释 Wagner（2019）发现的“教育水平和收入水平较低的人群往往表现出较差的财经素养”这一现象。Xin 等人（2023）的研究则揭示了客观财经知识与自我感知财经素养之间的关系，即随着个体客观财经知识的提升，其对自身财经知识和能力的评估准确性也随之提高。这表明收入水平不仅影响个体的客观财经素养，还可能影响其对自身财经素养的主观感知。在债务方面，王鲁晓和辛自强（2023）的综述指出，个体的客观债务水平与其感知到的债务压力呈正相关，即债务越多，个体感受到的债务压力越大。综上可见，收入水平和债务状况可能直接影响个体的经济信心、家庭满意度、主观财经素养、债务压力等经济心理指标。

另一方面，个体的经济心理影响其经济行为。向雪风和张路（2024）的研究表明，消费者对未来发展的信心提升会降低家庭的预防性储蓄动机，同时增加家庭消费支出。这表明消费者信心与家庭支出之间存在正向关系，也就是说，随着消费者信心的增强，家庭更倾向于增加消费而非储蓄。财经素养在经济行为中也扮演着重要角色。Tang 等人（2022）发现，财经素养较高的个体更倾向于进行多样化的理财行为，包括增加存款、购买基金和股票，以及建立紧急储蓄。这种影响不仅限于储蓄和消费，还延伸到更广泛的经济决策领域。例如，高财经素养的个体往往表现出更强的风险管理能力，他们更倾向于进行多元化投资以分散风险，并追求长期的经济回报。因此，个体的经济心理，如经济信心和财经素养，对其经济行为具有深远影响。

综上所述，本研究依据经典的 S-O-R 模型构建了“收入（债务）—经济心理—经济行为的 S-O-R 模型”，以揭示产业工人群体的经济心理与行为模式。不仅如此，我们还详细地考察了不同的人口学变量（如性别、受教育程度、户籍类型和婚姻状态等）和工作特征变量（如工种、技术等级和行业类型）对经济态度（经济信心、家庭经济满意度和主观财经素养）、经济压力（财务压力、债务压力），以及各种理财和消费行为的影响。总之，本研究试图从经济心理与行为角度对产业工人群体的经济生活进行画像。

1.2　本研究的目的

目前有些研究探究了产业工人的经济生活状况，然而很少关注到他们在经济活动中所表现出的经济心理特点。例如，2019 年对北京市新生代农民工的调研发现，在该群体家庭生活消费支出中，食品烟酒占比 30%，居住占比 25%，衣着及日常用品占比 12%，交通通信占比 10%，教育文化娱乐占比 10%，大件物品占比 9%，医疗保健占比 3%（北京市统计局,2020）。然而此类研究只是简单地对产业工人的经济行为（如消费支出）进行客观描述，并未深入考察其背后的经济心理特点，如他们对家庭经济状况、自身财经素养的认知以及对财务或者债务的压力感知等。此外，随着生活方式（如网络化生存模式）和商业模式（如直播带货兴起）的变化，产业工人的经济心理和行为模式可能呈现出新的特点。因此，本研究着重分析中国人民大学心理学系“新时代产业工人社会心理调查”数据库中与经济心理和行为有关的数据，以揭示产业工人群体的经济心理和行为现状及其与人口学特征、工作特征的关系，并着重检验“收入（债务）—经济心理—经济行为的 S-O-R 模型”。

2 研究方法

2.1 调查对象

本研究所用数据来源于2024年新时代产业工人社会心理调查项目，该项目是中国人民大学心理学系发起的一项全国范围的大型调查，有效样本为4420人。经过对经济心理部分数据的整理与清洗，本研究使用的有效样本量为4200人。样本被试的年龄在16～82岁之间，平均年龄为37.85岁（$SD=10.13$）。男性2605人，占比63.04%，女性1527人，占比36.96%。城镇户口被试有1757人（42.21%），农村户口被试有2406人（57.79%）。在婚姻状况方面，由于有些选项中的人数太少，为保证数据分析结果的稳定性，我们在统计分析时不再对离异（74人，占比1.77%）、丧偶（12人，0.29%）、其他（10人，0.24%）三类人群进行比较，只比较未婚（1016人，24.34%）和已婚（3063人，73.37%）两类人群。就学历分布而言，小学及以下有209人（4.99%），初中有1288人（30.73%），高中有1133人（27.03%），大专有842人（20.09%），大学本科及以上有720人（17.18%）。此外，产业工人的月收入、年龄段分布以及工作特征信息详见表9-1和表9-2。具体抽样方法参见本书第一章。

表9-1 产业工人月收入与各年龄段人数分布情况

人口统计学变量		频数	频率
月收入水平	2000元以下	115	2.76%
	2000～2999元	249	5.97%
	3000～3999元	550	13.19%
	4000～4999元	816	19.57%
	5000～5999元	1104	26.47%
	6000～6999元	506	12.13%
	7000～7999元	374	8.97%
	8000～8999元	175	4.20%
	9000～10000元	151	3.62%
	10000元以上	130	3.12%
年龄	16～24岁	360	8.61%
	25～29岁	650	15.54%
	30～34岁	727	17.38%
	35～39岁	775	18.53%
	40～44岁	521	12.46%

（续表）

人口统计学变量		频数	频率
年龄	45~49 岁	479	11.45%
	50~54 岁	420	10.03%
	55 岁及以上	251	6.00%

表 9-2　产业工人工作特征情况

工作特征变量		频数	频率
工种	劳务工	1044	24.93%
	合同工/正式工	3144	75.07%
技术等级	无技术等级	1973	47.27%
	初级	1065	25.52%
	中级	674	16.15%
	高级及以上	462	11.06%
行业类型	采矿业	180	4.30%
	制造业	2082	49.72%
	建筑业	567	13.54%
	能源产业	234	5.59%
	化工行业	368	8.79%
	其他	756	18.06%

2.2　经济心理与行为变量

本调查较为全面地测量了产业工人的经济心理和经济行为状况，涵盖多个关键变量（表 9-3）。其中，经济刺激包括月收入、客观债务和收支不平衡三个指标，客观反映了产业工人的收支状况。经济心理包括经济态度变量，如经济信心、家庭经济满意度和主观财经素养等指标，反映了产业工人对国家、家庭和个人经济状况的认知与态度；它还包括经济压力，基于压力研究的基本框架，调查了经济压力源和财务压力，并区分了主客观债务，重点考察产业工人的债务压力。经济行为状况则从支出行为、理财行为和消费行为三个方面进行分析，旨在了解产业工人收入的支出模式、理财行为的方式与工具以及消费偏好与问题型消费行为。

调查题目来源如下：经济压力源题目来自《2015 年中国社会状况综合调查》，问题型消费行为（包括冲动型消费和从众型消费）题目参考金晓彤等人（2020）的研究改编，财务压力题目参考 Swanton 和 Gainsbury（2020）研究改编，其余题目均来自中国公民财经素养调查（辛自强等,2020b）。具体变量内容详见表 9-3。

表 9-3 产业工人经济心理调查变量

角度	类别	变量
经济刺激	收支状况	月收入、客观债务、收支不平衡
经济心理	经济态度	经济信心、家庭经济满意度、主观财经素养
	经济压力	经济压力源、财务压力、债务压力
经济行为	支出行为	收入支出模式
	理财行为	投资理财行为、财务规划行为
	消费行为	实物型消费行为、体验型消费行为、问题型消费行为

2.3 个体特征变量

本研究将产业工人个体特征划分为人口学特征和工作特征，并根据这些特征将其划分为不同的亚群体。人口学特征包括性别、年龄、户口类型、婚姻状态、受教育程度及月收入水平；工作特征则涵盖工种、技术等级及行业类型。研究首先通过差异检验，探究了产业工人不同亚群体在经济心理与行为上的差异；随后，利用结构方程模型，探讨收入、债务和收支不平衡如何影响产业工人的经济心理，进而对其经济行为产生影响。

3 研究结果

3.1 经济态度

3.1.1 经济信心

经济信心，又称为消费者信心或消费者情绪，是指民众对于国家和家庭经济前景的预期（辛自强等,2020a;Yang & Xin,2020）。经济信心被认为是反映民众消费意愿及经济发展趋势的先导指标。本研究仅选用长期经济信心作为调查指标。其一，与短期经济信心相比，长期经济信心能够更准确地反映个人对经济形势的整体判断，以及对经济稳定性和可持续发展的乐观程度。这种信心往往与消费、储蓄和投资行为的长期规划密切相关，因此具有更强的预测性。其二，短期经济信心通常受到暂时性事件（如政策调整、市场波动或公共危机）的影响，而长期经济信心更多地基于对经济基本面（如经济增长潜力、产业结构、就业机会）的评估。因此，选择长期经济信心可以避免短期因素的干扰，更全面地反映经济体系的健康程度及公众对未来的期望。

长期经济信心的测量采用 2 个条目，一道题关于国家层面，题目为“你认为未来五年中国的总体经济形势会如何变化”；另一道题目关于家庭层面，题目为“你认为未来五年自己家庭的经济状况会如何变化”（辛自强,2020）。题目均为5点量尺，1~5分别代表“明显变差”“稍微变差”“基本不变”“稍微变好”“明显变好”。调查结果显示，在1~5的5点量尺上，国家经济信心的平均得分为3.74（$SD=1.13$），家庭经济信心的平均得分为3.80（$SD=0.97$）。无论是对于国家经济还是家庭经济，“稍微变好”和“明显变好”的选择比例较高，近三分之二的产业工人对国家和家庭经济的未来发展趋势抱有较为乐观的预期（图9-2）。

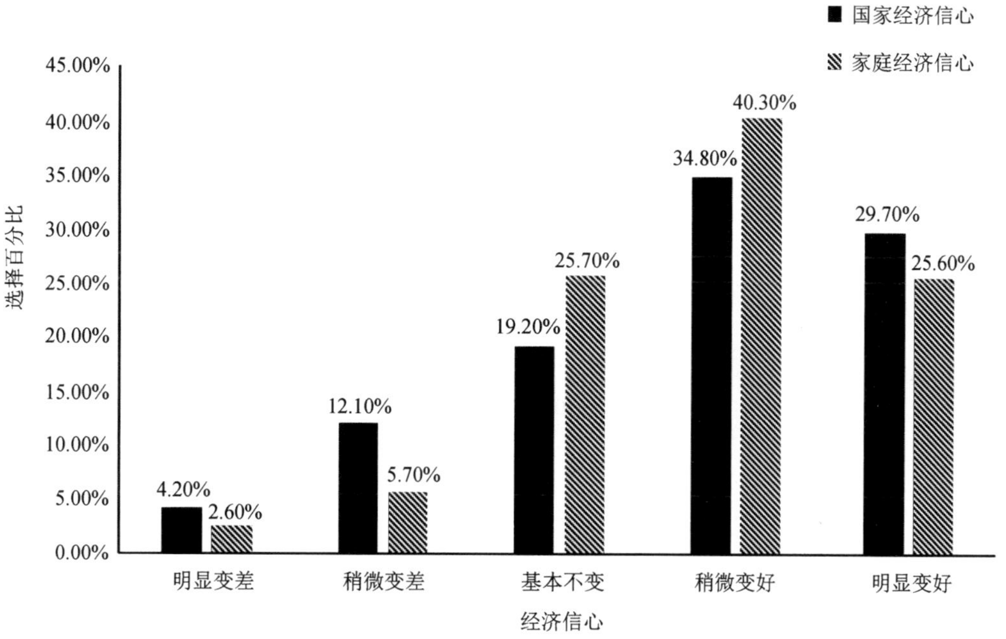

图9-2　产业工人经济信心的描述统计

配对样本t检验结果表明，产业工人的家庭经济信心（$M=3.80$，$SD=0.97$）显著高于国家经济信心（$M=3.74$，$SD=1.13$），$t(4184)=4.28$，$p=0.001$，Cohen's $d=0.07$。该结果显示，产业工人对家庭经济前景的预期相对乐观，但对国家经济发展的信心略显不足。

产业工人不同亚群体的国家和家庭经济信心有所不同。在人口学特征方面，除性别和婚姻状态外，国家经济信心在其他人口学变量上均存在显著差异；除受教育程度外，家庭经济信心在其他人口学变量上均存在显著差异（表9-4）。具体而言，女性的家庭经济信心水平显著高于男性（图9-3）。农村产业工人的国家和家庭经济信心得分都显著高于城镇产业工人（图9-4）。就婚姻状态而言，未婚产业工人的家庭经济信心得分显著高于已婚的产业工人（图9-5）。

表 9-4 国家/家庭经济信心的人口统计学差异

人口统计学变量		*M*±*SD*	*t*/*F*	Cohen's *d*/η^2
性别	男性	3. 73±1. 17/3. 77±0. 99	−0. 90/−2. 65*	−0. 03/−0. 08
	女性	3. 76±1. 07/3. 86±0. 94		
户口	城镇	3. 63±1. 17/3. 69±1. 01	−5. 18***/−6. 72***	−0. 16/−0. 21
	农村	3. 82±1. 10/3. 89±0. 90		
婚姻状态	未婚	3. 71±1. 09/3. 92±0. 89	−1. 20/−4. 43***	−0. 04/0. 15
	已婚	3. 76±1. 14/3. 78±0. 98		
受教育程度	小学及以下	3. 93±0. 99/3. 96±0. 85	7. 35***/1. 80	0. 01/0. 002
	初中	3. 73±1. 07/3. 80±0. 93		
	高中	3. 63±1. 15/3. 77±0. 96		
	大专	3. 88±1. 11/3. 82±0. 99		
	大学本科及以上	3. 71±1. 24/3. 81±1. 05		
年龄	16～24 岁	3. 94±1. 12/4. 03±0. 91	2. 44*/11. 98***	0. 004/0. 02
	25～29 岁	3. 66±1. 07/3. 88±0. 89		
	30～34 岁	3. 77±1. 07/3. 93±0. 90		
	35～39 岁	3. 69±1. 14/3. 84±0. 94		
	40～44 岁	3. 76±1. 20/3. 70±1. 01		
	45～49 岁	3. 70±1. 17/3. 63±1. 04		
	50～54 岁	3. 70±1. 14/3. 60±1. 04		
	55 岁及以上	3. 77±1. 13/3. 68±1. 03		
月收入水平	2000 元以下	3. 97±0. 90/3. 91±0. 91	7. 38***/10. 28***	0. 16/0. 02
	2000～2999 元	3. 90±1. 11/3. 72±0. 95		
	3000～3999 元	3. 71±1. 17/3. 58±1. 04		
	4000～4999 元	3. 62±1. 14/3. 71±0. 98		
	5000～5999 元	3. 67±1. 08/3. 82±0. 90		
	6000～6999 元	3. 71±1. 09/3. 81±0. 93		
	7000～7999 元	4. 07±1. 13/4. 05±1. 02		
	8000～8999 元	3. 82±1. 23/4. 06±0. 93		
	9000～10000 元	3. 93±1. 16/4. 03±0. 96		
	10000 元以上	3. 53±1. 30/3. 98±0. 96		

注：* 表示 $p<0.05$，** 表示 $p<0.01$，*** 表示 $p<0.001$。下同。

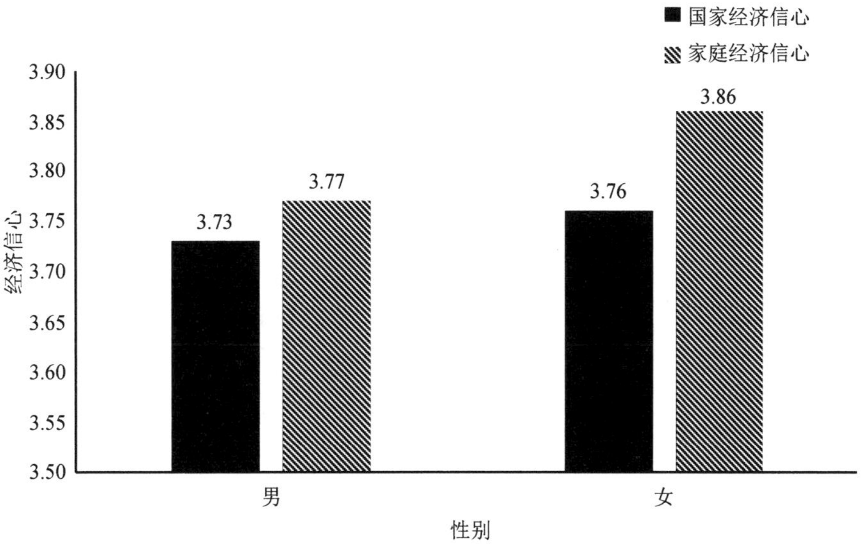

图 9-3　产业工人经济信心在性别上的差异

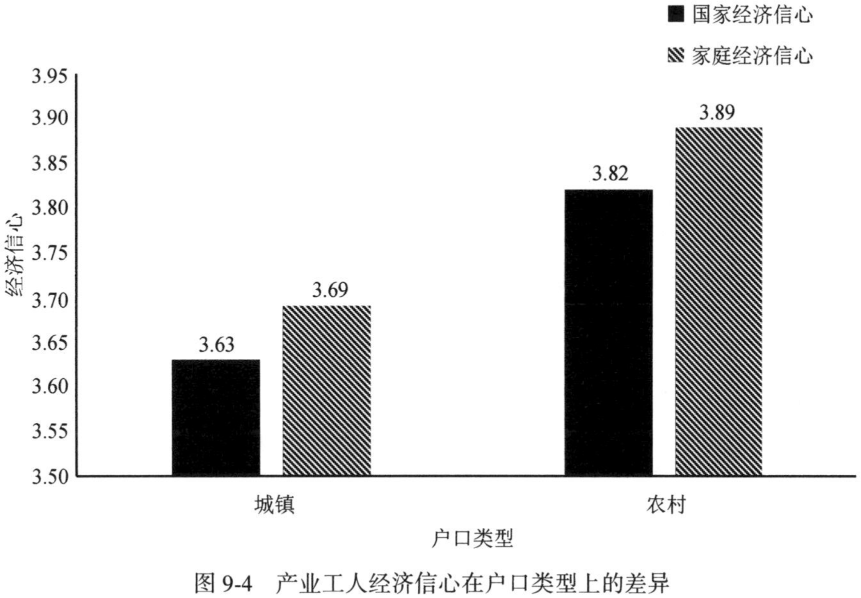

图 9-4　产业工人经济信心在户口类型上的差异

产业工人的国家经济信心随着受教育程度的提高呈现出先下降后趋于平稳的趋势。小学及以下学历和大专学历的产业工人国家经济信心较高（图 9-6）。而在年龄方面，年轻人表现出更高的家庭经济信心，而中老年群体则呈现出不同的趋势，国家经济信心更高，二者呈现出交叉模式（图 9-7）。具体而言，在国家经济信心上，16~24 岁的产业工人的得分显著高于 25~54 岁年龄范围的产业工人，而 25 岁以上年龄阶段的产业工人的国家经济信心无显著差异；在家庭经济信心上，16~39 岁的产业工人的得分均显著高于 40 岁及以上的产业工人。

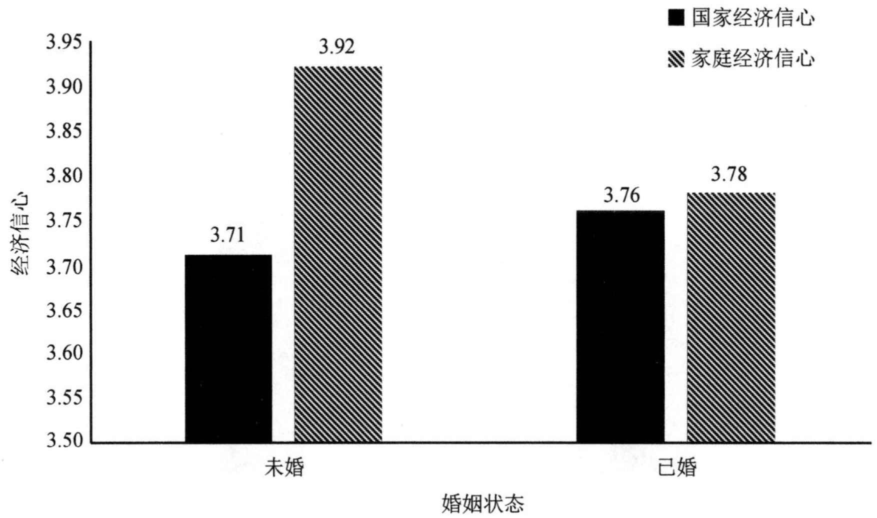

图 9-5　产业工人经济信心在婚姻状态上的差异

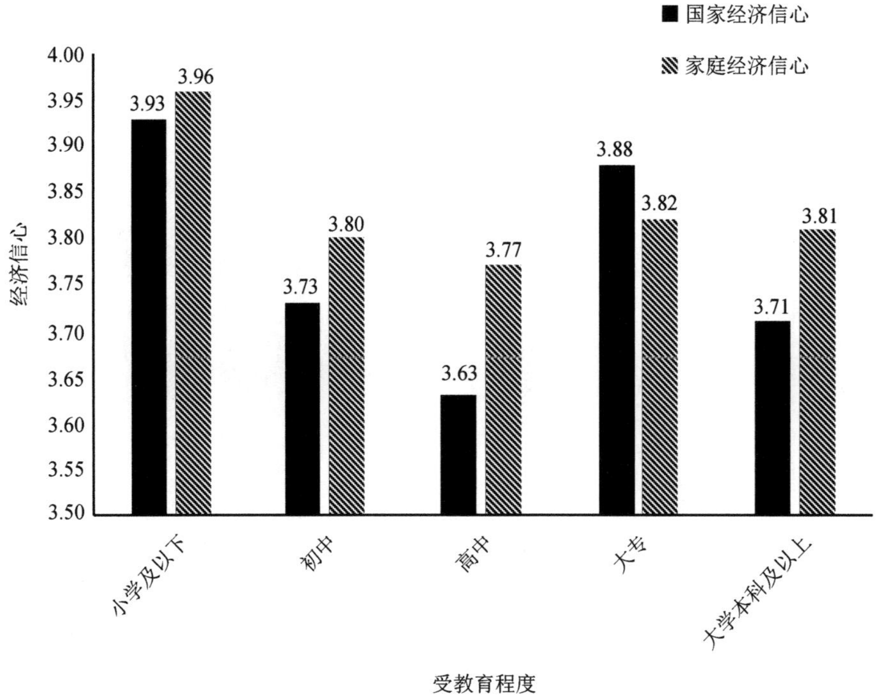

图 9-6　产业工人经济信心在受教育程度上的差异

月收入水平显著影响产业工人的国家经济信心和家庭经济信心。随着月收入的增加，产业工人的国家和家庭经济信心都大致呈现出先下降后上升再下降的趋势（图 9-8）。就国家经济信心而言，收入水平在 4999 元以下的产业工人国家经济信心随着收入增加呈现出下降趋势，并在 4000~4999 元区间降到最低点，后又逐渐上升，在 7000~7999 元区间达到顶点，最后再次下降，在 10000 元以上区间降到最低。就家庭经济信心而言，

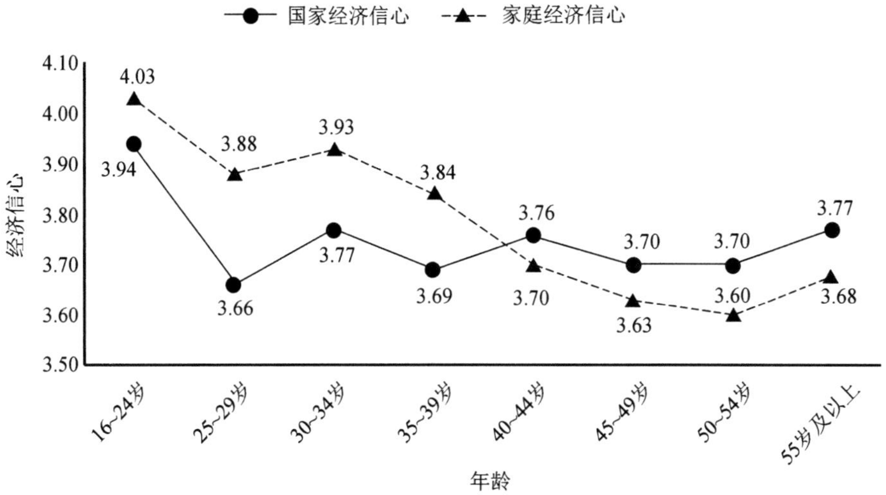

图 9-7　产业工人经济信心在年龄上的差异

收入在 3999 元以下时，随着收入增加家庭经济信心逐渐下降，3000～3999 元区间为最低点，然后逐渐上升，在 8000～8999 元区间达到最高点，最后略有下降。收入在 7000～7999 元区间的产业工人无论在国家经济信心还是家庭经济信心上均表现较高。

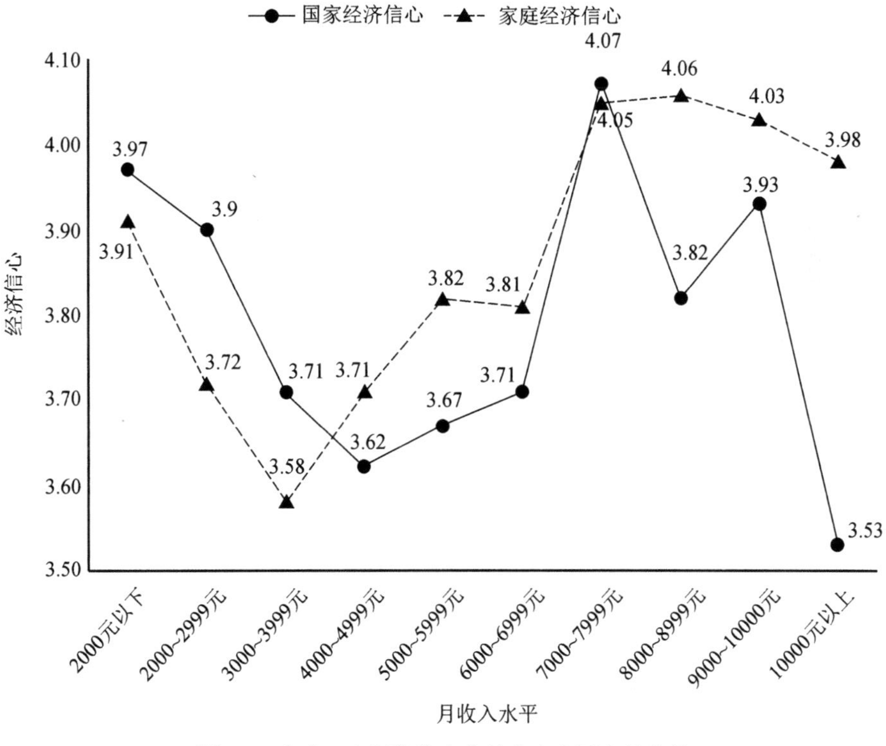

图 9-8　产业工人经济信心在月收入水平上的差异

在工作特征方面，不同工种和技术等级的产业工人的国家和家庭经济信心不存在显著差异，而从事不同行业的产业工人间存在显著差异（表 9-5）。从事能源产业和建筑业的产业工人无论在国家经济信心还是家庭经济信心上得分均更高，化工行业和制造业工人的国家经济信心和家庭经济信心均处于中等水平，而从事采矿业的产业工人则表现出显著较低的信心水平（图 9-9）。

表 9-5　产业工人国家/家庭经济信心的工作特征差异

工作特征变量		*M*±*SD*	*t*/*F*	Cohen's d/η^2
工种	劳务工	3.71±1.10/3.77±0.94	-0.93/-1.23	-0.03/-0.04
	合同工/正式工	3.75±1.14/3.82±0.98		
技术等级	无技术等级	3.73±1.12/3.81±0.94	1.21/0.60	0.001/0.0004
	初级	3.78±1.10/3.83±0.98		
	中级	3.74±1.16/3.79±0.98		
	高级及以上	3.66±1.19/3.76±1.04		
行业类型	采矿业	3.55±1.18/3.61±1.02	$5.14^{***}/6.24^{***}$	0.01/0.01
	制造业	3.73±1.09/3.85±0.92		
	建筑业	3.90±1.17/3.80±0.99		
	能源产业	3.85±1.14/3.97±1.02		
	化工行业	3.58±1.20/3.81±1.02		
	其他	3.72±1.14/3.68±1.02		

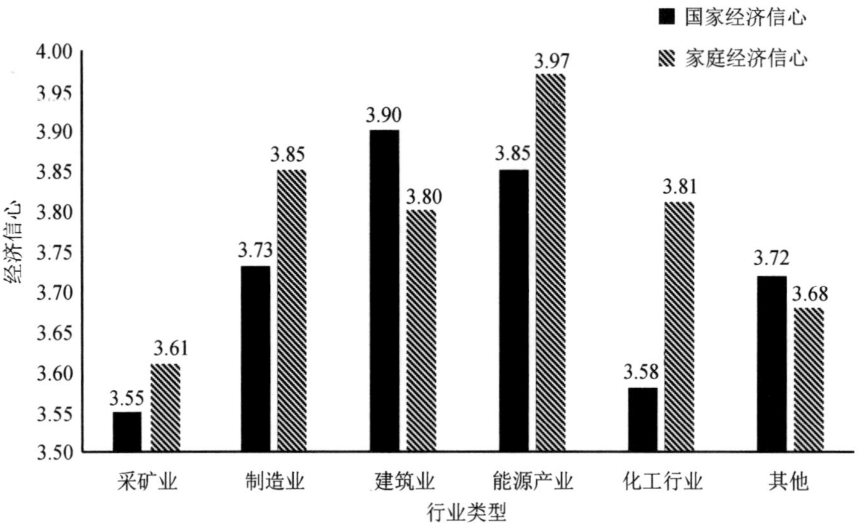

图 9-9　产业工人经济信心在行业类型上的差异

3.1.2　家庭经济满意度

家庭经济满意度指的是个体从“家庭共同体”的视角出发，基于家庭收入和家庭所处经济地位的比较而作出的主观综合心理评价（张凤兵,包玉香,2022）。调查所用题目为“您对自己当前的家庭经济状况满意吗”，其中 1 分代表“非常不满意”，10 分代表“非常满意”。总分越高代表越满意。本次调查结果显示，产业工人家庭经济满意度平均得分为 5.81±2.38 分，属于中等水平。

产业工人不同亚群体的家庭经济满意度有所不同。在人口学特征方面，除性别和户口外，家庭经济满意度在其他方面均存在显著差异（表 9-6）。具体而言，未婚产业工人的家庭经济满意度显著高于已婚的产业工人。受教育程度方面，大专学历的产业工人的家庭经济满意度水平较低，显著低于初中、高中和大学本科及以上学历的产业工人（图 9-10）。随着年龄增长，家庭经济满意度大体呈下降趋势。16~39 岁产业工人的家庭经济满意度显著高于 40 岁及以上的产业工人。25~29 岁产业工人的家庭经济满意度最高，50~54 岁产业工人的家庭经济满意度最低（图 9-11）。月收入水平不同的产业工人在家庭经济满意度水平上存在显著差异。总体来看，家庭经济满意度随月收入的增加呈现出先上升后下降的趋势（图 9-12），在 6000~6999 元区间达到最高点。高于 7000 元后，工人可能因更高的经济期望而降低了满意度。

表 9-6　家庭经济满意度的人口学特征差异

人口统计学变量		*M*±*SD*	*t*/*F*	Cohen's *d*/η^2
性别	男性	5.79±2.40	−0.41	−0.01
	女性	5.82±2.34		
户口	城镇	5.82±2.38	0.09	0.003
	农村	5.81±2.38		
婚姻状态	未婚	6.28±2.35	7.20***	0.86
	已婚	5.66±2.37		
受教育程度	小学及以下	5.62±2.16	10.61***	0.01
	初中	5.90±2.46		
	高中	6.00±2.49		
	大专	5.36±2.28		
	大学本科及以上	5.90±2.38		
年龄	16~24 岁	6.01±2.35	14.24***	0.02
	25~29 岁	6.21±2.31		
	30~34 岁	6.16±2.34		
	35~39 岁	5.94±2.40		
	40~44 岁	5.46±2.32		
	45~49 岁	5.43±2.36		
	50~54 岁	5.21±2.31		
	55 岁及以上	5.35±2.51		

（续表）

人口统计学变量		$M \pm SD$	t/F	Cohen's d/η^2
月收入水平	2000 元以下	5.05±2.31	11.98***	0.03
	2000~2999 元	5.61±2.46		
	3000~3999 元	5.16±2.44		
	4000~4999 元	5.75±2.41		
	5000~5999 元	6.18±2.29		
	6000~6999 元	6.29±2.44		
	7000~7999 元	5.61±2.11		
	8000~8999 元	5.70±2.30		
	9000~10000 元	5.60±2.44		
	10000 元以上	5.83±2.32		

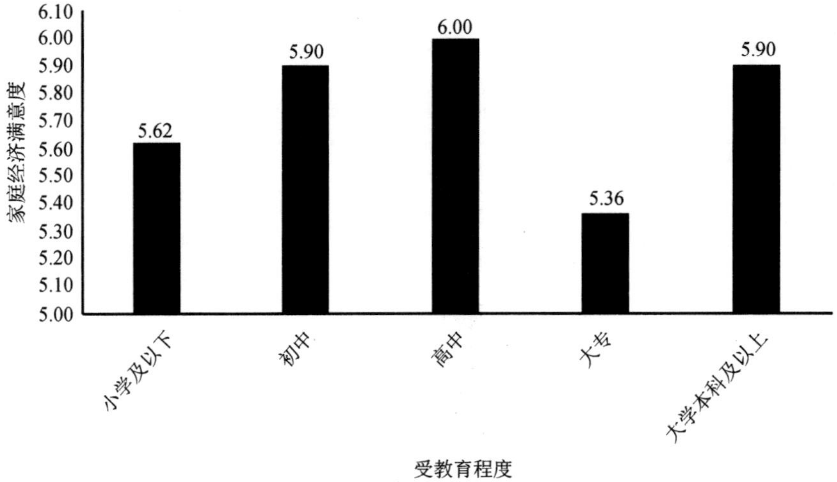

图 9-10　产业工人家庭经济满意度在受教育程度上的差异

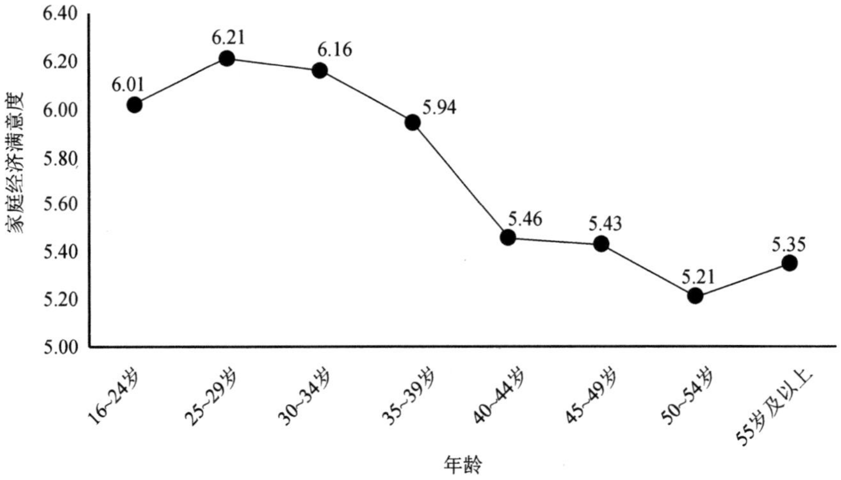

图 9-11　产业工人家庭经济满意度在年龄上的差异

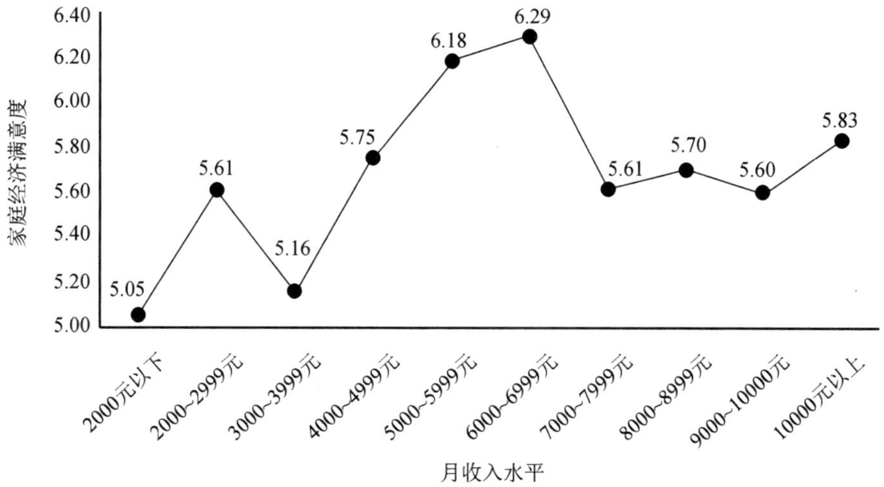

图 9-12　产业工人家庭经济满意度在月收入水平上的差异

在工作特征方面，不同工种产业工人的家庭经济满意度不存在显著差异，而技术等级不同和从事不同行业类型的产业工人间存在显著差异（表 9-7）。具体而言，拥有初级技术等级的产业工人家庭经济满意度最高，而中级技术等级满意度最低（图 9-13）；建筑业产业工人的家庭经济满意度最低，显著低于制造业、能源产业和化工行业的产业工人，但后三个行业之间的家庭经济满意度之间并无显著差异（图 9-14）。

表 9-7　产业工人家庭经济满意度的工作特征差异

工作特征变量		$M \pm SD$	t/F	Cohen's d/η^2
工种	劳务工	5. 68±2. 39	-1. 94	-0. 07
	合同工/正式工	5. 85±2. 38		
技术等级	无技术等级	5. 74±1. 12	10. 47***	0. 01
	初级	6. 12±1. 10		
	中级	5. 51±1. 16		
	高级及以上	5. 83±1. 19		
行业类型	采矿业	5. 72±2. 54	14. 03***	0. 02
	制造业	6. 03±2. 35		
	建筑业	5. 42±2. 15		
	能源产业	6. 00±2. 23		
	化工行业	6. 03±2. 56		
	其他	5. 33±2. 45		

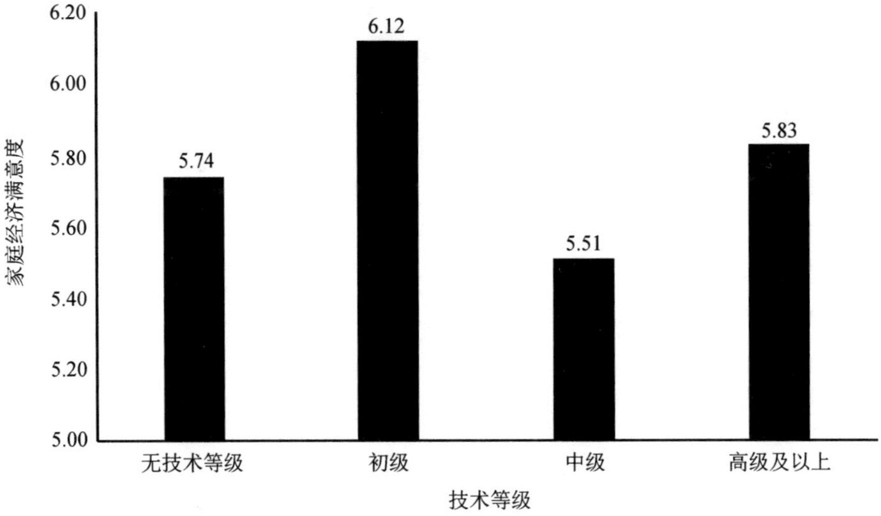

图 9-13　产业工人家庭经济满意度在技术等级上的差异

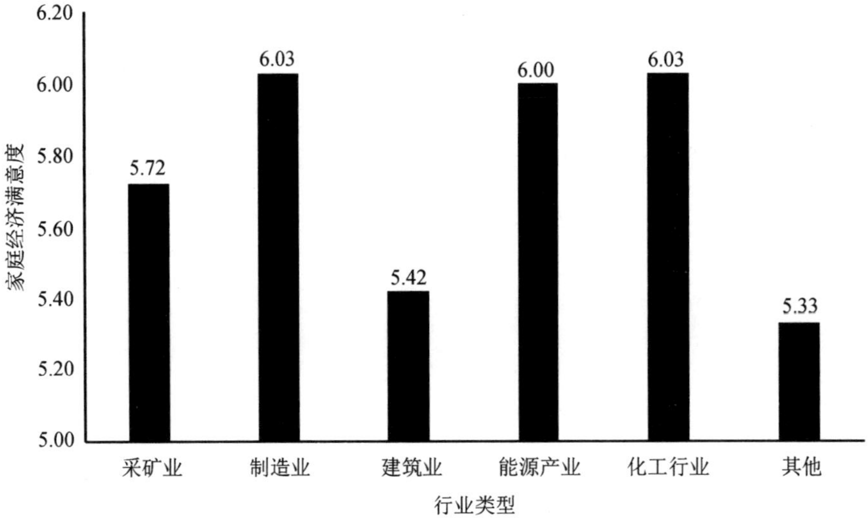

图 9-14　产业工人家庭经济满意度在行业类型上的差异

3.1.3　主观财经素养

主观财经素养是指个体对自身财经方面知识和能力水平的主观判断。我们通过被试对问卷题目的自陈报告来反映其水平，而非借助客观财经任务测量实际的知识和能力（Xin et al.,2024）。本调查中，产业工人的主观财经素养用题目“你觉得自己整体的财经知识和能力水平如何”测量，其中 1 代表非常不满意，10 代表非常满意。结果显示，产业工人主观财经素养平均得分为 5. 58±2. 33 分，处于中等水平。

产业工人不同亚群体的主观财经素养有所不同。在人口学特征方面，除性别和户口外，主观财经素养在其他方面均存在显著差异（表 9-8）。未婚产业工人的主观财经素养显著高于已婚产业工人。受教育程度方面，大专学历的产业工人的主观财经素养较低，显著低于大学本科及以上学历的产业工人，同时也低于受教育水平低于大专的其他学历群体（图 9-15）。产业工人主观财经素养随年龄变化大体呈现先上升后下降趋势，即从 16 岁到 29 岁，产业工人的主观财经素养逐渐升高，30 岁之后逐渐下降（图 9-16）。就月收入而言，月收入与主观财经素养得分整体呈 W 形模式，月收入为 5000~5999 元的产业工人主观财经素养水平最高。具体来说，月收入 7000 元以上的四个组别差异不显著。5000~5999 元以及 6000~6999 元两个组别的产业工人的主观财经素养得分显著高于 4999 元以下四个组别及 7000~8999 元两个组别的产业工人（图 9-17）。

表 9-8　主观财经素养的人口学特征差异

人口统计学变量		$M \pm SD$	t/F	Cohen's d/η^2
性别	男性	5.56±2.35	-1.06	-0.03
	女性	5.64±2.30		
户口	城镇	5.64±2.31	1.39	0.04
	农村	5.54±2.34		
婚姻状态	未婚	6.03±2.36	7.01***	0.25
	已婚	5.45±2.29		
受教育程度	小学及以下	5.61±2.29	8.39***	0.01
	初中	5.66±2.43		
	高中	5.79±2.46		
	大专	5.20±2.11		
	大学本科及以上	5.55±2.14		
年龄	16~24 岁	5.66±2.39	18.17***	0.03
	25~29 岁	6.03±2.34		
	30~34 岁	5.91±2.34		
	35~39 岁	5.84±2.33		
	40~44 岁	5.30±2.12		
	45~49 岁	5.17±2.27		
	50~54 岁	4.97±2.30		
	55 岁及以上	4.88±2.21		
月收入水平	2000 元以下	4.78±2.19		
	2000~2999 元	5.38±2.35		
	3000~3999 元	4.80±2.24		
	4000~4999 元	5.50±2.40		
	5000~5999 元	6.12±2.34		

（续表）

人口统计学变量		$M\pm SD$	t/F	Cohen's d/η^2
月收入水平	6000～6999 元	5. 92±2. 34	17. 40***	0. 04
	7000～7999 元	5. 43±2. 03		
	8000～8999 元	5. 31±2. 16		
	9000～10000 元	5. 61±2. 27		
	10000 元以上	5. 62±2. 23		

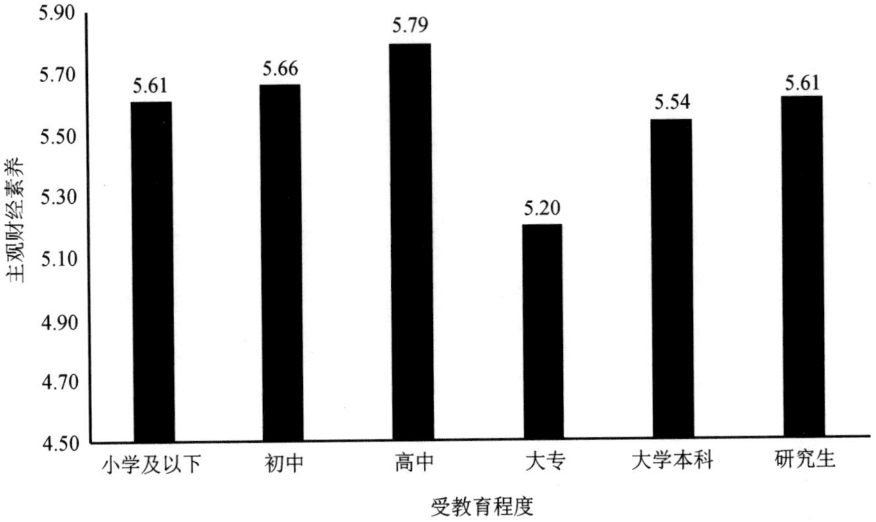

图 9-15　产业工人主观财经素养在受教育程度上的差异

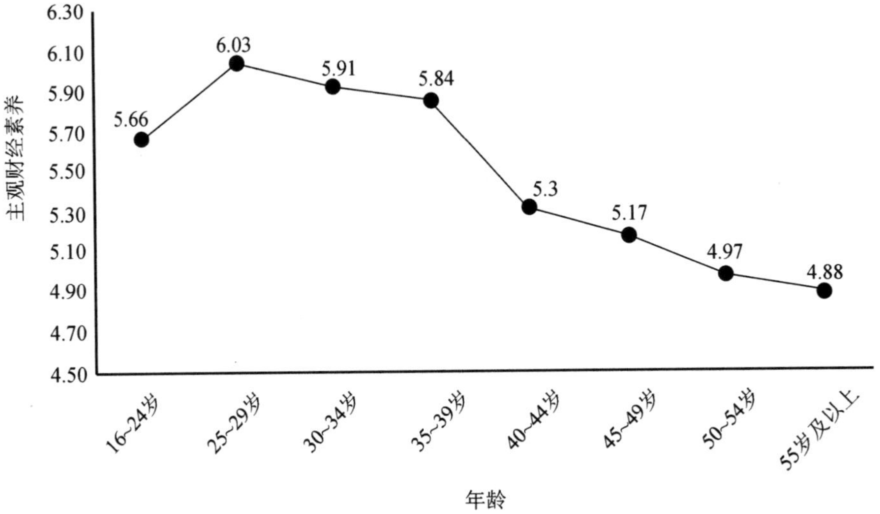

图 9-16　产业工人主观财经素养在年龄上的差异

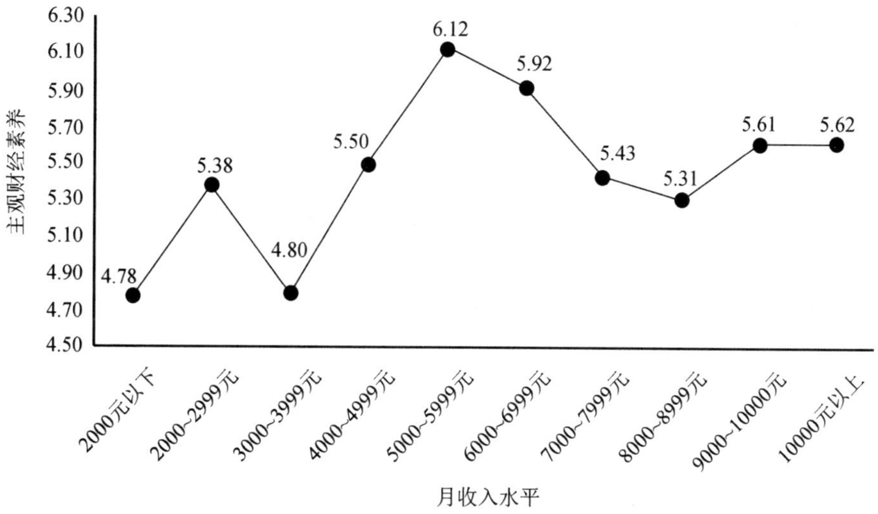

图 9-17　产业工人主观财经素养在月收入水平上的差异

在工作特征方面，产业工人的主观财经素养在工种、技术等级和行业类型上均存在显著差异（表 9-9）。具体而言，合同工的主观财经素养得分显著高于劳务工。在技术等级方面，初级、高级及以上技术等级的产业工人主观财经素养较高（图 9-18）。在行业类型方面，采矿业和建筑业产业工人主观财经素养较低，能源产业工人的主观财经素养较高（图 9-19）。

表 9-9　产业工人主观财经素养的工作特征差异

工作特征变量		$M \pm SD$	t/F	Cohen's d/η^2
工种	劳务工	5.41±2.38	−2.65**	−0.10
	合同工/正式工	5.64±2.32		
技术等级	无技术等级	5.50±2.29	7.54***	0.01
	初级	5.83±2.30		
	中级	5.36±2.39		
	高级及以上	5.72±2.45		
行业类型	采矿业	5.41±2.46	12.07***	0.01
	制造业	5.77±2.36		
	建筑业	5.41±2.01		
	能源产业	5.84±2.35		
	化工行业	5.73±2.50		
	其他	5.07±2.29		

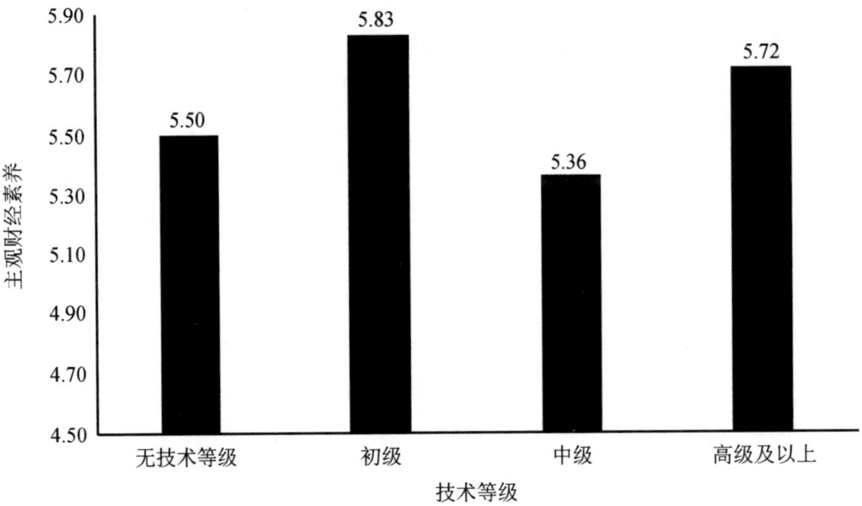

图 9-18　产业工人主观财经素养在技术等级上的差异

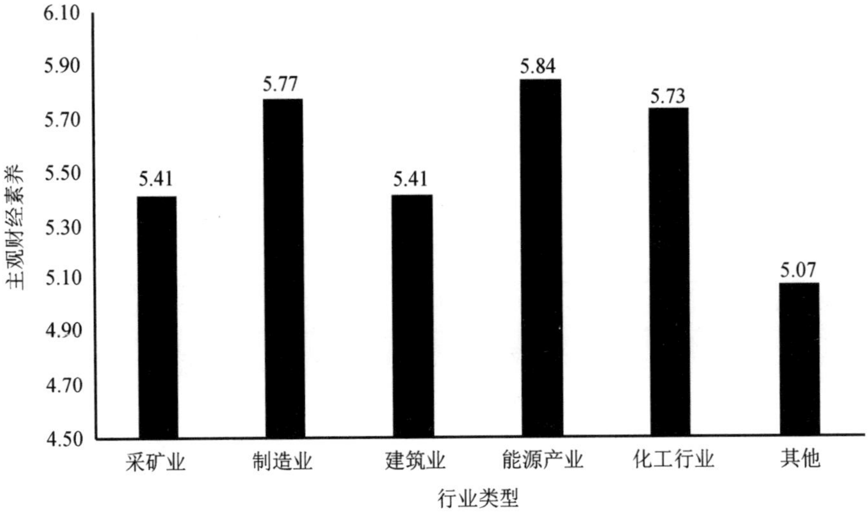

图 9-19　产业工人主观财经素养在行业类型上的差异

3.2　经济压力

根据压力（stress）研究的基本框架——“压力源→压力感→结果（stressor→strain→outcome）”（Choi et al.,2014;Ganster & Rosen,2013;Summers et al.,2020），经济压力可分为经济压力源和经济压力感两个方面。经济压力源是触发压力反应的与经济有关的事件或状况，经济压力感则是经济事件或状况作用于个体后的压力性心理感受。

关于经济压力感，我们关注了财务压力和债务压力。财务压力描述了个体或家庭面对经济负担、挑战或不确定性时的综合体验，涵盖了财务困境及由此引发的心理层面的财务压力感（陈欢等,2024）。债务是财务的一部分，可以被视为财务状况中的一个关键组成维度。债务是指个体现在或将来负有向他人或机构还款的法律或道德义务（Lea,2021）。中国国家资产负债研究中心提供的数据显示，中国过去 20 年债务压力持续增长。截至 2021 年，我国住户部门贷款余额逾 71 万亿元，居民杠杆率也从 2008 年的 17.87%上升至 2021 年的 62.16%，这表明家庭债务负担日益加重，债务风险逐步显露（何丽芬,李苗苗,2022）。债务可以分为主观债务和客观债务，其中主观债务常以债务压力作为指标。债务压力是指由债务状况引起的实际压力或感知压力（Elder & Caspi,1988;Greenberg,1980;Lazarus,1993）。通常而言，人们实际背负的债务水平越高，即客观债务水平越高，则个体主观感知到的债务压力就越高。债务引发的债务压力会影响民众的心理健康水平和不道德行为，甚至对其伴侣和子女有潜在的影响（王鲁晓,辛自强,2023）。尤其在经历三年疫情之后，产业工人的债务压力现状更值得关注。因此，本部分对产业工人经济压力的三个方面即经济压力源、财务压力和债务压力进行分析。

3.2.1　经济压力源

本调查对产业工人的经济压力源进行调查:“在过去 12 个月中，你或你家庭遇到下列哪些生活方面的问题（可多选)？A. 住房条件差，却无钱建房或买房（住房压力)；B. 子女教育费用高，难以承受（子女教育压力)；C. 医疗支出大，难以承受（医疗支出压力)；D. 物价上涨，影响生活水平（物价上涨压力)；E. 家庭收入低，日常生活困难（低收入压力)；F. 家人无业、失业或工作不稳定（家人就业压力)；G. 赡养老人负担过重（赡养老人压力)；H. 人情支出大，难以承受（人情支出压力)；I. 遭遇诈骗、失窃、抢劫等犯罪事件（经济安全压力)；J. 没有这些生活方面的问题（无生活压力)”。

结果表明，物价上涨是产业工人最常提到的压力来源（40.70%)。这可能与产业工人收入水平相对较低、工资增长速度缓慢有关。子女教育费用是产业工人第二大经济压力源（26.20%)，这表明他们不仅关注自身生活条件的改善，也会为子女教育费用而忧虑。约五分之一的产业工人提到家庭收入低、日常生活困难（21.70%)。尽管产业工人对经济发展的贡献不容忽视，但他们的收入水平却未必能充分匹配劳动强度与日常生活压力。这种收入的相对不足，使他们在应对突发经济需求（如医疗支出）时显得无力。此外，约三分之一（33.50%）的产业工人表示“没有这些生活方面的问题”，这可能反映了部分产业工人在经济压力应对中具有一定的适应性或资源优势。具体数据见图 9-20。

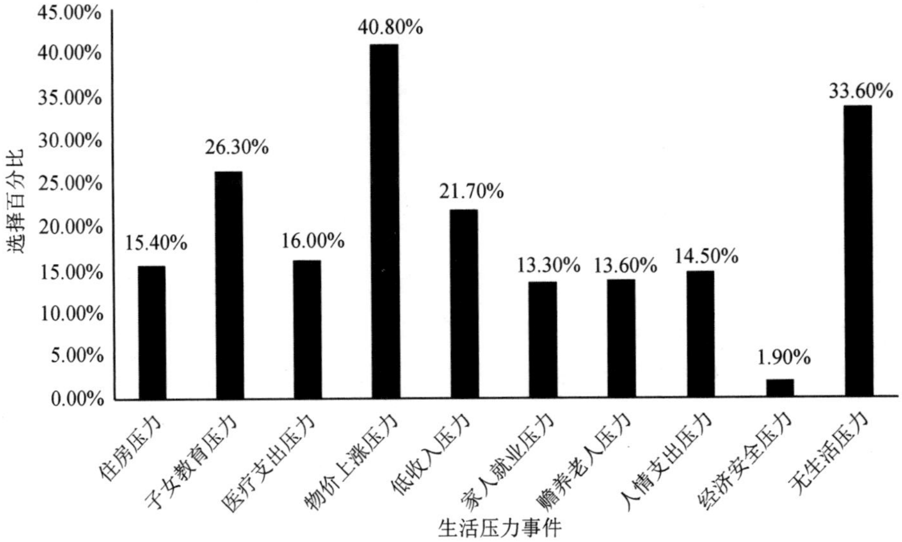

图 9-20 产业工人经济压力源的描述统计

3.2.2 财务压力与债务压力

本研究用题目“您现在的财务状况如何”调查产业工人的财务压力现状，其中 1 为“非常好”，10 为“非常糟糕”。总分越高，财务压力水平越高。调查结果显示，产业工人的平均财务压力得分是 5.14±2.25 分，整体处于中等压力水平。

债务压力的测量有两个题项：“您目前是否有债务方面的压力?”“您会担忧自己没有能力偿还债务吗?”采用 10 点计分法，1 表示“从不如此”，10 表示“经常如此”，得分越高说明债务压力水平越高。这两个题目的内部一致性系数为 0.82，表明两者所测内容具有较强的内部一致性，因此我们取两个题目的平均值进行统计分析。结果显示，产业工人的平均债务压力得分是 4.15±2.43，整体处于中等偏下的压力水平。

产业工人不同亚群体的财务压力和债务压力有所不同。在人口学特征方面，除性别和户口外，财务压力在其他方面均存在显著差异；除户口和婚姻状态外，债务压力在其他方面均存在显著差异（表 9-10）。具体而言，男性的债务压力显著高于女性（图 9-21）。未婚产业工人的财务压力显著低于已婚的产业工人（图 9-22）。受教育程度差异方面，大专学历产业工人的财务压力高于其他学历组；而大学本科及以上学历产业工人的债务压力水平高于其他学历组，这可能与该组有更高的借贷水平有关（图 9-23）。

表 9-10　产业工人人口学变量在财务压力/债务压力上的差异

人口统计学变量		M±SD	t/F	Cohen's d/η²
性别	男性	5. 15±2. 29/4. 21±2. 43	0. 13/2. 29*	0. 004/0. 07
	女性	5. 14±2. 17/4. 03±2. 42		
户口	城镇	5. 07±2. 22/4. 09±2. 42	−1. 64/−1. 36	−0. 05/−0. 04
	农村	5. 19±2. 27/4. 19±2. 43		
婚姻状态	未婚	4. 80±2. 32/4. 08±2. 28	−5. 39***/−0. 97	−0. 20/−0. 04
	已婚	5. 24±2. 20/4. 16±2. 47		
受教育程度	小学及以下	5. 10±2. 29/3. 98±2. 47	10. 39***/2. 48*	0. 01/0. 002
	初中	5. 08±2. 32/4. 13±2. 34		
	高中	4. 92±2. 37/4. 05±2. 34		
	大专	5. 56±2. 14/4. 13±2. 51		
	大学本科及以上	5. 14±2. 03/4. 39±2. 61		
年龄	16~24 岁	5. 19±2. 31/4. 18±2. 55	10. 41***/3. 63***	0. 02/0. 01
	25~29 岁	4. 79±2. 33/4. 13±2. 26		
	30~34 岁	4. 95±2. 24/4. 04±2. 22		
	35~39 岁	4. 91±2. 22/4. 27±2. 37		
	40~44 岁	5. 37±2. 07/4. 39±2. 58		
	45~49 岁	5. 37±2. 19/4. 21±2. 68		
	50~54 岁	5. 70±2. 21/4. 13±2. 45		
	55 岁及以上	5. 37±2. 31/3. 53±2. 52		
月收入水平	2000 元以下	5. 71±1. 98/4. 34±2. 51	14. 40***/4. 12***	0. 03/0. 01
	2000~2999 元	5. 60±2. 20/4. 63±2. 64		
	3000~3999 元	5. 81±2. 26/4. 20±2. 62		
	4000~4999 元	5. 12±2. 40/3. 95±2. 38		
	5000~5999 元	4. 75±2. 23/4. 15±2. 24		
	6000~6999 元	4. 70±2. 28/3. 90±2. 23		
	7000~7999 元	5. 30±2. 06/4. 01±2. 53		
	8000~8999 元	5. 50±2. 07/4. 27±2. 55		
	9000~10000 元	5. 21±2. 33/4. 52±2. 69		
	10000 元以上	5. 03±2. 10/4. 83±2. 68		

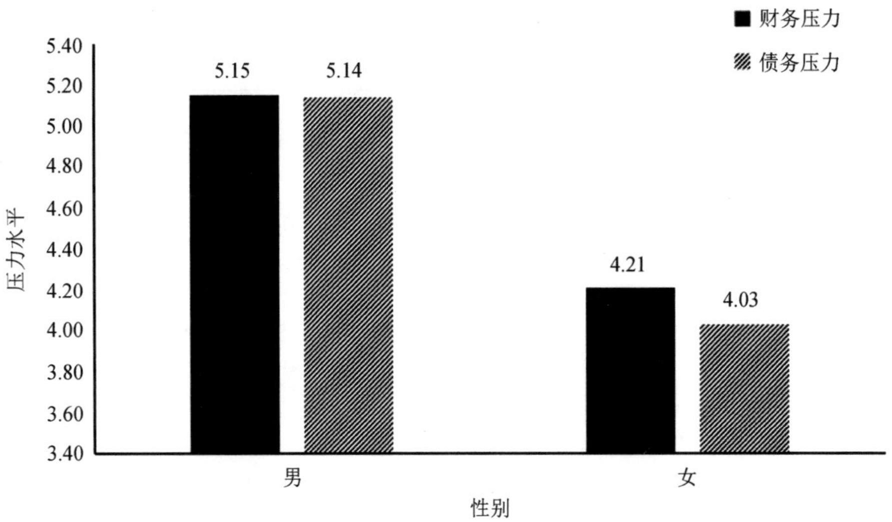

图 9-21 产业工人财务压力和债务压力在性别上的差异

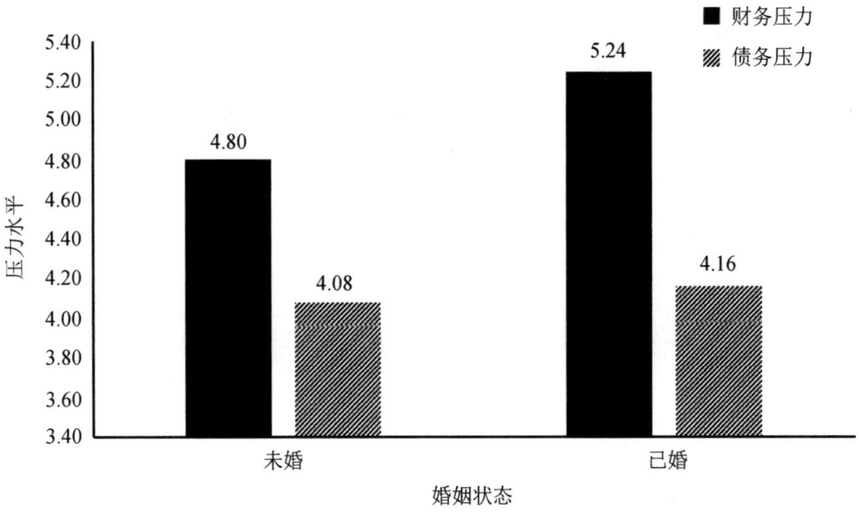

图 9-22 产业工人财务压力和债务压力在婚姻状态上的差异

就年龄差异而言，财务压力随年龄增长大体呈现上升趋势。具体来说，40 岁及以上的产业工人的财务压力显著高于 16～39 岁的产业工人。25～29 岁产业工人的财务压力水平最低，而 50～54 岁产业工人的财务压力水平最高。年龄不同的产业工人在债务压力上同样存在显著差异，55 岁及以上产业工人的债务压力水平最低，而其他年龄段之间的差异很小（图 9-24）。

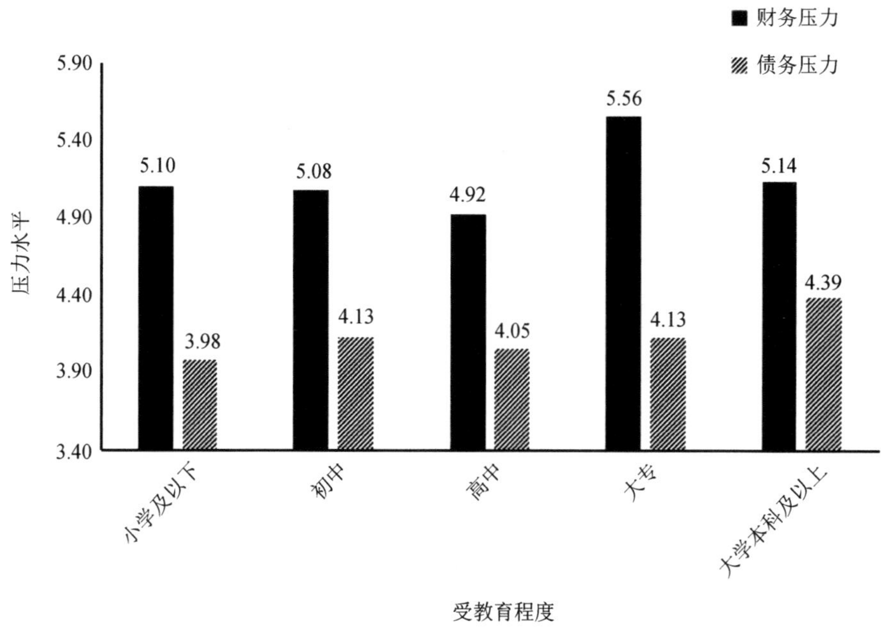

图 9-23　产业工人财务压力和债务压力在受教育程度上的差异

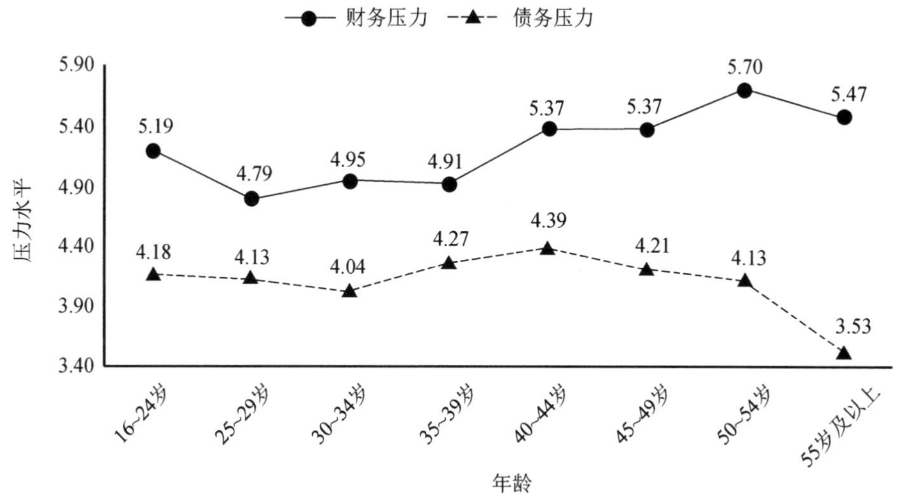

图 9-24　产业工人财务压力和债务压力在年龄上的差异

在月收入水平方面，产业工人的财务压力和债务压力呈现出大致一致的趋势，即均表现为低收入和高收入群体的两种压力较高，而中等收入群体的两种压力相对较低。这个现象可能的原因为，2000～2999 元收入的工人因日常生存需求与债务之间的矛盾导致较高压力。此外，尽管 10000 元以上收入群体的经济能力较强，但其债务压力显著更高，可能源于更高的消费水平和多样化的财务负担（图 9-25）。

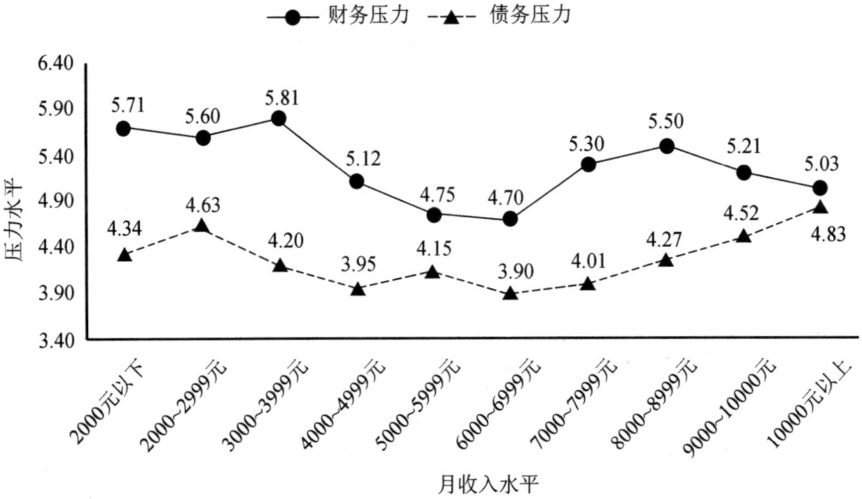

图 9-25　产业工人财务压力和债务压力在月收入水平上的差异

在工作特征方面，产业工人的财务压力在工种、技术等级和行业类型上均存在显著差异；而债务压力仅在工种和行业类型方面存在显著差异（表 9-11）。就工种而言，劳务工的财务压力和债务压力显著高于合同工（图 9-26）。在技术等级方面，拥有中级技术等级的产业工人财务压力较高，且显著高于初级和高级及以上技术等级的产业工人（图 9-27）。就行业类型而言，若不考虑“其他行业”一组，建筑业产业工人的财务压力较高，制造业和能源产业工人的财务压力较低；能源产业工人的债务压力得分显著低于能源产业外其他所有行业的产业工人（图 9-28）。

表 9-11　产业工人工作特征变量在财务压力/债务压力上的差异

工作特征变量		*M*±*SD*	*t*/*F*	Cohen's *d*/η²
工种	劳务工	5. 29±2. 26/4. 52±2. 39	2. 45 * /5. 80 ***	0. 09/0. 21
	合同工/正式工	5. 10±2. 25/4. 02±2. 43		
技术等级	无技术等级	5. 25±2. 23/4. 12±2. 41	9. 67 *** /1. 29	0. 01/0. 001
	初级	4. 89±2. 24/4. 17±2. 37		
	中级	5. 36±2. 25/4. 26±2. 59		
	高级及以上	4. 92±2. 32/3. 98±2. 41		
行业类型	采矿业	5. 27±2. 23/4. 46±2. 41	19. 31 *** /5. 58 ***	0. 02/0. 07
	制造业	4. 87±2. 23/4. 12±2. 32		
	建筑业	5. 43±2. 01/4. 28±2. 61		
	能源产业	4. 92±2. 21/3. 46±2. 22		
	化工行业	5. 13±2. 41/4. 40±2. 42		
	其他	5. 73±2. 29/4. 13±2. 62		

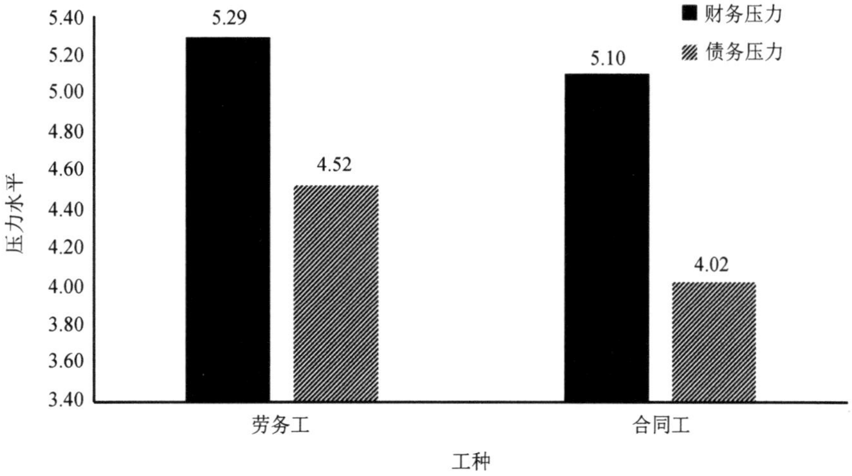

图 9-26　产业工人财务压力和债务压力在工种上的差异

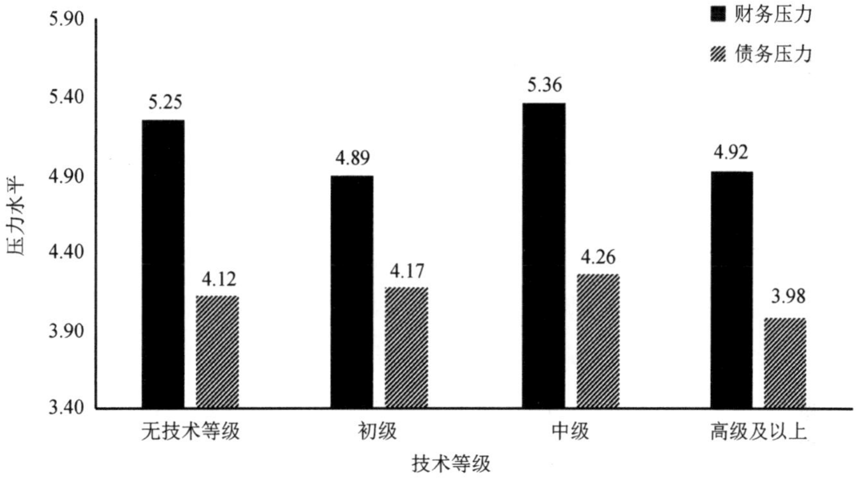

图 9-27　产业工人财务压力和债务压力在技术等级上的差异

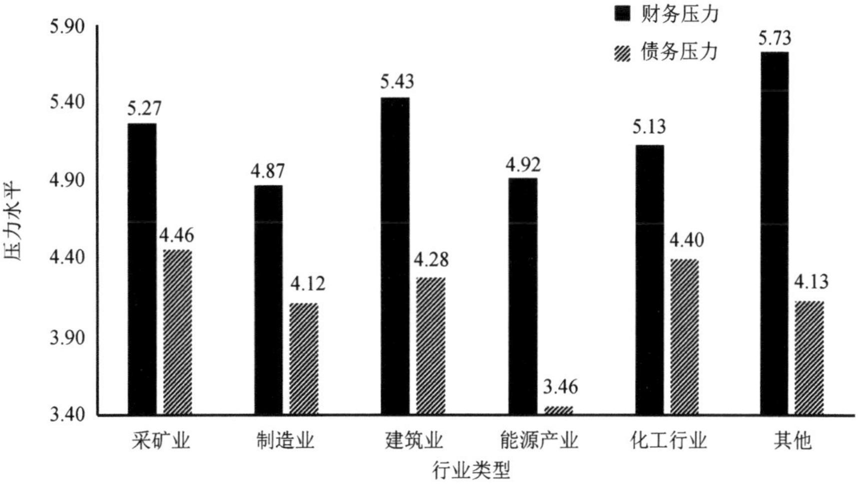

图 9-28　产业工人财务压力和债务压力在行业类型上的差异

3.3 大专学历的特异性结果：户籍作为调节变量

基于先前的分析，本研究发现大专学历在产业工人群体中具有独特性：与低学历和高学历工人相比，大专学历工人的家庭经济满意度最低、主观财经素养最差以及财务压力最高。这部分我们试图探究其原因。有研究表明城乡二元化导致农村居民在经济、教育、医疗等方面的待遇比城镇居民要差，且社会经济地位也不如城镇居民（Han，1999；Kuang et al.，2020）。这种户籍制度可能导致农村户口的工人比城镇户口的工人拥有的资源较少、面临更大的经济压力。同时，获得大专学历的工人已经很有可能在城市安家落户，但在城市也要面临更大的经济压力（如购房、子女教育等），因此，户籍可能成为大专学历的特异性结果的一个调节因素。

我们通过二因素方差分析考察受教育水平和户籍状况在家庭经济满意度、主观财经素养、财务压力三个经济心理指标上的交互作用，以探讨大专学历的产业工人的特异性。结果发现，受教育水平和户籍在家庭经济满意度（$F(4,4149)=5.45$，$p<0.001$，$\eta_p^2=0.005$）、主观财经素养（$F(4,4148)=5.05$，$p<0.001$，$\eta_p^2=0.005$）以及财务压力（$F(4,4148)=5.54$，$p<0.001$，$\eta_p^2=0.005$）上的交互作用均显著，描述统计见表 9-12。具体来看，家庭经济满意度和主观财经素养的交互作用呈现出一致的趋势（图 9-29 和图 9-30）。对于城镇户口的工人而言，这两个指标在初中学历之前是下降的，然后呈现出平稳趋势；而农村户口的趋势却与之不同——从小学到高中在这两个指标上呈上升趋势，然而在大专学历上迅速下降。就财务压力而言，城镇户口的工人在不同学历上的起伏并不很大，然而农村户口的工人，随着学历水平的提高呈现降低趋势，然而在大专学历处财务压力骤然上升（图 9-31）。这些结果表明，对于农村户口、大专学历的工人而言，他们的财务压力相较于农村户口的其他学历工人更大，且对自身状况的评价较差（如家庭经济满意度和主观财经素养较低）。

表 9-12 交互作用的描述统计结果（*M*±*SD*）

受教育水平	户口	家庭经济满意度	主观财经素养	财务压力	收支不平衡
小学及以下	城镇	6.41±1.92	6.49±2.31	4.76±1.91	1.78±0.85
	农村	5.41±2.20	5.36±2.25	5.24±2.06	1.76±0.88
初中	城镇	5.78±2.56	5.74±2.46	5.14±2.48	1.94±0.87
	农村	5.97±2.40	5.64±2.41	5.03±2.24	1.92±0.89
高中	城镇	5.87±2.45	5.69±2.46	4.94±2.27	1.98±0.94
	农村	6.13±2.50	5.89±2.46	4.89±2.44	1.88±0.88
大专	城镇	5.61±2.29	5.49±2.12	5.20±2.13	2.00±0.92
	农村	5.08±2.23	4.88±2.05	5.96±2.08	2.24±0.96
大学本科及以上	城镇	5.94±2.26	5.58±2.15	5.07±2.01	1.96±0.94
	农村	5.83±2.10	5.50±2.12	5.23±2.07	2.03±0.95

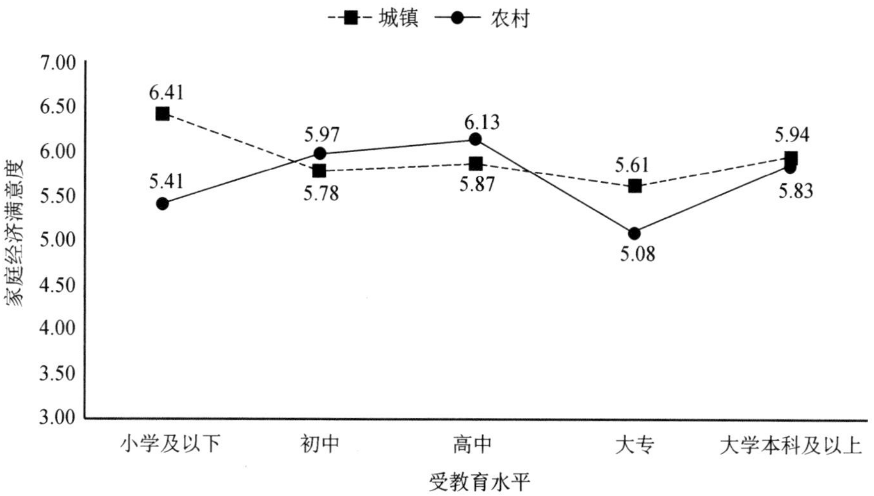

图 9-29 产业工人家庭经济满意度在教育与户籍上的交互作用

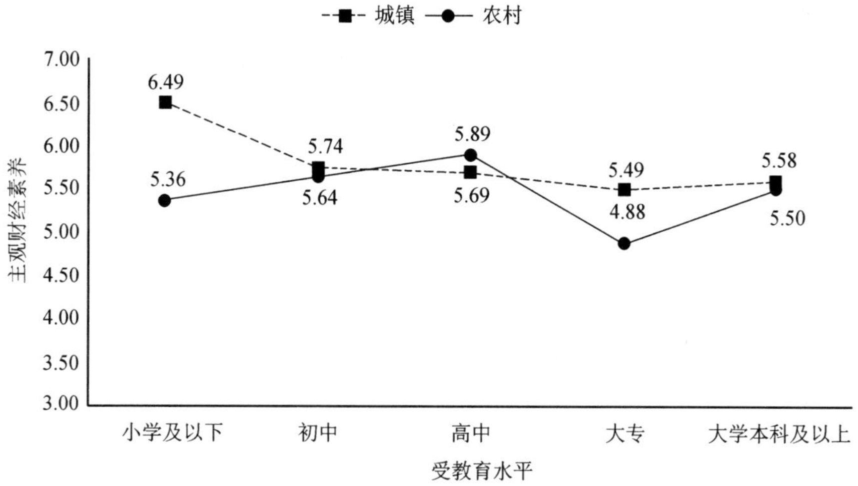

图 9-30 产业工人主观财经素养在教育与户籍上的交互作用

我们还考察了不同受教育水平和不同户籍产业工人的收支不平衡问题。收支不平衡的测量题目是：最近一年里您的收支状况如何？1＝“收入大于支出”，2＝“收入支出相当”，3＝“支出大于收入，动用了以前的积蓄”，4＝“出大于收入，不但动用了积蓄，还借了款”。分数越高，收支越不平衡。两因素方差分析的结果表明，受教育水平和户籍在收支不平衡上交互作用显著（$F(4,4139)=4.52$，$p<0.001$，$\eta_p^2=0.004$）。从图 9-32 中，我们可以发现农村大专生的收支不平衡最严重。由此可见，农村户口的大专学历工人更可能存在相对严重的入不敷出问题。

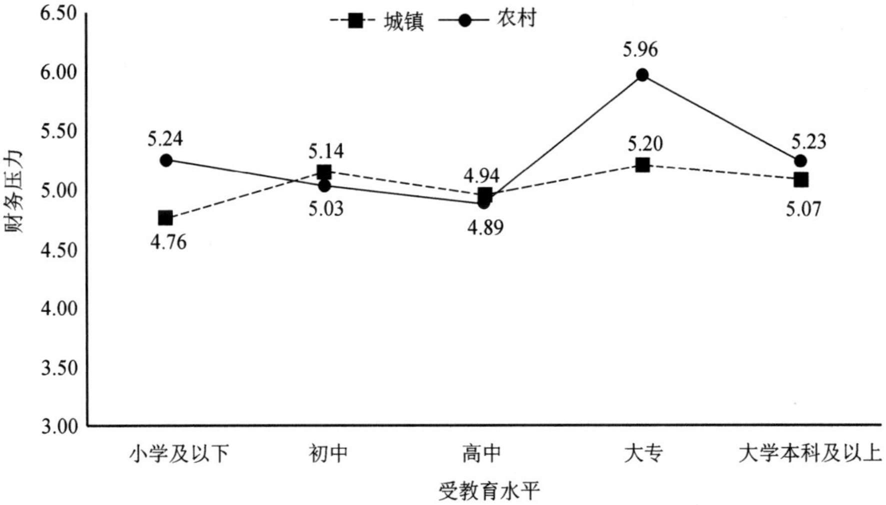

图 9-31　产业工人财务压力在教育与户籍上的交互作用

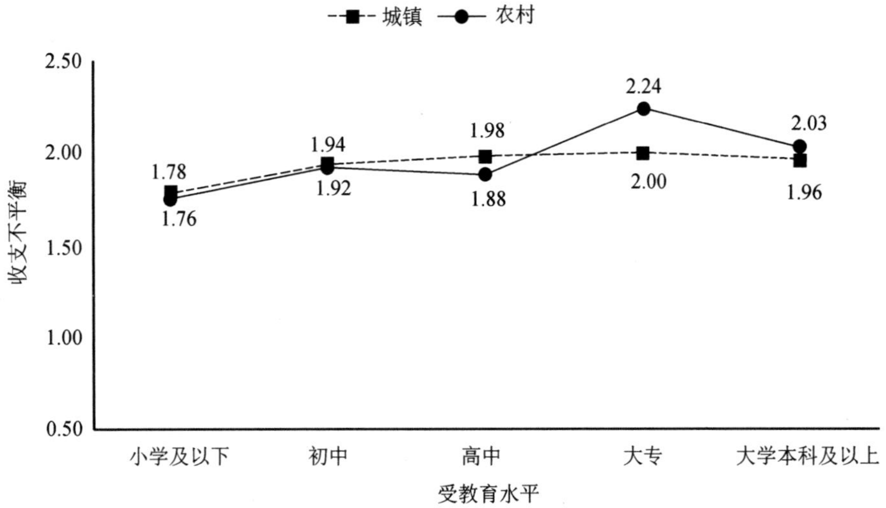

图 9-32　产业工人收支不平衡在教育与户籍上的交互作用

3.4　收入支出模式

为了深入了解过去一年产业工人的实际支出行为，我们通过一个题项进行测量，即“您过去一年的收入（所有各类收入，包括他人给予的钱款）在如下的八类项目上大约是按照什么比例分配的？请根据您的实际情况回答，并确保各项分配比例相加为100%”。一共有八类支出项目，分别是存入银行，投资理财产品、股票、保险，投资经商，投资固定资产（如买房子或汽车），用于享受型消费（如旅游、奢侈品、个人娱乐），用于日常消费（日常生活支出），做公益捐赠（捐给慈善机构、希望工程、寺庙教会等），其他用途。

在进行数据处理时，我们对收集到的数据进行了严格筛选，删除了那些分配比例相加不等于100%的数据，共计删除了282条不符合要求的数据，最终有效数据有3918条，在这些样本中被试所填写的分配比例相加均为100%。频率分析发现，在过去一年的收入分配中，产业工人主要将收入用于日常消费和存入银行，这两项分别占总收入的37.15%和25.77%。这表明，对于大多数产业工人来说，保障基本生活需求以及存钱以应对未来可能的支出是他们财务管理的首要任务。除此之外，产业工人用于享受型消费的支出也占到了一定比例，平均为总收入的9.45%。这可能反映了在满足基本生活需求后，产业工人群体对享受生活的追求。投资固定资产的支出占比8.29%，投资理财产品、股票、保险等的支出占比7.36%，这说明部分产业工人有理财意识，想通过这些方式来实现财富增值。相对而言，用于投资经商和公益捐赠的支出比例非常低。具体到各个项目的支出情况，详细数据见图9-33。对于一般居民而言，他们会将大部分的收入用于日常消费（33.7%）以及存入银行（34.1%）(辛自强,董妍,2023)，然而产业工人群体把更多的收入用于日常消费，存入银行的比例相对较少。这说明，产业工人群体的平均收入水平低于一般居民，满足基本生活需求是其最主要的财务目标。

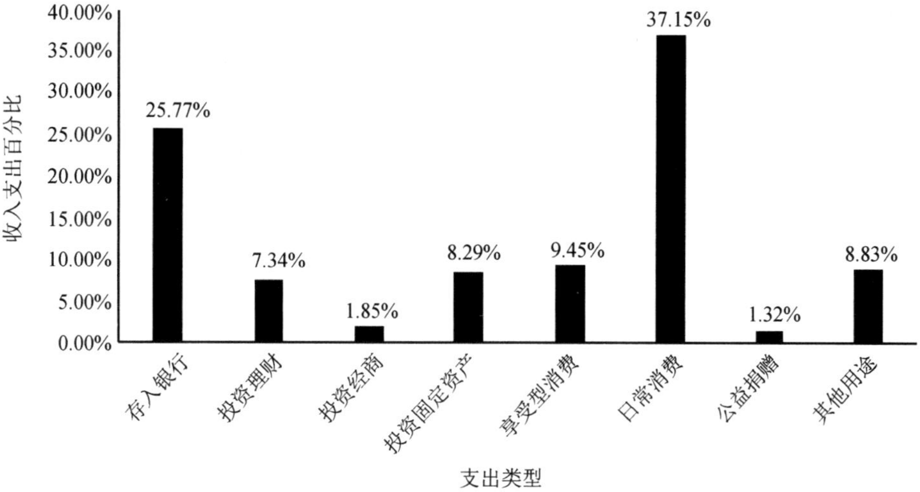

图9-33 产业工人过去一年收入支出分配情况

3.5 理财行为

3.5.1 投资理财行为

(1) 总体状况描述。

为了解产业工人的投资理财情况，我们设计了三个题目进行考察。一是了解产业工人是否会进行理财活动。测量题目为“您目前是否在用自己的可支配收入进行投资理财活动?” 1=“是”，2=“否”。结果发现，超过半数（56.96%）的产业工人会进行投资理财，这表明理财意识在产业工人中较为普遍。

二是产业工人通过什么方式进行理财。我们用一个题目来测量：如果您在进行投资理财活动，那您选择的投资理财方式有哪些（可多选）? 1=“储蓄”，2=“基金”，3=“股票”，4=“储蓄性保险”，5=“债券”，6=“金融衍生品”，7=“账户贵金属”，8=“实物贵金属（不包括首饰）”，9=“外汇”，10=“其他方式”，11=“都没有”。通过频率分析，我们发现大多数产业工人会将储蓄（71.22%）作为最主要的理财方式，其次是投资基金（24.99%）、储蓄性保险（17.86%）和股票（16.32%），其他理财方式几乎很少用，具体数值详见图 9-34。

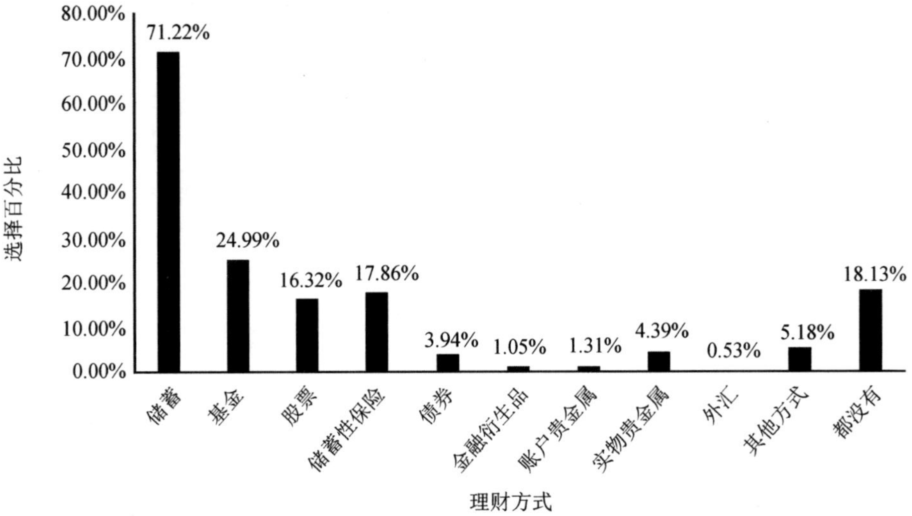

图 9-34　产业工人理财方式使用情况

三是产业工人会选择哪些理财工具。题目为：您使用过哪些互联网理财（支付或借贷）工具（可多选）? 1=“微信支付”，2=“支付宝”，3=“余额宝”，4=“现金宝”，5=“零钱通”，6=“理财通”，7=“蚂蚁花呗”，8=“京东白条”，9=“陆金所”，10=“其他工具”，11=“都没有”。通过频率分析发现，微信支付（81.48%）和支付宝（75.24%）是产业工人最常用的两个理财工具，有将近半数（42.49%）的人选择支付宝中的余额宝进行理财，有少部分人也使用零钱通（21.98%）和蚂蚁花呗（18.87%）理财。然而，其他理财工具（如理财通、陆金所等）的使用比例非常低，具体数据见图 9-35。

（2）差异检验。

我们对投资理财行为进行了以下处理：将选择理财方式的数目和理财工具的数目进行加和，得分越高，表明投资理财行为越多。通过统计检验，我们发现产业工人的投资理财行为在不同人口统计学变量（性别除外）上存在显著差异（表 9-13）。具体

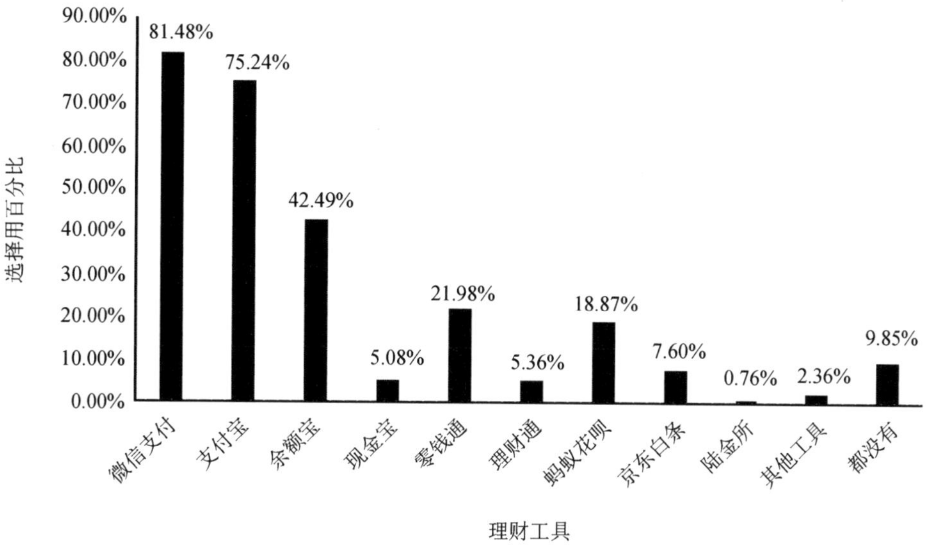

图 9-35 产业工人理财工具使用情况

来说，在产业工人群体中，城镇户口比农村户口、未婚比已婚有更多的投资理财行为。就受教育水平和月收入水平而言，投资理财行为随着学历或者月收入水平上的提升而呈现增多趋势（图 9-36 和图 9-37）。从不同的年龄段来看，投资理财行为随着年龄增长呈现先增长后下降的趋势（图 9-38），具体来说 25~29 岁的产业工人理财行为最多，30 岁之后产业工人随着年龄的增长投资理财行为逐渐减少。综上所述，年轻、未婚、城镇户口、学历越高、月收入越高的产业工人有更多的投资理财行为。

表 9-13 产业工人人口学变量在投资理财行为上的差异

人口统计学变量		*M*±*SD*	*t*/*F*	Cohen's d/η^2
性别	男性	2. 06±1. 13	1. 52	0. 05
	女性	2. 01±1. 08		
户口	城镇	2. 11±1. 11	3. 36***	0. 11
	农村	1. 99±1. 11		
婚姻状态	未婚	2. 25±1. 11	6. 78***	0. 25
	已婚	1. 98±1. 11		
受教育程度	小学及以下	1. 52±0. 93	47. 86***	0. 04
	初中	1. 80±1. 02		
	高中	2. 11±1. 01		
	大专	2. 16±1. 17		
	大学本科及以上	2. 38±1. 26		

（续表）

人口统计学变量		$M \pm SD$	t/F	Cohen's d/η^2
年龄	16~24 岁	2. 14±1. 20	38. 02***	0. 06
	25~29 岁	2. 36±1. 05		
	30~34 岁	2. 25±1. 15		
	35~39 岁	2. 17±1. 06		
	40~44 岁	1. 92±1. 15		
	45~49 岁	1. 76±1. 04		
	50~54 岁	1. 69±0. 98		
	55 岁及以上	1. 41±0. 91		
月收入水平	2000 元以下	1. 08±1. 15	25. 49***	0. 05
	2000~2999 元	1. 62±1. 02		
	3000~3999 元	1. 72±1. 07		
	4000~4999 元	2. 06±0. 99		
	5000~5999 元	2. 15±1. 02		
	6000~6999 元	2. 24±1. 15		
	7000~7999 元	2. 19±1. 19		
	8000~8999 元	2. 27±1. 27		
	9000~10000 元	2. 14±1. 18		
	10000 元以上	2. 39±1. 32		

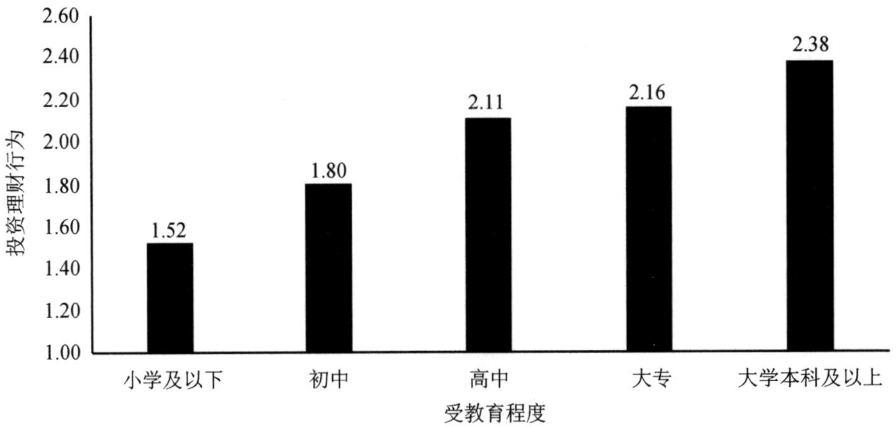

图 9-36　产业工人投资理财行为在受教育程度上的差异

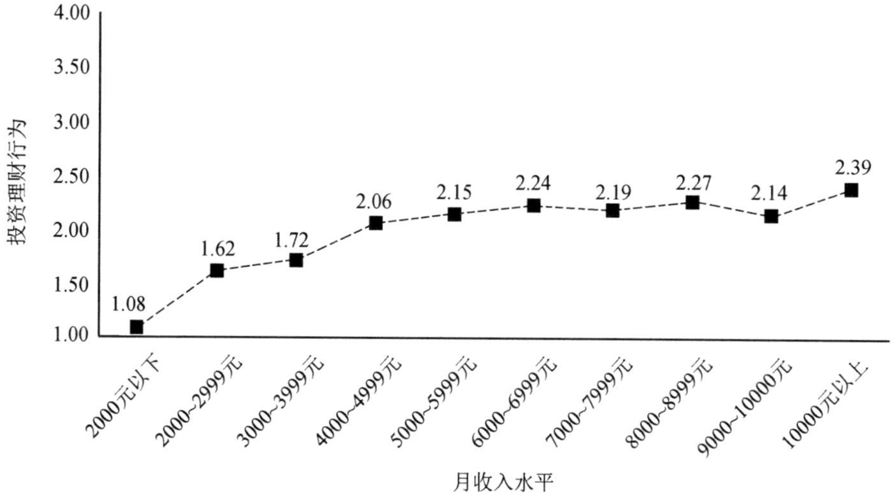

图 9-37　产业工人投资理财行为在月收入上的差异

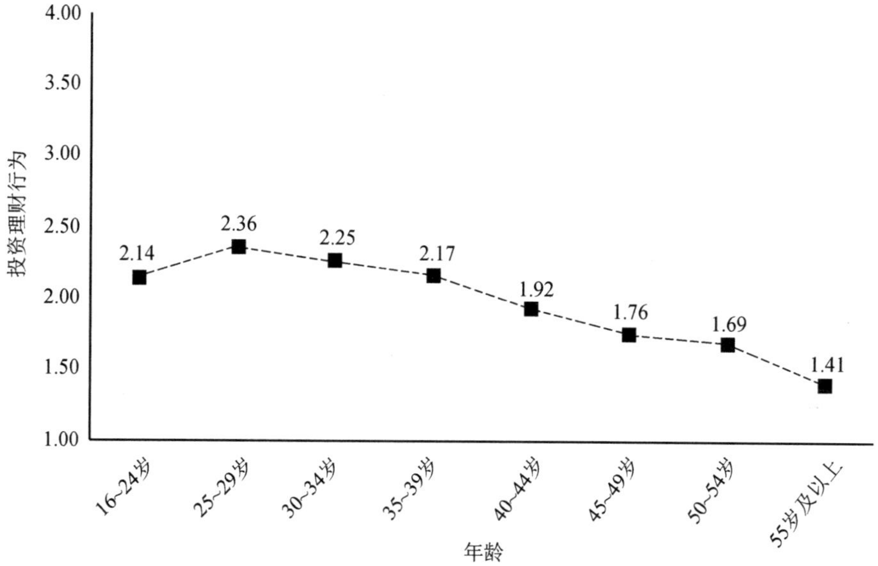

图 9-38　产业工人投资理财行为在年龄上的差异

产业工人的投资理财行为在与工作特征有关的变量上也存在显著差异（表 9-14）。具体来说，劳务工的投资理财行为显著少于合同工/正式工。随着技术等级的增加，投资理财行为先增长后趋于平稳，即没有技术等级的产业工人的投资理财行为最少，有技术等级的工人的投资理财行为较多（图 9-39）。就行业类型来说，采矿业工人的投资理财行为较少，能源行业的产业工人的投资理财行为较多（图 9-40）。

表 9-14　产业工人工作特征变量在投资理财行为上的差异

工作特征变量		$M \pm SD$	t/F	Cohen's d/η^2
工种	劳务工	1. 66±1. 08	−12. 80***	−0. 46
	合同工/正式工	2. 17±1. 10		

（续表）

工作特征变量		$M \pm SD$	t/F	Cohen's d/η^2
技术等级	无技术等级	1.85±1.10	37.46***	0.03
	初级	2.19±1.07		
	中级	2.20±1.17		
	高级及以上	2.27±1.06		
行业类型	采矿业	1.83±1.15	7.56***	0.01
	制造业	2.10±1.12		
	建筑业	2.06±1.09		
	能源产业	2.24±1.20		
	化工行业	1.99±1.08		
	其他	1.87±1.09		

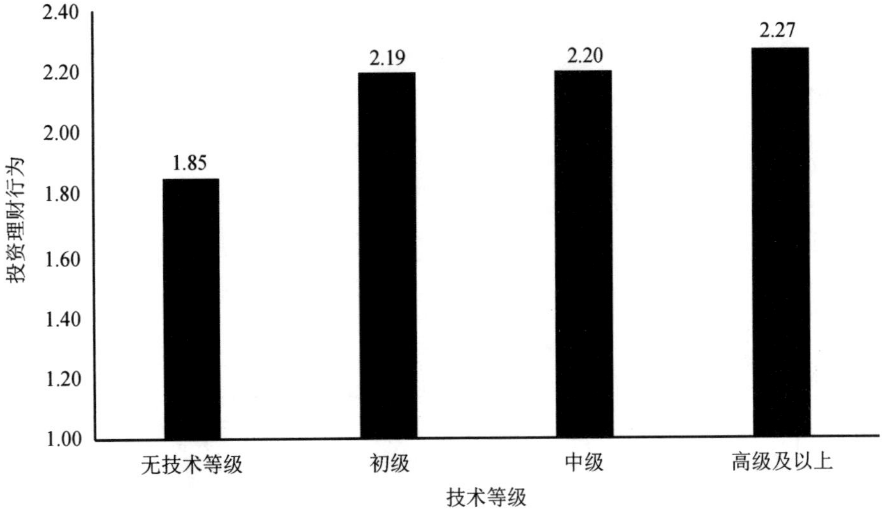

图 9-39　产业工人投资理财行为在技术等级上的差异

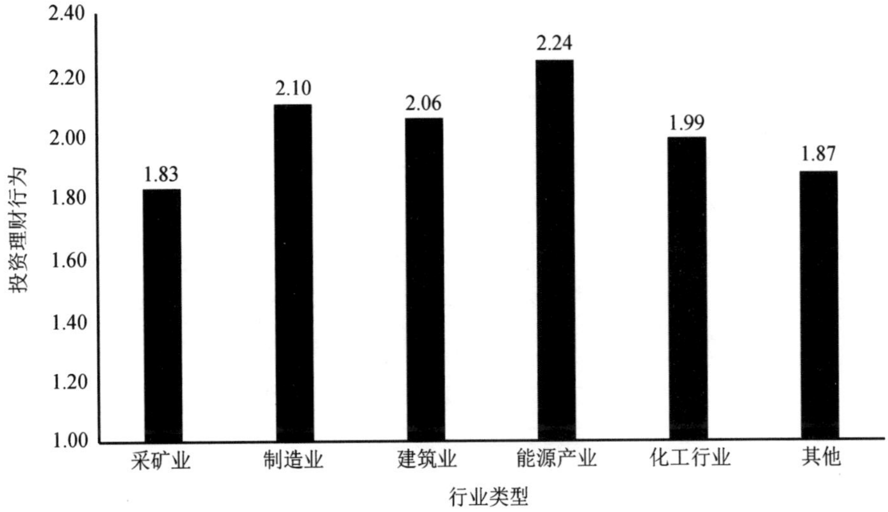

图 9-40　产业工人投资理财行为在行业类型上的差异

3.5.2　财务规划行为

（1）总体状况描述。

财务规划是指通过设定自己的财务目标，并依据这些目标来指导财富管理行为、进行财务决策的过程（刘菲,辛自强,2021）。财务规划对于个人和家庭而言至关重要。人们通过合理的财务规划，不仅能保障生活品质、满足日常需求，比如通过储蓄或投资来为旅游、购房买车等计划做准备，还能应对突发状况，例如在家庭成员生病时，能够有足够的资金用于医疗支出。为了考察产业工人的财务规划行为，我们设计了三个题目分别调查相应的指标：

第一，实现远期财务目标的财务规划。题目是："你是否正在为一个远期目标（如买车、买房、教育、养老等）而存钱?" 1="是"，0="否"。频率分析的结果显示，超过三分之二（67.55%）的产业工人在为一个远期目标而存钱，只有不足三分之一（32.45%）的人没有为了远期目标存钱。这表明大部分产业工人有为远期目标管理金钱或存钱的行为。

第二，风险管理的财务规划。题目为"你是否拥有或购买了商业保险（健康保险、财产保险或人寿保险）?" 1="是"，0="否"。结果发现，不足一半（41.26%）的产业工人拥有或购买了商业保险，而大部分（58.74%）则没有商业保险。这反映出产业工人在保险意识方面还有待提高。

第三，应急能力。题目为"如果在下个月有一些意想不到的事情，您是否有信心能够拿出3万元应急?"共设置四个选项。图9-41是各选项的频次统计，选择"我确定我有3万元"的占比49.56%，"我也许能拿得出3万元"占比25.69%，"我可能拿不出3万元"占比11.96%，"我肯定拿不出3万元"占比12.80%。我们又对该题选项进行反向计分，以使分值越高（1~4），代表应急能力越好。调查结果显示，产业工人的平均应急能力得分是3.12分（$SD=1.06$），处于中等偏上水平。具体见图9-41。

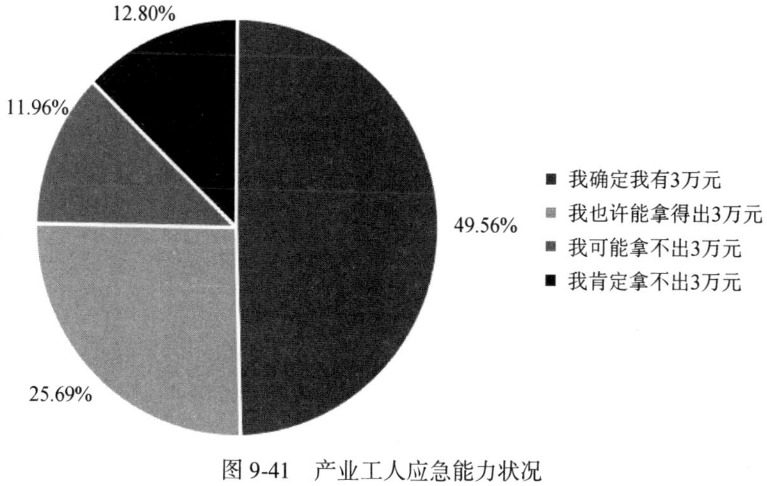

图9-41　产业工人应急能力状况

（2）差异检验。

为了考察产业工人财务规划行为在不同人口学变量以及工作特征变量上的差异，我们对以上三个指标（远期财务目标的财务规划、风险管理的财务规划和应急能力）进行以下处理。参考社会经济地位的处理方式（许有云等,2024），我们将三个衡量尺度不一样的题目进行主成分分析，结果表明只有一个特征根大于 1 的主因子。这说明财务规划行为可以合成一个得分，计算公式为：$(0.593\times Z_{远期财务目标}+0.735\times Z_{风险管理的财务规划}+0.738\times Z_{应急能力})/1.438$，其中，0.593、0.735 和 0.738 为相应变量的因子载荷，1.438 为第一个分量的特征值。

产业工人的财务规划行为在不同人口统计学变量（除性别）上存在显著差异（表 9-15）。具体来说，在产业工人群体中，城镇户口比农村户口、已婚比未婚有更多的财务规划行为。就受教育水平而言，大学本科及以上学历的产业工人的财务规划行为最多（图 9-42）。从不同的年龄段来看，财务规划行为随着年龄的增长呈现出“先上升后下降”的趋势，即从 16 岁到 34 岁财务规划行为不断增加，从 35 岁之后开始下降（图 9-43）。就月收入而言，财务规划行为随着月收入的增长呈现出不断增多的趋势（图 9-44）。综上所述，年轻、已婚、城镇户口、学历较高（大学本科及以上学历）、月收入越高的产业工人有更多的财务规划行为。

表 9-15 产业工人人口学变量在财务规划行为上的差异

人口统计学变量		*M*±*SD*	*t*/*F*	Cohen's d/η^2
性别	男性	1.85±0.66	−0.62	0.02
	女性	1.84±0.64		
户口	城镇	1.89±0.63	3.69***	0.12
	农村	1.81±0.66		
婚姻状态	未婚	1.81±0.63	−2.04***	−0.07
	已婚	1.86±0.65		
受教育程度	小学及以下	1.85±0.69	14.79***	0.01
	初中	1.77±0.65		
	高中	1.83±0.62		
	大专	1.84±0.66		
	大学本科及以上	2.00±0.63		
年龄	16~24 岁	1.74±0.68	5.47***	0.01
	25~29 岁	1.88±0.62		
	30~34 岁	1.93±0.61		
	35~39 岁	1.89±0.61		
	40~44 岁	1.80±0.66		
	45~49 岁	1.82±0.67		
	50~54 岁	1.79±0.69		
	55 岁及以上	1.75±0.71		

（续表）

人口统计学变量		M±SD	t/F	Cohen's d/η²
月收入水平	2000 元以下	1.46±0.60	16.01***	0.03
	2000~2999 元	1.67±0.68		
	3000~3999 元	1.70±0.68		
	4000~4999 元	1.86±0.62		
	5000~5999 元	1.86±0.63		
	6000~6999 元	1.87±0.60		
	7000~7999 元	2.02±0.66		
	8000~8999 元	1.95±0.69		
	9000~10000 元	1.98±0.68		
	10000 元以上	2.06±0.64		

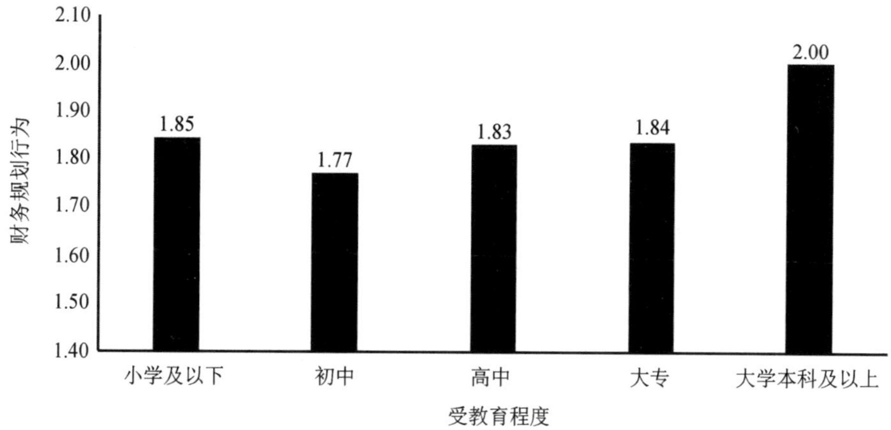

图 9-42　产业工人财务规划行为在受教育程度上的差异

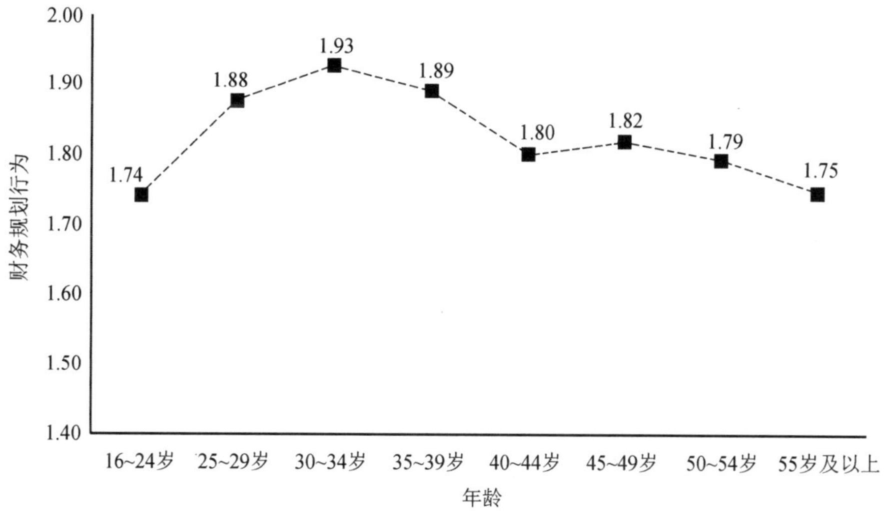

图 9-43　产业工人财务规划行为在年龄上的差异

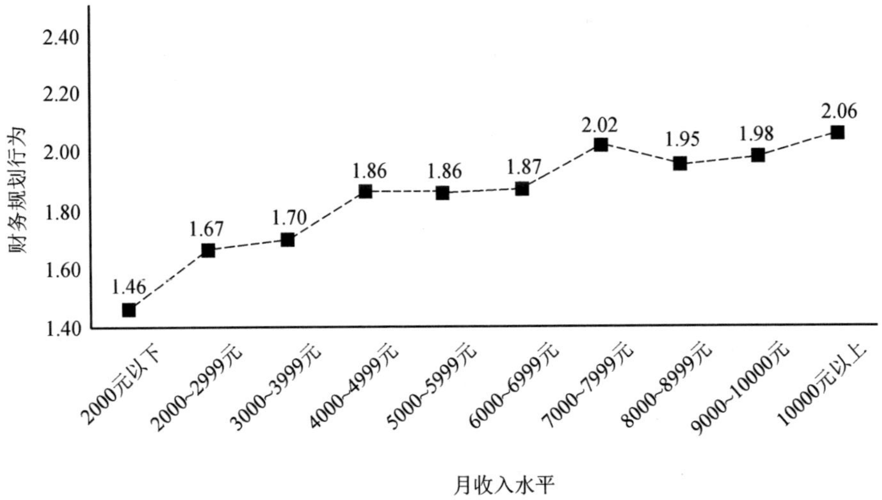

图 9-44 产业工人财务规划行为在月收入水平上的差异

产业工人的财务规划行为存在工作特征上的差异（表 9-16）。具体而言，合同工的财务规划行为多于劳务工的，有技术等级工人的财务规划行为多于没有技术等级的，能源行业产业工人的财务规划行为最多（图 9-45 和图 9-46）。

表 9-16 产业工人工作特征变量在财务规划行为上的差异

工作特征变量		*M*±*SD*	*t*/*F*	Cohen's *d*/η^2
工种	劳务工	1.68±0.70	−9.39***	−0.34
	合同工/正式工	1.90±0.62		
技术等级	无技术等级	1.75±0.67	24.18***	0.02
	初级	1.93±0.61		
	中级	1.90±0.65		
	高级及以上	1.93±0.60		
行业类型	采矿业	1.77±0.66	6.89***	0.01
	制造业	1.87±0.63		
	建筑业	1.82±0.67		
	能源产业	2.00±0.60		
	化工行业	1.84±0.63		
	其他	1.76±0.69		

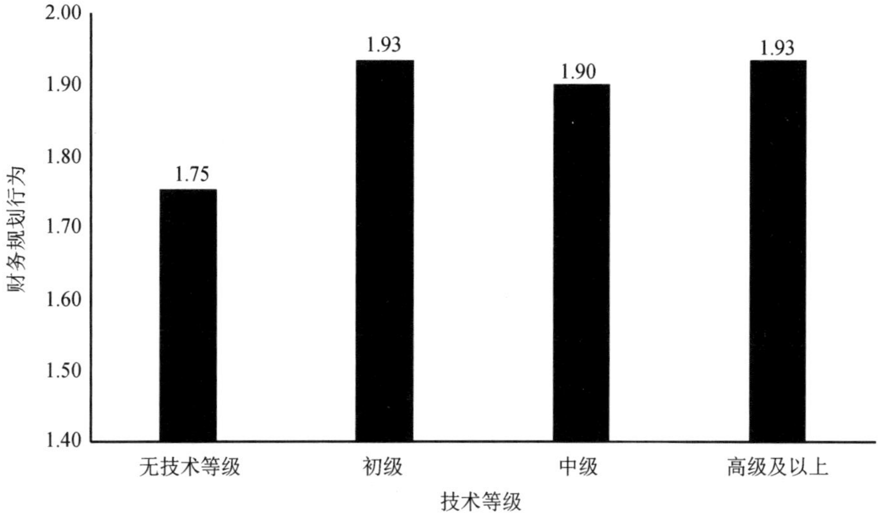

图 9-45　产业工人财务规划行为在技术等级上的差异

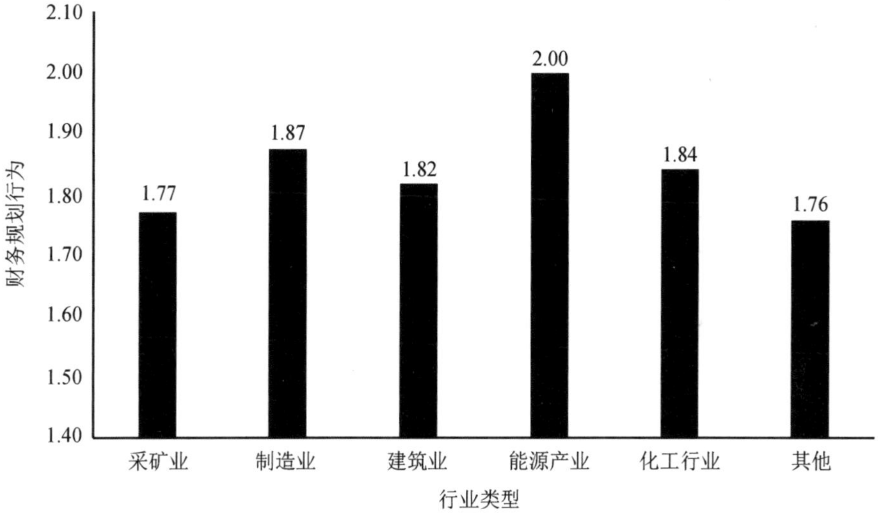

图 9-46　产业工人财务规划行为在行业类型上的差异

3.6　消费行为

3.6.1　消费行为的指标和总体特点

（1）体验型消费。调查题目为：有的人往往把钱用在大量不同的生活体验上（如下馆子、听音乐会、旅游等），他们热衷于参加各种活动或体验各种经历以享受生活。您和这种人有多像？1 表示“非常不像”，10 表示“非常像”。

（2）实物型消费。调查题目为：有的人往往把钱用在大量的实用物品上（如手机、衣物、珠宝等），他们热衷于购买自己能拥有或保存的东西来享受生活。您和这种人有多像？1 表示“非常不像”，10 表示“非常像”。

（3）问题型消费：本研究中问题型消费有两个维度，即冲动型消费和从众型消费。前者用一个题目测量，为“您是否经常购买一些本来没有打算购买的（计划外的）商品？”后者用两个题目测量，分别为“您在做购买决策时往往会受到网络上的信息、亲朋好友建议或者专家推荐的影响吗？”“您是否会因为周围的人都购买了某些商品而去购买这些商品？”三个题目均采用 10 点计分，1 表示“从不如此”，10 表示“经常如此”。这三个题目的 Cronbach's α 系数为 0.81，表明三个题目所测内容具有较强的内部一致性，因此我们取它们的平均值进行统计分析。

从这三种消费类型的平均分可以看出，产业工人的消费水平要低于组中值（5）。此外，三种消费类型之间呈现显著正相关关系（$ps<0.01$），月收入水平只与实物型和体验型消费显著正相关（$ps<0.01$）（表 9-17），也就是说，随着收入的增加，实物型和体验型消费水平也随之增加；然而，与问题型消费没有显著相关关系。这组结果说明，一方面，产业工人整体消费水平偏低，可能与他们的收入水平有关。从我们调查的产业工人的月收入来看，67.48% 的人的月收入在 6000 元以下，这在一定程度上限制了他们的消费行为。另一方面，实物型和体验型消费与月收入正相关表明，产业工人在收入增加时更倾向于通过增加实物型和体验型消费来提升生活品质。

表 9-17　产业工人消费水平及月收入的相关分析

	M	*SD*	1	2	3	4
1. 体验型消费	4.81	2.63	1			
2. 实物型消费	4.47	2.33	0.61**	1		
3. 问题型消费	4.56	2.07	0.51**	0.53**	1	
4. 月收入水平	4.98	1.98	0.10**	0.08**	0.00	1

3.6.2　体验型消费与实物型消费的具体特点

通过统计检验，我们发现体验型消费（性别除外）、实物型消费（户口除外），在大部分人口统计学变量上均存在显著差异（表 9-18）。在性别方面，女性的实物型消费水平显著高于男性（图 9-47）。在户口方面，城镇户口产业工人的体验型消费水平显著高于农村户口工人（图 9-48）。就婚姻状态而言，无论是体验型还是实物型消费，未婚产业工人的消费水平均高于已婚产业工人（图 9-49）。就受教育水平而言，体验型消费水平随着学历的提高呈现出先上升后下降再上升的趋势，即小学至高中学历的产业工人体验型消费水平逐渐提升，大专学历时下降，本科及以上学历时再次提升；实物型消费则表现为大学本科及以上学历的产业工人的消费水平最高，其他学历之间无显著差异（图 9-50）。就年龄而言，两种消费类型在年龄上呈现相似的模式，即随着年龄的增长两种消费均呈现下降趋势（图 9-51）。就月收入而言，体验型消费和实物型消费均呈现“先上升再下降后趋于平稳”的趋势。然而，两者上升至顶点的位置不同，即在月收入为 5000～5999 元时，产业工人的体验型消费水平最高；在月收入为 7000～7999 元时，产业工人的实物型消费水平最高（图 9-52）。

表 9-18　产业工人人口学变量在体验型/实物型消费上的差异

人口统计学变量		*M*±*SD*	*t*/*F*	Cohen's *d*/η^2
性别	男性	4. 77±2. 64/4. 36±2. 32	−1. 34/−3. 69***	−0. 04/−0. 12
	女性	4. 88±2. 61/4. 64±2. 30		
户口	城镇	4. 93±2. 57/4. 47±2. 29	2. 70**/0. 23	0. 09/0. 07
	农村	4. 71±2. 66/4. 45±2. 34		
婚姻状态	未婚	5. 73±2. 43/4. 88±2. 18	13. 06***/6. 69***	0. 47/0. 24
	已婚	4. 51±2. 61/4. 32±2. 34		
受教育程度	小学及以下	4. 46±2. 86/4. 45±2. 43	5. 88***/12. 02***	0. 01/0. 11
	初中	4. 78±2. 71/4. 32±2. 26		
	高中	4. 94±2. 64/4. 32±2. 20		
	大专	4. 53±2. 43/4. 42±2. 32		
	大学本科及以上	5. 07±2. 60/5. 00±2. 53		
年龄	16～24 岁	5. 62±2. 57/5. 26±2. 43	52. 38***/16. 21***	0. 08/0. 03
	25～29 岁	5. 85±2. 34/4. 88±2. 09		
	30～34 岁	5. 17±2. 56//4. 49±2. 14		
	35～39 岁	5. 03±2. 64/4. 53±2. 29		
	40～44 岁	4. 30±2. 60/4. 23±2. 38		
	45～49 岁	3. 91±2. 49/4. 03±2. 41		
	50～54 岁	3. 94±2. 49/4. 11±2. 43		
	55 岁及以上	3. 49±2. 43/3. 90±2. 43		
月收入水平	2000 元以下	3. 00±2. 44/3. 50±2. 51	22. 33***/6. 86***	0. 05/0. 02
	2000～2999 元	4. 10±2. 61/4. 35±2. 50		
	3000～3999 元	4. 16±2. 58/4. 27±2. 51		
	4000～4999 元	4. 64±2. 52/4. 32±2，23		
	5000～5999 元	5. 47±2. 56/4. 53±2. 10		
	6000～6999 元	5. 14±2. 69/4. 50±2. 20		
	7000～7999 元	5. 01±2. 50/5. 11±2. 47		
	8000～8999 元	4. 48±2. 59/4. 42±2. 42		
	9000～10000 元	4. 66±2. 47/4. 43±2. 50		
	10000 元以上	4. 69±2. 76/4. 84±2. 52		

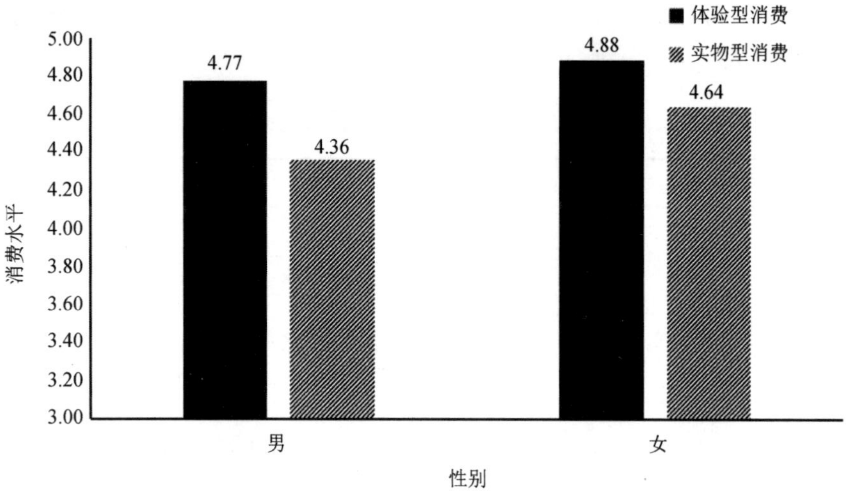

图 9-47　产业工人体验型和实物型消费水平在性别上的差异

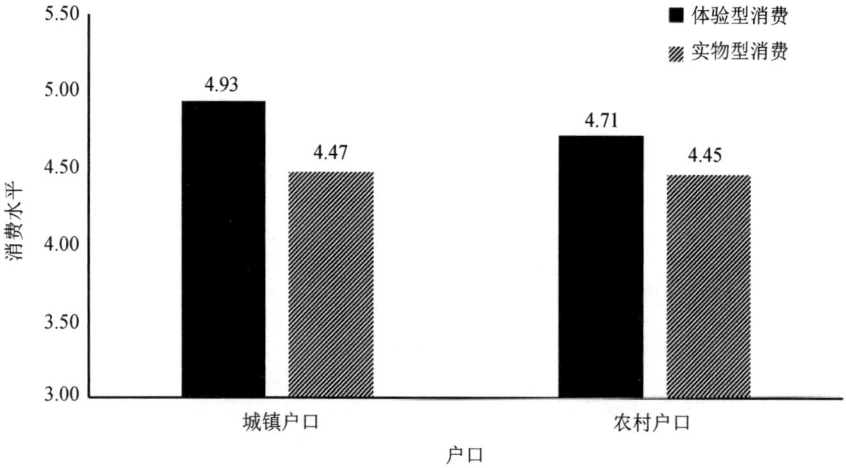

图 9-48　产业工人体验型和实物型消费水平在户口上的差异

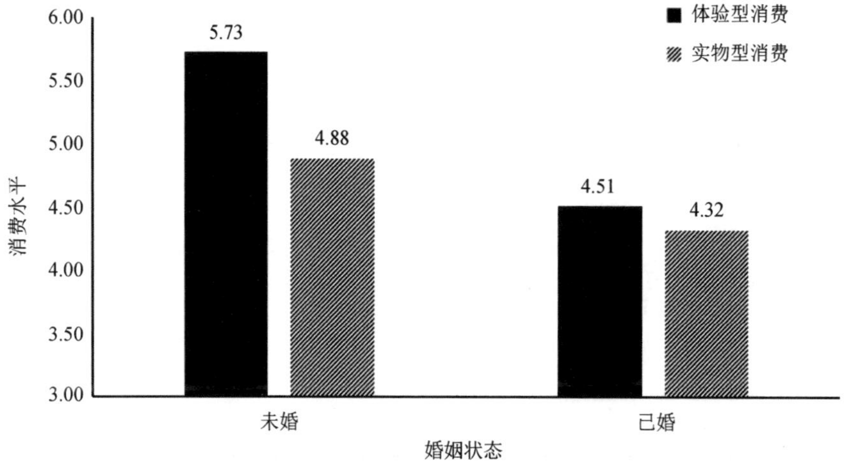

图 9-49　产业工人体验型和实物型消费水平在婚姻状态上的差异

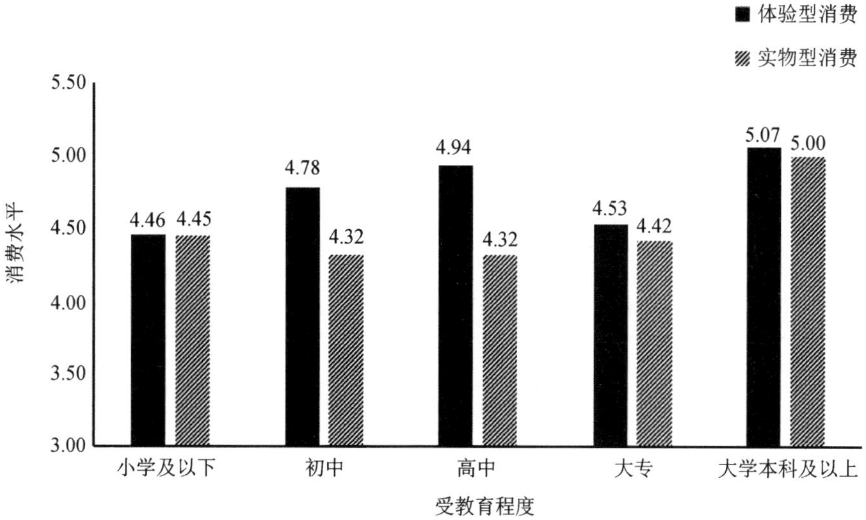

图 9-50　产业工人体验型和实物型消费水平在受教育程度上的差异

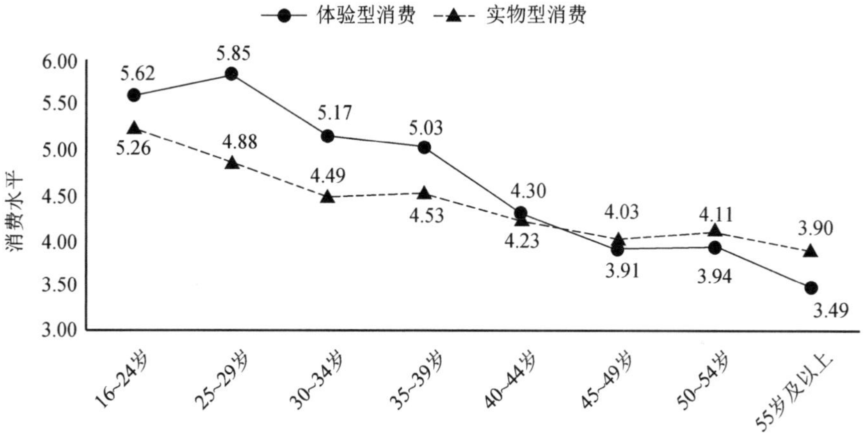

图 9-51　产业工人体验型和实物型消费水平在年龄上的差异

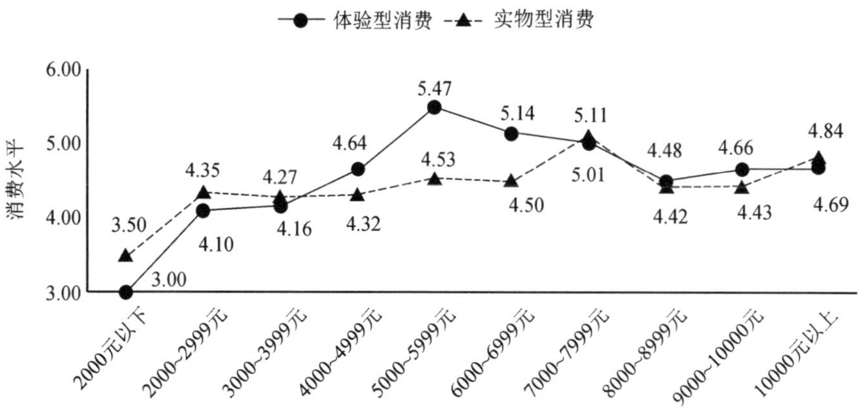

图 9-52　产业工人体验型和实物型消费水平在月收入水平上的差异

体验型消费和实物型消费（除了工种）在不同工作特征变量上存在显著差异（表9-19）。首先，合同工的体验型消费水平显著高于劳务工（图9-53）。其次，体验型消费水平随技术等级的提升呈现“先上升后下降再上升”的趋势，即从无技术等级到初级时消费水平上升，到中级时骤然下降，到高级时再次回升（图9-54）。最后，就行业类型而言，在体验型消费中，能源产业消费水平最高，建筑业最低；在实物型消费中，能源产业消费水平最高，其他行业之间差异不显著（图9-55）。

表9-19　产业工人工作特征变量在体验型/实物型消费上的差异

工作特征变量		*M*±*SD*	*t*/*F*	Cohen's *d*/η^2
工种	劳务工	4.61±2.73/4.36±2.41	-2.61**/-1.69	-0.09/-0.06
	合同工/正式工	4.87±2.60/4.50±2.30		
技术等级	无技术等级	4.77±2.71/4.50±2.36	13.83***/8.49***	0.01/0.01
	初级	5.19±2.59/4.67±2.29		
	中级	4.39±2.49/4.27±2.34		
	高级及以上	4.66±2.49/4.09±2.19		
行业类型	采矿业	4.65±2.62/4.43±2.36	13.40***/2.76***	0.02/0.003
	制造业	4.99±2.65/4.42±2.23		
	建筑业	4.17±2.37/4.46±2.24		
	能源产业	5.39±2.74/5.01±2.50		
	化工行业	4.99±2.57/4.43±2.26		
	其他	4.53±2.66/4.46±2.60		

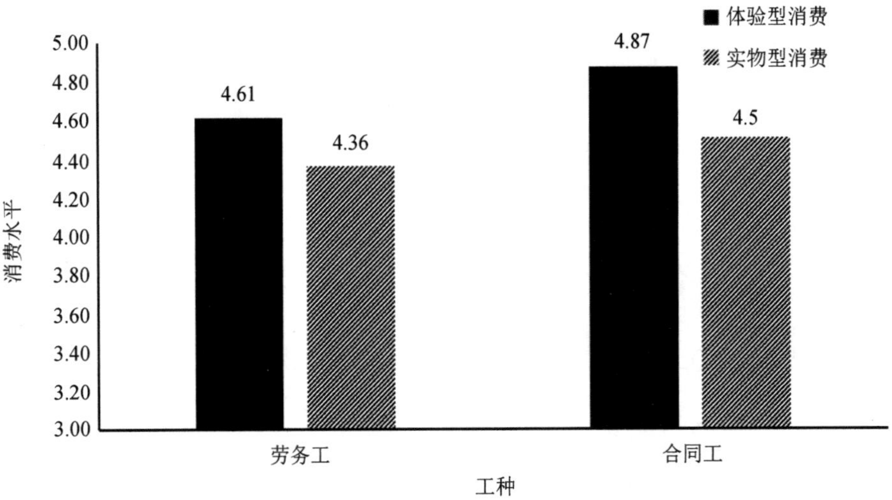

图9-53　产业工人体验型和实物型消费水平在工种上的差异

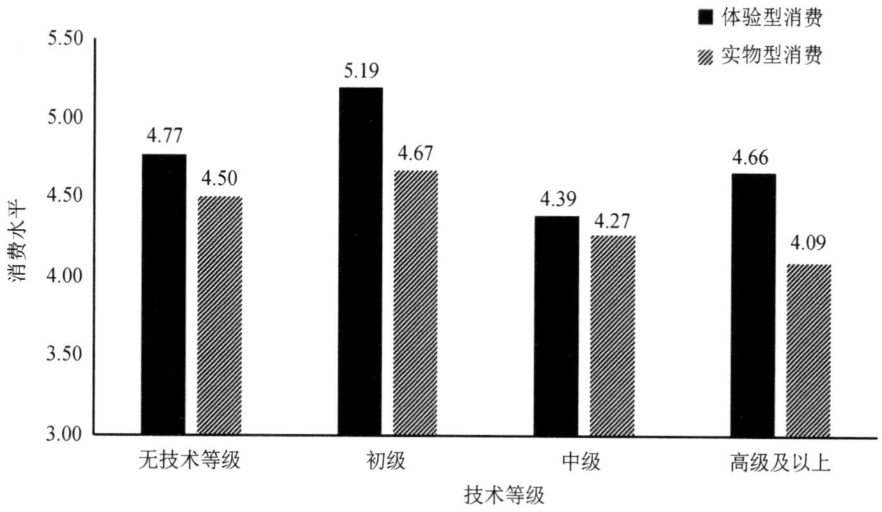

图 9-54　产业工人体验型和实物型消费水平在技术等级上的差异

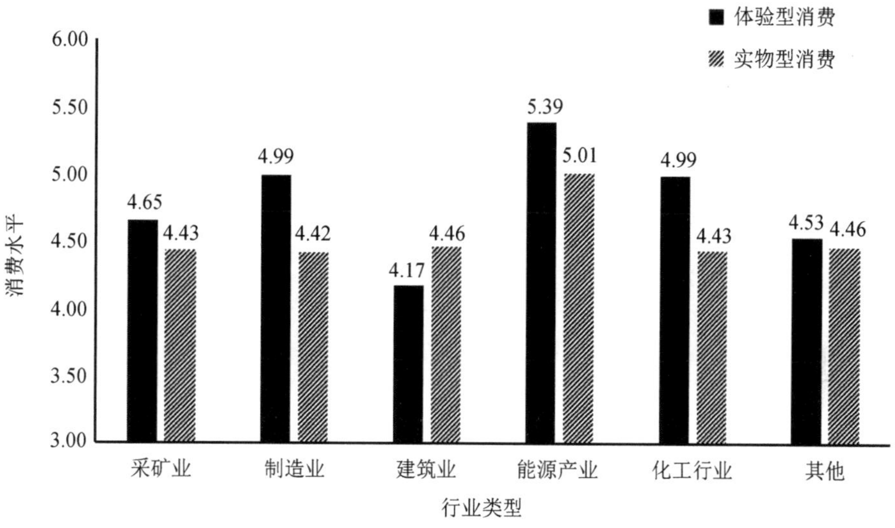

图 9-55　产业工人体验型和实物型消费水平在行业类型上的差异

3.6.3　问题型消费

统计检验结果显示，问题型消费在不同人口统计学变量（户口除外）上存在显著差异（表 9-20）。具体来说，女性比男性、未婚比已婚，有更多的问题型消费。就受教育水平而言，问题型消费水平随着学历水平的提升呈现“先下降再上升”模式（图 9-56），即大专学历的产业工人的问题型消费水平最低。从不同的年龄段来看，问题型消费水平随着年龄增长呈现下降的趋势（图 9-57）。从月收入来看，问题型消费水平随着月收入的升高而出现“波动式上升”模式，即 5000~6999 元以及 10000 元以上的产业工人有更多的问题型消费（图 9-58）。综上所述，年轻、未婚、女性、较高（大学本科及以上）或较低（小学及以下）学历、月收入在 5000~6999 元的产业工人有更多的问题型消费。

表 9-20　产业工人人口学变量在问题型消费上的差异

人口统计学变量		*M*±*SD*	*t*/*F*	Cohen's d/η^2
性别	男性	4. 40±2. 07	−6. 61***	−0. 21
	女性	4. 84±2. 03		
户口	城镇	4. 50±2. 02	−1. 80	−0. 06
	农村	4. 61±2. 10		
婚姻状态	未婚	5. 02±1. 84	8. 30***	0. 30
	已婚	4. 41±2. 10		
受教育程度	小学及以下	4. 99±2. 10	9. 60***	0. 01
	初中	4. 62±2. 10		
	高中	4. 50±2. 03		
	大专	4. 26±2. 01		
	大学本科及以上	4. 79±2. 08		
年龄	16~24 岁	4. 98±2. 02	14. 13***	0. 02
	25~29 岁	4. 97±1. 81		
	30~34 岁	4. 70±1. 87		
	35~39 岁	4. 67±1. 94		
	40~44 岁	4. 38±2. 20		
	45~49 岁	4. 13±2. 21		
	50~54 岁	4. 22±2. 28		
	55 岁及以上	4. 05±2. 35		
月收入水平	2000 元以下	4. 38±2. 27	3. 36***	0. 01
	2000~2999 元	4. 50±2. 25		
	3000~3999 元	4. 39±2. 33		
	4000~4999 元	4. 57±2. 04		
	5000~5999 元	4. 78±1. 90		
	6000~6999 元	4. 70±1. 93		
	7000~7999 元	4. 30±1. 98		
	8000~8999 元	4. 33±2. 13		
	9000~10000 元	4. 31±2. 20		
	10000 元以上	4. 72±2. 22		

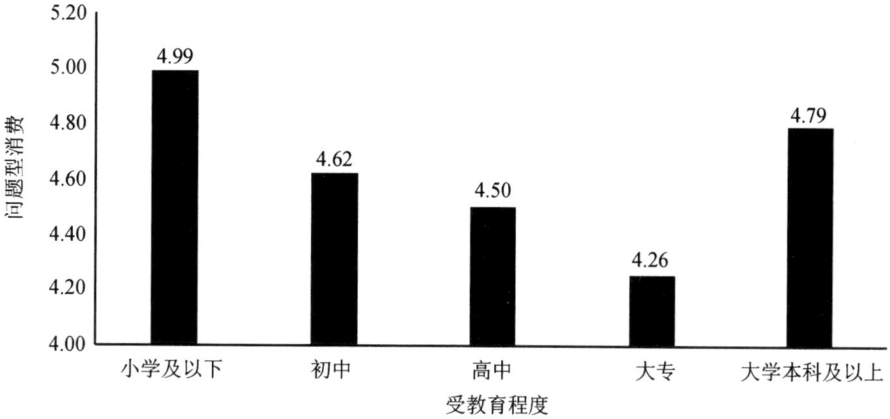

图 9-56　产业工人问题型消费在受教育程度上的差异

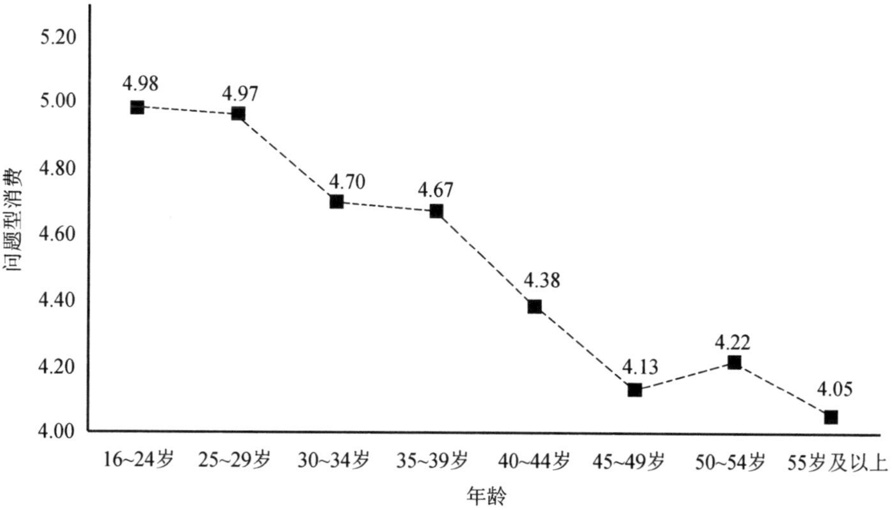

图 9-57　产业工人问题型消费在年龄上的差异

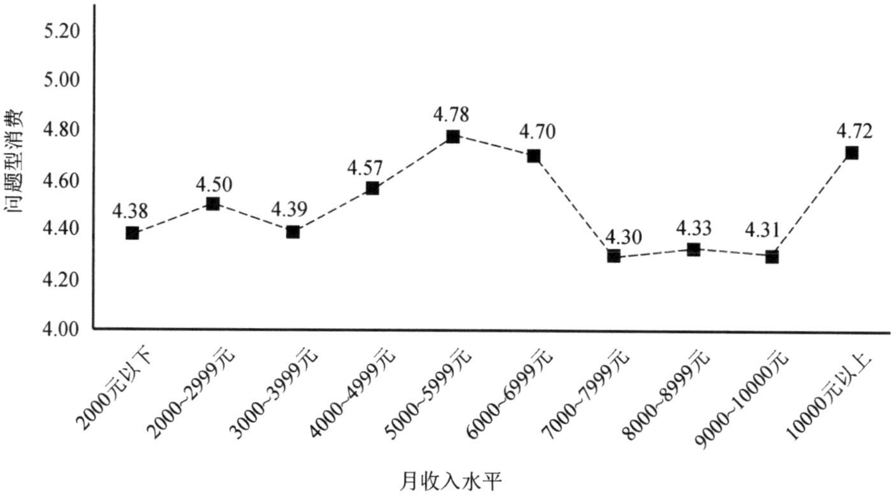

图 9-58　产业工人问题型消费在月收入水平上的差异

问题型消费在工作特征变量上也存在显著差异（表 9-21）。劳务工的问题型消费显著多于合同工/正式工；问题型消费随着技术等级的升高呈现“先下降再上升”的模式（图 9-59），即从无技术等级到中级，产业工人的问题型消费水平降低，从中级到高级及以上反而升高；能源行业与其他行业的产业工人的问题型消费最少，而制造业问题型消费最多（图 9-60）。

表 9-21　产业工人工作特征变量在问题型消费上的差异

工作特征变量		*M*±*SD*	*t*/*F*	Cohen's d/η^2
工种	劳务工	4. 83±2. 19	4. 73 **	0. 17
	合同工/正式工	4. 48±2. 02		
技术等级	无技术等级	4. 67±2. 13	5. 10 **	0. 004
	初级	4. 57±2. 00		
	中级	4. 34±2. 03		
	高级及以上	4. 43±1. 97		
行业类型	采矿业	4. 57±2. 17	10. 60 ***	0. 01
	制造业	4. 77±2. 03		
	建筑业	4. 44±1. 99		
	能源产业	4. 24±2. 07		
	化工行业	4. 58±2. 08		
	其他	4. 19±2. 13		

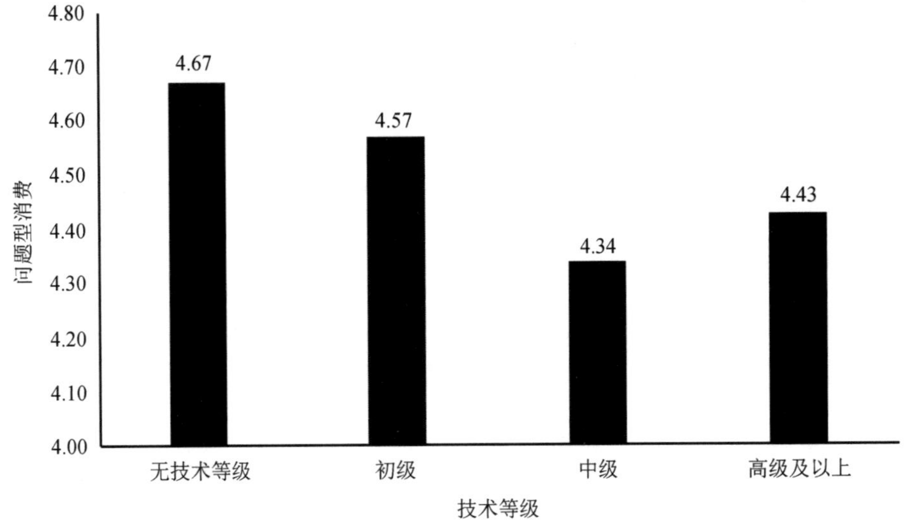

图 9-59　产业工人问题型消费在技术等级上的差异

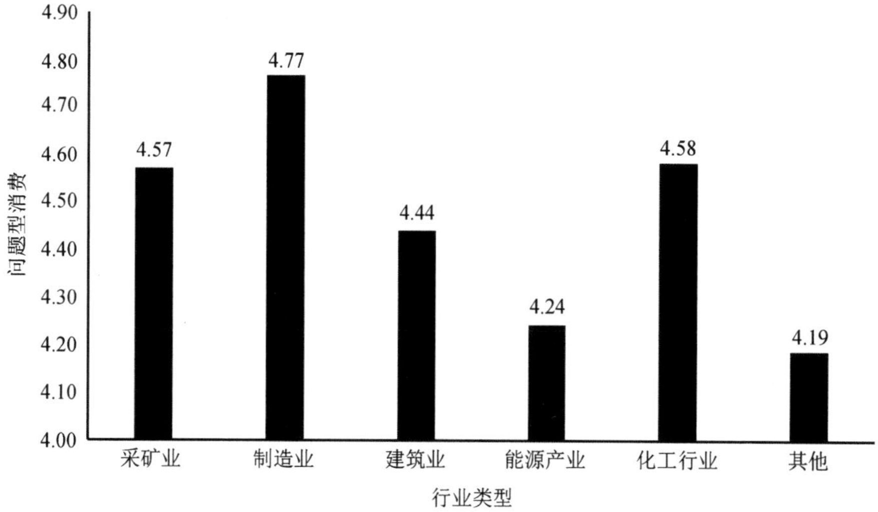

图 9-60　产业工人问题型消费在行业类型上的差异

3.7　收入、债务对产业工人经济心理和行为的影响

3.7.1　收入、债务、经济心理和行为的相关分析

对月收入、客观债务、收支不平衡、国家经济信心、家庭经济信心、家庭经济满意度、主观财经素养、财务压力、债务压力、体验型消费、实物型消费、问题型消费、投资理财行为和财务规划行为进行相关性分析，结果如表 9-22 所示。

3.7.2　收入、债务对产业工人经济心理和行为的影响

本研究使用 Mplus 8.4 构建结构方程模型，在控制产业工人的人口学特征和工作特征变量后，探究收支状况（月收入、客观债务和收支不平衡）对经济心理（国家经济信心、家庭经济信心、家庭经济满意度、主观财经素养、财务压力和债务压力）和经济行为（体验型消费、实物型消费、问题型消费、投资理财行为和财务规划行为）的影响。该模型为饱和模型，$\chi^2=0$，$df=0$，RMSEA = 0，SRMR = 0，CFI = 1，TLI = 1。为保证模型呈现的简洁性，经济行为的不同类型分别在图 9-61 至图 9-65 中展示。综合这些模型得到如下主要结果：

第一，月收入对产业工人的经济心理和行为具有显著预测作用。具体而言，在经济心理方面，月收入显著正向预测国家和家庭经济信心、家庭经济满意度、主观财经素养，表明较高收入水平有助于提升个人经济信心和家庭经济满意度，并增强其对自身财经方面知识和能力水平的感知。月收入显著负向预测财务压力和债务压力，意味着收入水平的提高有助于降低个人的财务焦虑和债务负担。在经济行为方面，月收入对除问题型消费外的其他四种经济行为均有显著正向预测作用，即收入的增加有助于促进体验型和实物型消费行为、投资理财和财务规划行为。

表 9-22　产业工人收支状况、经济心理与行为的相关分析

	1	2	3	4	5	6	7	8	9	10	11	12	13	14
1. 月收入	1													
2. 客观债务	0. 17***	1												
3. 收支不平衡	−0. 07***	0. 26***	1											
4. 国家经济信心	0. 02	−0. 16***	−0. 15***	1										
5. 家庭经济信心	0. 11***	−0. 08***	−0. 25***	0. 55***	1									
6. 家庭经济满意度	0. 06***	−0. 05**	−0. 25***	0. 07***	0. 20***	1								
7. 主观财经素养	0. 07***	−0. 03*	−0. 23***	0. 02	0. 18***	0. 56**	1							
8. 财务压力	0. 07***	−0. 09***	0. 29***	−0. 03*	−0. 19***	−0. 60**	−0. 69**	1						
9. 债务压力	0. 007	0. 32***	0. 30***	−0. 11***	−0. 16***	−0. 08***	0. 02	0. 10***	1					
10. 体验型消费	0. 10***	−0. 008	−0. 13***	−0. 02	−0. 07***	0. 38***	0. 41***	−0. 36***	0. 12***	1				
11. 实物型消费	0. 08***	−0. 08***	−0. 08***	0. 04*	0. 06***	0. 25***	0. 28***	−0. 25***	0. 16***	0. 61***	1			
12. 问题型消费	0. 006	−0. 03*	−0. 11***	−0. 04**	0. 004	0. 29***	0. 30***	−0. 30***	0. 26***	0. 52***	0. 55***	1		
13. 投资理财行为	0. 19***	0. 13***	−0. 10***	0. 01	0. 11***	0. 11***	0. 13***	−0. 13***	−0. 12***	0. 14***	0. 08***	0. 05**	1	
14. 财务规划行为	0. 16***	−0. 10***	−0. 38***	−0. 10***	0. 27***	0. 12***	0. 20***	−0. 25***	−0. 25***	0. 10***	0. 09***	0. 08**	0. 31***	1

第二，客观债务对经济心理和行为的预测作用与月收入的作用大致相反。在经济心理方面，客观债务显著负向预测国家和家庭经济信心、家庭经济满意度和主观财经素养，说明较重的债务负担可能导致个体缺乏经济信心，对家庭经济状况不满，并减少对自身财经方面知识和能力水平的感知。同时，客观债务显著正向预测财务压力和债务压力，即实际负债越多，个体所承受的各种经济压力和债务焦虑就越大。客观债务显著负向预测体验型、实物型、问题型消费和财务规划行为，而显著正向影响投资理财行为，表明债务压力可能迫使个体减少消费和财务规划，同时促使他们更多关注投资理财以寻求资金回报。

第三，收支不平衡是月收入和客观债务影响经济心理和行为的枢纽变量。更低的月收入和更高的客观债务，则意味着更严重的收支不平衡。收支不平衡对经济心理的作用同客观债务类似。收支不平衡显著负向预测国家和家庭经济信心、家庭经济满意度和主观财经素养，显著正向预测财务压力和债务压力。在经济行为方面，收支不平衡对体验型和实物型消费无显著影响，而对问题型消费、财务规划行为和投资理财行为存在负向影响。

第四，经济心理是影响经济行为的近端变量。首先，国家经济信心仅对实物型消费、财务规划行为有显著正向预测作用，而对其他类型的消费行为和投资理财行为无显著作用。其次，家庭经济信心对各类消费行为均无显著作用，但对投资理财和财务规划行为均有显著正向预测作用。总体来看，对于产业工人而言，影响他们各类消费行为的因素不是他们是否有家庭经济信心，而是其实际的收入水平。要刺激产业工人的消费，提高其收入是关键。不同的是，产业工人投资理财和财务规划的前提是他们拥有建立在稳定收入和收支平衡基础上的经济信心。再次，家庭经济满意度显著正向预测体验型、实物型、问题型消费和财务规划行为，但对投资理财行为无显著影响。又次，主观财经素养显著正向预测三种消费行为和两种理财行为，即主观财经素养高者在各类消费和理财行为上均更多。最后，财务压力显著负向预测三种消费行为和两种理财行为，即财务状况紧张者会减少所有的消费和理财行为；但债务压力显著正向预测三种消费行为（在这点上与财务压力和客观债务的作用相反），显著负向预测投资理财行为和财务规划行为。

总体而言，产业工人实际的收入和债务水平以及由这二者决定的收支平衡状况是影响他们各类消费和理财行为的客观因素，而这些客观因素对各类经济行为的作用，部分地要经由一些经济心理因素（如经济信心、家庭经济满意度、主观财经素养、债务或财务压力）来实现中介作用。因此，本研究建立的有关收入（债务）—经济心理—经济行为的 S-O-R 模型具有基本的合理性。

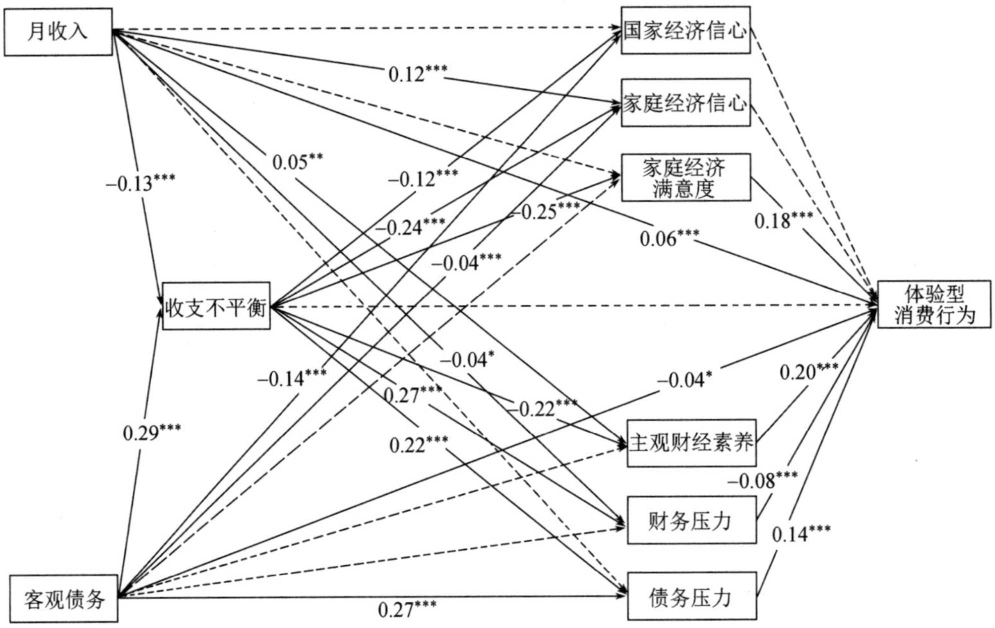

图 9-61　产业工人体验型消费行为的结构方程模型

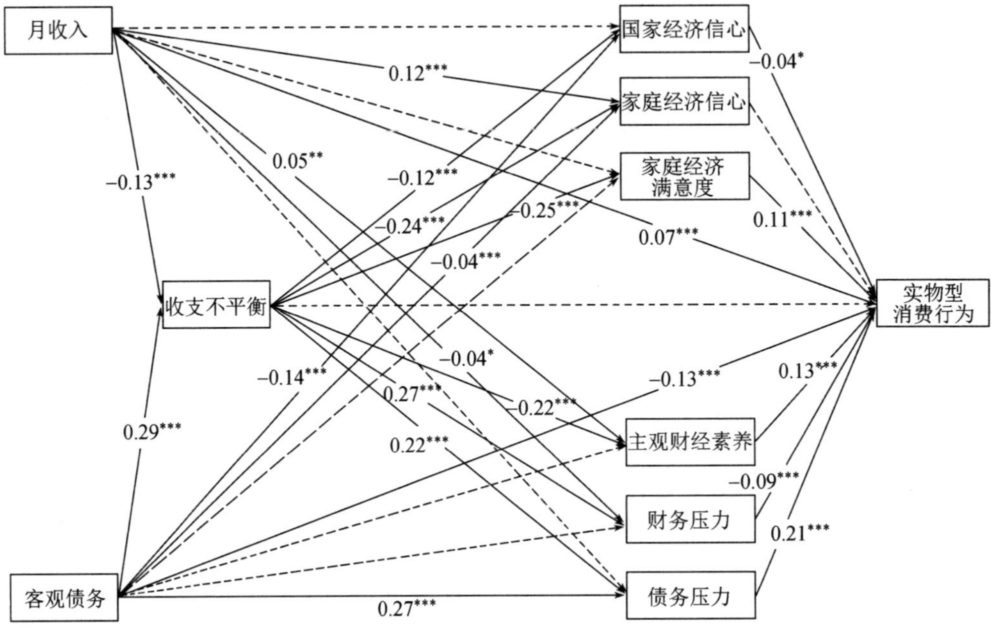

图 9-62　产业工人实物型消费行为的结构方程模型

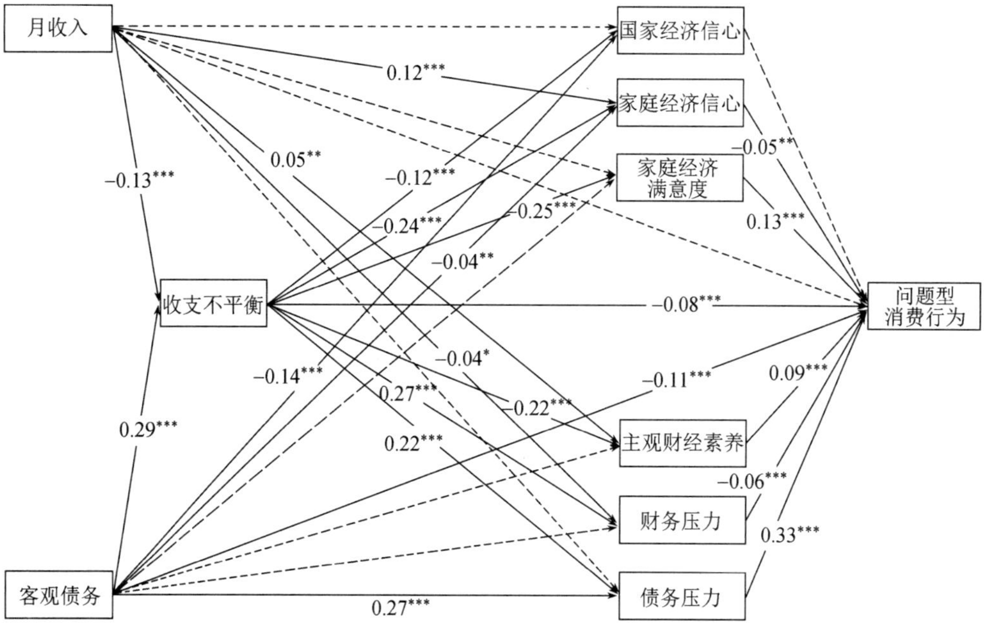

图 9-63　产业工人问题型消费行为的结构方程模型

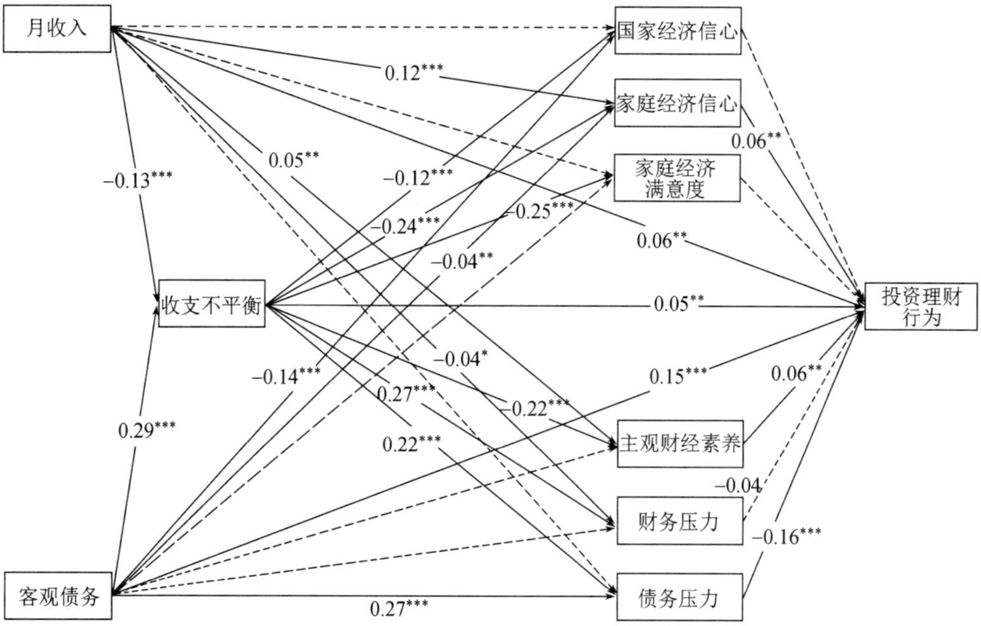

图 9-64　产业工人投资理财行为的结构方程模型

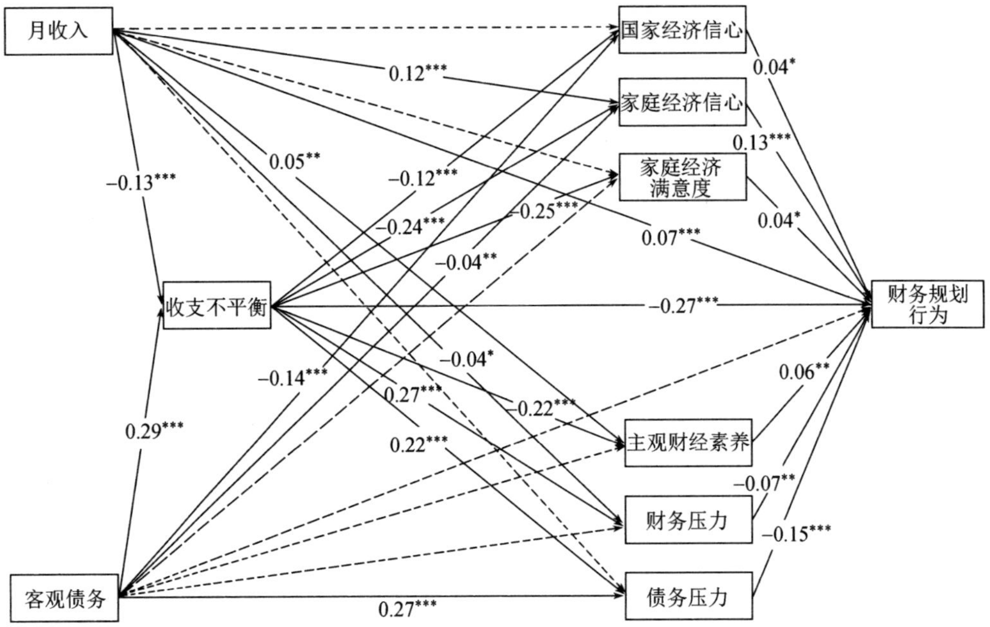

图 9-65　产业工人财务规划行为的结构方程模型

4　讨论

4.1　产业工人经济心理与行为的基本特征

第一，产业工人的经济心理总体较为积极，但在某些方面仍显不足。具体而言，产业工人对家庭经济的信心较强，但对国家经济的信心相对较低。这一差异可能源于产业工人所在的劳动密集型行业容易受到经济周期波动的影响，且某些行业可能面临市场需求的不确定性或技术变革的挑战，导致工人对行业发展和宏观经济的担忧增加。尽管家庭经济满意度整体较高，但产业工人的主观财经素养相对较低，反映出该群体在财经知识与技能上的不足，这可能与产业工人获取财经知识的途径有限以及相关培训机会不足有关。

第二，尽管产业工人面临一定的经济压力，但其财务状况尚可。本研究表明，产业工人的财务压力和债务压力处于中等水平，说明他们虽然面临一定的经济压力，但整体财务状况较为稳定，未达到严重危机的程度。然而，这种中等水平的财务和债务压力对其经济决策和理财行为产生了显著影响，使其在理财选择上表现得较为谨慎。

第三，产业工人普遍偏好稳定且低风险的理财方式，财务规划行为有限。超过一半的产业工人参与了理财活动，具有一定的理财意识。大部分产业工人选择通过储蓄的方式进行理财，而较少参与高风险投资（如股票、基金等）。在财务规划方面，产业工人普遍意识到财务规划的重要性，特别是在为未来财务目标（如教育和养老）储蓄方面表现突出；然而，他们对商业保险的购买比例较低，这或许是因为其收入水平尚无法支撑他们投入更多资金去为未来的潜在风险做长线打算。概括来说，收入水平决定了他们的财务规划主要是为某些必须达成的长远目标储蓄，而非为了防范潜在的风险购买保险。

第四，产业工人整体消费水平偏低。这可能与他们的收入水平不高有关，而如果产业工人的收入有所增加，他们则期望通过增加实物型和体验型消费来提升生活品质。

4.2　产业工人经济心理与行为的群体差异

本研究揭示了产业工人群体内部在经济心理与行为方面的显著差异，这些差异主要体现在人口学特征（性别、婚姻状态、户口类型、年龄、受教育程度和月收入水平）和工作特征（工种、技术等级和行业类型）两个方面（具体见表 9-23 和表 9-24）。

表 9-23　经济心理变量的人口学特征差异

特征变量	经济心理变量	具体人口学特征差异
性别	家庭经济信心、实物型消费、问题型消费	男性得分<女性得分
	债务压力	男性得分>女性得分
	国家经济信心、家庭经济满意度、主观财经素养、财务压力、体验型消费、投资理财行为、财务规划行为	无显著差异
户口	国家经济信心、家庭经济信心	城镇户口得分<农村户口得分
	体验型消费、投资理财行为、财务规划行为	城镇户口得分>农村户口得分
	家庭经济满意度、主观财经素养、财务压力、债务压力、实物型消费、问题型消费	无显著差异
婚姻状态	家庭经济信心、家庭经济满意度、主观财经素养、体验型消费、实物型消费、问题型消费、投资理财行为	未婚得分>已婚得分
	财务压力、财务规划行为	未婚得分<已婚得分
	国家经济信心、债务压力	无显著差异
受教育程度	国家经济信心、财务压力	大专学历得分更高
	家庭经济信心	无显著差异
	家庭经济满意度、主观财经素养、问题型消费	大专学历得分更低
	债务压力、投资理财行为、财务规划行为	大学本科及以上得分更高
	体验型消费	大专及大学本科及以上较高
	实物型消费	大学本科及以上得分更高，大专学历更低

（续表）

特征变量	经济心理变量	具体人口学特征差异
年龄	国家经济信心	16~24 岁得分>25~54 岁得分
	家庭经济信心、家庭经济满意度、主观财经素养、投资理财行为、体验型消费、实物型消费、问题型消费	16~39 岁得分>40 岁及以上得分
	债务压力	55 岁及以上得分更低
	财务压力	16~39 岁得分<40 岁及以上得分
	财务规划行为	30~34 岁得分更高
月收入水平	国家/家庭经济信心	7000~7999 元区间得分更高
	家庭经济满意度，主观财经素养	5000~6999 元区间得分更高
	财务压力	5000~6999 元区间得分更低
	债务压力、投资理财行为、财务规划行为	10000 元以上得分更高
	体验型消费、问题型消费	5000~5999 元得分更高
	实物型消费	7000~7999 元得分更高

表 9-24　经济心理变量的工作特征差异

特征变量	经济心理变量	具体人口学特征差异
工种	主观财经素养、体验型消费、投资理财行为、财务规划行为	劳务工得分<合同工/正式工得分
	财务压力、债务压力	劳务工得分>合同工/正式工得分
	国家/家庭经济信心、家庭经济满意度、实物型消费	无显著差异
技术等级	家庭经济满意度、主观财经素养	初级技术等级得分更高
	财务压力	中级技术等级得分更高
	国家/家庭经济信心、债务压力	无显著差异
	体验型消费、实物型消费	初级技术等级得分更高
	问题型消费、财务规划行为	无技术等级得分更高
	投资理财行为	高级及以上得分更高
行业类型	国家/家庭经济信心	能源行业和建筑业得分更高
	家庭经济满意度、主观财经素养	制造业、能源行业和化工行业得分更高
	财务压力	建筑业和采矿业得分更高
	债务压力	建筑业得分更高
	体验型消费、实物型消费、投资理财行为、财务规划行为	能源行业得分更高
	问题型消费	能源行业得分更低、制造业得分更高

在人口学特征方面，产业工人呈现出以下特点：（1）女性产业工人的家庭经济信心更高、实物型消费和问题型消费行为更多，男性则面临较高的债务压力，可能是因为他们承担了更多的家庭经济责任。（2）农村户口产业工人的国家和家庭经济信心显著高于城镇户口，城镇户口工人则表现出更多的消费和理财行为。（3）未婚工人、年轻工人的家庭经济信心、家庭经济满意度和主观财经素养显著高于已婚工人或年长工人，而且他们有更多的享受型和问题型消费；而已婚工人、年长工人的财务压力更大，更注重长期财务规划，可能是因为这一群体面临更多的房贷、子女教育等支出。（4）大专学历产业工人的家庭经济满意度、主观财经素养均低于其他学历群体，而财务压力高于其他学历群体，这可能是城乡二元结构使然。（5）中等收入产业工人表现出较为理想的经济心理状态，拥有较高的家庭经济满意度和较低的财务压力；高收入工人展现出更多的投资理财和财务规划行为，但也面临较高的债务压力，通常背负更多的财务责任。

总体上来看，年轻女性、农村户口、未婚、学历较低（高中及以下）或者学历较高（大学本科及以上）、中等收入水平的产业工人在经济心理方面比较积极；城镇户口、已婚、高收入群体在经济行为上比较理性，例如有更多的理财行为。

在工作特征方面，产业工人呈现出以下特点：（1）合同工/正式工通常拥有更稳定的收入和社会保障，经济信心较强，财务压力和债务压力较低；相较之下，劳务工面临更多的经济不确定性，财务压力较大，理财能力较弱。（2）初级技术工人的家庭经济满意度和主观财经素养较高，实物型和体验型消费行为较多；高级技术工人则展现出较强的财务规划行为，更加注重长期财富管理，而消费行为更为理性；中级技术工人面临较高的财务压力，这可能和造成大专学历工人经济压力的原因类似。（3）能源行业工人展现出较强的经济信心和较低的债务压力，以及较多的理财行为，主要得益于较高的薪资和较强的工作稳定性；建筑行业工人虽然表现出较高的经济信心，但他们债务压力较高，家庭经济满意度和主观财经素养较差，体验型消费行为较少。

总体而言，合同工/正式工、初级技术工人、能源行业工人的经济态度相对来说比较积极，高级技术工人、能源行业工人比较注重理财。

4.3　收入和债务对产业工人经济心理与行为的影响

本研究基于S-O-R（刺激—有机体—反应）模型，探讨了收入和债务等经济变量如何直接影响以及通过经济心理因素（如经济信心、家庭经济满意度、财务压力等）间接影响产业工人的经济行为。

首先，收入对产业工人的经济心理和行为具有显著的正向影响。收入较高的产业工人在家庭经济信心、主观财经素养和财务压力等方面的表现普遍优于收入较低的工人。该结果与先前研究结果较为一致，收入水平的增加不仅能直接提升产业工人的家庭经济信心和家庭经济满意度，还能显著增强其主观财经素养，并减少财务压力（辛自强等,2020;张凤兵,包玉香,2022）。本研究还发现，更高的收入水平促进了产业工人的体验型和实物型消费，增加了其投资理财和财务规划行为。

其次，客观债务水平对产业工人的经济心理与行为产生了显著的负面影响。与先前研究（王鲁晓,辛自强,2023;Monticone,2010;Tang,2022）一致，本研究表明较高的客观债务水平会加剧工人的财务压力和债务压力，削弱其国家和家庭经济信心，降低家庭经济满意度和主观财经素养，进而抑制消费行为与财务规划行为。

再次，收支不平衡是月收入和客观债务影响经济心理和行为的枢纽变量。收入与收支不平衡呈负相关，而客观债务水平则与收支不平衡呈正相关。收支不平衡对经济心理和行为的影响较为消极。当工人面临收支失衡时，通常对经济前景的信心较低，主观财经素养下降，同时财务压力和债务压力加剧，财务规划和投资理财行为减少。

最后，各种经济心理因素可能是客观经济变量影响经济行为的中介因素。例如，本研究表明，收入较高者往往主观财经素养更高，他们在各类消费和理财行为上均更多，可见主观财经素养是收入影响经济行为的中介变量。以往研究确实表明，财经素养的提升有助于个体在投资理财方面做出更加明智的决策（Xin et al.,2024）。此外，家庭经济信心、家庭经济满意度、财务压力和债务压力等经济心理因素，也都在收入和债务对各类经济行为的影响中发挥着某种中介作用。

4.4　政策建议

一是扩大初次分配，保障收入增长。月收入对产业工人经济心理和消费行为具有显著影响。收入增加能够有效提升家庭经济信心、减轻财务压力，并促进消费行为。建议政府在政策设计时注重扩大初次分配的比重，确保工人多劳多得，让辛勤劳动的人获得足够的回报，持续推动产业工人收入的增长。此外，通过提高最低工资标准等手段提升低收入产业工人群体的收入水平。

二是加强债务管理，提升财经素养。债务负担和收支失衡对产业工人的经济心理和行为产生了显著负面影响。政府可以提供小额信贷、财政补贴或免税优惠等支持，帮助他们改善资金流动性，缓解短期经济压力，降低收支不平衡的风险。政府、企业工会、银行金融教育部门等应联合加强产业工人的财经素养教育，尤其是面向低收入群体的财经知识普及。可以通过举办普惠金融课程、提供债务管理咨询服务等方式，帮助产业工人更好地管理个人财务，避免因债务压力过大而产生经济焦虑。此外，针对不同的产业工人亚群体特点，制定针对性的财经素养教育方案。例如，针对女性的教育应侧重引导其理性消费，而针对男性则需增强其债务管理意识。

三是优化社会保障，强化群体保护。政府和企业管理部门应关注产业工人中的特定群体，如农村户口的大专学历工人，为他们提供更多的经济支持与机会，以缓解其财务压力和经济困境。对于高风险行业（如建筑业、采矿业）的工人，建议加强医疗、养老和失业保险等社会保障覆盖，减轻工人群体的经济负担，提高其家庭经济满意度，进而改善其经济心理并增强消费信心。

参考文献

北京市统计局.（2020-05-19）. *新生代农民工工作生活特征分析：基于 2019 年北京农民工市民化监测调查*. http://www.beijing.gov.cn/gongkai/shuju/sjjd/202005/t20200520_1902711.html.

陈斌开，陈琳，谭安邦.（2014）. 理解中国消费不足：基于文献的评述. *世界经济，37*(7)，3-22.

陈欢，王震，姜福斌.（2024）. 缺钱还能上好班吗？财务压力职场溢出效应的表现、机制与条件. *心理科学进展，32*(8)，1366-1378.

何丽芬，李苗苗.（2022）. 家庭债务增加有利于消费升级吗？——来自中国家庭追踪调查的证据. *江淮论坛*，(2)，26-35.

金晓彤，宋伟，赵太阳，姚凤.（2020）. 公共卫生事件对居民非理性消费行为的影响. *西安交通大学学报(社会科学版)，40*(4)，50-60.

林嘉.（2024）. 产业工人群体就业及职业发展新趋势. *人民论坛*，(12)，35-37.

刘菲，辛自强.（2021）. 基于助推理念的家庭财务规划行为干预策略. *中华女子学院学报，33*(1)，92-98.

刘建江，杨艺霜，陈厚江.（2025）. 制造业发展与大国兴衰：世界工厂演进的中国镜鉴. *长沙理工大学学报(社会科学版)，40*(1)，121-128.

王鲁晓，辛自强.（2023）. 债务的心理和行为后果及其机制. *心理科学进展，32*(1)，177-188.

向雪风，张路.（2024）. 机会公平的意义：社会流动性与家庭消费支出. *消费经济，40*(6)，12-24.

辛自强，董妍.（2023）. *新时代居民社会心理调查报告(2023)*. 开明出版社.

辛自强，李哲，杨之旭.（2020a）. 疫情期间公众的经济信心、财经价值观与支出行为意愿. *中央财经大学学报*，(6)，118-128.

辛自强，张红川，孙铃，于泳红，辛志勇.（2020b）. 中国公民财经素养测验编制的总体报告. *心理技术与应用，8*(12)，705-717.

许有云，张环，刘亚鹏.（2024）. 公正世界信念、家庭社会经济地位和认知重评对青少年共情的有调节的中介作用. *中国临床心理学杂志，32*(5)，1071-1074+1079.

张雅淋，孙聪，姚玲珍.（2019）. 越负债，越消费？——住房债务与一般债务对家庭消费的影响. *经济管理，41*(12)，40-56.

张凤兵，包玉香.（2022）. 农村非农择业提高了返乡务工人员的家庭经济满意度吗？*山东师范大学学报(社会科学版)，67*(6)，100-112.

Alreck, P. L., & Settle, R. B. (2002). The hurried consumer: Time-saving perceptions ofinternet and catalogue shopping. *Journal of Database Marketing & Customer Strategy Management, 10*(1), 25-35.

Choi, C. H., Kim, T., Lee, G., & Lee, S. K. (2014). Testing the stressor-strain-outcome model of customer-related social stressors in predicting emotional exhaustion, customer orientation and service recovery performance. *International Journal of Hospitality Management, 36*, 272-285.

Elder, G. H., Jr., & Caspi, A. (1988). Human development and social change: An emerging perspective on the life course. In N. Bolger, A. Caspi, G. Downey, & M. Moorehouse (Eds.), *Persons in context: Developmental processes* (pp. 77–113). Cambridge University Press.

Ganster, D. C., & Rosen, C. C. (2013). Work stress and employee health: A multidisciplinary review. *Journal of Management, 39*(5), 1085–1122.

Greenberg, J. (1987). A taxonomy of organizational justice theories. *The Academy of Management Review, 12*(1), 9–22.

Han, D. (1999). The hukou system and China's rural development. *The Journal of Developing Areas, 33*(3), 355–378.

Kuang, Y., Wang. F., & Wang, Z. J. (2020). Social class and children's prosociality: A study in the context of China's dual urbanrural structure. *Social Psychological and Personality Science, 12*(1), 63–70.

Lazarus, R. S. (1993). From psychological stress to the emotions: A history of changing outlooks. *Annual Review of Psychology, 44*, 1–21.

Lea, S. E. G. (2021). Debt and overindebtedness: Psychological evidence and its policy implications. *Social Issues and Policy Review, 15*(1), 146–179.

Monticone, C. (2010). How much does wealth matter in the acquisition of financial literacy? *Journal of Consumer Affairs, 44*(2), 403–422.

Summers, J. K., Munyon, T. P., Brouer, R. L., Pahng, P., & Ferris, G. R. (2020). Political skill in the stressor-strain relationship: A meta-analytic update and extension. *Journal of Vocational Behavior, 118*, 103372.

Swanton, T. B., & Gainsbury, S. M. (2020). Debt stress partly explains the relationship between problem gambling and comorbid mental health problems. *Social Science & Medicine, 265*, 113476.

Tang, M., Liu, X., Feng, Q., Selvarajan, S. K., Baskaran, A., & Yang, C. (2022). Impact of financial literacy on individuals' financial decisions: A comparative analysis of eastern, central, and western regions in China. *Contemporary Chinese Political Economy and Strategic Relations, 8*(1), 101–138.

Wagner, J. (2019). Financial education and financial literacy by income and education groups. *Journal of Financial Counseling and Planning, 30*(1), 132–141.

Xin, Z., Xiao, B., Wang, L., & Xiao, H. (2024). Individuals' differences in self-assessment: The relationship between subjective and objective financial literacy. *Metacognition and Learning, 19*(1), 365–379.

Xin, Z., Yang, Z., Li, Z., & Chen, H. (2023). Does debt pressure lead to unethical behaviour intention? Evidence on aggregate and individual levels. *Asian Journal of Social Psychology, 26*, 119–131.

Yang, Z., & Xin, Z. (2020). Heterogeneous risk perception amid the outbreak of COVID–19 in China: Implications for economic confidence. *Applied Psychology Health and Well-Being, 12*, 1000–1018.

第十章　新时代未来产业工人的职业生涯探索

张 晶　韩译萱

摘要：职业院校学生是未来技术技能人才的主要来源，是我国实现新型工业化高质量发展的重要人才储备。把握新时代未来产业工人职业生涯探索的心理特点，有助于完善广大职业院校的职业生涯教育体系，推动学生快速成长为优质人才。本研究基于社会认知理论和自我的时间连续性视角，探讨了高职学生专业自我认知（专业认同、专业学习自我效能感、未来自我连续性）、社会支持和职业生涯探索的特点及其关系。对山东和广东两地职业学校的1706名被试的调查结果表明：首先，在职业生涯探索方面，高职学生专业自我认知状态良好，社会支持程度和职业生涯探索水平为中等偏上。其次，专业自我认知、社会支持和职业生涯探索在各人口学变量上存在显著差异。最后，高职学生的专业认同、专业学习自我效能感、未来自我连续性和社会支持越强，其职业生涯探索也越强。研究从增强未来产业工人专业自我认知、平衡社会支持资源的角度为提升未来产业工人职业生涯探索水平提出了建议。

关键词：高职学生，社会认知理论，自我认知，职业生涯探索

1　引言

1.1　背景

中国式现代化建设亟需新质生产力与现代化产业体系的支撑，职业教育作为国家发展战略的重要支柱，肩负着培养高素质技术技能人才的使命。当前，我国已构建起全球规模最大的职业教育体系。据教育部官方数据显示，在现代制造业、战略性新兴产业和现代服务业等领域，超过70%的新增一线从业人员来自职业院校（中华人民共和国教育部,2023）。这一数据充分显示了职业教育在支撑产业转型升级中的关键作用。2025年1月，中共中央、国务院印发的《教育强国建设规划纲要（2024—2035年）》明确提出，要加快建设现代职业教育体系，培养大国工匠、能工巧匠、高技能人才。这一政策导向不仅凸显了职业教育在实现中国式现代化进程中的战略地位，更为职业

教育发展指明了方向。基于新时代的发展要求，职业教育的人才培养体系应在夯实学生的技术操作能力基础上，着力培养学生的创新思维能力、塑造学生的职业发展规划能力，最终使其快速成长为中国式现代化需要的各层次技能人才，为产业高质量发展提供坚实的人才支撑。其中，职业生涯探索能力是职业院校学生的核心素养之一，应该探明其特点和影响因素，为做好职业院校学生职业生涯教育提供思路。

1.2 职业生涯探索的意义及影响因素

职业生涯探索是指个体通过自我评估、信息搜集、职业体验等方式，明确职业目标、制定职业规划的过程。积极的职业生涯探索往往会使个体表现出清晰的职业发展路径，从而提升职业成功的可能性。以往研究表明，个体的职业生涯探索与职业满意度、个人—工作契合度和清晰的职业成功标准呈正相关（Kleine et al.,2021;Pham et al.,2024;Xin et al.,2023）。职业生涯发展理论认为，个体职业生涯发展可分为成长、探索、创立、维持和衰退五个阶段（Super,1980）。其中，探索阶段是个体在探索动机推动下，逐渐实现自我了解、环境探索和职业定位，从而促进个体的自我发展与整合（Stumpf et al.,1983）。充分的职业生涯探索有助于个体形成更加完善的职业认知图式、更强的职业适应力，从而保障个体在未来的职业发展中获得更大成就。具体来说，职业生涯探索较多的大学生往往能够找到正确的职业定位，也通常会在工作中拥有更高的工作自我效能感、更高的工作满意程度以及更高的职业成就（Nauta,2007;Werbel,2000）。重要的是，高职学生是我国未来产业工人的主要来源之一，正处于关键的职业生涯探索阶段。对高职学生职业生涯探索的影响因素进行探讨，不仅能够促进学生有效应对不断改变的就业市场环境，更可通过强化其职业自我整合能力，为新时代产业转型升级塑造高素质的复合型技术技能人才，并为推进新型工业化、发展新质生产力提供人才保障。

现有对职业生涯探索心理的研究往往关注人格、行为策略、社会支持等因素的影响（皮陆杨等,2020;曲可佳等,2016;Wang et al.,2024）。在人格方面，研究发现对于高职学生和大学生，主动性人格正向预测职业适应（皮陆杨等,2020;Fang et al.,2024）。高职医护专业学生的坚韧人格与职业态度、职业成熟度正相关（刘于晶等,2015;徐淑芹,2016）。大学生的自主性水平可以正向预测个体的职业生涯探索水平（曲可佳等,2016）。在具体的行为策略方面，研究发现，个体的应对方式越积极，其职业生涯探索中的决策困难程度越低、职业适应越好（He et al.,2021;Tolentino et al.,2014）。同时，有关社会支持的研究发现，家庭成员的高关注、高支持，良好的同伴关系可以正向预测高职学生的职业生涯探索（曲明哲等,2023;Wang et al.,2024;Zhang et al.,2021）。尽管以上研究表明个体积极主动的人格和行为方式、较高的社会支持对其职业生涯探索具有促进作用，然而，职业生涯探索的认知核心是个体基于自我认知构建自己与职业的关系（Hartung et al.,2005）。因而，研究者有必要从自我认知与专业学习环境整合的角度考察未来产业工人职业生涯探索的影响因素。

1.3　未来产业工人的专业自我认知、社会支持与职业生涯探索的关系

根据班杜拉（Bandura,1986）提出的社会认知理论，个体的认知与外部环境在社会行为的形成与发展中扮演着重要角色。职业生涯探索是个体确立自我与周围环境之间意义的过程，包括个体不断了解自我、获取相关职业信息和确定职业生涯目标。高职学生所学专业为个人赋予了特定的职业标签，促使其自我认知在专业学习方面实现延展，进而塑造了个体对专业学习的自我认知。在班杜拉的社会认知理论框架下，研究将结合高职学生专业学习这一情境，同时从专业自我认知和社会支持两个方面探讨未来产业工人职业生涯探索的影响因素。

人格同一性的心理连续性理论指出，个体在不同时间点的心理状态（如记忆、意图、信念等）具有内在的连贯性，与当前自我相关联的早期心理状态构成了“过去自我”，而与当前自我存在关联的未来心理状态则形成了“未来自我”（Parfit,1971）。根据该理论，过去自我是个体通过回忆和反思过去经历所构建的心理状态，是当前行为的基础；当前自我是个体对当下自我状况的实时感知，直接影响当前行为的决策；未来自我则是个体对未来的预期与构想，对当前行为具有驱动和指引作用。职业生涯探索反映了个体在职业方面的自我发展与整合，是个体过去自我、当前自我和未来自我在职业探索情境下聚合而成的行为。据此，本研究将结合自我认知的时间维度特征构建未来产业工人职业生涯探索的认知因素。

首先，专业认同可以正向预测未来产业工人的职业生涯探索。专业认同是指学习者基于过往获得的信息对专业产生了解和认知，并在此基础上对专业接受和认可（秦攀博,2009）。根据心理社会发展理论（Erikson,1968）和认同控制理论（Burke & Stets,2009），过去经验是当下个体认同感的重要影响因素。在高职学生专业学习的情境下，过去获得的专业相关信息以及以往经验中建立的情感联结是个体专业认同形成的重要基础。高职学生所学专业与未来的职业高度相关，其专业认同可能会深刻地影响职业信息获取程度、职业探索的深度和广度。

其次，专业学习的自我效能感对产业工人未来职业生涯探索具有正向预测作用。依据社会认知理论（Bandura,1986），自我效能感是个体对于实现目标和成功完成特定任务的信念。研究指出，高职学生的自我效能感与就业能力、职业适应性之间存在正相关关系（Zeng et al.,2022;Zhang & Huang,2018;Zhou et al.,2023）。学业自我效能感亦能预测中学生、高职学生及大学生的学业投入与成就（胡桂英,许百华,2002;王小新,苗晶磊,2012;于志学,2019）。同时，研究表明学生的自我效能感越高，其学习动机越强烈（蔡林,贾绪计,2020;Affuso et al.,2023）。因此，高职学生在专业学习上较强的自

我效能感，预示其具有较强的专业学习动机和较高的职业发展路径探索水平。

最后，未来自我连续性可以正向预测未来产业工人的职业生涯探索。未来自我连续性是指个体将现在自我和未来自我联系在一起的紧密程度（Hershfield et al.,2009）。未来自我连续性高的个体认为其未来自我与现在自我之间相似程度大，对未来的自己也有着积极的评价。Hershfield 等人（2011）提出了未来自我连续性模型，认为未来自我与当前自我的相似性、未来自我的生动性和未来自我的积极性三个方面共同构成个体的未来自我连续性，对指向未来的长远决策产生影响。研究表明，高中生的未来自我连续性可以正向预测其未来的职业规划（Chishima & Wilson,2020）。同时，员工的未来自我连续性与职业倦怠存在负相关（杨昕等,2023）。在专业学习的情境下，当高职学生感受到现在所学专业和将来的职业图景之间具有紧密联系时，会对未来自我与当前自我产生更强烈的连续感，对职业生涯的探索也更加积极。

除了专业认同、专业自我效能感和未来自我连续性所构成的专业自我认知，个体所处的社会支持系统可以为其提供帮助和情感支持。研究表明，父母支持正向预测子女的职业生涯探索（皮陆杨等,2021;Kier & Blanchard,2021）。近年来对高职学生的研究也表明，父母对子女的支持越高，其职业认同水平越高，职业探索行为也越积极（Zhang et al.,2021）。同时，社会支持水平高的大学生往往具有更多的职业探索行为（段姗姗,徐春婷,2014;Kayani et al.,2022;Jia & Wang,2024）。在学校环境下，社会支持不仅包括家长和朋友的支持，还包括教师和同学的支持。然而，当前尚不清楚哪类支持对未来产业工人职业生涯探索作用更大，以及不同人口学特征对社会支持的影响。

1.4 本研究的目的和意义

综上，以往研究提示专业相关的自我认知和社会支持影响高职学生职业生涯探索行为。然而，根据社会认知理论（Bandura,1986），个体的自我认知和外部环境共同影响行为决策。那么未来产业工人关于专业的自我认知和所获得的社会支持如何共同影响职业生涯探索？为了回答这一问题，本研究将考察未来产业工人专业自我认知（即专业认同、专业学习自我效能感、未来自我连续性）、社会支持与职业生涯探索的关系（见图 10-1），以及各研究变量在人口学特征和家庭背景特征上的差异，并将基于结果对提升未来产业工人职业生涯探索的策略提出建议。本研究一方面能够在理论上为证实社会认知理论与自我连续性理论在职业生涯探索领域的适用性提供证据，另一方面在实践层面能够从专业自我认知、社会支持的角度为改善未来产业工人职业生涯探索的路径提出建议。

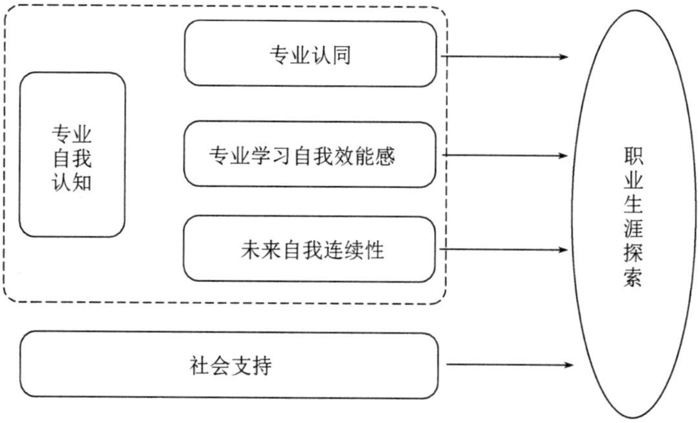

图 10-1　本研究中专业自我认知、社会支持和职业生涯探索的逻辑关系图

2　研究方法

2.1　调查对象

研究数据来源于中国人民大学心理学系开展的全国大型调查项目“新时代产业工人社会心理调查”中的未来产业工人专项调查。该专项调查的实施时间为 2024 年 6 月至 7 月，选取山东和广东的共两所高等职业院校进行调查，共发放 1970 份问卷，获得有效问卷 1706 份，有效作答率为 86.60%。被试年龄范围在 16~24 岁，平均年龄为 20.10 岁（*SD*=0.99），男性有 1176 名（68.93%），女性 530 名（31.07%）。被试的专业包括电子信息（计算机网络技术等）、交通运输（铁路综合维修等）、能源材料（电厂化学与环保技术等）、生物化工（石油化工技术等）、土木建筑（建筑工程技术等）、装备制造（机械制造等）。

2.2　测量工具

调查收集了人口统计学变量，包括性别、年级、专业、户口（城镇户口，农村户口）、是否为独生子女。家庭背景变量包括父母受教育水平（小学及以下，初中，高中，大专，本科及以上）、家庭收入水平（低收入，中低收入，中等收入，中高收入）、家庭主观社会阶层（被试从 1 到 10 选择一个整数进行评估，10 分代表最顶层，1 分代表最底层，数字越大代表感知到的家庭社会阶层越高）。所有变量均通过匿名问卷由被试自我报告完成。

2.2.1　专业自我认知的测量

专业自我认知的测量采用专业认同、专业学习自我效能感、未来自我连续性三个量表。

专业认同量表选自秦攀博（2009）编制的大学生专业认同量表。抽取其中 12 个题目，包括四个维度：认知（专业基本情况的了解程度，4 个条目）；情感（专业的情感喜好程度，3 个条目）；行为（专业行为表现，3 个条目）和适切（专业与自身的匹配程度，2 个条目）。量尺上 1 代表很不符合，5 代表非常符合。最后得分取各维度所有题目得分均数，平均分越高表明个体对本专业的认同度越强。本研究中，该量表 Cronbach' α 系数为 0.93。其中，认知、情感、行为和适切维度的 Cronbach' α 系数分别为 0.88、0.87、0.76、0.58。

专业学习自我效能感量表使用梁宇颂（2000）改编的学业自我效能感量表（Pinirihc & De Goort，1990）。为更好结合高职专业学习情境，我们将量表中的学业用词改为专业，使用了其中的能力维度 11 题。这里的能力维度体现了专业学习自我效能感，它指个体对自己是否具有顺利完成专业学习、取得良好专业成绩和避免失败的学习能力的判断和自信。量尺上 1 代表很不符合，5 代表非常符合。最后得分取所有题目得分均数，平均分越高表明个体的专业学习自我效能感越强。在本研究中，该量表 Cronbach' α 系数为 0.95。

未来自我连续性的测量使用 Sokol 和 Serper（2020）编制的未来自我连续性问卷（Future Self-Continuity Questionnaire）。该问卷主要用来测量个体现在自我和未来自我之间的延续和一致情况。共 10 题，包括三个维度：相似性（个体心中未来自我与现在自我之间的相似程度，4 个题目）；生动性（个体在加工未来自我时，头脑中出现的画面的生动和形象程度，3 个题目）和积极性（个体在想象未来自我与现在自我之间的关系时感受到的未来自我的积极程度，3 个题目）。采用 6 级评分，量尺上 1 代表非常小，6 代表非常大。最后得分取各维度所有题目得分均数，平均分越高表明未来自我连续性水平越高。在本研究中，该问卷 Cronbach' α 系数为 0.92。其中，相似性、生动性、积极性维度的 Cronbach' α 系数分别为 0.87、0.83、0.90。

2.2.2 社会支持的测量

社会支持的测量使用姜乾金（1999）翻译修订的领悟社会支持量表（Perceived Social Support Scale；Zimet et al.，1988）。它包括三个维度：家庭支持、朋友支持和其他（老师、同学）支持，每个维度各有四个题目。量尺上 1 代表很不符合，5 代表非常符合。最后得分取各维度所有题目得分均数，平均分越高表明个体感知到的社会支持越强。在本研究中，该量表 Cronbach' α 系数为 0.94，三个维度的 Cronbach' α 系数分别为 0.87、0.91、0.91。

2.2.3 职业生涯探索的测量

职业生涯探索的测量使用 Stumpf（1983）的职业生涯探索问卷（Career Exploration Survey）中的题目。我们抽取了其中九道题目，包含四个维度：环境探索（个体对不同职业的性质和前景等职业信息的了解和认识，1 个题目）；自我探索（个体进行自我评价、自我反思的程度，3 个题目）；目标导向系统探索（个体收集信息的目的性和系统性程度，3 个题目）和信息数量（个体获得的关于职位、行业、单位、自我的信息数量，2 个题目）。量尺上 1 代表很不符合，5 代表非常符合。最后得分取各维度所有题目得分均数，平均分越高表明个体的职业生涯探索越多。本研究中，该问卷 Cronbach' α 系数为 0.92。其中，自我探索、目标导向系统探索、信息数量的 Cronbach' α 系数分别为 0.78、0.83、0.82，环境探索维度为单题，不报告该系数。

3　研究结果

3.1　研究变量的人口学特征差异

3.1.1　性别差异：男生的专业认同、专业学习自我效能感水平更高，其他变量不存在性别差异

我们分析了专业认同、专业学习自我效能感、未来自我连续性、社会支持和职业生涯探索的人口学特征差异。以性别（男 = 1、女 = 2）为自变量进行独立样本 t 检验。结果显示，在专业认同（$p < 0.05$）和专业学习自我效能感（$p < 0.001$）两个变量上，男生得分均显著高于女生，其他变量无性别差异（$ps > 0.05$）（见表 10-1、图 10-2）。

表 10-1　专业自我认知、社会支持和职业生涯探索的性别差异

类别	男（n = 1176）		女（n = 530）		t	Cohen's d
	M	SD	M	SD		
专业认同	3.56	0.74	3.48	0.63	2.23*	0.12
专业学习自我效能感	3.53	0.75	3.40	0.65	3.52***	0.19
未来自我连续性	3.81	0.94	3.87	0.85	−1.46	0.07
社会支持	3.67	0.74	3.68	0.69	−0.26	0.01
职业生涯探索	3.39	0.78	3.33	0.70	1.53	0.08

注：* 表示 $p < 0.05$，** 表示 $p < 0.01$，*** 表示 $p < 0.001$。下同。

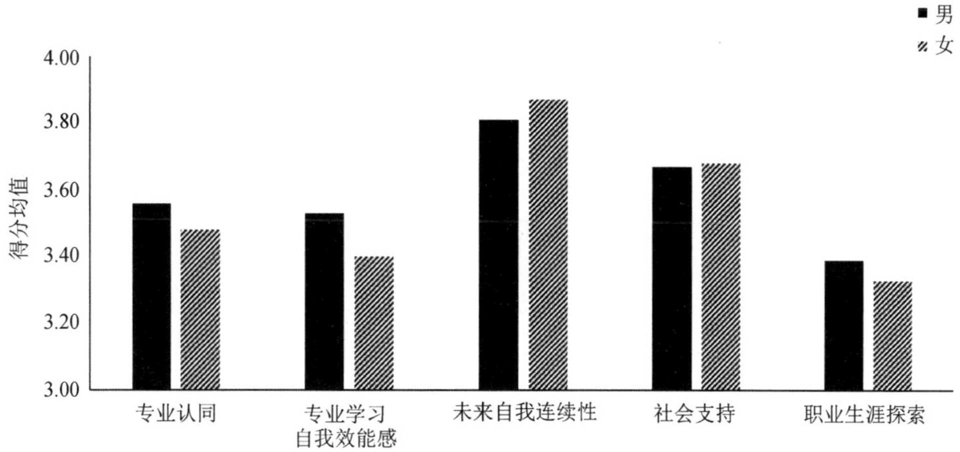

图 10-2　专业自我认知、社会支持和职业生涯探索的性别差异

3.1.2　年级差异：高年级学生的专业认同、专业学习自我效能感、职业生涯探索水平更高，其他变量不存在年级差异

以在高职院校就读的年级（一年级=1、二年级=2、三年级=3）为自变量进行单因素方差分析。结果显示，在专业认同（$p<0.001$）、专业学习自我效能感（$p<0.001$）、职业生涯探索（$p<0.001$）三个变量上均存在显著的年级差异，其他变量无年级差异（$ps>0.05$）（见表10-2、图10-3）。事后多重比较发现，在专业认同、专业学习自我效能感、职业生涯探索上，三年级得分均显著高于二年级和一年级（$ps<0.05$）。

表10-2　专业自我认知、社会支持和职业生涯探索的年级差异

类别	一年级（n=890）		二年级（n=620）		三年级（n=196）		方差分析	
	M	SD	M	SD	M	SD	F	η^2
专业认同	3.50	0.70	3.52	0.71	3.73	0.68	8.94***	0.010
专业学习自我效能感	3.44	0.73	3.50	0.70	3.70	0.71	10.57***	0.012
未来自我连续性	3.80	0.93	3.84	0.90	3.90	0.87	0.95	0.001
社会支持	3.66	0.74	3.68	0.71	3.67	0.69	0.13	0.000
职业生涯探索	3.31	0.79	3.41	0.72	3.53	0.68	7.89***	0.009

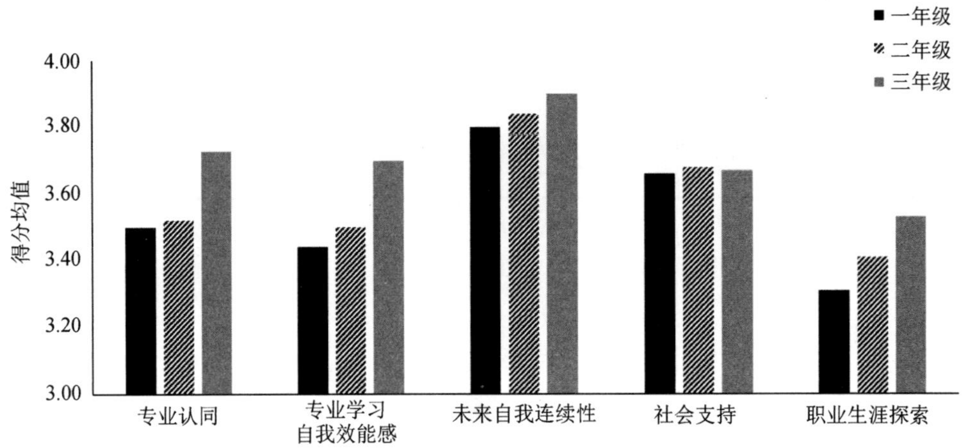

图10-3　专业自我认知、社会支持和职业生涯探索的年级差异

3.1.3　专业差异：交通运输专业学生在专业自我认知各变量、社会支持和职业生涯探索水平上都更高，土木建筑专业学生均较低

以专业（电子信息=1、土木建筑=2、装备制造=3、生物化工=4、交通运输=5、能源材料=6）为自变量进行单因素方差分析，结果显示，在专业认同（$p<0.001$）、专业学习自我效能感（$p<0.001$）、未来自我连续性（$p<0.001$）、社会支持（$p<0.001$）

和职业生涯探索（$p<0.001$）上均存在显著的专业差异（见表10-3、图10-4）。具体而言，在专业认同和专业学习自我效能感方面，交通运输、装备制造、生物化工、电子信息各专业得分显著高于土木建筑专业（$ps<0.01$）。在未来自我连续性和职业生涯探索方面，交通运输专业得分显著高于其他专业（$ps<0.01$），其中土木建筑专业得分显著低于其他所有专业。在社会支持方面，土木建筑专业得分也显著低于其他所有专业（$ps<0.05$）。

表10-3 专业自我认知、社会支持和职业生涯探索的专业差异

类别	电子信息（$n=501$）		土木建筑（$n=466$）		装备制造（$n=539$）		生物化工（$n=86$）		交通运输（$n=33$）		能源材料（$n=81$）		方差分析	
	M	*SD*	*M*	*SD*	*M*	*SD*	*M*	*SD*	*M*	*SD*	*M*	*SD*	*F*	η^2
专业认同	3.52	0.70	3.37	0.65	3.66	0.76	3.67	0.59	3.73	0.51	3.51	0.67	10.03***	0.029
专业学习自我效能感	3.44	0.67	3.36	0.68	3.61	0.78	3.56	0.66	3.68	0.62	3.60	0.77	7.54***	0.022
未来自我连续性	3.84	0.82	3.65	0.90	3.92	0.98	3.96	0.86	4.31	0.74	3.78	0.96	7.02***	0.020
社会支持	3.69	0.66	3.54	0.73	3.74	0.76	3.75	0.65	3.85	0.73	3.72	0.80	4.79***	0.014
职业生涯探索	3.36	0.71	3.22	0.71	3.46	0.83	3.55	0.70	3.71	0.62	3.35	0.73	7.69***	0.022

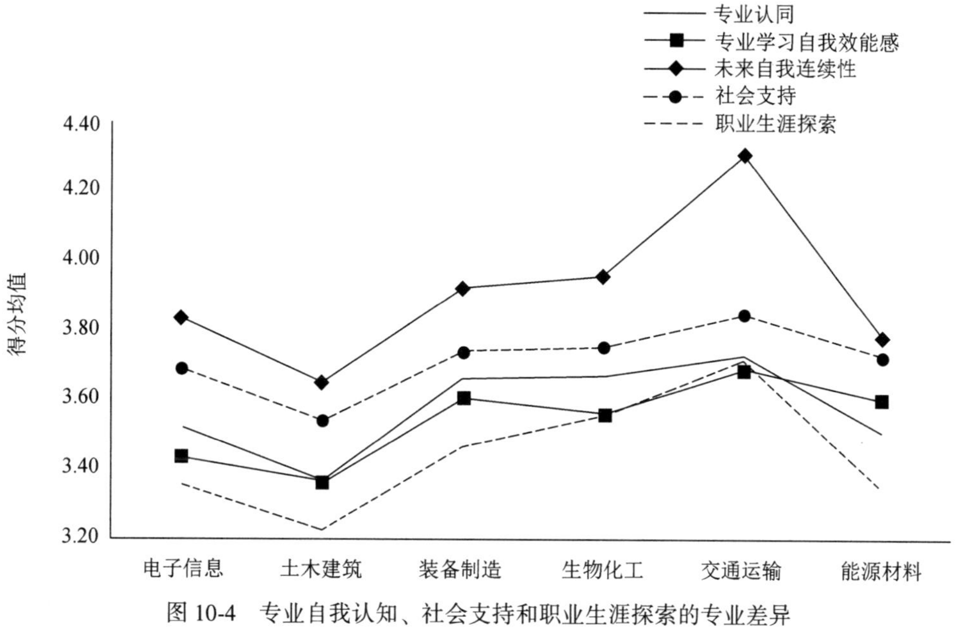

图10-4 专业自我认知、社会支持和职业生涯探索的专业差异

3.1.4 户口差异：城镇户口学生的未来自我连续性、社会支持和职业生涯探索水平更高

以户口（城镇户口=1、农村户口=2）为自变量进行独立样本 t 检验，结果显示，城镇户口学生在未来自我连续性、社会支持和职业生涯探索上的得分均显著高于农村户口学生（$ps<0.001$），其他变量无户口差异（见表10-4、图10-5）。

表 10-4 专业自我认知、社会支持和职业生涯探索的户口差异

类别	城镇（$n=418$）		农村（$n=1288$）		t	Cohen's d
	M	SD	M	SD		
专业认同	3.58	0.76	3.52	0.68	1.50	0.08
专业学习自我效能感	3.54	0.78	3.47	0.70	1.66	0.09
未来自我连续性	3.96	0.93	3.78	0.90	3.48***	0.20
社会支持	3.79	0.74	3.63	0.72	4.00***	0.22
职业生涯探索	3.51	0.79	3.33	0.74	4.09***	0.24

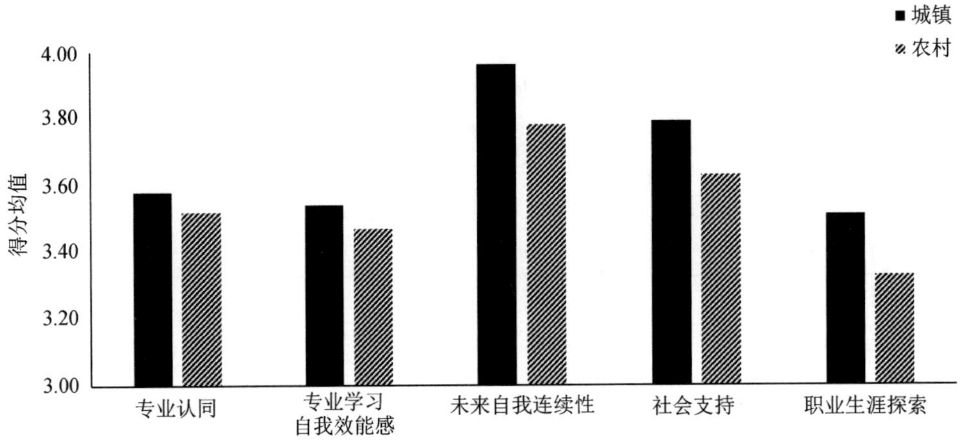

图 10-5 专业自我认知、社会支持和职业生涯探索的户口差异

3.1.5 是否独生差异：独生子女的专业认同、未来自我连续性、社会支持和职业生涯探索水平更高

以是否独生（独生子女=1、非独生子女=2）为自变量进行独立样本 t 检验，结果显示，独生子女在专业认同（$p<0.05$）、未来自我连续性（$p<0.05$）、社会支持（$p<0.05$）和职业生涯探索（$p<0.001$）上的得分均显著高于非独生子女，而专业学习自我效能感差异不显著（$p>0.05$）（见表 10-5、图 10-6）。

表 10-5 专业自我认知、社会支持和职业生涯探索在是否独生子女上的差异

类别	独生（$n=423$）		非独生（$n=1283$）		t	Cohen's d
	M	SD	M	SD		
专业认同	3.60	0.75	3.51	0.69	2.17*	0.12
专业学习自我效能感	3.54	0.78	3.47	0.70	1.56	0.09
未来自我连续性	3.92	0.91	3.80	0.91	2.39*	0.13
社会支持	3.73	0.76	3.65	0.71	1.97*	0.11
职业生涯探索	3.47	0.78	3.34	0.75	3.24***	0.17

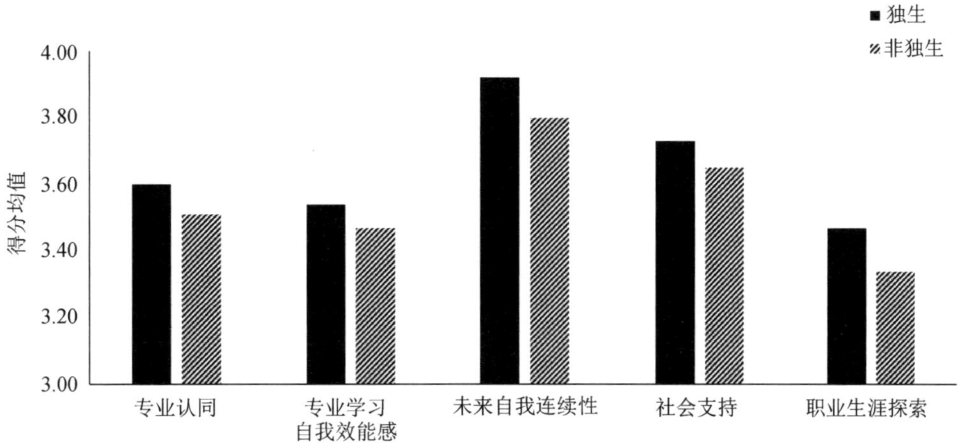

图 10-6 专业自我认知、社会支持和职业生涯探索在是否独生子女上的差异

3.1.6 父母受教育水平差异：父母学历本科及以上的学生专业自我认知、社会支持和职业生涯探索水平更高

以父亲受教育水平（小学及以下=1、初中=2、高中=3、大专=4、本科及以上=5）为自变量进行单因素方差分析，结果显示，专业认同、专业学习自我效能感、社会支持和职业生涯探索水平均存在显著差异（$ps<0.05$）(见表 10-6、图 10-7)。事后多重比较分析发现，在专业认同方面，父亲学历为本科及以上学生的得分显著高于父亲学历为初中和小学及以下的学生（$ps<0.05$）。在专业学习自我效能感、社会支持和职业生涯探索方面，父亲学历本科及以上的学生得分显著高于父亲学历为其他受教育水平的学生（$ps<0.05$），其中，父亲学历为大专和高中的学生社会支持得分显著高于父亲学历为初中和小学及以下的学生（$ps<0.05$）。

以母亲受教育水平（小学及以下=1、初中=2、高中=3、大专=4、本科及以上=5）为自变量进行单因素方差分析，结果显示，五个因变量均存在显著差异（$ps<0.05$）(见表 10-6、图 10-7)。具体而言，在专业认同方面，学生母亲学历本科及以上显著高于其他受教育水平（$ps<0.05$），其中，高中显著高于小学及以下（$p<0.01$）。在专业学习自我效能感、社会支持和职业生涯探索方面，学生母亲学历本科及以上显著高于其他受教育水平（$ps<0.05$）。在未来自我连续性方面，学生母亲学历本科及以上、大专和高中均显著高于小学及以下（$ps<0.05$）。

表 10-6 专业自我认知、社会支持和职业生涯探索的父母学历差异

变量	小学及以下		初中		高中		大专		本科及以上		方差分析	
	M	*SD*	*M*	*SD*	*M*	*SD*	*M*	*SD*	*M*	*SD*	*F*	η^2
父亲	($n=258$)		($n=728$)		($n=494$)		($n=128$)		($n=98$)			
专业认同	3.45	0.66	3.51	0.70	3.58	0.72	3.54	0.67	3.69	0.81	2.92*	0.007

（续表）

变量	小学及以下		初中		高中		大专		本科及以上		方差分析	
	M	*SD*	*M*	*SD*	*M*	*SD*	*M*	*SD*	*M*	*SD*	*F*	η^2
专业学习自我效能感	3.43	0.67	3.46	0.71	3.50	0.73	3.54	0.73	3.73	0.85	3.62**	0.008
未来自我连续性	3.79	0.89	3.78	0.89	3.87	0.93	3.89	0.87	3.97	1.08	1.63	0.004
社会支持	3.54	0.69	3.63	0.72	3.72	0.73	3.75	0.72	4.01	0.74	9.34***	0.022
职业生涯探索	3.29	0.70	3.34	0.74	3.38	0.78	3.46	0.71	3.65	0.88	4.91***	0.011
母亲	（n=423）		（n=664）		（n=436）		（n=103）		（n=80）			
专业认同	3.46	0.64	3.53	0.70	3.56	0.74	3.58	0.69	3.75	0.88	3.50**	0.008
专业学习自我效能感	3.43	0.67	3.47	0.70	3.52	0.77	3.48	0.72	3.75	0.84	3.64**	0.008
未来自我连续性	3.75	0.86	3.80	0.89	3.87	0.94	3.95	0.94	4.03	1.09	2.71*	0.006
社会支持	3.58	0.67	3.64	0.71	3.73	0.75	3.75	0.81	3.99	0.78	6.91***	0.016
职业生涯探索	3.27	0.69	3.35	0.75	3.41	0.78	3.49	0.81	3.72	0.83	7.04***	0.016

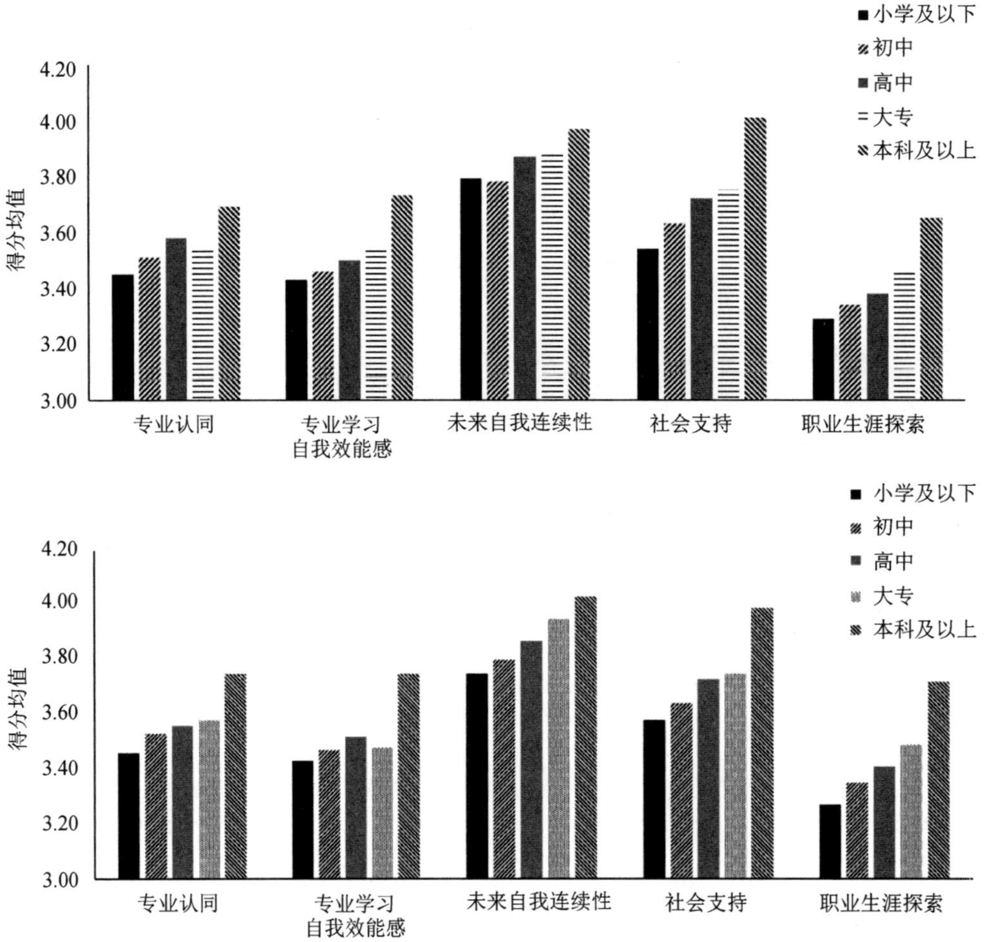

图 10-7　专业自我认知、社会支持和职业生涯探索在父亲(上图)、母亲(下图)受教育水平上的差异

3.1.7　家庭收入差异：中高家庭收入的学生专业自我认知、社会支持和职业生涯探索水平更高

以家庭收入（低收入=1、中低收入=2、中等收入=3、中高收入=4）为自变量进行单因素方差分析，结果显示，专业自我认知、社会支持和职业生涯探索均存在显著的家庭收入差异（$ps<0.001$）(见表10-7、图10-8)。具体而言，家庭收入为中高水平的学生在专业自我认知、社会支持和职业生涯探索上的得分均显著高于其他收入水平的学生（$ps<0.01$）。其中，在社会支持和职业生涯探索方面，中等家庭收入的学生得分显著高于中低及以下家庭收入水平的学生（$ps<0.05$）。

表10-7　专业自我认知、社会支持和职业生涯探索的家庭收入差异

类别	低收入（$n=98$）		中低收入（$n=250$）		中等收入（$n=1278$）		中高收入（$n=80$）		方差分析	
	M	SD	M	SD	M	SD	M	SD	F	η^2
专业认同	3.40	0.87	3.47	0.67	3.54	0.69	3.84	0.74	6.77***	0.012
专业学习自我效能感	3.39	0.91	3.38	0.73	3.50	0.69	3.81	0.79	8.17***	0.014
未来自我连续性	3.45	1.15	3.76	0.88	3.85	0.87	4.17	1.10	10.14***	0.018
社会支持	3.56	0.83	3.50	0.72	3.70	0.71	3.90	0.82	8.53***	0.015
职业生涯探索	3.17	0.98	3.27	0.74	3.38	0.73	3.81	0.76	13.25***	0.023

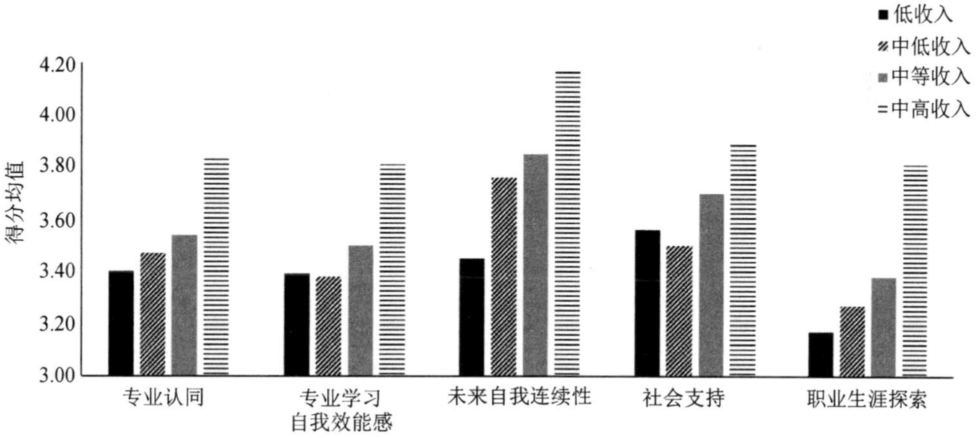

图10-8　专业自我认知、社会支持和职业生涯探索的家庭收入差异

3.1.8　主观社会阶层差异：中高主观社会阶层的学生专业自我认知、社会支持和职业生涯探索水平更高

以主观社会阶层（1~10分，1~2分为低主观社会阶层、3~4分为中低主观社会阶层、5~6分为中等主观社会阶层、7~8分为中高主观社会阶层、9~10分为高主观社会

阶层）为自变量进行单因素方差分析。结果显示，专业自我认知、社会支持和职业生涯探索在主观社会阶层上均存在显著差异（$ps<0.001$）（见表 10-8、图 10-9）。具体而言，整体得分呈倒 U 型，以中高主观社会阶层的学生得分为顶点，其专业自我认知、社会支持和职业生涯探索的均显著高于中等主观社会阶层、中低主观社会阶层和低主观社会阶层的学生（$ps<0.01$）。

表 10-8 专业自我认知、社会支持和职业生涯探索的主观社会阶层差异

类别	低 (n=242)		中低 (n=546)		中 (n=795)		中高 (n=77)		高 (n=46)		方差分析	
	M	*SD*	*M*	*SD*	*M*	*SD*	*M*	*SD*	*M*	*SD*	*F*	η^2
专业认同	3.40	0.79	3.45	0.67	3.61	0.68	3.80	0.69	3.56	0.94	9.19***	0.021
专业学习自我效能感	3.33	0.83	3.40	0.68	3.57	0.68	3.68	0.75	3.62	0.96	9.36***	0.022
未来自我连续性	3.59	1.09	3.78	0.85	3.91	0.84	4.11	0.89	3.83	1.37	7.96***	0.018
社会支持	3.46	0.81	3.60	0.69	3.76	0.69	3.85	0.78	3.80	0.87	11.21***	0.026
职业生涯探索	3.18	0.87	3.25	0.71	3.46	0.72	3.70	0.71	3.64	0.94	15.92***	0.036

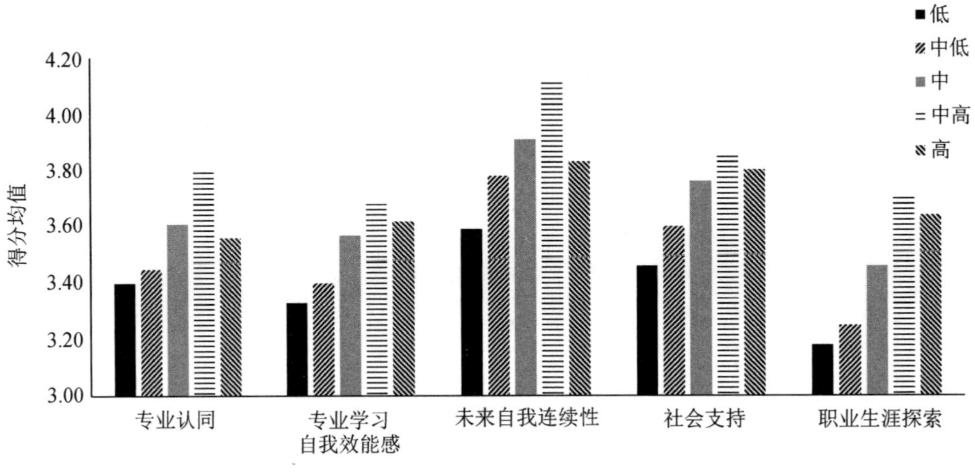

图 10-9 专业自我认知、社会支持和职业生涯探索的主观社会阶层差异

3.2 专业自我认知和社会支持对职业生涯探索的预测作用

3.2.1 专业自我认知各变量、社会支持和职业生涯探索的相关关系

皮尔逊相关分析显示，专业自我认知各变量、社会支持和职业生涯探索均两两正相关（$ps<0.001$）（见表 10-9）。

表 10-9　专业自我认知、社会支持和职业生涯探索相关分析结果

变量	M	SD	1	2	3	4	5
1 专业认同	3.53	0.70	1				
2 专业学习自我效能感	3.49	0.72	0.69***	1			
3 未来自我连续性	3.83	0.91	0.48***	0.44***	1		
4 社会支持	3.67	0.73	0.53***	0.62***	0.46***	1	
5 职业生涯探索	3.37	0.76	0.73***	0.62***	0.49***	0.49***	1

3.2.2　专业自我认知中的专业认同、专业学习自我效能感正向预测职业生涯探索，而社会支持的预测作用边缘显著

以职业生涯探索为因变量，性别、年级、专业、户口、独生、父亲受教育水平、母亲受教育水平、家庭收入、主观社会阶层九项人口学变量作为控制变量，专业自我认知的三个变量和社会支持为自变量进行分层回归分析。结果显示（见表 10-10），F 值变化显著（$p<0.001$），专业自我认知和社会支持加入后，模型对职业生涯探索的解释力大幅提高（$\Delta R^2=52.0\%$）。其中，专业认同（$\beta=0.51$，$t=22.53$，$p<0.001$）、专业学习自我效能感（$\beta=0.16$，$t=6.61$，$p<0.001$）和未来自我连续性（$\beta=0.14$，$t=7.31$，$p<0.001$）均能够正向预测职业生涯探索，而社会支持对职业生涯探索的正向预测边缘显著（$\beta=0.04$，$t=1.95$，$p=0.052$）。

表 10-10　专业自我认知、社会支持对职业生涯探索的回归分析结果

变量	第一层			第二层		
	β	t	p	β	t	p
（常量）		16.39	<0.001		1.39	0.166
性别	−0.03	−1.35	0.177	0.00	−0.15	0.881
年级	0.11	4.75	<0.001	0.04	2.20	0.028
专业	0.06	2.57	0.010	0.01	0.41	0.683
户口	−0.04	−1.44	0.151	−0.04	−2.23	0.026
独生	−0.02	−0.92	0.356	−0.01	−0.81	0.416
父亲受教育水平	0.00	−0.13	0.894	−0.02	−0.85	0.397
母亲受教育水平	0.07	2.19	0.028	0.03	1.42	0.157
家庭收入	0.03	1.06	0.290	0.00	0.16	0.876
主观社会阶层	0.15	5.26	<0.001	0.06	3.23	0.001
专业认同				0.51	22.53	<0.001
专业学习自我效能感				0.16	6.61	<0.001

（续表）

变量	第一层			第二层		
	β	t	p	β	t	p
未来自我连续性				0.14	7.31	<0.001
社会支持				0.04	1.95	0.052
R^2		0.06			0.58	
ΔR^2		0.06			0.52	
ΔF		12.26***			524.18***	

3.2.3 专业认同正向预测职业生涯探索，专业认知的作用更明显

以职业生涯探索为因变量，性别、年级、专业、户口、独生、父亲受教育水平、母亲受教育水平、家庭收入、主观社会阶层九项人口学变量作为控制变量，专业认同的四个维度：专业认知、专业情感、专业行为、专业适切为自变量进行分层回归分析。结果显示（见表 10-11），F 值变化显著（$p<0.001$），专业认同的四个维度大幅增加了模型的解释力（$\Delta R^2=49.0\%$）。其中，专业认知（$\beta=0.36$，$t=13.58$，$p<0.001$）、专业情感（$\beta=0.10$，$t=3.72$，$p<0.001$）、专业行为（$\beta=0.24$，$t=8.17$，$p<0.001$）和专业适切（$\beta=0.10$，$t=4.45$，$p<0.001$）均对职业生涯探索有显著的正向预测作用。这说明，当学生对自己的专业认同度更高时，尤其是专业认知更高时，其对本专业未来的职业生涯探索也越高。

表 10-11 专业认同对职业生涯探索的回归分析结果

变量	第一层			第二层		
	β	t	p	β	t	p
（常量）		16.39	<0.001		3.766	<0.001
性别	-0.03	-1.35	0.177	0.00	-0.25	0.800
年级	0.11	4.75	<0.001	0.04	2.46	0.014
专业	0.06	2.57	0.010	0.02	0.87	0.386
户口	-0.04	-1.44	0.151	-0.05	-2.47	0.014
独生	-0.02	-0.92	0.356	-0.01	-0.78	0.434
父亲受教育水平	0.00	-0.13	0.894	-0.02	-0.93	0.354
母亲受教育水平	0.07	2.19	0.028	0.03	1.42	0.156
家庭收入	0.03	1.06	0.290	0.01	0.44	0.660
主观社会阶层	0.15	5.26	<0.001	0.08	3.89	<0.001
专业认知				0.36	13.58	<0.001

（续表）

变量	第一层			第二层		
	β	t	p	β	t	p
专业情感				0.10	3.72	<0.001
专业行为				0.24	8.17	<0.001
专业适切				0.10	4.45	<0.001
R^2		0.06			0.55	
ΔR^2		0.06			0.49	
ΔF		12.26***			462.50***	

3.2.4　未来自我连续性正向预测职业生涯探索，未来自我生动性的作用更明显

以职业生涯探索为因变量，性别、年级、专业、户口、独生、父亲受教育水平、母亲受教育水平、家庭收入、主观社会阶层九项人口学变量作为控制变量，未来自我连续性的三个维度：未来自我相似性、未来自我生动性、未来自我积极性为自变量进行分层回归分析。结果显示（见表10-12），F值变化显著（$p<0.001$），未来自我连续性的三个维度增加了模型的解释力（$\Delta R^2=21.3\%$）。其中，未来自我相似性（$\beta=0.13$，$t=4.32$，$p<0.001$）、未来自我生动性（$\beta=0.24$，$t=7.69$，$p<0.001$）和未来自我积极性（$\beta=0.17$，$t=6.18$，$p<0.001$）均对职业生涯探索有显著的正向预测作用。这说明，学生的未来自我连续性越强，其对本专业的职业生涯探索水平也越高，其中未来自我生动性的作用更为明显。

表 10-12　未来自我连续性对职业生涯探索的回归分析结果

变量	第一层			第二层		
	β	t	p	β	t	p
（常量）		16.39	<0.001		9.42	<0.001
性别	−0.03	−1.35	0.177	−0.05	−2.19	0.028
年级	0.11	4.75	<0.001	0.09	4.31	<0.001
专业	0.06	2.57	0.010	0.04	1.71	0.088
户口	−0.04	−1.44	0.151	−0.02	−0.81	0.421
独生	−0.02	−0.92	0.356	−0.01	−0.50	0.620
父亲受教育水平	0.00	−0.13	0.894	0.01	0.25	0.807
母亲受教育水平	0.07	2.19	0.028	0.05	1.87	0.061
家庭收入	0.03	1.06	0.290	0.00	−0.08	0.933
主观社会阶层	0.15	5.26	<0.001	0.12	4.73	<0.001

（续表）

变量	第一层			第二层		
	β	t	p	β	t	p
未来自我相似性				0. 13	4. 32	<0. 001
未来自我生动性				0. 24	7. 69	<0. 001
未来自我积极性				0. 17	6. 18	<0. 001
R^2		0. 06			0. 27	
ΔR^2		0. 06			0. 21	
ΔF		12. 26***			165. 42***	

3.2.5 社会支持正向预测职业生涯探索，教师和同学的支持作用更为明显

以职业生涯探索为因变量，性别、年级、专业、户口、独生、父亲受教育水平、母亲受教育水平、家庭收入、主观社会阶层九项人口学变量作为控制变量，社会支持的三个维度，即家人支持、朋友支持、他人（教师、同学）支持为自变量进行分层回归分析。结果显示（见表 10-13），F 值变化显著（$p<0.001$），社会支持增加了模型的解释力（$\Delta R^2=21.1\%$）。其中，家人支持（$\beta=0.19$，$t=6.46$，$p<0.001$）、朋友支持（$\beta=0.09$，$t=2.44$，$p<0.05$）以及他人（教师、同学）支持（$\beta=0.25$，$t=7.41$，$p<0.001$）均对职业生涯探索有显著的正向预测作用。这说明，当学生感知到的社会支持程度越高时，尤其是来自教师和同学的支持程度更高时，其对本专业的职业生涯探索也越积极。

表 10-13 社会支持对职业生涯探索的回归分析结果

变量	第一层			第二层		
	β	t	p	β	t	p
（常量）		16. 39	<0. 001		7. 65	<0. 001
性别	−0. 03	−1. 35	0. 177	−0. 03	−1. 56	0. 120
年级	0. 11	4. 75	<0. 001	0. 10	4. 76	<0. 001
专业	0. 06	2. 57	0. 010	0. 04	1. 92	0. 055
户口	−0. 04	−1. 44	0. 151	−0. 02	−1. 04	0. 301
独生	−0. 02	−0. 92	0. 356	−0. 02	−0. 90	0. 369
父亲受教育水平	0. 00	−0. 13	0. 894	−0. 04	−1. 37	0. 171
母亲受教育水平	0. 07	2. 19	0. 028	0. 05	1. 92	0. 055
家庭收入	0. 03	1. 06	0. 290	0. 02	0. 72	0. 469
主观社会阶层	0. 15	5. 26	<0. 001	0. 10	4. 00	<0. 001

（续表）

变量	第一层			第二层		
	β	t	p	β	t	p
家人支持				0.19	6.46	<0.001
朋友支持				0.09	2.44	<0.05
他人支持				0.25	7.41	<0.001
R^2		0.06			0.27	
ΔR^2		0.06			0.21	
ΔF		12.26***			164.02***	

4　讨论

本研究从专业自我认知和社会支持的角度，探讨了影响未来产业工人职业生涯探索行为的因素。根据社会认知理论和心理连续性理论，研究考察了未来产业工人的专业自我认知、社会支持与职业生涯探索的关系，同时还检验了各研究变量在人口学特征和家庭背景特征上的差异。

4.1　未来产业工人具有较积极的专业自我认知，社会支持和职业生涯探索程度良好

调查显示，未来产业工人专业自我认知中的专业认同、专业学习自我效能感、未来自我连续性的得分超过中位数，处于良好状态。同时，社会支持得分和职业生涯探索得分均超过中位数，说明未来产业工人感知到的社会支持程度良好，能够较为积极地进行职业生涯探索。良好的职业生涯探索行为表明未来产业工人能够主动探索和规划职业生涯，更好地了解行业动态和职业需求，从而做出更加符合新型工业化新趋势的职业选择。未来产业工人表现出良好的专业认同、专业学习自我效能感和未来自我连续性，这表明他们对所学专业和未来具有较高的认可和发展信心，这有助于在学习过程中保持积极的态度和动力。

4.2　男性、高年级未来产业工人的专业自我认知、职业生涯探索程度较高

本次调查显示，高职男生在专业认同、专业学习自我效能感上得分显著高于女生。这一现象可能与性别角色认知的影响有关。研究表明，男性通常被鼓励从事技术性和实践性较强的职业（王鹏,吴愈晓,2019）。在技术类专业中，男生更容易感受到社会期望与自我认同的一致性，也更容易在实践性技能型课程中获得成功体验，从而表现出更高的专业认同感和专业学习自我效能感。此外，传统社会性别角色观念认为男性应

承担家庭经济责任，这使得男生更早被鼓励关注职业发展和经济独立，从而促使他们在职业生涯探索中表现得更加主动。基于以上发现，当前教育环境应更加积极关注女性未来产业工人的学习体验，为其提供更多的社会支持和正向激励，营造更加包容和平等的学习环境，最终使女性未来产业工人获得潜能释放和更多的职业成功。

调查还发现，高年级高职学生在专业自我认知和职业生涯探索行为上表现得更为积极。这一现象与以往的研究结果一致，即高年级大学生的专业认同和职业生涯探索水平显著高于低年级学生（官春兰等,2011）。随着年级的升高，高年级学生逐渐接触到更多专业知识，对所学领域的理解不断深化，并积累了更丰富的专业学习经验。此外，高年级高职学生即将面临实习和就业的现实压力，这种情境促使他们将当下与未来紧密联系，形成更强的未来自我连续性。另外，高年级学生通过实习能够在实践中发现问题、解决问题，并进行持续反思，从而在自我与职业环境之间找到连接点，也更加清晰地认识到职业生涯探索的重要性和意义。

4.3 城镇户口、独生的高职学生，专业自我认知、社会支持和职业生涯探索程度较高

城镇户口学生和独生子女学生在专业认同、社会支持和职业生涯探索上的得分显著高于农村户口学生和非独生子女学生。这一差异可以从社会网络理论的视角进行解释。城乡来源的不同反映了学生所处社会网络状况的显著差异（郑蕴铮,2024）。城镇学生通常能够接触到更广泛且多元的社会网络（如家庭、亲友、社区以及职业相关的社会关系），获得丰富的职业信息、实践机会和心理支持（梁文艳,杜育红,2012）。同时，多维度的社会支持增强了城镇学生的自信心，并为其提供了更多尝试和探索机会，从而显著提升了其专业认同感和职业生涯探索能力。这提示，教育政策应精准帮扶农村户口学生，为其提供更多社会支持资源，例如通过校企合作、职业规划指导和心理支持服务，帮助其拓宽社会网络并增强职业探索能力。另外，未来产业工人中的独生子女在专业自我认知、社会支持和职业生涯探索方面表现较好，这可能是因为独生子女通常能获得更多的家庭资源，包括经济、时间和情感支持，这有助于其更好地探索职业和提升专业认知。该结果也验证了社会网络理论，反映了家庭资源的集中投入对未来产业工人中独生子女职业心理的影响。

4.4 中高阶层家庭背景的未来产业工人，职业生涯探索程度较高

本次调查发现，未来产业工人的职业生涯探索程度受到父母受教育水平、家庭收入水平和主观社会阶层的影响。首先，受教育水平高的父母对子女的发展期望更高，并将期望内化到家庭教育之中，提供支持性环境，也会更加主动地参与到子女的活动中；高学历父母也更倾向于培养子女的自主性和探索精神，这有助于其更好地规划职

业生涯（张云运等,2015）。另外，有研究者认为，家庭社会经济地位能够直接影响从家人、朋友处获得的社会支持（程利娜,2016）。对于高职学生群体，中高家庭收入的学生可能有更高的职业抱负和职业预期，其父母能够给子女提供更多工具支持（如工作引导和职业信息）和更广泛的社会网络。在情感方面，良好的家庭资源能够让学生对职业探索的结果持乐观态度，降低试错带来的负面情感影响，从而使学生更积极地进行职业生涯探索。

4.5　在专业自我认知、社会支持和职业生涯探索程度上，交通运输专业的高职学生得分较高，土木建筑专业的高职学生得分相对较低

调查发现，交通运输专业的高职学生在专业自我认知、社会支持及职业生涯探索水平上显著高于其他被调查专业。这表明交通运输专业学生对行业发展趋势和职业路径有更清晰的认知，其专业学习自我效能感较高、职业预期较为积极，并表现出更积极地参与职业生涯探索的态度。我国在向交通强国迈进，交通运输行业绿色低碳发展数字化之路目标清晰（汪玚,尚赞娣,2023）。在这一行业发展要求基础上，交通运输行业的人才培养以深度融合大数据、人工智能等前沿技术为核心。在此教育体系下，交通运输专业学生展现出较高的专业自我认知水平与积极的职业生涯探索行为，体现了教育体系在适应产业变革、培养创新型复合人才方面的有效性与前瞻性。同时结果也表明，未来产业工人所面临的行业发展态势以及他们对这一环境的理解，将深刻影响其职业生涯的探索与发展。

土木建筑专业高职学生在各变量上得分较低，可能与行业社会认知度下降、转型方向不明及职业支持薄弱有关。这种不确定性导致学生专业学习的自我效能感和职业探索动机不足。针对土木建筑专业学生可能存在的职业迷茫，职业院校需要及时提供心理辅导和支持，增强其对职业探索的信心，还可通过强调职业发展的动态性，帮助学生树立终身学习的理念，提升其应对职业变化的能力。同时，课程内容可以引入与土木建筑相关的交叉学科知识（如绿色建筑、智能建造），拓宽学生的职业视野，增强其职业选择的灵活性。

4.6　未来产业工人的专业自我认知、社会支持正向预测职业生涯探索

本次调查显示，未来产业工人的专业认同、专业学习自我效能感、未来自我连续性均可以正向预测其职业生涯探索行为，与研究预期一致。结果还发现，在以上具有预测作用的因素中，专业认同对未来产业工人职业生涯探索的预测效力更为明显。这一发现呼应了余继等人（2023）的研究结果，发现工科生的专业认同在院校支持对生涯发展的影响中发挥完全中介作用。

首先，未来产业工人专业认同水平较高，有利于更深入更广泛的职业生涯探索。

以往研究表明，对所学专业或所从事职业的认同越强，职业适应和职业生涯探索越好（Zhang et al.,2021）。专业认同来源于个体在早期生活和学习情境中与他人的交往或对他人的观察（Savickas,2012）。对专业的接受度和认可度越高，进行职业生涯探索的动机越强，学生更容易深入了解自身特质和未来可能的工作环境，找到适合的职业方向。本次调查中，专业认同子维度专业认知对职业生涯探索的贡献度较明显，这表明对专业基本情况越了解、认知程度越深入，未来产业工人的职业生涯探索水平越高。职业院校可以针对专业认知多措并举提升未来产业工人的专业认同，如优化课程设置、融入前沿技术、加强校企合作、开展实习与专家讲座、鼓励参与技能竞赛与创新创业等，从而更有效地增强未来产业工人的职业生涯探索。

其次，未来产业工人专业学习自我效能感良好，这将更为直接地影响其职业生涯探索程度。过往对创业意图的研究发现，与创业知识、创业经验和风险感知相比，创业自我效能感是创业意图更为直接的影响因素（Zhao et al.,2005）。同时，女性企业家的自我效能感可以正向预测创业意图，并且这一关系不受到家庭收入高低水平的影响（Wang & Liu,2024）。社会认知理论（Bandura,1986）认为，自我效能感是人们对自己有能力实现目标以及成功做好某事的信念。个体在当下对能够胜任未来专业学习的信念越强，就越容易整合自己的专业学习行动与专业学习目标，从而有助于更深入地对相关职业进行探索。

再次，未来自我连续性可以有效促进未来产业工人的职业生涯探索。未来自我连续性越高意味着未来产业工人能够越清晰地认识到当前学习与未来职业发展之间的联系，从而可以更好地将当前学习与职业目标紧密结合。以往研究也发现，较高的未来自我连续性可以预测更积极的职业规划。同时，实验研究发现对未来自我连续性进行干预能够增强高中生的职业规划（Chishima & Wilson,2020）。较高的未来自我连续性表明未来产业工人当下的自我与未来的自我具有高度的相似性，且未来自我具有生动性和积极性，这使得当下自我和未来自我的关系更为清晰和明确，进而使学生对和未来密切相关的职业生涯探索更为积极。本次调查中，未来自我连续性中子维度生动性对职业生涯探索的贡献较明显。这提示对未来自我构建的职业图景越详细、越生动鲜明，就越有利于个体产生系统的、有深度的职业生涯探索。

最后，未来产业工人在学习过程中获得的来自家庭、学校和社会等多方面的支持能够促进其未来职业生涯探索水平。来自父母、教师和同学的支持不仅为其职业发展提供了更多的机会和资源，同时也有助于其在职业探索与成长过程中保持积极稳定的心理状态。未来产业工人社会支持越高，表明其可以获得的情感支持和实习与工作机会越多，并且可以减少自我怀疑、专心投入在专业学习和职业生涯探索中（Kier & Blanchard,2021;Zhang,et al.,2021）。同时，社会支持还能增强个体的心理韧性，使其在面对职业挑战和不确定性时保持积极心态，从而更好地适应快速变化的产业环境。

4.7 对策建议

第一，增强未来产业工人的专业自我认知，提升职业生涯探索水平。首先，教育部门应尽早引导学生培养职业生涯探索的兴趣和动机，帮助他们掌握职业生涯探索的路径和方法。同时，应及时向中学生及其家长普及职业和行业发展信息，宣传产业支持政策，并提供相关产业的发展前景分析。这将有助于学生尽早开启职业生涯探索，并增强他们对所选专业的认同感。其次，职业院校可以通过多种途径提升学生的职业生涯探索能力。例如，学校可以提供行业期刊和网络平台的最新资讯，增加学生参与行业会议的机会，举办行业动态讲座或开设相关课程。此外，学校还可以组织新兴产业项目实践，通过案例教学提升学生的跨学科素养，并提供专业的职业生涯咨询服务。这些举措将帮助学生更全面地了解行业趋势，增强实践能力，为未来的职业发展奠定坚实基础。

第二，通过专项支持计划，破解职业生涯探索相关资源分布不均现象。教育部门和职业院校应为不同背景的学生提供公平的职业发展机会。例如，教育部门可以加强农村地区的职业启蒙教育，在农村中学开设职业规划课程，普及职业教育的重要性，帮助学生尽早了解并明确职业方向。对于家庭收入较低或父母受教育水平较低的学生，学校可以设立优先实习和就业通道，推荐高质量的就业项目，并建立社会资源对接平台，拓宽其职业发展渠道。同时，学校应通过心理健康教育帮助学生塑造成长型心态，使学生相信能力可以通过努力、学习和坚持不断被提升，引导学生以积极的态度看待自身职业发展和变化，增强学生实现职业理想的信念。对于职业院校的女生，学校可以推行女性导师计划，邀请行业内的女性领导者担任职业导师，树立职业榜样；同时通过职业规划指导和心理支持，帮助女生克服职业中的性别偏见，最终使其成功地进入职业创立等更成熟的发展阶段。

参考文献

蔡林，贾绪计.（2020）. 学业自我效能感与在线学习投入的关系：学习动机和心流体验的链式中介作用. *心理与行为研究*, *18*(6), 805-11.

程利娜.（2016）. 家庭社会经济地位对学习投入的影响：领悟社会支持的中介作用. *教育科学文摘*, *35*(3), 56-57.

段姗姗，徐春婷.（2014）. 社会支持与大学生职业生涯探索的关系. *阜阳职业技术学院学报*, *25*(3), 16-18.

官春兰，王雁，张丽敏.（2011）. 特殊教育专业本科生专业认同现状的调查研究——以两所部属全国重点师范大学为例. *中国特殊教育*, (4), 22-29.

胡桂英，许百华.（2002）. 初中生学习归因，学习自我效能感，学习策略和学业成就关系的研究. *心理科学*, *25*(6), 757-758.

姜乾金.（1999）. 领悟社会支持量表(PSSS). 见汪向东，王希林，马弘（编），心理卫生评定量表手册（增订版，pp. 131-133）. 中国心理卫生杂志社，北京.

梁文艳，杜育红.（2012）. 农村地区家庭社会资本与学生学业成就——中国城镇化背景下西部农村小学的经验研究. *清华大学教育研究，33*(6)，67-77.

梁宇颂.（2000）. *大学生成就目标，归因方式与学业自我效能感的研究*(硕士学位论文)，华中师范大学，武汉.

刘于畾，张美琴，郭颖达.（2015）. 高职护生自立人格与职业成熟度的相关研究. *护理研究，29*(26)，3237-3240.

皮陆杨，莫欣欣，王保卫，陈之望，李源瑢，何旖清.（2020）. 大学生主动性人格与职业决策困难的关系：领悟社会支持与基本心理需要的中介作用. *中国健康心理学杂志，28*(3)，428-432.

皮陆杨，莫欣欣，叶一舵，姜思仪.（2021）. 领悟社会支持对大学生未来工作自我清晰度的影响——职业生涯探索与核心自我评价的作用. *福建医科大学学报(社会科学版)，22*(1)，24-28+38+91.

秦攀博.（2009）. *大学生专业认同的特点及其相关研究*(硕士学位论文)，西南大学，重庆.

曲可佳，邹泓，黄绍舒，曹以.（2016）. 父母教养行为，自主与大学生职业生涯探索的关系. *心理发展与教育，32*(6)，675-682.

曲明哲，杨冬霞，马越.（2023）. 高职学生家庭环境、心理健康与职业价值观之间的关系调查研究. *职业技术教育，44*(17)，65-69.

王鹏，吴愈晓.（2019）. 社会经济地位、性别不平等与性别角色观念. *社会学评论，7*(2)，55-70.

王小新，苗晶磊.（2012）. 大学生学业自我效能感、自尊与学习倦怠关系研究. *东北师大学报(哲学社会科学版)，62*(1)，192-196.

汪玚，尚赞娣.（2023）. 加快构建交通运输绿色低碳发展数字化体系. *交通建设与管理*，(3)，32-34.

徐淑芹.（2016）. 高职护生坚韧人格与护士职业态度的现状及相关性研究. *护理研究，30*(10)，1194-1197.

杨昕，樊春雷，王利刚，陶婷，高文斌.（2023）. 未来自我连续性对国企通信员工组织公平感与职业倦怠的中介作用. *职业与健康，39*(6)，736-740+746.

余继，马安琪.（2023）. 工科生专业认同、院校支持与生涯发展的作用机制研究——基于某工科优势高校的实证分析. *高等工程教育研究*，(5)，86-92.

于志学.（2019）. 教师支持与高职院校学生学习投入的关系研究——基于学习自我效能感的中介效应分析. *职业技术教育，40*(17)，65-70.

郑蕴铮.（2024）. 社会网络分析在教育研究中的应用：历史考察、独特作用与发展趋势. *全球教育展望，53*(3)，12-21.

张云运，骆方，陶沙，罗良，董奇.（2015）. 家庭社会经济地位与父母教育投资对流动儿童学业成就的影响. *心理科学，38*(1)，19-26.

中华人民共和国教育部.（2023）.《中国职业教育发展报告(2012—2022 年)》. 高等教育出版社.

Affuso，G.，Zannone，A.，Esposito，C.，Pannone，M.，Miranda，M. C.，De Angelis，G. et al.（2023）. The Effects of Teacher Support，Parental Monitoring，Motivation and Self-Efficacy on Academic Performance over Time. *European Journal of Psychology of Education，38*，1-23.

Bandura, A. (1986). *Social foundations of thought and action: A social cognitive theory*. Prentice-Hall, Inc.

Burke, P. J., & Stets, J. E. (2009). Identity theory. New York: Oxford University Press.

Chishima, Y., & Wilson, A. E. (2020). Conversation with a future self: A letter-exchange exercise enhances student self-continuity, career planning, and academic thinking. *Self and Identity, 20*(5), 646-671.

Erikson, E. H. (1968). *Identity: youth and crisis*. Norton & Co..

Fang, M., Pan, R., Ding, R., Hou, Z., & Wang, D. (2024). Effect of proactive personality on career adaptability of higher vocational college students: the mediating role of college experience. *Frontiers in Psychology, 15*, 1333677.

Hartung, P. J., Porfeli, E. J., & Vondracek, F. W. (2005). Child vocational development: A review and reconsideration. *Journal of Vocational Behavior, 66*(3), 385-419.

He, Z., Zhou, Y., Li, F., Rao, Z., & Yang, Y. (2020). The effect of proactive personality on college students' career decision-making difficulties: Moderating and mediating effects. *Journal of Adult Development, 28*, 116-125.

Hershfield, H. E., Goldstein, D. G., Sharpe, W. F., Fox, J., Yeykelis, L., Carstensen, L. L., & Bailenson, J. N. (2011). Increasing saving behavior through age-progressed renderings of the future self. *Journal of Marketing Research, 48*, S23-S37.

Hershfield, H. E., Wimmer, G. E., & Knutson, B. (2009). Saving for the future self: Neural measures of future self-continuity predict temporal discounting. *Social Cognitive and Affect Neuroscience, 4*(1), 85-92.

Jia, L., & Wang, X. (2024). Self-efficacy and life satisfaction mediate the relationship between perceived social support and career exploration among college students: A cross-sectional study. *The Journal of Psychology, 158*(5), 368-382.

Kayani, S., Kayani, H., Raza, K. K., Kayani, S., Li, W., & Biasutti, M. (2022). Interpersonal factors affecting adolescents' career exploration in Pakistan. *Sustainability, 14*(13), 7681.

Kier, M. W., & Blanchard, M. R. (2021). Eliciting students' voices through STEM career explorations. *International Journal of Science and Mathematics Education, 19*(1), 151-169.

Kleine, A. K., Schmitt, A., & Wisse, B. (2021). Students' career exploration: A meta-analysis. *Journal of Vocational Behavior, 131*, 103645.

Nauta, M. M. (2007). Career interests, self-efficacy, and personality as antecedents of career exploration. *Journal of Career Assessment, 15*(2), 162-180.

Parfit, D. (1971). Personal identity. *Philosophical Review, 80*(1), 3-27.

Pham, M., Lam, B. Q., & Bui, A. T. N. (2024). Career exploration and its influence on the relationship between self-efficacy and career choice: The moderating role of social support. *Heliyon, 10*(11), e31808.

Savickas, M. L. (2012). *Career development and counseling: Putting theory and research to work*. John Wiley & Sons.

Sokol, Y., & Serper, M. (2020). Development and validation of a future self-continuity questionnaire: A preliminary report. *Journal of Personality Assessment, 102*(5), 677–688.

Super, D. E. (1980). A life-span, life-spate approach to career development. *Journal of Vocational Behavior, 16*, 282–298.

Stumpf, S. A., Colarelli, S. M., & Hartman, K. (1983). Development of the career exploration survey (CES). *Journal of Vocational Behavior, 22*, 191–226.

Tolentino, L. R., Garcia, P. R. J. M., Lu, V. N., Restubog, S. L. D., Bordia, P., & Plewa, C. (2014). Career adaptation: The relation of adaptability to goal orientation, proactive personality, and career optimism. *Journal of Vocational Behavior, 84*(1), 39–48.

Wang, R., & Liu, R. (2024). Factors influencing female students' entrepreneurial intention in vocational colleges: A multi-group analysis based on household income. *PLoS ONE, 19*(5), Article e0304232.

Wang, H., Liu, J., Li, C., Fang, A., & Wang, G. (2024). Research on the effect mechanism of career-specific parental support promoting meaning in life of Chinese higher vocational college students. *Behavioral Sciences, 14*(12), 1172.

Werbel, J. D. (2000). Relationships among career exploration, job search intensity, and job search effectiveness in graduating college students. *Journal of Vocational Behavior, 57*(3), 379–394.

Xin, L., Zhang, S., Tang, F., Zhu, J., & Ding, Y. (2023). How career exploration affects employment outcomes: A two-wave study among youngChinese adults. *Journal of Career Development, 50*(5), 1019–1037.

Zeng, Q., He, Y., Li, J., Liang, Z., Zhang, M., Yi, D., & Quan, J. (2022). Hope, future work self and life satisfaction among vocational high school students in China: The roles of career adaptability and academic self-efficacy. *Personality and Individual Differences, 199*, 111822.

Zhang, H., & Huang, H. (2018). Decision-making self-efficacy mediates the peer support-career exploration relationship. *Social Behavior and Personality, 46*(3), 485–498.

Zhang, J., Yuen, M., & Chen, G. (2021). Career-related parental support, vocational identity, and career adaptability: Interrelationships and gender differences. *The Career Development Quarterly, 69*(2), 130–144.

Zhao, H., Seibert, S. E., & Hills, G. E. (2005). The mediating role of self-efficacy in the development of entrepreneurial intentions. *The Journal of Applied Psychology, 90*(6), 1265–1272.

Zhou, D., Peng, Z., & Zhou, H. (2023). The influence of career decision-making self-efficacy on employability of higher vocational students: mediated by emotional intelligence. *Frontiers in Education, 8*, 1274430.

Zimet, G. D., Dahlem, N. W., Zimet, S. G., & Farley, G. K. (1988). The multidimensional scale of perceived social support. *Journal of Personality Assessment, 52*(1), 30–41.

各章英文摘要(Abstract)

Chapter 1: General Report on the Social Psychology Survey of Industrial Workers in the New Era

Xin Ziqiang

Abstract: In the process of promoting Chinese modernization and new industrialization, China needs to constantly strengthen the team building and psychological construction of industrial workers to stimulate their surging power to create social wealth, implement innovation-driven development, and build a manufacturing power. Therefore, it is necessary to comprehensively understand the social psychological characteristics of industrial workers in the new era through a large-scale survey. In 2024, the Department of Psychology at Renmin University of China launched the project of "Social Psychology Survey of Industrial Workers in the New Era". This survey covers a large number of psychological and behavioral variables at three levels: work psychology, occupational psychology, and life psychology, while collecting various personal and work characteristic variables of industrial workers. The survey results demonstrate the basic characteristics, sub-group differences, and correlation patterns of major research variables of industrial workers in various aspects of social psychology, which provides ideas for building a people-oriented industrial technology system and comprehensively promoting the team building and psychological construction of industrial workers.

Keywords: industrial worker, social psychology, the new era

Chapter 2: Working Conditions of Industrial Workers in the New Era

Xin Ziqiang, Wang Shiyin, Sun Xin, Li Boyang

Abstract: Industrial workers and enterprises jointly promote the development of China's economy and society, and both sides establish a working relationship through the way in which workers invest human capital and get returns from enterprises. Probing into the formation of such working relationship can help us learn about the working conditions of industrial workers in the new era. This study constructs a dual analytical framework of "human capital input-organizational returns" to assess the working conditions of industrial workers. Using data from the "Social Psychology Survey of Industrial Workers in the New Era" conducted by the Department of Psychology at Renmin University of China, we examine the impact of demographic characteristics and job type characteristics on human capital inputs and organizational returns, as well as the relationship between them.

The results are as follows. First, in terms of human capital inputs, only 38.28% of industrial workers have a higher education background (college diplomas or above), and 52.32% hold occupational certificates. Regarding organizational returns, 59.61% of industrial workers earn a monthly wage above 5,000 yuan. Second, various indicators of human capital and organizational returns show significant differences across demographic and job type variables. Finally, in terms of the relationship between inputs and returns, human capital inputs positively predict organizational returns, with exceptions in some specific indicators. These results provide scientific evidence for understanding the working conditions of industrial workers from an "input-return" perspective and offer important references for improving enterprise management.

Keywords: working condition, human capital, input, return

Chapter 3: Work Innovation of Industrial Workers in the New Era

Liu Conghui, Chen Siyu, Wang Lingxiao

Abstract: Against the backdrop of China's innovation-driven development strategy, enhancing the creativity of industrial workers is of critical importance. Based on data from the Social Psychology Survey of Industrial Workers in the New Era conducted by the Department of Psychology at Renmin University of China, this study systematically examines the relationship between creativity and six key characteristics of industrial workers: four types of objective factors, such as demographic attributes, human capital characteristics, job types, and working conditions, as well as two types of subjective factors, including individual psychological traits and perceived organizational support for creativity. The findings reveal that among all predictors, workers' creative role identity has the strongest positive effect on creativity. Subjective factors, including the trait of openness, perceived career advancement opportunities, intrinsic work motivation, and organizational emphasis on innovation, all significantly contribute to workers' creative performance. In terms of human capital characteristics, the relationship between working hours and creativity follows an inverted U-shaped curve, with creativity increasing up to a certain point before declining. Additionally, workers with higher levels of education and technical qualifications tend to score higher on creativity; however, those with college diplomas exhibit lower creativity levels compared to those with either high school or bachelor's degrees. Regarding working conditions, workers who receive higher total rewards and work in better environments demonstrate greater creativity. However, once a certain salary threshold is reached, further increases in pay do not correspond to additional creativity gains. Finally, objective demographic characteristics (such as age, household registration type, and marital status) and job-related factors (including industry type, organizational nature, and job category) also show significant associations with workers' creativity. These findings contribute to a deeper understanding of the behavioral patterns and influencing factors of work-related innovation among Chinese industrial workers. They provide valuable insights for both policymakers and enterprises in formulating effective strategies to stimulate workplace creativity and innovation.

Keywords: industrial worker, creativity, personal characteristic, job characteristic

Chapter 4: Artificial Intelligence Cognition of Industrial Workers in the New Era

Qi Yue, You Shanshan, Xie Ran

Abstract: With the widespread application of artificial intelligence (AI) in industry, the work methods and attitudes of industrial workers are undergoing significant changes. The current perceptions, acceptance, and usage of AI technology among industrial workers have become key factors influencing China's industrial intelligent transformation. Based on the data from the "Social Psychology Survey of Industrial Workers in the New Era" conducted by the Department of Psychology at Renmin University of China, this study aims to explore the industrial workers' perceptions, acceptance, and use of AI technology, and the moderating effects of individual factors. The goal is to develop a comprehensive AI acceptance model and provide empirical support for the effective application of AI in industry. The study finds that, firstly, industrial workers' familiarity with AI is limited, leaving significant room for improvement. However, they hold a generally positive attitude towards AI technology. Secondly, demographic characteristics such as gender, age, education level, monthly income, and industry type, as well as work-related characteristics, significantly influence their perceptions and acceptance of AI. Additionally, this study proposes an "AI acceptance model driven by perceived utility and threat" tailored for Chinese industrial workers. This model provides theoretical support and empirical evidence for understanding the AI acceptance mechanism of industrial workers, unveiling the complex relationship between AI perception and usage, and offering practical guidance for governments in formulating AI promotion policies and businesses in optimizing smart manufacturing transformation strategies.

Keywords: industrial worker, AI utility, AI threat, technology acceptance

Chapter 5: Professional Spirit of Industrial Workers in the New Era

Zhang Denghao, Wang Wenyi

Abstract: Industrial workers are the main body of the working class, the backbone of creating social wealth, and the key force in implementing the innovation-driven development strategy and accelerating the construction of a manufacturing powerhouse. This study focuses on the professional spirit of industrial workers in the new era. Based on a review of relevant theories and policies, this study constructs a three-dimensional structure of the professional spirit of industrial workers, which includes labor spirit, craftsmanship spirit, and the spirit of model workers. To comprehensively examine the current status and characteristics of the professional spirit of industrial workers, we analyze the data of a sample ($N = 3,881$) from the 2024 Social Psychology Survey of Industrial Workers in the New Era conducted by the Department of Psychology at Renmin University of China. The results confirm the three-dimensional structure of the professional spirit of industrial workers and reveal that the overall level of professional spirit among Chinese industrial workers is currently high, but imbalances in development still exist. Future efforts should focus on creating a social atmosphere that respects industrial workers, actively conducting scientific research on the professional spirit of industrial workers, and providing theo-

retical support and practical guidance for cultivating and enhancing their professional spirit. This will contribute to the reform of the industrial worker team building and the high-quality development of the manufacturing industry.
Keywords: industrial worker, professional spirit, labor spirit, craftsmanship spirit, spirit of model workers

Chapter 6: Professional and Social Identity of Industrial Workers in the New Era

Wei Qingwang, Zheng Guangye, Xiao Shixun

Abstract: The industrial workers of the new era constitute the main force of the working class. Their professional and social identities reflect their levels of professional adaptation and social integration. Combining the self-theory of professional identity and the social identity theory, we regard the professional identity of the industrial workers in the new era as a fundamental aspect of social identity, and believe that professional identity, along with community identity, urban identity, and national identity, forms a hierarchical network of social identity. Based on the data from the "Social Psychology Survey of Industrial Workers in the New Era" conducted by the Department of Psychology at Renmin University of China, we analyze the levels of professional and social identity of the industrial workers in the new era and their differences across various demographic variables. The results show that the levels of professional and social identity of industrial workers are generally high, but there are differences in identity levels across the three domains of work, life, and the country. Their professional identity is characterized by a greater recognition of the social value of industrial workers than their individual value, and a better attitude towards professional behavior than a sense of professional belonging. In terms of demographic variables, the levels of professional and social identity of industrial workers show a peak at an earlier stage and then decline as age, years of work experience, educational attainment, technical grade, wages, and subjective social class increase. At the same time, industrial workers with non-local rural household registration, the lowest educational attainment, and the lowest wages show unexpectedly high levels of professional and social identity, while those with a college diplomas have relatively low levels of professional and social identity. Based on these results, we offer policy recommendations on how to further enhance the professional and social identity of industrial workers in the new era.
Keywords: industrial worker, professional identity, social identity, urban identity, national identity

Chapter 7: Occupational Mental Health of Industrial Workers in the New Era

Tang Xinfeng, Feng Lele, Huang Ziqin

Abstract: The occupational mental health of industrial workers not only affects their physical well-being but also directly influences their work efficiency, production safety, and team collaboration. However, research on the occupational mental health of industrial workers in China remains scarce. This study examines the occupational mental health of 4, 367 industrial workers nationwide. Occupational mental health consists of work-family conflict, job insecurity (both cognitive and emotional), and job burnout. The findings reveal that, overall, industrial workers experience a certain degree of occupational mental health challenges, including mild work-family conflict, moderate job insecurity, and mild occupational burnout. Furthermore, demographic analyses indicate significant group differences in their mental health status. Based on the survey results, this study offers recommendations to enhance the occupational mental health of industrial workers from the perspectives of enterprises, government, and society.

Keywords: occupational mental health, work-family conflict, job insecurity, job burnout

Chapter 8: Daily Life Psychology of Industrial Workers in the New Era

Dong Yan, Zhang Lanxin, Han Jianyu, Liu Siyuan, Xu Zhicheng

Abstract: Paying attention to the psychological characteristics of industrial workers in their daily lives and improving their quality of life plays important roles in enhancing their work enthusiasm and maintaining social stability and harmonious development. Based on the data from the "Social Psychology Survey of Industrial Workers in the New Era" of the Department of Psychology at Renmin University of China, this study examines the daily lifestyle of industrial workers, and explores its differences in individual characteristics and work characteristics. The results show that the lifestyle of industrial workers presents a healthy state overall, but some industrial workers have unhealthy lifestyles such as delayed sleep, irregular diet, insufficient exercise, excessive use of mobile phones, and lack of social support. There are differences in lifestyle across personal characteristics and work characteristics. Finally, industrial workers' healthy lifestyle benefits their physical and mental health, thereby improving their quality of life. The above results depict the psychology of industrial workers' daily lives and provide an important basis for further improving their quality of life.

Keywords: industrial worker, lifestyle, physical and mental health, quality of life

Chapter 9: Economic Life Psychology of Industrial Workers in the New Era

Xin Ziqiang, Sun Xin, Wang Shiyin

Abstract: The tremendous achievements of China's manufacturing industry and the rapid development of the entire industry have relied on the hard work of industrial workers. In turn, industrial development has created opportunities of employment and income improvement for this group, which may result in new characteristics in their economic psychology and behavior patterns. This study constructs a stimulus-organism-response (S-O-R) model to explain how income and debt (stimulus) shape economic psychology (organism), which in turn drives economic behavior (response). Based on the data from the "Social Psychology Survey of Industrial Workers in the New Era" by the Department of Psychology at Renmin University of China, it examines the impact of demographic characteristics and work-related factors on industrial workers' economic psychology and behavior, and tests the proposed model. The results show that, first, in terms of economic attitudes, industrial workers hold a relatively positive view of the future development of both national and family economies. Their family economic satisfaction and subjective financial literacy are at a moderately high level. In terms of economic behavior, industrial workers mainly use their income for daily consumption and savings, with their consumption level being moderately low. Despite an overall relatively simple consumption structure, some workers exhibit the awareness and behaviors of financial management. Second, significant differences are found in various economic psychology and behavior indicators across different demographic variables and work-related factors. Finally, the S-O-R model proposed in this study is validated, revealing that income, debt, and the imbalance between them can predict economic psychology (such as family economic confidence, etc.), ultimately reflecting in consumption and investment behaviors. These findings provide scientific evidence for a deeper understanding of the intrinsic needs and economic behavior characteristics of industrial workers and offer valuable insights for some industries (such as commerce and finance) and macroeconomic management.

Keywords: income, debt, economic psychology, economic behavior

Chapter 10: Career Exploration of Future Industrial Workers in the New Era

Zhang Jing, Han Yixuan

Abstract: Vocational college students are the primary source of future industrial workers and a crucial talent reserve for achieving high-quality development in Chinese new industrialization. Accurately understanding the psychological characteristics of career exploration among future industrial workers in the new era is of significant importance for improving the career education systems in vocational colleges as well as facilitating the rapid development of students into high-quality skilled talents. Based on the social cognitive theory and the perspective of self-time continuity, this study explores the characteristics and relationships of professional self-cognition, social support, and career exploration in vocational college students. The survey was conducted with 1,970 participants from vocational colleges in Shandong and Guangdong provinces, covering professional self-cognition (professional identity, professional learning self-efficacy, future self-continuity), social support, and career exploration. The results show that: First, in terms of career exploration, vocational college students have a good professional self-cognition status as well as relatively high levels of social support and career exploration. Second, there are significant differences in professional self-cognition, social support, and career exploration across demographic variables. Finally, vocational college students who are with stronger professional identity, professional learning self-efficacy, future self-continuity, and social support, have enhanced career exploration behavior. Based on the findings, this study proposes recommendations to enhance the career exploration capabilities of these future industrial workers by improving their level of professional self-perception and optimizing the allocation of social support resources.

Keywords: vocational college student, social cognitive theory, self-cognition, career exploration

图书在版编目(CIP)数据

新时代产业工人社会心理调查报告. 2024／辛自强，董妍主编. --北京：开明出版社，2025.6. --ISBN 978-7-5131-9497-6

Ⅰ. D412；C912.6-0

中国国家版本馆 CIP 数据核字第 2025UV5400 号

出 版 人：沈　伟
责任编辑：刘　芳
美术编辑：刘昭弘

新时代产业工人社会心理调查报告（2024）
XINSHIDAICHANYEGONGRENSHEHUIXINLIDIAOCHABAOGAO（2024）

主　　编：辛自强　董妍
出　　版：开明出版社（北京市海淀区西三环北路 25 号　邮编 100089）
印　　刷：保定市中画美凯印刷有限公司
开　　本：787mm×1092mm　1/16
成品尺寸：185mm×260mm
印　　张：28
字　　数：580 千字
版　　次：2025 年 6 月第 1 版
印　　次：2025 年 6 月第 1 次印刷
定　　价：98.00 元